張大可
韓兆琦等 注譯

新譯資治通鑑

（三十一）

唐紀四十二—四十九

三民書局

國家圖書館出版品預行編目資料

新譯資治通鑑(三十一)／張大可,韓兆琦等注譯.——
初版三刷.——臺北市：三民，2024
冊；　公分.——(古籍今注新譯叢書)

ISBN 978-957-14-6239-4（全套:精裝）
1. 資治通鑑 2. 注釋

610.23　　105022920

古籍今注新譯叢書
新譯資治通鑑（三十一）

注譯者	張大可　韓兆琦等
創辦人	劉振強
發行人	劉仲傑
出版者	三民書局股份有限公司（成立於 1953 年）

三民網路書店
https://www.sanmin.com.tw

地址	臺北市復興北路 386 號　（復北門市）　(02)2500-6600 臺北市重慶南路一段 61 號（重南門市）　(02)2361-7511
出版日期	初版一刷 2017 年 1 月 初版三刷 2024 年 5 月
全套不分售 ISBN	978-957-14-6239-4

新譯資治通鑑 目次

第三十一冊

卷第二百二十六

唐紀四十二

起屠維協洽（己未 西元七七九年）八月，盡重光作噩（辛酉 西元七八一年）五月，凡一年有奇。

【題解】本卷記事起西元七七九年八月，迄西元七八一年五月，凡一年又十個月。當唐代宗大曆十四年八月到唐德宗建中二年五月。這是唐德宗初即位，欲有一番大作為的時期。德宗即位之年三十八歲，正當盛壯年富力強之時。安史之亂平定後，經代宗十餘年的休養生息，唐朝恢復了一定的國力。天下稅戶三百八十五萬餘，籍兵七十六萬餘，稅錢一千又八十九萬餘緡，穀二百七十萬餘斛。德宗重整朝綱，有一定的實力。德宗革除積弊，採納楊炎建議，在建中元年實施兩稅法，是中國財政史上的一次大變革。德宗又將宦官所掌管的天下財賦轉歸戶部左藏管理，懲貪，罷貢奉，節制方鎮，和好吐蕃，確實有了一番新氣象。但所用非人，德宗的革新大打折扣。楊炎入相大權獨攬之後就專以報仇害人為能事，冤殺理財家劉晏是唐朝政治的一大損失。不久盧杞入相，奸詐誤國，德宗朝政治很快走了下坡路。德宗性偏執，因曾受回紇之辱，即皇帝位後指使振武節度使張光晟濫殺九姓回紇商人，是外交上的一大敗筆。

代宗睿文孝武皇帝下

大曆十四年（己未　西元七七九年）

八月甲辰[1]，以道州[2]司馬[3]楊炎[4]為門下侍郎[5]，懷州[6]刺史喬琳[7]為御史大夫[8]，並同平章事[9]。上方勵精求治[10]，不次用人[11]，卜相於崔祐甫[12]，祐甫薦炎器業[13]，上亦素[14]聞其名，故自遷謫[15]中用之。琳，太原[16]人，性粗率[17]，喜詼諧[18]，無它長，與張涉[19]善，涉稱其才可大用，上信涉言而用之，聞者無不駭愕[20]。

代宗之世，吐蕃數遣使求和，而寇盜[21]不息，代宗悉留其使者，前後八輩[22]，有至老死不得歸者。俘獲其人，皆配[23]江、嶺[24]。上欲以德懷之，乙巳[25]，以隨州[26]司馬韋倫[27]為太常少卿，使于吐蕃，悉集其俘五百人，各賜襲衣[28]而遣之。

協律郎[29]沈既濟[30]上選舉議[31]，以為：「選用之法，三科[32]而已，曰德也、才也、勞[33]也〔1〕。今選曹[34]皆不及[35]焉，考校之法[36]，皆在書判[37]、簿歷[38]、言詞[39]、俯仰[40]而已。夫安行徐言[41]，非德也；麗藻芳翰[42]，非才也；累資積考，非勞也[43]。執此以求天下之士，固未盡矣。今人未土著，不可本於鄉閭[44]；鑒不獨明[45]，不可專於吏部。臣謹詳酌古今，謂五品以上及羣司長官[46]，宜令宰臣[47]進敘，吏部、兵部[48]得參議[49]焉。其六品以下或僚佐之屬[50]，許州府辟用[51]，其牧守[52]、將帥[53]或選用非公，則吏部、兵部得察而舉之[54]，罪其私冒[55]。不慎舉者，小加譴黜[56]，大正刑典(57)。責成授任，誰敢不勉(58)！夫如是，則賢者不獎而自進，不肖者不抑而自退，眾才咸得而官無不治矣。今選法皆擇才於吏部，試職於州郡。若才職不稱(59)，紊亂無任(60)，責於刺史，則曰命官(61)出於吏曹，不敢廢也；責於侍郎(62)，則曰量(63)書判、資考而授之，不保其往(64)也；責於令史(65)，則曰按由歷(66)、出入而行之，不知其它也。黎庶徒弊(67)，誰任其咎！若牧守自用，則罪將焉逃！必州郡之濫(68)，獨換一刺史則革(69)矣。如吏部之濫，雖更其侍郎無益也。蓋人物浩浩(70)，不可得而知，法使之然，非主司之過。今諸道節度、都團練、觀察、租庸等使(71)，自判官(72)、副將以下，皆使自擇，縱其間或有情故(73)，大舉其例，十猶七全(74)。則辟吏之法，已試於今，但未及於州縣耳。利害之理，較然可觀(75)。鄉令(76)諸使僚佐盡受於選曹，則安能鎮方隅之重(77)，理財賦之殷乎！」既濟，吳(78)人也。

【章旨】以上為第一段，寫楊炎入相；沈既濟上奏選舉議案。

【注釋】❶甲辰　八月初七日。❷道州　州名，隋置，州治永陽縣。入唐改名營州，後復為道州，治所在今湖南道縣西。❸司馬　此指州司馬，為州刺史僚佐，祿厚無職任，一般為安排貶退官員和宗室的閒職。❹楊炎　（西元七二七—七八一年）唐理財家，代宗時官至吏部侍郎。大曆十二年（西元七七七年），坐與元載同黨，貶為道州司馬；德宗即位拜為門下侍郎同平章事，建中元年（西元七八〇年）改稅制為兩稅法。次年，為盧杞陷害被殺。傳見《舊唐書》卷一百十八、《新唐書》卷一百四十五。❺門下侍郎　門下省長官侍中之副官。大曆以後，侍中虛位，侍郎即為門下省長官，加同平章事，即為總理政務的宰相。❻懷州　州名，州治河內，在今河南沁陽。❼喬琳　懷州刺史，德宗徵為御史大夫、同平章事，不稱職，免，除工部尚書；朱泚之亂，出任偽職為吏部尚書，官軍復京師，被殺。傳見《舊唐書》卷一百二十七。❽御史大夫　御史臺長官，掌監察執法。❾同平章事　職銜，同中書門下平章事之省稱。唐制，加此銜為宰相職。大曆後，多以門下侍郎或中書侍郎為之。❿求治　圖治。⓫不次用人　不按資歷深淺及職位高低用人，即破格用人。⓬卜相於崔祐甫　德宗向崔祐甫徵詢宰相人選。卜，詢問；徵求意見。崔祐甫，歷仕唐肅宗、代宗、德宗三朝，官至宰相。時為中書舍人，薦楊炎。傳見《舊唐書》卷一百十九、《新唐書》卷一百四十二。⓭器業　器識和業績。器，指人的器度、器識、才能。⓮素　一向。⓯遷謫　指楊炎被貶。⓰太原　府名，治所晉陽，在今山西太原。⓱粗率　直率。⓲詼諧　說話敏捷，滑稽有趣。⓳張涉　儒者，為國子博士。德宗為太子時，張涉曾為太子侍讀，講授經學。德宗即位，諮以政事，涉謬薦喬琳，又受賄事發被免官。傳見《舊唐書》卷一百二十五。⓴駭愕　驚詫。㉑寇盜　侵犯邊境。㉒八輩　八批。㉓配　發配；流放。㉔江嶺　指長江、五嶺。唐時，湖南、兩廣地區尚未充分開發，常為貶謫、流放罪人之地。這裡指唐俘獲的吐蕃人，流放於江南及五嶺之外。㉕乙巳　八月初八日。㉖隨州　州名，州治隨縣，在今湖北隨州。㉗韋倫　（西元七一六—七九八年）唐名臣。肅宗時官至山南東道節度使，因不事宦官，屢為中官所排，連遭貶黜為隨州司馬。德宗即位，徵為太常少卿，出使吐蕃。稱旨而返，終官太子少師。傳見《舊唐書》卷一百三十八、《新唐書》卷一百四十三。㉘襲衣　即衣一襲，一套衣服。㉙協律郎　太常寺屬官，掌和律呂。㉚沈既濟　沈傳師之父，父子二人博通群籍，並歷官德宗朝史館修撰。見《舊唐書》卷一百四十九、《新唐書》卷一百四十二。㉛上選舉議　上奏關於選拔人才的議案。㉜三科　指品德、才幹、資歷三條標準。㉝勞　政績；勞績。㉞選曹　指吏部各司。㉟不及　未能顧及到。㊱考校之法　考選人才校核的方法。唐時考核官吏士人的內容，包括身、言、書、判四個方面。身，要求體貌豐偉；言，要求詞辯雅正；書，要求楷法遒美；判，要求文理優長。考績載於簿籍，以為升遷依據。下文書判、簿歷、言詞、俯仰，即是對考校之法四個方面的具體描述。㊲書判　書，指書法。判，指擬寫的判詞。㊳簿歷　記載資歷考績的簿冊，即如今之行狀檔案。此指資歷是否深長。㊴言詞　指說話語言表達便捷流利。㊵俯仰　行為舉止要得體。㊶安行徐言　行為穩重，言語沉靜。㊷麗藻芳翰　詞藻華麗，書法優美。翰，用鳥羽製作的筆，此指書寫的字。㊸累資積考二句　謂年資長，屢經考核，並不是勞績。㊹今人未土著二句　土著，附著於土，即世代居於固定的鄉土。鄉閭，鄰里。古代考選，十分重視鄉閭地方官及社會賢達的推薦，而唐代經安史之亂以後，人物播遷，非世居土著，不可於本鄉鄰里中求得考評。㊺鑒不獨明　謂鏡子不是一面獨明。㊻羣司長官　中央各部屬司級以上之長官。㊼宰臣　職司宰相之臣。唐代中書左、右僕射，門下左、右侍郎，以及加同平章事之大臣，皆為宰臣。㊽吏部兵部　唐朝中樞機關尚書省下設吏、戶、禮、兵、刑、工六部。吏部掌職官考選。兵部掌兵政及武職考選。㊾參議　參與評議。㊿僚佐之屬　中央各部、司及地方州、府等機關下屬六品以下官員。51辟用　徵用。52牧守　州牧郡守等地方大員。此指州、府以上長官。53將帥　將軍一級以上高級武職。高級長官才有不經吏部銓敘而直接辟舉用人之權。54察而舉之　監察檢舉。此指州牧、將帥所辟用的人不稱職，則吏部、兵部將監察劾舉。55私冒　徇私假冒。56譴黜　譴責貶黜。57大正刑典　按法律加大力度治罪。58勉　奮勉；努力。59才職不稱　其才能與所任之職不相稱。此指小才大用。稱，相稱；相當。60紊亂無任　政事紊亂，不能勝任。61命官　奉朝命為官。62責於侍郎　指斥責吏部侍郎。63量　考量；依據。64往　往後；將來。65令史　掌管文書案牘事務的吏員，無品秩。唐三省（中書省、門下省、尚書省）與六部皆有令史。此指尚書省吏部令史。66由歷　經歷；履歷。67黎庶徒弊　唯有老百姓遭害。68濫過失。69革　革除；去掉。70人物浩浩　人才濟濟。浩浩，繁多。71節度都團練觀察租庸等使　各級地方大員。節度，即節度使，為安史之亂後的唐代最高地方軍政長官。都團練，即都團練使，始置於安史之亂時，掌地方軍事，多以觀察使兼領。觀察，即觀察使，原為採訪使，每道一人，掌監察州縣官吏。唐乾元元年（西元七五八年）改採訪使為觀察使，兼理民政，成為不設節度使的一道行政長官。租庸使，唐玄宗時始置，掌催徵各地租稅及軍用資糧。72判官　節度使、都團練使、觀察使等官之僚屬，佐理軍務。73情故　人情故舊。74大舉其例二句　大略概其比例，十分之七的官吏尚可稱職。75利害之理二句　利與害的道理，顯明地可以看出。76繇令　假使。77鎮方隅之重　擔任獨當一方的重任。78吳　縣名，縣治在今江蘇蘇州。

【校　記】1日德也才也勞也　「才」字上原有「日」字，涉上文「日」字衍，今刪。

【語　譯】代宗睿文孝武皇帝下

大曆十四年（己未　西元七七九年）

八月初七日甲辰，任命道州司馬楊炎為門下侍郎，懷州刺史喬琳為御史大夫，一併授予同平章事職銜。德宗正勵精圖治，破格用人，為選擇宰相諮詢崔祐甫，崔祐甫推薦楊炎有器識和業績，德宗也一向聽說楊炎的名聲，所以從降職處分中任用了楊炎。喬琳是太原人，性情粗疏隨意，喜歡開玩笑，沒有其他特長，和張涉是好朋友，張涉稱讚喬琳有才幹，可以重用，德宗相信了張涉的話而任用了喬琳，聽到這一消息的人無不驚詫。

在代宗朝，吐蕃多次派遣使臣求和，卻又侵擾不止，代宗便全部扣留了他的使臣，前後共有八批，有的使者直到老死都沒能回歸。在交戰中俘虜的吐蕃人，全部流配到大江以南或五嶺以外。德宗想用恩德來感化他們，八月初八日乙巳，任命隨州司馬韋倫為太常少卿，出使吐蕃，集中所有吐蕃俘虜五百人，賜予每人一套衣服，把他們遣送回去。

協律郎沈既濟上奏選舉人才的建議，沈既濟認為：「選拔任用人才的辦法，只考察三方面就行了，就是德操、才學和勞績。現在吏部選曹都沒有考慮到這三方面，他們考核人才的辦法，全都在於書法文理、資歷檔案、言詞表達、儀態舉止而已。穩步慢語，不是有德行；詞藻華麗，書法流芳，不是有才幹；資歷深長，屢經考核，不是有功績。用這些標準來選拔天下之士，實在是不能令人完全滿意。現在有些人長期不在家鄉，鄉里的評價不能作為根據；鏡子不是一面獨明，甄選不能單單由吏部操持。臣下謹慎仔細地斟酌古今，認為五品以上的官員和中央各官署內的主要官員，應當下令由宰相推薦敘用，吏部和兵部可以參與討論。六品以下官員和幕僚佐吏一類的人員，允許州、府辟舉任用，如果州牧郡守和將帥或選任不公，那麼吏部和兵部可以查核舉報，循私偽冒的要入罪。不能謹慎推薦人才的官員，輕的加以申斥貶官，重的刑法處置。委任官員時要責令他完成任務，誰還敢不勤勉努力呢！這樣一來，賢能之士不需要獎勵就會自求進取，無才無德的人也不需要壓制就會自行淘汰，各種人才都可以為官任職，那麼就沒有什麼治理不好的。現在的銓選辦法，都是由吏部選拔人才，送到州郡試用。如果才能和職務不相稱，辦事雜亂，不能勝任，責備刺史，刺史就會說他所任用的官員出自吏部，不敢棄而不用；責備吏部侍郎，吏部侍郎就會推脫責任說他完全是考量書法文章、資歷考績而任命的，不能保證他以後如何；責備令史，令史就會說是根據他的經歷和為官出入情況來執行的，不知道其他的事情。黎民百姓白受其害，誰來承擔罪責呢！如果不稱職的官員是州牧郡守自己任用的，那麼他們怎能逃避罪責呢！如果肯定是州牧郡守的過失，只要更換刺史就可革除弊端了。如果是吏部的過失，雖然更換了吏部侍郎也無益於事。人物茫茫，不可能都瞭解，是制度不當造成如此情形，不是主管官員的過錯。

當今各道節度使、都團練使、觀察使、租庸使等，從判官、副將以下，都讓他們自己選拔，縱使中間可能夾有人情世故，但大體的比例，十人之中猶有七人稱職。而徵辟官吏的辦法，現在已經試行，但還沒有普及到州縣。利弊上的道理，可以看得十分清楚。假使諸使、僚佐都由吏部選派，他們怎麼能夠承擔起鎮守一方的重任，管理殷實的財賦呢！」沈既濟，是吳縣人。

初，衡州❶刺史曹王皋❷有治行❸，湖南❹觀察使辛京杲❺疾❻之，陷以法❼，貶潮州❽刺史。時楊炎在道州，知其直，及入相，復擢為衡州刺史。始，皋之遭誣在治❾，念❿太妃⓫老，將驚而戚⓬，出則囚服就辯⓭，入則擁笏垂魚⓮，即貶于潮，以遷入賀⓯。及是，然後跪謝告實⓰。皋，明之玄孫也。

朔方、邠寧⓱節度使李懷光⓲既代郭子儀，邠府宿將⓳史抗、溫儒雅、龐仙鶴、張獻明、李光逸功名素出懷光右⓴，皆怏怏㉑不服。懷光發兵防秋㉒，屯長武城㉓，軍期㉔進退，不時應令㉕。監軍㉖翟文秀㉗勸懷光奏令宿衛㉘。懷光遣之[1]。既離營，使人追捕，誣以它罪㉙，且曰：「黃萯之敗㉚，職爾之由！」盡殺之。

九月甲戌㉛，改淮西㉜曰淮寧。○西川㉝節度使、同平章事崔寧㉞，在蜀十餘年，恃㉟地險兵彊，恣為淫侈，朝廷患之而不能易。至是，入朝，加司空，兼山陵使㊱。○南詔㊲王閤羅鳳卒，子鳳迦異前死，孫異牟尋立。

冬，十月丁酉朔[38]，吐蕃與南詔合兵十萬，三道入寇，一出茂州[39]，一出扶、文[40]，一出黎、雅[41]，曰：「吾欲取蜀以為東府[42]。」崔寧在京師，所留諸將不能禦，虜連陷州縣，刺史棄城走，士民竄匿山谷。上憂之，趣寧歸鎮。寧已辭，楊炎言於上曰：「蜀地富饒，寧據有之，朝廷失其外府，十四年矣。寧雖入朝，全師尚守其後，貢賦不入，與無蜀同。且寧本與諸將等夷，因亂得位，威令不行。今雖遣之，必恐無功。若其有功，則義不可奪。是蜀地敗固失之，勝亦不得也，願陛下熟察。」上曰：「然則柰何？」對曰：「請留寧，發朱泚[43]所領范陽[44]兵數千人，雜禁兵[45]往擊之，何憂不克！因而得內親兵於其腹中，蜀將必不敢動，然後更授他帥，使千里沃壤復為國有，是因小害而收大利也。」上曰：「善！」遂留寧。

初，馬璘[46]忌涇原[47]都知兵馬使[48]李晟[49]功名，遣入宿衛，為右神策都將[50]。上發禁兵四千人，使晟將之，發邠、隴、范陽兵[51]五千，使金吾大將軍[52]安邑曲環[53]將之，以救蜀。東川[54]出兵，自江油[55]趨白垻[56]，與山南[57]兵合擊吐蕃、南詔，破之。范陽兵追及於七盤[58]，又破之，遂克維[59]、茂二州。李晟追擊於大度河外，又破之。吐蕃、南詔飢寒隕於崖谷死者八九萬人。吐蕃悔怒，殺誘導使之來者。

異牟尋懼，築苴咩城60，延袤61十五里，徙居之。吐蕃封之為日東王。

上用法嚴，百官震悚。以山陵62近，禁人屠宰。郭子儀63之隸人潛殺羊，載以入城，右金吾將軍裴諝64奏之。或謂諝曰：「郭公有社稷大功，君獨不為之地65乎？」諝曰：「此乃吾所以為之地也。郭公勳高望重，上新即位，以為羣臣附之者眾，吾故發其小過，以明郭公威權不足畏也。如此，上尊天子，下安大臣，不亦可乎！」

己酉，葬睿文孝武皇帝于元陵66，廟號代宗。將發引67，上送之，見轀輬車68不當馳道，稍指丁未之間69。問其故，有司對曰：「陛下本命在午70，不敢衝也。」上哭曰：「安有枉靈駕而謀身利乎！」命改轅直午而行。肅宗、代宗皆喜陰陽鬼神，事無大小，必謀之卜祝，故王嶼、黎幹皆以左道71得進。上雅不之信72，山陵但取七月之期，事集而發，不復擇日。

【章　旨】以上為第二段，寫唐軍擊退吐蕃、南詔聯兵進犯西州。德宗安葬代宗。

【注　釋】❶衡州　州名，治所在今湖南衡陽。❷曹王皋　曹王李皋，為唐太宗第十四子曹王李明之玄孫。傳見《舊唐書》卷一百三十一、《新唐書》卷八十。❸治行　政績。❹湖南　方鎮名，唐代宗廣德二年（西元七六四年）始置，治所衡州；大曆四年（西元七六九年）徙治潭州，在今湖南長沙。❺辛京杲　辛雲京從弟。大曆五年，辛京杲為湖南觀察使。傳見《新唐書》卷一百四十七。❻疾　忌恨。❼陷以法　設置圈套使之觸犯法律。陷，陷阱。❽潮州　州名，治所在今廣東潮安。❾在

治　在受審訊時。⑩念　考慮；擔心。⑪太妃　李皋之母鄭氏，曹王李戢之妃。⑫戚　悲哀。⑬出則囚服就辯　離家後就穿著囚衣去接受御史的審訊。出，離家。⑭擁笏垂魚　手執笏板，腰垂金魚袋。笏，上朝用的笏板。魚，郡王、嗣王佩帶的金魚袋。⑮以遷入賀　把左遷潮州說成是升遷，向太妃辭行道賀。⑯及是二句　及是，指李皋得到昭雪復為衡州刺史事。然後在太妃面前下跪請罪，告以實情。⑰朔方邠寧　皆方鎮名。朔方節度使，唐玄宗開元九年（西元七二一年）置。治所靈州，在今寧夏靈武西南。邠寧節度使，肅宗乾元二年（西元七五九年）置。治所汾州，在今陝西彬縣。⑱李懷光　郭子儀舊將。此時兼朔方、邠寧兩鎮節度使。傳見《舊唐書》卷一百二十一。⑲宿將　有功的舊將、老將。⑳功名素出懷光右　史抗、溫儒雅、龐仙鶴、張獻明、李光逸等人與李懷光原來都是朔方節度使郭子儀的舊將，德宗即位忌郭子儀功名太盛，以部屬中資望較淺的李懷光代郭子儀為節度使，諸將不服。右，尊貴。這裡指資望較高。㉑怏怏　不滿意的樣子。㉒發兵防秋　部署軍隊護秋。㉓長武城　長武縣城，在今陝西長武。㉔軍期　軍隊行動的預定時間。㉕不時應令　不依軍令按時行動。㉖監軍　官名，唐開元中，玄宗始以中官為監軍，監督諸將，為皇帝耳目，其後遂成定制。㉗翟文秀　監督李懷光的宦官。㉘奏令宿衛　上奏朝廷，請求調溫儒雅等老將宿衛京師。㉙誣以它罪　捏造其他罪名。㉚黃萯之敗　代宗大曆八年，吐蕃十萬寇涇、邠，敗官兵於黃萯原。事見本書卷二百二十四代宗大曆九年。㉛甲戌　九月初七日。㉜淮西　方鎮名，肅宗至德元載（西元七五六年）置，治穎川郡。領州及治所經常變動，長期領有申、光、蔡三州。大曆十四年復治蔡州，在今河南汝南縣。是年改稱淮寧軍。㉝西川　方鎮名，劍南西川之省稱，唐肅宗至德二載分劍南節度使西部地置。治所成都府，在今四川成都。㉞崔寧　（西元七二三—七八四年）本名崔旰，大曆三年代宗賜名寧。傳見《舊唐書》卷一百十七、《新唐書》卷一百四十四。㉟恃　憑藉；依仗。㊱山陵使　營建皇陵之專使。㊲南詔　唐屬國名，全盛時據有今雲南全省及川、黔部分地區。王都太和城，在今雲南大理南太和村。㊳丁酉朔　十月初一日。㊴茂州　州名，治所在今四川阿壩藏族羌族自治州。㊵扶文　皆州名，扶州治所在今四川阿壩州，文州治所在今甘肅文縣西南。㊶黎雅　皆州名，黎州治所在今四川漢源西北，雅州治所在今四川雅安。㊷東府　東邊的府庫。西川在吐蕃之東，吐蕃欲併之為其東部的國土，因西川富庶，稱其為東府。㊸朱泚　（西元七四二—七八四年）幽州昌平（今北京市昌平西南）人，與弟朱滔並為李懷仙部將。朱泚歷官幽州留後、隴右節度副大使，加官中書令，進太尉。唐德宗建中四年叛，稱大秦皇帝，興元元年為唐將李晟等討平。傳見《舊唐書》卷二百下、《新唐書》卷二百二十五中。㊹范陽　方鎮名，即幽州節度使。唐玄宗開元二年（西元七一四年）置，天寶元年（西元七四二年）更名范陽節度使。治所幽州，在今北京市。㊺雜禁兵　參入禁衛兵，即將神策軍編入其中。㊻馬璘　（西元七二二—七七六年）岐州扶風

（今陝西扶風）人，官至邠寧節度使，爵扶風郡王。傳見《舊唐書》卷一百五十二、《新唐書》卷一百三十八。㊼涇原　方鎮名，唐代宗大曆三年置。治所涇州，在今甘肅涇川縣。㊽都知兵馬使　官名，節度使高級衙將，掌兵權。肅宗至德後實為藩鎮儲將。㊾李晟　（西元七二七—七九三年）字良器，洮州臨潭（今甘肅臨潭）人，唐中期名將，討平朱泚、朱滔及李懷光等叛臣的主要功臣。歷官鳳翔、隴右節度等使，封西平郡王。傳見《舊唐書》卷一百三十三、《新唐書》卷一百五十四。㊿右神策都將　禁衛右神策軍主將。(51)發邠隴范陽兵　徵調邠寧、隴右、范陽三鎮之兵。(52)金吾大將軍　武官名，唐府兵十六衛將軍之一，有左右金吾衛大將軍。(53)曲環　（西元七二六—七九九年）陝州安邑（今山西運城東北）人，官至邠隴行營節度使、陳許節度使，封晉昌郡王。傳見《舊唐書》卷一百二十二、《新唐書》卷一百四十七。(54)東川　方鎮名，劍南東川之省稱。唐肅宗至德二載置。治所梓州，在今四川三臺。(55)江油　縣名，縣治在今四川江油東北。(56)白埧　鎮名，在今四川廣元西北。(57)山南　道名，唐貞觀十道之一，轄境當今四川嘉陵江流域以東及陝西秦嶺、甘肅嶓冢山以南、河南伏牛山西南、湖北溳水以西地區。開元時分為東、西道，此指山南西道。西道治所梁州，在今陝西漢中。(58)七盤　縣名，縣治在今四川巴中西北。(59)維　維州，治所在今四川理縣東北。(60)苴咩城　在今雲南大理境。(61)延袤　方圓寬廣。(62)山陵　此指唐代宗皇室陵寢。此時代宗尚未下葬。(63)郭子儀　唐肅宗時平定安史之亂的名將，封汾陽王。傳見《舊唐書》卷一百二十、《新唐書》卷一百三十七。(64)裴諝　河南洛陽人。安史之亂被史思明抓捕。後奉代、德二帝，多有建言。官至兵部侍郎、河南尹、東都副留守。傳見《舊唐書》卷一百二十六、《新唐書》卷一百三十。(65)不為之地　謂不留餘地。(66)元陵　唐代宗陵，在今陝西富平西北檀山上。(67)發引　指靈車啟動。(68)轀輬車　一種封閉嚴密而又有通風功能的臥車。因秦始皇棺曾載轀輬車，後世遂為皇帝喪車。(69)丁未之間　胡三省注曰：「《考異》曰：按車指丁未之間，則行出道外矣。蓋出門，欲斜就道西，不當道中間行耳。」(70)本命在午　生年在午。德宗生於唐玄宗天寶元年壬午年，故云。(71)左道　邪道。(72)雅不之信　向來不相信迷信禁忌。雅，向來。

【校　記】[1]懷光遣之　此四字原無。據章鈺校，十二行本、乙十一行本皆有此四字，張瑛《通鑑校勘記》同，今據補。

【語　譯】當初，衡州刺史曹王李皋有政績，湖南觀察使辛京杲嫉恨他，設圈套使他觸犯刑律，貶為潮州刺史。當時楊炎在道州，知道李皋正直，等到楊炎入朝做了宰相，重新提拔李皋做了衡州刺史。最初，在李皋受誣就審期間，擔心母親鄭氏太妃年老，知道此事後會受驚嚇而替自己擔憂，所以出庭受審時就身著囚服進行申辯，回家後就手持笏板、身佩金魚袋，即使被貶潮州，也仍說自己被升遷而向母親報喜。到了這時，才跪在母親面前認錯並說出實情。李皋，是曹王李明的玄孫。

朔方、邠寧節度使李懷光取代了郭子儀之後，邠寧府的舊將史抗、溫儒雅、龐仙鶴、張獻明、李光逸等人，功績名望一向都在李懷光之上，都對李懷光怏怏不服。李懷光調兵保護秋收，駐紮於長武城，調發軍隊，老將們都不按命令規定時間執行。監軍翟文秀建議李懷光奏請朝廷，下令將他們調作宮廷宿衛。李懷光打發他們走。等他們離開軍營後，便派人抓捕，給他們捏造了別的罪狀，並且說：「黃萯原之敗，完全是由這夥人造成的！」於是將他們全部殺掉了。

九月初七日甲戌，改淮西節度使為淮寧軍。〇西川節度使、同平章事崔寧在蜀地十多年，倚仗地險兵強，肆意奢侈荒淫，朝廷雖然認為他是禍患卻無法更換。直到此時，崔寧入朝，才趁機給崔寧加授司空銜，兼山陵使。〇南詔王閣羅鳳去世，兒子鳳迦異死在閣羅鳳之前，孫子異牟尋立為南詔王。

冬，十月初一日丁酉，吐蕃與南詔合兵十萬，分三路侵犯唐室，一路出兵茂州，一路出兵扶州、文州，一路出兵黎州、雅州，並且聲稱：「我們要攻下蜀地作為東府。」這時崔寧在京城，留守的眾將領無法抵擋，吐蕃與南詔接連攻陷州、縣，刺史棄城逃亡，士人平民逃匿山谷。德宗很憂愁，催促崔寧歸蜀鎮守。崔寧已向德宗辭行，楊炎對德宗說：「蜀地富饒，崔寧據為己有，朝廷喪失這所京外的府庫，至今已經有十四年了。現在崔寧雖然在朝為官，但他的全部軍隊還留守在他的後方，貢物和賦稅不上繳，朝廷實際上等於沒有蜀地一樣。況且崔寧的地位本來與其他將領差不多，由於乘亂奪得高位，因無威望命令也難以執行。現在雖然將崔寧派遣回去，一定也不會有什麼成效。假如他能退敵建功，那麼按理就不能罷免他的職務。因此，蜀地作戰失敗，固然要喪失它，即使取勝，朝廷實際也不能得到它，希望陛下深思熟慮。」德宗問：「既然如此，那該怎麼辦？」楊炎回答說：「請把崔寧留在京城，調發朱泚率領的幾千范陽兵，編入宮廷的禁衛軍一起前往抗擊敵人，還怕不能克敵！這樣還能將親信的禁衛軍安插在蜀的腹地，蜀地將領一定不敢妄動，然後另外任命蜀地統帥，使千里沃壤重新為國家所有，這正是乘小害而獲大利。」德宗說：「好！」於是把崔寧留在京城。

當初，因馬璘妒忌涇原都知兵馬使李晟功高名重，派遣李晟入朝宿衛，擔任禁衛軍右神策都將。德宗調發禁衛軍四千人讓李晟統領，又調集邠寧、隴右、范陽之兵五千人，由金吾大將軍安邑人曲環率領，用以援救蜀地。他們從東川出兵，從江油奔往白垻，與山南守軍合擊吐蕃、南詔，打敗了他們。范陽軍追擊到七盤，又打敗敵人，於是攻克了維州、茂州。李晟率軍追擊到大度河外，又打了一次勝仗。吐蕃、南詔的軍隊飢寒交迫，掉下懸崖深谷而死的達八、九萬人。吐蕃軍悔怒之下，殺死當初引誘他們進攻蜀地的人。異牟尋懼怕，構築苴咩城，周長十五里，遷徙居住到城裡。吐蕃封他為日東王。

德宗實施法令嚴厲，百官震恐。因為臨近大行皇帝代宗陵寢，所以禁止屠宰牲畜。郭子儀的僕人悄悄地宰羊，把羊運進京城，右金吾將軍裴諝把此事上奏了朝廷。有人對裴諝說：「郭公有保衛社稷的大功，難道就你一個人不給他留餘地嗎？」裴諝說：「我這樣做，就是為他留餘地！郭公勳高望重，皇上剛繼位，認為大臣中依附郭公的人很多，我故意揭發他的小過錯，藉以表明郭公的威望權勢並不足以讓人生畏。這樣一來，就能上尊天子，下安群臣，這樣做不也是可以的嗎！」

十月十三日己酉，安葬睿文孝武皇帝於元陵，廟號代宗。靈柩即將啟行，德宗出來送喪，發現輼輬車不是朝向馳道的中間，稍微有點偏西。詢問原因，主管官員回答說：「陛下的本命在午，方向為南，不敢沖犯啊。」德宗哭著說：「哪有委屈先帝的靈駕而謀求自身利益的事呢！」命令把靈車對準子午方向行進。肅宗、代宗都喜歡陰陽鬼神之類，事情無論大小，都一定要求神問卜，因此王嶼、黎幹都憑藉旁門左道而受擢用。德宗向來不相信陰陽鬼神，先帝下葬，只按喪禮停殯七個月，在各種事務都辦好之後就出殯，而不另外選擇吉日。

十一月丁丑❶，以晉州刺史韓滉為蘇州刺史、浙江東・西❷觀察使。

喬琳衰老耳聵❸，上或時訪問，應對失次❹，所謀議復疏闊❺。壬午❻，以琳為工部尚書，罷政事。上由是疏張涉。

楊炎既留崔寧，二人由是交惡。炎託以北邊須大臣鎮撫，癸巳❼，以京畿觀察使❽崔寧為單于·鎮北大都護❾、朔方節度使，鎮坊州❿。以荊南⓫節度使張延賞⓬為西川節度使。又以靈鹽⓭節度都虞候⓮醴泉杜希全⓯知靈、鹽州留後⓰，代州刺史張光晟⓱知單于·振武⓲等城、綏·銀·麟·勝州留後，延州刺史李建徽⓳知鄜、坊、丹州留後。時寧既出鎮，不當更置留後。炎欲奪寧權，且窺其所為，令三人皆得特奏事，仍諷之使伺寧過失。

【章　旨】以上為第三段，寫楊炎裁制崔寧。

【注　釋】❶丁丑　十一月十一日。❷浙江東西　方鎮名，浙江東道、浙江西道之簡稱，皆置於唐肅宗乾元元年（西元七五八年）。東道治所越州，在今浙江紹興；西道治所杭州，即今杭州。❸耳聵　耳聾。❹失次　沒有條理。❺疏闊　迂腐而不切合事理。❻壬午　十一月十六日。❼癸巳　十一月二十七日。❽觀察使　唐肅宗乾元元年改採訪使為觀察使，職司一道或數州的監察，後兼理民政，為不設節度地區的最高行政長官。❾鎮北大都護　鎮北大都護府行政長官，從二品，職司北方少數民族事務。❿坊州　州名，治所在今陝西黃陵。⓫荊南　方鎮名，唐肅宗至德二載（西元七五七年）置，治所荊州，在今湖北江陵。⓬張延賞　歷仕玄、肅、代三帝，博涉經史，達於政事，德宗時官至宰相。傳見《舊唐書》卷一百二十九、《新唐書》卷一百二十七。⓭靈鹽　方鎮名，領靈、鹽二州，治所靈州，在今寧夏靈武西南。⓮都虞候　虞候為藩鎮所置軍法官，主官為都虞候。⓯杜希全　京兆醴泉（今陝西禮泉）人，郭子儀部將，積功至朔方節度使。傳見《舊唐書》卷一百四十四、《新唐書》卷一百五十六。⓰留後　官名，唐中期以後，節度使自擇將吏，或父死子繼，或親將繼承，留主後務。事後多由朝廷追任為節度使。⓱張光晟　京兆盩厔（今陝西周至）人，德宗時叛唐受朱泚所署節度使兼宰相偽職。朱泚敗，復歸唐被殺。傳見《舊唐書》卷一百二十七。⑱振武　方鎮名，肅宗乾元元年分朔方節度使置振武軍節度使。大曆十四年，張光晟為振武節度使兼綏、銀、麟、勝等州留後，轄境當今寧夏東部及陝北等地。⑲李建徽　以延州刺史代領鄜、坊、丹三州留後。延州治所在今陝西延安，鄜州治所在今富縣，坊州治所在今黃陵，丹州治所在今宜川縣。

【語　譯】十一月十一日丁丑，任命晉州刺史韓滉為蘇州刺史和浙江東、西觀察使。

喬琳體衰失聰，德宗有時因事諮詢，喬琳應答語無倫次，謀劃和建議又多迂闊虛空。十一月十六日壬午，任命喬琳為工部尚書，罷免了他處理朝政的職權。德宗從此疏遠了舉薦喬琳的張涉。

楊炎將崔寧留在京城後，兩人因此結下仇怨。楊炎以北部邊疆須派大臣鎮撫為理由，十一月二十七日癸巳，改任京畿觀察使崔寧為單于・鎮北大都護、朔方節度使，鎮守坊州。改任荊南節度使張延賞任西川節度使。又任命靈鹽節度都虞候醴泉人杜希全兼代靈州、鹽州留後，代州刺史張光晟兼代單于、振武等城和綏州、銀州、麟州、勝州留後，延州刺史李建徽兼代鄜州、坊州、丹州留後。當時崔寧已經上任，按常規不應該在所轄區內再置留後。楊炎這樣做，就是要剝奪崔寧的權力，而且還可以監視崔寧的行動，因此給予杜希全、張光晟、李建徽三人直接向朝廷奏事的特權，還暗示他們要窺察崔寧的過失。

十二月乙卯❶，立宣王誦❷為皇太子。

舊制，天下金帛皆貯於左藏❸，太府❹四時上其數，比部❺覆❻其出入。及第五琦❼為度支❽、鹽鐵使❾，時京師多豪將，求取無節，琦不能制，乃奏盡貯於大盈內庫❿，使宦官掌之，天子亦以取給為便，故久不出。由是以天下公賦為人君私藏，有司不復得窺其多少，校其贏縮⓫，殆二十年。宦官領其事者三百餘員，皆蠶食其中，蟠結根據⑫，牢不可動。楊炎頓首於上前曰：「財賦者，國之大本，生民之命，重輕安危，靡不由之。是以前世皆使重臣掌其事，猶或耗亂不集⑬。今獨使中人出入，盈虛大臣皆不得知，政之蠹敝⑭，莫甚於此。請出之以歸有司。度宮中歲用幾何，量數奉入，不敢有乏。如此，然後可以為政。」上即日下詔：「凡財賦皆歸左藏，一用舊式，歲於數中擇精好者三、五千匹⑮，進入大盈。」炎以片言移人主意，議者稱之。〇丙寅晦⑯，日有食之。

湖南賊帥王國良阻山為盜，上遣都官員外郎⑰關播⑱招撫之。辭行，上問以為政之要。對曰：「為政之本，必求有道賢人與之為理。」上曰：「朕比以下詔求賢⑲，又遣使臣廣加搜訪⑳，庶幾可以為理乎？」對曰：「下詔所求及使者所薦，惟得文詞干進之士耳，安有有道賢人肯隨牒舉選㉑乎！」上悅。

崔祐甫有疾，上令肩輿入中書㉒，或休假在第㉓，大事令中使㉔咨決。

【章旨】以上為第四段，寫楊炎善諫，為國家從宦官手中奪回財賦。

【注釋】❶乙卯　十二月十九日。❷宣王誦　德宗長子，名誦，即位後為唐順宗。❸左藏　京師府庫名，有左、右藏。❹太府　官署名，太府寺之省稱，唐九寺之一，掌財貨帑藏，包括京師四市、左右藏、常平倉等署。❺比部　官署名，尚書省刑部四司之一。設郎中、員外郎等官，掌稽核簿籍，審計財賦出入。❻覆　覆按；審校。❼第五琦　（西元七二九—七九九年）字禹珪，唐京兆長安（今西安西）人，著名理財家，唐肅宗至德二載（西元七五七年）創置鹽鐵專賣，以供軍國之用，以度支使兼領唐第一任鹽鐵使。肅宗乾元二年（西元七五九年）官至宰相。傳見《舊唐書》卷一百二十三、《新唐書》卷一百四十九。❽度支　官署名，本戶部第二司，主官為郎中，掌財賦。中唐後，多由他官加判度支事、知度支事或度支使銜，總領財政。❾鹽鐵使　掌鹽鐵專賣。德宗時，職掌漕運的轉運使與鹽鐵使合二為一，稱鹽鐵轉運使。❿大盈內庫　百寶大盈庫之省稱，唐玄宗始置，為皇宮內庫，宦官掌領。⓫校其贏縮　清點每年出入的盈虧。⓬蟠結根據　盤根錯節。蟠，盤曲，形容樹根委積。⓭耗亂不集　國庫被消耗散亂，不能集中使用。⓮蠹敝　腐蝕；敗壞。⓯三五千匹　指帛。⓰丙寅晦　十二月三十日。⓱都官員外郎　刑部第二司副長官。刑部都官司職掌官奴婢及戰俘，給衣糧醫藥，審理訴獄。⓲關播　（西元七〇七—七八五年）字務元，衛州汲（今河南衛輝）人，官至宰相。傳見《舊唐書》卷一百三十、《新唐書》卷一百五十一。⓳比以下詔求賢　近來已下詔徵求賢才。比，近。以，通「已」。⓴搜訪　尋訪。㉑隨牒舉選　應州縣文牒而被推舉為官。㉒肩輿入中書　乘轎入中書省辦公。㉓休假在第　休假居家中。㉔中使　宮中使臣，宦官充任。

【語譯】十二月十九日乙卯，冊立宣王李誦為皇太子。

按舊例，徵收的天下金銀絹帛都儲備在左藏中，由太府四季上報儲藏數量，由比部審核收支。到第五琦擔任度支和鹽鐵使，由於當時京城中有眾多居功自傲的將領，索要錢物毫無節制，第五琦不能約束，於是奏請把財賦全部貯藏在大盈內庫中，指派宦官管理。天子也認為這樣取用比較方便，所以財賦長期都貯藏在內庫而無支出。這樣一來，就把公賦當做了君主的私財，主管官署不能得知財賦多少，無法核實收支盈虧，這種情況持續了近二十年。掌理內庫的宦官有三百多人，都蠶食其中，他們盤根錯節，牢不可動。楊炎在德宗面前磕頭進言說：「財賦，是國家的根本，是民眾生命所繫，國家的盛衰安危，無不由它引發。因此前朝都是指派重臣掌管其事，即使如此，仍難免虛耗和混亂。如今卻完全指派宦官掌管收支，其盈虧大臣們都不知道，朝政的敗壞，沒有比這更嚴重的了。請皇上將財賦大權重歸主管官署。預算宮中全年所需費用，讓主管官署按數額納入，一定不敢使宮中用度缺乏。只有這樣，才能治理國家政事。」德宗當天頒布詔令：「凡是財賦都歸左藏儲存，一切都依老規矩辦，每年從中選擇精美的布帛三、五千匹，送進大盈內庫。」楊炎用三言兩語便改變了德宗的想法，議論這件事的人都稱讚楊炎。○十二月三十日丙寅，發生了日蝕。

湖南賊帥王國良憑藉山勢險要做強盜，德宗派遣都官員外郎關播去招撫。關播辭行，德宗詢問治理國家的要領。關播回答說：「治國的根本，在於必須求得德才兼備的人，讓他參與治理。」德宗說：「我近來頒詔求賢，又派使臣各處尋訪，這樣大概可以把天下治理好了吧？」關播回答說：「陛下頒詔徵求的和使臣推薦的，只是一些憑文詞求取官職的士人，哪有深懷高德的賢人願意應州縣的文牒而被推舉的呢！」德宗聽了很高興。

崔祐甫患病，德宗命令用轎子將他抬進中書省議事，有時崔祐甫在府第休假，遇有大事，就派宦官去向崔祐甫諮詢處理的辦法。

德宗神武孝文皇帝❶一

建中元年（庚申　西元七八〇年）

春，正月丁卯朔❷，改元。羣臣上尊號曰聖神文武皇帝，赦天下。始用楊炎議，命黜陟使❸與觀察、刺史約百姓丁產❹，定等級，改作兩稅法❺。比來❻新舊徵科色目❼，一切罷之。二稅外輒率一錢❽者，以枉法論。

唐初，賦斂之法曰租、庸、調❾，有田則有租，有身則有庸，有戶則有調。玄宗之末，版籍浸壞❿，多非其實。及至德兵起⓫，所在賦斂⓬，迫趣取辦⓭，無復常準⓮。賦斂之司⓯增數而莫相統攝⓰，各隨意增科⓱，自立色目⓲，新故相仍，不知紀極⓳。民富者丁多，率為官、為僧以免課役⓴，而貧者丁多，無所伏匿，故上戶優而下戶勞。吏因緣蠶食㉑，民[1]旬輸月送㉒，不勝困弊，率皆逃徙為浮戶㉓，其土著百無四五。至是，炎建議作兩稅法，先計州縣每歲所應費用及上供之數而賦於人，量出以制入㉔。戶無主、客㉕，以見居為簿㉖。人無丁、中㉗，以貧富為差。為行商者，在所州縣稅三十之一，使與居者均，無僥利㉘。居人之稅㉙，秋夏兩徵之。其租、庸、調雜徭悉省㉚，皆總統於度支㉛。上用其言，因赦令行之。

初，左僕射㉜劉晏㉝為吏部尚書㉞，楊炎為侍郎，不相悅㉟。元載㊱之死，晏有力焉。及上即位，晏久典利權，眾頗疾之，多上言轉運使可罷，又有風言㊲晏嘗密表勸代宗立獨孤妃㊳為皇后者。楊炎為宰相，欲為元載報仇，因為上流涕言：「晏與黎幹、劉忠翼㊴同謀，臣為宰相不能討，罪當萬死！」崔祐甫言：「茲事曖昧，陛下已曠然㊵大赦，不當復究尋虛語。」炎乃建言：「尚書省，國政之本，比置諸使，分奪其權，今宜復舊。」上從之。甲子㊶[2]，詔天下錢穀皆歸金部、倉部㊷，罷晏轉運、租庸㊸、青苗㊹、鹽鐵等使。

【章旨】以上為第五段，寫楊炎施行兩稅法，劉晏被罷官。

【注釋】❶德宗神武孝文皇帝 即李适，代宗李豫長子，西元七七九—八〇五年在位。廟號德宗，諡曰神武孝文。❷丁卯朔 正月初一日。❸黜陟使 欽差大臣之一，出使巡察地方，罷黜貪吏，升賞廉吏，問民疾苦，賑濟窮乏。❹約百姓丁產估算統計百姓的成丁與產業。❺兩稅法　楊炎推行的稅制，以納錢代實物租稅。全國稅額以大曆十四年墾田數為標準，一年按兩次徵稅，夏稅無過六月，秋稅無過十一月。❻比來　近來。❼新舊徵科色目　新頒以及舊有的各種徵稅科目。❽輒率一錢　擅自多徵一文錢。輒，專擅；擅自。❾租庸調　租，田租。庸，代役錢。調，戶口稅。租庸調與均田制相適應。丁男授田一百畝，每年納粟二石或稻三石為租。歲輸絹二匹，綾、絁各二丈，綿三兩為調。非蠶鄉則納布二丈五尺，麻三斤。役力，每丁每年二十日，閏月加二日，如不服役，每日納庸絹三尺或布三尺七寸五分，謂之庸。中唐後，均田制破壞，租庸調法大弊，故改行兩稅法。❿版籍浸壞　田產圖冊與戶口簿籍逐漸壞弛。浸，逐漸。⓫至德兵起　指安史之亂。至德，唐肅宗年號。至德元載（西元七五六年），安史之亂爆發。⓬所在賦斂　指全國各地的賦稅徵收。所在，凡徵稅之地。⓭迫趣取辦　官吏催促辦理。⓮無復常準　謂不再按常規徵租庸調。⓯賦斂之司　主管徵稅的部門。⓰莫相統攝　唐初租庸調由戶部度支司總管徵納，安史之亂以後，度支使權重於戶部，又有鹽鐵使掌鹽鐵稅收，互不統屬。⓱隨意增科　隨意增加稅額。⓲自立色目　自行設立徵稅名目、種類。色目，徵稅名目、名稱，即種類。⓳紀極　極限。⓴課役　課賦差役。㉑吏因緣蠶食　主管稅收的官吏，利用租庸調的弊病而蠶食刻剝百姓。因緣，鑽空子。㉒旬輸月送　謂百姓一年之中納稅不斷，每十天半月就要納稅一次。㉓浮戶　遊戶；流民。㉔量出以制入　核算國家總支出以制定賦稅總額；反過來則是量入為出，按總收入來規劃總支出。㉕主客　州縣有主戶、客戶。㉖以見居為簿　以當前所居地登記戶籍。見，通「現」。簿，戶籍。㉗丁中　丁，成丁。中，半成丁。唐玄宗天寶三載（西元七四四年），令民十八歲以上為中男，二十三歲以上為成丁。㉘無僥利　沒有僥倖之利。指行商在外者，於所在州縣登記納稅，不得逃稅獲僥倖之利。㉙居人之稅　農民納稅。居，土著居家的農民。此指戶籍所居。㉚悉省　一切雜稅盡行免除。㉛皆總統於度支　一切稅收都由度支總管。㉜左僕射　官名，執行政務的尚書省長官。尚書省長官本為尚書令，副手有左、右僕射。因唐太宗曾為尚書令，後例不復置，僕射即為尚書省長官。㉝劉晏　（西元七一五—七八〇年）字士安，曹州南華（今山東東明）人，唐理財家，歷任戶部侍郎、尚書，充度支、鹽鐵、轉運、租庸等使，理財達二十餘年。一度拜相。德宗初即位，楊炎用事，構陷劉晏下獄死。傳見《舊唐書》卷一百二十三、《新唐書》卷一百四十九。㉞吏部尚書　吏部長官，掌考選。㉟不相悅　不融洽。㊱元載　代宗朝宰相。傳見《舊唐書》卷一百十八、《新唐書》卷一百四十五。㊲風言　流言。㊳獨孤妃　代宗貞懿皇后獨孤氏。傳見《舊唐書》卷五十二、《新唐書》卷七十七。㊴黎幹劉忠翼　代宗寵臣。黎幹為京兆尹，劉忠翼為宦官特進。二人狡險諛佞，曾勸代宗立獨孤貴妃為皇后，貴妃子韓王李迥為太子，幾危德宗太子地位。楊炎構陷劉晏曾與二人同謀。黎幹傳見《舊唐書》卷一百十八、《新唐書》卷一百四十五，劉忠翼傳見《舊唐書》卷一百十八。❹❶曠然　寬宏大量。❹❶甲子　正月丁卯朔，無甲子。❹❷金部倉部　官署名。金部為戶部第三司，掌庫藏錢貨出納。倉部為戶部第四司，掌倉儲。❹❸租庸　即租庸使，官名，唐玄宗開元十一年（西元七二三年）設置，掌催徵各地租庸賦稅。❹❹青苗　即青苗使，官名，唐肅宗時設置，掌收田賦附加稅青苗錢。

【校　記】①民　此字原無。據章鈺校，十二行本、乙十一行本皆有此字，張敦仁《通鑑刊本識誤》同，今據補。②甲子　據張敦仁《通鑑刊本識誤》，「甲子」作「甲午」。甲午，正月二十八日。

【語　譯】德宗神武孝文皇帝一

建中元年（庚申　西元七八〇年）

春，正月初一日丁卯，更改年號。群臣給皇帝上尊號稱聖神文武皇帝，大赦天下。德宗開始採用楊炎的建議，命令黜陟使與觀察使、刺史估算百姓的成丁和田地財產數量，定出民戶等級，改行兩稅法。近些年出現的各種稅收名目，一律予以取消。在兩稅之外官吏擅自濫收百姓一文錢的，以違犯國法論處。

唐朝初期，徵收的賦稅有租、庸、調三種，有田地的就有「租」，有丁口的就有「庸」，有家庭戶口的就有「調」。玄宗末年，田產圖冊與戶口簿籍逐漸廢毀，大多與實際情況不符。到了至德年間，戰亂發生，各地的賦斂，官吏催辦，不再有固定標準。徵稅機構數目增加，不相統攝，各機構任意增加賦稅的數額，自行設立賦稅的種類，新舊相重，不知道極限。富有而人丁多的家庭，大部分都得到官員或者寺院的庇護而免除賦役，而窮人丁口多，沒有地方隱藏，所以大戶輕鬆而小戶勞頓。官吏們乘機從中不斷蠶食，百姓租賦十天一送，一月一繳，百姓不勝其弊，大多逃亡流徙為浮戶，真正定居在本土的，一百戶中不到四、五戶。到這時，楊炎建議實行兩稅法，先計算州縣每年應支出的費用和應上繳給中央政府的數額，而後向百姓徵收賦稅。核算國家的支出以制定賦稅收入。戶不分主戶、客戶，都以現居住地登記戶籍。人口不分成丁、半成丁，只按貧富狀況區別等級。外出買賣經商的，於所在州縣內納三十分之一的稅，使他們與定居戶均等納稅，沒有僥倖之利。定居戶的賦稅，在夏秋兩季徵收。以前規定的租、庸、調和各種雜役一律免除，賦稅徵收全部由度支負責管理。德宗採納了楊炎的建議，於是頒布赦令免去百姓以前未繳的賦稅，推行兩稅法。

當初，左僕射劉晏任吏部尚書，楊炎任吏部侍郎，兩人相處不融洽。元載之所以被處死，劉晏曾暗中使勁。等到德宗即位時，劉晏長久掌管財賦大權，大家很怨恨他，很多人建議撤銷轉運使，又有流言說劉晏曾密本上奏勸代宗冊立獨孤妃為皇后。楊炎當上宰相，想要替元載報仇，便痛哭流涕地對德宗說：「劉晏與黎幹、劉忠翼同謀叛逆，臣身為宰相而無法討伐他們，罪該萬死！」崔祐甫對德宗說：「這事真相曖昧不清，既然陛下已寬宏大量地赦免了他們，就不應該再去追尋那些流言蜚語。」楊炎便建議：「尚書省是治理國政最緊要機構，近來設置諸使，分散奪去了尚書省的權力，現在應該恢復舊制。」德宗聽從了楊炎的意見。甲子日，德宗詔令天下所有錢糧事務都歸金部、倉部掌管，免去了劉晏轉運、租庸、青苗、鹽鐵使等職務。

二月丙申朔❶，命黜陟使十一人分巡天下。先是，魏博❷節度使田悅❸事朝廷猶恭順，河北黜陟使洪經綸❹不曉時務，聞悅軍七萬人，符❺下，罷其四萬，令還農。悅陽順命，如符罷之。既而集應罷者，激怒之曰：「汝曹久在軍中，有父母妻子，今一旦為黜陟使所罷，將何資以自衣食乎！」眾大哭。悅乃出家財以賜之，使各還部伍，於是軍士皆德悅而怨朝廷。

崔祐甫以疾多不視事，楊炎獨任大政，專以復恩讎為事，奏用元載遺策城原州❻，又欲發兩京❼、關內❽丁夫浚❾豐州陵陽渠❿，以興屯田。上遣中使⓫詣涇原⓬節度使段秀實⓭，訪以利害，秀實以為「今邊備尚虛，未宜興事以召寇。」炎怒，以為沮己⓮，徵秀實為司農卿⓯。丁未⓰，邠寧節度使李懷光⓱兼四鎮、北庭⓲行營、涇原節度使，使移軍原州，以四鎮、北庭留後劉文喜為別駕⑲。京兆尹⑳嚴郢㉑奏：「按朔方五城，舊屯沃饒之地。自喪亂以來，人功不及，因致荒廢，十不耕一。若力可墾闢，不俟浚渠。今發兩京、關輔人於豐州浚渠營田，計所得不補所費，而關輔之人不免流散，是虛畿甸㉒而無益軍儲也。」疏奏，不報。既而陵陽渠竟不成，棄之。

上用楊炎之言，託以奏事不實，己酉㉓，貶劉晏為忠州㉔刺史。○癸丑㉕，以澤潞㉖留後李抱真㉗為節度使。

楊炎欲城原州以復秦、原㉘，命李懷光居前督作，朱泚、崔寧各將萬人翼其後。詔下涇州為城具㉙，涇之將士怒曰：「吾屬為國家西門之屏，十餘年矣。始居邠州㉚，甫營耕桑，有地著之安。徙屯涇州㉛，披荊榛㉜，立軍府，坐席未暖，又投之塞外㉝，吾屬何罪而至此乎！」李懷光始為邠寧帥，即誅溫儒雅等㉞，軍令嚴峻。及兼涇原，諸將皆懼，曰：「彼五將何罪而為戮？今又來此，吾屬能無憂乎！」劉文喜因眾心不安，據涇州，不受詔，上疏復求段秀實為帥，不則㉟朱泚。癸亥㊱，以朱泚兼四鎮、北庭行營、涇原節度使，代懷光。

三月，翰林學士㊲、左散騎常侍㊳張涉㊴受前湖南㊵觀察使辛京杲㊶金，事覺。

上怒，欲置于法。李忠臣[42]以檢校司空、同平章事、奉朝請[43]言於上曰：「陛下貴為天子，而先生以乏財犯法，以臣愚觀之，非先生之過也。」上意解[44]，辛未[45]，放涉歸田里[46]。辛京杲以私忿杖殺部曲[47]，有司奏京杲罪當死，上將從之。李忠臣曰：「京杲當死久矣！」上問其故，忠臣曰：「京杲諸父兄弟皆戰死，獨京杲至今尚存，臣故以為當死久矣。」上憫然[48]，左遷[49]京杲諸王傅。忠臣乘機[50]救人，多此類。

楊炎罷[51]度支、轉運使，命金部、倉部代之。既而省職久廢[52]，耳目不相接[53]，莫能振舉[54]，天下錢穀無所總領[55]。癸巳[56]，復以諫議大夫[57]韓洄[58]為戶部侍郎、判度支，以金部郎中萬年杜佑[59]權[60]江、淮水陸轉運使，皆如舊制。

劉文喜又不受詔，欲自邀旌節[61]。夏，四月乙未朔[62]，據涇州叛，遣其子質於吐蕃以求援。上命朱泚、李懷光討之，又命神策軍使[63]張巨濟將禁兵二千助之。

吐蕃始聞韋倫[64]歸其俘，不之信。及俘入境，各還部落，稱：「新天子出宮人，放禽獸，英威聖德，洽[65]於中國。」吐蕃大悅，除道[66]迎倫。贊普[67]即發使隨倫入貢，且致賻贈[68]。癸卯[69]，至京師，上禮接之。既而蜀將上言：「吐蕃豺狼，所獲俘不可歸。」上曰：「戎狄犯塞則擊之，服則歸之。擊以示威，歸以示信。

威信不立，何以懷遠！」悉命歸之[70]。

代宗之世，每元日[71]、冬至[72]、端午[73]、生日[74]，州府於常賦之外競為貢獻[75]，貢獻多者則悅之。武將、姦吏緣此[76]侵漁[77]下民。癸丑[78]，上生日，四方貢獻皆不受。李正己[79]、田悅[80]各獻縑[81]三萬匹，上悉歸之度支以代租賦。

【章旨】以上為第六段，寫德宗銳意興革，懲貪、罷貢奉、節制方鎮，所用非人，得失參半。

【注釋】❶丙申朔　二月初一日。❷魏博　方鎮名，唐代宗廣德元年（西元七六三年）置。治所魏州，在今河北大名東北。❸田悅　（西元七五一—七八四年）代宗大曆十四年（西元七七九年）繼田承嗣為魏博節度使。傳見《舊唐書》卷一百四十一、《新唐書》卷二百十。❹洪經綸　朱泚反，授經綸太常少卿，後被李晟處死。傳見《舊唐書》卷一百二十七。❺符　符令；法令。❻元載遺策城原州　原州治所高平，在今寧夏固原，當隴山之口，為遏制吐蕃入侵的軍事要衝。唐代宗大曆八年，元載請築城戍原州，未果，今楊炎復奏，請用其遺策。❼兩京　西京長安、東京洛陽。❽關內　即關中。❾浚　開鑿。❿陵陽渠　在豐州九原縣。豐州治所即九原，在今內蒙古五原南。⓫中使　由宮中派出的宦官使者。⓬涇原　方鎮名，唐代宗大曆三年置。治所涇州，在今甘肅涇川縣。⓭段秀實　（西元七二〇—七八四年）字成公，姑臧（今甘肅武威）人，官至司農卿。朱泚反，秀實罵賊而死。傳見《舊唐書》卷一百二十八、《新唐書》卷一百五十三。⓮沮己　敗壞自己，故意作對。⓯司農卿　官名，司農寺長官。司農寺，唐中央九寺之一，掌倉儲及農林園苑事務。⓰丁未　二月十二日。⓱李懷光　（西元七三〇—七八四年）郭子儀部將，積功官至邠寧節度使。傳見《舊唐書》卷一百二十一、《新唐書》卷二百二十四。⓲四鎮北庭　方鎮名。四鎮，即安西都護府四鎮，唐貞觀二十二年（西元六四八年）設於西域的四個軍鎮，為龜茲、疏勒、于闐、焉耆，在今新疆天山南部。北庭，即北庭都護府，唐玄宗先天元年（西元七一二年）始置，在伊州之西，故又稱伊西，轄伊、西、庭三州。開元後北庭與四鎮時分時合。授李懷光兼領四鎮、北庭行營使，只是一個加銜。⓳別駕　節度別駕，節度使佐官，無實職。⓴京兆尹　京師行政長官。㉑嚴郢　官至御史大夫。與盧杞共構陷楊炎。傳見《新唐書》卷一百四十五。㉒畿甸　京畿，指關中。㉓己酉　二月十四日。㉔忠州　州名，治所在今重慶市忠縣。㉕癸丑　二月十八日。㉖澤潞　方鎮名，唐肅宗至德元載（西元七五六年）置。治所潞州，在今山西長治。㉗李抱真　唐名將李抱玉堂弟，官至昭義節度使，封義陽王。傳見《舊唐書》卷一百三十二、《新唐書》卷一百三十八。㉘秦原　秦州、原州。秦州治所在今甘肅甘谷東北，原州治所在今寧夏固原。㉙為城具　治辦築城之具。㉚邠州　州名，治所新平，在今陝西彬縣。㉛徙屯涇州　代宗大曆三年邠寧節度使馬璘徙屯涇州。㉜披荊榛　開荒墾闢。披，開墾。㉝投之塞外　指代宗廣德元年吐蕃入寇，棄原州不守，故云投之塞外。㉞李懷光始為邠寧帥二句　溫儒雅、史抗、龐仙鶴、張獻明、李光逸等五將，皆郭子儀部屬名將。代宗大曆十四年，李懷光始為邠寧節度使，諸將不服，李懷光盡誅之，大失眾心。㉟不則　否則。不，通「否」。㊱癸亥　二月二十八日。㊲翰林學士　唐初為待詔文士，備應對顧問，草擬文詔，安史之亂以後參決謀議，有宰相之權。㊳左散騎常侍　門下省屬官，侍從皇帝，規諫過失，以備顧問。㊴張涉　蒲州人，其家世代為儒。涉為國子監博士，德宗為太子時，受經於涉。德宗即位，涉居翰林，恩禮甚厚。涉薦喬琳為相，琳不稱職，德宗由是疏涉。貪贓事發，免官歸鄉里。傳見《舊唐書》卷一百二十七。㊵湖南　方鎮名，唐代宗廣德二年置湖南觀察使，治衡州，大曆四年徙治潭州，在今長沙。唐僖宗中和三年（西元八八三年），更名為欽化軍節度使。㊶辛京杲　（？—西元七八四年）官至工部尚書致仕。傳見《新唐書》卷一百四十七。㊷李忠臣　（？—西元七八四年）原名董秦，安祿山部將，歸唐後戰功卓著賜名李忠臣。歷任蔡州刺史、汴州刺史，加檢校司空、同平章事、奉朝請，封西平郡王。朱泚反逆，忠臣受偽職，朱泚敗，忠臣被斬。傳見《舊唐書》卷一百四十五、《新唐書》卷二百二十四下。㊸檢校司空同平章事奉朝請　中唐後，帶檢校的相職，皆為加官，僅示官品高下，不掌職事。李忠臣任蔡州刺史時加官司空、同平章事，後為李希烈所逐，閒居京師為奉朝請。奉朝請，散官名，帶此銜可定期朝見皇帝，春曰朝，秋為請。㊹解　怒氣消散。㊺辛未　三月初六日。㊻放涉歸田里　張涉被罷官回歸鄉里。放，放回，罷官的委婉說法。㊼部曲　部屬。㊽憫然　哀憐。㊾左遷　降職。㊿乘機　利用關鍵時機；見機。(51)罷　裁撤。(52)省職久廢　指尚書省戶部財政各司度支、金部、倉部等失其職已久。今罷度支使、轉運使，財權歸還戶部，運轉不靈。(53)耳目不相接　上下隔絕，情報不通。(54)莫能振舉　沒人能把工作開展起來。莫能，沒人能。(55)無所總領　無人總管、統籌。(56)癸巳　三月二十八日。(57)諫議大夫　官名，初隸門下省，德宗貞元四年（西元七八八年）分左右置，各四員，分屬門下、中書，掌諫議。(58)韓洄　歷官戶部侍郎、判度支、兵部侍郎、京兆尹。傳見《舊唐書》卷一百二十九、《新唐書》卷一百二十六。(59)杜佑　（西元七三五—八一二年）字君卿，京兆萬年（今西安東）人，歷任嶺南、淮南等節度使，封岐國公。精通史學，著有《通典》行於世。傳見《舊唐書》卷一百四十七、《新唐書》

卷一百六十六。(60)權　權知之省稱。唐制，臨時任職、代理稱權知。(61)自邀旌節　自任節度使。旌節，此指節度使旌節。(62)乙未朔　四月初一日。(63)神策軍使　即神策軍監軍使。神策軍，本為天寶末隴右節度使哥舒翰在臨洮（今甘肅岷縣）西所置的邊鎮軍，安史之亂，勤王京師，因置為禁衛軍，由宦官掌領。(64)韋倫　開元、天寶間朔方節度使韋光乘之子，京兆（今陝西西安）人，歷官山南東道節度使、太常少卿。兩度出使吐蕃稱旨，封郢國公。傳見《舊唐書》卷一百三十八、《新唐書》卷一百四十三。(65)洽　和諧；安定。(66)除道　整修、灑掃道路。(67)贊普　吐蕃君長之稱。(68)致賻贈　韋倫為告哀使，故贊普致代宗以喪葬禮品。賻，致喪禮物。(69)癸卯　四月初九日。(70)悉命歸之　命令各節度諸將所獲吐蕃俘虜盡數遣歸。(71)元日　正月初一。(72)冬至　中國陰曆二十四節氣之一，在陽曆的十二月二十二日或二十三日。(73)端午　陰曆五月初五日。(74)生日　指當今皇帝生日。(75)貢獻　自唐代宗迄於五代，州縣於元日、冬至、端午、誕辰皆向皇帝致賀禮，稱為四時貢獻。(76)緣此　藉此機會。緣，因緣；藉機。(77)侵漁　侵奪。漁，漁獵。引申為奪取。(78)癸丑　四月十九日。德宗李适生於天寶元年四月十九日。建中元年四月十九日為癸丑。(79)李正己　淄青節度使。傳見《舊唐書》卷一百二十四、《新唐書》卷二百十三。(80)田悅　魏博節度使。傳見《舊唐書》卷一百四十一、《新唐書》卷二百十三。(81)縑　細絹。

【語　譯】二月初一日丙申，朝廷命令黜陟使十一人分巡全國。先前，魏博節度使田悅對朝廷還算恭順，河北黜陟使洪經綸不懂政務，聽說田悅統率的軍隊達七萬人，便下命令，裁減部隊四萬人，命令他們回家務農。田悅表面上接受命令，依令裁軍。馬上卻召集應當被裁部眾，激怒他們說：「你們長期在軍隊中，有父母妻兒，如今一旦被黜陟使裁減，將靠什麼穿衣吃飯呢！」眾人大哭。田悅於是拿出家財分賜給他們，讓他們各歸原隊。因此，軍士們都感恩田悅而怨恨朝廷。

崔祐甫因有病，基本上不問政事，楊炎獨掌朝政，只把報恩復仇當做正事，奏請採用元載生前提出的修築原州城的計畫，又想徵發兩京、關內的壯丁夫役疏浚豐州的陵陽渠，以便興辦屯田。德宗派宦官為使者去見涇原節度使段秀實，諮詢利害關係，段秀實認為「當今邊防還比較虛弱，不適宜大興工程招致敵人。」楊炎大怒，認為他詆毀自己，於是召回段秀實擔任司農卿。二月十二日丁未，朝廷命令邠寧節度使李懷光兼任四鎮、北庭行營、涇原節度使，並命他移軍原州，任命四鎮、北庭留後劉文喜為別駕。京兆尹嚴郢上奏說：

「考察朔方五城，原先屯墾的肥饒之地。自戰亂以來，勞動力不足，因而導致荒廢，被耕種的土地還不到十分之一。如果有足夠的勞力耕墾，就不必等疏通渠道擴展屯田了。現在如果調發兩京、關內的人力去豐州通渠墾荒，算來所得不補所費，而關內一帶的老百姓免不了因此逃亡流散，這樣會造成京師周邊人丁空虛，也無益於增加軍糧儲備。」奏疏呈上，沒有答覆。後來疏通陵陽渠的工程最終也沒能完成，廢棄了修渠工程。

德宗採納了楊炎的意見，以劉晏奏事不實為藉口，二月十四日己酉，貶劉晏為忠州刺史。〇十八日癸丑，任命澤潞留後李抱真為節度使。

楊炎打算修築原州城恢復秦州、原州，命令李懷光前往監工，朱泚、崔寧各領軍萬人在後輔助。德宗下詔命涇州準備築城器具，涇州將士憤怒地說：「我們是捍衛國家西門的屏障，已經十餘年了。最初屯駐邠州，剛剛開始經營農桑，有就地著籍之安。又調我們往涇州屯田，我們披荊斬棘，建立軍營，可是坐席未暖，又要將我們投放塞外，我們犯了什麼罪而這樣折騰我們！」李懷光剛就任邠寧節度使，就處死了溫儒雅等人，軍令嚴厲。等到兼任涇原節度使，各位將領都很恐懼，他們說：「那五位將領犯了什麼罪而遭殺戮？現在他又來這裡，我們能不心憂嗎！」劉文喜趁眾心不安，佔據了涇州，不接受詔令，上奏還是請朝廷派段秀實擔任統帥，否則就派任朱泚。二月二十八日癸亥，朝廷任命朱泚兼任四鎮、北庭行營、涇原節度使，取代李懷光。

三月，翰林學士、左散騎常侍張涉收受了前任湖南觀察使辛京杲的賄賂，事情被發覺。德宗震怒，準備依法懲治。李忠臣以檢校司空、同平章事、奉朝請的身分進言德宗說：「陛下貴為天子，而您的老師卻因為缺少錢財而犯法，依臣下愚見，這並非您老師的過錯。」德宗的怒氣消了許多，初六日辛未，德宗將張涉解職放回原籍。辛京杲因為私忿用杖刑打死了一個下屬，有關官署奏請按照法律應將辛京杲判死罪，德宗準備依奏處理。李忠臣對德宗說：「辛京杲早就該死了！」德宗詢問他其中緣故，李忠臣說：「辛京杲的父輩和兄弟們都戰死了，唯獨辛京杲一人至今還活著，因此我認為辛京杲早就該死了。」德宗心懷哀憐，將辛京杲降職為諸王師傅。李忠臣常在關鍵時刻救人，大多是這種情況。

楊炎撤銷了度支和轉運使，由金部和倉部取代其職責。不久，因為尚書省職事久廢，上下接應不上，沒有人能把工作開展起來，以至於天下錢糧無人統籌處置。三月二十八日癸巳，又任命諫議大夫韓洄為戶部侍郎，管理度支事務，任命金部郎中萬年人杜佑代理江、淮水陸轉運使，全部恢復先前的制度。

劉文喜再度不服從詔命，打算自任涇原節度使。夏，四月初一日乙未，劉文喜佔據涇州反叛朝廷，派遣兒子去吐蕃做人質請求援助。德宗命令朱泚、李懷光討伐劉文喜，又派神策軍使張巨濟統領禁衛軍二千人前去增援。

吐蕃起初聽說韋倫要把戰俘送還吐蕃，不肯相信。等到戰俘回到境內，各自返回原來的部落，到處宣傳：「新皇帝放出宮女回家，放走禽獸回歸山林，皇上英明威武神聖仁德，使中國一派和諧、安定。」吐蕃非常高興，灑掃道路迎接韋倫。吐蕃贊普隨即派出使者跟隨韋倫入朝進貢，並且為代宗致送喪葬禮品。四月初九日癸卯，吐蕃使者到達京城，德宗按禮儀接見了吐蕃使者。不久，蜀地的守將上奏說：「吐蕃如豺狼，俘虜的人不能放回去。」德宗說：「戎狄侵犯邊塞就回擊他，順服了就放回他。回擊是用以顯示威力，歸還戰俘是用以顯示誠信。如果不建威立信，用什麼去懷柔遠方的夷狄呢！」命令放回所有戰俘。

在代宗朝，每逢正月初一、冬至、端午、皇上的生日，各州府在規定的賦稅之外競相向皇上進貢，進貢數額多的皇上就喜歡。武將、奸吏趁機侵奪百姓。四月十九日癸丑，是德宗的生日，全國各地進貢的禮物德宗一概不接受。李正己、田悅每人給皇帝獻上細絹三萬匹，德宗全部交付給度支用來充當租賦。

五月戊辰❶，以韋倫為太常卿❷。乙酉❸，復遣倫使吐蕃。倫請上自為載書❹，與吐蕃盟。楊炎以為非敵❺，請與郭子儀輩為載書以聞，令上畫可而已，從之。

朱泚等圍劉文喜於涇州，杜其出入❻，而閉壁不與戰，久之不拔。天方旱，徵發餽運，內外騷然，朝臣上書請赦文喜以蘇疲人[7]者，不可勝紀。上皆不聽，曰：「微孽[8]不除，何以令天下！」文喜使其將劉海賓[9]入奏。海賓言於上曰：「臣乃陛下藩邸部曲[10]，豈肯附叛臣，必為陛下梟其首以獻。但文喜今所求者節而已，願陛下姑與之，文喜必怠，則臣計得施矣。」上曰：「名器不可假人[11]，爾能立效固善，我節不可得也。」使海賓歸以告文喜，而攻之如初。減御膳以給軍士，城中將士當受春服者，賜予如故。於是眾知上意不可移。時吐蕃方睦於唐，不為發兵，城中勢窮。庚寅[12]，海賓與諸將共殺文喜，傳首[13]，而原州竟不果城[14]。

自上即位，李正己內不自安，遣參佐入奏事。會涇州捷奏至，上使觀文喜之首而歸。正己益懼。

六月甲午朔[15]，門下侍郎、同平章事崔祐甫薨。

術士桑道茂[16]上言：「陛下不出數年，暫有離宮之厄[17]。臣望奉天有天子氣，宜高大其城，以備非常。」辛丑[18]，命京兆發丁夫[19]數千，雜六軍[20]之士，築奉天城。

初，回紇[21]風俗朴厚，君臣之等不甚異，故眾志專一，勁健無敵。及有功於唐[22]，唐賜遺甚厚，登里可汗[23]始自尊大，築宮殿以居，婦人有粉黛文繡之飾。

中國為之虛耗，而虜俗亦壞。及代宗崩，上遣中使梁文秀往告哀，登里驕不為禮。九姓胡㉔附回紇者，說登里以中國富饒，今乘喪伐之，可有大利。登里從之，欲舉國入寇。其相頓莫賀達干，登里之從父兄也，諫曰：「唐，大國也，無負於我。吾前年侵太原㉕，獲羊馬數萬，可謂大捷。而道遠糧乏，比歸，士卒多徒行者。今舉國深入，萬一不捷，將安歸乎！」登里不聽。頓莫賀乘人心之不欲南寇也，舉兵擊殺之，并九姓胡二千人，自立為合骨咄祿毗伽可汗㉖，遣其臣聿達干與梁文秀俱入見㉗，願為藩臣，垂髮不翦，以待詔命。乙卯㉘，命京兆少尹㉙臨漳源休㉚冊頓莫賀為武義成功可汗。

秋，七月丙寅㉛，邵州㉜賊帥王國良降。國良本湖南牙將，觀察使辛京杲使戍武岡㉝，以扞西原蠻㉞。京杲貪暴，國良家富，京杲以死罪加之，國良懼，據縣叛，與西原蠻合，聚眾千人，侵掠州縣，瀕湖千里，咸被其害。詔荊、黔、洪、桂㉟諸道合兵討之，連年不能克。及曹王皋㊱為湖南觀察使，曰：「驅疲甿㊲，誅反仄，非策之得者也。」乃遣國良書，言：「將軍非敢為逆，欲救死耳。我與將軍俱為辛京杲所構㊳，我已蒙聖朝湔洗，何心復加兵刃於將軍乎！將軍遇我，不速降，後悔無及。」國良且喜且懼，遣使乞降，猶疑未決。皋乃假為使者㊴，從一騎，越五百里，抵國良壁，鞭其門，大呼曰：「我曹王也，來受降！」舉軍大驚。國良趨出，迎拜請罪。皋執其手，約㊵為兄弟，盡焚攻守之具，散其眾，使還農。詔赦國良罪，賜名惟新。

辛巳㊶，遙尊上母沈氏為皇太后㊷。

荊南節度使庾準㊸希楊炎指㊹，奏忠州刺史劉晏與朱泚書求營救，辭多怨望；又奏召㊺補州兵，欲拒朝命，炎證成之。上密遣中使就忠州縊殺㊻之。己丑㊼，乃下詔賜死。天下冤之。

【章旨】以上為第七段，寫德宗和好吐蕃、回紇，討平叛逆，冤殺劉晏。

【注釋】❶戊辰　五月初五日。❷太常卿　太常寺長官，掌宗廟、禮樂、郊祀、醫藥、卜筮等事務。❸乙酉　五月二十二日。❹載書　會盟時所訂立的誓約文字。用以指盟誓之書。❺非敵　品級地位不相匹敵。❻杜其出入　四面包圍，阻斷出入。杜，阻隔。❼蘇疲人　寬緩疲於軍旅勞役之人。蘇，寬緩。❽微孼　小小妖孽。指劉文喜。❾劉海賓　涇原兵馬將。劉文喜叛涇州，劉海賓父子陽奉而心歸唐。誅劉文喜後，劉海賓受封樂平郡王。傳見《新唐書》卷一百五十三。❿藩邸部曲　藩王府舊部。德宗初以雍王為天下兵馬元帥，討史朝義，故劉海賓稱其為舊部。部曲，泛指行伍部曲。⓫名器不可假人　《左傳》成公二年孔子言曰：「唯器與名不可以假人。」名，名分。器，象徵等級名分的禮器。這兩樣東西是王權的象徵，不可隨便給予逆臣。這裡指節度使之名分及符節不能給劉文喜。⓬庚寅　五月二十七日。⓭傳首　將劉文喜之頭驛傳至京師。⓮竟不果城　最終未築原州城。⓯甲午朔　六月初一日。⓰桑道茂　善預言的方術士。傳見《舊唐書》卷一百九十一、《新唐書》卷二百四。⓱離宮之厄　離開宮城的危難，即天子蒙塵之災。⓲辛丑　六月初八日。⓳發丁夫　徵發成丁。⓴六軍　北衙禁軍之名。指左右羽林軍、左右龍武軍、左右神武軍。㉑回紇　唐代西北塞外民族名，又作「回鶻」。㉒有功於唐　唐平安史之亂，曾借兵回紇。㉓登里可汗　西元七五九—七七九年在位。可汗，回紇君主之稱。事跡見《舊唐書》卷一百九十五〈迴紇傳〉、《新唐書》卷二百十七上〈回鶻傳上〉。㉔九姓胡　回紇有九姓部落，為藥羅葛、胡咄葛、咄羅勿、貊歌息訖、阿勿嘀、葛薩、斛嗢素、藥勿葛、奚耶勿等九姓。㉕前年侵太原　指大曆十三年（西元七七八年）正月回紇入侵太原。㉖合骨咄祿毗伽可汗　西元七八〇—七八九年在位。事跡見《舊唐書》卷一百九十五〈迴紇傳〉、《新唐書》卷二百十七上〈回鶻傳上〉。㉗入見　入中國朝見德宗皇帝。㉘乙卯　六月二十二日。㉙京兆少尹　京師行政副長官。㉚源休　相州臨漳（今河北臨漳西南）人，歷官京兆尹、光祿卿。奉朱泚為大秦皇帝，受偽職宰相。朱泚敗，源休為其部曲所殺。傳見《舊唐書》卷一百二十七、《新唐書》卷二百二十五。㉛丙寅　七月初四日。㉜邵州　州名，治所在今湖南邵陽。㉝武岡　縣名，縣治在今湖南武岡。㉞西原蠻　古代民族名。唐時居於今廣西南部及越南境內。㉟荊黔洪桂　荊，荊南節度使，治荊州，在今湖北江陵。黔，黔中觀察使，治黔州，在今重慶市彭水苗族土家族自治縣。洪，江南西道觀察使，治洪州，在今江西南昌。桂，桂管經略觀察使，治桂州，在今廣西桂林。㊱曹王皋　唐太宗子曹王李明之第四代孫李皋，歷官湖南觀察使、江西節度使、荊南節度使等職。傳見《舊唐書》卷一百三十一、《新唐書》卷八十。㊲疲甿　疲困的老百姓。甿，古稱農夫為甿隸。㊳構　陷害。㊴假為使者　曹王李皋喬裝為唐軍使者。㊵約　結拜。㊶辛巳　七月十九日。㊷遙尊上母沈氏為皇太后　沈氏，德宗母，代宗睿真皇后，吳興（今浙江吳興）人。安史之亂，沈皇后陷賊於東都洛陽，唐軍收復東都，不知其所在，故德宗遙尊為皇太后。傳見《舊唐書》卷五十二、《新唐書》卷七十七。㊸庾準　為司農卿，柔媚楊炎得為荊南節度使，構陷劉晏。傳見《舊唐書》卷一百十八、《新唐書》卷一百四十五。㊹希楊炎指　迎合楊炎旨意。指，通「旨」。㊺召　通「招」。㊻縊殺　絞殺。㊼己丑　七月二十七日。

【語　譯】五月初五日戊辰，朝廷任命韋倫為太常卿。二十二日乙酉，又派遣韋倫出使吐蕃。韋倫請求皇帝親筆寫一份盟誓文書，與吐蕃結盟。楊炎認為吐蕃與唐朝的地位不對等，請求與郭子儀等人擬定文書後上奏，由德宗認可就行了，德宗採納了楊炎的建議。

朱泚等將領把劉文喜圍在涇州，封鎖了他的進出道路，而劉文喜卻關閉城門不與朱泚交戰，朱泚久攻不下。當時正值天旱，徵發百姓，運輸糧餉，朝野騷動，朝廷大臣上書德宗請求赦免劉文喜，以此來緩解軍疲民困的狀況，上奏的人多得不可勝數。德宗一概不採納，並且說：「小小的孽臣都不能消滅，用什麼來號令天下！」劉文喜派手下將領劉海賓入朝上奏。劉海賓對德宗說：「臣子本是陛下從前藩鎮行營中的部屬，哪肯依附叛逆皇上的罪臣呢？我一定會為陛下砍下劉文喜的頭獻上。但劉文喜現在所求的，不過是一個旌節而已，希望陛下姑且給他，他一定會因此懈怠，而我的計畫就能夠實施了。」德宗說：「名位與相應的禮器不可以隨便給人，你能為朝廷效勞立功，固然是好事，但我的節度使符節劉文喜是得不到的。」讓劉海賓返回將話轉告劉文喜，同時與最初一樣圍攻涇州。德宗省減御膳來供給將士的軍費，城中將士應發春季服裝的，也照舊賜予。因此大家都知道德宗消滅劉文喜的意志是不可改變的。當時吐蕃正與唐朝建立睦鄰關係，不肯為劉文喜派援兵，涇州城內勢單力窮。五月二十七日庚寅，劉海賓與各位將領一起殺了劉文喜，將他的首級傳送京城，原州因為這場戰事最終沒有把城建起來。

自德宗繼位以來，李正己心裡就惶惶不安，派遣幕僚佐吏入朝奏事。正碰上攻破涇州的捷報傳來，德宗讓他看了劉文喜的首級後回去。李正己更加恐懼。

六月初一日甲午，門下侍郎、同平章事崔祐甫去世。

術士桑道茂向德宗進言說：「陛下在幾年之內，暫時會有離開宮城的危難。臣子觀察奉天一帶有天子氣，應當加高加大這座城池，用以防備意外。」六月初八日辛丑，朝廷命令京兆地區徵發壯丁數千名，加入六軍士兵，修築奉天城。

當初，回紇風俗樸實淳厚，君臣間的等級差別不大，因此眾心統一，勇猛強健所向無敵。等到後來有功於唐，唐朝賞賜和贈送非常豐厚，登里可汗開始妄自尊大，修建宮殿居住，宮內婦人粉飾打扮，繡服華美。唐朝因此財力虛耗，而回紇的風俗也變壞了。等到代宗去世，德宗派遣宮中使者梁文秀前往回紇報喪，登里可汗傲慢無禮。有歸附回紇的九姓胡，勸說登里可汗，認為唐朝物產豐富，如今趁國喪出兵征伐唐朝，可獲很大利益。登里可汗聽從了這一建議，想出動全國力量進犯唐朝。回紇宰相頓莫賀達干，是登里可汗的堂兄，勸諫登里可汗說：「唐朝，是個大國，沒有對不起我們的地方。我們前年進犯太原，獲得幾萬羊馬，可以稱得上大勝。但是路途遙遠糧草匱乏，等到返回時，士卒大多徒步而行。現在舉國深入唐境，萬一不勝，將如何返回呢！」登里可汗不聽。頓莫賀乘人心不想南下犯唐，發兵殺死登里可汗，兼併九姓胡二千人，自立為合骨咄祿毗伽可汗，派遣大臣聿達干與粱文秀一同入朝晉見皇帝，表示願歸順朝廷作為藩臣，並且披散頭髮不加修剪，以等待詔命。六月二十二日乙卯，朝廷命令京兆少尹臨漳人源休冊封頓莫賀為武義成功可汗。

秋，七月初四日丙寅，邵州叛賊首領王國良投降。王國良原是湖南駐軍的一個親隨將領，觀察使辛京杲派遣他戍守武岡，用以抵禦西原蠻。辛京杲生性貪婪殘暴，因王國良家中富有，辛京杲給他加了一條死罪，王國良非常害怕，佔據武岡縣城反叛，與西原蠻聯合起來，聚眾一千人，侵擾劫掠州縣，沿湖一帶上千里的地方，都遭受其害。德宗詔令荊南節度使、黔中觀察使、江南西道觀察使、桂管經略觀察使等聯合出兵討伐，連年不能取勝。到曹王李皋擔任湖南觀察使時，李皋認為：「驅使疲憊的百姓誅討反叛的人，這並不是正確的策略。」於是給王國良寫了封信，信中說：「將軍你並不敢反叛朝廷，不過是想救自己的命。我和將軍都被辛京杲所誣陷，我已蒙皇恩昭雪，怎忍心再用武力來對付將軍呢！將軍你遇到我而不立即投降，將會後悔莫及。」王國良讀信後既高興又害怕，便派使者求降，但還猶豫不決。於是李皋假扮前去勸降的使者，帶著一個隨從，騎馬跨越五百里，抵達王國良的營壘，用鞭抽打營門，大聲呼喊說：「我是曹王，快來受降！」全軍大驚。王國良急忙跑出來，迎拜請罪。李皋拉著王國良的手，與他結拜為兄弟，把攻守兵器全部燒光，遣散了王國良的士兵，讓他們返鄉務農。德宗頒詔赦免了王國良的罪過，賜名為惟新。

七月十九日辛巳，德宗遙望東都尊崇母親沈氏為皇太后。

荊南節度使庾準迎合楊炎的意向，向德宗上奏說忠州刺史劉晏寫信給朱泚請求他營救自己，信中有許多埋怨朝廷的話；又奏稱劉晏招兵補充忠州的兵員，打算抗拒朝廷的命令，楊炎旁證而使冤案成立。德宗祕密派遣中使到忠州絞殺劉晏。七月二十七日己丑，德宗下詔賜死劉晏。天下人都認為劉晏死得冤枉。

初，安、史之亂，數年間，天下戶口什亡八九，州縣多為藩鎮所據，貢賦不入，朝廷府庫耗竭。中國多故，戎狄每歲犯邊，所在宿重兵❶，仰給縣官❷，所費不貲❸，皆倚辦於晏。晏初為轉運使❹，獨領陝東諸道❺，陝西皆度支領之，末年兼領，未幾而罷。

晏有精力，多機智，變通有無，曲盡其妙。常以厚直❻募善走者，置遞相望❼，覘報❽四方物價，雖遠方，不數日皆達使司❾，食貨❿輕重之權⓫，悉制在掌握，國家獲利而天下無甚貴甚賤之憂。常以為「辦集眾務，在於得人，故必擇通敏、精悍、廉勤之士而用之。至於句檢簿書⓬，出納錢穀⓭，事雖至細[1]，必委之士類。吏惟書符牒⓮，不得輕出一言。」常言：「士陷贓賄⓯，則淪棄於時⓰，名重於利，故士多清修⓱。吏雖潔廉，終無顯榮，利重於名，故吏多貪污。」然惟晏能行之，他人效者終莫能逮。其屬官雖居數千里外，奉教令如在目前，起居語言，無敢欺紿。當時權貴，或以親故屬之者，晏亦應之，使俸給多少，遷次緩速⓲，皆如其志，然無得親職事⓳。其場院要劇之官⓴，必盡一時之選㉑。故晏沒之後，掌財賦有聲者，多晏之故吏也。

晏又以為戶口滋多，則賦稅自廣，故其理財常以養民為先[2]。諸道各置知院官㉒，每旬月具㉓州縣雨雪豐歉之狀白使司㉔，豐則貴糴㉕，歉則賤糶㉖，或以穀易雜貨供官用，及於豐處賣之。知院官始見不稔之端㉗，先申㉘，至某月須如干㉙

蠲免，某月須如干救助，及期，晏不俟州縣申請，即奏行之，應民之急，未嘗失時，不待其困弊、流亡、餓殍然後賑之也。由是民得安其居業，戶口蕃息。晏始為轉運使，時天下見戶不過二百萬，其季年乃三百餘萬。在晏所統則增，非晏所統則不增也。其初財賦歲入不過四百萬緡㉚，季年乃千餘萬緡。

晏專用榷鹽法㉛充軍國之用。時自許、汝、鄭、鄧之西㉜，皆食河東池鹽，度支主之。汴、滑、唐、蔡之東㉝，皆食海鹽，晏主之。晏以為官多則民擾，故但於出鹽之鄉置鹽官，收鹽戶所煮之鹽轉鬻㉞於商人，任其所之，自餘州縣不復置官。其江嶺間㉟去鹽鄉㊱遠者，轉官鹽於彼貯㊲之。或商絕鹽貴，則減價鬻之，謂之常平鹽，官獲其利而民不乏鹽。其始江、淮鹽利不過四十萬緡，季年㊳乃六百餘萬緡，由是國用充足而民不困弊。其河東鹽利，不過八十萬緡，而價復貴於海鹽。

先是，運關東㊴穀入長安者，以河流湍悍㊵，率一斛得八斗至者，則為成勞，受優賞。晏以為江、汴、河、渭㊶，水力不同，各隨便宜，造運船，教漕卒，江船達揚州㊷，汴船達河陰㊸，河船達渭口㊹，渭口[3]達太倉㊺，其間緣水置倉㊻，轉相受給㊼。自是每歲運穀或至百餘萬斛，無斗升沈覆㊽者。船十艘為一綱，使軍將領之，十運無失，授優勞，官其人。數運之後，無不斑白㊾者。晏於揚子㊿置十場造船，每艘給錢千緡。或言所用實不及半，虛費(51)太多。晏曰：「不然，論大計者固不可惜小費，凡事必為永久之慮。今始置船場(52)，執事者至多，當先使之私用無窘，則官物堅牢矣。若遽(53)與之屑屑校計錙銖(54)，安能久行乎！異日(55)必有患吾所給多而減之者。減半以下猶可也，過此則不能運矣。」其後五十年，有司果減其半。及咸通(56)中，有司計費以給之，無復羨餘(57)，船益脆薄(58)易壞，漕運遂廢矣。

晏為人勤力，事無閒劇(59)，必於一日中決之，不使留宿，後來言財利者皆莫能及之。

【章　旨】以上為第八段，回顧劉晏理財政績。

【注　釋】❶所在宿重兵　邊防要塞駐留重兵。宿，駐留；戍守。❷仰給縣官　依靠朝廷供給。縣官，指代朝廷，猶言官家。❸不貲　數量龐大，不能以資財計算。❹晏初為轉運使　寶應元年（西元七六二年），劉晏始任度支、轉運等使。❺獨領陝東諸道　廣德二年（西元七六四年），劉晏為河南、江、淮以東轉運使，疏浚汴水以通漕，遂掌陝東諸道財賦。陝，陝州，治所在今河南三門峽西舊陝縣。陝東，指陝州以東黃河中下游地域。❻厚直　高價。❼置遞相望　設置傳遞情報的驛站，一站接一站。❽覘報　偵察物情上報。❾使司　轉運使司。❿食貨　糧食及百工之物。⓫輕重之權　輕重，最早由《管子》一書所闡述的一種經濟理論，指國家權衡輕重所採取的一系列政治經濟措施，如調盈濟虛、平衡物價、抑制兼併等。權，權變，根據實際情況加以變通。⓬句檢簿書　稽查審核帳簿。⓭出納錢穀　錢穀的進與出。⓮書符牒　書寫公文。⓯贓賄　貪贓受賄。⑯淪棄於時　當世遭唾棄。時，當世。⑰清修　清廉潔身。⑱遷次緩速　官職升遷快慢。次，等次；級別。緩，指升遷慢。速，指升遷快。⑲親職事　親歷職事；有職有權。請託之官，只給名義和俸祿，但不給實權，不得親行職事。⑳場院要劇之官　掌握物資的重要官員。場院，指碼頭、貨棧。㉑盡一時之選　選拔出當世最傑出的人才。㉒知院官　職掌諸道巡院之官，如今之情報官員。㉓具　一一地；詳盡地。㉔白使司　上報轉運使司。白，報告；上報。㉕豐則貴糴　豐收年，官家用一定的高價購買農產品。㉖歉則賤糶　欠收年，官家平價賣出穀物。㉗不稔之端　指水旱之災的苗頭。不稔，不豐收。㉘先申　對災情作出估計先行申報。㉙如干　若干。㉚緡　銅錢一千文為一緡，俗謂一貫。㉛榷鹽法　鹽業專賣專運。㉜許汝鄭鄧之西　即唐朝的西北部。許、汝、鄭、鄧，皆州名，許州治所在今河南許昌，汝州治所在今河南汝州，鄭州治所在今鄭州，鄧州治所在今河南鄧州。㉝汴滑唐蔡之東　即唐朝的東南部。汴、滑、唐、蔡，皆州名，汴州治所在今河南開封，滑州治所在今河南滑縣，唐州治所在今河南泌陽，蔡州，即豫州，避代宗諱於寶應元年（西元七六二年）改，治所在今河南汝陽。㉞轉鬻　轉賣。㉟江嶺間　長江中游與五嶺之間，即今兩湖地區。㊱鹽鄉　產鹽地區。㊲貯　蓄積；儲備。㊳季年　指劉晏為鹽鐵轉運使之末年，即大曆後期。㊴關東　潼關以東，泛指中原。中唐以後，京師長安仰給江淮，此關東著重指江淮。㊵湍悍　急流洶湧。㊶江汴河渭　長江、汴水、黃河、渭水。㊷揚州　唐時為江都城，揚州治所，江南物資的集散中心。江船達揚州，入淮。㊸河陰　縣名，在今河南鄭州西北黃河南岸。㊹渭口　渭水入黃河之口。㊺太倉　京師糧倉。㊻緣水置倉　沿河岸設置轉運糧倉。㊼轉相受給　沿河各倉輾轉運輸。㊽沈覆　沉沒翻船。㊾無不斑白　沒有人不頭髮花白的。漕運辛苦所致。㊿揚子　揚子江，長江別名。(51)虛費　白白地多花錢。(52)船場　造船的工場。(53)遽　急速。(54)屑屑校計錙銖　斤斤計較細小的利益。屑屑，細碎。校計，盤算。錙銖，古時重量單位，二十四分之一兩為一銖，六銖為一錙。錙銖喻極微小的數量。(55)異日　他日；今後。(56)咸通　唐懿宗年號（西元八六〇—八七四年）。(57)羨餘　贏餘。(58)脆薄　造船的木板薄而脆。(59)劇　事務繁重。

【校　記】[1]事雖至細　此四字原無。據章鈺校，十二行本、乙十一行本皆有此四字，今據補。[2]常以養民為先　原作「以愛民為先」。據章鈺校，十二行本、乙十一行本皆作「常以養民為先」，於義較長，今據改。[3]渭口　《四庫全書》本《通鑑》同。上文云「江船」、「汴船」、「河船」，此當云「渭船」，「口」字有誤。

【語　譯】當初，安、史之亂時，幾年間，天下戶口損失十之八九，州縣多被藩鎮控制，賦稅不上繳國庫，朝廷的府庫耗費一空。國內變故多次發生，周邊的戎狄每年都進犯邊疆，朝廷在邊塞駐紮重兵，後勤給養全賴朝廷供給，所耗費的錢財無法計算，都倚仗劉晏籌辦。劉晏當初擔任轉運使，只管理陝東各道的財政，陝西的各道都歸度支掌管，劉晏任職後期才兼管陝西各道，不久便被罷官了。

劉晏精力充沛，頗多機智，變通有無，曲盡其妙。他常用高薪招募善於行走的人，設置傳遞消息的驛站，前後相望，探訪各地物價上報，雖在遠方，沒有幾天消息就可送達轉運使司，糧食、貨物價格漲跌的權衡，全都在掌控之中，國家獲得了利益而天下民眾也沒有物價暴漲暴跌的擔憂。劉晏常認為「要辦好各項事務，根本在於選用合適的人才，所以必須選擇通達敏捷、精明幹練、廉潔勤奮之士加以任用。至於核查帳簿，錢財穀物的進出，雖然是極細小的事務，一定委任謹慎的士人。胥吏只能幹些繕寫文書的事，不能隨便發表意見。」劉晏常常說：「士人淪落到貪贓受賄，就會被當世拋棄，對他們來說聲譽重於財利，所以士人大多以清廉自修。胥吏即使廉潔奉公，但最終也不會有顯赫的榮耀，對他們來說實際利益重於名譽，所以胥吏大多會貪汙。」然而只有劉晏能夠這樣推行，別人效仿，最終也不能做到。劉晏的屬官即使身在數千里之外，遵奉劉晏的教令就像在劉晏的眼前一樣，生活起居、舉止言行，沒有人敢矇騙。當時的權貴，有把親戚故舊拜託給劉晏以求官職的，劉晏也應承下來，而且給這些人薪俸多少，升遷官職的快慢，都能滿足權貴們的願望，然而就是不能親歷職事。那些碼頭、貨棧的重要官職，一定選擇當世最傑出的人才。所以劉晏去世以後，掌管財賦有聲望的人，大多是劉晏以前的部屬。

劉晏又認為國家的戶口增多，那麼賦稅自然增多，因此他理財常把養民放在首位。在各道都設置知院官，每十天或一月，都要將各州縣下雨降雪和收成豐歉的情況詳盡上報轉運使司，豐年就高價買入糧食，歉收就低價賣出，或者用糧食向民眾換取各種物品供應官府的需用，到糧食豐收的地方出賣這些物品。知院官在開始發現有不能豐收的苗頭時，先要向轉運使司申報，到某月需要朝廷免除多少賦稅，某月需要提供多少救濟。到那時，劉晏不等州縣向朝廷申請，就上奏施行，及時解救百姓的危急，不曾錯過時機，不等到百姓困弊、流亡、餓死然後才去救濟。因此百姓得以安居樂業，戶口蕃息。劉晏最初擔任轉運使，當時天下現有戶口不超過二百萬，到他任職後期竟有三百多萬。在劉晏所轄地區戶口就增長，不是劉晏的所轄地區戶口就沒有增加。他任轉運使之初國家財賦每年收入不超過四百萬緡，到他任職的後期竟有一千多萬緡。

劉晏用榷鹽法籌集經費供軍國之用。當時，自許州、汝州、鄭州、鄧州以西地區，居民吃的都是河東的池鹽，由度支掌管。汴州、滑州、唐州、蔡州以東地區，吃的都是海鹽，由劉晏掌管。劉晏認為官員多了百姓就受到滋擾，所以只在產鹽地設置鹽官，收購鹽戶煮製的食鹽轉賣給商人，聽任商人運往各地，其餘州縣不再設置鹽官。那些江嶺一帶遠離產鹽區的地方，把官鹽轉運到那裡儲存起來。如果鹽商販運斷絕而鹽價騰貴，就將官鹽減價出售，這種鹽稱為常平鹽，官府獲得了賣鹽的利益而百姓又不會缺鹽。當初江、淮一帶每年的食鹽利潤不超過四十萬緡，劉晏任職後期每年竟達到六百餘萬緡，因此國家用度充足而百姓無困弊之苦。而河東池鹽之利，每年不過八十萬緡，價格還比海鹽貴。

此前，將關東的穀物運往長安，因河流湍急兇險，大約運一斛有八斗到達目的地的，就算很有成效了，要受到優厚的獎賞。劉晏認為長江、汴河、黃河、渭水，水勢不盡相同，各自視情況方便與否，建造運船，培訓行船運輸的士卒。由長江來的運船抵達揚州，汴河來的運船抵達河陰，黃河來的運船抵達渭河入黃河的河口，渭河來的運船到達太倉，這中間在沿河岸邊設置糧倉，在各倉庫之間裝卸轉運。從此每年運送糧食到京有時達到百餘萬斛，沒有一斗一升翻沉到江河中的。運船每十艘編為一綱，派軍隊將領帶隊，運輸十次沒有損失的，厚加慰勞，授予其人官職。經過數次運送後，押運者沒有不頭髮花白的。劉晏在揚子江沿岸置設十個造船場，每艘船付給工錢一千緡。有人說造船所用的錢實際上不到所付的一半，白花的錢太多。劉晏說：「不對。考慮大事的人本來就不吝惜小的花費。凡事一定要作長遠打算。現今剛剛設置造船場，操持造船事務的人非常多，應先讓他們私人不缺錢用，那麼造出的官船才會牢固耐用。如果立刻同他們斤斤計較，造出的船怎麼能夠長期使用呢！日後一定有不滿我多給錢而要減少的人。減少的數額不超過一半還可以，超過了一半，造出的船就不能運糧了。」在他之後五十年，主管官署果然將經費減少了一半。到了咸通年間，主管官署核算造船費用按數支付，沒有一點賺頭，造出來的船更加脆薄易壞，漕運事務便廢弛了。

劉晏為人勤懇努力，事情不論輕重緩急，一定要在一天之內處理，不使過夜，後來執掌財政的人沒有一個能趕上他。

八月甲午❶，振武❷留後張光晟❸殺回紇使者董突[1]等九百餘人。董突者，武義可汗之叔父也。代宗之世，九姓胡常冒回紇之名，雜居京師，殖貨❹縱暴，與回紇共為公私之患。上即位，命董突盡帥其徒歸國，輜重甚盛。至振武，留數月，厚求資給，日食肉千斤，它物稱是❺，縱樵牧者暴踐果稼❻，振武人苦之。光晟欲殺回紇，取其輜重，而畏其眾彊，未敢發。九姓胡聞其種族為新可汗所誅，多道亡，董突防之甚急。九姓胡不得亡，又不敢歸，乃密獻策於光晟，請殺回紇。光晟喜其黨自離，許之。上以陝州之辱❼，心恨回紇。光晟知上旨，乃奏稱：「回紇本種非多，所輔以彊者，羣胡耳。今聞其自相魚肉，頓莫賀新立，移地健❽有孽子，及國相、梅錄❾各擁兵數千人相攻，國未定。彼無財則不能使其眾，陛下不乘此際除之，乃歸其人，與之財，正所謂借寇兵齎盜糧者❿也。請殺之。」三奏，上不許。光晟乃使副將過其館門，故不為禮。董突怒，執而鞭之數十。光晟勒兵掩擊，并羣胡盡殺之，聚為京觀⓫。獨留一胡，使歸國為證，曰：「回紇鞭辱大將，且謀襲據振武，故先事誅之。」上徵光晟為右金吾將軍，遣中使王嘉祥往致信幣。回紇請得專殺者⑫以復讎，上為之貶光晟為睦王⑬傅，以慰其意。

丁未[2]，加盧龍、隴右、涇原節度使朱泚兼中書令，盧龍、隴右節度如故。以舒王謨⑭為四鎮、北庭行軍⑮、涇原節度大使，以涇州牙前兵馬使⑯河中姚令言⑰為留後。謨，邈之子也，早孤，上子之。

癸丑⑱，詔贈太后父、祖、兄、弟官，及自餘宗族男女拜官封邑者告第告身⑲，凡百二十有七通，中使以馬負而賜之。

【章旨】以上為第九段，寫振武節度使張光晟殺跋扈作歹的回紇使臣而濫及經商的九姓回紇。

【注釋】❶甲午　八月初三日。❷振武　方鎮名，唐肅宗乾元元年（西元七五八年）分朔方節度使置。治所在今內蒙古和林格爾。❸張光晟　官至太僕卿。朱泚反唐，受偽宰相。朱泚敗，被殺。傳見《舊唐書》卷一百二十七。❹殖貨　做買賣。❺它物稱是　耗費的其他物品價值與上千斤的肉相等。稱，相當；相等。是，代詞，指上千斤的肉錢。❻暴踐果稼　粗暴地踐毀果木禾稼。❼陝州之辱　陝州治所陝縣城，在今河南三門峽市西黃河南岸。陝州城對岸有河北縣。代宗寶應元年（西元七六二年），時德宗李适為皇太子，兼天下兵馬大元帥，借回紇之兵討史朝義，李适會回紇登里可汗於河北城，登里可汗以叔父（唐天子與可汗約為兄弟）自居，責令李适跪拜，是為陝州之辱。❽移地健　登里可汗之名。❾梅錄　回鶻將軍之號。❿借寇兵齎盜糧者　供兵器給敵人，送糧食給盜賊。語出李斯〈諫逐客書〉。⓫京觀　聚屍堆成高大墳墓以誇耀武功。京，高丘。觀，如闕形。⓬專殺者　專擅殺人者，指張光晟。⓭睦王　代宗子，德宗弟李述。傳見《舊唐書》卷一百十六、《新唐書》卷八十二。⓮舒王謨　德宗弟李邈之子。李邈代宗大曆八年（西元七七三年）薨，德宗撫孤，以謨為己子，更名誼，大曆十四年封為舒王。傳見《舊唐書》卷一百五十、《新唐書》卷八十二。⓯行軍　胡三省注認為當作「行營」。⓰牙前兵馬使　即衙前兵馬使，藩鎮所屬統兵官。牙，通「衙」。⓱姚令言　官至涇原節度使，建中四年（西元七八三年）禍亂京師的主將，又擁立朱泚為帝，朱泚敗，姚令言被誅殺。傳見《舊唐書》卷一百二十二、《新唐書》卷二百二十五中。⓲癸丑　八月二十二日。⓳告第告身　胡三省注：「第，恐當作『策』。」告策，封爵策文。告身，拜官委任狀。

【校　記】[1]董突　張敦仁《通鑑刊本識誤》作「突董」。[2]丁未　此二字原無。據章鈺校，十二行本、乙十一行本有此二字，今據補。丁未，八月十六日。

【語　譯】八月初三日甲午，振武留後張光晟殺了回紇的使臣董突等九百多人。董突是武義可汗的叔父。在代宗朝，九姓胡經常冒充回紇的身分，雜居京城，做買賣恣縱橫暴，與回紇人一起成為官府和百姓的共同禍害。當今皇上繼位後，命令董突率領所有的部眾返還回紇居住地，他們裝載的各種物品非常多。到了振武，滯留了好幾個月，要求官府大量供應錢物，每天吃肉一千斤，別的耗費也和這差不多，董突放縱砍柴和放牧的部屬對果樹莊稼橫加踐踏，振武人苦不堪言。張光晟想殺了這些回紇人，奪取他們的物資，但怕他們人多勢大，不敢行動。九姓胡人聽說本族的人被新可汗所殺，他們大多在途中逃亡，董突對他們嚴加防範。九姓胡人不能逃跑，又不敢隨董突一道返回，於是祕密地向張光晟獻計，請求殺死這些回紇人。張光晟非常高興董突徒眾自行分裂，便答應了九姓胡的請求。德宗因在陝州受辱，對回紇心懷痛恨。張光晟知道德宗的心意，於是上奏說：「回紇中本種落的人並不多，協助回紇使之強大的，是其他種落的胡人。如今聽說他們自相魚肉，頓莫賀新立為可汗，登里可汗移地健還留有一個孽子，以及回紇國相、梅錄將軍各自擁有士兵幾千人，相互攻殺，國中局勢不穩定。他們沒有財物就不能驅使自己的部下，陛下不乘此機會除掉回紇，卻放回他們的人馬，給予他們財物，這正所謂將兵器借給敵寇，將糧食送給盜賊。請允許我殺掉他們。」三次奏請，德宗均未允許。張光晟於是指使他的副將經過回紇使臣所住客館門前，故意失禮。董突大怒，把這名副將抓去打了幾十鞭。張光晟率兵突襲，將回紇人和其他胡人全都殺掉，把屍首堆積成高大墳丘。只留下一個胡人，讓他回國為這件事作證，對這人說：「回紇使臣鞭辱我大將，並且策劃襲據振武，因此我們先行殺了他們。」德宗徵召張光晟為右金吾將軍，派遣中使王嘉祥前往回紇送達信件和錢財。回紇可汗請求得到擅自殺死董突的人以報仇，德宗為此將張光晟貶為睦王傅來安撫回紇可汗。

八月十六日丁未，朝廷給盧龍、隴右、涇原節度使朱泚加官兼中書令，仍舊擔任盧龍、隴右節度使。任命舒王李誼為四鎮、北庭行營、涇原節度大使，任命涇州軍隊中的牙前兵馬使河中人姚令言為涇原留後。李誼是李邈的兒子，早年就喪父，德宗把李誼收做養子。

八月二十二日癸丑，德宗頒詔贈太后的父親、祖父、兄弟們官職，以及給宗族中其餘的男女們授官封邑，都頒給策命和委任狀，共有一百二十七件，由中使用馬馱著分賜給他們。

九月壬午❶，將作❷奏宣政殿廊壞，十月魁岡❸，未可修。上曰：「但不妨公害人，則吉矣，安問時日！」即命修之。

大曆以前，賦斂出納俸給皆無法，長吏得專之，重以元、王秉政❹，貨賂公行，天下不按贓吏❺者殆二十年。惟江西觀察使路嗣恭❻按虔州刺史源敷翰❼，流之。上以宣歙❽觀察使薛邕文雅舊臣，徵為左丞❾。邕去宣州❿，盜隱⓫官物以巨萬⓬計，殿中侍御史⓭員寓發之⓮。冬，十月己亥⓯，貶連山尉⓰。於是州縣始畏朝典，不敢放縱。

上初即位，疏斥宦官，親任朝士，而張涉以儒學入侍，薛邕以文雅登朝，繼以贓敗。宦官武將得以藉口，曰：「南牙文臣⓱贓動至巨萬，而謂我曹濁亂天下，豈非欺罔邪！」於是上心始疑，不知所倚仗矣。

中書舍人⑱高參請分遣諸沈⑲訪求太后。庚寅⑳，以睦王述為奉迎使㉑，工部尚書㉒喬琳副之，又命諸沈四人為判官㉓，與中使分行諸道求之。

十一月，初令待制官㉔外，更引朝集使二人，訪以時政得失，遠人㉕疾苦。

先是，公主下嫁者，舅姑㉖拜之，婦不答。上命禮官定公主拜見舅、姑及壻之諸父、兄、姊之儀，舅、姑坐受於中堂，諸父[1]、兄、姊立受於東序㉗，如家人禮㉘。有縣主㉙將嫁，擇用丁丑㉚。是日，上之從父妹㉛卒，命罷之。有司奏：「供張已備㉜，且殤㉝服不足廢事。」上曰：「爾愛其費，我愛其禮。」卒罷之。至德以來㉞，國家多事，公主、郡、縣主㉟多不以時嫁㊱，有華髮㊲者。雖居禁中，或十年不見天子。上始引見諸宗女，尊者致敬，卑者存慰，悉命嫁之。所賫小大之物㊳，必經心目㊴。己卯、庚辰二日㊵，嫁岳陽等凡[2]十一縣主㊶。

吐蕃見韋倫再至㊷，益喜。十二月辛卯朔㊸，倫還，吐蕃遣其相論欽明思等入貢。

是歲，冊太子母王氏為淑妃㊹。○天下稅戶三百八萬五千七十六，籍兵㊺七十六萬八千餘人，稅錢一千八十九萬八千餘緡，穀二百一十五萬七千餘斛。

【章旨】以上為第十段，寫德宗和好吐蕃，嫁公主，治職弊，此時天下戶口繁息，國庫充盈。

【注釋】❶壬午　九月二十一日。❷將作　即將作監，掌宮殿陵寢等工程，長官為將作令、將作大監。❸魁罡　陰陽家的禁忌，有天罡、河魁。凡屬魁罡之月則忌建作。胡三省注引史炤曰：「魁罡者，北斗魁星之氣，十月在戌，為魁罡。」又引宋白曰：「陰陽氏書，謂是歲孟冬為魁罡，不利脩作。」❹元王秉政　指大曆宰相元載、王縉當權之時。❺不按贓吏　不檢舉糾治貪官。按，揭發懲治。❻路嗣恭　字懿範，京兆三原（今陝西富平西南）人，仕代宗、德宗兩朝，歷官江西觀察使、嶺南節度使、河陽三城節度使、東都畿觀察使等職。傳見《舊唐書》卷一百二十二、《新唐書》卷一百三十八。❼源敷翰　人名，源氏貴族後裔。《新唐書》卷七十五〈宰相世系表〉作源敫幹。❽宣歙　方鎮名，唐肅宗乾元元年（西元七五八年）置。治所宣城，在今安徽宣城。❾左丞　官名，尚書僕射副手，有左右丞，分別總領尚書六部事務。左丞領吏、戶、禮三部，右丞領兵、刑、工三部。❿宣州　州名，治所宣城。⓫盜隱　盜竊吞沒。⓬巨萬　猶言萬萬，形容數目巨大。⓭殿中侍御史　官名，唐制，御史臺設殿中侍御史六員，掌殿廷禮儀。⓮員寓發之　員寓檢舉揭發了薛邕盜竊公物的事。⓯己亥　十月初九日。⓰連山尉　連山縣尉，掌縣兵、捕盜等事。連山，縣名，縣治在今廣東連縣西南。⓱南牙文臣　泛指朝官。唐代宦官居長安城北，朝廷官署省、臺、寺、監均設在宮城之南的皇城內，總稱南衙或南司。後來宦官權重，所處之北司與南衙對抗，史書對舉南衙北司。牙，通「衙」。⓲中書舍人　官名，中書省屬官，定員六人，分掌詔書制誥。⓳諸沈　沈皇太后外家。⓴庚寅　十月辛卯朔，無庚寅。庚寅，十一月三十日。㉑奉迎使　使職名，專事訪求沈太后，又稱奉迎太后使。㉒工部尚書　官名，尚書省工部長官，掌天下百工屯田山澤之政。㉓判官　掌理文書之官。唐制，凡派出處理特殊政務之官，以及節度、觀察等使皆例置判官。㉔待制官　唐太宗即位，命京官五品以上，更宿中書、門下兩省，以備訪問，稱待制官。德宗即位初，崔祐甫為相，建議文官一品以上更值待制。其後著於令，正衙待制官日二人。㉕遠人　邊遠地區之人。㉖舅姑　夫婿父母稱舅、姑。㉗東序　中堂東側。㉘家人禮　百姓家人之禮；按血緣倫理關係施禮。㉙縣主　唐制，親王之女封縣主。㉚擇用丁丑　擇用吉日出嫁，是日為丁丑。丁丑，十一月十七日。㉛從父妹　堂妹。從父，叔父。㉜供張已備　指縣主出嫁的酒席與禮儀已具辦。㉝殤　早死。年十九至十六歲死為長殤，十五至十二歲死為中殤，十一至八歲死為下殤。㉞至德以來　即謂安史之亂以來。至德元載（西元七五六年），安史之亂起。㉟公主郡縣主　皇帝之女封公主，太子之女封郡主，諸侯王之女封縣主。㊱不以時嫁　當嫁之年，不能出嫁。㊲華髮　白髮。㊳所齎小大之物　所陪嫁的大小物品，即嫁妝。齎，送物與人。㊴必

經心目　一定經心過目。㊵己卯庚辰二日　十一月十九日、二十日兩天。㊶嫁岳陽等凡十一縣主　據《舊唐書》卷十二〈德宗紀上〉及卷一百五十〈德宗順宗諸子傳〉，十一位縣主為岳陽、信寧、宜芳、永順、朗陵、陽安、襄成、德清、南華、元城、新鄉。㊷吐蕃見韋倫再至　是年五月，韋倫再使吐蕃。㊸辛卯朔　十二月初一日。㊹冊太子母王氏為淑妃　太子母王氏，即唐順宗李誦之母，貞元三年（西元七八七年）進位為皇后。傳見《舊唐書》卷五十二、《新唐書》卷七十七。冊，同「策」。即策封。淑妃，嬪妃之號，位次皇后。㊺籍兵　著於兵籍之兵。

【校　記】1諸父　此二字原脫。據章鈺校，十二行本、乙十一行本皆有此二字，張瑛《通鑑校勘記》同，今據補。按，據上文「壻之諸父、兄、姊之儀」云云，此處當有「諸父」二字。2凡　原誤作「九」，形近致訛。據章鈺校，十二行本、乙十一行本皆作「凡」，今據校正。

【語　譯】九月二十一日壬午，將作監上奏稱宣政殿的廊廡損壞，而十月分正值天岡、河魁禁忌，不宜興工修建。德宗說：「只要不妨礙公務、危害眾人，那就是吉利，哪管是什麼日子！」當即下令繕修。

大曆年間以前，賦稅收支和官吏的薪俸多少都沒有一定的章程，主管官吏得以擅自做主，再加上元載、王縉把持朝政，賄賂公行，天下將近二十年不懲治貪官汙吏。只有江西觀察使路嗣恭懲治了虔州刺史源敷翰，將他流放了。德宗認為宣歙觀察使薛邕是溫文爾雅的老臣，徵召為左丞。薛邕離開宣州時，盜竊吞沒官府的財物以億萬計，這件事被殿中侍御史員寓揭發出來。冬，十月初九日己亥，把薛邕貶謫為連山縣尉。從此，州縣官吏才開始畏懼朝廷的法典，不敢放縱。

德宗剛剛繼位時，疏遠排斥宦官，親近任用朝中文官，而張涉憑藉通曉儒學入侍皇帝，薛邕憑藉文采優雅登上朝堂，相繼以受賄貪贓落馬。宦官、武將以此作為藉口，說：「朝臣貪贓受賄的數目動不動就高達億萬，卻說我們這些人擾亂了天下，這不是欺騙蒙蔽嗎！」從此德宗心中始生疑惑，不知道該依靠哪些人了。

中書舍人高參請求德宗分頭派遣皇太后沈氏族人尋訪太后。庚寅日，任命睦王李述為奉迎使，工部尚書喬琳為奉迎副使，又任命四位沈氏族人為判官，與中使分行諸道尋訪沈太后。

十一月，朝廷首次命令除待制官以外，另外任用兩名朝集使，訪詢朝政得失，邊遠地區民眾的疾苦。

此前，公主下嫁到丈夫家的，公婆向新媳婦下拜，新媳婦不需回禮。德宗命令禮官制定公主下嫁夫家時拜見公婆和丈夫的父輩、哥哥、姐姐們的禮儀，規定公婆坐在中堂受禮，丈夫的父輩、哥哥、姐姐站在中堂東邊接受行禮，如同百姓家人之禮。有位縣主即將出嫁，選擇的吉日為十一月十七日丁丑。這一天，德宗的堂妹去世，命令暫停婚禮。主管官員奏稱：「所有的陳設都已安置齊全，而且未成年的喪事不足以廢止婚事。」德宗說：「你愛惜花費，我愛惜的是禮儀。」最終還是取消了婚禮。從至德年間以來，國家多事，公主、郡主、縣主大多不能夠適齡出嫁，有的頭髮都花白了。雖然居住宮中，有的十年也見不到天子。德宗開始接見各位宗室女性，對輩分高、年齡大的，便致以敬意，對輩分低、年紀輕的，便表示安慰，命令她們全部出嫁。她們陪嫁的大小物件，德宗一定經心過目。十一月十九日己卯、二十日庚辰兩天，嫁出岳陽等總共十一位縣主。

吐蕃首領見韋倫再次以唐使身分來到吐蕃，更加高興。十二月初一日辛卯，韋倫回國，吐蕃首領派遣國相論欽明思等人朝進貢。

這一年，冊封皇太子的生母王氏為淑妃。〇全國本年的納稅戶有三百零八萬五千零七十六戶，在籍士兵有七十六萬八千餘人，稅錢有一千零八十九萬八千餘緡，穀物有二百一十五萬七千餘斛。

二年（辛酉　西元七八一年）

春，正月戊辰❶，成德❷節度使李寶臣❸薨。寶臣欲以軍府❹傳其子行軍司馬❺惟岳❻，以其年少闇弱，豫誅❼諸將之難制者深州❽刺史張獻誠❾等，至有十餘人同日死者。寶臣召易州❿刺史張孝忠⓫，孝忠不往，使其弟孝節召之。孝忠使孝節謂寶臣曰：「諸將何罪，連頸受戮！孝忠懼死，不敢往，亦不敢叛，正如公不入朝之意耳。」孝節泣曰：「如此，孝節必死。」孝忠曰：「往則併命[12]，我在此，必不敢殺汝。」遂歸，寶臣亦不之罪也。兵馬使[13]王武俊[14]位卑而有勇，故寶臣特親愛之，以女妻其子士真，士真復厚結其左右，故孝忠、武俊獨全。

及薨，孔目官[15]胡震、家僮王它奴勸惟岳匿喪二十餘日，詐為寶臣表，求令惟岳繼襲。上不許，遣給事中[16]汲人班宏[17]往問寶臣疾，且諭之。惟岳厚賂宏，宏不受，還報。惟岳乃發喪，自為留後，使將佐共奏求旌節[18]，上又不許。

初，寶臣與李正己、田承嗣、梁崇義相結[19]，期以土地傳之子孫。故承嗣之死[20]，寶臣力為之請于朝[21]，使以節授田悅，代宗從之。悅初襲位，事朝廷禮甚恭，河東[22]節度使馬燧[23]表其必反，請先為備。至是悅屢為惟岳請繼襲，上欲革前弊，不許。或諫曰：「惟岳已據父業，不因而命之，必為亂。」上曰：「賊本無資[24]以為亂，皆藉我土地，假我位號，以聚其眾耳。曏日[25]因其所欲而命之多矣，而亂日益滋，是爵命不足以已亂[26]而適足以長亂也。然則惟岳必為亂，命[27]與不命等耳。」竟不許。悅乃與李正己各遣使詣惟岳，潛謀勒兵拒命。

魏博節度副使田庭玠謂悅曰：「爾藉伯父遺業，但謹事朝廷，坐享富貴，不亦善乎！柰何無故與恆、鄆㉘共為叛臣！爾觀兵興以來，逆亂者誰能保其家乎？必欲行爾之志，可先殺我，無使我見田氏之族滅也。」因稱病臥家。悅自往謝之，庭玠閉門不內，竟以憂卒。

成德判官邵真㉙聞李惟岳之謀，泣諫曰：「先相公受國厚恩，大夫㉚衰絰㉛之中，遽欲負國，此甚不可。」勸惟岳執李正己使者送京師，且請討之，曰：「如此，朝廷嘉大夫之忠，則旄節庶幾可得。」惟岳然之，使真草奏。長史㉜畢華曰：「先公與二道結好二十餘年，柰何一旦棄之！且雖執其使，朝廷未必見信。正己忽來襲我，孤軍無援，何以待之！」惟岳又從之。

前定州㉝刺史谷從政㉞，惟岳之舅也，有膽略，頗讀書，王武俊等皆敬憚之，為寶臣所忌，從政乃稱病杜門㉟。惟岳亦忌之，不與圖事，日夜獨與胡震、王它奴等計議，多散金帛以悅將士。從政往見惟岳曰：「今海內無事，自上國㊱來者，皆言天子聰明英武，志欲致太平，深不欲諸侯子孫專地。爾今首違詔命，天子必遣諸道致討。將士受賞之際[1]，皆言為大夫盡死，苟一戰不勝，各惜其生，誰不離心！大將有權者，乘危伺便㊲，咸思取爾以自為功矣。且先相公所殺高班大將㊳，殆㊴以百數，撓敗㊵之際，其子弟欲復仇者，庸㊶可數乎？又相公與幽州㊷有隙，朱滔兄弟常切齒㊸於我，今天子必以為將。滔與吾擊柝相聞㊹，計其聞命疾驅，若虎狼之得獸也，何以當之！昔田承嗣從安、史父子同反，身經百戰，凶悍聞於天下，違詔舉兵，自謂無敵。及盧子期就擒，吳希光歸國㊺，承嗣指天垂泣，身無所措。賴先相公按兵不進，且為之祈請，先帝㊻寬仁，赦而不誅，不然，田氏豈有種乎！況爾生長富貴，齒髮尚少，不更艱危，乃信左右之言，欲效承嗣所為乎！為爾之計，不若辭謝將佐，使惟誠㊼攝領軍府㊽，身自入朝，乞留宿衛㊾，因言惟誠且留攝事，恩命決於聖志㊿。上必悅爾忠義，縱無大位，不失榮祿，永無憂矣。不然，大禍將至，悔之何及[2]。吾亦知爾素疏忌我，顧以舅甥之情，事急，不得不言耳！」惟岳及左右[3]見其言切(51)，益惡之。從政乃復歸，杜門稱病。惟誠者，惟岳之庶兄也，謙厚(52)好書，得眾心，其母妹為李正己子婦(53)。是日，惟岳送惟誠於正己，正己使復姓張(54)，遂仕淄青。惟岳遣王它奴詣從政家，察其起居，從政飲藥而卒。且死，曰：「吾不憚死，哀張氏今族滅矣！」

劉文喜之死也，李正己、田悅等皆不自安。劉晏死，正己等益懼，相謂曰(55)：「我輩罪惡，豈得與劉晏比乎！」會汴州城隘(56)，廣之(57)，東方人訛言(58)：「上欲東封(59)，故城汴州。」正己懼，發兵萬人屯曹州(60)。田悅亦完聚(61)為備，與梁崇義、李惟岳遙相應助，河南士民騷然驚駭。

永平(62)舊領汴、宋、滑、亳、陳、潁、泗七州，丙子(63)，分宋、亳、潁別為節度使(64)，以宋州刺史劉洽(65)為之。以泗州(66)隸淮南(67)，又以東都(68)留守(69)路嗣恭為懷・鄭・汝・陝四州、河陽(70)三城節度使。旬日(71)，又以永平節度使李勉(72)都統洽、嗣恭二道，仍割鄭州(73)隸之，選嘗為將者為諸州刺史，以備正己等。

【章　旨】以上為第十一段，寫成德、魏博、淄青、襄州等四鎮勾結要維護節度世襲制，德宗要革除積弊，因李寶臣之死為導火索，加深朝廷與四鎮之間的矛盾，雙方備戰，大戰一觸即發。

【注　釋】❶戊辰　正月初九日。❷成德　方鎮名，唐代宗寶應二年（西元七六二年）置，轄恆、趙、深、定、易五州。治所恆州，在今河北正定。❸李寶臣　（西元七一八—七八一年）字為輔，本范陽內屬奚人，原名張忠志，安祿山舊將。歸唐後賜姓及名為李寶臣，封趙國公，為成德軍節度使。傳見《舊唐書》卷一百四十二、《新唐書》卷二百十一。❹軍府　指成德軍節度使府。❺行軍司馬　節度使主要屬官，掌本鎮軍符號令、軍籍、兵械、糧廩等事，權任甚重。德宗以後，常繼任節度使。❻惟岳　李寶臣子，與其父同傳。❼豫誅　諸將未叛而事先誅之。❽深州　州名，治所陸澤，在今河北深州。❾張獻誠　張守珪之子，官至山南西道節度使兼劍南東川節度使，病卒。兩《唐書》有傳。據本傳，張獻誠非李寶臣所殺，所殺大將為辛忠義、盧俶、定州刺史張南容、趙州刺史張彭老、許崇俊等二十餘人。❿易州　州名，治所易縣，在今河北易縣。⓫張孝忠　（西元七二九—七九〇年）為李寶臣將。李惟岳反，張孝忠歸唐為義武軍節度使。傳見《舊唐書》卷一百四十一、《新唐書》卷一百四十八。⓬併命　一同喪命。⓭兵馬使　節度使府總兵官。⓮王武俊　（西元七三五—八〇一年）字元英，李寶臣部將。後殺李惟岳歸唐，官至幽州、盧龍節度使。傳見《舊唐書》卷一百四十二、《新唐書》卷二百十一。⓯孔目官　職掌文書檔案的官員。⓰給事中　官名，門下省屬官，掌封駁審議。⓱班宏　衛州汲（今河南衛輝）人，官至戶部尚書、度支使。傳見《舊唐書》卷一百二十三、《新唐書》卷一百四十九。⓲求旌節　請求予以節度使之旌旗符節。⓳相結　互相結成同黨。

兩《唐書》李寶臣本傳載，李寶臣與田承嗣、李正己、梁崇義等互相結為婚姻，相連為表裡，共同對抗朝廷，維護傳子制。李正己，淄青節度使。田承嗣，魏博節度使。梁崇義，襄州節度使，鎮襄陽。⑳承嗣之死　事在代宗大曆十四年（西元七七九年），遺命由其姪田悅繼魏博節度使。㉑寶臣力為之請于朝　李寶臣力請朝廷正式任命田悅為魏博節度使，代宗許諾，於是首開節度使傳子的先例。㉒河東　方鎮名，唐玄宗開元十八年（西元七三〇年）改太原以北諸軍節度使為河東節度使。治所太原府，在今山西太原。㉓馬燧　（西元七二四—七九三年）字洵美，中唐名將，平定河北諸鎮的主將。官至河東節度使，封北平郡王。傳見《舊唐書》卷一百三十四、《新唐書》卷一百五十五。㉔資　憑藉；資本。下文「藉」、「假」，與「資」同義。㉕曏日　先前。㉖已亂　止亂。㉗命　任命。㉘恆鄆　州名，代指成德、淄青兩鎮。恆州為成德軍節度使治所，鄆州為淄青節度使治所。㉙邵真　諫惟岳而死。傳見《舊唐書》卷一百八十七下〈忠義傳〉。㉚大夫　對李惟岳之敬稱。㉛衰絰　子為父服喪。衰，喪服。絰，服喪所披之麻。㉜長史　藩鎮幕僚長，掌理日常事務。㉝定州　州名，治所在今河北定州。㉞谷從政　任定州刺史，封清江郡王，諫惟岳不聽，仰藥死。傳見《新唐書》卷一百九十八。㉟杜門　閉門不出。㊱上國　指京師。當時藩鎮割據，自比古諸侯，謂京師為上國。㊲乘危伺便　趁危難之時伺機取方便。謂乘機奪權，出賣李惟岳以為功。㊳高班大將　高級上將。㊴殆　大略；差不多。㊵撓敗　挫敗。㊶庸　豈；難道。㊷幽州　此指代幽州節度使朱滔。代宗大曆十年，李寶臣襲幽州，結怨朱泚、朱滔兄弟。㊸切齒　痛恨之極。㊹擊柝相聞　打更之聲互相聽聞。謂成德與幽州兩鎮相鄰。㊺盧子期就擒二句　盧子期、吳希光皆田承嗣之將。大曆十年，田承嗣叛唐，遣盧子期攻磁州，兵敗被擒；吳希光又以瀛州歸國。田承嗣始懼，請罪自新。㊻先帝　指代宗。㊼惟誠　李惟岳異母兄。㊽攝領軍府　代領成德軍節度府。攝，臨時代理。㊾宿衛　為皇帝侍從。㊿決於聖志　由皇上按自己的心意來決斷。(51)切　直切。(52)謙厚　謙虛寬厚。(53)為李正己子婦　為李正己的兒媳。李正己子名李納。(54)復姓張　李寶臣本名張忠志。故下文谷從政亦曰：「哀張氏今族滅矣。」(55)相謂曰　李正己與田悅派人互相通話。(56)汴州城隘　汴州城狹小。汴州城，即浚儀城，為汴州治所，即今河南開封。(57)廣之　加寬加高汴州城牆。(58)訛言　錯誤之流言。(59)東封　向東開拓封疆。封，疆土，用作動詞，使之成為疆內之地。(60)曹州　州名，屬淄青節度，與汴州相鄰。治所濟陰，在今山東定陶西。(61)完聚　修繕城郭，集中百姓。(62)永平　方鎮名，唐代宗大曆七年賜號滑亳節度使為永平軍節度使，領滑、亳、陳三州，大曆十一年增領宋、泗二州，大曆十四年增領汴、潁二州，共七州。治所從滑州移治汴州。至是，又加析置。(63)丙子　正月十七日。(64)分宋亳潁別為節度使　分永平軍宋、亳、潁三州置宋亳潁節度使，治所宋州，在今河南商丘。(65)劉洽　又名劉玄佐。傳見《舊唐書》卷一百四十五、《新唐書》卷二百十四。(66)泗州　州名，治所臨淮，在今江蘇盱眙。67淮南　方鎮名，唐肅宗至德元載（西元七五六年）置。治所揚州，在今江蘇揚州。68東都洛陽。69留守　官名，陪都洛陽最高行政長官。70河陽　方鎮名，全稱河陽三城節度使，領孟、懷二州，治所孟州河陽城，在今河南孟州。河陽，地處要衝，為唐軍事重鎮，築南、北、中三城，故稱河陽三城。71旬日　十日。這裡用來表示時間短，猶言幾天之內、旬日之內。72李勉　封汧國公。傳見《舊唐書》卷一百三十一、《新唐書》卷一百三十一。73鄭州　州名，在今河南鄭州。

【校記】[1]之際　原無此二字。據章鈺校，十二行本、乙十一行本皆有此二字，張敦仁《通鑑刊本識誤》、張瑛《通鑑校勘記》同，今據補。[2]大禍將至悔之何及　此二句原作「大禍將及」。據章鈺校，十二行本、乙十一行本皆作「大禍將至，悔之何及」，張敦仁《通鑑刊本識誤》、張瑛《通鑑校勘記》同，今據校補。[3]及左右　原無此三字。據章鈺校，十二行本、乙十一行本皆有此三字，張敦仁《通鑑刊本識誤》同，今據補。

【語譯】二年（辛酉　西元七八一年）

春，正月初九日戊辰，成德節度使李寶臣去世。李寶臣打算將節度使的職權傳給他的兒子行軍司馬李惟岳，因為兒子年輕庸弱，便先殺了屬下將領中難以控制的深州刺史張獻誠等人，甚至於有十幾個將領在同一天被殺死。李寶臣召易州刺史張孝忠回恆州，張孝忠不來，便派張孝忠的弟弟張孝節去召請。張孝忠讓孝節對李寶臣說：「各位將領有什麼罪，把他們一起殺戮！我張孝忠怕死，不敢前往，也不敢背叛，正如您不入朝晉見皇帝一樣的想法。」張孝節哭著說：「這樣一來，我一定會死。」張孝忠說：「我要前去，我們倆一同喪命，我留在這裡，李寶臣一定不敢殺你。」於是張孝節返回恆州，李寶臣也沒有降罪張孝節。兵馬使王武俊這個人，地位卑微但十分勇武，所以李寶臣特別親近喜愛他，把自己的女兒嫁給他的兒子王士真為妻，王士真又深交李寶臣身邊的親信，所以惟獨張孝忠、王武俊兩人保全了性命。

等到李寶臣死時，孔目官胡震和李氏家僕王它奴勸李惟岳祕不發喪二十餘天，偽託李寶臣的奏表，請求讓李惟岳承襲節度使的職位。德宗不同意，派遣給事中汲縣人班宏前往恆州探視李寶臣的病情，並曉以大義。李惟岳用重禮賄賂班宏，班宏不接受，返回朝廷上報情況。李惟岳這才發喪，自封為留後，指使屬下將官僚佐一起上奏求取節度使旌節，德宗又沒有同意。

當初，李寶臣與李正己、田承嗣、梁崇義互相結為同黨，希望把轄地傳給子孫。因此田承嗣死後，李寶臣為田承嗣全力向朝廷請求，讓代宗把節度使職授給田悅，代宗依了李寶臣。田悅剛承襲節度使時，侍奉朝廷之禮非常恭順，河東節度使馬燧上表朝廷，認為田悅一定會反叛，請求事先加以防備。到這時，田悅屢次請求朝廷讓李惟岳承襲節度使，德宗想革除以前的弊政，不同意他的請求。有人勸諫德宗說：「李惟岳事實上已經據有了他父親的權勢，不順勢任命他，他一定會叛亂。」德宗說：「叛賊們本來沒有什麼資本來反叛朝廷，都是藉我的土地，藉我所賜的權位與名號，來聚集他們的黨羽罷了。從前為順從他們的欲望而任命的事很多，可是混亂的時間更長了，這是授命封爵不足以阻止禍亂，反而適足以助長禍亂。既然李惟岳必定要反叛，任命與不任命他都一樣。」最後還是沒有同意。田悅便與李正己各自派出使者前往李惟岳那兒，暗中策劃率兵抗拒朝廷的命令。

魏博節度副使田庭玠對田悅說：「你憑藉伯父田承嗣的遺業，只是恭謹地侍奉朝廷，坐享榮華富貴，不也是很好的嗎！為何無緣無故地與成德節度使、淄青節度使共同去當叛臣！你看自戰亂發生以來，反叛朝廷的誰能保全他的家庭呢？你一定要按照你的想法行動，可以先殺我，不要讓我看到田氏被滅族。」於是稱病臥床在家。田悅親自前往田庭玠家認錯，田庭玠閉門拒見，終於因憂慮過度而死。

成德判官邵真得悉李惟岳的計畫，流著眼淚規勸李惟岳說：「你的先公蒙受國家的厚恩，而你正在居喪期間，立刻就想要背叛朝廷，這樣做極為不妥。」勸李惟岳把李正己的使者抓起來送交朝廷，並請求朝廷讓自己討伐李正己，說：「這樣，朝廷嘉許你的忠誠，而節度使的旌節差不多可以得到。」李惟岳贊成邵真的說法，就讓邵真草擬奏章。長史畢華說：「先公與成德、淄青二道結好二十多年，怎能一旦之間拋棄他們！而且即使抓了他們的來使，朝廷也未必信任你。李正己突然前來襲擊我們，我們孤軍無援，用什麼來對付呢！」李惟岳又聽從了畢華的意見。

前定州刺史谷從政，是李惟岳的舅父，有膽有謀，讀過很多書，王武俊等人都敬畏他，因而被李寶臣所嫉恨，谷從政於是稱病閉門不出。李惟岳也嫉恨谷從政，不同他商量事情，日夜只與胡震、王它奴等商議，在將士身上大把花錢以取悅他們。谷從政去見李惟岳，說：「當今天下平安無事，從京城來的人，都說皇帝聰明英武，立志要做到天下太平，非常不希望各地諸侯的子孫割地專權。你現在第一個違抗詔令，皇帝一定會派遣各道大軍前來討伐。你的將士受賞之際，都說要為你拼死效力，假如一仗不能取勝，他們各自吝惜自己的生命，誰不與你離心離德！有權的大將，乘情況危急，窺伺有利機會，都想取得你的頭來使自己立功。而且先公所殺的那些高級將領，大約數以百計，在你遭受挫敗的時候，他們的子弟想復仇的，豈能計數？還有，先公與幽州留後朱滔有矛盾，朱滔兄弟時時對我們咬牙切齒，當今皇上必定選朱滔為主將率兵前來。朱滔與我們更聲相聞，料想朱滔接到命令就會快速趕來，就像虎狼捕捉獵物一樣，我們如何抵禦！往年田承嗣追隨安祿山、史思明父子一起反叛，身經百戰，以兇悍聞名天下，違抗詔命起兵，自以為天下無敵。等到盧子期束手就擒，吳希光歸附朝廷，田承嗣仰天垂泣，無立身之地。全靠先公按兵不進，並且為他祈請朝廷，先皇帝寬厚仁慈，赦免而不殺他，不然，田氏哪還有後嗣啊！何況你生長在榮華富貴中，年齡還小，沒有經歷過艱難困危，就相信左右親信的話，打算效仿田承嗣的行為嗎！為你籌劃，不如告別你的將領、僚屬，讓你兄長李惟誠代理成德節度使，自己赴京入朝，請求留在京城宿衛，乘機說明李惟誠是暫時代理職務，任命誰做節度使，取決於皇帝。皇帝對你的忠義一定會感到高興，即使你沒有高官，也不會失去榮耀祿位，永遠無憂。否則，大禍即將臨頭，後悔也來不及了。我也知道你一貫疏遠、嫉恨我，但以舅甥情分，事情危急，我不得不說這些話！」李惟岳和他身邊人見谷從政說得直切，更加厭惡他。於是谷從政又回到家裡，閉門稱病不出。李惟誠是李惟岳同父異母的庶出兄長，為人謙厚，愛好讀書，深得民心，同母異父的妹妹是李正己的兒媳。當天，李惟岳將李惟誠送往李正己那裡，李正己讓惟誠恢復張姓，於是李惟誠留在淄青為官。李惟岳派王它奴到谷從政家，觀察他的生活起居，谷從政喝毒藥死去。他在快要死時，說：「我不怕死，是哀傷張氏今天要被滅族了！」

劉文喜死時，李正己、田悅等人都感到不安。劉晏被賜死，李正己等人更加害怕，李正己與田悅互相通話說：「我們這些人的罪惡，哪能與劉晏相提並論呢！」正好汴州城狹窄，加以擴建，京東人散布謠言說：「皇上想擴展對東邊疆域的控制，所以擴建汴州城。」李正己恐懼，調動軍隊一萬人屯駐曹州。田悅也修整城池，集中兵馬，進行防備，與梁崇義、李惟岳遙相呼應，河南士民百姓騷動，驚恐不已。

永平軍原來統轄汴、宋、滑、亳、陳、潁、泗七州，正月十七日丙子，朝廷把宋州、亳州、潁州分出來另設節度使，任命宋州刺史劉洽為節度使。把泗州隸屬淮南軍，又任命東都留守路嗣恭為懷州、鄭州、汝州、陝州等四州及河陽等三城的節度使。旬日之內，又派永平節度使李勉統領劉洽、路嗣恭管轄的兩道，還分出鄭州隸屬李勉，選擇曾經當過將領的人擔任上述各州的刺史，用來防備李正己等人。

初，高力士有養女嫠居❶東京，頗能言宮中事。女官李真一意其為沈太后，詣使者❷具言其狀。上聞之，驚喜。時沈氏故老已盡，無識太后者。上遣宦官、宮人往驗視之，年狀頗同。宦官、宮人不審識❸太后，皆言是。高氏辭稱實非太后，驗視者益疑之，強迎入上陽宮❹。上發宮女百餘人，齎乘輿服御物❺就上陽宮供奉。左右誘諭百方，高氏心動，乃自言是。驗視者走馬入奏❻，上大喜。二月辛卯❼，上以偶日❽御殿，羣臣皆入賀。詔有司草儀奉迎❾。高氏弟承悅在長安，恐不言，久獲罪，遽自言本末。上命力士養孫樊景超往覆視，景超見高氏居內殿，以太后自處，左右侍衛甚嚴。景超謂高氏曰：「姑何自置身於俎❿上！」左右叱景超使下。景超抗聲⓫曰：「有詔，太后詐偽，左右可下。」左右皆下殿。高氏乃曰：「吾為人所強，非己出也。」以牛車載還其家⑫。上恐後人不復敢言太后，皆不之罪，曰：「吾寧受百欺，庶幾得之。」自是四方稱得太后者數四，皆非是，而真太后竟不知所之⑬。

【章旨】以上為第十二段，寫德宗千方百計尋找生母沈太后，高力士養女幾乎被強行冒名頂替。

【注釋】❶嫠居　寡居。❷使者　指上年所遣尋訪沈太后的奉迎使。❸審識　詳識；熟識。❹上陽宮　洛陽宮名，唐高宗時興建。❺齎乘輿服御物　送來皇帝所用的專車、服飾、器用物。❻走馬入奏　跑馬入宮奏報德宗。❼辛卯　二月初二日。❽偶日　雙日。唐制，天子以單日受朝賀，今喜得太后，故以雙日二月初二上殿受朝賀。❾草儀奉迎　起草迎接太后的禮儀。❿俎　刀砧板。高氏詐稱太后，如置身刀砧板上。⓫抗聲　高聲。⓬以牛車載還其家　用牛車載，以示貧賤。⓭所之　所往。

【語譯】當初，高力士有個養女寡居在東京洛陽，很能說些皇宮中的事情。女官李真一懷疑她是沈太后，就到奉迎使那裡詳細地講了這一情況。德宗聽到消息，又驚又喜。當時沈家同太后有交往的長輩們都去世了，沒有認識太后的人。德宗派遣宦官、宮人前往洛陽審驗，年齡和容貌都很相似。宦官和宮女不認識真太后，都說這人就是太后。高氏推卻說自己確實不是太后，審驗的人更加懷疑而不信她的話，強行把她迎進上陽宮。德宗派了一百多名宮女，備辦車輿、衣服和各種皇室用的東西到上陽宮供奉她。左右侍從千方百計地誘導勸諭她，高氏動心了，就自稱是太后。負責審驗的人快馬入朝奏報，德宗非常高興。二月初二日辛卯，德宗在雙日登殿臨朝，文武群臣都入朝祝賀。德宗下令有關官署擬定禮儀來奉迎皇太后。高氏的弟弟高承悅在長安，擔心不說出真情，天長日久要獲罪，自己馬上說明了此事的前後經過。德宗命令高力士的養孫樊景超前往洛陽複查，樊景超看見高氏住在內殿，以皇太后的身分自居，左右侍從警衛森嚴。樊景超對高氏說：「姑媽您為什麼自己置身於刀俎之上！」侍衛大聲喝叱樊景超讓他下去。樊景超大聲說：「皇帝有詔令，皇太后是欺詐冒充的，侍衛可以退下。」侍衛全都退下大殿。高氏便說：「我是被人強迫的，不是我自己要這樣做的。」

樊景超用牛車把高氏載回家裡。德宗擔心以後人們不再敢說尋找太后，對所有的人員都不怪罪。德宗說：「我寧願受一百次矇騙，也許有一次真能找到太后。」從此以後各地聲稱找到太后的事情有好幾次，但都不是，而真太后最終也不知道去哪裡了。

御史中丞盧杞❶，奕❷之子也，貌醜，色如藍，有口辯❸。上悅之，丁未❹，擢為大夫❺，領京畿觀察使。郭子儀每見賓客，姬妾不離側。杞嘗往問疾，子儀悉屏❻侍妾，獨隱几❼待之。或問其故，子儀曰：「杞貌陋❽而心險❾，婦人輩見之必笑。它日杞得志，吾族無類❿矣。」

楊炎既殺劉晏，朝野側目。李正己累表請晏罪⓫，譏斥朝廷。炎懼，遣腹心分詣諸道，以宣慰為名，實使之密諭節度使云：「晏昔朋附姦邪，請立獨孤后，上自惡而殺之。」上聞而惡之，由是有誅炎之志，隱而未發。乙巳⓬，遷炎為中書侍郎，擢盧杞為門下侍郎，並同平章事，不專任炎⓭矣。杞蕞陋⓮，無文學⓯，炎輕之，多託疾不與會食⓰，杞亦恨之。杞陰狡⓱，欲起勢立威，小不附者必欲置之死地，引太常博士⓲裴延齡⓳為集賢殿直學士，親任之。

丙午⓴，更汴宋軍曰宣武。○振武節度使彭令芳苛虐，監軍劉惠光貪婪，乙卯㉑，軍士共殺之。

發京西防秋兵㉒萬二千人戍關東。上御望春樓㉓宴勞將士，神策軍士獨不飲。上使詰㉔之，其將楊惠元對曰：「臣等發奉天，軍帥張巨濟戒之曰：『此行大建功名，凱還之日，相與為歡㉕。苟未捷，勿飲酒[1]。』故不敢奉詔。」及行，有司緣道㉖設酒食，獨惠元所部缾罌不發㉗。上深歎美，賜書勞之。惠元，平州㉘人也。

三月，置澱州於鄜城㉙。○辛巳㉚，以汾州㉛刺史王翃為振武軍使、鎮北・綏・銀等州留後。○遣殿中少監㉜崔漢衡㉝使于吐蕃。

梁崇義㉞雖與李正己等連結，兵勢寡弱，禮數最恭。或勸其入朝，崇義曰：「來公㉟有大功於國，上元㊱中為閹宦所讒，遷延稽命㊲。及代宗嗣位，不俟駕入朝，猶不免族誅。吾歲久釁積㊳，何可往也！」淮寧㊴節度使李希烈㊵屢請討之，崇義懼，益修武備。流人郭昔㊶告崇義為變，崇義聞之，請罪，上為之杖昔，遠流之，使金部員外郎㊷李舟詣襄州㊸諭旨以安之。舟嘗奉使詣劉文喜，為陳禍福，文喜囚之，會帳下殺文喜以降，諸道跋扈者聞之，謂舟能覆城殺將。至襄州，崇義惡之。舟又勸崇義入朝，言頗切直，崇義益不悅。及遣使宣慰諸道，舟復詣襄州，崇義拒境不內，上言「軍中疑懼，請易以它使。」時兩河㊹諸鎮方猜阻㊺，上欲示恩信以安之，夏，四月庚寅[46]，加崇義同平章事，妻子悉加封賞，賜以鐵券[47]，遣御史[48]張著齎手詔徵之[49]，仍以其裨將[50]藺杲為鄧州[51]刺史。

五月丙寅[52]，以軍興[53]增商稅為什一[54]。

田悅卒[55]與李正己、李惟岳定計，連兵拒命[56]，遣兵馬使孟祐[57]將步騎五千北助惟岳。薛嵩[58]之死也，田承嗣盜據洺、相二州[59]，朝廷獨得邢、磁二州及臨洺縣[60]。悅欲阻山為境，曰：「邢、磁如兩眼，在吾腹中，不可不取。」乃遣兵馬使康愔將八千人圍邢州，別將楊朝光將五千人柵[61]於邯鄲[62]西北以斷昭義救兵，悅自將兵數萬圍臨洺，邢州刺史李共[2]、臨洺將張伾[63]堅壁拒守。

貝州刺史邢曹俊，田承嗣舊將也，老而有謀，悅寵信牙官[64]扈崿而疏之。及攻臨洺，召曹俊問計，曹俊曰：「兵法十圍五攻[65]。尚書[66]以逆犯順，勢更不侔[67]。今頓兵堅城之下，糧竭卒盡，自亡之道也。不若置萬兵於崞口[68]，以遏西師[69]，則河北二十四州[70]皆為尚書有矣。」諸將惡其異己，共毀之，悅不用其策。

【章旨】以上為第十三段，寫盧杞入相。河北、山東方鎮成德、魏博、淄青聯兵反叛朝廷。

【注釋】❶盧杞　字子良，滑州靈昌（今河南滑縣西南）人，德宗建中二年（西元七八一年）由御史中丞升為宰相，陷害楊炎、顏真卿等，是唐代著名的奸相。後被貶死於澧州。傳見《舊唐書》卷一百三十五、《新唐書》卷二百二十三下。❷奕盧奕，盧杞之父，玄宗時官至御史中丞。天寶十四年（西元七七五年），死於安祿山之亂，罵賊而死。傳見《新唐書》卷一百九十一。❸有口辯　有口才。口辯，指能言善辯。❹丁未　二月十八日。❺大夫　御史大夫。❻屏　迴避。❼隱几　靠著案桌。❽貌陋　貌醜。❾心險　心地險惡；心眼壞。❿吾族無類　我們郭家沒有遺類。即被族滅。⓫累表請晏罪　連續上奏表章請問朝廷劉晏有何罪。⓬乙巳　二月十六日。此處追述楊炎失寵之因，故書乙巳於丁未之後。⓭不專任炎　唐制，中書省起草詔令，門下省審議封駁。今德宗惡楊炎，由門下侍郎轉中書侍郎，以盧杞為門下侍郎以對抗楊炎，為殺楊炎伏筆。⓮杞蕞陋　盧杞矮小醜陋。蕞，小。⓯無文學　不通經術。文學，指經學。⓰不與會食　楊炎不與盧杞同桌吃飯。唐制，宰相辦公，會食於政事堂。⓱陰狡　陰險狡猾。⓲太常博士　官名，太常寺屬官，掌朝廷禮儀顧問。⓳裴延齡　為人奸佞，歷官集賢殿直學士、司農少卿。傳見《舊唐書》卷一百三十五、《新唐書》卷一百六十六。⓴丙午　二月十七日。㉑乙卯　二月二十六日。㉒京西防秋兵　駐於京師長安西奉天（今陝西乾縣）防禦吐蕃秋天入掠秋糧之兵。時唐與吐蕃通好，而關東河南、河北諸鎮連兵拒命，故調西線邊兵東討。㉓望春樓　在長安灞水之西。㉔詰　詢問。㉕相與為歡　共同歡慶。㉖緣道　沿路。㉗缾罍不發　不打開酒罈。㉘平州　州名，治所在今河北盧龍。㉙郾城　縣名，為新置溵州治所，在今河南郾城。㉚辛巳　三月二十二日。㉛汾州　州名，治所隰城，在今山西汾陽。㉜殿中少監　官名，殿中省副長官，助長官殿中監掌皇帝衣食住行生活事務。㉝崔漢衡　官至晉慈隰觀察使。傳見《舊唐書》卷一百二十二、《新唐書》卷一百四十三。㉞梁崇義　從來瑱官至右兵馬使。來瑱被誅，梁崇義繼任山南東道節度使，與河北諸鎮勾結謀反，兵敗被誅。傳見《舊唐書》卷一百二十一、《新唐書》卷二百二十四上。㉟來公　對來瑱的尊稱。來瑱，邠州永壽（今陝西永壽）人，歷淮西、山南東道等鎮節度使，多有戰功。代宗立，被宦官程元振構陷蒙冤賜死。傳見《舊唐書》卷一百十四、《新唐書》卷一百四十四。㊱上元　肅宗年號（西元七六〇—七六一年）。㊲遷延稽命　拖延留下生命。謂肅宗沒有立即誅殺來瑱，延緩了來瑱的生命。來瑱已被忌，遷延至代宗廣德元年（西元七六三年）賜死，籍其家。稽，留下；延緩。㊳釁積　嫌隙積累很深。㊴淮寧　方鎮名，即淮西節度使。大曆以後治所蔡州，在今河南汝南縣。㊵李希烈　（？—西元七八六年）燕州遼西（今北京市順義）人，德宗時為淮寧節度使，奉命討伐河北三鎮之亂，反與淄青叛鎮李訥勾結，自稱天下都元帥、建興王。建中四年（西元七八四年）攻入汴州稱楚帝，後被部將陳仙奇毒死。傳見《舊唐書》卷一百四十五、《新唐書》卷二百二十五。㊶流人郭昔　郭昔因告梁崇義而得流罪，故稱「流人」。㊷金部員外郎　官名，戶部第二司金部副長官，金部掌綿帛庫藏出納之事。㊸襄州　州名，治所在今湖北襄樊。㊹兩河　指河南道、河北道。淄青鎮屬河南道。魏博、成德兩鎮屬河北道。㊺猜阻　猜疑隔絕。㊻庚寅　四月初二日。㊼鐵

券　以鐵為符信以賜功臣，保護本人及直系家屬犯罪後可得赦免。㊽御史　御史臺屬官，職司監察。㊾齎手詔徵之　指張著帶著德宗的親筆詔書徵召梁崇義入朝。㊿裨將　偏將；副將。(51)鄧州　州名，治所在今河南鄧州。(52)丙寅　五月初八日。(53)軍興　發生軍事行動，即戰事爆發。(54)增商稅為什一　楊炎定兩稅法，商賈納三十分之一的稅，今增為納十分之一的稅以助軍。(55)卒　終於。(56)連兵拒命　軍隊聯合起來違抗朝命。(57)孟祐　魏博鎮田悅之將。(58)薛嵩　（？—西元七七二年）安、史部將，歸唐後任昭義軍節度使，封高平郡王。傳見《舊唐書》卷一百二十四、《新唐書》卷一百十一。(59)洺相二州　洺州治所永年，在今河北邯鄲東北。相州治所安陽，在今河南安陽。(60)邢磁二州及臨洺縣　邢州治所龍岡，在今河北邢臺。磁州治所滏陽，在今河北磁縣。臨洺縣縣治在今河北永年。臨洺縣在當時洺州西偏北三十五里。(61)柵　編排豎木為柵，用來阻擋敵人。(62)邯鄲　縣名，在今河北邯鄲。(63)張伾　堅守臨洺，以功遷泗州刺史，官至右金吾衛大將軍。傳見《舊唐書》卷一百八十七下、《新唐書》卷一百九十三。(64)牙官　即牙將、親將。(65)兵法十圍五攻　按兵法，十倍於敵則包圍之，五倍於敵則攻擊之。《孫子·謀攻》曰：「故用兵之法，十則圍之，五則攻之。」(66)尚書　對田悅的敬稱。田悅加官檢校工部尚書。(67)不侔　不等。(68)崞口　在相州（今河南安陽）西，太行山口，遏制澤潞、河東之師東出的衝要山口。(69)西師　西面之師，即河東節度使馬燧等率領的唐軍。(70)河北二十四州　即玄宗時河朔二十四郡，肅宗時改郡為州，安史之亂後河北又有分置之州，此時河北不只二十四州，邢曹俊沿用習俗說法，泛指河北諸州之地。

【校　記】[1]苟未捷勿飲酒　此二句原無。據章鈺校，十二行本、乙十一行本皆有此二句，張瑛《通鑑校勘記》同，今據補。[2]李共　嚴衍《通鑑補》校改為「李洪」。按，《舊唐書》卷一百三十四〈馬燧傳〉、卷一百四十一〈田悅傳〉，以及《新唐書》卷一百五十五〈馬燧傳〉皆作「李洪」。

【語　譯】御史中丞盧杞是盧奕的兒子，相貌醜陋，面色深青，能言善辯。德宗喜歡他，二月十八日丁未，盧杞被提拔為御史大夫，兼任京畿觀察使。郭子儀每次會見賓客，姬妾不離身邊。盧杞曾經去郭子儀那裡探視病情，郭子儀讓所有的侍妾都迴避，獨自靠在几案後接待盧杞。有人問他緣故，郭子儀說：「盧杞相貌醜陋而內心險惡，婦人們見了他定會譏笑。有朝一日盧杞得志，我們郭家就沒有人能活命了。」

楊炎殺死劉晏以後，朝野官員都不敢正視楊炎。李正己屢次上表請問朝廷劉晏有何罪名，對朝廷諷刺指責。楊炎很害怕，派遣心腹分別前往各道，藉宣撫安慰的名義，實際上是讓他們暗中告訴節度使說：「劉晏以前朋比為奸，請立獨孤氏做皇后，是皇帝自己恨劉晏而將他殺了。」德宗知道此事後非常厭惡楊炎，由此有了除掉楊炎的想法，想法藏在心裡沒有發作。二月十六日乙巳，將楊炎調任中書侍郎，提拔盧杞為門下侍郎，給兩人都授予同平章事的頭銜，不再只專門任用楊炎了。盧杞身矮貌醜，沒有經學學識，楊炎瞧不起他，經常假稱有病而不同盧杞一起進餐，盧杞也痛恨楊炎。盧杞陰毒狡猾，想發展自己的勢力，建立自己的威望，稍有不順從他的人，一定想法置之死地。盧杞推薦太常博士裴延齡為集賢殿直學士，對他親近信任。

二月十七日丙午，改稱汴宋軍為宣武軍。〇振武節度使彭令芳苛刻暴虐，監軍劉惠光為人貪婪，二十六日乙卯，軍士們一齊殺了這兩個人。

調動駐紮在京西的防秋士兵一萬二千人戍守關東。德宗親臨望春樓設宴慰勞將士，惟獨神策軍將士們不喝酒。德宗派人查問原因，神策軍將領楊惠元回答說：「我們從奉天出發時，軍帥張巨濟告誡我們說：『這次出兵如果能大建功名，凱旋那天，我們共同歡慶。如果沒有獲勝，不要飲酒。』所以不敢奉詔飲酒。」等到部隊出發，有關官署沿途擺設酒食，只有楊惠元所部不打開酒罈。德宗大為讚賞，親筆寫信慰問。楊惠元，是平州人。

三月，在鄜城設置溵州。〇二十二日辛巳，任命汾州刺史王翃為振武軍使和鎮北、綏、銀等州留後。〇派遣殿中少監崔漢衡出使吐蕃。

梁崇義雖然與李正己等人相互聯合，但因兵少勢弱，對朝廷的禮數最為恭順。有人勸梁崇義入京朝見德宗，梁崇義說：「來瑱公對國家立有大功，上元年間被宦官讒言誣陷，肅宗延緩了來瑱的生命。等到代宗繼承皇位時，來瑱不等車馬備好就入朝晉見，尚且免不了族誅之禍。我與朝廷多年積下嫌隙，哪裡還能夠入朝！」淮寧節度使李希烈多次請求朝廷討伐梁崇義，梁崇義十分害怕，更加整飭軍事防備。犯罪遭流徙之人郭昔告發梁崇義叛亂，梁崇義知道了這件事，奏請朝廷治郭昔誣告罪，德宗因此杖擊郭昔，將他遠遠地流放了，派金部員外郎李舟到襄州傳達諭旨安慰梁崇義。李舟曾作為朝廷使者到涇州劉文喜處，陳說違旨和順命的禍福利害，劉文喜把李舟囚禁起來，正好碰上劉文喜的部將殺了劉文喜投降朝廷，各道中那些跋扈的節度使得悉此事，都說李舟能攻陷城池，手刃將領。因此李舟到達襄州時，梁崇義很厭惡李舟。李舟又勸說梁崇義入朝，語氣相當直率急切，梁崇義更加不高興。到後來朝廷遣使各道慰問安撫，李舟再次前往襄州，梁崇義拒之於州境外而不接納，上奏朝廷說「軍中對李舟心懷疑懼，請改派一位使者。」當時河南、河北各鎮互相猜疑有隔閡，德宗想通過表示恩義和誠信來安撫他們。夏，四月初二日庚寅，德宗加授梁崇義同平章事，對梁崇義的妻兒也都加了封賞，賜給梁崇義鐵券，派遣御史張著帶著德宗親筆詔書去徵召梁崇義入朝，還任命梁崇義的副將藺杲為鄧州刺史。

五月初八日丙寅，因為發生戰爭，把商稅提高到十稅一。

田悅終於與李正己、李惟岳商定計策，把兵力聯合起來違抗朝廷的命令，田悅派兵馬使孟祐率領步兵、騎兵五千人北去協助李惟岳。薛嵩死時，田承嗣竊據洺、相二州，朝廷只得到了邢州、磁州和臨洺縣。田悅打算依山為境，說：「邢州、磁州就像朝廷的兩隻眼睛，在我的心腹中，不能不攻取。」於是派兵馬使康愔率領八千人包圍邢州，派別將楊朝光率領五千人馬在邯鄲西北豎立木柵，用以阻斷昭義軍派出的救兵。田悅自己率領幾萬士兵包圍臨洺，邢州刺史李共、臨洺守將張伾加固營壘，堅守抗擊。

貝州刺史邢曹俊，是田承嗣的舊將，年老而有計謀，田悅寵信牙官扈崿而疏遠邢曹俊。等到進攻臨洺時，田悅召見邢曹俊詢問計策，邢曹俊說：「據兵法，十倍於敵則包圍，五倍於敵則進擊。尚書你以逆犯順，勢力又不相等。如今我方頓兵堅城之下，糧食光了，兵也沒了，這是一條自取滅亡的道路。不如在崞口放上一萬士兵，以阻斷朝廷西邊來的救兵，那麼，黃河以北的二十四州都為尚書你所有了。」眾將領都討厭邢曹俊的意見與自己不同，便一起說邢曹俊壞話，田悅沒有採用邢曹俊的計策。

【研　析】本卷研析三大史事。劉晏理財，楊炎行兩稅，張光晟殺九姓回紇。

劉晏理財。劉晏，字士安，曹州南華縣（今山東東明）人。劉晏是歷仕中唐肅宗、代宗、德宗三朝的理財家，勳勞卓著。劉晏理財，「廣軍國之用」而「未嘗有搜求苛斂於民」（王夫之語，《讀通鑑論》卷二十四）。

安史之亂，天下戶口十亡八九，州縣多為藩鎮所據，貢賦入不敷出。肅宗任命劉晏為轉運使，當時國家掌控戶口只有二百萬戶，歲入四百萬緡，到劉晏被罷官的德宗初年，戶口增加到三百餘萬戶，財政歲入一千二百餘萬緡，其中鹽利近半。劉晏上任時江淮地區鹽利歲入只有八十萬緡，季年達六百萬緡。肅宗、代宗兩朝的軍國之用，皆倚辦於晏。同代的人都稱讚劉晏能幹，把他與管仲、蕭何相提並論。他的理財方針和用人原則，是我國古代文化的一筆寶貴遺產。

與劉晏同時的一些理財大臣，都是些不管人民死活的聚斂之臣，他們的辦法是巧立名目，強徵暴取，乃至逼良為盜。劉晏的理財方針，與此相反，以愛民為先，用發展生產的辦法，主要從市場籌錢，安定社會。具體措施是改革漕運，整頓鹽法，轉買穀物，平抑物價。唐初漕運是國家用行政辦法強迫地方負擔，沉重的費用和徭役都攤派在農民身上，人不堪命，皆離鄉為盜。劉晏改為政府造船，招募船工，組成專業運輸船隊，把農民從沉重的漕運負擔中解放出來，安心生產。造船及運輸的經費，從鹽利收入中解決。唐初任民自己煮鹽自售，每斗鹽值十文錢。後來官賣食鹽，每斗鹽一百到二百文，漲了十多倍，貧苦農民只好淡食。銷路萎縮，鹽利寡少，大部為鹽官耗費，抬高鹽價，銷路更窄，成了惡性循環。劉晏決心改革，他大量裁撤鹽官，減少開支，官賣食鹽改為官辦漕運，商賣食鹽，政府掌控的食鹽運往各地作為平價儲備。劉晏不是抬高鹽價，而是平抑鹽價，擴大銷路，擴大生產，政府從生產利潤和稅收中得利。這個辦法是「官獲其利，而民不乏鹽」，而國家收入增加了近十倍。為了防止穀賤傷農，水旱民散，劉晏多購穀物轉運各地，「豐則貴糴，歉則賤糶」。這個辦法，既救了災，又不損國用，還刺激了生產。劉晏從實踐中總結經驗說：「王者愛人，不在賜與，當使之耕耘織紝，常歲平斂之，荒年國救之。」（《新唐書・劉晏傳》）劉晏還擴大常平倉的儲糧，他所管轄的州縣，保持儲糧三百萬石，以作備災備荒之用。

有了好的理財方針，還要有精明強幹的人來執行。劉晏說：「辦集眾務，在於得人」。劉晏的用人原則是「擇通敏、精悍、廉勤之士而用之」，即精明能幹，忠於職守，廉潔奉公。至於各部門的負責官吏要求更高，必須具有聲望，「其場院要劇之官，必盡一時之選」。場官，是管理鹽場的「鹽監」。院官，是劉晏在各地設置的瞭解市場經濟情報的「知院官」。這些官員，不僅僅是管理，還要懂得技術，用今天的話說是專業人才。劉晏選用的人才，大多為新進之士，年輕有為，積極創新的人才。劉晏理財成績的祕奧之一就是選拔人才，委用專家。至於權貴請託，以及故舊庸官，劉晏用高薪把他們養起來，按時升遷，但不准他們干預生產。這樣的用人原則，說起來簡單，做起來甚難，只有公忠體國的人才能做到。所以史稱劉晏用人的辦法，只有他才能做到。劉晏所任使的後進，如韓洄、元琇、裴腆、李衡、包佶、盧徵、李若初等，都是一時之選。劉晏理財，培養了一大批專家。劉晏死後，掌財賦有聲望的人，大多是劉晏的故吏。總括為一句話：「屏絕權貴干撓，堅持任才使能。」這一用人原則，雖簡單，卻難辦，直到今天仍有借鑑意義。

如上所述，劉晏是一個實幹家。又廉潔奉公，身為財政大臣，卻兩袖清風。但在專制制度下，往往功高犯忌，廉潔遭妒。宰相常袞就忌晏有公望而排擠他，楊炎則視劉晏為仇。西元七八〇年，劉晏被罷官貶為忠州刺史，接著又誣以「謀反」賜死。劉晏死時年六十五歲。家屬流放嶺南，被牽連這一冤案的有數十人，天下皆以為冤。司馬光用大篇幅在本卷記載劉晏的理財功績，是劉晏應得的褒獎，歷史不應忘記。

楊炎行兩稅。楊炎，字公南，鳳翔天興縣（今陝西鳳翔）人。代宗朝宰相元載與楊炎同郡，元載提拔楊炎任吏部侍郎，時劉晏任吏部尚書是正長官。劉晏彈劾元載罷相，楊炎以元載同黨被貶為道州司馬。德宗即位，宰相崔祐甫推薦，西元七八〇年，楊炎入相，改革稅制實施兩稅法，得到德宗寵信，楊炎藉此報仇害人，使劉晏蒙冤，這是楊炎執政的一大敗筆。楊炎也因此受到詬病，盧杞藉機排擠，第二年就被罷相貶死，算是罪有應得。

楊炎很有才幹，善著文，書法也好，美姿容，兩稅法的成功，使他名聲很高。但他心胸狹窄，害人害己，十分可惜。

唐初推行均田制，徵稅稱租庸調，以丁男為中心。男子二十一至五十九歲為丁。成丁農民授田一百畝，其中八十畝為口分田，二十畝為永業田。丁男每年向國家交納粟二石，稱作租。交納絹二丈、綿三兩或布二丈五尺、麻三斤，稱為調。每丁每年服徭役二十天，如不服役，每天輸絹三尺或布三尺七寸五分，稱作庸。

官僚貴族享有租庸調的蠲免權。由此可見租庸調只問丁身，不問財產。其後人口增加，土地集中於官吏地主之手，均田制無法推行。特別是安史戰亂，大批農民流離失所或死亡，按丁徵稅無法維持。為了軍國之用，政府巧立名目，各種苛捐雜稅興起，財賦制度十分混亂。初唐各地設置的義倉演變成為地稅。代宗朝依據資產分天下戶為九等，按戶納稅為戶稅。為了合理分攤，增加國庫收入，使財稅走上正軌，保障社會生產，楊炎向德宗建言實行兩稅法，只按資產徵稅，不以丁身為本。基本內容如次：其一，取消租庸調及各種雜稅，只保留戶稅和地稅。其二，量出制入。政府預算開支，以此確定徵稅總額。其三，戶稅按戶等高低徵稅，戶等分為上上至下下共九等。一品官準上上戶，九品準下下戶。達官貴人，也一律納稅。其四，地稅按地畝徵收穀物。其五，無論戶稅和地稅均按夏秋兩季徵收，夏稅限六月納畢，秋稅限十一月納畢，所以新稅制稱為兩稅法。商賈徵三十稅一，後改為徵十分之一。

兩稅法的改革具有重大意義。首先按資產徵稅，資產多者稅多，資產少者稅少，無產者無稅，不僅使人民負擔合理，而且擴大了徵稅面，國庫增加。推行兩稅法之前，國家歲入一千二百萬緡，其中鹽利居其半，推行兩稅法，單是兩稅就達到一千三百萬緡，增長了一倍。這為德宗的用兵河北創造了條件。其次，按資產徵稅，不按丁身，減輕了農民的人身負擔，也是一大進步。再次，兩稅改實物為貨幣，具有深遠意義。楊炎是中國財政史上著名的理財家。

起初推行兩稅，國家規定，地方官吏在兩稅之外多徵一文錢以枉法論。但是這一局面沒有維持多久，隨後德宗用兵，各種苛捐雜稅捲土重來，加之錢重物輕，人民的負擔成倍增加，生活比以前更加困苦。

張光晟殺九姓回紇。唐回紇有九姓部落，稱九姓胡。九姓胡在代宗朝冒回紇之名，雜居京師，經營商業，橫暴京師。代宗寶應元年（西元七六二年），德宗李适時為太子，任天下兵馬元帥，回紇登里可汗入援唐軍征討史思明。李适與回紇可汗在陝州相見，回紇可汗聲稱與代宗結為兄弟，是德宗之叔，要德宗以姪禮相見，拜舞於庭。德宗不肯，回紇可汗杖責從官藥子昂、韋少華、魏琚等。韋少華、魏琚因榜捶而死。德宗認為奇恥大辱，對回紇懷恨在心，不顧國家安危，一心結和吐蕃，進攻回紇。當時形勢，回紇勢衰，吐蕃正盛，是唐朝西邊的最大敵國。德宗為報私仇，做了許多蠢事。德宗即位，回紇使臣突董是武義可汗的叔父，駐留京師。德宗命突董率領全部九姓胡商人九百多人回國，途經振武，留後張光晟秉承德宗之意旨，將突董和九姓回紇全部殺滅。回紇責問，索要專殺者，德宗貶張光晟為睦王傅，搪塞責任。當時回紇一心要與唐和好，才沒有擴大事態。德宗心胸如此偏狹與任性，貽誤許多軍國大事，也就不言而喻了。

卷第二百二十七

唐紀四十三

起重光作噩（辛酉　西元七八一年）六月，盡玄黓閹茂（壬戌　西元七八二年），凡一年有奇。

【題　解】本卷記事起西元七八一年六月，迄西元七八二年，凡一年又七個月。當唐德宗建中二年六月到建中三年。此期間德宗討伐河北叛逆，戰火蔓延河南、淮西，這是中唐繼安史之亂以後又一次朝廷與地方割據的大衝突。河北魏博田承嗣、成德李寶臣，與山東淄青李正己相約節度使職傳子，相互勾結對抗朝廷。代宗大曆十四年（西元七七九年），田承嗣死，田悅繼位，代宗姑息，加以任命。德宗建中二年，成德李寶臣死，其子李惟岳繼位，德宗正當銳意興革關頭，不予准許。田悅、李正己、李惟岳聯合對抗朝廷，襄州梁崇義遙相呼應。德宗大發諸鎮兵討伐叛逆，這是一場帶有決定性的大戰役，朝廷取勝，將抑制地方割據，朝廷失敗，則藩鎮割據不可逆轉。起初德宗討伐河北、山東三鎮，意氣很盛，一心進攻，不惜開闢兩線戰場，使淮西李希烈等討梁崇義。西元七八一年，李希烈討平梁崇義，居功狂悖而野心勃發，朝廷去一狼而生一虎。西元七八二年官軍打敗田悅，成德歸順，淄青李納戰敗請降，官軍兩條戰線均取得勝利。德宗處置失當，田悅未滅，立即又爆發了朱滔、王武俊的背叛，李納也重整旗鼓。叛軍聲勢更大，叛臣相約稱王。朱滔自稱冀王，田悅稱魏王，王武俊稱趙王，李納稱齊王，朱滔為盟主。四人稱王，表示不再是唐朝的叛臣，此舉標誌唐藩鎮割據正式形成。

德宗神武聖文皇帝二

建中二年（辛酉　西元七八一年）

六月庚寅❶，以浙江東・西觀察使、蘇州❷刺史韓滉為潤州❸刺史、浙江東・西節度使，名其軍曰鎮海❹。

張著至襄陽，梁崇義益懼，陳兵而見之。藺杲❺得詔不敢發，馳見崇義請命。崇義對著號泣，竟不受詔，著復命。

癸巳❻，進李希烈爵南平郡王❼，加漢南、漢北❽兵馬招討使，督諸道兵討之。楊炎諫曰：「希烈為董秦養子，親任無比，卒逐秦而奪其位❾。為人狼戾無親，無功猶倔強不法，使平崇義，何以制之！」上不聽。炎固爭之，上益不平。

荊南❿牙門將吳少誠⓫以取梁崇義之策干李希烈，希烈以少誠為前鋒。少誠，幽州潞人也。

時內自關中，西暨蜀、漢，南盡江、淮、閩、越，北至太原，所在出兵。而李正己遣兵扼徐州甬橋⓬、渦口⓭，梁崇義阻兵襄陽⓮，運路皆絕，人心震恐。江、淮進奉船千餘艘，泊渦口，不敢進。上以和州刺史張萬福為濠州[15]刺史。萬福馳至渦口，立馬岸上，發進奉船，淄青將士停岸睥睨不敢動。

辛丑[16]，汾陽忠武王郭子儀薨。子儀為上將，擁彊兵，程元振、魚朝恩[17]讒毀百端，詔書一紙徵之，無不即日就道，由是讒謗不行。嘗遣使至田承嗣所，承嗣西望拜之曰：「此膝不屈於人若干年矣！」李靈曜據汴州作亂[18]，公私物過汴者皆留之，惟子儀物不敢近，遣兵衛送出境。校中書令考凡二十四[19]，月入俸錢二萬緡，私產不在焉，府庫珍貨山積。家人三千人，八子[20]、七壻皆為朝廷顯官。諸孫數十人，每問安，不能盡辯，頷之而已。僕固懷恩、李懷光、渾瑊皆出麾下，雖貴為王公，常頤指役使，趨走於前，家人亦以僕隸視之。天下以其身為安危殆三十年[21]，功蓋天下而主不疑，位極人臣而眾不疾，窮奢極欲而人不非之，年八十五而終。其將佐至大官為名臣者甚眾。

王子[22]，以懷、鄭、河陽節度副使李芃[23]為河陽、懷州節度使，割東畿五縣[24]隸焉。

北庭、安西自吐蕃陷河、隴[25]，隔絕不通，伊西、北庭節度使李元忠[26]、四鎮留後郭昕[27]帥將士閉境拒守，數遣使奉表，皆不達，聲問絕者十餘年。至是，遣使間道歷諸胡自回紇中來，上嘉之。秋，七月戊午朔㉘，加元忠北庭大都護，賜爵寧塞郡王。以昕為安西大都護、四鎮節度使，賜爵武威郡王。將士皆遷七資。元忠姓名，朝廷所賜也，本姓曹，名令忠。昕，子儀弟也㉙。

李希烈以久雨未進軍，上怪之。盧杞㉚密言於上曰：「希烈遷延㉛，以楊炎故也。陛下何愛炎一日之名而墮大功？不若暫免炎相以悅之，事平復用，無傷㉜也。」上以為然。庚申㉝，以炎為左僕射，罷政事。以前永平節度使張鎰㉞為中書侍郎、同平章事。鎰，齊丘之子也。以朔方節度使崔寧為右僕射。

【章旨】以上為第一段，寫唐中興名將郭子儀辭世，盧杞構陷楊炎。

【注釋】❶庚寅　六月初三日。❷蘇州　州名，治所在今江蘇蘇州。❸潤州　州名，治所在今江蘇鎮江市。❹鎮海　方鎮名，即浙江東道，德宗建中二年（西元七八一年）升為鎮海軍。治所杭州，在今浙江杭州。❺藺杲　山南東道節度使梁崇義副將，張著以朝命授藺杲鄧州刺史。❻癸巳　六月初六日。❼爵南平郡王　南平，縣名，屬渝州，在今重慶市東南南川區。李希烈為淮寧節度使，進爵南平郡王，遙領榮銜。❽漢南漢北　泛指漢水之南、之北地區。諸道兵討梁崇義於襄陽，進兵漢水之南、之北，均受李希烈節制，故加李為漢南、漢北兵馬招討使。❾逐秦而奪其位　事見本書卷二百二十五代宗大曆十四年。❿荊南　方鎮名，唐肅宗至德二載（西元七五七年）置。治所荊州，在今湖北江陵。⓫吳少誠　（西元七五九—八一九年）幽州潞縣（在今北京市通州東）人，官至淮西節度使。傳見《舊唐書》卷一百四十五、《新唐書》卷二百十四。⓬甬橋　汴水橋，在徐州南界汴水上。⓭渦口　渦水入淮之口，在今安徽懷遠。⓮阻兵襄陽　擁兵襄陽，阻遏漕運。⓯濠州　州名，治所在今安徽鳳陽東。渦口為濠州屬縣。⓰辛丑　六月十四日。⓱程元振魚朝恩　代宗朝用事宦官，同傳。見《舊唐書》卷一百八十四、《新唐書》卷二百七。⓲李靈曜據汴州作亂　汴州，州治在今河南開封，當運河衝要。汴宋留後李靈曜據汴州作亂，事見本書卷二百二十五代宗大曆十一年。⑲校中書令考凡二十四 核查統計，郭子儀擔任中書令總共二十四年。校考，核查統計。⑳八子 郭子儀八子之名為：曜、晞、旰、昢、晤、曖、曙、映。㉑殆三十年 差不多三十年。郭子儀於肅宗至德元載奮自朔方，至德宗建中二年（西元七八一年）卒，總計二十六年。三十年舉其成數。殆，近；差不多。㉒壬子 六月二十五日。㉓李芃 兩《唐書》本傳作李芃，字茂初。傳見《舊唐書》卷一百三十二、《新唐書》卷一百四十七。㉔東畿五縣 本屬東都洛陽的五個屬縣。兩《唐書》本傳作汜水等五縣。《通鑑》胡三省注為河陽、河清、濟源、溫、王屋等五縣。㉕吐蕃陷河隴 吐蕃陷河西、隴右事見本書卷二百二十三代宗廣德元年。㉖李元忠 本姓曹，名令忠，朝廷賜姓名李元忠。官至北庭大都護。傳見《舊唐書》卷一百二十。㉗郭昕 唐名將郭子儀之姪，官至四鎮節度使。傳見《舊唐書》卷一百二十、《新唐書》卷一百三十七。㉘戊午朔 七月初一日。㉙昕二句 據《舊唐書》卷一百二十、《新唐書》卷一百三十七〈郭子儀傳〉，昕為郭子儀之弟幼明之子，《通鑑》記載有誤。㉚盧杞 字子良，滑州靈昌（今河南滑縣西南）人，建中初由御史中丞升為宰相，陷害楊炎、顏真卿，排斥宰相張鎰等。建中四年，涇原兵變，京師不守，朔方節度使李懷光上疏斥其罪惡，因遭貶而死於澧州。傳見《舊唐書》卷一百三十五、《新唐書》卷二百二十三。㉛遷延 拖延。㉜無傷 指無損楊炎之名。此為盧杞排斥楊炎的遁辭。㉝庚申 七月初三日。㉞張鎰 蘇州人，玄宗朝朔方節度使張齊丘之子。鎰為政清直，德宗用為宰相，為盧杞所忌，出為鳳翔隴右節度使。建中四年為亂兵所害。傳見《舊唐書》卷一百二十五、《新唐書》卷一百五十二。

【語　譯】德宗神武聖文皇帝二

建中二年（辛酉　西元七八一年）

六月初三日庚寅，任命浙江東、西觀察使、蘇州刺史韓滉為潤州刺史、浙江東、西道節度使，命名他的軍鎮為鎮海軍。

張著到達襄陽後，梁崇義更加畏懼，陳兵列陣來接見張著。藺杲接到德宗的詔令後不敢出發去鄧州赴任，驅馬急馳襄陽面見梁崇義請示。梁崇義對著張著放聲號哭，始終不接受詔書，張著只好回朝覆命。

六月初六日癸巳，給李希烈進爵南平郡王，加授漢南、漢北兵馬招討使，督率各道軍隊討伐梁崇義。楊炎勸諫德宗說：「李希烈為董秦的養子，董秦對他無比的親信重用，最終他還是驅逐了董秦而奪取了他的節度使職位。他為人兇狠暴戾，六親不認，在無功的時候尚且倔強不守法度，假如他平定了梁崇義，還能用什麼辦法來箝制他！」德宗不聽從楊炎的意見。楊炎堅決爭辯，德宗心中更加忿忿不平。

荊南牙門將吳少誠以攻滅梁崇義的計策去求見李希烈，李希烈委任他為前鋒。吳少誠，是幽州潞縣人。

當時內地自關中，西到蜀、漢，南到江、淮、閩、越，北到太原，所到之地都出動了軍隊。但李正己派兵扼守徐州甬橋、渦口，梁崇義兵斷襄陽，運輸道路都被阻絕，人心震動惶恐。江、淮進貢物品的船隻一千多艘，停泊在渦口，不敢前進。德宗以和州刺史張萬福為濠州刺史。張萬福馳騎趕到渦口，立馬河岸，催發進貢的船隻，李正己的將士呆站河岸，眼睜睜望著船隊經過而不敢動手。

六月十四日辛丑，汾陽忠武王郭子儀逝世。郭子儀為上將，擁有強大的軍隊，程元振、魚朝恩千方百計地誣衊毀謗郭子儀，只要皇帝一紙詔書徵召，郭子儀沒有不當天上路的，因此那些誣衊毀謗不再出現。郭子儀曾派使者到田承嗣那裡，承嗣遙望西方向郭子儀跪拜說：「我的雙膝不屈身下跪已有好多年了！」李靈曜佔據汴州作亂，經過汴州的公私錢財貨物，全都扣留下來，惟有郭子儀的貨物他不敢靠近，還派兵護送出境。郭子儀擔任中書令共二十四年，每月收入官俸二萬緡，私有財產不包括在內，家中倉庫裡珍寶奇貨堆積如山。郭子儀有三千名家人，八個兒子和七個女婿都擔任朝廷顯要高官。孫子輩的有幾十人，每次來問安，郭子儀不能完全辨認，只能點點頭而已。僕固懷恩、李懷光、渾瑊都出自郭子儀的帳下，他們雖然貴為王公，但郭子儀常對他們頤指氣使，他們奔走效命於郭子儀跟前，郭子儀家裡的人也把他們當做家僕一樣看待。天下安危繫於郭子儀一人前後將近有三十年，功蓋天下，而皇上不加懷疑，位極人臣，而大家都不嫉恨，窮奢極欲，而人們並不非議，年八十五而終。他的部將僚佐位至高官，成為朝中名臣的人很多。

六月二十五日壬子，任命懷州、鄭州、河陽節度副使李艽為河陽、懷州節度使，劃割東都地區的五縣隸屬於他。

北庭、安西自從吐蕃攻佔了河西、隴右之後，交通隔絕，不通音訊。伊西、北庭節度使李元忠、四鎮留後郭昕率領將士封閉邊塞拒守，多次派遣使者入朝上奏，都沒送到，斷絕音訊十餘年。直到此時，派使臣抄小路經過諸胡地區，取道回紇抵達京城，德宗非常讚賞他們。秋，七月初一日戊午，加授李元忠為北庭大都護，賜爵寧塞郡王。任命郭昕為安西大都護、四鎮節度使，賜爵武威郡王。將士都提升七級。李元忠的姓和名，都是朝廷所賜，他本姓曹，名令忠。郭昕，是郭子儀的弟弟。

李希烈因久雨，軍隊沒有進發，德宗對此困惑不解。盧杞祕密地向德宗進言：「李希烈拖延進軍，是因為楊炎的緣故。陛下何必愛惜楊炎一時之名，而喪失平叛的大功呢？還不如暫時免除楊炎的宰相職務來取悅李希烈，平定了梁崇義，再重新任用楊炎，也沒有什麼妨害。」德宗認為盧杞說得正確。七月初三日庚申，命令楊炎擔任左僕射，免除了他主持朝政的權力。任命前永平節度使張鎰為中書侍郎、同平章事。張鎰，是張齊丘的兒子。任命朔方節度使崔寧為右僕射。

丙子❶，贈故伊州❷刺史袁光庭❸工部尚書。光庭天寶末為伊州刺史，吐蕃陷河、隴，光庭堅守累年，吐蕃百方誘之不下。糧竭兵盡，城且陷，光庭先殺妻子，然後自焚。郭昕使至，朝廷始知之，故贈官。○辛巳❹，以邠寧節度使李懷光兼朔方節度使。

癸未❺，河東節度使馬燧、昭義節度使李抱真、神策先鋒都知兵馬使李晟大破田悅於臨洺❻。

時悅攻臨洺，累月不拔，城中食且盡，府庫竭，士卒多死傷。張伾飾其愛女，使出拜將士曰：「諸君守戰甚苦，伾家無它物，請鬻此女為將士一日之費。」眾皆哭，曰：「願盡死力，不敢言賞。」李抱真告急於朝，詔馬燧將步騎二萬與抱真討悅，又遣李晟將神策兵與之俱，又詔幽州留後朱滔討惟岳⑦。

燧等軍未出險⑧，先遣使持書諭悅，為好語⑨，悅謂燧畏之，不設備。燧與抱真合兵八萬，東下壺關⑩，軍于邯鄲，擊悅支軍，破之。悅方急攻臨洺，分李惟岳兵五千助楊朝光⑪。明日，燧等進攻朝光柵，悅將萬餘人救之，燧命大將李自良等禦之於雙岡⑫，令之曰：「悅得過，必斬爾！」自良等力戰，悅軍卻⑬。燧推火車焚朝光柵，斬朝光，獲首虜五千餘級。居五日，燧等進軍至臨洺。悅悉眾力戰，凡百餘合，悅兵大敗，斬首萬餘級。悅引兵夜遁，邢州⑭圍亦解。

時平盧節度使李正己已薨，子納祕之，擅領軍務⑮。悅求救於納及李惟岳，納遣大將衛俊將兵萬人，惟岳遣兵三千人救之。悅收合⑯散卒，得二萬餘人，軍于洹水⑰。淄青軍其東，成德軍其西，首尾相應。馬燧帥諸軍進屯鄴⑱，奏求河陽兵自助⑲。詔河陽節度使李芃將兵會之。

八月，李納始發喪，奏請襲父位，上不許。

梁崇義發兵攻江陵，至四望⑳，大敗而歸，乃收兵襄、鄧。李希烈引軍循漢而上，與諸道兵會。崇義遣其將翟暉、杜少誠逆戰於蠻水㉑，希烈大破之。追至踈口㉒，又破之。二將請降，希烈使將其眾先入襄陽慰諭軍民。崇義閉城拒守，守者開門爭出，不可禁。崇義與妻赴井死，傳首京師。

范陽節度使朱滔將討李惟岳，軍于莫州㉓。張孝忠將精兵八千守易州㉔，滔遣判官蔡雄說孝忠曰：「惟岳乳臭兒，敢拒朝命，今昭義、河東軍已破田悅，淮寧李僕射克襄陽，計河南諸軍，朝夕北向，恆、魏㉕之亡，可佇立而須㉖也。使君誠能首舉易州以歸朝廷，則破惟岳之功自使君始，此轉禍為福之策也。」孝忠然之，遣牙官㉗程華詣滔，遣錄事參軍董稹奉表詣闕㉘，滔又上表薦之，上悅。九月辛酉㉙，以孝忠為成德節度使。命惟岳護喪歸朝，惟岳不從。孝忠德滔，為子茂和娶滔女，深相結。

壬戌㉚，加李希烈同平章事。○初，李希烈請討梁崇義，上對朝士亟稱其忠。黜陟使㉛李承㉜自淮西還，言於上曰：「希烈必立微功，但恐有功之後，偃蹇不臣㉝，更煩朝廷用兵耳。」上不以為然。

希烈既得襄陽，遂據之為己有，上乃思承言。時承為河中尹㉞，甲子㉟，以承為山南東道節度使。上欲以禁兵送上，承請單騎赴鎮。至襄陽，希烈置之外館，迫脅萬方，承誓死不屈，希烈乃大掠闔境㊱所有而去。承治之期年㊲，軍府稍完。

希烈留牙將於襄州，守其所掠財，由是數有使者往來。承亦遣其腹心臧叔雅往來許、蔡㊳，厚結希烈腹心周曾等，與之陰圖希烈。

初，蕭嵩㊴家廟臨曲江㊵。玄宗以娛遊之地，非神靈所宅，命徙之。楊炎為相，惡京兆尹㊶嚴郢㊷，左遷大理卿㊸。盧杞欲陷炎，引郢為御史大夫。先是，炎將營家廟，有宅在東都㊹，憑㊺河南尹㊻趙惠伯賣之，惠伯買以為官廨㊼。郢按之，以為有羨利㊽。杞召大理正㊾田晉議法，晉以為律㊿，監臨官(51)市買有羨利，以乞取論(52)，當奪官(53)。杞怒，貶晉衡州司馬。更召它吏議法，以為監主自盜，罪當絞(54)。炎廟正直蕭嵩廟地，杞因譖炎，云「茲地有王氣，故玄宗令嵩徙之。炎有異志，故於其地建廟。」冬，十月乙未(55)，炎自左僕射貶崖州(56)司馬，遣中使護送[1]，未至崖州百里，縊殺之。惠伯自河中尹貶費州多田尉(57)，尋亦殺之。

【章 旨】以上為第二段，寫馬燧率領官軍解臨洺之圍，大敗田悅叛軍。李希烈討平襄州梁崇義，居功狂悖而野心勃發，朝廷去一狼而生一虎。德宗信盧杞讒言殺楊炎。

【注 釋】❶丙子 七月十九日。❷伊州 州名，治所在今新疆哈密。❸袁光庭 河西戍將，官終伊州刺史。伊州，地當西域交通咽喉。代宗朝他扼守伊州抗擊吐蕃，以身殉職，德宗追贈為工部尚書。傳見《舊唐書》卷一百八十七下、《新唐書》卷一百九十三。❹辛巳 七月二十四日。❺癸未 七月二十六日。❻臨洺 縣名，故治在今河北永年臨洺鎮。❼討惟岳 討伐成德李惟岳。❽出險 越過山險。此指從山西壺關東出越太行山至邯鄲之間的山險之地。❾諭悅二句 開諭田悅歸順朝廷。

⑩東下壺關　馬燧將太原之兵與李抱真潞州之兵東出壺關，越太行趨邯鄲，地勢西高東低，故稱東下。壺關，即今山西壺關，潞州東邊門戶。⑪楊朝光　魏博將，駐兵於邯鄲西北以遮昭義即潞州之兵。⑫雙岡　又名盧家疃，在邯鄲西北，臨洺縣之東。李自良率唐兵於雙岡阻擊田悅入援楊朝光。⑬卻　敗退。⑭邢州　州名，邢州在洺州西北。治所在今河北邢臺。五月，田悅遣魏博將康愔圍邢州。⑮擅領軍務　不請朝命，擅自接管了平盧節度使軍務。⑯收合　收聚。⑰洹水　縣名，屬魏州。縣治在今河北魏縣西南。⑱鄴　縣名，屬相州。縣治在洹水西，今河北磁縣東南，為河北軍事重鎮。⑲自助　援助自己。馬燧請求河陽兵入援。⑳四望　山名，在湖北南漳東南。㉑蠻水　即今蠻河。㉒疎口　疎水入漢之口，在襄陽南。㉓莫州　州名，治所莫縣，在今河北雄縣南白洋淀東岸。㉔易州　州名，治所在今河北易縣。㉕恆魏　恆，指成德李惟岳，駐節恆州。魏，指魏博田悅，駐節魏州。㉖佇立而須　站立等待。形容時間短暫，敗亡立待。㉗牙官　即牙將。衙前供差遣的將領或官員。㉘奉表詣闕　奉歸降表於朝廷。㉙辛酉　九月初六日。㉚壬戌　九月初七日。㉛黜陟使　使職名，奉詔巡察四方，升免官員。㉜李承　（西元七二二—七八三年）趙郡高邑（今河北高邑）人，官至檢校工部尚書，兼湖南都團練觀察使。傳見《舊唐書》卷一百十五、《新唐書》卷一百四十三。㉝偃蹇不臣　驕橫傲慢不守臣節之道。㉞河中尹　官名，河中府行政長官。府治在今山西永濟西。㉟甲子　九月初九日。㊱闔境　山南東道所屬全境。㊲期年　一週年。㊳許蔡　皆州名。蔡州治所汝陽，在今河南汝南縣。許州治所在今河南許昌。㊴蕭嵩　玄宗朝宰相。傳見《舊唐書》卷九十九、《新唐書》卷一百一。㊵曲江　池名，京師近郊遊樂之所，在今西安市區東南。㊶京兆尹　官名，京師行政長官，列班朝臣，與六部尚書等列。㊷嚴郢　官至御史大夫。傳見《新唐書》卷一百四十五。㊸大理卿　大理寺長官，主刑獄。㊹東都　唐以洛陽為東都。㊺憑　通過；依靠。㊻河南尹　河南府行政次官，從三品。河南牧（從二品）缺，則行牧事，為河南府實際長官。㊼官廨　官署。㊽羨利　餘利。指楊炎與趙惠伯合謀，趙用官錢高價購買了楊炎住宅。㊾大理正　大理寺屬官。掌覆審刑獄。㊿律　依照刑律。(51)監臨官　主管官。(52)以乞取論　按索賄罪判決。乞取，索取。論，判罪。(53)當奪官　判決罷官。當，判決；裁定。奪官，罷官。(54)監主自盜二句　主管官員自盜公物，論罪當處絞刑。(55)乙未　十月初十日。(56)崖州　州名，治所在今海南海口東南。(57)多田尉　官名，多田縣縣尉。多田縣治所在今貴州思南縣西。

【校　記】[1]遣中使護送　原無此句。據章鈺校，十二行本、乙十一行本皆有此句，今據補。

【語　譯】七月十九日丙子，追贈已故伊州刺史袁光庭為工部尚書。袁光庭在天寶末年任伊州刺史，吐蕃攻陷河西、隴右，袁光庭堅守伊州達數年之久，吐蕃千方百計引誘他，都沒有投降。當糧竭兵盡，城池將要被攻破時，袁光庭先殺了妻兒，然後自焚。郭昕派的使者抵達京師，朝廷才知道此事，因此給他贈官。〇二十四日辛巳，朝廷任命邠寧節度使李懷光兼任朔方節度使。

七月二十六日癸未，河東節度使馬燧、昭義節度使李抱真、神策先鋒都知兵馬使李晟在臨洺大敗田悅。當時田悅攻打臨洺，累月不拔，城中的糧食快要耗盡，府庫儲備已用完，士兵大多死傷。張伾將自己女兒打扮好，帶她出來向將士們行禮說：「各位守城作戰很辛苦，我家已沒有別的東西，讓我賣了這個女兒，作為各位一天的費用。」眾將士都哭了，說：「願拼死堅守城池，不敢提獎賞。」李抱真向朝廷告急，德宗頒詔讓馬燧率領步騎兵二萬人與李抱真共同討伐田悅，又派李晟率領神策軍與他們一起去，又詔令幽州留後朱滔率兵討伐李惟岳。

馬燧等人的軍隊還沒有開出壺關險要之地，先派使者帶著書信去勸諭田悅，信中說了不少好話，田悅以為馬燧畏懼自己，不加防備。馬燧與李抱真合兵八萬人，東進壺關，駐紮在邯鄲，攻擊田悅的一支部隊，打敗了他們。這時田悅正急攻臨洺，分出李惟岳援兵中的五千人支援楊朝光。第二天，馬燧等向楊朝光的營寨發起進攻，田悅率領一萬多人救援楊朝光，馬燧命令大將李自良等在雙岡防禦，命令李自良說：「如果田悅得過雙岡，一定砍你的頭！」李自良等人拼力死戰，田悅的軍隊撤退。馬燧推著燃燒的車輛焚燒楊朝光的營柵，殺了楊朝光，獲敵首級五千多人。過了五天，馬燧等進軍到臨洺。田悅出動全軍力戰，總共交手一百多個回合，田悅的軍隊大敗，被斬首一萬多級。田悅帶領殘部連夜逃遁，邢州之圍隨即也被解除。

當時平盧節度使李正己已經逝世，兒子李納隱瞞此事，擅自統領軍務。田悅向李納和李惟岳求救，李納派大將衛俊率兵一萬人，李惟岳派兵三千人救援田悅。田悅收編散兵，共計得到二萬多人，駐紮在洹水縣。李納軍駐紮在東邊，李惟岳軍駐紮在西邊，首尾呼應。馬燧率領各部進駐鄴縣，奏請朝廷令河陽的軍隊就地援助。德宗下詔令河陽節度使李艽率部與馬燧會合。

八月，李納才為父剛發喪，便奏請自己承襲父位，德宗沒有應允。

梁崇義發兵進攻江陵，到達四望山，被打得大敗而歸，於是集結部隊，駐紮在襄陽和鄧州。李希烈領軍沿漢水而上，與各道的軍隊會合。梁崇義派將領翟暉、杜少誠在蠻水迎戰，被李希烈打得大敗。李希烈乘勝追擊到疎口，又打敗了他們。翟暉和杜少誠請求投降，李希烈讓翟、杜二人帶領殘部先進襄陽去安撫曉諭軍民。梁崇義閉城拒守，但守城的士兵打開城門爭著出逃，無法禁止。梁崇義和妻子投井自殺，梁崇義的頭顱被砍下傳送到了京城。

范陽節度使朱滔即將發兵討伐李惟岳，軍隊駐紮在莫州。張孝忠統領精兵八千據守易州，朱滔派判官蔡雄勸說張孝忠：「李惟岳乳臭未乾，竟敢抗拒朝命，現在昭義軍、河東軍已打敗田悅，淮寧節度使李希烈僕射攻克了襄陽城，估計在河南的各路軍隊，朝夕之間就會向北挺進，李惟岳和田悅的滅亡已指日可待。假使你真的能夠領頭率易州歸順朝廷，那麼打敗李惟岳的頭功便是你的，這是你轉禍為福的良策啊。」張孝忠認為他說得對，派牙官程華去見朱滔，派錄事參軍董稹奉表入朝，朱滔也上表推薦他，德宗對此十分喜悅。九月初六日辛酉，朝廷任命張孝忠為成德節度使。又命令李惟岳護送其父的靈柩回朝，李惟岳不從。張孝忠非常感激朱滔，為兒子張茂和娶了朱滔的女兒，雙方建立起深厚的關係。

九月初七日壬戌，加授李希烈同平章事。○當初，李希烈請求征討梁崇義，德宗對滿朝大臣盛讚李希烈的忠心。黜陟使李承從淮西回朝，對德宗說：「李希烈一定能建小功，只是怕他在有功之後，恃功自傲而不服從朝廷，又要煩勞朝廷對他用兵了。」德宗不以為然。

李希烈攻取襄陽後，就把它據為己有，德宗這才想到李承的話。當時李承正擔任河中尹，九月初九日甲子，任命李承為山南東道節度使。德宗打算派禁衛軍護送他上任，李承請求單騎前往鎮所。到達襄陽後，李希烈將他安置在外面的驛館，千方百計地威脅逼迫，李承誓死不屈，李希烈無奈，只好對襄陽全境大肆掠奪後離開。李承治理了整整一年時間，軍府才逐漸復原。李希烈把一個牙將留在襄州，守護搶得的財物，因此常有使者往來。李承也派遣親信臧叔雅往來於許州、蔡州，深交李希烈的親信周曾等人，與他們暗中圖謀李希烈。

起初，蕭嵩的家廟面臨曲江。唐玄宗認為曲江是娛樂遊覽之地，不適作神靈居所，命令將家廟遷走。楊炎任宰相後，厭惡京兆尹嚴郢，將他降職為大理卿。盧杞想陷害楊炎，推薦嚴郢擔任了御史大夫。此前，楊炎準備修建家廟，有座宅院在東都洛陽，委託河南尹趙惠伯把它賣掉，趙惠伯買下後用作官舍。嚴郢檢舉此事，認為楊炎謀得了厚利。盧杞召大理正田晉來討論如何處理，田晉認為按照法律，主管官員採買東西而從中漁利，以勒索賄賂論罪，罪當撤職。盧杞大怒，將田晉貶為衡州司馬。轉而召集別的官員討論處罰事，他們認為主管官監守自盜，論罪當處絞刑。楊炎修建的家廟正當蕭嵩家廟原址，盧杞因此毀謗楊炎說：「那個地方有帝王之氣，所以玄宗命令蕭嵩將家廟遷走。而楊炎有異心，所以在那裡修建家廟。」冬，十月初十日乙未，楊炎從左僕射被貶為崖州司馬，朝廷派遣中使護送，赴任途中離崖州還有一百里，朝廷下令絞死了他。趙惠伯也從河中尹被貶為費州多田縣尉，沒多久也被處死了。

辛巳❶，冊太子妃蕭氏。○癸卯❷，祫❸太廟。先是，太祖❹既正東向之位，獻、懿二祖❺皆藏西夾室，不饗❻。至是，復奉獻祖東嚮而饗之。

徐州刺史李洧，正己之從父兄也。李納❼寇宋州❽，彭城令太原白季庚說洧舉州歸國。洧從之，遣攝巡官❾崔程奉表詣闕，且使口奏，并白宰相，以「徐州不能獨抗納，乞領徐、海、沂三州觀察使，況海、沂二州，今皆為納有。洧與刺史王涉、馬萬通素有約，苟得朝廷詔書，必能成功。」程自外來❿，以為宰相一也⓫，先白張鎰，鎰以告盧杞。杞怒其不先白己，不從其請。戊申⓬，加洧御史大夫，充招諭使。

十一月戊午⑬，以永樂公主適檢校比部郎中田華⑭，上不欲違先志故也。○

蜀王傀更名遂⑮。

辛酉⑯，宣武⑰節度使劉洽⑱、神策都知兵馬使曲環⑲、滑州⑳刺史襄平李澄㉑、朔方大將唐朝臣大破淄青、魏博之兵於徐州。

先是，李納遣其將王溫會魏博將信都崇慶共攻徐州，李洧遣牙官溫人王智興㉒詣闕告急。智興善走，不五日而至。上為之發朔方㉓兵五千人，以朝臣將之，與洽、環、澄共救之。時朔方軍資裝不至，旗服弊惡，宣武人嗤之曰：「乞子㉔能破賊乎！」朝臣以其言激怒士卒，且曰：「都統㉕有令，先破賊營者，營中物悉與之。」士皆憤怒爭奮。

崇慶、溫攻彭城，二旬㉖不能下，請益兵㉗於納。納遣其將石隱金將萬人助之，與劉洽等相拒於七里溝㉘。日向暮，洽引軍稍卻。朔方馬軍使楊朝晟㉙言於唐朝臣㉚曰：「公以步兵負山而陳㉛，以待兩軍㉜，我以騎兵伏於山曲。賊見懸軍㉝勢孤，必搏之。我以伏兵絕其腰㉞，必敗之。」朝臣從之。崇慶等果將騎二千踰橋而西，追擊官軍，伏兵發，橫擊之㉟。崇慶等兵中斷，狼狽而返，阻橋以拒官軍㊱。其兵有爭橋不得，涉水而度㊲者。朝晟指之曰：「彼可涉，吾何為不涉！」遂涉水擊，據橋者皆走㊳，崇慶等兵大潰。洽等乘之㊴，斬首八千級，溺死過半。朔方軍盡得其輜重，旗服鮮華，乃謂宣武人曰：「乞子之功，孰與宋多㊵？」宣武人皆慚。官軍乘勝逐北，至徐州城下，魏博、淄青軍解圍走，江、淮漕運始通。

己巳㊶，詔削李惟岳官爵，募所部降者，赦而賞之。○甲申㊷，淮南節度使陳少遊㊸遣兵擊海州㊹，其刺史王涉以州降。

十二月，李納密州㊺刺史馬萬通乞降。丁酉㊻，以為密州刺史。

崔漢衡㊼至吐蕃，贊普以敕書稱貢獻及賜，全以臣禮見處㊽。又雲州之西，當以賀蘭山為境㊾，邀漢衡更請之。丁未㊿，漢衡遣判官與吐蕃使者入奏。上為之改敕書、境土，皆如其請。○加馬燧魏博招討使。

【章　旨】以上為第三段，寫官軍大敗淄青李納叛軍，疏通了江淮漕運。

【注　釋】❶辛巳　十月丙戌朔，無辛巳。疑為辛丑，十月十六日。❷癸卯　十月十八日。❸祫　祭禮名，合祭遠近祖先神靈。古代帝王三年一祫，在太廟進行。❹太祖　唐高祖李淵之祖李虎，追尊景皇帝，廟號太祖。❺獻懿二祖　獻祖，為李虎之祖李熙，追尊宣皇帝，廟號獻祖。懿祖李天錫，為李虎之父，追尊光皇帝，廟號懿祖。獻、懿、太三祖為唐遠祖，唐初享於太廟。睿宗文明元年（西元六八四年），唐太宗、唐高宗祔廟，始遷宣皇帝於西夾室，代宗寶應二年（西元七六三年），唐玄宗、肅宗祔於太廟，遷獻、懿二祖於西夾室，以太祖當東向位。❻不饗　指獻、懿祖，不在昭穆正位受祭饗。❼李納　李正己之子，自領淄青節度使，與田悅、李惟岳等合兵叛亂，興元元年（西元七八四年）歸順。傳見《舊唐書》卷一百二十四、《新唐書》卷二百十三。❽宋州　州名，治所在今河南商丘。❾攝巡官　節鎮所設巡按官。❿程自外來　指崔程從地方入朝。⓫以為宰相一也　認為宰相是一體、一樣。⓬戊申　十月二十三日。⓭戊午　十一月初四日。⓮田華　魏博節度使田承嗣之子，官至太常少卿。尚代宗女、德宗之妹永樂公主。⓯蜀王偲更名遂　蜀王李遂，代宗第十二子，大曆十四年封蜀王，至是建中二年改名李遡。嚴衍《通鑑補》作「蜀王遂更名遡」，與兩《唐書》本傳合。《通鑑》作兩次更名，建中三年再次由遂更名遡，當別有所據。李遂傳見《舊唐書》卷一百十六、《新唐書》卷八十二。⓰辛酉　十一月初七日。⓱宣武　方鎮名，玄宗天寶十四載（西元七五五年）初置稱河南，廣德後稱汴宋，德宗建中二年（西元七八一年）號宣武軍。治所汴州，在今河南開封。⓲劉洽　時為宋州刺史，興元元年官至宣武節度使，賜名玄佐。此以其後任高職稱。傳見《舊唐書》卷一百四十五、《新唐書》卷二百十四。⓳曲環　陝州安邑（今山西夏縣西北）人。平定安史之亂、抵禦吐蕃，屢建戰功，歷任金吾大將軍、御史中丞、都知兵馬使等職。傳見《舊唐書》卷一百二十二、《新唐書》卷一百四十七。⓴滑州　州名，治所滑縣，在今河南滑縣。㉑李澄　襄平（今遼寧遼陽北）人，官至永平軍、義成軍節度使。傳見《舊唐書》卷一百三十二、《新唐書》卷一百四十一。㉒王智興　字匡諫，懷州溫縣（今河南溫縣西）人，歸國後長期為徐州鎮將，官至武寧軍節度使。㉓朔方　方鎮名，又稱靈鹽、靈武、靈州。唐玄宗開元元年（西元七一三年）置，為玄宗時邊防十節度之一。治所靈州，在今寧夏靈武西。朔方兵強悍善戰。㉔乞子　乞丐，俗稱叫花子。㉕都統　指李勉，字玄卿，時為汴宋（即宣武軍）節度使，兼河南、汴宋、滑亳、河陽四道討逆軍都統。劉洽即為李勉所遣，與朔方軍共救徐州李洧。㉖二旬　二十天。㉗請益兵　請求增派救兵。㉘七里溝　地名，在徐州運河岸邊。㉙楊朝晟　朔方軍名將，字叔明，夏州朔方（今陝西靖邊北）人，官至邠寧節度使。傳見《舊唐書》卷一百二十二、一百四十四、《新唐書》卷一百五十六。㉚唐朝臣　官至鄜坊節度使。兩《唐書》無傳。㉛負山而陳　靠山為陣。㉜以待兩軍　迎擊信都崇慶與王溫兩軍。㉝懸軍　孤軍。㉞絕其腰　攔腰截斷。㉟橫擊之　即從側面（攔腰）衝擊敵軍。㊱阻橋以拒官軍　扼守橋頭阻攔官軍渡河。㊲涉水而度　涉水過河。騎兵渡河，緊急時可策馬渡河。㊳走　奔逃。㊴乘之　乘勝追擊敵軍。㊵乞子之功二句　叫花子的戰功，與宋兵比較哪一個多。宋，即劉洽所統宣武軍宋州之兵。時劉洽為宋州刺史。㊶己巳　十一月十五日。㊷甲申　十一月三十日。㊸陳少遊　博州（今山東聊城東北）人。傳見《舊唐書》卷一百二十六、《新唐書》卷二百二十四上。㊹海州　州名，為淄青李納巡屬。治所在今江蘇連雲港市西南。㊺密州　州名，治所在今山東諸城。㊻丁酉　十二月十三日。㊼崔漢衡　歷仕代宗、德宗兩朝，多次出使吐蕃，官至兵部尚書。傳見《舊唐書》

卷一百二十二、《新唐書》卷一百四十三。㊽全以臣禮見處　完全是以臣屬之禮對待。唐朝皇帝給予吐蕃的國書用敕書形式，並在書中使用貢獻、賜給等用語，故吐蕃國王贊普認為唐以臣屬待吐蕃。㊾雲州之西二句　贊普對唐提出邊界要求，在雲州西邊，應當以賀蘭山為界。雲州治所雲中，在今山西大同。其西界賀蘭山，綿延至靈武保靜縣，在今寧夏東北部。㊿丁未　十二月二十三日。

【語　譯】十月辛巳日，冊立蕭氏為太子妃。○十八日癸卯，在太廟合祭列祖列宗。此前，太祖的靈位已經供奉在正東向，獻、懿二祖的靈位都藏在太廟的西夾室，沒有四時祭祀。到這時，重新把獻祖供奉在太廟東向而四時祭祀。

徐州刺史李洧是李正己的堂兄。李納劫掠宋州，彭城縣令太原人白季庚遊說李洧率徐州歸附朝廷。李洧聽從了，派遣攝巡官崔程奉表入朝，並讓他口頭上奏，同時稟告宰相，說「單憑徐州的力量不能抵抗李納，請求兼理徐州、海州、沂州三州觀察使，何況海、沂二州，目前都被李納佔有。李洧和海、沂二州刺史王涉、馬萬通一直有約定，如果得到朝廷詔書，一定能和徐州一起抵抗李納。」崔程由外地來朝廷，誤以為各個宰相的權位都是一樣的，便先向張鎰彙報，張鎰再將此事轉告盧杞。盧杞對不先稟告自己十分惱怒，因此不接受李洧的請求。十月二十三日戊申，朝廷加授李洧御史大夫，充當招諭使。

十一月初四日戊午，德宗把永樂公主嫁給檢校比部郎中田華，這是德宗不想違背先帝意願的緣故。○蜀王李傀改名叫李遂。

十一月初七日辛酉，宣武節度使劉洽、神策軍都知兵馬使曲環、滑州刺史襄平人李澄、朔方軍大將唐朝臣等，將淄青節度使、魏博節度使的軍隊打得大敗。

此前，李納派遣將領王溫會同魏博的將領信都崇慶一起進攻徐州，李洧派牙官溫縣人王智興到朝廷告急。王智興擅長行走，不到五日就到達了。德宗為徐州調發朔方兵士五千人，命令唐朝臣率領，與劉洽、曲環、李澄共同援救李洧。當時朔方軍的軍用物資還沒有及時運到，旗幟和服裝破爛不堪，宣武軍官兵嗤笑他們說：「叫花子能去消滅敵人嗎！」唐朝臣用這些話激怒部下，並且說：「李都統下了命令，先破敵營的人，營中的財物全部給他。」士兵們無不憤怒而奮勇。

崇慶、王溫攻打彭城，二十天還未能奪取，請求李納增兵。李納派遣將領石隱金率兵一萬援助，與劉洽等在七里溝對峙。天快黑的時候，劉洽率軍稍稍後撤。朔方軍的馬軍使楊朝晟對唐朝臣說：「唐公你率步兵背山列陣，以待魏博、淄青兩軍，我領騎兵在山坳埋伏。敵人見你們孤軍勢弱，一定向你進攻。我率伏兵攔腰截擊，一定會打敗他們。」唐朝臣聽從了這個建議。崇慶等人果然率領騎兵二千人過橋往西，追擊官兵，伏兵出動，攔腰突擊。崇慶等人的軍隊首尾中斷，只得狼狽逃回，扼守橋頭來抵抗官軍。沒有擠上橋頭的叛軍，有涉水渡河的。楊朝晟指著叛軍說：「他們可以涉水，我們為什麼不可以涉水！」於是涉水攻擊敵人，據守橋頭的叛軍都逃跑了，崇慶等的軍隊潰不成軍。劉洽等乘機追擊，斬首八千人，溺死的超過一半。朔方軍繳獲了敵軍所有的輜重，旗幟和軍服都鮮豔華美了，於是對宣武軍說：「叫花子立的功勞，與宋軍相比究竟誰多？」宣武軍的士兵都覺得慚愧。各支官軍乘勝追擊，到達徐州城下，魏博、淄青的軍隊解除對徐州的包圍逃走，江、淮的漕運才又開始通暢。

十一月十五日己巳，德宗下詔削奪李惟岳的官職爵位，招募李惟岳的部屬中投降朝廷的將士，一律赦免並給予獎賞。〇三十日甲申，淮南節度使陳少遊派軍隊攻打海州，海州刺史王涉率領海州歸降。

十二月，李納部下的密州刺史馬萬通向朝廷求降。十三日丁酉，任命馬萬通為密州刺史。

崔漢衡到達吐蕃，贊普認為德宗的敕書用語稱貢獻和賜等，完全用對待臣屬的禮儀對吐蕃。又認為雲州的西邊，應以賀蘭山為邊界，請求崔漢衡再次代為請求朝廷加以確認。十二月二十三日丁未，崔漢衡派遣判官與吐蕃的使者入奏朝廷。德宗為吐蕃修改了敕書的措辭和邊界，都滿足了贊普的請求。〇加授馬燧魏博招討使。

三年（壬戌　西元七八二年）

春，正月，河陽節度使李芃❶引兵逼衛州❷，田悅守將任履虛詐降，既而復叛。

馬燧等諸軍屯于漳濱❸。田悅遣其將王光進築月城❹以守長橋❺，諸軍不得度。燧以鐵鎖連車數百，實以土囊，塞其下流，水淺，諸軍涉度。時軍中乏糧，悅等深壁不戰。燧命諸軍持十日糧，進屯倉口❻，與悅夾洹水而軍❼。李抱真、李芃問曰：「糧少而深入，何也？」燧曰：「糧少則利速戰，今三鎮❽連兵不戰，欲以老我師❾。我若分軍擊其左右，悅必救之，則我腹背受敵，戰必不利。故進軍逼悅，所謂攻其所必救也。彼苟出戰，必為諸君破之。」乃為三橋逾洹水❿，日往挑戰⓫。悅不出。燧令諸軍夜半起食，潛師⓬循洹水直趨魏州，令曰：「賊至，則止為陳⓭。」留百騎擊鼓鳴角於營中，仍抱薪持火，俟諸軍畢發⓮，則止鼓角匿其旁⓯，俟悅軍畢度⓰，焚其橋。軍行十里所，悅聞之，帥淄青、成德步騎四萬踰橋掩其後⓱，乘風縱火，鼓譟而進⓲。燧按兵不動，先除其前草莽百步為戰場⓳，結陳以待之⓴，募勇士五千餘人為前列。悅軍至，火止，氣衰㉑，燧縱兵㉒擊之，悅軍大敗。神策、昭義、河陽軍小卻㉓，見河東軍㉔捷，還鬬，又破之。追奔至，三橋㉕已焚，悅軍亂，赴水溺死不可勝紀，斬首二萬餘級，捕虜三千餘人，尸相枕藉㉖三十餘里。

悅收餘兵千餘人走魏州㉗。馬燧與李抱真不協㉘，頓兵平邑浮圖㉙，遷延不進[1]。悅夜至南郭㉚，大將李長春閉關不內㉛，以俟官軍。久之，天且明，長春乃開門內之。悅殺長春，嬰城㉜拒守。城中士卒不滿數千，死者親戚號哭滿街。悅憂懼，乃持佩刀，乘馬立府門㉝外，悉集軍民，流涕言曰：「悅不肖，蒙淄青、成德二丈人㉞保薦，嗣守伯父㉟業。今二丈人即世，其子不得承襲。悅不敢忘二丈人大恩，不量其力，輒拒朝命，喪敗至此，使士大夫肝腦塗地，皆悅之罪也。悅有老母，不能自殺，願諸公以此刀斷悅首，持出城降馬僕射㊱，自取富貴，無為與悅俱死也！」因從馬上自投地㊲。將士爭前抱持悅曰：「尚書㊳舉兵徇義，非私己也。一勝一負，兵家之常。某輩累世受恩，何忍聞此！願奉尚書一戰，不勝則以死繼之。」悅曰：「諸公不以悅喪敗而棄之，悅雖死，敢忘厚意於地下！」乃與諸將各斷髮，約為兄弟，誓同生死。悉出府庫所有及斂富民之財，得百餘萬，以賞士卒，眾心始定。復召貝州刺史邢曹俊，使之整部伍，繕守備，軍勢復振。

李納軍於濮陽㊴，為河南軍㊵所逼，奔還濮州㊶，徵援兵於魏州。田悅遣軍使符璘將三百騎送之。璘父令奇謂璘曰：「吾老矣，歷觀安、史輩叛亂者，今皆安在？田氏能久乎？汝因此棄逆從順，是汝揚父名於後世也。」齧臂而別。璘遂與其副李瑤帥眾降於馬燧。悅收族其家，令奇慢罵而死。瑤父再春以博州降，悅從兄昂以洺州降，王光進以長橋㊷降。悅入城旬餘日㊸，馬燧等諸軍始至城下，攻之，不克。

【章　旨】以上為第四段，寫魏博招討使馬燧在衛州大破田悅軍，卻因官軍將領失和，未能追殲窮寇，田悅逃至魏州，得以喘息，死灰復燃。

【注　釋】❶李艽　當作「李芃」，傳見《舊唐書》卷一百三十二、《新唐書》卷一百四十七。❷衛州　州名，魏博巡屬。治所在今河南衛輝。❸漳濱　漳水岸邊。❹月城　半圓形的護橋城。❺長橋　漳水橋，田悅將王光進築月城於漳水橋北岸阻擋官軍。長橋在鄴城東，倉口西。❻倉口　在漳水長橋下游。❼夾洹水而軍　洹水，在漳河之東，因水道變遷，馬燧與田悅夾洹水處今已為漳河。此段洹水在今河北大名北，唐時在魏州西。軍，駐紮下來。❽三鎮　指叛軍魏博田悅、淄青李納、成德李惟岳之軍。❾老我師　使我軍士氣衰竭。老，疲倦；士氣衰老。❿乃為三橋逾洹水　於是造三座浮橋渡過洹水。⓫日往挑戰　每天向田悅挑戰。⓬潛師　祕密出兵。⓭賊至二句　敵兵到來，則停止行進而準備戰鬥。⓮畢發　各軍全部出發。⓯匿其旁　埋伏於浮橋之旁。⓰俟悅軍畢度　等到田悅大軍完全渡河後。⓱踰橋掩其後　指田悅為救魏州，將大軍調出堅壁也渡過洹水到北岸，尾隨官軍追擊。⓲乘風縱火二句　田悅軍順風放火以助軍威，擊鼓喊殺而進。⓳先除其前草莽百步為戰場　馬燧按兵不動，先把軍前百步之內的野草叢莽剷除作為戰場，同時用以截斷田悅順風放火。⓴結陳以待之　結成作戰隊列，等待田悅軍。㉑氣衰　士氣低落。田悅軍藉火勢為威，因火熄滅，見官軍整列，因而氣衰。㉒縱兵　全線出擊。㉓小卻　支援馬燧的友軍神策、昭義、河陽都向後稍退。㉔河東軍　即馬燧軍。㉕三橋　洹水上的三座浮橋。㉖尸相枕藉　屍首橫躺豎臥，互相堆積。㉗走魏州　奔逃回魏州。㉘不協　不和。㉙頓兵平邑浮圖　官兵屯駐在平邑縣佛寺中。平邑，地名，在魏州南，今河南南樂境。㉚南郭　魏州南城。㉛閉關不內　關閉城門不收納田悅。㉜嬰城　緊閉城門。㉝府門　節度使衙門。㉞二

丈人　指淄青李正己、成德李寶臣，田悅以丈人事之。丈人，老人之通稱，此指老前輩。㉟伯父　指田承嗣。㊱馬僕射　指馬燧。因臨洺之戰，以功遷尚書右僕射。㊲自投地　指田悅從馬上自己跳到地下，表示甘願受刑。㊳尚書　指田悅。因田悅加官檢校工部尚書，故將士尊稱尚書。㊴濮陽　縣名，縣治在今河南濮陽西南。㊵河南軍　指劉洽所領汴宋軍。㊶濮州　州名，治所在今山東鄄城南。㊷長橋　指王光進守漳水的長橋之兵。㊸旬餘日　十幾天。十天為一旬。

【校　記】[1]遷延不進　此句原無。據章鈺校，十二行本、乙十一行本皆有此句，張敦仁《通鑑刊本識誤》、張瑛《通鑑校勘記》同，今據補。

【語　譯】三年（壬戌　西元七八二年）

春，正月，河陽節度使李芃領兵進逼衛州，田悅指派駐守衛州的將領任履虛詐降，不久又叛變了。

馬燧等各支官兵駐紮在漳水之濱。田悅派遣將領王光進修築月形城來守衛長橋，各支官兵不能渡河。馬燧用鐵鏈將幾百輛車連結，裝滿土袋，填塞長橋下游，河水變淺，各路人馬涉水渡過漳水。當時朝廷軍隊缺乏糧食，田悅等叛軍加固營壘堅守不戰。馬燧命令各支官兵帶上十天的糧食，進駐倉口，與田悅的部隊隔洹水對峙。李抱真、李芃問馬燧：「我軍糧少而深入敵人腹地，為什麼呢？」馬燧說：「糧食少，只有速戰速決才有利，眼下魏博、淄青、成德三鎮集結軍隊而不出戰，想讓我們疲憊。我們如果分兵向田悅軍的左右出擊，田悅一定會援救，那麼我們將腹背受敵，作戰必然不利。因此進軍逼迫田悅，這就是所謂的攻其必救。田悅如果出兵迎戰，一定會被你們打敗。」於是建造三座橋使軍隊過洹水，天天到田悅軍前挑戰。田悅堅守不出。馬燧命令各部半夜起來吃飯，悄悄地沿著洹水直接向魏州城進發，命令各軍：「敵軍一到，就停止前進，列陣迎敵。」留下一百名騎兵在兵營中擊鼓鳴號，仍像往日一樣抱來柴草，打著火把，等各路軍隊都出發，就停止擊鼓吹號，隱藏在旁邊，等田悅的軍隊完全過了河，就將橋燒毀。馬燧等率軍行進到十里左右的地方，田悅得到這一情況，就率領淄青、成德兩鎮的步兵、騎兵共四萬人過橋尾隨馬燧，借助風勢一路縱火，喊叫著向前進攻。馬燧按兵不動，先將前方一百步內的樹木雜草清除作為戰場，列陣以待，又招募五千餘名勇士為前鋒。田悅的軍隊到達時，火已熄滅，士氣已衰退，馬燧揮軍出擊，田悅軍大敗。神策、昭義、河陽三軍受挫稍退，看到馬燧的河東軍打了勝仗，便回過頭重新投入戰鬥，再次把田悅的軍隊打敗。追擊逃兵到洹水邊，河上的三座橋已被燒毀，田悅軍大亂，跳河而被溺死的無法統計，官軍斬獲敵人首級二萬多，俘虜三千多人，死屍相疊長達三十餘里。

田悅收拾殘兵一千多人逃往魏州。馬燧與李抱真關係不和，官軍停留在平邑的寺廟中，拖延不進。田悅連夜逃到魏州南門外，大將李長春關閉城門不讓他進入，想等待官軍到來。時間過了很久，天就要亮了，李長春才開了城門接納田悅進入。田悅殺了李長春，緊閉城門固守。魏州城內的士兵不足幾千人，戰死將士的親屬滿街號哭。田悅既擔心又害怕，就手持佩刀，騎馬佇立軍府門外，集合城中所有軍民，痛哭流涕地說：「我不成器，承蒙淄青、成德兩位老前輩保薦，繼承守護我伯父的大業。現在兩位老前輩都已去世，他們的公子都無法承襲節度使的職位。我不敢忘記兩位老前輩的大恩，自不量力，就違抗朝廷的命令，失敗到這種地步，造成士大夫們肝腦塗地，都是我田悅的罪過。我有年邁的母親，不能自殺，只希望諸位用這把刀把我的頭砍下，拿著出城向馬燧僕射投降，自己取得榮華富貴，不要同我一起去死！」於是從馬上翻身滾在地上。將士們紛紛爭著上前抱持田悅說：「田尚書你起兵行義，不是只為自己。打仗有勝有負，是兵家常事。我等世代受你家的恩惠，怎能忍心聽這樣的話！我們願意跟隨尚書你再決一戰，打不了勝仗就以死相拼。」田悅說：「各位不因我田悅潰敗而拋棄我，我田悅即便死掉，九泉之下也不敢忘記你們的深情厚意！」於是與眾將領各自剪斷頭髮，結為兄弟，立誓同生共死。拿出府庫儲藏的所有東西和向富戶徵斂的錢財，共有一百多萬，全部賞給兵士，眾人之心才安定下來。田悅又召來貝州刺史邢曹俊，讓他負責整飭軍隊，修繕武器和工事，加強軍備，軍勢再次振作起來。

李納駐軍在濮陽，受到河南軍的逼迫，逃回濮州，向魏州請求派兵增援。田悅派軍使符璘領三百名騎兵送往李納軍中。符璘的父親符令奇對符璘說：「我已老了，挨個看安祿山、史思明那一夥叛亂之人，如今還有哪個活著？田氏能長久嗎？你如果因此看清形勢棄叛從順，就是你把父親的名聲傳揚後世了。」說完咬著兒子的臂膀作別。於是符璘與副手李瑤統領部眾向馬燧投降。田悅收捕符璘的族人全部殺死，符令奇不住地辱罵田悅而死。李瑤的父親李再春率領博州軍民投降朝廷，田悅的堂兄李昂率領洺州軍民投降，王光進率領長橋軍民投降。田悅退入魏州城十幾天後，馬燧等率領的各路人馬才到達魏州城下，攻打魏州城，沒有攻下來。

丙寅❶，李惟岳遣兵與孟祐守束鹿❷，朱滔、張孝忠攻拔之，進圍深州。惟岳憂懼，掌書記❸邵真❹復說惟岳，密為表，先遣弟惟簡入朝，然後誅諸將之不從命者，身自入朝，使妻父冀州刺史鄭詵權知❺節度事，以待朝命。惟簡既行，孟祐知其謀，密遣告田悅。悅大怒，使衙官扈岌往見惟岳，讓❻之曰：「尚書舉兵，正為大夫求旌節耳，非為己也。今大夫乃信邵真之言，遣弟奉表，悉以反逆之罪歸尚書，自求雪身❼，尚書何負於大夫而至此邪！若相為斬邵真，則相待如初，不然，當與大夫絕矣。」判官畢華言於惟岳曰：「田尚書以大夫之故陷身重圍，大夫一旦負之，不義甚矣。且魏博、淄青兵彊食富，足抗天下，事未可知，柰何遽為二三之計❽乎！」惟岳素怯，不能守前計，乃引❾邵真，對❿扈岌斬之，發成德兵萬人，與孟祐俱圍束鹿。丙寅⓫，朱滔、張孝忠與戰於束鹿城下，惟岳大敗，燒營而遁。

兵馬使⓬王武俊⓭為左右所構⓮，惟岳疑之，惜其才，未忍除也。束鹿之戰，使武俊為前鋒，私自謀曰：「我破朱滔，則惟岳軍勢大振，歸，殺我必矣。」故戰不甚力而敗。

朱滔欲乘勝攻恆州⑮，張孝忠引軍西北，軍于義豐⑯。滔大驚⑰，孝忠將佐皆怪之。孝忠曰：「恆州宿將尚多，未易可輕。迫之則并力死鬭，緩之則自相圖。諸君第⑱觀之，吾軍義豐，坐待惟岳之殄滅耳。且朱司徒⑲言大而識淺，可與共始，難與共終也。」於是滔亦屯束鹿，不敢進。

惟岳將康日知⑳以趙州歸國，惟岳益疑王武俊，武俊甚懼。或謂惟岳曰：「先相公㉑委腹心於武俊，使之輔佐大夫，又有骨肉之親㉒。武俊勇冠三軍，今危難之際，復加猜阻㉓，若無武俊，欲使誰為大夫卻敵㉔乎！」惟岳以為然，乃使步軍使衛常寧與武俊共擊趙州，又使王士真將兵宿府中以自衛。

癸未㉕，蜀王遂更名遡。◯淮南節度使陳少遊㉖拔海、密二州，李納復攻陷之。

王武俊既出恆州，謂衛常寧曰：「武俊今幸出虎口，不復歸矣，當北歸張尚書㉗。」常寧曰：「大夫暗弱，信任左右，觀其勢終為朱滔所滅。今天子有詔，得大夫首者，以其官爵與之。中丞㉘素為眾所服，與其出亡，曷若倒戈以取大夫，轉禍為福，特反掌耳。事苟不捷㉙，歸張尚書未晚也。」武俊深以為然。會惟岳使要藉謝遵至趙州城下，武俊引遵同謀取惟岳。遵還，密告王士真。閏月甲辰，武俊、常寧自趙州引兵還襲惟岳，遵與士真矯惟岳命，啓城門內之。黎明，武俊帥數百騎突入府門，士真應之於內，殺十餘人。武俊令曰：「大夫叛逆，將士歸順，敢違拒者族！」眾莫敢動。遂執惟岳，收鄭詵、畢華、王它奴等，皆殺之。武俊以惟岳舊使之子，欲生送之長安。常寧曰：「彼見天子，將復以叛逆之罪歸咎於中丞。」乃縊殺之，傳首京師。深州刺史楊榮國，惟岳姊夫也，降於朱滔，滔使復其位。

復榷天下酒㉚，惟西京不榷。

【章旨】以上為第五段，寫成德叛軍首領李惟岳被部屬王武俊所殺，田悅困守魏州，河北叛亂基本平定。

【注釋】❶丙寅 正月十二日。❷束鹿 縣名，為深州巡屬，在深州之西。縣治在今河北辛集東北。❸掌書記 節度使府的幕僚，掌起草朝覲、聘問、祭祀、祈祝、號令及使府升黜事。❹邵真 恆州節度使李寶臣判官，累加檢校司封郎中兼御史中丞，專掌文翰。勸諫李惟岳反正被害。傳見《舊唐書》卷一百八十七下。❺權知 代理。❻讓 責問。❼雪身 洗脫自身罪責。❽二三之計 三心二意的計謀，指背叛同盟的計謀。❾引 召出。❿對 對面；當面。⓫丙寅 正月十二日。⓬兵馬使 節度使所置統兵官。⓭王武俊 契丹人，曾建國，稱趙王。後歸順朝廷，官至幽州盧龍軍節度使，加檢校工部尚書。傳見《舊唐書》卷一百四十二、《新唐書》卷二百十一。⓮構　陷害。⓯恆州　州名，為成德軍駐節之所。治所真定，在今河北正定。⓰義豐　縣名，為定州巡屬，在恆州西北。⓱滔大驚　朱滔見張孝忠不會兵於恆州而大驚。⓲第　但。⓳朱司徒　即朱滔。建中二年（西元七八〇年）破李惟岳，以功加檢校司徒，故稱。⓴康日知　李惟岳將，趙州刺史。歸順朝廷後官至奉誠軍節度使，累加檢校尚書左僕射。傳見《新唐書》卷一百四十八。㉑先相公　指李惟岳父李寶臣，加官檢校司空、同中書門下平章事，故稱相公。㉒骨肉之親　王武俊子王士真為李寶臣之婿，即李惟岳的妹夫，故言。㉓猜阻　猜忌掣肘。㉔卻敵　退敵。㉕癸未　正月二十九日。㉖陳少遊　博州（今山東聊城東北）人，淮南節度使，加檢校左僕射。傳見《舊唐書》卷一百二十六、《新唐書》卷二百二十四上。㉗張尚書　指張孝忠。歸國後充成德軍節度使，加檢校工部尚書。㉘中丞　指王武俊。時王武俊官銜御史中丞，充本軍先鋒兵馬使。㉙事苟不捷　指誅李惟岳之事如果不成功。㉚復榷天下酒　恢復全國酒的專賣。榷，專賣。罷榷酒見本書卷二百二十五代宗大曆四年七月，今復。

【語　譯】正月十二日丙寅，李惟岳派兵與孟祐同守束鹿縣城，朱滔、張孝忠攻克了束鹿城，進兵包圍深州。李惟岳既擔心又害怕，掌書記官邵真再次規勸李惟岳，祕密上表表示歸順，先派弟弟李惟簡進京入朝，然後誅殺眾將領中不聽從命令的人，親自入朝，讓岳父冀州刺史鄭詵代理節度使，等待朝廷的命令。李惟簡已經出發，孟祐得知邵真的計畫，祕密派人告訴了田悅。田悅大怒，派衙官扈岌前去見李惟岳，責備李惟岳說：「田尚書起兵，完全是為大夫你求得節度使職務而已，不是為了自己。現在大夫你竟然聽信邵真的話，派弟弟奉表入朝，完全把反叛的罪名歸於田尚書，為自己開脫，田尚書有什麼地方對不住你，以至於你如此做呢！如果你為田尚書殺了邵真，那麼田尚書會像以往一樣對待你，不然，必將與大夫你絕交。」判官畢華對李惟岳說：「田尚書因為你的緣故而身陷重圍，大夫你一旦背叛田尚書，那就太不講義氣了。何況魏博、淄青二鎮兵強糧足，足以與天下抗衡，事情的成敗還難以預料，為什麼突然採取三心二意的下策呢！」李惟岳一向怯懦，不能堅持已定計畫，竟將邵真召來，當著扈岌的面斬首，調動成德鎮一萬兵馬，與孟祐一起包圍束鹿城。十二日丙寅，朱滔、張孝忠與李惟岳的軍隊在束鹿城下交戰，李惟岳大敗，焚燒營寨而逃。

兵馬使王武俊被李惟岳身邊的親信所誣陷，李惟岳便對他心存猜疑，只是愛惜他的才幹，才不忍心除掉。

束鹿之戰，李惟岳指派王武俊為前鋒，而王武俊私下盤算說：「我打敗朱滔，李惟岳軍勢就會大振，回去後，李惟岳一定會殺掉我。」因此在戰鬥中不太賣力，被打敗了。

朱滔打算乘勝攻恆州，張孝忠帶領所部往西北進發，駐軍義豐縣。朱滔大驚，張孝忠的將佐也都感到奇怪。張孝忠解釋說：「恆州還有很多老將，不能輕視。我們進逼恆州，他們就會齊心協力拼死一戰，暫緩進攻，他們內部就會相互算計。各位等著瞧吧，我軍駐紮義豐，坐待李惟岳軍被消滅就是了。況且朱司徒只會說大話而見識淺陋，可以與他在開始時合作，難以堅持到最後。」於是朱滔也駐軍束鹿，不敢貿然進攻。

李惟岳的將領康日知率趙州歸附朝廷，李惟岳更加猜疑王武俊，王武俊非常恐懼。有人對李惟岳說：「您的先公把王武俊當做心腹，讓王武俊輔佐大夫您，而且又有骨肉之親。王武俊勇冠三軍，時下正是危難之際，還對他猜忌和限制，如果沒有王武俊，那可以派誰來為您擊退敵軍呢！」李惟岳覺得此話有理，於是指派步軍使衛常寧與王武俊共同進擊趙州，又指派王武俊的兒子王士真帶兵在軍府中值宿保衛自己。

正月二十九日癸未，蜀王李遂改名為李遡。〇淮南節度使陳少遊攻克海、密二州，李納又攻取回來。

王武俊離開恆州，對衛常寧說：「我王武俊今日有幸逃出虎口，是不想再回去了，我將北上歸附張孝忠尚書。」衛常寧說：「李惟岳大夫昏庸怯弱，信任身邊人，觀察今日態勢，最終會被朱滔所滅。現今皇帝有詔書，凡能得到李大夫首級的人，就把李惟岳的官職和爵位給他。中丞你一向為眾人所信服，與其出走逃亡，還不如倒戈殺了李大夫，轉禍為福，這不過是易如反掌罷了。若是事情不成功，投奔張孝忠尚書也不算晚。」王武俊認為這話非常有理。適逢李惟岳指派衙前要藉官謝遵來到趙州城下，王武俊便將謝遵請來共同策劃除掉李惟岳。謝遵回到恆州，把這一計畫密告王士真。閏正月二十一日甲辰，王武俊、衛常寧從趙州帶領軍隊返回恆州襲擊李惟岳，謝遵與王士真詐稱李惟岳有令，打開城門將他們接納進城。黎明，王武俊率領幾百名騎兵衝進節度使軍府大門；王士真在府內接應，殺死十幾個人。王武俊命令說：「李惟岳大夫反叛，將士們已歸順朝廷，誰敢違抗就滅掉全族！」大家都不敢輕舉妄動。於是抓住了李惟岳，逮捕了鄭詵、畢華、王它奴等人，將他們全都殺了。王武俊因為李惟岳是已故節度使李寶臣的兒子，打算讓他活著送往長安。衛常寧說：「李惟岳見到皇帝，將會把反叛的罪責又推到中丞你的頭上。」於是王武俊絞殺了李惟岳，把首級傳送到京城。深州刺史楊榮國是李惟岳的姐夫，楊榮國向朱滔投降，朱滔便讓楊榮國官復原職。

朝廷恢復了全國酒的專賣制度，惟有西京長安不實行。

二月戊午❶，李惟岳所署定州刺史楊政義降。時河北略定，惟魏州❷未下。河南諸軍攻李納於濮州，納勢日蹙。朝廷謂天下不日可平，甲子❸，以張孝忠為易、定、滄三州節度使，王武俊為恆冀都團練觀察使，康日知為深趙都團練觀察使，以德、棣二州隸朱滔❹，令還鎮。滔固請深州，不許，由是怨望，留屯深州。王武俊素輕張孝忠，自以手誅李惟岳，功在康日知上，而孝忠為節度使，己與康日知俱為都團練使，又失趙、定二州，亦不悅。又詔以糧三千石給朱滔，馬五百匹給馬燧。武俊以為朝廷不欲使故人❺為節度使，魏博既下，必取恆冀，故分其糧馬以弱之，疑，未肯奉詔。

田悅聞之，遣判官王侑、許士則間道至深州，說朱滔曰：「司徒奉詔討李惟岳，旬朔之間，拔束鹿，下深州，惟岳勢蹙❻，故王大夫因司徒勝勢，得以梟惟岳之首，此皆司徒之功也。又天子明下詔書❼，令司徒得惟岳城邑，皆隸本鎮，今乃割深州以與日知，是自棄其信也。且今上志欲掃清河朔，不使藩鎮承襲，將悉以文臣代武臣。魏亡，則燕、趙為之次矣❽；若魏存，則燕、趙無患。然則司徒果有意矜魏博之危而救之，非徒得存亡繼絕之義，亦子孫萬世之利也。」又許以貝州賂滔❾。滔素有異志❿，聞之，大喜，即遣王侑歸報魏州，使將士知有外援，各自堅。又遣判官王郅與許士則俱詣恆州，說王武俊曰：「大夫出萬死之計，誅逆首⓫，拔亂根，康日知不出趙州⓬，豈得與大夫同日論功！而朝廷褒賞略同，誰不為大夫憤邑⓭者！今又聞有詔支糧馬與鄰道⓮，朝廷之意，蓋以大夫善戰無敵[1]，恐為後患，先欲貧弱軍府，俟平魏之日，使馬僕射北首⓯，朱司徒南向⓰，共相滅耳。朱司徒亦不敢自保，使郅等效愚計，欲與大夫共救田尚書⓱而存之。大夫自留糧馬以供軍。朱司徒不欲以深州與康日知，願以與大夫，請早定刺史⓲以守之。三鎮⓳連兵，若耳目手足之相救，則它日⓴永無患矣。」武俊亦喜，許諾，即遣判官王巨源使於滔，且令知深州事㉑，相與刻日㉒舉兵南向。滔又遣人說張孝忠，孝忠不從。

【章旨】以上為第六段，寫河北風雲突變，由於德宗剛愎自用，善後失計，田悅策反朱滔，河北方鎮又聯兵對抗朝廷。

【注釋】❶戊午　二月初五日。❷魏州　指田悅。❸甲子　二月十一日。❹以德棣二州隸朱滔　朱滔為幽州盧龍軍節度使，欲就近得深州，而朝廷以偏遠之德、棣二州屬朱滔，故朱滔怨怒。❺故人　王武俊自謂，指為李寶臣舊將。武俊未全得李惟岳舊境，失趙、定二州，又不得節鉞，亦怨怒。❻蹶　同「蹷」。形勢急迫、窘困。❼天子明下詔書　德宗徵朱滔兵南討，許以深州隸屬盧龍鎮。❽魏亡二句　田悅以脣亡齒寒之理說朱滔反唐。魏、燕、趙均戰國時六國之名，為秦次第所滅。這裡以魏、燕、趙當魏博、范陽、恆冀三鎮。❾以貝州賂滔　田悅說朱滔若合縱，則贈以貝州。賂，贈送。❿異志　異心，指背叛朝廷。⓫逆首　叛逆之首領。指李惟岳。⓬康日知不出趙州　指康日知以趙州歸順朝廷，未有出戰之功。⓭憤邑　憤鬱不平。⓮有詔支糧馬與鄰道　指德宗下詔王武俊以糧三千石供給朱滔，馬五百匹供給馬燧。支，支付。⓯馬僕射北首　馬僕射，指馬燧之軍。北首，首向北，即向北進軍。⓰朱司徒南向　指朱滔之軍向南進攻。⓱共救田尚書　指朱滔與王武俊合縱共救田悅。⓲請早定刺史　請王武俊及早派出深州刺史。朱滔欲得深州，為了策反王武俊而讓出深州。⓳三鎮　指范陽朱滔、恆冀王武俊、魏博田悅。⓴它日　今後。㉑令知深州事　令王巨源兼深州刺史。㉒刻日　約定日期。

【校　記】①無敵　此二字原無。據章鈺校，十二行本、乙十一行本皆有此二字，張敦仁《通鑑刊本識誤》、張瑛《通鑑校勘記》同，今據補。

【語　譯】二月初五日戊午，李惟岳委任的定州刺史楊政義投降。當時河北地區基本上平定，僅有魏州沒有攻下。河南各官軍在濮州進攻李納，李納的形勢日益窘迫。朝廷認為天下不久就可平定，十一日甲子，朝廷任命張孝忠為易、定、滄三州節度使，任命王武俊為恆冀都團練觀察使，任命康日知為深趙都團練觀察使，將德州、棣州劃歸朱滔，命令朱滔回到幽州本鎮駐守。朱滔向朝廷堅持要求將深州劃歸自己，未獲允許，因此怨恨朝廷，仍駐軍深州。王武俊一直瞧不起張孝忠，自以為親手殺了李惟岳，功勞要比康日知大，然而張孝忠當了節度使，自己與康日知都只擔任都團練使，另外又失去了趙州、定州，心裡也不高興。德宗又下詔讓王武俊送三千石糧食給朱滔，送五百匹馬給馬燧。王武俊以為這是朝廷不想讓叛軍舊將做節度使，當平定田悅的魏博鎮叛軍後，一定會奪取恆冀，所以調運他的糧食和馬匹，削弱他的實力，由於有此疑慮，王武俊不肯聽從詔令。

田悅得悉此事，便派遣判官王侑、許士則抄小路前往深州，遊說朱滔說：「朱司徒您奉皇帝詔令征討李惟岳，十天半月之內，攻克了束鹿城，奪取了深州，李惟岳日漸窘困，所以王武俊便借助司徒您不斷取勝的優勢，才能得到李惟岳的首級，這完全是司徒您的功勞。另外，皇上明確地下詔，命令朱司徒奪得的李惟岳的城池，都要隸屬您管轄，現在竟然割取深州送給康日知，這是自己背信棄義。而且當今皇帝立志要掃清河朔，不讓藩鎮世襲，將要全部用文臣取代武臣。戰國時魏國滅亡，那麼燕國和趙國就相次滅亡；如果魏國存在，那麼燕國和趙國就會安然無患。要是朱司徒您果然有意憐憫魏博鎮的危難而想救援，不僅僅只是得到存亡繼絕的義名，也是給自己的子孫留下萬世的利益啊。」田悅還許諾把貝州送給朱滔。朱滔一貫存有反叛朝廷的念頭，聽了這番話，大為高興，立即就派遣王侑回魏州報信，使魏州將士知道有外援，各自堅守。又派遣判官王郅與許士則一起前往恆州，向王武俊說：「王大夫您定下九死一生的計謀，殺了反叛的罪魁禍首，拔除了禍亂根源，康日知不出趙州一步，怎能與大夫您的功勞同日而語！然而朝廷對你們的褒獎封賞差不多，誰不為您怨憤！如今又聽說有詔令將您的糧食和馬匹調派給鄰道，朝廷的用意，大概是認為大夫您善戰無敵，害怕成為後患，打算先削弱您軍府的實力，等到平定魏州之日，再派馬燧僕射率軍向北，朱滔司徒率兵向南，南北夾擊來消滅您罷了。朱滔司徒也不敢自保，派我王郅等人來向您獻上愚笨的計策，打算與大夫您一起救助田悅尚書而保存他的勢力。大夫您把糧食和馬匹自己留下供給軍用。朱滔司徒不想將深州交給康日知，願意交給您，請您盡早確定刺史去鎮守。范陽、恆冀、魏博三鎮聯合起來，就像耳目手足一樣彼此救助，那麼今後就永無憂患了。」王武俊聽後也很歡喜，便同意了，隨即派遣判官王巨源出使到朱滔那裡，並命令王巨源兼深州刺史，與朱滔約定時間率兵南下。朱滔又派人遊說張孝忠，而張孝忠沒有聽從。

宣武節度使劉洽攻李納於濮州，克其外城。納於城上涕泣求自新，李勉又遣人說之，癸卯❶，納遣其判官房說以其母弟經及子成務入見。會中使宋鳳朝稱納勢窮蹙❷，不可捨，上乃因說等於禁中，納遂歸鄆州❸，復與田悅等合。朝廷以納勢未衰，三月乙未❹，始以徐州刺史李洧兼徐、海、沂都團練觀察使。海、沂已為納所據，洧竟無所得。

李納之初反也，其所署德州刺史李西華備守甚嚴。都虞候李士真密毀❺西華於納，納召西華還府，以士真代之。士真又以詐召❻棣州刺史李長卿，長卿過德州，士真劫之，與同歸國❼。夏，四月戊午❽，以士真、長卿為二州刺史。士真求援於朱滔❾，滔已有異志，遣大將李濟時將三千人聲言助士真守德州，且召士真詣深州議軍事，至則留之，使濟時領州事。

【章　旨】以上為第七段，寫征討淄青的官軍大破叛軍之後，因朝廷不接受李納投降，功虧一簣。

【注　釋】❶癸卯　二月甲寅朔，無癸卯。疑為己卯，二月二十六日。❷窮蹙　力竭困頓。❸鄆州　州名，治所須昌，在今山東東平西北。❹乙未　三月十三日。❺密毀　暗中誹謗，說壞話。❻詐召　此謂李士真假傳李納之命宣召李長卿。❼歸國　回歸朝廷。❽戊午　四月初六日。❾士真求援於朱滔　詔書以德、棣二州劃屬朱滔，故李士真求援於朱滔以抗李納。

【語　譯】宣武節度使劉洽進攻濮州的李納，攻克濮州外城。李納站在城牆上哭泣請求改過自新，李勉又派人去規勸，二月癸卯日，李納派手下的判官房說帶著胞弟李經和兒子李成務入京朝見德宗。正遇上中使宋鳳朝回京說李納已勢衰力竭，不能放過李納，德宗便把房說等拘押在宮禁中，李納於是逃到鄆州，再次與田悅等人聚集在一起。朝廷認為李納的勢力並沒有衰減，三月十三日乙未，才任命徐州刺史李洧兼任徐、海、沂三州都團練觀察使。海州、沂州已被李納佔據，李洧最終一無所得。

李納當初反叛時，他所委任的德州刺史李西華備戰防守非常嚴密。都虞候李士真暗中在李納面前詆毀李西華，李納召李西華回府，讓李士真替代他。李士真又假傳李納的命令召見棣州刺史李長卿，李長卿經過德州，李士真劫持了他，與李長卿一起歸附朝廷。夏，四月初六日戊午，朝廷任命李士真、李長卿為德州、棣州刺史。李士真向朱滔求援，當時朱滔已有反叛的意圖，就派遣大將李濟時率兵三千聲言去幫助李士真守德州，而且召李士真前往深州商議軍事，李士真到達深州，便遭朱滔扣留，而指派李濟時代理德州刺史。

庚申❶，吐蕃歸鄉日所俘掠兵民八百人。

上遣中使發❷盧龍❸、恆冀❹、易定❺兵萬人詣魏州討田悅。王武俊不受詔，執使者送朱滔。滔言於眾曰：「將士有功者，吾奏求官勳，皆不遂。今欲與諸君敕裝❻共趨魏州，擊破馬燧以取溫飽，何如？」皆不應。三問，乃曰：「幽州之人，自安、史之反，從而南者❼無一人得還，今其遺人❽痛入骨髓。況太尉、司徒❾皆受國寵榮，將士亦各蒙官勳，誠且願保目前，不敢復有僥冀❿。」滔默然而罷。乃誅大將數十人，厚撫循其士卒。

康日知聞其謀，以告馬燧，燧以聞。上以魏州未下，王武俊復叛，力未能制滔，壬戌⓫，賜滔爵通義郡王，冀以安之。滔反謀益甚，分兵營於趙州，以逼康日知，以深州授王巨源⑫，武俊以其子士真為恆、冀、深三州留後，將兵圍趙州。

涿州刺史劉怦⑬與滔同縣人，其母，滔之姑也，滔使知幽州留後[1]。聞滔欲救田悅，以書諫之曰：「今昌平故里，朝廷改為太尉鄉、司徒里，此亦丈夫不朽之名也。但以忠順自持，則事無不濟。竊思近日務大樂戰⑭，不顧成敗而家滅身屠者，安、史是也。怦忝密親，默而無告，是負重知⑮。惟司徒圖之，無貽後悔。」滔雖不用其言，亦嘉其盡忠，卒無疑貳。

滔將起兵，恐張孝忠為後患，復遣牙官蔡雄往說之。孝忠曰：「昔者司徒發幽州，遣人語孝忠曰『李惟岳負恩為逆』，謂孝忠歸國即為忠臣。孝忠性直，用司徒之教。今既為忠臣矣，不復助逆也。且孝忠與武俊皆出夷落⑯，深知其心最喜翻覆⑰。司徒勿忘鄙言，它日必相念⑱矣！」雄復欲以巧辭說之，孝忠怒，欲執送京師。雄懼，逃歸。滔乃使劉怦將兵屯要害以備之。孝忠完城礪兵⑲，獨居彊寇之間，莫之能屈。

滔將步騎二萬五千發深州，至束鹿。詰旦⑳將行，吹角未畢㉑，士卒忽大亂，喧譟㉒曰：「天子令司徒歸幽州，奈何違敕南救田悅！」滔大懼，走入驛後堂避匿。蔡雄與兵馬使宗項等矯謂士卒㉓曰：「汝輩勿喧，聽司徒傳令。」眾稍止。

雄又曰：「司徒將發范陽，恩旨令得李惟岳州縣即有之，司徒以幽州少絲纊㉔，故與汝曹竭力血戰以取深州，冀得其絲纊以寬汝曹賦率㉕。不意國家無信，復以深州與康日知。又，朝廷以汝曹有功，賜絹人十匹，至魏州西境，盡為馬僕射所奪。司徒但處范陽，富貴足矣，今茲南行，乃為汝曹，非自為也。汝曹不欲南行，任自歸北，何用喧悖㉖，乖失軍禮㉗！」眾聞言，不知所為，乃曰：「敕使㉘何得不為軍士守護賞物！」遂入敕使院㉙，擘裂殺之㉚。又呼曰：「雖知司徒此行為士卒，終不如且奉詔歸鎮。」雄曰：「然則汝曹各還部伍，詰朝復往深州，休息數日，相與歸鎮耳。」眾然後定。滔即引軍還深州，密令諸將訪察唱率㉛為亂者，得二百餘人，悉斬之，餘眾股慄㉜，乃復引軍而南，眾莫敢前卻㉝。進取寧晉㉞，留屯以待王武俊。武俊將步騎萬五千取元氏㉟，東趣寧晉。

武俊之始誅李惟岳也，遣判官孟華入見㊱，上問以河朔利害[2]。華性忠直，有才略，應對慷慨㊲。上悅，以為恆冀團練副使。會武俊與朱滔有異謀，上遽遣華歸諭旨。華至，武俊已出師。華諫曰：「聖意於大夫甚厚，苟盡忠義，何患官爵之不崇㊳，土地之不廣！不日天子必移康中丞㊴於它鎮，深、趙終為大夫之有，何苦遽㊵自同於逆亂乎！異日無成，悔之何及。」華鄉㊶在李寶臣幕府，以直道已為同列所忌，至是為副使，同列尤疾之，言於武俊曰：「華以軍中陰事㊷奏天子，請為內應，故得超遷。是將覆大夫之軍，大夫宜備之。」武俊以其舊人，不忍殺，奪職，使歸私第。

田悅恃援兵將至，遣其將康愔將萬餘人出城西，與馬燧等戰於御河㊸上，大敗而還。

【章旨】以上為第八段，寫朱滔、王武俊挾制部屬反叛朝廷，朱滔為其罪魁。

【注釋】❶庚申 四月初八日。❷發 徵發。❸盧龍 指朱滔。❹恆冀 指王武俊。❺易定 指張孝忠。❻敕裝 整裝，此指全副武裝。敕，通「飭」。❼從而南者 指幽州將士追隨安史為亂，南向征戰。❽遺人 指戰死將士的家屬。❾太尉司徒 指朱泚、朱滔兄弟。時朱滔兄朱泚鎮鳳翔，加官太尉。❿僥冀 僥倖。⓫壬戌 四月初十日。⓬以深州授王巨源 朱滔將深州交割給王巨源以踐前約。⓭劉怦 朱滔姑之子，與朱滔同籍貫，幽州昌平（今北京市昌平）人，繼朱滔為盧龍節度使。傳見《舊唐書》卷一百四十三、《新唐書》卷二百十二。⓮務大樂戰 貪大而樂於戰爭。指朱滔欲廣地而不惜反叛朝廷發動戰爭。⓯負重知 辜負對我的器重。⓰皆出夷落 都出自夷人部落。張孝忠本奚乞失活種人，王武俊出自契丹怒皆部。⓱翻覆 反覆無常。⓲相念 會想起。⓳完城礪兵 修繕城牆，磨礪兵器。⓴詰旦 明晨。㉑吹角未畢 吹軍號集合隊伍，尚未整列之時。㉒喧譟 雜亂呼叫。㉓矯譎士卒 欺騙士兵。㉔絲纊 絲綿。纊，絮。㉕寬汝曹賦率 減輕你們的賦稅負擔。賦率，指收入與納稅之間的比率。㉖喧悖 無理哄鬧。㉗乖失軍禮 違亂軍紀。乖，違背。㉘敕使 奉朝命的使者。㉙敕使院 專門接待朝廷使者的賓館。㉚擘裂殺之 將朝廷使者撕裂致死。㉛唱率 鬧事的帶頭人。㉜股慄 兩腿發抖。㉝前卻 上前阻攔。㉞寧晉 縣名，縣治在今河北高邑東。㉟元氏 縣名，縣治在今河北元氏。寧晉、元氏，二縣皆趙州巡屬。㊱入見 入京朝見。㊲慷慨 意氣激昂。㊳崇 高位之官。㊴康中丞 指康日知。㊵遽 匆忙；突然地。㊶曏 從前。㊷陰事 隱祕事。㊸御河 魏州城西運河。

【校　記】①與滔同縣人其母滔之姑也滔使知幽州留後　此十八字原脫。據章鈺校，十二行本、乙十一行本皆有此十八字，張敦仁《通鑑刊本識誤》、張瑛《通鑑校勘記》同，今據補。②上問以河朔利害　此句原脫。據章鈺校，十二行本、乙十一行本皆有此句，張敦仁《通鑑刊本識誤》、張瑛《通鑑校勘記》同，今據補。

【語　譯】四月初八日庚申，吐蕃送回了過去俘掠的兵民八百人。

德宗派遣中使徵調盧龍、恆冀、易定三鎮兵力一萬人前往魏州討伐田悅。王武俊不服從詔令，把使者抓起來送給朱滔。朱滔向大家說：「將士中有功勞的人，我向朝廷奏請官爵，都沒有能實現。我現在打算與你們整裝同赴魏州，打敗馬燧來求得溫飽，大家看怎麼樣？」大家都不回答。問了三遍，才有人說：「幽州的人，自從安祿山、史思明反叛以來，隨他們南下的沒有一個人能活著回來，現在他們的遺屬仍然痛入骨髓。何況太尉和司徒您都受到國家的恩寵榮耀，將士們也都蒙受朝廷賜予的官勳，我們實在只求保持現狀，不敢再有什麼僥倖的想法。」朱滔當時沉默作罷。而隨即殺了數十位大將，對部屬士兵厚加安撫。

康日知得知朱滔的陰謀，便告訴馬燧，馬燧立即奏報朝廷。德宗認為魏州還沒有攻下，王武俊再次反叛，沒有力量去制服朱滔，四月初十日壬戌，賜朱滔通義郡王爵位，希望以此來穩住他。朱滔的反叛活動更加厲害，分兵駐紮趙州來威逼康日知，把深州交給了王巨源，王武俊任命兒子王士真為恆州、冀州、深州三州的留後，自己率兵馬去包圍趙州。

涿州刺史劉怦與朱滔是同縣人，他的母親是朱滔之姑，朱滔派劉怦為幽州留後。劉怦獲悉朱滔想去救助田悅，就寫信規勸說：「如今你的故鄉昌平，朝廷已改稱為太尉鄉、司徒里，這也是大丈夫不朽的功名了。你只要保持對朝廷忠順，就沒有辦不成的事。我私下考慮，你近來一心務求大舉，樂於戰爭，不顧成敗最終導致家破身亡的，安祿山、史思明就是這樣的人。我劉怦忝與司徒你親密，保持沉默不提醒你，就有負你對我的知遇。但願司徒你周詳考慮，不要後悔不及。」朱滔雖然沒有聽從劉怦的勸告，但也讚賞劉怦對自己的盡忠，始終都沒有懷疑劉怦有二心。

朱滔將要發兵，擔心張孝忠成為後患，就又派遣牙官蔡雄去勸說張孝忠。張孝忠說：「過去朱司徒從幽州出兵，派人對我說『李惟岳辜負皇恩叛逆』，就是說，只要我張孝忠歸順朝廷就是忠臣。我張孝忠耿直，一直遵從朱司徒的教導。如今我既然已經做了忠臣，就不再幫助逆賊。何況我張孝忠和王武俊都是夷狄部族人，非常瞭解王武俊最愛反覆無常。但願朱司徒不要忘記我這些淺陋的話，將來必有一天您會想起來的！」蔡雄還想花言巧語地遊說張孝忠，張孝忠很生氣，準備將蔡雄押送京城。蔡雄恐懼，逃回去了。朱滔派劉怦率兵駐紮在要害之地防備張孝忠。張孝忠修繕城牆，磨礪兵器，獨自處在強大的叛軍之間，沒有人能讓他屈服。

朱滔統領步兵和騎兵二萬五千人從深州出發，到達束鹿。第二天清晨準備繼續前進，出發的號角還沒有停止，隊伍忽然大亂，士兵們吵鬧說：「皇上命令朱司徒返回幽州，為什麼違抗敕令南進救田悅！」朱滔很恐懼，跑到驛站後堂躲避。蔡雄和兵馬使宗頊等人哄騙士兵們說：「你們不要喧譁，聽候司徒傳達命令。」眾人漸漸安靜下來。蔡雄又說：「朱滔司徒在范陽發兵時，皇上下旨答應誰攻佔李惟岳州縣，所佔州縣就屬誰，朱司徒因為幽州缺少絲綿，所以與你們一起竭力血戰攻取深州，希望得到深州的絲綿，以減輕你們的賦稅。沒料到國家不講信用，又把深州劃歸康日知。另外，朝廷因為你們有功，賞賜每人絹十匹，運送到魏州西部的時候，全部被馬燧僕射所搶奪。朱司徒只在范陽，就足以榮華富貴，如今他南下，正是為了你們，不是為了自己。你們不願意南下，盡可以回北方，用不著喧鬧抵觸，違抗軍紀！」大家聽了這番話，不知應該怎麼辦，就說：「傳敕令的使臣為何不為我們士兵守護好皇帝賞賜的東西！」於是闖進敕使院，將敕使撕裂殺死。又高呼道：「雖然知道司徒南下是為了士兵，終究不如暫且遵詔回幽州。」蔡雄說：「那麼你們各自歸隊，明早再前往深州，休息幾天，再一起返回幽州。」大家這才安定。朱滔馬上率軍返回深州，密令各將領明查暗訪帶頭製造混亂的人，一共查得二百多人，將他們全部問斬，其餘的人都嚇得雙腿顫抖，於是又率領軍隊南下，大家不敢上前阻攔。一路進軍，攻克寧晉縣，就地駐紮等待王武俊。王武俊率領步兵和騎兵一萬五千人攻克元氏縣，東奔赴寧晉。

王武俊當初殺了李惟岳，就派判官孟華入朝見德宗，德宗詢問他河朔地區的利害。孟華忠誠耿直，有才能而通謀略，應對德宗慷慨沉穩。德宗很高興，任命他為恆冀團練副使。正遇上王武俊與朱滔想反叛，德宗立即派遣孟華回去傳達諭旨。孟華到達恆州，王武俊已經率軍出發。孟華勸諫說：「聖上對王大夫你寄予厚望，假如你盡忠盡義，還怕官職爵位不高，統轄的土地不廣！不久皇上定會將康日知中丞調往他鎮，深州、趙州最終會為大夫你所有，何苦這麼快就自己與叛逆同流呢！往後事情不成功，你將追悔莫及。」孟華從前在李寶臣幕府，由於為人正直，被同僚忌妒，到這時做了團練副使，同僚們更加嫉恨，對王武俊說：「孟華把我軍的祕密奏報皇上，請求充當內應，因此越級提拔。他的這些主意，是想消滅大夫您的軍隊，大夫應該多加戒備。」王武俊因為孟華是自己的舊屬，不忍心殺掉，只是褫奪了職務，讓他回家。

田悅自恃援兵就要到達，派遣大將康愔統領士兵萬餘人出了城西，與馬燧等人的軍隊在御河岸邊交戰，大敗而還。

時兩河❶用兵，月費百餘萬緡，府庫不支數月。太常博士韋都賓、陳京建議，以為「貨利所聚，皆在富商。請括富商錢，出萬緡者，借其餘以供軍❷。計天下不過借一二千商，則數年之用足矣。」上從之。甲子❸，詔借商人錢，令度支條上❹。判度支❺杜佑❻大索長安中商賈所有貨，意其不實，輒加搒捶，人不勝苦，有縊死者，長安囂然❼如被寇盜。計所得纔八十餘萬緡。又括僦櫃質錢❽，凡蓄積錢帛粟麥者，皆借四分之一❾，封其櫃窖❿。百姓為之罷市，相帥⓫遮宰相馬自訴，以千萬數。盧杞始慰諭之，勢不可遏⓬，乃疾驅自他道歸。計并借商所得，纔二百萬緡，人已竭矣。京，叔明⓭之五世孫也。

【章　旨】以上為第九段，寫兩河用兵，朝廷濫徵苛稅以足軍用。

【注　釋】❶兩河　指河南、河北。河南用兵討梁崇義、李納，河北用兵討李惟岳、田悅。❷出萬緡者二句　商人資本超過一萬緡的，徵借其萬緡之外的錢財以供軍用。❸甲子　四月十二日。❹令度支條上　命令度支條陳徵借富商錢財的辦法上奏。度支，戶部第二司，掌理錢財及軍國預算。❺判度支　以大臣總理度支事務。❻杜佑　（西元七三四—八一二年）字君卿，京兆萬年（今陝西西安東）人，中唐著名理財家、歷史學家，著《通典》行於世。官至宰相，封岐國公。傳見《舊唐書》卷一百四十七、《新唐書》卷一百六十六。❼囂然　民怨沸騰的樣子。❽括僦櫃質錢　徵收典當鋪的利錢。括，搜刮；徵收。僦櫃質錢，指典當鋪所收的典當子錢，即利錢。質，典當。❾借四分之一　凡是存有錢帛糧食的人家，徵收其存有量的四分之一。❿封其櫃窖　對被強徵的人，先封存他的錢櫃及糧窖。⓫相帥　互相邀約。⓬勢不可遏　聲勢不可阻止。⓭叔明　陳叔明，陳宣帝之子。

【語　譯】當時朝廷對河南、河北用兵，每月軍費一百多萬緡，國庫已有幾個月不能支付。太常博士韋都賓、陳京提出建議，認為「交易得利都集中在富商手中，請下令搜求富商的錢財。財產超出一萬緡錢的，超出部分全部借來供應軍用。估算全國不過借用一、二千個富商的錢，足可供軍隊幾年的用度。」德宗接受了這一建議。四月十二日甲子，下詔向商人借錢，讓度支登記上報朝廷。任判度支的杜佑在長安的商人中大肆調查所有財物數量，懷疑商人有瞞報，就對他們進行拷打，商人們無法忍受這種痛苦，竟有上吊自殺的，長安城一片混亂，像遭到敵寇和強盜劫掠一樣。總共得到八十多萬緡。又搜索錢莊和當鋪，凡是儲積錢幣、衣帛、粟麥的人，都得借出儲積的四分之一，並查封了他們的櫃檯和窖藏。百姓為此罷市，相互邀約攔住宰相的坐騎告狀，人數成千上萬。宰相盧杞開始還安慰曉諭攔路的人，但聲勢難以阻遏，只好急忙驅馬改道回府。朝廷總共才得到二百多萬緡，商人已錢盡財竭。陳京，是陳叔明的五世孫。

甲戌❶，以昭義節度副使、磁州刺史盧玄卿為洺州刺史兼魏博招討副使。

初，李抱真為澤潞節度使，馬燧領河陽三城。抱真欲殺懷州刺史楊鉥，鉥奔燧，燧納之，且奏其無罪，抱真怒。及同討田悅，數以事相恨望，二人怨隙遂深，不復相見。由是諸軍逗橈❷，久無成功。上數遣中使和解之。及王武俊逼趙州，抱真分麾下二千人戍邢州。燧大怒曰：「餘賊未除，宜相與戮力，乃分兵自守其地，我甯得獨戰邪[1]！」欲引兵歸。李晟說燧曰：「李尚書❸以邢、趙連壤，分兵守之，誠未有害。今公遽自引去，眾謂公何？」燧悅❹，乃單騎造抱真壘，相與釋憾結歡❺。會洺州刺史田昂請入朝，燧奏以洺州隸抱真，請玄卿為刺史，兼充招討之副❻。李晟軍先隸抱真，又請兼隸燧，以示協和。上皆從之。

盧龍節度行軍司馬❼蔡廷玉惡判官❽鄭雲逵，言於朱泚[2]，奏貶莫州參軍。雲逵妻，朱滔之女也，滔復奏為掌書記❾。雲逵深構❿廷玉於滔，廷玉又與檢校大理少卿⓫朱體微言於泚曰：「滔在幽鎮，事多專擅，其性非長者，不可以兵權付之。」滔知之，大怒，數與泚書，請殺二人⓬者，泚不從，由是兄弟頗有隙。及滔拒命，上欲歸罪於廷玉等以悅滔，甲子⓭，貶廷玉柳州⓮司戶⓯，體微萬州⓰南浦尉⓱。

宣武節度使劉洽攻李納之濮陽，降其守將高彥昭。

朱滔遣人以蠟書⑱置髻中⑲遺朱泚，欲與同反。馬燧獲之，并使者送長安，泚不之知。上驛召泚於鳳翔，至，以蠟書并使者示之，泚惶恐頓首請罪。上曰：「相去千里，初不同謀，非卿之罪也。」因留之長安私第⑳，賜名園、腴田、錦綵、金銀甚厚，以安其意，其幽州、盧龍節度、太尉、中書令並如故。

【章旨】以上為第十段，寫河北叛軍聯兵救田悅，大敵當前，官軍統帥馬燧與李抱真釋嫌言和，協力討逆，官軍擺脫危機。

【注釋】❶甲戌　四月二十二日。❷逗橈　避敵而觀望。逗，曲行。橈，顧望。❸李尚書　指李抱真，因加官檢校工部尚書，故稱。❹燧悅　馬燧很高興，折服於李晟所說的道理。❺相與釋憾結歡　互相拋棄前嫌，重新交好。❻會洺州刺史田昂請入朝四句　此補充甲戌詔令的本由。馬燧奏請李抱真的副手盧玄卿為洺州刺史、行營副統帥，於是有甲戌之詔令。❼行軍司馬　節度使屬官，掌軍籍部伍，號令印信，類似現在的參謀長。❽判官　節度使屬官，掌兵馬錢糧事務。蔡廷玉為盧龍行軍司馬，被朱泚所親信。鄭雲逵是朱滔女婿。❾掌書記　節度使府掌表奏的屬官，如今日祕書長之職。❿深構　極力陷害。⓫大理少卿　大理寺（掌刑獄）副長官。朱體微為檢校大理少卿，唐代加「檢校」二字即為加官榮銜。朱體微為朱泚幕僚。⓬請殺二人　朱滔寫信給朱泚，要求殺掉蔡廷玉與朱體微兩人。⓭甲子　四月十二日。⓮柳州　州名，州治馬平縣，在今廣西柳州西南馬平。⓯司戶　官名，知州僚佐，掌參軍事及戶口，上州從七品下，下州從八品下。⓰萬州　州名，治所南浦縣，在今重慶市萬州區。⓱南浦尉　官名，南浦縣縣尉，掌縣軍事。⓲蠟書　藏在蠟丸中的書信。⓳置髻中　古代男人亦蓄髮挽髻，故蠟丸可藏於髮髻中。⓴留之長安私第　德宗軟禁朱泚於長安私宅中，以解其兵權。代宗大曆九年（西元七七四年）朱泚入朝，代宗為之築豪華住宅於京師。事見本書卷二百二十五。

【校記】①我甯得獨戰邪　此句原無。據章鈺校，十二行本、乙十一行本皆有此句，張敦仁《通鑑刊本識誤》、張瑛《通鑑校勘記》同，今據補。②言於朱泚　此句原無。據章鈺校，十二行本、乙十一行本皆有此句，張敦仁《通鑑刊本識誤》、張瑛《通鑑校勘記》同，今據補。

【語　譯】四月二十二日甲戌，朝廷任命昭義節度副使、磁州刺史盧玄卿為洺州刺史兼魏博招討副使。

當初，李抱真擔任澤潞節度使，馬燧兼管河陽三城。李抱真想殺掉懷州刺史楊鉥，楊鉥投奔馬燧，馬燧收留了他，並且上奏稱楊鉥無罪，李抱真十分惱怒。等到他們一同征討田悅，彼此多次因事相互怨恨，二人裂痕越來越深，不再見面。因此各軍互相觀望，以致很久沒有戰功。德宗多次派中使去讓二人和解。到王武俊率軍進逼趙州，李抱真將麾下分出二千人去戍守邢州。馬燧大怒說：「殘賊還沒有掃除，大家應當緊密合作，全力以赴，他竟然分兵守護自己的地盤，我難道能獨自作戰啊！」馬燧打算率兵撤回本鎮。李晟勸馬燧說：「李抱真尚書因為邢州、趙州接壤，分兵防守邢州，確實沒有什麼害處。此時您如果倉促撤兵，眾人會如何說您呢？」馬燧轉怒為喜，於是獨自驅馬前往李抱真的兵營，兩人釋嫌結好。適逢洺州刺史田昂請求入朝，馬燧便上奏將洺州劃歸李抱真，又請求派盧玄卿為洺州刺史，兼任招討副使。李晟部先前隸屬李抱真，又請求同時隸屬於馬燧，以顯示雙方融洽。皇上應允了這些請求。

盧龍節度行軍司馬蔡廷玉厭惡判官鄭雲逵，對朱泚說了，奏請朝廷將他貶為莫州參軍。鄭雲逵的妻子，是朱滔的女兒，朱滔又向朝廷奏請任命鄭雲逵為掌書記。鄭雲逵在朱滔面前竭力誣陷蔡廷玉，蔡廷玉又與檢校大理少卿朱體微向朱泚訴說：「朱滔在幽州軍鎮，處理事務大多獨斷專行，這種性情不是長者風度，不能把兵權交給他。」朱滔知道此事後大怒，多次給朱泚寫信，請他殺了這兩人，朱泚都沒有聽從，因此兄弟之間矛盾很大。後來朱滔違抗朝命，皇上打算歸罪於蔡廷玉等人來取悅朱滔，四月十二日甲子，貶蔡廷玉為柳州司戶，朱體微為萬州南浦縣尉。

宣武節度使劉洽攻打李納的濮陽，收降了濮陽守將高彥昭。

朱滔寫了一封蠟書，派人藏在髮髻中送交朱泚，想與他一同反叛。馬燧抓住了這個使者並搜出書信，把信件連同使者押送到長安，朱泚並不知道這件事。皇上通過驛傳從鳳翔召朱泚入朝。朱泚到了朝廷，德宗將蠟書和使者展示在他面前，朱泚惶恐地頓首請罪。皇上說：「你們兄弟相距千里，一開始就不是同謀，這並非你的罪過。」於是將朱泚留在他長安的私宅中，賞賜著名的園林、肥沃的田地、綾羅錦緞和大量的金銀財寶，來穩定朱泚的情緒，朱泚所擔任的幽州和盧龍節度使、太尉、中書令等職務仍舊保留如故。

上以幽州兵在鳳翔❶，思得重臣代之。盧杞忌張鎰忠直，為上所重，欲出之於外，己得專總朝政，乃對曰：「朱泚名位素崇❷，鳳翔將校班秩已高，非宰相信臣❸，無以鎮撫，臣請自行。」上俛首❹未言。杞又曰：「陛下必以臣貌寢❺，不為三軍所伏❻，固惟陛下神筭❼。」上乃顧鎰曰：「才兼文武，望重內外，無以易卿。」鎰知為杞所排，而無辭以免，因再拜受命。戊寅❽，以鎰兼鳳翔尹、隴右節度等使。

初，盧杞與御史大夫嚴郢共搆楊炎、趙惠伯之獄，炎死，杞復忌郢。會蔡廷玉等貶官，殿中侍御史❾鄭詹誤遞文符至昭應❿送之，廷玉等行已至藍田⓫，召還而東⓬，廷玉等以為執己送朱滔，至靈寶⓭西，赴河死⓮。上聞之，駭異，盧杞因奏：「朱泚必疑以為詔旨，請遣三司使⓯案詹。」又言：「御史所為，必稟大夫⓰，請并郢案之。」獄未具，壬午，杞奏杖殺詹於京兆府，貶郢費州刺史，卒於貶所。

上初即位，崔祐甫為相，務崇寬大，故當時政聲藹然⓱，以為有貞觀之風。

及盧杞為相，知上性多忌，因以疑似離間羣臣，始勸上以嚴刻御下⑱，中外失望⑲。

淮南節度使陳少遊奏本道⑳稅錢每千請增二百。五月丙戌㉑，詔增它道稅錢皆如淮南，又鹽每斗價皆增百錢。

朱滔、王武俊自寧晉南救魏州。辛卯㉒，詔朔方節度使李懷光㉓將朔方及神策步騎萬五千人東討田悅，且拒滔等。滔行至宗城㉔，掌書記鄭雲逵、參謀田景仙棄滔來降。

丁酉㉕，加河東節度使馬燧同平章事。○辛亥㉖，置義武軍節度於定州，以易、定、滄三州隸之。

張光晟之殺突董㉗也，上欲遂絕回紇，召冊可汗使㉘源休㉙還太原。久之，乃復遣休送突董及翳密施、大小梅錄等四喪㉚還其國，可汗遣其宰相頡子斯迦等迎之。頡子斯迦坐大帳，立休等於帳前雪中，詰以殺突董之狀，欲殺者數四㉛，供待甚薄㉜。留五十餘日，乃得歸。可汗使人謂之曰：「國人皆欲殺汝以償怨㉝，我意則不然。汝國已殺突董等，我又殺汝，如以血洗血，污㉞益甚耳。今吾以水洗血，不亦善乎！唐負㉟我馬直㊱絹[1]百八十萬匹，當速歸㊲之。」遣其散支將軍康赤心隨休入見，休竟不得見可汗而還。己卯[2]，至長安，詔以帛十萬匹、金銀十萬兩償其馬直。休有口辯，盧杞恐其見上得幸，乘其未至，先除光祿卿㊳。

【章　旨】以上為第十一段，寫奸相盧杞專權，排斥朝中大臣。回紇主動結好於唐。

【注　釋】❶幽州兵在鳳翔　朱泚入朝所帶的防秋兵屯駐於鳳翔。❷名位素崇　名位一直很高。朱泚加官太尉、中書令，皆高位。❸信臣　親信之臣。❹俛首　低頭。俛，通「俯」。❺貌寢　貌醜。❻伏　通「服」。❼神筭　神機妙算。❽戊寅　四月二十六日。❾殿中侍御史　御史大夫屬官，察舉非法。❿昭應　縣名，縣治在今陝西臨潼。⓫藍田　縣名，縣治在今陝西藍田。⓬召還而東　蔡廷玉等貶所柳州、萬州，本應從長安南行經藍田出武關。由於侍御史鄭詹誤將關防文書投到昭應，經昭應乃東行，故召還蔡廷玉等回京師向東行。⓭靈寶　縣名，縣治在今河南靈寶。⓮赴河死　投入黃河自殺。⓯三司使　唐審大獄，刑部尚書或侍郎、御史中丞、大理卿為大三司使；刑部郎官、侍御史、大理評事或司直為小三司使；太子監國，詹事、左庶子、右庶子為三司使。此處似謂大三司使。⓰大夫　指御史大夫嚴郢。盧杞誣陷鄭詹的誤投文牒為有意作弊，是受嚴郢的支使，故請求並審嚴郢。⓱藹然　和樂的樣子。德宗初即位，政治寬鬆，贏得了很高的聲譽，被認為有貞觀之治的風采。貞觀，唐太宗年號。⓲以嚴刻御下　用嚴厲苛刻的手腕控制臣下。⓳中外失望　朝廷內外、朝野上下都感到失望。⓴本道　淮南所轄巡屬。中唐時淮南道統揚、楚、滁、和、濠、廬、壽、舒等州。㉑丙戌　五月初四日。㉒辛卯　五月初九日。㉓李懷光　（西元七二七—七八五年）渤海靺鞨人，本姓茹，因戰功賜姓李，為朔方名將。興元受詔平朱泚之亂，遭盧杞等人構陷而反，貞元元年為部將所殺。傳見《舊唐書》卷一百二十一、《新唐書》卷二百二十四上。㉔宗城　縣名，屬魏州，縣治在今河北威縣。㉕丁酉　五月十五日。㉖辛亥　五月二十九日。㉗張光晟之殺突董　振武留後張光晟殺回紇使突董。事見上卷德宗建中元年。㉘冊可汗使　冊封回紇可汗的專使。㉙源休　官至御史中丞。朱泚反，源休為其謀主，泚敗，休為其部曲所殺。傳見《舊唐書》卷一百二十七、《新唐書》卷二百二十五中。㉚四喪　突董等四人屍首。㉛數四　多次；再三再四。㉜供待甚薄　招待十分菲薄。㉝償怨　抵償突董等人被殺的仇怨。㉞污　指行為汙穢、卑劣。㉟負　拖欠。㊱馬直　馬價。㊲歸　還；償付。㊳光祿卿　官名，掌郊祀、朝會酒食供應。

【校　記】[1]絹　此字原無。據章鈺校，十二行本、乙十一行本皆有此字，張敦仁《通鑑刊本識誤》、張瑛《通鑑校勘記》同，今據補。[2]己卯　據張敦仁《通鑑刊本識誤》，「己」上脫「六月」二字。己卯，六月二十八日。

【語　譯】皇上因幽州軍駐紮在鳳翔，考慮得派權重大臣去取代朱泚。盧杞嫉妒張鎰忠誠耿直，受到皇上倚重，打算把他排擠到朝廷之外，自己能夠專擅朝政，於是就對德宗說：「朱泚的名望和地位向來很高，駐紮在鳳翔的將校們級別也已高出一般軍鎮，不是宰相這樣的朝中親信大臣，是無法鎮撫他們的，我請求去兼任朱泚的職務。」皇上低頭不言。盧杞又說：「陛下一定認為我醜陋，不會被三軍將士所信服，那就只有請陛下英明決斷。」皇上於是看著張鎰說：「身兼文武之才，朝廷內外都有威望，沒有人能取代你。」張鎰明知被盧杞排擠，而又沒有理由避免受命，只得再三拜謝接受任命。四月二十六日戊寅，任命張鎰兼任鳳翔尹、隴右節度使。

當初，盧杞與御史大夫嚴郢共同製造了楊炎、趙惠伯的冤獄，楊炎死後，盧杞又忌恨嚴郢。正遇上蔡廷玉等人遭貶官，殿中侍御史鄭詹誤將文書傳到昭應派人解送，蔡廷玉等已行進到藍田，又被召回向東行進，蔡廷玉等以為是解送自己給朱滔，走到靈寶縣西境，都投入黃河自殺了。皇上得悉此事，驚奇不已，盧杞乘機上奏說：「朱泚一定會懷疑這是陛下的旨意，請派三司使審訊鄭詹。」又說：「御史所做的事，一定向御史大夫稟報，請將嚴郢一併審訊。」案情還沒有完全弄清，四月三十日壬午，盧杞奏請在京兆府中用杖刑殺死了鄭詹，貶嚴郢為費州刺史，死在費州。

皇上即位之初，崔祐甫擔任宰相，為政崇尚寬大，因此當時政治的聲譽很好，被認為有貞觀之風。等到盧杞擔任宰相，知道皇上生性多疑，於是利用疑似的事情離間君臣，開始勸皇上用嚴厲手段統御群臣，朝廷內外都很失望。

淮南節度使陳少遊奏請本道稅錢每一千錢再增加二百錢。五月初四日丙戌，下詔各道都用淮南道的標準徵稅，另外每斗食鹽的價錢都增加一百錢。

朱滔、王武俊統領兵馬從寧晉南下援救魏州。五月初九日辛卯，下詔朔方節度使李懷光統領朔方和神策軍的一萬五千名步騎兵東討田悅，同時阻擋朱滔等軍。朱滔進軍到宗城，掌書記鄭雲逵、參謀田景仙背棄朱滔向朝廷投降。

五月十五日丁酉，加授河東節度使馬燧為同平章事。○二十九日辛亥，在定州設立義武軍節度使，把易州、定州、滄州三州隸屬義武軍。

張光晟殺掉突董以後，皇上打算隨即與回紇斷絕交往，宣召冊封可汗的使臣源休返回太原。過了很久，才又派遣源休把突董以及翳密施、大梅錄、小梅錄等四人的屍體送往回紇，可汗派宰相頡子斯迦等迎接。頡子斯迦坐在大帳裡面，讓源休等站在大帳前的雪地中，責問殺死突董的情狀，多次想殺掉源休，對這些唐使的生活供給和招待都很菲薄。扣留他們五十多天，才得以返回。可汗派人對源休說：「國人都想殺掉你來報仇，我的想法就不是這樣。你的國家已經殺了突董等人，我又殺了你，就如同用血來洗滌血汙，越洗越不乾淨。現今我用水來洗血汙，不也是很好的嗎！唐朝欠我們的馬匹款相當絹一百八十萬匹，應當迅速歸還。」派遣散支將軍康赤心隨同源休入長安朝見，源休竟沒能見到可汗一面就返回朝廷。六月二十八日己卯，源休一行抵達長安，德宗下詔用絹帛十萬匹、金銀十萬兩充抵買馬錢。源休有口才，盧杞擔心他見了皇上而受到寵信，乘源休還沒到長安，就搶先授予他光祿卿的職務。

朱滔、王武俊軍至魏州，田悅具牛酒出迎，魏人懽呼動地。滔營於愜山❶[1]。是日，李懷光軍亦至，馬燧等盛軍容迎之。滔以為襲己，遽出陳。懷光勇而無謀，欲乘其營壘未就擊之。燧請且休將士，觀釁而動。懷光曰：「彼營壘既立，將為後患，此時不可失也。」遂擊滔於愜山之西，殺步卒千餘人，滔軍崩沮❷。懷光按轡觀之，有喜色，士卒爭入滔營取寶貨。王武俊引二千騎橫衝懷光軍，軍分為二。滔引兵繼之，官軍大敗，蹙❸入永濟渠溺死者不可勝數❹，人相蹈藉❺，其積如山❻，水為之不流，馬燧等各收軍保壘。是夕，滔等堰❼永濟渠入王莽故河❽，絕官軍糧道及歸路，明日，水深三尺餘。馬燧懼，遣使卑辭謝滔❾，求與諸節度歸本道，奏天子，請以河北事委五郎❿處之。滔欲許之，王武俊以為不可，滔不從。秋，七月，燧與諸軍涉水而西，退保魏縣⓫以拒滔，滔乃謝武俊，武俊由是恨滔。後數日，滔等亦引兵營魏縣東南，與官軍隔水相拒。

李納求救於滔等，滔遣魏博兵馬使信都承慶將兵助之。納攻宋州⓬，不克，遣兵馬使李克信、李欽遙戍⓭濮陽、南華以拒劉洽。

【章旨】以上為第十二段，寫李懷光輕敵，導致官軍魏州慘敗。從此，河北方鎮割據形勢，不可逆轉。

【注釋】❶愜山　山名，在魏州城西永濟渠岸邊。❷崩沮　崩潰。❸蹙　被壓迫。❹不可勝數　無法計算；不知有多少。勝，盡。❺蹈藉　踐踏。❻其積如山　堆積如山。❼堰　築堤。❽王莽故河　永濟渠北岸的故道，王莽時堙塞，故稱。❾卑辭謝滔　用謙恭的辭句向朱滔致歉。❿五郎　朱滔排行第五，尊稱五郎。⓫魏縣　縣名，在今河北大名。⓬宋州　州名，治所宋城，在今河南商丘。宋州為宣武軍巡屬。⓭遙戍　遠戍。為遙應攻宋州之兵以分宣武之眾，李納遣將遠戍濮陽、南華。濮陽縣屬濮州，縣治在今河南濮陽西南。南華縣屬曹州，縣治在今山東東明東南。

【校記】①愜山　嚴衍《通鑑補》改作「連篋山」。

【語譯】朱滔、王武俊的軍隊到達魏州，田悅置辦牛酒出城迎接，魏州人歡呼聲震天動地。朱滔駐紮在愜山。這一天，李懷光的軍隊也到了，馬燧等軍排著整齊的隊列隆重迎接。朱滔以為他們要襲擊自己，急忙調兵布陣。李懷光勇而無謀，打算乘朱滔的營寨還沒有修建好就去攻擊。馬燧請他暫且休整士卒，靜觀敵變而伺機行動。李懷光說：「如果他們把營寨修建好，就將成為後患，眼下的機會不能喪失。」於是在愜山之西向朱滔發動進攻，殺掉敵人步兵一千多人，朱滔的軍隊潰不成軍。李懷光勒馬觀看，面有喜色，士卒爭相進入朱滔營寨搶掠金銀財寶。王武俊帶領兩千名騎兵朝李懷光軍陣中部橫衝，把李懷光的部隊攔腰截成兩段。朱滔緊隨王武俊之後進攻，官軍大敗，被逼得跳入永濟渠淹死的人不可勝數，自己人互相踐踏，屍體堆積如山，渠水阻塞不流，馬燧等各自收拾殘部，退入營壘自保。這天晚上，朱滔等率軍築壩斷水，把永濟渠水引入王莽故河，斷絕官軍的糧道和退路。第二天，官軍駐地周圍的水深已達三尺多。馬燧非常害怕，派使者低聲下氣地向朱滔賠罪道歉，請求朱滔放自己與各位節度使各自退回本道，並奏報德宗，請求將河北地區都交付朱五郎處理。朱滔打算答應他，王武俊認為不可以，朱滔沒有聽從。秋，七月，馬燧與各道軍隊涉水西進，退守魏縣抵擋朱滔，朱滔這才向王武俊致歉，王武俊因此對朱滔懷恨在心。過後幾天，朱滔等人也帶領人馬紮營在魏縣東南，與官軍隔水對峙。

李納向朱滔等請求救兵，朱滔派遣魏博鎮兵馬使信都承慶領兵助戰。李納攻打宋州，沒有攻克，派遣兵馬使李克信、李欽遠赴濮陽縣、南華縣戍守以防禦劉洽。

甲辰❶，以淮寧節度使李希烈兼平盧❷、淄青、兗鄆、登萊、齊州節度使，討李納。又以河東節度使馬燧兼魏博、澶相節度使，加朔方、邠寧節度使李懷光同平章事。

神策行營招討使李晟請以所將兵北解趙州之圍，與張孝忠分勢圖范陽❸，上許之。晟自魏州引兵北趨趙州，王士真解圍去。晟留趙州三日，與孝忠合兵北略恆州。

演州❹司馬李孟秋舉兵反，自稱安南❺節度使。安南都護輔良交討斬之。

八月丁未❻，置河[1]東、西水陸運、兩稅、鹽鐵使二人❼，度支總其大要而已❽。

○辛酉❾，以涇原留後姚令言為節度使。

盧杞惡太子太師顏真卿❿，欲出之於外。真卿謂杞曰：「先中丞⓫傳首至平原，真卿以舌舐面血，今相公忍不相容乎？」杞矍然起拜，然恨之益甚。

九月癸卯⓬，殿中少監崔漢衡自吐蕃歸，贊普遣其臣區頰贊隨漢衡入見。

冬，十月辛亥⓭，以湖南觀察使曹王皋為江南西道節度使。皋至洪州，悉集將佐，簡閱其才，得牙將伊慎⓮、王鍔⓯等，擢為大將，引荊襄判官許孟容⓰置幕府。慎，兗州人。孟容，長安人也。

慎常從李希烈討梁崇義，希烈愛其才，欲留之，慎逃歸。希烈聞皋用慎，恐為己患，遺慎七屬甲⓱，詐為復書，墜之境上。上聞之，遣中使即軍中斬慎。皋為之論雪，未報。會江賊三千餘眾入寇，皋遣慎擊賊自贖。慎擊破之，斬首數百級而還，由是得免。

盧杞秉政，知上必更立相⓲，恐其分己權，乘間薦吏部侍郎關播⓳儒厚，可以鎮風俗⑳。丙辰㉑，以播為中書侍郎、同平章事。政事皆決於杞，播但斂衽無所可否㉒。上嘗從容與宰相論事，播意有所不可，起立欲言，杞目之而止。還至中書㉓，杞謂播曰：「以足下端愨㉔少言，故相引至此，曏者柰何發口欲言邪！」播自是不復敢言。

戊辰㉕，遣都官員外郎河中[2]樊澤使于吐蕃，告以結盟之期。○丙子㉖，肅王詳㉗薨。

【章　旨】以上為第十三段，寫官軍魏州戰敗後，朝廷重新部署全國討逆事宜。吐蕃遣使和好唐朝。

【注　釋】❶甲辰　七月二十三日。❷平盧　方鎮名，唐玄宗開元七年（西元七一九年）升平盧軍使置，為開元時十節度之一。治所營州，在今遼寧遼陽。肅宗上元二年（西元七五九年）平盧節度使侯希逸為安、史所逼，舉眾南遷淄青，號淄青平盧節度使。今德宗加李希烈兼平盧淄青節度使，將兗、鄆、登、萊、齊諸州劃屬，令其攻李納。❸分勢圖范陽　李晟與張孝忠分兵進攻，用以分賊人之勢，圖取范陽。❹演州　州名，安南節度巡屬，治所在今越南境內。❺安南　方鎮名，唐初置安南都護府，肅宗乾元二年（西元七五八年）升安南管內經略使置安南節度使。治所宋平，在今越南河內。❻丁未　八月辛亥朔，無丁未。丁未，九月二十七日。❼置河東西水陸運兩稅鹽鐵使二人　設置河東、河西掌管水陸運輸、徵兩稅及專賣鹽鐵使兩人。唐京師長安，東有黃河，又有函谷關，故河之東稱河東，又稱關東。此言河東、河西，即關東、關西。❽度支總其大要而已　度支只總理大要而已。度支，指戶部所屬度支司，原是唐代最高財務機關。現在財政權由兩專使掌握，度支只備員而已。❾辛酉　八月十一日。❿顏真卿　唐著名書法家，忠誠耿直，罵李希烈而死。傳見《舊唐書》卷一百二十八、《新唐書》卷一百五十三。⓫先中丞　指盧杞之父盧奕。官至御史中丞，在洛陽為安祿山所害。安祿山傳首盧奕於河北諸縣，時顏真卿為平原太守，殺安祿山使者，棺葬盧奕等人。事見本書卷二百十七玄宗天寶十四載。⓬癸卯　九月二十三日。⓭辛亥十月初二日。⑭伊慎　官至奉義軍節度使，加檢校右僕射。傳見《舊唐書》卷一百五十一、《新唐書》卷一百七十。⑮王鍔　官至左僕射，受節鉞歷容管、淮南、河中、太原諸鎮凡二十餘年。在兩《唐書》與伊慎同傳。⑯許孟容　官至東都留守。傳見《舊唐書》卷一百五十四、《新唐書》卷一百六十二。⑰遺慎七屬甲　李希烈贈送七領犀牛甲給伊慎。又偽造回信，欲加害伊慎。⑱更立相　盧杞排擠走張鎰，故知德宗必立新相。⑲關播　天寶末進士，善言物理，精釋氏之學，為人儒雅忠厚。傳見《舊唐書》卷一百三十、《新唐書》卷一百五十一。⑳鎮風俗　整肅風俗。㉑丙辰　十月初七日。㉒斂衽無所可否　整日端坐，對事不置可否。斂衽，收束衣襟，表示恭敬。㉓中書　此指中書省政事堂。㉔端愨　端莊忠厚。㉕戊辰　十月十九日。㉖丙子　十月二十七日。㉗肅王詳　德宗子，四歲夭亡。

【校　記】 [1]河　據章鈺校，十二行本、乙十一行本、孔天胤本皆作「汴」。[2]河中　此二字原無。據章鈺校，十二行本、乙十一行本皆有此二字，今據補。

【語　譯】 七月二十三日甲辰，任命淮寧節度使李希烈兼任平盧、淄青、兗鄆、登萊、齊州節度使，征討李納。又任命河東節度使馬燧兼任魏博、澶相節度使，加授朔方、邠寧節度使李懷光同平章事。

神策行營招討使李晟請求率部北進解除趙州之圍，與張孝忠分兵圖謀奪取范陽，皇上同意了這一意見。李晟從魏州領兵北赴趙州，王士真解除了對趙州的包圍，撤走了軍隊。李晟在趙州逗留了三天，與張孝忠合兵向北進攻恆州。

演州司馬李孟秋舉兵反叛，自稱安南節度使。安南都護輔良交發兵討伐，殺了李孟秋。

八月丁未日，設置河東和河西的水陸轉運、兩稅、鹽鐵使二人，度支只是從總體上加以管理而已。〇十一日辛酉，朝廷任命涇原留後姚令言為節度使。

盧杞憎惡太子太師顏真卿，打算把他調出朝廷外任。顏真卿對盧杞說：「令尊先中丞首級傳到平原，我顏真卿用舌頭舐他臉上的血跡，現在相公你忍心不容我嗎？」盧杞左右顧盼，起身下拜，但越加痛恨顏真卿。

九月二十三日癸卯，殿中少監崔漢衡從吐蕃返回，贊普派遣使臣區頰贊隨崔漢衡入朝拜見。

冬，十月初二日辛亥，任命湖南觀察使曹王李皋為江南西道節度使。李皋到達洪州，召集所有的將領和佐吏，考核他們的才能，發現了牙將伊慎、王鍔等人，就將他們提拔為大將，延請荊襄判官許孟容作為幕府的成員。伊慎，是兗州人。許孟容，是長安人。

伊慎曾經跟隨李希烈征討梁崇義，李希烈愛惜伊慎的才幹，打算留下他，伊慎不願意，逃回洪州。李希烈得知李皋重用伊慎，擔心他成為自己的禍患，贈予伊慎七領犀甲，冒充伊慎的名義寫回信，故意將信丟棄在伊慎駐地。皇上聽到這件事，派中使去李皋軍中要將伊慎斬首。李皋為伊慎申訴清白，沒有得到德宗的答覆。正遇上長江中的盜賊三千多人入境劫掠，李皋派遣伊慎攻打盜賊贖罪。伊慎打敗了盜賊，斬首數百級，於是免於一死。

盧杞掌管朝廷政事，知道皇上一定會再任命宰相，擔心新任宰相瓜分自己的權力，乘機推薦吏部侍郎關播儒雅仁厚，可以整肅風習。十月初七日丙辰，任命關播為中書侍郎、同平章事。一切政務都由盧杞決定，關播只是袖手端坐，遇事不置可否。有一次皇上閒暇時與宰相談論事情，關播有些不同意見，起身想說出來，盧杞用眼色制止了關播。兩人回到中書省，盧杞對關播說：「因為你端莊穩重，不多說話，我才引薦你位至宰相，剛才你為什麼想要開口說話呢！」此後關播不敢再說話了。

十月十九日戊辰，派遣都官員外郎河中人樊澤出使吐蕃，告訴雙方締結盟約的日期。〇二十七日丙子，肅王李詳逝世。

十一月己卯朔❶，加淮南節度使陳少遊同平章事。

田悅德朱滔之救，與王武俊議奉滔為主，稱臣事之。滔不可，曰：「愜山之捷，皆大夫二兄❷之力，滔何敢獨居尊位！」於是幽州判官李子千、恆冀判官鄭濡等共議：「請與鄆州李大夫❸為四國，俱稱王而不改年號❹，如昔諸侯奉周家正朔。築壇同盟❺，有不如約者，眾共伐之。不然，豈得常為叛臣，茫然無主，用兵既無名，有功無官爵為賞，使將吏何所依歸乎！」滔等皆以為然。滔乃自稱冀王，田悅稱魏王，王武俊稱趙王，仍請李納稱齊王。是日，滔等築壇於軍中，告天而受之。滔為盟主，稱孤，武俊、悅、納稱寡人。所居堂曰殿，處分曰令❻，羣下上書曰牋❼。妻曰妃，長子曰世子。各以其所治州為府❽，置留守兼元帥，以軍政委之。又置東西曹，視中書、門下省❾；左右內史，視侍中、中書令❿。餘官皆倣天朝而易其名。

武俊以孟華為司禮尚書，華竟不受，嘔血死。以兵馬使衛常寧為內史監⓫，委以軍事。常寧謀殺武俊，武俊腰斬之。武俊遣其將張終葵寇趙州，康日知擊斬之。

李希烈帥所部三萬徙鎮許州⓬，遣所親詣李納，與謀共襲汴州⓭。遣使告李勉⓮，云已兼領淄青，欲假道之官。勉為之治橋、具饌⓯以待之，而嚴為之備。希烈竟不至，又密與朱滔等交通，納亦數遣遊兵度汴以迎希烈。由是東南轉輸者皆不敢由汴渠⓰，自蔡水⓱而上。

十二月丁丑⓲，李希烈自稱天下都元帥、太尉、建興王。時朱滔等與官軍相拒累月，官軍有度支饋糧，諸道益兵，而滔與王武俊孤軍深入，專仰給於田悅，客主⓳日益困弊。聞李希烈軍勢甚盛，頗怨望，乃相與謀遣使詣許州，勸希烈稱帝，希烈由是自稱天下都元帥。

司天少監徐承嗣請更造建中正元曆，從之。

【章　旨】以上為第十四段，寫西元七八二年，朱滔、田悅、王武俊、李納結盟稱王，標誌唐後期藩鎮割據正式形成。

【注　釋】❶己卯朔　十一月初一日。❷二兄　尊稱王武俊，因其排行第二。❸鄆州李大夫　指困守鄆州的李納。❹不改年號　仍用唐室年號，即尊唐皇帝為共主，而自稱王。❺築壇同盟　建造祭拜天地的神壇，發誓同盟。❻處分曰令　對事情的處置稱為令。即王諭手詔，不稱制、敕、詔而稱令，以示稱王與稱皇帝有別。其餘稱謂皆仿天子之制而別其名。❼牋　即奏疏。❽所治州為府　各鎮所巡屬之州，一律升為府。❾又置東西曹二句　又設置東曹、西曹，用來比附中書省、門下省。視，比照；比附。❿左右內史二句　又置左史、右史，比附侍中、中書令。⓫內史監　位在左、右史之上，職掌軍政。⓬許州　州名，治所長社，在今河南許昌。⓭汴州　州名，為宣武軍鎮所，治所在今河南開封。⓮李勉　唐宗室，幼通經史，宗於玄虛。肅宗時曾拜監察御史、京兆尹等職，又任多州節度使、觀察使。時任汴宋（即宣武軍）節度使。傳見《舊唐書》、《新唐書》卷一百三十一。⓯治橋具饌　整修橋樑道路，備辦牛酒飲食。⓰汴渠　經開封、徐州的運河，為唐代江南至京師的漕運主道。⓱蔡水　蔡河。唐時承汴水於汴州郭下之浚儀縣西（今河南開封東），南流經陳州州治宛丘縣（今河南淮陽），東南至陳州項城縣（今河南沈丘）入潁水。汴渠受阻，江南漕運改走淮水，轉入潁水，再轉入蔡水至汴州。⓲丁丑　十二月二十九日。⓳客主　朱滔、王武俊為客軍，田悅為主軍。

【語　譯】十一月初一日己卯，加授淮南節度使陳少遊同平章事。

田悅感激朱滔的救援，與王武俊商議擁戴朱滔為君，自稱臣來侍奉他。朱滔不同意，說：「愜山之捷，都是大夫您與王二兄的力量，我朱滔豈敢獨居帝王之尊！」於是幽州判官李子千、恆冀判官鄭濡等人共同商議：「請與鄆州李納大夫一起成立四國，都稱王而不更改唐王朝的年號，就像過去諸侯國奉周王朝為正統一樣。築壇設祭結為同盟，有不遵守誓約的，大家一起來討伐他。否則，豈能總是做叛臣，茫然無主，用兵既無名義，有功又無官爵獎賞，讓將吏沒有歸宿！」朱滔等人都認為有道理。朱滔於是就自稱冀王，田悅稱魏王，王武俊稱趙王，還敦請李納稱齊王。這一天，朱滔等在軍營中築壇，祭告上天而拜受王號。朱滔為盟主，自稱孤，王武俊、田悅、李納都自稱寡人。他們的居所稱為殿，處理事務的文書稱為令，眾部屬上書稱為牋。他們的妻子稱妃，長子稱世子。各以其轄州所在地為府，設置留守兼元帥，把軍政委託給他們管理。又設置東曹、西曹，比照中書省、門下省；設置左右內史，比照侍中、中書令。其餘的各級官員都仿照朝廷而只是更改名稱。

王武俊委任孟華為司禮尚書，孟華最終不肯接受，吐血而死。任命兵馬使衛常寧為內史監，把軍事委託給他。衛常寧謀殺王武俊，王武俊腰斬了衛常寧。王武俊派遣將領張終葵進犯趙州，康日知擊殺了張終葵。

李希烈統領所部將士三萬人移駐許州，派遣心腹去見李納，與他共同策劃襲擊汴州。又派使者去通報李勉，說自己已兼任淄青節度使，打算借道赴任。李勉為李希烈架設橋樑、準備好飲食等他，而又嚴密布防加強戒備。李希烈最終沒有去，又祕密與朱滔等聯絡，李納也多次派遣小股部隊渡過汴河迎接李希烈。因此由東南地區轉運物資的都不敢經過汴渠，而改道蔡水北上。

十二月二十九日丁丑，李希烈自稱天下都元帥、太尉、建興王。這時朱滔等與官軍對峙已幾個月，官軍有度支負責運送糧草，各道派遣兵馬增援，而朱滔與王武俊都是孤軍深入，一切供應只依賴田悅，賓主雙方都日益困敝。他們聽說李希烈軍勢非常強盛，都很怨恨他，於是就相互商量派使者前往許州，勸李希烈稱帝，李希烈因此自稱天下都元帥。

司天少監徐承嗣請求重編《建中正元曆》，德宗聽從了這一意見。

【研　析】德宗用兵河北，志在消除割據，結果是：軍事勝利，政治失敗，河北風雲突變，爆發更大的動亂，叛逆四鎮稱王，割據形勢反而不可逆轉。風雲突變原因，是本卷研析的重點。

德宗用兵河北。代宗時淄青節度使李正己、魏博節度使田承嗣、成德節度使李寶臣、襄州節度使梁崇義四鎮互相結成死黨，通婚相連，共同對抗朝廷，維護傳子制。大曆十四年（西元七七九年），田承嗣死，田悅繼位，李寶臣為之代請節度旌節，代宗應允。建中元年（西元七八〇年），德宗繼位，李寶臣死，其子李惟岳繼位，田悅為之代請節度旌節，德宗不允許，志在削除藩鎮割據。其時，劉晏的鹽利整頓與楊炎推行兩稅法，國家財政歲入近兩千萬緡，國庫充盈，加之新君即位，德宗表現出革除積弊的銳氣，決心用兵河北。田悅、李正己、李惟岳聯兵反叛朝廷，堅決維護傳子制，實現藩鎮割據。叛軍以田悅為首，魏博兵力最強。官軍以河東節度使馬燧、昭義節度使李抱真、神策先鋒都知兵馬使李晟等為主力征討叛軍。雙方在臨洺城展開大戰。戰事方起，李正己死，其子李納繼位，德宗當然不允許。李納兵圍徐州，要切斷江淮漕運，官軍以宣武節度使劉洽、朔方大將唐朝臣、神策都知兵馬使曲環為主力救徐州。德宗又命淮寧節度使李希烈討伐梁崇義。一場維護中央統一與藩鎮割據的大戰役就這樣全面展開。這是一場決定性的大戰爭，如果官軍勝利，割據勢力就大為削弱，反之，則割據勢力不可逆轉。當時官軍佔有絕對優勢，馬燧、李抱真、李晟、唐朝臣等都是良將，朝廷財力雄厚，官軍兵力眾多，交戰順利，官軍全線取勝。馬燧在臨洺大破田悅軍，田悅退保鄴城，馬燧等官軍進圍鄴城。范陽節度使朱滔奉命南下征討成德，成德易州刺史張孝忠反正。隨後成德大將王武俊殺李惟岳歸順朝廷，成德叛亂被平定。馬燧乘勝再次大破田悅於鄴城，魏博精銳喪失殆盡，田悅領殘兵退保魏州。南線，李希烈平定梁崇義，官軍又大破李納於徐州，李納退逃濮州請降。官軍討逆，不到一年，河北叛亂基本被平定。由於朝政腐敗，德宗昏庸，風雲突變，戰爭出人意料地擴大，形勢逆轉。官軍的局部勝利，不能改變唐王朝整個局面的大破敗。德宗把唐王朝帶入了安史之亂以來更大的危困局面，未做亡國之君，實屬萬幸。

德宗躁急，軍事勝利，政治失敗。德宗是一個輕躁冒進的昏君，與肅宗、代宗兩個昏君有所不同。昏君的共同點是沒有自信，犯忌功臣，不用人才用奴才，唐代宦官得勢，原因在此。德宗聰明能幹，有魄力，舉重若輕，敢做大手筆，這是他的優點，行兩稅，大舉討叛，肅、代二宗做不到。肅、代二宗被史家稱為「溫仁」、「寬厚」，而兩代皇帝用姑息辦法維持局面。德宗剛愎自用，偏狹固執，猜忌心尤為突出，又死不改過，於是轉化他的優點成為缺點。舉重若輕，變成了輕躁冒進。德宗討逆，並無周密的計畫，也沒有長遠的考慮。李希烈是一個背主的野心家，用他討伐梁崇義，是去一狼而生一虎。朝臣建言，德宗不聽，果然自食惡果。德宗猜忌功臣，河北官軍不設統帥。馬燧與李抱真失和，官軍鄴城大勝沒有乘勝追討，放縱田悅逃回魏州，得以喘息。更大的失策，是德宗自己踐踏人倫誠信的道德底線，食言承諾，對河北三鎮的處置失宜，導致政治大失敗，立即招來更大的戰爭。

德宗處置成德降將，以最效順的張孝忠為易、定、滄三州節度使，以王武俊為恆、冀二州都團練觀察使，以另一降將康日知為趙、深二州都團練觀察使。王武俊殺李惟岳，自認為功大，又素來位在張孝忠、康日知之上，今地位反在張孝忠之下，恥與康日知為伍。德宗的如意算盤是分散成德舊勢力，目的太明顯，王武俊抗命。朱滔南討，德宗許以割深州為獎勵，而今深州劃歸康日知，以德、棣二州代替。德、棣二州遠離范陽，朱滔不答應。田悅乘機遊說朱滔、王武俊反叛。德宗不接受李納請降，李納困獸猶鬥。於是田悅、王武俊、李納與朱滔聯兵反叛，形成新的更大的反叛集團。朱滔、王武俊救魏州，德宗令朔方節度使李懷光入援馬燧。李懷光輕敵，官軍在魏州吃了大敗仗。叛軍聲勢復振，共推朱滔為盟主，相約稱王，表示不再是唐臣，也就不再是叛臣，而要與唐王朝分庭抗禮。朱滔稱冀王，田悅稱魏王，王武俊稱趙王，李納稱齊王。四王又向淮西李希烈勸進，擁護他做皇帝。李希烈接受推戴，反叛朝廷，先自稱天下都元帥。李希烈兵強，又擋在漕運之側，威脅唐朝的生命線。朝廷於是罷兵河北征討，北守南攻，戰場轉移到河南。德宗銳氣盡失，從一心進攻轉為一心防守，遙控軍事，遭致一連串的失敗，以至蒙塵出逃。

馬燧與李抱真釋嫌言和，苦撐河北戰局。早先，李抱真為澤潞節度使，馬燧領河陽三鎮，兩人為鄰。李抱真要殺所屬懷州刺史楊鉥，楊鉥逃到河陽請求馬燧保護，馬燧接受楊鉥請求，於是與李抱真結仇。兩人會兵討伐河北叛逆，又多次發生意見相左。兩人不和，官軍久無戰功。德宗任命馬燧為招討使，李抱真意更不平。官軍鄴城大勝，兩人不能協力，官軍沒有乘勝追擊田悅，功虧一簣。河北四鎮反叛，王武俊兵圍趙州，李抱真分兵守邢州。馬燧大怒，也要撤兵回河東。在這危急關頭，李晟勸馬燧顧全大局，與李抱真釋嫌共赴危難。馬燧不愧為大將風度，單騎拜訪李抱真軍營，李抱真被馬燧的真誠感動，兩人結歡。碰巧魏博洺州刺史田昂請求歸順朝廷，洺州與邢州接壤，馬燧借花獻佛，上奏朝廷把洺州劃歸李抱真，並請求朝廷任命盧玄卿為副招討使。李晟受命李抱真節制，至此，李晟上表兼隸馬燧，表示接受兩人的節制。德宗一一批准。馬燧、李抱真、李晟三大良將，在緊急關頭團結起來，雖然苦撐，卻也牢牢控制了河北戰局，雙方處於相持。李抱真還策動王武俊歸順朝廷，對抗朱滔。不久，京師動亂，朱泚稱帝，河北未為大害，三大將的團結起了至關作用。

卷第二百二十八

唐紀四十四

起昭陽大淵獻（癸亥　西元七八三年）正月，盡十月，不滿一年。

【題　解】本卷記事起西元七八三年正月，迄當年十月，共十個月，當德宗建中四年正月到十月。本卷記事不足一年，正表明這是一個多事之秋的年分，德宗蒙塵，出逃奉天，唐王朝處於危亡的緊急關頭。田悅等叛亂四王向淮西節度使李希烈勸進，李希烈反叛，先稱天下都元帥，戰火擴大到河南，並成為重要戰場。德宗遙控戰局，導致汴軍大敗，襄城危急。陸贄上疏論治國之要，提出重根本、重民生，即加強京師防務，不要濫徵苛稅。陸贄還建議調整討逆方略。德宗皆不採納。其時，國庫空竭，朝廷強徵間架稅和除陌錢，民怨沸騰。涇原兵東調河南，途經京師，因犒賞菲薄而導致兵亂，陸贄的擔憂不幸被言中。德宗倉皇出逃奉天，朱泚藉亂兵僭號稱帝，兵圍奉天，賴渾瑊城守，德宗才沒被俘虜。奸臣盧杞誤國，他趁李希烈之叛，借刀殺人，上奏德宗派顏真卿為宣慰使召撫李希烈，等於是以肉投餓虎，時人都知顏真卿不返。到了奉天，盧杞仍唆使德宗誅殺忠良。陸贄上疏論亂由人為而非天命，隱喻盧杞誤國，德宗充耳不聞。正當朱泚急攻奉天之時，河北官軍撤退勤王，叛軍卻內部有隙，王武俊因與朱滔不和而反正，西川節度使韋皋從叛軍手中攻克鳳翔，李懷光入援奉天，朱泚兵敗，唐王室才轉危為安。

德宗神武聖文皇帝三

建中四年（癸亥　西元七八三年）

春，正月丁亥❶，隴右❷節度使張鎰與吐蕃尚結贊盟于清水❸。

庚寅❹，李希烈遣其將李克誠襲陷汝州❺，執別駕李元平。元平，本湖南判官，薄有❻才藝，性疏傲，敢大言，好論兵❼。關播[1]奇之，薦於上，以為將相之器，以汝州距許州❽最近，擢元平為汝州別駕❾，知州事❿。元平至汝州，即募工徒治城⓫。希烈陰⓬使壯士應募執役⓭，入數百人⓮，元平不之覺。希烈遣克誠將數百騎突至城下⓯，應募者應之於內，縛元平馳去。元平為人眇小⓰，無須⓱，見希烈恐懼，便液⓲污地。希烈罵之曰：「盲宰相⓳以汝當我，何相輕也！」以判官⓴周晃為汝州刺史，又遣別將董待名等四出抄掠，取尉氏㉑，圍鄭州㉒，官軍數為所敗。邏騎㉓西至彭婆㉔，東都㉕士民震駭，竄匿山谷。留守鄭叔則入保西苑㉖。

上問計於盧杞㉗，對曰：「希烈年少驍將㉘，恃功㉙驕慢，將佐莫敢諫止。誠得儒雅重臣，奉宣聖澤，為陳逆順禍福，希烈必革心悔過，可不勞軍旅而服。顏真卿三朝舊臣㉚，忠直剛決，名重海內，人所信服，真其人也！」上以為然。甲午㉛，命真卿詣許州宣慰希烈。詔下，舉朝失色。

【章　旨】以上為第一段，寫李希烈反叛，盧杞上奏德宗派顏真卿為宣慰使召撫李希烈，實乃借刀殺人，其為人陰險如此。

【注　釋】❶丁亥　正月初十日。❷隴右　方鎮名，唐玄宗開元元年（西元七一三年）置。治所鄯州，在今青海樂都。轄境當今青海湖以東及甘肅東南部地區。安史之亂入吐蕃。張鎰出鎮鳳翔，為鳳翔隴右節度使。❸清水　縣名，縣治在今甘肅清水縣。❹庚寅　正月十三日。❺汝州　州名，治所梁縣，在今河南汝州。❻薄有　稍有；略有。❼好論兵　喜歡談論軍事。❽許州　李希烈駐節之州，治所在今河南許昌。❾別駕　州刺史佐吏，中唐以後多為安排朝廷貶逐大臣的閒散官。❿知州事　代理州事。知，低職代理高職。此指李元平以別駕之職代理州刺史事。⓫治城　修築城牆。⓬陰　暗中。⓭執役　服役。⓮入數百人　指李希烈部卒以役丁身分混進汝州的有數百人。入，進入汝州城。⓯突至城下　輕裝急進，突然兵臨城下。⓰眇小　矮小。⓱須　鬍鬚。⓲便液　屎尿。⓳盲宰相　瞎了眼的宰相。⓴判官　唐採訪、節度、觀察、招討、支度等使府均置。掌綜理本使日常事務，權重事劇，為幕僚上佐。此為節度府高級幕僚。㉑尉氏　汴州屬縣，縣治在今河南尉氏。㉒鄭州　州名，治所在今河南鄭州。㉓邏騎　巡邏偵哨騎兵。㉔彭婆　鎮名，屬洛陽縣。㉕東都　即洛陽。㉖西苑　洛陽城西禁苑。鄭叔則退守洛陽西苑，表明心無鬥志，隨時準備向西逃竄。㉗盧杞　字子良，德宗時權奸，官至丞相，陷害楊炎、顏真卿，排斥宰相張鎰等。建中四年（西元七八三年），京師失守，盧杞被貶死於澧州。傳見《舊唐書》卷一百三十五、《新唐書》卷二百二十三。㉘驍將　勇將。㉙恃功　仗恃平梁崇義之功。㉚三朝舊臣　顏真卿歷仕玄宗、肅宗、代宗三朝。㉛甲午　正月十七日。

【校　記】①關播　張敦仁《通鑑刊本識誤》認為此二字上脫「中書侍郎」四字。

【語　譯】德宗神武聖文皇帝三

建中四年（癸亥　西元七八三年）

春，正月初十日丁亥，隴右節度使張鎰和吐蕃尚結贊在清水縣締結盟約。

正月十三日庚寅，李希烈派遣他的將領李克誠襲擊並攻陷了汝州城，抓獲了汝州別駕李元平。李元平原本是湖南判官，略有才藝，性情疏闊傲慢，敢說大話，喜好議論軍事。關播認為李元平是奇才，推薦給皇帝，認為李元平有將相的器度。因為汝州離許州最近，提拔李元平任汝州別駕，代理汝州事務。李元平到達汝州，立刻招募工匠役夫修城築牆。李希烈暗中派壯士應李元平的招募去服役修城，進來了好幾百人，李元平全然不知。李希烈派遣李克誠帶領幾百名騎兵突然到達汝州城下，喬裝民工應募入城的人在城內接應，把李元平綁縛急馳而去。李元平身材矮小，沒有鬍鬚，見到李希烈十分恐懼，大小便失禁，汙穢滿地。李希烈罵李元平道：「瞎了眼的宰相，竟把你派來與我對抗，為什麼這麼輕視我！」任命判官周晃為汝州刺史，又派遣別將董待名等人四出搶掠，奪取了尉氏縣，包圍鄭州，朝廷軍隊屢次被打敗。叛軍巡邏的騎兵往西邊到了彭婆鎮，東都洛陽的士民非常驚恐，逃入山谷隱藏。東都留守鄭叔則退保洛陽西苑。

皇上向盧杞詢問對策，盧杞回答說：「李希烈是個年輕驍勇的將領，恃功傲慢，將校和僚佐沒有人敢對他進行勸阻。如果能夠有一名儒雅重臣，去對他宣諭陛下的聖旨，說明反叛的禍患和歸順的好處，李希烈一定會革心悔過，就可以不必煩勞軍旅把他制服。顏真卿是玄宗、肅宗、代宗三朝的元老舊臣，忠直剛毅，名重海內，被人們所信服，真是辦理此事的合適人選啊！」德宗認為說得對。正月十七日甲午，派遣顏真卿前往許州宣諭德宗的旨意安撫李希烈。詔書下達，滿朝文武大驚失色。

真卿乘驛至東都，鄭叔則曰：「往必不免，宜少留，須後命❶。」真卿曰：「君命也，將焉避之！」遂行。李勉❷表言：「失一元老，為國家羞，請留之。」又使人邀❸真卿於道[1]，不及。真卿與其子書，但敕以「奉家廟、撫諸孤❹」而已。至許州，欲宣詔旨，希烈使其養子❺千餘人環繞慢罵，拔刃擬❻之，為將剸啗❼之勢。真卿足不移，色不變。希烈遽以身蔽之，麾眾令退，館真卿而禮之。希烈欲遣真卿還，會李元平在座，真卿責之，元平慚而起，以密啟❽白希烈。希烈意遂變，留真卿不遣。

朱滔、王武俊、田悅、李納各遣使詣希烈，上表稱臣，勸進❾。使者拜舞於希烈前，說希烈曰：「朝廷誅滅功臣，失信天下。都統❿英武自天，功烈蓋世，已為朝廷所猜忌，將有韓、白之禍⓫，願亟稱尊號，使四海臣民知有所歸。」希烈召顏真卿示之曰：「今四王⓬遣使見推，不謀而同。太師觀此事勢，豈吾獨為朝廷所忌無所自容邪！」真卿曰：「此乃四凶，何謂四王！相公⓭不自保功業，為唐忠臣，乃與亂臣賊子相從，求與之同覆滅邪！」希烈不悅，扶真卿出。它日，又與四使同宴，四使曰：「久聞太師⓮重望，今都統將稱大號而太師適至，是天以宰相賜都統也。」真卿叱之曰：「何謂宰相！汝知有罵安祿山而死者顏杲卿⓯乎？乃吾兄也。吾年八十，知守節而死耳，豈受汝輩誘脅⓰乎！」四使不敢復言。希烈乃使甲士十人守真卿於館舍，掘坎⓱於庭，云欲阬⓲之。真卿怡然，見希烈曰：「死生已定，何必多端！亟以一劍相與，豈不快公心事邪！」希烈乃謝之。

【章旨】以上為第二段，寫顏真卿痛責李希烈背叛朝廷。

【注釋】❶後命　追發的命令。鄭叔則言此，示意他將上奏朝廷廢止前令，追還顏真卿。❷李勉　（西元七一七—七八八年）唐宗室，幼通經史，及長宗於玄虛。肅宗朝曾拜監察御史、京兆尹等職，歷任多州刺史、觀察使。時為汴宋節度使。傳見《舊唐書》卷一百三十一、《新唐書》卷一百三十一。❸邀　半路攔阻。❹奉家廟撫諸孤　供奉家廟，撫育幼子。這是顏真卿給兒子書信的內容概括。❺養子　李希烈所養壯士，皆賜姓李為子屬，以致其死力。❻擬　比劃。❼臠啗　臠割活人而吞食其肉。臠，用刀割。❽密啓　密信。❾勸進　勸即帝位。❿都統　官名，節制諸道軍事的大元帥。李希烈討梁崇義，加漢南、北招討使，故稱。⓫韓白之禍　喻功高震主而蒙冤受誅。韓，指西漢功臣淮陰侯韓信。白，指秦國名將白起。他們均因功高震主而被猜忌受禍。⓬四王　河北四鎮，朱滔稱冀王，王武俊稱趙王，田悅稱魏王，李納稱齊王，故稱四王。事見上卷。⓭相公　李希烈加號平章事，為宰相，故尊稱相公。⓮太師　顏真卿在朝任太子太師，故四使尊稱太師。⓯顏杲卿　顏真卿兄，罵安祿山而死。事見本書卷二百十七肅宗至德元載。⓰誘脅　引誘脅迫。⓱掘坎　挖了一個陷坑。⓲阬　活埋。

【校　記】①於道　此二字原無。據章鈺校，十二行本、乙十一行本皆有此二字，張敦仁《通鑑刊本識誤》同，今據補。

【語　譯】顏真卿乘驛車到達東都，鄭叔則對顏真卿說：「你去許州，一定難以免禍，最好稍微逗留，等待隨後的命令。」顏真卿說：「這是國君的命令，怎麼能迴避！」於是啟程。李勉上表說：「失去一位元老，就是國家的羞恥，請將他留下。」又派人在道路上攔截顏真卿，沒有趕上。顏真卿寫給兒子的書信，只是要兒子「供奉祖廟，撫育孤弱」而已。顏真卿到了許州，想宣諭聖旨，李希烈指使一千多名養子圍住顏真卿謾罵，拔出刀劍比劃威脅，做出要把他剁碎吃掉的架勢。顏真卿腳跟不移，面不改色。李希烈突然上前用身體遮住顏真卿，命令眾養子退下，把顏真卿請進館舍，按禮節接待。李希烈打算放顏真卿回長安，正巧李元平在座，顏真卿譴責李元平，李元平感到慚愧，起身離去，寫了封密函將此事告訴李希烈。李希烈於是改變了主意，把顏真卿扣留，不讓他回長安。

朱滔、王武俊、田悅、李納各派使者拜見李希烈，上表稱臣，勸他即位皇帝。各位使者在李希烈面前叩拜舞蹈禮，勸告李希烈說：「朝廷誅滅功臣，失信天下。都統您英武天賦，功業蓋世，已經被朝廷猜忌，將有如同韓信、白起那樣的禍患，希望您趕緊稱帝，使四海臣民知道有所依歸。」李希烈召來顏真卿，讓他看朱滔等四人的章表，說：「現在四王派遣使者來推戴我，他們不謀而合。太師您已看到這種形勢，難道是我一個人做出被朝廷猜忌而無地自容的事嗎！」顏真卿說：「這四個人是四凶，稱什麼四王！相公你不自保功業，做唐朝的忠臣，而與亂臣賊子為伍，是想追求和他們一起覆滅嗎！」李希烈很不高興，把顏真卿扶了出去。有一天，顏真卿又與四名使者同席宴飲，四位使者說：「久聞顏太師德高望重，如今李都統即將稱帝而太師您恰好到來，這是上天把宰相賜給李都統啊。」顏真卿大聲呵斥道：「說什麼宰相！你們知道有大罵安祿山而死的顏杲卿嗎？他就是我的兄長。我已經八十歲，懂得守節而死，豈能受你們的引誘和脅迫！」四位使者不敢再說什麼。李希烈就派十個甲士在館舍看守顏真卿，他們在庭院中挖了一個坑，聲稱要活埋他。顏真卿怡然處之，見到李希烈時說：「我的生死已定，何必多找麻煩！立即給我一劍，你難道不就稱心如意了嗎！」李希烈於是向顏真卿道歉。

戊戌❶，以左龍武大將軍❷哥舒曜❸為東都、汝州節度使，將鳳翔、邠寧、涇原、奉天、好時行營兵❹萬餘人討希烈，又詔諸道共討之。曜行至郟城，遇希烈前鋒將陳利貞，擊破之，希烈勢小沮❺。曜，翰之子也。

希烈使其將封有麟據鄧州❻，南路遂絕，貢獻、商旅皆不通。壬寅❼，詔治上津❽山路，置郵驛。

二月戊申朔❾，命鴻臚卿崔漢衡送區頰贊還吐蕃。○丙寅❿，以河陽三城、懷、衛州為河陽軍。○丁卯⓫，哥舒曜克汝州，擒周晃。

三月戊寅⓬，江西節度使曹王皋敗李希烈將韓霜露於黃梅⓭，斬之。辛卯⓮，拔黃州⓯。時希烈兵柵⓰蔡山⓱，險不可攻。皋聲言西取蘄州⓲，引舟師泝江而上，希烈之將引兵循江隨戰[19]。去蔡山三百餘里，皋乃復放舟順流而下，急攻蔡山，拔之。希烈兵還救之，不及而敗。皋遂進拔蘄州，表伊慎[20]為蘄州刺史，王鍔[21]為江州刺史。

淮寧都虞候[22]周曾、鎮遏兵馬使[23]王玢、押牙[24]姚憺、韋清密輸款[25]於李勉。李希烈遣曾與十將[26]康秀琳將兵三萬攻哥舒曜，至襄城[27]，曾等密謀還軍襲希烈，奉顏真卿為節度使，使玢、憺、清為內應。希烈知之，遣別將李克誠將騾軍[28]三千人襲曾等，殺之，并殺玢、憺及其黨。甲午[29]，詔贈曾等官[30]。始，韋清與曾等約，事泄不相引，故獨得免。清恐終及禍，說希烈請詣朱滔乞師。希烈遣之，行至襄邑[31]，逃奔劉洽。希烈聞周曾等有變，閉壁數日。其黨寇尉氏、鄭州者聞之，亦遁歸。希烈乃上表歸咎於周曾等，引兵還蔡州[32]，外示悔過從順，實待朱滔等之援也。置顏真卿於龍興寺[33]。

丁酉[34]，荊南節度使[35]張伯儀[36]與淮寧兵戰於安州[37]，官軍大敗，伯儀僅以身免，亡其所持節。希烈使人以其節及俘馘[38]示顏真卿，真卿號慟投地[39]，絕而復蘇[40]，自是不復與人言。

夏，四月，上以神策軍使白志貞[41]為京城召募使，募禁兵以討李希烈。志貞請諸營為節度、觀察、都團練使者，不問存沒[42]，並勒[43]其子弟帥奴馬自備資裝從軍，授以五品官。貧者甚苦之，人心始搖。

上命宰相、尚書與吐蕃區頰贊[44]盟於豐邑里[45]。區頰贊以清水之盟[46]疆埸未定，不果盟[47]。己未[48]，命崔漢衡入吐蕃，決於贊普[49]。

庚申[50]，加永平、宣武、河陽都統李勉淮西招討使[51]，東都、汝州節度使哥舒曜為之副，以荊南節度使張伯儀為淮西應援招討使，山南東道節度使賈耽、江西節度使曹王皋為之副。上督哥舒曜進兵，曜至潁橋[52]，遇大雨，還保襄城。李希烈遣其將李光輝攻襄城，曜擊卻之。

【章旨】以上為第三段，寫官軍征討李希烈。唐與吐蕃會盟劃界。

【注釋】❶戊戌　正月二十一日。❷左龍武大將軍　唐朝北衙衛軍統兵長官，掌領左龍武軍，宿衛京師。❸哥舒曜　字子明，玄宗朝名將河西節度使哥舒翰之子，官至河南尹。傳見《新唐書》卷一百三十五。❹行營兵　屯於京畿的神策軍。此指鳳翔、邠寧、涇原三節鎮之兵與屯於奉天、好畤的神策軍，合萬餘人。❺勢小沮　氣勢略受挫折。❻鄧州　州名，治所穰縣，在今河南鄧州。為江南財賦經荊襄通關中的要衝。❼壬寅　正月二十五日。❽上津　縣名，屬商州，縣治在今湖北鄖西縣西北。❾戊申朔　二月初一日。❿丙寅　二月十九日。⓫丁卯　二月二十日。⓬戊寅　三月初一日。⓭黃梅　縣名，屬蘄州，縣治在今湖北黃梅西北。⓮辛卯　三月十四日。⓯黃州　州名，治所在今湖北新洲。黃州與蘄州毗鄰，黃州在西，蘄州在東。⓰柵　駐兵營壘。⓱蔡山　在黃梅縣境。⓲蘄州　州治蘄春，在黃梅西。⓳循江隨戰　沿江尾隨而戰。⓴伊慎　（西元七四四—八一一年）本李希烈部將，歸正朝廷官至右僕射。傳見《舊唐書》卷一百五十一、《新唐書》卷一百七十。㉑王鍔　（西元七四〇—八一五年）字昆吾，太原人，曹王皋部將，以功歷官嶺南、淮南、河中等節度使，凡二十餘年。傳見《舊唐書》卷一百五十一、《新唐書》卷一百七十。㉒都虞候　節度使屬官，職掌軍法。㉓鎮遏兵馬使　節度使所置統兵官。㉔押牙　節度使府置，職掌衙內儀仗、侍衛。㉕密輸款　祕密往來，表示歸誠。輸，傳遞。款，誠懇；懇切。㉖十將　唐朝元帥、都統、招討使所總諸軍屬官，位兵馬使下。㉗襄城　縣名，時屬汝州，縣治在今河南襄城。㉘騾軍　淮西少馬，騎兵以騾代馬，稱騾子軍，驍勇善戰。㉙甲午　三月十七日。㉚詔贈曾等官　下詔追贈周曾等以官位，嘉獎其歸誠。㉛襄邑　縣名，宋州屬縣。時宣武節度使劉洽鎮宋州。㉜蔡州　即豫州，為淮寧本鎮。李希烈從許州歸還本鎮。蔡州治所汝陽縣，在今河南汝南縣。㉝龍興寺　蔡州佛寺名。㉞丁酉　三月二十日。㉟荊南節度使　即江陵節度使。㊱張伯儀　魏州人。以戰功隸李光弼軍。因平袁晁反有功，擢睦州刺史。傳見《新唐書》卷一百三十六。㊲安州　州名，治所安陸縣，今屬湖北。㊳俘馘　活捉敵人稱俘，殺死敵人割取左耳以代首級稱馘。㊴號慟投地　大聲痛哭而倒地。㊵絕而復蘇　因悲痛休克而又蘇醒過來。㊶白志貞　本名白琇珪，李光弼舊將，代宗時官至司農卿。德宗倚為腹心，授神策軍使，賜名志貞。傳見《舊唐書》卷一百三十五、《新唐書》卷一百六十七。㊷不問存沒　不管在世還是歿世。㊸勒　勒令；嚴令。㊹區頰贊　吐蕃大臣，相當於唐宰相。㊺豐邑里　長安外部城坊名，又稱豐里坊。㊻清水之盟　見本年正月十二日丁亥，唐宰相張鎰與吐蕃尚結贊（即區頰贊）盟於清水劃界，雙方未達成協約。㊼不果盟　沒有完成會盟。果，實現；成為事實。㊽己未　四月十三日。㊾決於贊普　唐與吐蕃的劃界會盟，由吐蕃國君贊普裁決。㊿庚申　四月十四日。(51)招討使　使職名，戰時所置招降討逆等方面的大使，職與都統略同，戰後則省。李勉為永平節度使，加永平、宣武、河陽三鎮都統，今又加招討使職以重其權。(52)潁橋　鎮名，屬襄城縣。

【語譯】正月二十一日戊戌，任命左龍武大將軍哥舒曜為東都、汝州節度使，率領鳳翔、邠寧、涇原、奉天、好時行營的軍隊一萬多人討伐李希烈，又下詔各道共同討伐他。哥舒曜前進到郟城，遭遇李希烈的先鋒陳利貞，打敗了陳利貞，李希烈的氣勢稍受挫折。哥舒曜，是哥舒翰的兒子。

李希烈派部將封有麟佔據了鄧州，通往南方的道路便被切斷了，進貢、商旅都不能通過。正月二十五日壬寅，下詔修整上津縣的山路，設置郵驛。

二月初一日戊申，命令鴻臚卿崔漢衡護送區頰贊返回吐蕃。〇十九日丙寅，把河陽三城、懷州、衛州建置為河陽軍。〇二十日丁卯，哥舒曜攻克汝州城，擒獲周晃。

三月初一日戊寅，江西節度使曹王李皋在黃梅縣擊敗李希烈的部將韓霜露，殺了韓霜露。十四日辛卯，攻取了黃州。此時李希烈的軍隊在蔡山紮寨安營，此處地勢險峻，不能攻打。李皋揚言要西取蘄州，帶領水軍溯江而上，李希烈的部將帶兵沿江尾隨攻擊。在距離蔡山三百多里的地方，李皋才又放船順流而下，猛攻蔡山，把它攻了下來。李希烈回兵救援蔡山，沒有到達蔡山就被打敗了。李皋於是進軍攻取了蘄州，上表朝廷任命伊慎為蘄州刺史，王鍔為江州刺史。

淮寧都虞候周曾、鎮遏兵馬使王玢、押牙姚憺和韋清等人，祕密向李勉表達他們對朝廷的忠誠。李希烈派遣周曾與十將康秀琳率領三萬士兵進攻哥舒曜，抵達襄城，周曾等人密謀回兵襲擊李希烈，擁戴顏真卿為節度使，讓王玢、姚憺、韋清作為內應。李希烈得知這一情況，派遣別將李克誠帶領騾軍三千人襲擊周曾等人，殺了周曾，還一併殺了王玢、姚憺和他們的黨羽。三月十七日甲午，下詔追贈周曾等人官職。當初，韋清與周曾等人約定，如果事情洩露，不相互揭發，所以只有韋清得以幸免。韋清擔心最終難逃災禍，就勸說李希烈讓自己前往朱滔處乞請救兵。李希烈派韋清前往，走到襄邑縣時，逃往劉洽。李希烈獲悉周曾等人有變，將營門關閉了幾天。李希烈劫掠尉氏縣和鄭州的黨羽聽到這件事後，也逃跑回去了。於是李希烈就上表將所有過錯歸咎於周曾等人，自己率兵歸蔡州，表面上悔過歸順，實際上是等待朱滔等人的增援。李希烈將顏真卿軟禁在龍興寺。

三月二十日丁酉，荊南節度使張伯儀與淮寧兵在安州交戰，官軍大敗，張伯儀僅免一死，丟掉了他所持的旌節。李希烈派人把張伯儀的旌節和俘馘出示給顏真卿看，顏真卿大聲痛哭，倒在地上，氣絕蘇醒後，從此不再與人說話。

夏，四月，皇上任命神策軍使白志貞為京城召募使，招募禁兵征討李希烈。白志貞請求讓那些曾經擔任過節度使、觀察使、都團練使的人，不管存亡，一併勒令他們的子弟統領家奴和私人的馬匹，自備軍資行裝入伍，授給他們五品官銜。其中家境貧困的人深為這一舉措所苦，人心開始動搖。

皇上命令宰相、尚書與吐蕃使者區頰贊在豐邑里締結盟約。區頰贊認為清水之盟沒有解決吐蕃與唐朝的疆域問題，最終沒有簽下盟約。四月十三日己未，命令崔漢衡前往吐蕃，將結盟事交吐蕃贊普裁決。

四月十四日庚申，朝廷加授永平、宣武、河陽都統李勉為淮西招討使，東都、汝州節度使哥舒曜作為他的副使，任命荊南節度使張伯儀為淮西應援招討使，山南東道節度使賈耽、江南西道節度使曹王李皋作為他的副使。皇上督促哥舒曜進軍，哥舒曜到達襄城縣潁橋鎮，遇上大雨，便退守襄城。李希烈派他的部將李光輝攻打襄城，哥舒曜擊退了李光輝。

五月乙酉❶，潁王璬❷薨。○乙未❸，以宣武節度使劉洽兼淄青招討使。

李晟謀取涿、莫二州❹，以絕❺幽、魏往來之路。與張孝忠之子升雲圍朱滔所署易州刺史鄭景濟於清苑❻，累月❼不下。滔以其司武尚書❽馬寔為留守，將步騎萬餘守魏營，自將步騎萬五千救清苑。李晟軍大敗，退保易州❾。滔還軍瀛州❿，張升雲奔滿城⓫。會晟病甚，引軍還保定州⓬。

王武俊以滔既破李晟，留屯瀛州，未還魏橋⓭，遣其給事中宋端趣之。端見滔，言頗不遜。滔怒，使謂武俊曰：「滔以熱疾，暫未南還，大王二兄⓮遽有云云⓯。滔以救魏博之故，叛君棄兄，如脫屣⓰耳。二兄必相疑，惟二兄所為！」端還報，武俊自辨於馬寔，寔以狀白滔，言：「趙王知宋端無禮於大王，深加責讓，實無它志。」武俊亦遣承令官⓱鄭和隨寔使者見滔，謝之。滔乃悅，相待如初。然武俊以是益恨滔矣。

六月，李抱真使參謀⑱賈林詣武俊壁詐降。武俊見之。林曰：「林來奉詔，非降也。」武俊色動⑲，問其故，林曰：「天子知大夫宿著誠效⑳，及登壇之日㉑，撫膺㉒顧左右曰：『我本徇忠義㉓，天子不察。』諸將亦嘗共表大夫之志。天子語使者曰：『朕前事誠誤㉔，悔之無及。朋友失意，尚可謝，況朕為四海之主乎！』」武俊曰：「僕胡人也，為將尚知愛百姓，況天子，豈專以殺人為事乎！今山東連兵，暴骨如莽㉕，就使克捷，與誰守之！僕不憚歸國㉖，但已與諸鎮結盟。胡人性直，不欲使曲在己㉗，天子誠能下詔赦諸鎮之罪，僕當首唱從化㉘，諸鎮有不從者，請奉辭伐之㉙。如此，則上不負天子，下不負同列㉚，不過五旬，河朔定矣。」使林還報抱真，陰相約結㉛。

【章　旨】以上為第四段，寫王武俊與朱滔有隙，暗中與李抱真聯絡，萌生歸順之意，為德宗興元大赦張本。

【注　釋】❶乙酉　五月初九日。❷潁王璬　玄宗子。傳見《舊唐書》卷一百七、《新唐書》卷八十二。❸乙未　五月十九日。❹涿莫二州　涿州治所范陽縣，在今河北涿州。莫州治所莫縣，在今河北雄縣南。涿、莫二州為朱滔所領幽州節度使巡屬。❺絕　切斷。❻清苑　縣名，縣治在今河北保定。❼累月　連月；幾個月。❽司武尚書　朱滔稱冀王後所置官名，掌軍事，相當於唐朝廷的兵部尚書。❾易州　州名，治所易縣，今屬河北。在清苑北面。❿瀛州　州名，治所河間縣，即今河北河間。在清苑東南面。⓫滿城　縣名，屬易州，縣治在今河北滿城西北。⓬定州　州名，治所安喜縣，在今河北定州。定州在易州之南。⓭魏橋　橋名，在魏州西永濟渠上，為朱滔、田悅、王武俊聯兵叛亂的大本營。⓮大王二兄　指王武俊。王武俊排行第二，叛亂後稱趙王，故朱滔稱為大王二兄。⓯遽有云云　立即就說三道四。遽，突然；立即。⓰脫屣　形容輕易。屣，無後跟的拖鞋。⓱承令官　節度使屬官要藉，為親隨副官，無具體職掌。四鎮反叛後，改要藉為承令官。⓲參謀　節度使屬官，參與機密。⓳色動　變了臉色。⓴宿著誠效　一向忠順朝廷。指王武俊誅李惟岳事。宿著，一向態度鮮明。㉑登壇之日　指王武俊登壇稱王之日。此為叛逆的婉辭。壇，盟誓祭壇。㉒撫膺　捶拍胸口。㉓徇忠義　遵守忠義；循忠守義。㉔朕前事誠誤　指德宗處置王武俊為團練使，未加節度使之事為失誤。㉕暴骨如莽　白骨暴露，有如野草莽莽。語出《左傳》哀公元年。㉖歸國　歸順朝廷。㉗曲在己　理屈在自己身上。㉘首唱從化　帶頭倡議歸順王化。㉙奉辭伐之　奉天子之令討伐叛逆。㉚同列　此指叛亂的同列朱滔等人。㉛陰相約結　暗中互通往來。

【語　譯】五月初九日乙酉，潁王李璬逝世。○十九日乙未，朝廷任命宣武節度使劉洽兼任淄青招討使。

李晟謀劃奪取涿州和莫州，切斷幽州和魏州來往的道路。李晟與張孝忠的兒子張升雲在清苑包圍朱滔委任的易州刺史鄭景濟，幾個月都沒攻下。朱滔任命司武尚書馬寔為留守，統領步兵、騎兵一萬多人守衛魏州營寨，自己率領步兵、騎兵一萬五千人救援清苑縣。李晟的軍隊大敗，退保易州。朱滔回軍瀛州，張升雲逃往滿城縣。正好遇上李晟病得很厲害，便帶領軍隊回守定州。

王武俊因朱滔已經打敗了李晟，留在瀛州駐紮，沒有返回魏橋，就派給事中宋端去催促朱滔率軍南歸。宋端見到朱滔，說話非常不禮貌。朱滔很生氣，派人對王武俊說：「我朱滔因天熱得了病，暫時沒有返回南方，大王二兄即刻就說三道四。我朱滔因為解救魏博鎮，背叛朝廷，拋棄兄長，如同甩掉拖鞋那樣容易。二兄你一定要懷疑我，那就隨便你怎麼辦吧！」宋端回去向王武俊稟報後，王武俊親自去向馬寔解釋，馬寔將這些情況向朱滔彙報，說：「趙王王武俊知道宋端對大王您無禮，已對他深加訓斥，實在是沒有別的意思。」王武俊也派遣承令官鄭和隨同馬寔的使者去見朱滔，向朱滔道歉。朱滔這才高興起來，對待王武俊的態度和過去一樣。但是，王武俊因為此事更加痛恨朱滔了。

六月，李抱真派參謀賈林前往王武俊的軍營詐降。王武俊見了賈林。賈林說：「我來這兒是奉皇上之命，並不是來投降的。」王武俊臉色都變了，詢問其中緣故，賈林說：「皇上知道大夫您對朝廷向來懷有忠誠報效之心，到了登壇稱王時，您還撫胸回顧左右的人說：『我本來是循忠守義，只是皇上未能體察。』眾位將領也曾共同表示過與大夫您一樣的意願。我來時皇上對使者我說：『朕先前對王武俊的作為實在不對，已經後悔不及。朋友之間發生誤會，還可以道歉，何況朕還是四海之內的君王呢！』」王武俊說：「我是個胡人，做個將軍尚且知道愛護百姓，何況是皇帝，怎麼會專門把殺人當成正事呢！如今山東一帶連年戰爭，骸骨暴露如野草遍地，即使是克敵取勝，人都沒了，又交給誰來守護這片土地！我並不害怕回歸國家，但是已經與各鎮結盟。我們胡人性格直率，不願意理虧，如果皇上真能下詔赦免各鎮節度使的罪責，我當首先倡議接受教化，各節度使有不順從的，我請求奉詔討伐他。這樣一來，就能上不辜負天子，下不有負同列，不超過五十天，河朔地區就可以安定了。」王武俊讓賈林回去向李抱真報告，暗中與李抱真聯絡。

庚戌❶，初行稅間架❷、除陌錢❸法。時河東、澤潞、河陽、朔方四軍❹屯魏縣，神策、永平、宣武、淮南、浙西、荊南、江西❺、沔鄂、湖南、黔中、劍南、嶺南諸軍環淮寧之境❻。舊制，諸道軍出境，皆仰給度支❼。上優恤士卒❽，每出境，加給酒肉❾，本道糧仍給其家，一人兼三人之給，故將士利之。各出軍纔逾境而止，月費錢百三十餘萬緡，常賦❿不能供，判度支⓫趙贊乃奏行二法⓬。所謂稅間架者，每屋兩架為間，上屋稅錢二千，中稅千，下稅五百，吏執筆握算，入人室廬計其數⓭。或有宅屋多而無它資者，出錢動數百緡。敢匿一間，杖六十，賞告者錢五十緡。所謂除陌錢者，公私給與及賣買，每緡官留五十錢，給它物及相貿易者，約錢為率⑭。敢隱錢百，杖六十，罰錢二千，賞告者錢十緡，其賞錢皆出坐事之家。於是愁怨之聲，盈於遠近。

丁卯⑮，徙郴王逾⑯為丹王，鄜王遘為簡王。

庚午⑰，答蕃判官⑱監察御史于頔與吐蕃使者論剌沒藏⑲至自青海，言疆埸⑳已定，請遣區頰贊歸國。秋，七月甲申㉑，以禮部尚書李揆㉒為入蕃會盟使。壬辰㉓，詔諸將相與區頰贊盟於城西。李揆有才望，盧杞惡之，故使之入吐蕃。揆言於上曰：「臣不憚遠行，恐死於道路，不能達詔命！」上為之惻然，謂杞曰：「揆無乃太老？」杞曰：「使遠夷，非諳練㉔朝廷故事者不可。且揆行，則自今㉕年少於揆者不敢辭遠使矣。」

【章　旨】以上為第五段，寫唐朝廷國庫空竭，強徵間架稅和除陌錢以補軍用，士民苦之。

【注　釋】❶庚戌　六月初五日。❷稅間架　徵房產稅。兩架為一間，上屋稅錢兩千，中稅千，下稅五百。❸除陌錢　凡公私給與及賣買，每緡官留五十錢。即一切交易，每筆抽取百分之五的消費稅。❹四軍　四鎮之軍，屯魏縣討田悅。❺江泗　據胡三省注，「泗」當作「西」，指江南西道。❻環淮寧之境　諸鎮軍環繞在淮寧境內征討李希烈。❼仰給度支　依賴朝廷供給。唐制，諸鎮兵在本境，由本道按比例提留稅賦自給，因出征或防戍，出境後由朝廷戶部度支司供給。❽上優恤士卒　皇上從優關愛出征將士。恤，關愛。❾加給酒肉　外加一份酒肉錢。❿常賦　國家每年例行的徵稅。河北、淮西兩處戰事，每月耗資一百三十萬緡。正常賦稅不足以供給，於是加徵苛稅。⓫判度支　度支，即度支司，隸戶部。中唐以後，戶部諸司職權多被侵廢，唯度支司所掌財賦為要，多以宰相或戶部侍郎直接管理其事務，稱判度支。⓬二法　指徵間架稅和除陌錢。⓭入人室廬計其數　挨家挨戶進入門戶查點房間數。⓮約錢為率　其他財物及以物易物者，都要折算為錢，按每緡五十錢的比率徵稅。率，比率；標準。每緡千錢，除陌錢，相當於徵百分之五的所得稅。⓯丁卯　六月二十二日。⓰郴王逾　郴王李逾，與下句鄜王李遘皆係德宗之弟。傳皆見《舊唐書》卷一百十六、《新唐書》卷八十二。⓱庚午　六月二十五日。⓲答蕃判官　為出使吐蕃專使，臨時所加官名。⓳論刺沒藏　人名，吐蕃遣唐使。⓴疆埸　疆界。㉑甲申　七月初九日。㉒李揆　字端卿，隴西望族，歷仕肅、代、德三朝。忠正敢言為宰相盧杞所忌，時年七十餘使入吐蕃為會盟使，還卒鳳州。傳見《舊唐書》卷一百二十六、《新唐書》卷一百五十。㉓壬辰　七月十七日。㉔諳練　十分精熟。㉕自今　從此以後。

【語　譯】六月初五日庚戌，開始實行稅間架和除陌錢法。當時河東、澤潞、河陽、朔方四鎮的軍隊駐紮在魏縣，神策、永平、宣武、淮南、浙西、荊南、江西、沔鄂、湖南、黔中、劍南、嶺南各軍都還包圍著淮寧地區。依照原先的制度，各道軍隊出了自己的轄區，所有供給都由度支解決。皇上優撫士兵，每當他們出境，增加供給酒和肉，本道的糧餉仍給士兵家裡，因而一個人兼得了三個人的供給，所以將士們都以此為利。各鎮軍隊剛過自己的邊界就停止前進，朝廷每月的軍費達一百三十餘萬緡，正常的賦稅不足供給，判度支趙贊便上奏施行兩種稅法。所謂稅間架，就是每座房屋以兩架壁牆為一間，上等的房屋每間徵稅二千錢，中等的徵稅一千錢，下等的徵稅五百錢，稅吏拿著筆墨算盤，進入民房登記數額。有房屋多而沒有其他資產的人家，繳稅錢動不動就有幾百緡。膽敢隱匿一間，處以杖刑六十，獎賞告發的人五十緡錢。所謂除陌錢，就是官府或私人給予的各種錢財和買賣的收入，每一緡錢官府留下五十錢，給的是實物以及以物易物的，都折算成錢按規定比率繳納。敢於隱藏一百錢，處以杖刑六十，罰款二千錢，獎賞告發的人十緡錢，這些賞錢都出自犯事獲罪的人家。於是無論遠近，到處充滿了愁苦和抱怨的聲音。

六月二十二日丁卯，徙封郴王李逾為丹王，鄜王李遘為簡王。

六月二十五日庚午，答蕃判官監察御史于頔和吐蕃的使者論刺沒藏從青海來到長安，說是吐蕃與唐朝的疆界已經確定，請遣送區頰贊返回吐蕃。秋，七月初九日甲申，朝廷任命禮部尚書李揆為赴吐蕃的會盟使。十七日壬辰，下詔各位將相在京城西邊與區頰贊締結盟約。李揆有才能威望，盧杞討厭他，所以就派李揆出使吐蕃。李揆對皇上說：「臣下並不懼怕遠行，只擔心會死在半路上，不能送達詔命！」皇上聽了很同情傷感，對盧杞說：「李揆是不是太老了？」盧杞說：「出使遠方夷狄，不是熟悉朝廷各種章程和舊事的人不行。況且李揆出使了吐蕃，那麼從今以後，比李揆年齡小的人，就不敢推辭出使遠方了。」

八月丁未[1]，李希烈將兵三萬圍哥舒曜於襄城，詔李勉及神策將劉德信將兵救之。○乙卯[2]，希烈將曹季昌以隨州[3]降，尋復為其將康叔夜所殺。

初，上在東宮[4]，聞監察御史嘉興陸贄[5]名；即位，召為翰林學士[6]，數問[7]以得失。時兩河[8]用兵久不決，賦役日滋[9]，贄以兵窮民困，恐別生內變，乃上奏，其略曰：「克敵之要，在乎將得其人；馭將之方，在乎操得其柄[10]。將非其人者，兵雖眾不足恃；操失其柄者，將雖材不為用。」又曰：「將不能使兵，國不能馭將，非止費財翫寇[11]之弊，亦有不戢自焚之災[12]。」又曰：「今兩河、淮西為叛亂之帥者，獨四五凶人[13]而已。尚恐其中或遭詿誤[14]，內蓄危疑[15]，蒼黃失圖[16]，勢不得止[17]。況其餘眾，蓋並脅從[18]，苟知全生，豈願為惡[19]！」又曰：「無紓[20]目前之虞，或興意外之變。人者，邦之本也[21]。財者，人之心也。其心傷則其本傷，其本傷則枝幹顛瘁㉒矣。」又曰：「人搖不寧，事變難測㉓，是以兵貴拙速，不貴巧遲㉔。若不靖於本㉕而務救於末㉖，則救之所為，乃禍之所起也。」

又論關中形勢，以為：「王者蓄威以昭德，偏廢則危㉗；居重以馭輕，倒持則悖㉘。王畿㉙者，四方之本也。太宗列置府兵㉚，分隸禁衛，大凡諸府八百餘所，而在關中者殆五百焉。舉天下不敵關中之半[1]，則居重馭輕之意明矣。承平漸久，武備浸微，雖府衛具存而卒乘罕習㉛。故祿山竊倒持之柄，乘外重之資，一舉滔天，兩京不守。尚賴西邊有兵，諸牧㉜有馬，每州有糧，故肅宗得以中興。乾元之後，繼有外虞㉝，悉師東討，邊備既弛㉞，禁戎亦空㉟，吐蕃乘虛，深入為寇，故先皇帝㊱莫與為禦㊲，避之東遊㊳。是皆失居重馭輕之權，忘深根固柢之慮。內寇則殽、函失險㊴，外侵則汧、渭為戎㊵。于斯之時，雖有四方之師，寧救一朝之患？陛下追想及此，豈不為之寒心哉！今朔方、太原之眾遠在山東㊶，神策六軍㊷之兵繼出關外，儻有賊臣啗寇㊸，黠虜覷邊㊹，伺隙乘虛，微犯亭障㊺，此愚臣所竊憂也。未審陛下其何以禦之？側聞伐叛之初，議者多易其事㊻，僉謂有征無戰，役不踰時㊼，計兵未甚多，度費未甚廣㊽，於事為無擾，於人為不勞㊾，曾不料兵連禍拏㊿，變故難測，日引月長，漸乖始圖(51)。往歲(52)為天下所患，咸謂除之則可致升平者，李正己、李寶臣、梁崇義、田悅是也。往歲為國家所信，咸謂任之則可除禍亂者，朱滔、李希烈是也。既而正己死，李納繼之；寶臣死，惟岳繼之；崇義平，希烈叛；惟岳戮，朱滔攜[53]。然則往歲之所患者，四去其三[54]矣，而患竟不衰；往歲之所信，今則自叛[55]矣，而餘又難保。是知立國之安危在勢[56]，任事之濟[57]否在人。勢苟安，則異類同心也；勢苟危，則舟中敵國[58]也。陛下豈可不追鑒往事，惟新今圖[59]，修偏廢之柄以靖人，復倒持之權以固國[60]！而乃孜孜汲汲[61]，極思勞神，徇[62]無已之求，望難必之效[63]乎！今關輔[64]之間，徵發已甚，宮苑之內，備衛不全[65]。萬一將帥之中，又如朱滔、希烈，或負固邊壘[66]，誘致豺狼[67]，或竊發郊畿，驚犯城闕[68]，此亦愚臣所竊為憂者也，未審陛下復何以備之？陛下儻[69]過聽愚計[70]，所遣神策六軍李晟等及節將子弟[71]，悉可追還。明敕涇、隴、邠、寧[72]，但令嚴備封守[73]，仍云更不徵發，使知各保安居。又降德音[74]，罷京城及畿縣間架等雜稅，則冀已輸者弭怨，見處者獲寧[75]，人心不搖，邦本自固。」

上不能用。

壬戌[76]，以汴西運使[77]崔縱[78]兼魏州四節度都糧料使[79]。縱，渙之子也。

【章 旨】以上為第六段，寫陸贄上疏論治國之要，重根本，重民生，即加強京師防務，不要濫徵苛稅，建議朝廷調整討逆方略，德宗沒有採納。

【注 釋】❶丁未 八月初二日。❷乙卯 八月初十日。❸隨州 州名，山南東道巡屬。治所隨縣，今屬湖北。❹上在東宮 指德宗為太子時。❺陸贄 （西元七五四—八〇五年）字敬輿，蘇州嘉興（今屬浙江）人，大曆進士，德宗用為翰林學士，參決機要，官至丞相。後遭裴延齡所讒，貶居忠州。有《陸宣公奏議》行於世。傳見《舊唐書》卷一百三十九、《新唐書》卷一百五十七。❻翰林學士 官名，為文學侍臣。玄宗改翰林供奉置，屬學士院，入直內廷，草擬詔命。德宗以後，甚至內參密命，與商朝政，職權益重。❼數問 多次徵詢。❽兩河 河南、河北。❾賦役日滋 賦稅及兵役、傜役一天天增加。❿操得其柄 任用得當。指控制的權力得當。⓫翫寇 玩忽盜寇，姑息放縱。⓬不戢自焚之災 謂兵火不息而終於導致自我滅亡。戢，止息。《左傳》襄公二十四年云：「兵不戢，必取其族。」意與此略同。⓭四五凶人 指河北的朱滔、王武俊、田悅，河南的李納，淮西的李希烈。⓮詿誤 被裹脅連累而犯罪。⓯內蓄危疑 內心蓄積自危的疑懼。⓰蒼黃失圖 匆忙之中考慮失計。蒼黃，即蒼忙、倉皇。⓱勢不得止 逆亂之勢不得停止，即形勢所逼而為亂。⓲蓋並脅從 作亂的多數人大抵都是被脅迫而隨從的。⓳苟知全生二句 如果他們知道還有活路，難道還要作惡嗎。⓴紓 解除。㉑人者二句 人民是國家的根本。《尚書・五子之歌》：「民惟邦本。」唐代避李世民諱，「民」改作「人」。㉒顛瘁 毀滅。㉓人搖不寧二句 人心動搖則不安寧，事變發生則難以測度。此謂用兵為難事，不可動搖人心，要估計和預測各種事變的發生。㉔兵貴拙速二句 用兵要以看似笨拙而神速為可貴，不以精巧而遲緩為可貴。㉕靖於本 安定根本。指安定民心，使有生計。㉖務救於末 致力於救助末梢。指用武力平亂。㉗王者蓄威以昭德二句 做天子的應該既蓄積威勢，又昭示恩德，如果偏廢一個方面，便有危險。㉘居重以馭輕二句 天子應該處在重要的位置，用以控制薄弱之處，如果輕重倒置，便有違事理。㉙王畿 指京師重地。㉚府兵 唐初實行的兵役制度，其特點是兵農合一。兵士平時為農民，農隙訓練，戰時從軍打仗，兵籍隸軍府。《新唐書・兵志》說全國共六百三十四府，與此下文「八百餘所」有出入。㉛卒乘罕習 兵馬的演練十分罕見。中唐後府兵衰落，不見操練。㉜諸牧 諸養馬牧苑。即國家興辦的軍馬場，集中在西北各州郡。㉝乾元之後二句 指肅宗之後，外患相繼發生。乾元，肅宗第二個年號。乾元年間平定安史之亂，因河西兵東調，代宗時吐蕃乘機擾亂，河西地盡沒。㉞弛 廢弛。㉟禁戎亦空 禁兵復又空虛。㊱先皇帝 指代宗。㊲莫與為禦 指沒有可以抵禦外患的軍隊。㊳避之東遊 代宗廣德元年（西元七六三年），吐蕃人寇犯京師，代宗東幸陝州以避其鋒。㊴內寇則殽函失險　內亂起來，崤山、函谷關之險不守。內寇，指安史之亂，崤山、函谷關擋不住叛軍攻入長安。㊵外侵則汧渭為戎　外敵擾邊，汧水、渭水淪為戎狄的牧場。外侵，指吐蕃陷隴右，逼京師。汧渭，指代隴右。㊶山東　華山之東。朔方，指李懷光；太原，指馬燧，二鎮之兵討田悅，遠調在山東。㊷神策六軍　唐禁軍分為左、右羽林，左、右龍武，左、右神策共六軍，以神策最盛。其時李晟、哥舒曜、劉德信等皆率神策軍，相繼出關。㊸賊臣啗寇　指竊國之臣為山東叛逆所誘而興起內亂。啗寇，謂為寇所誘。朱泚之亂，為朱滔所誘。㊹黠虜覷邊　奸猾的外寇窺伺邊境。㊺伺隙乘虛二句　看準漏洞，乘虛而入，暗中進犯邊防亭障。㊻議者多易其事　主張討伐田悅等的人，都把用兵的事看得很容易。㊼僉謂有征無戰二句　大家都說調兵出征不會有大的戰事，兵役不會超過計劃的時間。僉謂，眾人都說。有征無戰，只要出征，不用戰鬥就能取勝。㊽計兵未甚多二句　估計用不了多少兵，花不了多少錢。計、度，互文，皆指計量、估算。㊾於事為無擾二句　指討逆平叛，不會擾亂國事，不會辛勞百姓。㊿兵連禍拏　戰事連綿，禍患不斷。拏，牽引；滋生。51漸乖始圖　逐漸背離了最初的計畫、預料。乖，背離。52往歲　前幾年；先前。53攜　與上文「叛」對文，亦為叛離之意。54四去其三　以往所認為的四個凶人李正己、李寶臣、梁崇義、田悅，除田悅尚存外，三人已死。55自叛　自行反叛。指李希烈、朱滔，先前認為國家可信賴的人，卻自行叛亂。56安危在勢　安全與危難是由形勢來決定的。57濟　成功。58舟中敵國　同舟的人互相敵視。59惟新令圖　革新法度，勵精圖治。令圖，善治，即勵精圖治。60修偏廢之柄以靖人二句　因排句而變文，皆指京師弱而藩鎮強的局面。61孜孜汲汲　孜孜與汲汲，都是形容不倦追求的樣子。62徇　順從；依從；曲從。63望難必之效　指德宗希求革除藩鎮世襲的成效，難以急功近利地達到。64關輔　指京畿關中之地。65宮苑之內二句　北軍屯於禁苑，其時皆調戍行營，禁衛已不健全。指宮衛空虛。66負固邊壘　依恃邊塞的險固。此指邊將叛離。67誘致豺狼　勾引外敵。68城闕　京城與宮闕。69儻　如果。70過聽愚計　屈尊聽從我的計謀。過聽，聽從我的錯誤意見。陸贄謙詞，意譯為屈尊。71節將子弟　指白志貞所奏遣的持節將領的東征子弟。72涇隴邠寧　皆州名，京畿道西北諸州，居高臨下拱衛京師。涇州治所臨涇，在今甘肅鎮原。隴州治所汧源，在今陝西隴縣。邠州治所在今陝西彬縣。寧州治所在今甘肅寧縣。73嚴備封守　嚴密戒備，守衛封疆。74德音　唐朝的一種恩詔。75冀已輸者弭怨二句　可以希望那些已經交納重稅的人消除怨恨，現今居住在京城及畿內的人獲得安寧。見，通「現」。76壬戌　八月十七日。77汴西運使　置汴東、汴西運使事，見上卷建中三年。78崔縱　崔渙之子。崔渙，代宗朝官至吏部尚書。崔縱官至太常卿。傳見《舊唐書》卷一百八、《新唐書》卷一百二十。79糧料使　戰時設置供應糧餉的軍需官。崔縱負責河東節度使馬燧、澤潞節度使李抱真、河陽節度使李芃、朔方節度使李懷光等四軍的糧餉供應。

【校　記】①之半　此二字原無。據章鈺校，乙十一行本有此二字，今據補。

【語　譯】八月初二日丁未，李希烈統領三萬人馬在襄城圍困哥舒曜，德宗下詔李勉和神策軍將領劉德信率軍救援。○初十日乙卯，李希烈的部將曹季昌以隨州向朝廷投降，不久又被他的部將康叔夜所殺。

當初，皇上在東宮時，聽說監察御史嘉興人陸贄的名聲；即位後，將陸贄召為翰林學士，多次向他詢問朝政得失。當時朝廷用兵河北、河南，長久不能決出勝負，賦役日益增多，陸贄因為兵疲民困，擔心另有內亂發生，於是上奏，大意是說：「打敗敵軍的關鍵，在於得到最稱職的將領；而駕御將領的方法，在於能夠掌控權柄。任將不當，軍隊再多也不能依靠；操控失去了權柄，將領雖然有才幹，也不能為我所用。」又說：「將領不會統兵，朝廷又不能駕御將領，豈只是耗費錢財放縱叛逆的弊端，而且還會有引火自焚的災難。」又說：「如今在河北、河南、淮西為首反叛朝廷的人，只有四、五個元兇而已。恐怕其中還有是受連累的，他們心存疑懼，在匆促之中一時失策，逆亂之勢不能止息。何況他們的部眾，都是脅從，如果知道還有活路，難道還會反叛作惡！」又說：「朝廷如果不緩解眼前這些憂患，也許會引發意外的變亂。人民，是國家的根本；錢財，是人民心中所追求的。傷害了老百姓的心，就損傷了國家的根本，國家的根本損傷了，那麼根本之上的枝幹就會枯萎凋零。」又說：「人心動搖則不得安寧，事情的變化很難預料，因此用兵貴在看似笨拙而行動迅速，不以精巧而遲緩為可貴。如果不從根本上安定天下，一味去抓細枝末節，那麼實施救治的所作所為，就是引起禍亂產生的根源。」陸贄又討論關中地區的形勢，認為：「做君王的人應該既要蓄積威勢，又要昭示恩德，偏廢哪一個方面都會有危險；君王應當處在重要的位置，以此來控制輕弱之處；如果所持倒置，就違背事理。京畿是天下的根本。太宗設置府兵，都分隸於禁衛軍，全國各府總計駐兵八百多所，而在關中地區駐紮的差不多有五百所。集中全天下兵力也不敵關中的一半，可見居重馭輕的意圖是非常明顯的。天下太平的日子漸漸長久了，武備逐漸衰弱，雖然府兵戍衛的制度依然存在，府兵卻很少操練。所以安祿山趁外重內輕的機會竊取了兵權，憑藉外地強大的兵力，一舉反叛，罪惡滔天，兩京失守。靠著西邊還有兵力，各牧場中還有軍馬，每個州內還有糧食，因此肅宗得以中興。乾元之後，相繼有外患發生，朝廷動用所有兵力向東討伐，邊疆的防備已經鬆弛，駐軍也很空虛，吐蕃乘虛出兵，深入寇掠，所以先皇代宗沒有軍隊來抵禦，只能到東邊去避難。這都是因為失去了居重馭輕的控制權，忘卻了加深根本鞏固根基的謀略。內亂起來，崤山、函谷關失去了險要優勢；外族進犯，汧水、渭水淪為戎牧之地。到這種時候，即使擁有全國各地的軍隊，難道能夠解救突發的危難嗎？陛下您如果回顧這些事，怎能不寒心啊！現在朔方、太原的兵馬遠在山東，神策六軍相繼調出關外，假如有叛賊引狼入室，狡黠的戎狄窺伺邊境，找到漏洞乘虛而入，偷襲邊塞，這正是愚臣我私下所憂慮的啊。這種情況一旦發生，臣真不明白陛下將用什麼來抵禦？我從側面瞭解朝廷討逆之初，議論討逆的人大多認為解決起來很容易，都說只要派軍出征，無需打仗，整個戰局不會拖過一個季度，估計動用的兵力不會太多，預算要花的費用不會很大，不會對政事有什麼干擾，也不會讓百姓勞苦，誰都沒料到會兵連禍結，發生的變故難以預測，天長日久，事情的發展逐漸與當初所預料的不一樣。前幾年被天下所擔憂的，都說除掉他們天下就可致太平的人，就是李正己、李寶臣、梁崇義、田悅。前幾年為國家所信任的，都說只要重用他們就可以為國家剷除禍亂的人，就是朱滔、李希烈。不久李正己死了，李納繼踵其後；李寶臣死了，李惟岳繼踵其後；平定了梁崇義，李希烈又起兵反叛；李惟岳被殺死了，朱滔又叛逆。這樣一來，往年所擔憂的人，四個去掉三個了，而禍亂竟然沒有衰減；往年所信任的人，如今卻自行叛變了，而其餘的人又難以保證他們不反叛。由此可知，立國的安危在於形勢，辦理事務的成敗在於人。如果形勢安定，那麼戎狄異類也會與我們同心同德；如果形勢危急，那麼同在一條船上也會互相敵對。陛下怎麼能不追鑑往事，革新政治，勵精圖治，奪回旁落的權柄以安定人心，恢復被倒置的權威以鞏固國家！而您卻孜孜不倦，極思勞神，曲從那些沒完沒了的追求，企望難以達到的成效！現在關中和長安地區，被徵調派出的人已經太多了，皇宮禁苑裡面，防衛已不健全。萬一在將帥之中，又有像朱滔、李希烈一樣的人，或者倚仗有堅固的邊疆營壘，引狼入室，或者是背地裡變起京畿，進犯京城而驚動宮闕，這也是愚臣我私下所憂慮的，不知道陛下又將採取什麼措施來防備這些情況？倘若陛下屈尊聽從愚臣我的計策，將所派出關外的神策六軍李晟等人的部隊以及持節將領的子弟，全部可以追回來。明令涇州、隴州、邠州、寧州，只讓駐軍嚴密防守，並說明不再徵調他們外出，讓他們知道各自守土安居。再下一道詔書，罷除長安城內以及京城附近各縣的間架等雜稅，這樣才有望讓已經繳納了稅錢的人消除怨恨，現在居住在京城和畿內的人得到安寧，人心不動搖，國家的根基自然就穩固了。」德宗沒能採用陸贄的建議。

八月十七日壬戌，任命汴西運使崔縱兼任魏州的四節度都糧料使。崔縱，是崔渙的兒子。

九月丙戌❶，神策將劉德信、宣武將唐漢臣與淮寧將李克誠戰，敗於滬澗❷。時李勉遣漢臣將兵萬人救襄城，上遣德信帥諸將家應募者❸三千人助之。勉奏：「李希烈精兵皆在襄城，許州空虛，若襲許州，則襄城圍自解。」遣二將趣❹許州。未至數十里，上遣中使❺責其違詔。二將狼狽而返❻，無復斥候❼。克誠伏兵邀❽之，殺傷太半❾。漢臣奔大梁，德信奔汝州，希烈游兵剽掠至伊闕❿。勉復遣其將李堅帥四千人助守東都，希烈以兵絕其後，堅軍不得還。汴軍由是不振，襄城益危。

上以諸軍討淮寧者不相統壹，庚子⓫，以舒王謨⓬為荊襄等道行營都元帥⓭，更名誼。以戶部尚書蕭復⓮為長史⓯，右庶子孔巢父⓰為左司馬，諫議大夫樊澤⓱

為右司馬，自餘將佐皆選中外之望。未行，會涇師作亂而止。復，嵩之孫也。巢父，孔子三十七世孫也。

【章　旨】以上為第七段，寫德宗遙控軍事，導致汴軍大敗，襄城危急。

【注　釋】❶丙戌　九月十二日。❷滬澗　地名。據《考異》，此役官兵敗於汝州薛店。舊城在今河南郟縣西。❸諸將家應募者　即白志貞所奏應募的將家子弟。❹趣　奔向。❺中使　宮中所遣宦官使者。❻狼狽而返　主將令向許州，中使責其違逆聖旨不救襄城，二將無所適從，故狼狽退兵。❼斥候　偵察敵情的哨兵。❽邀　攔擊。❾太半　大半。❿伊闕　地名，伊水兩岸之山相對如門，故名。在今河南洛陽南。⓫庚子　九月二十六日。⓬舒王誼　德宗之子，初名謨，後更名誼。傳見《舊唐書》卷一百五十、《新唐書》卷八十二。⓭都元帥　大元帥。⓮蕭復　玄宗朝宰相蕭嵩之孫，官至門下侍郎。傳見《舊唐書》卷一百二十五、《新唐書》卷一百一。⓯長史　官名，丞相府、大將軍府皆置長史，掌理祕書之職。這裡指以蕭復為舒王誼行營都元帥之長史。⓰孔巢父　少時隱居徂徠山，與李白等稱「竹溪六逸」。傳見《舊唐書》卷一百五十四、《新唐書》卷一百六十三。⓱樊澤　開元中舉，建中元年舉賢良對策。好讀兵書，有武藝。傳見《舊唐書》卷一百二十二、《新唐書》卷一百五十九。

【語　譯】九月十二日丙戌，神策軍將領劉德信、宣武節度使將領唐漢臣與淮寧鎮將領李克誠交戰，官軍在滬澗地區被打敗。這時李勉派唐漢臣率將士一萬人去援救襄城，德宗派遣劉德信率領從各將領家中召募的士兵三千人去增援。李勉上奏說：「李希烈的精銳都在襄城，許州空虛，如果襲擊許州，那麼自然解除了襄城的包圍。」於是派遣劉德信、唐漢臣二將率部奔赴許州。還差幾十里地到達許州，德宗派中使斥責他們違反詔令。劉、唐二將狼狽地返回原地，不再設偵察哨兵。李克誠設下伏兵攔擊他們，士兵死傷了一大半。唐漢臣逃往大梁，劉德信逃往汝州，李希烈部下巡遊的兵士搶掠到了伊闕。李勉又派遣他的部將李堅率領四千人去協助守衛東都，李希烈派兵切斷了他的後路，李堅的部隊不能撤回。宣武軍的將士因此一蹶不振，襄城處境更加危急。

德宗認為各路征討軍不能統一指揮，九月二十六日庚子，任命舒王李謨為荊襄等道行營都元帥，李謨改名為李誼。任命戶部尚書蕭復為長史，右庶子孔巢父為左司馬，諫議大夫樊澤為右司馬，其餘的一些將佐也都選用了朝廷內外有名望的人士。他們還沒有動身，恰好遇上涇原軍叛亂，事情便停了下來。蕭復，是蕭嵩的孫子。孔巢父，是孔子的三十七世孫。

上發涇原諸道兵救襄城。冬，十月丙午❶，涇原❷節度使姚令言❸將兵五千至京師。軍士冒雨，寒甚，多攜子弟而來，冀得厚賜遺其家。既至，一無所賜。丁未❹，發至滻水❺，詔京兆尹❻王翃❼犒師，惟糲食❽菜餤❾。眾怒，蹴而覆之❿，因揚言⓫曰：「吾輩將死於敵，而食且不飽，安能以微命⓬拒白刃邪！聞瓊林、大盈二庫⓭，金帛盈溢，不如相與取之。」乃擐甲張旗鼓譟⓮，還趣京城。令言入辭⓯，尚在禁中⓰，聞之，馳至長樂阪⓱，遇之。軍士射令言，令言抱馬鬣突入亂兵，呼曰：「諸君失計，東征立功，何患不富貴，乃為族滅之計乎！」軍士不聽，以兵擁令言而西⓲。上遽命⓳賜帛，人二匹。眾益怒，射中使。又命中使宣慰，賊已至通化門⓴外，中使出門，賊殺之。又命出金帛㉑二十車賜之。賊已入城，喧聲浩浩㉒，不復可遏㉓。百姓狼狽駭走㉔，賊大呼告之曰：「汝曹勿恐，不奪汝商貨僦質㉕矣！不稅汝間架陌錢矣！」上遣普王誼、翰林學士姜公輔出慰諭之。賊已陳於丹鳳門㉖外，小民聚觀者以萬計。

初，神策軍使白志貞掌召募禁兵，東征死亡者志貞皆隱不以聞，但受市井富兒賂而補之，名在軍籍受給賜，而身居市廛為販鬻㉗。司農卿段秀實㉘上言：「禁兵不精，其數全少，卒有患難，將何待之！」不聽。至是，上召禁兵以禦賊，竟無一人至者。賊已斬關㉙而入，上乃與王貴妃、韋淑妃、太子、諸王、唐安公主自苑北門出。王貴妃以傳國寶繫衣中以從，後宮諸王、公主不及從者什七八。

初，魚朝恩㉚既誅，宦官不復典兵。有竇文場、霍仙鳴㉛者，嘗事上於東宮。至是，帥宦官左右僅百人以從，使普王誼前驅，太子執兵以殿㉜。司農卿郭曙以部曲數十人獵苑㉝中，聞蹕㉞，謁道左㉟，遂以其眾從。曙，曖㊱之弟也。右龍武軍使令狐建㊲方教射於軍中，聞之，帥麾下四百人從，乃使建居後為殿。

姜公輔㊳叩馬言曰：「朱泚㊴嘗為涇帥，坐弟滔之故，廢處京師，心嘗怏怏。臣謂陛下既不能推心待之，則不如殺之，毋貽後患。今亂兵若奉以為主，則難制矣。請召使從行。」上倉猝不暇用其言，曰：「無及矣！」遂行。夜至咸陽，飯數匕而過㊵。時事出非意，羣臣皆不知乘輿所之。盧杞、關播踰中書垣㊶而出。

白志貞、王翃及御史大夫于頎[42]、中丞劉從一[43]、戶部侍郎趙贊、翰林學士陸贄、吳通微等追及上於咸陽。頎，頔之從父兄弟。從一，齊賢之從孫也。

賊入宮，登含元殿，大呼曰：「天子已出，宜人自求富！」遂讙譟[44]，爭入府庫運金帛，極力而止。小民因之，亦入宮盜庫物，出而復入[1]，通夕不已。其不能入者，剽奪[45]於路，諸坊居民各相帥自守。姚令言與亂兵謀曰：「今眾無主，不能持久，朱太尉閒居私第，請相與奉之。」眾許諾。乃遣數百騎迎泚於晉昌里[46]第。夜半，泚按轡列炬[47]，傳呼入宮，居含元殿，設警嚴，自稱權知六軍[48]。

戊申旦[49]，泚徙居白華殿，出榜於外，稱：「涇原將士久處邊陲，不閑[50]朝禮，輒入宮闕，致驚乘輿，西出巡幸。太尉已權臨六軍，應神策軍士及文武百官凡有祿食者，悉詣行在[51]，不能往者，即詣本司[52]。若出三日，檢勘彼此無名者，皆斬！」於是百官出見泚，或勸迎乘輿。泚不悅，百官稍稍遁去。

源休[53]以使回紇還，賞薄，怨朝廷，入見泚，屏人密語移時[54]，為泚陳成敗，引符命[55]，勸之僭逆。泚喜，然猶未決。宿衛諸軍舉白幡降者，列於闕前甚眾。泚夜於苑門出兵，旦自通化門入，駱驛不絕，張弓露刃，欲以威眾。

上思桑道茂之言[56]，自咸陽幸奉天[57]。縣僚聞車駕猝至，欲逃匿山谷，主簿[58]

蘇弁㊾止之。弁，良嗣之兄孫也。文武之臣稍稍繼至。己酉㊿，左金吾大將軍渾瑊(61)至奉天。瑊素有威望，眾心恃之稍安。

【章　旨】以上為第八段，寫涇原兵出征，變起京師，德宗蒙塵，出逃奉天。

【注　釋】❶丙午　十月初二日。❷涇原　方鎮名，代宗大曆三年（西元七六八年）置，治所涇州。❸姚令言　涇原節度使馬璘舊將，繼任節度，建中四年（西元七八三年）倡亂京師，奉朱泚為帝，兵敗被誅。傳見《舊唐書》卷一百二十七、《新唐書》卷二百二十五中。❹丁未　十月初三日。❺滻水　水名，在長安東匯灞水入於渭，為關中八川之一。❻京兆尹　京師長安行政長官。❼王翃　字宏肱，并州晉陽（今山西太原）人，歷官容管經略使、河中少尹、汾州刺史、大理卿等，為東都留守，開田二十餘屯。傳見《舊唐書》卷一百五十七、《新唐書》卷一百四十三。❽糲食　粗米飯。❾菜餤　菜餅。❿蹴而覆之　用腳踢翻。⓫揚言　宣言。⓬微命　小命；不值錢的生命。⓭瓊林大盈二庫　玄宗時所置宮中內庫，宦官主之，專供皇帝揮霍賞賜之用。⓮鼓譟　擊鼓吶喊。⓯入辭　入宮陛辭皇帝。⓰禁中　宮中。⓱長樂阪　在長安城東滻水之西。⓲以兵擁令言而西　用兵器簇擁著姚令言向西進發還京師。⓳遽命　立即下令。⓴通化門　長安東城北頭第一個城門。㉑金帛　金銀錦帛。㉒喧聲浩浩　喧鬧之聲響徹天空。㉓遏　制止。㉔駭走　驚駭逃跑。㉕僦質　典當利錢。㉖丹鳳門　大明宮正南門。㉗名在軍籍受給賜二句　此二句意謂市井富兒，名字寫在神策軍戶籍裡領受供給與賞賜，而自身仍住在商鋪之中販賣貨物。給賜，獲得供給與賞賜。市廛，商鋪。㉘段秀實　（西元七一九—七八三年）字成公，官至司農卿。因謀殺朱泚不果，遇害。傳見《舊唐書》卷一百二十八、《新唐書》卷一百五十三。㉙斬關　破門。㉚魚朝恩　代宗朝擅權宦官，被誅事見本書卷二百二十四代宗大曆五年。㉛竇文場霍仙鳴　德宗東宮時宦者，因扈駕有功而得幸，成為德宗朝的擅權宦官。魚、竇、霍諸擅權宦官，傳見兩《唐書・宦官傳》。㉜太子執兵以殿　德宗倉皇出奔，無以為衛，太子李誦親自執兵殿後。㉝苑　京師上林苑，在長安城北，東至灞水，北枕渭水，西連漢長安故城。㉞蹕　天子出行戒嚴稱警蹕。此指車駕。㉟謁道左　拜謁於道左。㊱曙曖　郭曙、郭曖，皆郭子儀之子。傳皆附見《舊唐書》卷一百二十、《新唐書》卷一百三十七〈郭子儀傳〉。㊲令狐建　唐將令狐彰之子。傳見《舊唐書》卷一百二十四、《新唐書》卷一百四十八。㊳姜公輔　時為諫議大夫、同中書門下平章事。傳見

《舊唐書》卷一百三十八、《新唐書》卷一百五十二。㊴朱泚　朱滔兄，盧龍節度留後。朱泚入朝，加中書令，進拜太尉。傳見《舊唐書》卷二百下、《新唐書》卷二百二十五中。下所述駐防涇州事見本書卷二百二十六德宗建中元年，坐弟朱滔之叛，廢居京師第事見上卷上年。㊵飯數匕而過　只吃了幾勺飯就急匆匆趕過咸陽。極言奔逃狼狽之狀。㊶踰中書垣　翻過中書省的牆垣。㊷于頎　字休明。累遷京兆尹，為元載所親厚。載得罪，頎出為鄭州刺史，徙河南尹。後遷工部尚書。傳見《舊唐書》卷一百四十六、《新唐書》卷一百四十九。㊸劉從一　高宗朝宰相劉齊賢從孫，官至中書侍郎。傳見《舊唐書》卷一百二十五、《新唐書》卷一百六。㊹讙譟　歡呼哄鬧。㊺剽奪　搶劫。㊻晉昌里　長安外郭城坊名，又稱晉昌坊，在京城啟夏門北入東街第三坊。㊼按轡列炬　扣緊馬韁在夾道排列的火炬中緩行。㊽權知六軍　暫時執掌六軍。㊾戊申旦　十月初四日早晨。㊿不閑　不熟悉。(51)行在　皇帝出巡所止之地。(52)本司　本官官署。此指朱泚太尉官署。(53)源休　為京兆尹，使回紇，盧杞忌休得寵，奏為光祿卿，源休認為賞薄而怨。朱泚亂逆，休出為偽相，自比蕭何。傳見《舊唐書》卷一百二十七、《新唐書》卷二百二十五中。(54)密語移時　祕密交談了很長時間。古代以干支記時，一晝夜十二時。移時，跨了兩個時辰，表示時間之長。(55)符命　天命。古人認為天降祥瑞為人君得天命之符，稱符命。(56)桑道茂之言　術士桑道茂說德宗當有離宮之災。事見本書卷二百二十六德宗建中元年。(57)奉天　縣名，縣治在今陝西乾縣。(58)主簿　此指縣主簿，佐縣令處理日常事務。(59)蘇弁　字元容，官至戶部侍郎。傳見《舊唐書》卷一百八十九下、《新唐書》卷一百三。(60)己酉　十月初五日。(61)渾瑊　（西元七三六—七九九年）中唐名將，代宗時從郭子儀擊退吐蕃入侵。德宗蒙塵，護駕守奉天，與李晟等平定朱泚及李懷光之亂。官邠、寧、慶副元帥，兼中書令。傳見《舊唐書》卷一百三十四、《新唐書》卷一百五十五。

【校　記】[1]出而復入　原無此四字。據章鈺校，十二行本、乙十一行本皆有此四字，今據補。

【語　譯】德宗調發涇原各道兵力救援襄城。冬，十月初二日丙午，涇原節度使姚令言率兵五千人抵達京城。兵士冒雨行軍，極為寒冷，他們大多攜帶子弟同來，希望得到重賞送給家裡。但是到長安後，一無所賜。初三日丁未，涇原兵出發到達滻水，德宗詔令京兆尹王翃犒勞軍隊，供給的只是一些粗米飯菜餅。大家很生氣，抬腿踢翻飯菜，便揚言說：「我們即將死於敵人之手，而飯都吃不飽，怎麼能拿這條小命去抗拒刀鋒呢！聽說瓊林、大盈兩個府庫，金銀、布帛滿滿的，我們不如一起去拿。」於是披甲舉旗，擊鼓吶喊，趕回長安。姚令言入宮辭行，還在宮禁中，獲悉部下鬧事，急馳到長樂阪，遇到這些兵士。兵士射擊姚令言，姚令言抱住馬鬃衝入亂兵中，高聲呼喊說：「各位兄弟失策了，東征立下功勞，還愁不富貴嗎？竟然做出滅族的計策！」兵士們不聽從，用兵器簇擁著他向西回京城。德宗急忙命令賞賜錦帛，每人二匹。眾人更加忿怒，用弓箭射擊中使。德宗再次派中使宣諭安撫。叛兵已經到達通化門外，中使出了通化門，叛兵就將他殺了。德宗又命令拿出金帛二十車賞賜給士兵。叛兵已經進入城內，喧譁聲一片，再也不能加以阻止。百姓驚恐，狼狽逃走，叛兵大聲呼喊，告訴他們說：「你們不要害怕，不會搶奪你們的商貨錢財！不會向你們徵收間架稅、除陌錢了！」德宗派普王李誼、翰林學士姜公輔出來安撫慰問他們。叛兵已經列陣在皇城的丹鳳門外，聚集圍觀的平民百姓數以萬計。

起初，神策軍使白志貞執掌召募禁軍，東征死亡的人，白志貞全都隱瞞不報，只接受市井中富貴子弟的賄賂，把他們的名字補入軍籍。這些冒名子弟登記在軍籍上接受朝廷的供給和賞賜，自己卻身居鬧市做買賣。司農卿段秀實上奏德宗說：「禁衛兵士不精良，全員的也不多，突然間發生禍亂，那將怎麼應付呢！」德宗不聽從。到這時，德宗召集禁兵來抵禦叛軍，竟然沒有一個人到來。叛兵已經攻破城門進入宮禁，德宗才與王貴妃、韋淑妃、太子、諸王、唐安公主等人從宮苑的北門逃出。王貴妃把傳國玉璽繫在衣服內跟著德宗，後宮中的諸王、公主來不及跟隨的十成中佔了七八成。

當年，魚朝恩被殺後，宦官就不再執掌兵權。有名叫竇文場、霍仙鳴的宦官，在德宗做太子時侍奉東宮。到這時，二人帶領宦官侍從僅有一百多人跟隨德宗，德宗派普王李誼在前面開道，皇太子手執兵器殿後。司農卿郭曙帶著幾十個部屬在禁苑中打獵，聽說德宗車駕到來，在道路左邊謁見德宗，於是帶著眾人隨行。郭曙，是郭曖的弟弟。右龍武軍使令狐建正在宮中教士兵們練習射箭，得知情況後，率領部下四百人隨行，德宗就讓令狐建斷後。

姜公輔跪拜在德宗的馬前說：「朱泚曾任涇原軍的統帥，受他弟弟朱滔反叛的連累，廢居京城，心裡一直怏怏不樂。我認為陛下既然不能推心置腹地對待他，就不如殺掉他，不要留下後患。現在如果叛軍擁戴他為首領，事態就難控制了。請將他召來，讓他跟陛下一起走。」德宗在倉促之間無暇採用姜公輔的建議，說：

「來不及了！」於是便出發了。夜裡到達咸陽，吃了幾口飯便過了咸陽。當時事變出人意料，群臣都不知道皇帝到哪兒去了。宰相盧杞、關播翻過中書省的牆垣逃出。白志貞、王翃和御史大夫于頎、中丞劉從一、戶部侍郎趙贊、翰林學士陸贄、吳通微等人到咸陽追上德宗。于頎，是于頔的堂兄弟。劉從一，是劉齊賢的姪孫。

叛軍進入皇宮，登上含元殿，大聲喊叫道：「天子已經出宮，讓我們各自發財吧！」於是喧譁鼓譟，爭相進入府庫，搬運金銀財帛，盡到最大力氣才停止下來。平民百姓乘此機會，也進入宮禁盜竊庫中物品，出了宮禁而又返回來，整整一夜沒有停止。那些不能進入宮禁的人，便攔路搶劫，各坊居民都相聚自守。姚令言與亂兵謀議說：「目前大家沒有首領，無法持久，朱泚太尉閒居在家，請各位共同擁戴他吧。」大家都答應了。於是派遣幾百名騎兵在晉昌里朱泚的私宅迎接他。夜半時分，朱泚勒馬行進，列炬路邊，呼聲相連，進入皇宮，朱泚住在含元殿，設警戒嚴，自稱暫時掌管六軍。

十月初四日戊申凌晨，朱泚徙居白華殿，出榜公告，說：「涇原軍的將士久處邊陲，不熟悉朝廷禮儀，隨便闖入宮禁大門，以至於驚嚇到皇上，到西邊巡幸。朱泚太尉已暫時掌管六軍，所有的神策軍士及文武百官凡是領官俸的人，應該全都前往行在，不能前往的人，立即到本官官署來。如果超過三日，查出兩處都沒有名字的人，全部斬首！」於是文武百官都出來見朱泚，有人勸朱泚迎皇帝還宮。朱泚很不高興，文武百官逐漸逃走。

源休出使回紇歸來，賞賜太少，怨恨朝廷。他進宮面見朱泚，摒退在場的人，同朱泚密談了很長時間，為朱泚陳述成敗謀略，引用天命徵兆，勸朱泚僭越稱帝。朱泚很高興，但仍猶豫不決。衛戍皇宮的各禁軍打著白旗降附朱泚的人，排列在宮門外非常之多。朱泚在夜間讓士兵從宮苑門走出去，清晨從通化門入宮，絡繹不絕，劍拔弩張，想藉此威懾眾人。

德宗想起了桑道茂以前說的話，於是從咸陽臨幸奉天。縣衙官吏聽說德宗突然到來，想逃到山谷中隱藏，主簿蘇弁阻止了他們。蘇弁，是蘇良嗣兄長的孫子。文武大臣們相繼到來。十月初五日己酉，左金吾大將軍渾瑊到達奉天。渾瑊一向有威望，眾人依仗渾瑊才漸漸安下心來。

庚戌❶，源休勸朱泚禁十城門❷，毋得出朝士，朝士往往易服為傭僕潛出。休又為泚說誘文武之士，使之附泚。檢校司空、同平章事李忠臣久失兵柄❸，太僕卿張光晟❹自負其才，皆鬱鬱不得志，泚悉起而用之。工部侍郎蔣鎮❺出亡，墜馬傷足，為泚所得。先是休以才能，光晟以節義，鎮以清素，都官員外郎彭偃❻以文學，太常卿敬釭❼以勇略，皆為時人所重，至是皆為泚用。

鳳翔、涇原將張廷芝、段誠諫將數千人救襄城，未出潼關，聞朱泚據長安，殺其大將隴右兵馬使戴蘭，潰歸於泚。泚於是自謂眾心所歸，謀反遂定。以源休為京兆尹、判度支，李忠臣為皇城使❽，百司供億❾，六軍宿衛❿，咸擬乘輿⓫。

辛亥⓬，以渾瑊為京畿、渭北節度使，行在都虞侯白志貞為都知兵馬使⓭，令狐建為中軍鼓角使，以神策都虞侯侯仲莊為左衛將軍兼奉天防城使。

朱泚以司農卿段秀實久失兵柄⓮，意其必怏怏，遣數十騎召之。秀實閉門拒之。騎士踰垣入，劫之以兵。秀實自度不免，乃謂子弟曰：「國家有患，吾於何避之？當以死徇社稷，汝曹宜人自求生。」乃往見泚。泚喜曰：「段公來，吾事濟矣！」延坐⑮問計。秀實說之曰：「公本以忠義著聞天下，今涇軍以犒賜不豐，遽有披猖⑯，使乘輿播越⑰。夫犒賜不豐，有司之過也，天子安得知之！公宜以此開諭將士，示以禍福，奉迎乘輿，復歸宮闕，此莫大之功也。」泚默然不悅。然以秀實與己皆為朝廷所廢，遂推心委之。左驍衛將軍⑱劉海賓⑲、涇原都虞侯⑳何明禮、孔目官㉑岐靈岳，皆秀實素所厚㉒也，秀實密與之謀誅泚，迎乘輿。

上初至奉天，詔徵近道兵入援。有上言㉓：「朱泚為亂兵所立，且來攻城，宜早修守備。」盧杞切齒言㉔曰：「朱泚忠貞，羣臣莫及，柰何言其從亂，傷大臣心！臣請以百口保其不反。」上亦以為然。又聞羣臣勸泚奉迎，乃詔諸道援兵至者皆營於三十里外。姜公輔諫曰：「今宿衛單寡，防慮不可不深，若泚竭忠奉迎，何憚於兵多？如其不然，有備無患。」上乃悉召援兵入城。盧杞及白志貞言於上曰：「臣觀朱泚心迹，必不至為逆，願擇大臣入京城宣慰以察之。」上以問[1]從臣，皆畏憚莫敢行，金吾將軍吳漵㉕獨請行，上悅。漵退而告人曰：「食其祿而違其難，何以為臣！吾幸託肺附，非不知往必死，但舉朝無蹈難㉖之臣，使聖情慊慊㉗耳！」遂奉詔詣泚。泚反謀已決，雖陽為受命，館漵於客省，尋殺之。漵，湊之兄也。

泚遣涇原兵馬使韓旻將銳兵三千，聲言迎大駕，實襲奉天。時奉天守備單弱，段秀實謂岐靈岳曰：「事急矣！」使靈岳詐為姚令言符，令旻且還，當與大軍俱發。竊令言印未至，秀實倒用司農印印符，募善走者追之。旻至駱驛㉘，得符而還。秀實謂同謀曰：「旻來，吾屬無類㉙矣。我當直搏㉚泚殺之，不克㉛則死，終不能為之臣也。」乃令劉海賓、何明禮陰結軍中之士，欲使應之於外。旻兵至，泚、令言大驚。岐靈岳獨承其罪而死，不以及秀實等。

是日，泚召李忠臣、源休、姚令言及秀實等議稱帝事。秀實勃然起，奪休象笏㉜，前唾泚面，大罵曰：「狂賊！吾恨不斬汝萬段，豈從汝反邪！」因以笏擊泚，泚舉手扞之，纔中其額，濺血灑地。泚與秀實相搏恟恟㉝，左右猝愕㉞，不知所為。海賓不敢進，乘亂而逸。忠臣前助泚，泚得匍匐脫走。秀實知事不成，謂泚黨曰：「我不同汝反，何不殺我！」眾爭前殺之。泚一手承血㉟，一手止其眾曰：「義士也！勿殺。」秀實既死，泚哭之甚哀，以三品禮葬之㊱。海賓縗服㊲而逃，後二日，捕得，殺之，亦不引何明禮。明禮從泚攻奉天，復謀殺泚，亦死。上聞秀實死，恨委用不至，涕泗久之。

【章　旨】以上為第九段，寫變亂之中，忠奸分明，源休助賊，段秀實殉國。奸相盧杞繼續作惡，排抑大臣，德宗昏愚，竟不知覺。

【注　釋】❶庚戌　十月初六日。❷十城門　唐都長安，京城東面通化、春明、延興三門，南面啟夏、明德、安化三門，西面延秋、金光、開遠三門，北面光化一門，總計十門。❸李忠臣久失兵柄　事見本書卷二百二十五代宗大曆十四年。❹張光晟　振武留後，因殺回紇使被徵入朝為太僕卿，又貶為睦王傅。傳見《舊唐書》卷一百二十七。❺蔣鎮　鎮妹婿源溥，為源休之弟，故鎮與源休交厚，休為泚說客，鎮於是委身事泚。傳見《舊唐書》卷一百二十七、《新唐書》卷二百二十四下。❻彭偃　少負俊才，銳於進取。大曆末，為都官員外郎。變亂中為朱泚所得，為其草偽詔制令。傳見《舊唐書》卷一百二十七、《新唐書》卷二百二十五中。❼敬釭　人名，有勇略，依附朱泚。❽皇城使　官名，職掌宮城各門的開關事務。唐初為城門郎，中唐改為皇城使。❾百司供億　政府各部門的供給。❿六軍宿衛　指用神策六軍警衛皇城。⓫咸擬乘輿　全按皇帝的規格。⓬辛亥　十月初七日。⓭都知兵馬使　節度使屬官，總理兵馬軍政。⓮段秀實久失兵柄　事見本書卷二百二十六德宗建中元年。⓯延坐　迎請入座。⓰遽有披猖　突然發生了猖狂事件。披猖，猖狂。⓱播越　專指天子遇難逃奔。⓲左驍衛將軍　皇帝近衛軍十六衛將軍之一。⓳劉海賓　彭城（今江蘇徐州）人，原為涇原兵馬將，因誅劉文喜功拜左驍衛大將軍，與段秀實友善。其傳附〈段秀實傳〉中，見《新唐書》卷一百五十三。⓴都虞候　節度使屬官，掌軍法。㉑孔目官　節度使屬官，總理日常事務。軍府事無論大小皆經其手，言一孔一目無不綜理，故稱孔目官。㉒素所厚　一向厚待。㉓有上言　此謂有人上疏揭發朱泚為逆事。㉔切齒言　咬緊牙齒說話。㉕吳溆　肅宗章敬吳皇后之弟，官至十六衛之一金吾將軍，奉旨宣慰朱泚，為泚所害。傳見《舊唐書》卷一百八十三、《新唐書》卷一百九十三。㉖蹈難　赴難。㉗慊慊　怨恨、不滿的樣子。㉘駱驛　驛站名，在咸陽西。㉙無類　無遺類，全被誅滅無一幸存。㉚直搏　直接搏鬥。㉛不克　不勝。㉜象笏　象牙笏版。笏，古時官員上朝時所執的手版，用以記要事。唐制，五品以上用象笏。㉝相搏恟恟　一邊搏鬥一邊呼喊。㉞左右猝愕　朱泚的手下人被這突然事件驚呆了。㉟一手承血　用一隻手按壓傷口止血。㊱以三品禮葬之　唐制，司農卿，從三品。朱泚以大臣禮葬段秀實。㊲縗服　喪服之一。麻製，披於胸前。

【校　記】[1]問　原誤作「諸」。據章鈺校，十二行本、乙十一行本、孔天胤本皆作「問」，當是，今據校正。

【語　譯】十月初六日庚戌，源休勸朱泚把長安十個城門戒嚴，不讓官員出城，官員們往往換衣服裝成僕人潛出長安城。源休又為朱泚勸誘文武官員，讓他們歸附朱泚。檢校司空、同平章事李忠臣久失兵權，太僕卿張光晟恃才自負，都鬱鬱不得志，朱泚全起用了他們並委以重任。工部侍郎蔣鎮出亡，從馬背上掉下來傷了腳，被朱泚抓獲。先前，源休憑藉其才能，張光晟憑藉其節義，蔣鎮憑藉其清正儉樸，都官員外郎彭偃憑藉其文學辭彩，太常卿敬釭憑藉其有勇有謀，都被當時人所推重，到這時全被朱泚所任用。

鳳翔、涇原軍的將領張廷芝、段誠諫率領數千人救援襄城，還沒有出潼關，聽說朱泚佔據長安，便殺了統軍大將隴右兵馬使戴蘭，部眾潰散，歸附朱泚。朱泚於是自以為眾心所歸，便決心謀反。他任命源休為京兆尹、判度支，李忠臣為皇城使，各官署的供給，六軍對宮禁的宿衛，都比照皇帝的制度。

十月初七日辛亥，朝廷任命渾瑊為京畿、渭北節度使，行在都虞候白志貞為都知兵馬使，令狐建為中軍鼓角使，任命神策都虞候侯仲莊為左衛將軍兼奉天防城使。

朱泚因為司農卿段秀實長期失去兵權，推想段秀實一定怏怏不樂，便派出幾十名騎兵去召他。段秀實閉門拒絕他們。騎兵翻牆入室，用兵器劫持段秀實。段秀實自己預料不能幸免，就對子弟們說：「國家有禍患，我能逃到哪裡去躲避呢？我應當以死殉國，你們最好自謀生路。」於是去見朱泚。朱泚高興地說：「段公來了，我的事就成功了！」請段秀實入座詢問大計。段秀實規勸朱泚說：「朱公你本以忠義之聲名揚天下，如今涇原軍因犒勞賞賜不豐厚，突然猖狂叛亂，使皇帝出宮流亡。要說犒勞賞賜不豐厚，那是主管官署的過錯，天子怎能知道這件事！朱公你應當用這些道理來開導宣諭將士，說明利害禍福，迎接皇帝，返回宮廷，沒有比這更大的功勞了。」朱泚沉默不悅。但是仍然因為段秀實跟自己一樣，都是被朝廷罷免的人，因此還是推心置腹地任用他。左驍衛將軍劉海賓、涇原都虞候何明禮、孔目官岐靈岳，都是段秀實一向厚待的人，段秀實暗中與他們策劃誅殺朱泚，迎接皇上回宮。

德宗剛抵達奉天時，下詔徵調附近各道的軍隊前來救援。有人上奏說：「朱泚被亂兵所立，將要來攻打奉天城，應當及早做好防守準備。」盧杞卻咬牙切齒地說：「朱泚忠貞，文武群臣中沒有誰能比得上，怎麼說他依從亂軍，傷害大臣的心呢！我願意以全家一百口人的性命擔保他沒有反叛。」德宗也認為盧杞說得對。

又聽說群臣規勸朱泚奉迎自己回宮，於是下詔各道援兵到達奉天的，都在距城三十里外的地方安營。姜公輔勸諫說：「如今衛戍部隊力量單薄，防範的計畫不能不細密周全，假如朱泚竭誠奉迎陛下，又怎麼會害怕兵多呢？假如朱泚並非如此，那我們也有備無患。」德宗於是才將所有援兵召入城內。盧杞和白志貞向德宗建議說：「臣下觀察朱泚的心跡，一定不至於叛逆，希望選擇大臣進京去宣諭、慰問，觀察他的表現。」德宗拿此事詢問群臣，全都害怕，無人敢去長安，金吾將軍吳溆獨自請求前往，德宗很高興。吳溆退朝後對人說：「享受朝廷的俸祿而逃避朝廷的危難，算什麼大臣！我有幸成為皇室的外戚，並非不知道此去必死，但是整個朝廷沒有為國赴難的大臣，讓皇帝心懷憾恨！」於是奉詔前往朱泚那裡。朱泚反叛的計畫已經決定了，雖然表面上接受詔令，將吳溆安置在客省館舍中，但不久便把他殺了。吳溆，是吳湊的哥哥。

朱泚派遣涇原兵馬使韓旻帶領精兵三千人，聲言奉迎大駕，實際上是要襲擊奉天。當時奉天城防守力量薄弱，段秀實對岐靈岳說：「事情危急了！」他讓岐靈岳盜用姚令言的印符，命令韓旻暫且回來，應該與大軍一同出發。盜取姚令言的印符還沒有送到，段秀實便把司農卿的印符倒過來印在命令上，招募善走的人去追趕韓旻。韓旻已抵達駱驛，接到命令便撤軍返回。段秀實對同謀者說：「韓旻一回來，我們就沒命了。我當與朱泚直接搏鬥殺了他，不成功就是一死，終歸不能做朱泚的臣屬。」於是命令劉海賓、何明禮暗中與軍中的士兵們聯絡，想讓他們在外接應。韓旻撤回長安，朱泚、姚令言大驚。岐靈岳獨自承擔了罪責而被處死，不以此事連及段秀實等人。

當天，朱泚召集李忠臣、源休、姚令言以及段秀實等人商討稱帝的事宜。段秀實勃然而起，奪過源休的象牙笏板，上前向朱泚臉上吐口水，大罵道：「猖狂的叛賊！我恨不得將你斬成萬段，豈能跟隨你反叛啊！」隨即用笏板砸向朱泚，朱泚舉手阻擋，只砸中了朱泚的額頭，血濺出灑了一地。朱泚與段秀實喊叫著搏鬥，朱泚的隨從因事出突然而被驚呆了，不知所措。劉海賓不敢上前，乘著混亂逃走了。李忠臣上前來幫朱泚，朱泚連滾帶爬才得以脫身跑掉。段秀實知道事情不會成功，對朱泚的黨羽說：「我不同你們一起反叛，你們為何不殺我！」眾人爭著上前殺了段秀實。朱泚用一隻手捂著流血的額頭，一隻手阻止眾人說：「他是義士！

不要殺。」段秀實死後，朱泚哭得十分傷心，按朝廷三品官員的禮儀安葬了他。劉海賓穿著喪服逃跑了，兩天後，抓住了，殺了他，也沒有牽連何明禮。何明禮跟隨朱泚去攻打奉天城，又策劃謀殺朱泚，也死掉了。德宗聽到段秀實的死訊，悔恨當初沒有重用段秀實，涕淚交加，哭了很久。

壬子❶，以少府監❷李昌巙為京畿、渭南節度使。

鳳翔節度使、同平章事張鎰性儒緩，好修飾邊幅❸，不習軍事。聞上在奉天，欲迎大駕，具服用貨財❹，獻于行在。後營將李楚琳為人剽悍，軍中畏之，嘗事朱泚，為泚所厚。行軍司馬❺齊映❻與同幕齊抗❼言於鎰曰：「不去楚琳，必為亂首。」鎰命楚琳出戍隴州❽，楚琳託事不時發❾。鎰方以迎駕為憂，謂楚琳已去矣。楚琳夜與其黨作亂，鎰縋城而走❿。賊追及，殺之，判官⓫王沼等皆死。映自水竇⓬出，抗為傭保負荷而逃⓭，皆免。

始，上以奉天迫隘⓮，欲幸鳳翔。戶部尚書蕭復聞之，遽請見⓯曰：「陛下大誤，鳳翔將卒皆朱泚故部曲，其中必有與之同惡者。臣尚憂張鎰不能久，豈得以鑾輿蹈不測之淵乎！」上曰：「吾行計已決，試為卿留一日。」明日，聞鳳翔亂，乃止。

齊映、齊抗皆詣奉天，以映為御史中丞⓰，抗為侍御史⓱。楚琳自為節度使，降于朱泚。隴州刺史郝通奔于楚琳。○商州⑱團練兵⑲殺其刺史謝良輔。

朱泚自白華殿入宣政殿⑳，自稱大秦皇帝，改元應天。癸丑㉑，泚以姚令言為侍中、關內元帥，李忠臣為司空㉒兼侍中㉓，源休為中書侍郎、同平章事、判度支㉔，蔣鎮為吏部侍郎，樊系為禮部侍郎，彭偃為中書舍人㉕，自餘張光晟等各拜官有差。立弟滔為皇太弟。姚令言與源休共掌朝政，凡泚之謀畫、遷除、軍旅、資糧，皆稟於休。休勸泚誅翦宗室在京城者，以絕人望，殺郡王、王子、王孫凡七十七人。尋又以蔣鎮為門下侍郎㉖，李子平為諫議大夫㉗，並同平章事㉘。鎮憂懼，每懷刀欲自殺，又欲亡竄，然性怯，竟不果。源休勸泚誅朝士之竄匿者，以脅其餘，鎮力救之，賴以全者甚眾。樊系為泚譔冊文，既成，仰藥而死。大理卿膠水蔣沇㉙詣行在，為賊所得，逼以官[1]。沇絕食稱病，潛竄得免。

哥舒曜食盡，棄襄城奔洛陽。李希烈陷襄城。

【章旨】以上為第十段，寫朱泚僭號稱帝，官軍在各條戰線失利，襄城失守，賊勢熾盛。

【注釋】❶壬子　十月初八日。❷少府監　官名，少府寺長官，職掌供應皇室所用百工製品。❸修飾邊幅　整飾儀表。❹具服用貨財　一一備辦服用器具，貨物資財。❺行軍司馬　節度使主要幕僚，掌本鎮軍籍、兵械、糧廩、軍符號令等，權位甚重。德宗以後，常任為節度使。❻齊映　李楚琳反鳳翔，齊映奔奉天，授御史中丞，官至中書侍郎。傳見《舊唐書》卷一百三十六、《新唐書》卷一百五十。❼齊抗　與齊映同奔奉天，授侍御史，官至中書侍郎。傳見《舊唐書》卷一百三十六、《新唐書》卷一百二十八。❽隴州 州治汧源縣，在今陝西隴縣。❾託事不時發 假託有事，不按時出發去隴州。❿縋城而走 張鎰繫繩越出城牆逃走。⓫判官 節度使屬官，定員二，一掌錢穀器械出納，一掌表奏書檄。⓬水竇 水洞；下水道出城洞口。⓭抗為傭保負荷而逃 齊抗裝扮成雇工扛著物品逃出城去。⓮迫隘 狹小。⓯遽請見 急忙請求朝見。⓰御史中丞 御史臺副長官。安史之亂以後御史大夫不常置，御史中丞實際為御史臺長官，監察百官。⓱侍御史 御史臺屬官，定員四人，助理大夫、中丞治事。⓲商州 州治在今陝西商州。⓳團練兵 團練使所屬之兵。⓴宣政殿 在大明宮內含元殿之北。㉑癸丑 十月初九日。㉒司空 官名，三公之一。㉓侍中 門下省長官，掌詔令的審議與封駁。㉔判度支 他官兼理戶部度支司，稱判度支。偽秦政權按唐制設官，源休以宰相職判度支，掌理財政。㉕中書舍人 中書省屬官，定員六人，掌參議表章，草擬詔敕，為中書省要職。㉖門下侍郎 門下省副長官。大曆時升為正三品。㉗諫議大夫 官名，職掌言議，分左右，左諫議大夫屬門下省，右諫議大夫屬中書省。㉘同平章事 同中書門下平章事之簡稱。唐太宗時，或以他官加此名行宰相事。玄宗以後，漸成為宰相專稱。㉙蔣沇 萊州膠水（今山東平度）人，不受偽職，逃匿里中。京師平，出授右散騎常侍。傳見《舊唐書》卷一百八十五下、《新唐書》卷一百十二。

【校 記】1逼以官 原無此三字。據章鈺校，十二行本、乙十一行本、孔天胤本皆有此三字，張瑛《通鑑校勘記》同，今據補。

【語 譯】十月初八日壬子，朝廷任命少府監李昌巙為京畿、渭南節度使。

鳳翔節度使、同平章事張鎰性情儒雅溫和，喜歡修飾邊幅，不懂軍事。聽說皇上在奉天城，打算去迎接大駕，備辦各種衣服、用具和財物，進獻給奉天行宮。後營將領李楚琳，為人剽悍，軍中都害怕他，他曾經奉侍朱泚，為朱泚所厚待。行軍司馬齊映與同僚齊抗對張鎰說：「不除掉李楚琳，他一定會成為叛亂的禍首。」張鎰命令李楚琳離開鳳翔去戍守隴州，李楚琳假託他事不按時出發。張鎰正為奉迎德宗大駕的事發愁，以為李楚琳已離開了鳳翔城。李楚琳當晚與他的同黨叛亂，張鎰繫繩吊下城牆逃跑。叛軍追上了他，把他殺掉了，判官王沼等人都死了。齊映從城內的下水道逃出，齊抗假扮成雇工背著東西逃出城，兩個人都免於一死。

最初，德宗認為奉天城狹小，想到鳳翔去。戶部尚書蕭復聽說了這件事，急忙請求朝見，說：「陛下的想法大錯，鳳翔的將士都是朱泚以前的部下，其中肯定有與朱泚一起作惡的。我擔心張鎰在那裡不能持久，豈能讓陛下的車駕陷於不測之淵呢！」德宗說：「我去鳳翔的計畫已經決定，我因為你暫時留下一天。」第二天，獲悉鳳翔發生叛亂，德宗才取消了前往鳳翔的打算。

齊映、齊抗都前往奉天城，朝廷任命齊映為御史中丞，齊抗為侍御史。李楚琳自任節度使，向朱泚投降。隴州刺史郝通投奔了李楚琳。○商州的團練兵殺了本州的刺史謝良輔。

朱泚從白華殿入住宣政殿，自稱大秦皇帝，改年號為應天。十月初九日癸丑，朱泚任命姚令言為侍中、關內元帥，李忠臣為司空兼侍中，源休為中書侍郎、同平章事、判度支，蔣鎮為吏部侍郎，樊系為禮部侍郎，彭偃為中書舍人，其餘如張光晟等也都分別授予了不同的官職。朱泚冊立弟弟朱滔為皇太弟。姚令言和源休共掌朝政，凡是朱泚的籌謀策劃、官職的升遷任免、軍旅事務，以及物資糧草，都要向源休稟報。源休勸朱泚除掉皇族在京城中的人員，藉以斷絕人們對朝廷的希望，於是殺了郡王、王子、王孫等共七十七人。不久，又任命蔣鎮為門下侍郎，李子平為諫議大夫，二人並為同平章事。蔣鎮憂慮恐懼，常懷揣短刀想要自殺，又打算逃竄，但生性怯懦，始終未能實施。源休勸說朱泚誅殺朝廷百官中曾經逃跑躲藏的人，藉以脅迫其他朝臣，蔣鎮竭力營救這些人，賴以保全性命的人有很多。樊系為朱泚撰寫稱帝的冊文，寫成後，服毒而死。大理卿膠水籍人蔣沇前往奉天，被叛賊抓住，逼迫他做官。蔣沇絕食裝病，暗中逃跑，得免一死。

哥舒曜的軍糧耗盡，放棄襄城跑往洛陽。李希烈攻陷襄城。

右龍武將軍李觀將衛兵千餘人從上於奉天，上委之召募，數日，得五千餘人，列之通衢，旗鼓嚴整，城人為之增氣。

姚令言之東出❶也，以兵馬使京兆馮河清❷為涇原留後，判官河中姚況❸知涇州事。河清、況聞上幸奉天，集將士大哭，激以忠義，發甲兵器械百餘車，通夕❹輸行在。城中方苦無甲兵，得之，士氣大振。詔以河清為四鎮、北庭行營、涇原節度使，況為行軍司馬。

上至奉天數日，右僕射、同平章事崔寧❺始至。上喜甚，撫勞有加。寧退，謂所親曰：「主上聰明英武，從善如流，但為盧杞所惑，以至於此。」因潸然出涕❻。杞聞之，與王翃謀陷之。翃言於上曰：「臣與寧俱出京城，寧數下馬便液，久之不至，有顧望❼意。」會朱泚下詔，以左丞❽柳渾❾同平章事，寧為中書令。渾，襄陽人也，時亡在山谷。翃使盩厔尉康湛詐為寧遺朱泚書，獻之。杞因譖寧與朱泚結盟，約為內應，故獨後至。乙卯❿，上遣中使引寧就幕下，云宣密旨，二力士自後縊殺之，中外皆稱其冤。上聞之，乃赦其家。

朱泚遣使遺朱滔書，稱：「三秦之地，指日克平，大河之北，委卿除殄⓫，當與卿會于洛陽。」滔得書，西向舞蹈[1]，宣示軍府，移牒諸道，以自誇大。

上遣中使告難於魏縣行營⓬，諸將相與慟哭。李懷光帥眾赴長安，馬燧、李芃各引兵歸鎮⓭，李抱真退屯臨洺。

【章　旨】以上為第十一段，寫官軍收縮戰線，布防奉天。德宗蒙塵，仍昏愚不悟，惑於盧杞，繼續誅殺忠良。

【注　釋】❶東出　涇州在西，故以姚令言救襄城為東出。❷馮河清　京兆（今陝西西安）人，堅守涇州拒賊，興元元年（西元七八四年）為田希鑒所害。傳見《舊唐書》卷一百二十五、《新唐書》卷一百四十七。❸姚況　事附〈馮河清傳〉中。❹通夕　連夜；通夜。❺崔寧　曾為西川節度，有威名，危難之中赴行在，故德宗撫勞有加。❻潸然出涕　撲簌簌流淚的樣子。❼顧望　觀望。❽左丞　此為尚書左丞。尚書省屬官，掌理尚書省日常事務。❾柳渾　（西元七一五—七八九年）本名載，更名渾，字夷曠，又字惟深，忠直臣。朱泚以宰相召，不就，微行至奉天。後官至兵部尚書。傳見《舊唐書》卷一百二十五、《新唐書》卷一百四十二。❿乙卯　十月十一日。⓫除殄　殲滅。⓬魏縣行營　指馬燧等屯於魏縣討田悅之軍。⓭馬燧李芃各引兵歸鎮　馬燧歸太原，李芃歸河陽。歸鎮，回到本鎮。

【校　記】[1]西向舞蹈　原無此四字。據章鈺校，十二行本、乙十一行本皆有此四字，張敦仁《通鑑刊本識誤》、張瑛《通鑑校勘記》同，今據補。

【語　譯】右龍武將軍李觀帶領護衛兵一千多人跟隨德宗到了奉天城，德宗將召募新兵事交給李觀，幾天之內，召募到五千多人，李觀將這些人排列在交通要道上，旗鼓嚴整，奉天城中的人士為此增添了勇氣。

姚令言向東援救襄城時，任命兵馬使京兆人馮河清為涇原留後，判官河中人姚況掌管涇州事務。馮河清、姚況獲悉皇帝巡幸奉天，召集將士大哭一場，還用忠義激勵他們，調撥了盔甲、兵器一百多車，徹夜不停地運往奉天。奉天城中正苦於沒有盔甲、兵器，得到了這些裝備，士氣大振。德宗頒詔任命馮河清為四鎮、北庭行營、涇原節度使，姚況為行軍司馬。

德宗到奉天城幾天後，右僕射、同平章事崔寧才趕到。德宗極為高興，撫勞有加。崔寧退朝後，對親信們說：「皇上聰明英武，從善如流，只是被盧杞所迷惑，以至於落到這種境地。」於是潸然淚下。盧杞聽說了這件事，便與王翃謀劃陷害崔寧。王翃對德宗說：「我與崔寧一同從京城出來，崔寧多次下馬解小便，很長時間不回來，有觀望的意思。」這時正好碰上朱泚下詔，任命左丞柳渾為同平章事，崔寧為中書令。柳渾是襄陽人，當時正逃亡到山谷中。王翃指使盩厔縣尉康湛假冒崔寧之名給朱泚寫信，把此信交給了朝廷。盧杞藉機誣陷崔寧與朱泚結盟，相約充當朱泚的內應，所以一個人後到。十月十一日乙卯，德宗派中使把崔寧帶到幕府，聲稱傳達密旨，兩個力士從背後勒死了崔寧，朝廷內外都說崔寧冤枉。德宗聽說後，就赦免了崔寧的家室。

朱泚派遣使者給朱滔送去一封信，說：「三秦之地，我指日可平，黃河以北，就委託給你來殲滅了，我將與你在洛陽會師。」朱滔收到書信後，面向西行舞蹈禮，在軍府中公布書信，並作為公文轉發各道，藉以自我誇耀。

德宗派遣中使前往魏縣行營通報自己蒙難的情狀，在魏縣的各位將領一起慟哭。李懷光率領部下趕赴長安，馬燧、李芃各自帶領部隊撤回本鎮，李抱真退守臨洺。

丁巳❶，以戶部尚書蕭復為吏部尚書，吏部郎中劉從一為刑部侍郎，翰林學士姜公輔為諫議大夫，並同平章事。

朱泚自將逼奉天，軍勢甚盛。以姚令言為元帥，張光晟副之，以李忠臣為京兆尹、皇城留守，仇敬忠為同、華等州節度、拓東王，以扞❷關東之師，李日月為西道先鋒經略使。

邠寧留後韓遊瓌❸、慶州刺史論惟明、監軍翟文秀受詔將兵三千拒泚於便橋❹，與泚遇於醴泉❺。遊瓌欲還趣奉天，文秀曰：「我向奉天，賊亦隨至，是引賊以迫天子也。不若留壁於此，賊必不敢越我向奉天。若不顧而過，則與奉天夾攻之。」遊瓌曰：「賊彊我弱，若賊分軍以綴❻我，直趣奉天，奉天兵亦弱，何夾攻之有！我今急趣奉天，所以衛天子也。且吾士卒飢寒而賊多財，彼以利誘吾卒，吾不能禁也。」遂引兵入奉天，泚亦隨至。官軍出戰不利，泚兵爭門欲入，渾瑊與遊瓌血戰竟日❼。門內有草車數乘，瑊使虞候高固帥甲士以長刀斫賊，皆一當百❽。曳車塞門，縱火焚之，眾軍乘火擊賊，賊乃退。會夜，泚營於城東三里，擊柝❾張火，布滿原野。使西明寺❿僧法堅造攻具，毀佛寺以為梯衝⓫。韓遊瓌曰：「寺材皆乾薪，但具火以待之。」固，侃⓬之玄孫也。泚自是日來攻城，瑊、遊瓌等晝夜力戰。幽州兵救襄城者聞泚反，突入潼關，歸泚於奉天，普潤⓭戍卒亦歸之，有眾數萬。

【章旨】以上為第十二段，寫逆賊朱泚攻圍奉天，渾瑊城守，以弱抗強，初戰取勝，穩住了局勢。

【注釋】❶丁巳　十月十三日。❷扞　同「捍」。抵禦。❸韓遊瓌　靈州靈武（今寧夏靈武西北）人，始為郭子儀裨將，積功至邠寧節度使，終官右龍武統軍。傳見《舊唐書》卷一百四十四、《新唐書》卷一百五十六。❹便橋　又名咸陽橋、渭橋，與長安城便門相對，故稱便橋。在今陝西咸陽南。❺醴泉　縣名，在奉天之東，縣治在今陝西禮泉城北。❻綴　拖住。❼竟日　終日；一整天。❽皆一當百　個個奮勇，以一當百。❾擊柝　柝，木製梆子，敲打報時。❿西明寺　在長安城中延康坊，原為隋宰相楊素之宅。⓫梯衝　攻城的雲梯和衝車。⓬侃　高侃，事太宗、高宗兩朝，為將有功。⓭普潤　縣名，縣治在今陝西麟遊，神策軍駐防地。

【語　譯】十月十三日丁巳，朝廷任命戶部尚書蕭復為吏部尚書，吏部郎中劉從一為刑部侍郎，翰林學士姜公輔為諫議大夫，均加同平章事職銜。

朱泚親自率部進逼奉天，軍隊聲勢極為強大。任命姚令言為元帥，張光晟為姚令言的副手，任命李忠臣為京兆尹、皇城留守，仇敬忠為同、華等州節度使兼拓東王，讓他們抵禦關東的勤王兵馬，還任命李日月為西道先鋒經略使。

邠寧留後韓遊瓌、慶州刺史論惟明、監軍翟文秀受詔率兵三千在便橋阻擊朱泚，在醴泉與朱泚相遇。韓遊瓌想回軍奔赴奉天，翟文秀說：「我們退往奉天，敵人也會尾隨而至，這是引來敵人逼近天子。不如在此留下修築營壘，叛賊一定不敢越過我們進軍奉天。如果叛賊無所顧忌而越過我們，那麼我們就與奉天守軍夾擊叛軍。」韓遊瓌說：「賊強我弱，如果敵軍分兵拖住我們，大隊直逼奉天，奉天兵力也薄弱，哪有什麼夾攻之勢呢！我們目前急速趕赴奉天，以此來保衛天子。況且我軍士兵飢寒，而叛軍錢糧多，他們用財物引誘我軍士兵，我們將無法禁止。」於是率領人馬進入奉天城，朱泚也跟隨抵達。官軍出城交戰失利，朱泚的士兵爭奪城門想進入城內，渾瑊與韓遊瓌血戰了一整天。城門內有幾輛裝載草料的車輛，渾瑊派虞候高固率領甲士用長刀砍殺敵人，人人都以一當百。他們用草車堵住城門，縱火焚燒，眾軍將士乘著火勢攻擊叛軍，叛軍這才撤退。正趕上夜晚，朱泚的人馬在奉天城東三里的地方駐紮，他們敲打木梆，點燃火把，布滿了原野。朱泚指派西明寺僧人法堅製造攻城器具，拆毀佛寺用以製造雲梯和衝車。韓遊瓌說：「寺廟中的木材都是乾柴，只需準備好火把等待敵人。」高固是高侃的玄孫。朱泚從這一天起對奉天城發動進攻，渾瑊、韓遊瓌等人晝夜力戰。增援襄城的幽州軍隊聽說朱泚造反，便衝入潼關，在奉天城下投奔了朱泚，戍守普潤縣的軍隊也投奔了朱泚，朱泚擁有數萬人馬。

上與陸贄語及亂故，深自克責。贄曰：「致今日之患，皆羣臣之罪①也。」上曰：「此亦天命，非由人事。」贄退，上疏，以為：「陛下志壹區宇②，四征不庭③，兇渠④稽誅⑤，逆將⑥繼亂，兵連禍結，行及三年⑦。徵師⑧日滋，賦斂日重，內自京邑，外洎⑨邊陲，行者有鋒刃之憂，居者有誅求⑩之困。是以叛亂繼起，怨讟並興⑪，非常之虞⑫，億兆⑬同慮。唯陛下穆然凝邃⑭，獨不得聞，至使兇卒鼓行⑮，白晝犯闕，豈不以乘我間隙，因人攜離哉⑯！陛下有股肱之臣，有耳目之任，有諫諍之列，有備衛之司⑰，見危不能竭其誠，臨難不能效其死。臣所謂致今日之患，羣臣之罪者，豈徒言歟⑱！聖旨又以國家興衰，皆有天命。臣聞天所視聽，皆因於人⑲。故祖伊責紂⑳之辭曰：『我生不有命在天！』武王數紂之罪曰：『乃曰吾有命，罔懲其侮㉑。』此又捨人事而推天命必不可之理也㉒。易曰：『視履考祥㉓。』又曰：『吉凶者，失得之象㉔。』此乃天命由人㉕，其義明矣。然則聖哲之意，六經會通㉖，皆謂禍福由人，不言盛衰有命。蓋人事理而天命降亂者，未之有也；人事亂而天命降康㉗者，亦未之有也。自頃㉘征討頗頻，刑網稍密，物力耗竭，人心驚疑，如居風濤㉙，洶洶靡定。上自朝列㉚，下達蒸黎㉛，日夕族黨聚謀，咸憂必有變故㉜，旋屬㉝涇原叛卒，果如眾庶所虞㉞。京師之人，動逾億計㉟，固非㊱悉知筭術㊲，皆曉占書㊳，則明致寇之由，未必盡關天命㊴。臣聞理或生亂，亂或資理㊵，有以無難而失守，有以多難而興邦㊶。今生亂失守之事，則既往而不可復追矣。其資理興邦之業，在陛下克勵㊷而謹脩㊸之。何憂乎亂人，何畏於厄運！勤勵不息㊹，足致㊺升平，豈止盪滌妖氛㊻，旋復宮闕㊼而已！」

【章　旨】以上為第十三段，寫陸贄上疏，論亂由人為而非天命，隱喻權奸盧杞誤國，德宗仍是充耳不聞。

【注　釋】❶皆羣臣之罪　陸贄此語意在指斥奸臣盧杞等。❷志壹區宇　立志統一全國，削平割據。❸四征不庭　四處征討不朝之臣。不庭，不朝。❹兇渠　元兇，指田悅、李納等。❺稽誅　稽延誅討。稽，稽延。誅，誅伐。❻逆將　叛逆之將，指朱滔、李希烈等。❼兵連禍結二句　建中二年始用兵兩河，至建中四年已征戰三年。禍結，禍亂糾結不絕。❽徵師　徵發士兵，出師討賊。❾洎　及。❿誅求　苛刻索取。⓫怨讟並興　仇恨與怨言同時興起。讟，怨言。⓬非常之虞　不同尋常的憂患。指天下大亂。虞，憂慮。⓭億兆　普天下的民眾。⓮穆然凝邃　沉默深思。意謂封閉在寂靜之中，即被蒙在鼓裡。⓯鼓行　大張聲勢，擊鼓進兵。⓰豈不以乘我間隙二句　這難道不是由於朝廷有矛盾，人心背離而作亂嗎。間隙，指朝中的矛盾。攜離，指人心背離。⓱備衛之司　防衛部門。⓲豈徒言歟　難道是無根據的空言嗎。徒言，空言。⓳天所視聽二句　老天的所見所聞，全都憑藉人的所見所聞才有的。典出《書經・泰誓》：「天視自我民視，天聽自我民聽。」⓴祖伊責紂　祖伊，商紂大臣，勸諫紂王修德。紂王說：「我生不有命在天乎。」意謂我是有天命保護的。祖伊批評說：「紂王是不可救藥了。」典出《尚書・西伯戡黎》。㉑乃曰吾有命二句　此為武王伐紂數罪之辭，語出《尚書・泰誓》，意謂紂王竟然說，我有天命，不肯以所受的侮辱為鑑戒。罔，無；不肯。懲，以為戒。㉒捨人事而推天命必不可之理也　拋開人事來推求天命，一定是不可行的道理。㉓視履考祥　語出《易經・履卦・上九・爻辭》。意謂依據行事來考察吉凶。履，踐履，指行事。㉔吉凶者二句

《易大傳》之辭。意謂吉凶是得失的表現形式。象，表象；形式。㉕天命由人　天命是由人來決定，人來掌握的。㉖會通　貫通。㉗降康　賜下幸福、安康。㉘自頃　不久之前。㉙如居風濤　就像處在狂風巨浪之中。喻形勢危急。㉚朝列　朝中眾臣。㉛蒸黎　眾多老百姓。㉜日夕族黨聚謀二句　宗族鄰里日夜相聚討論，都擔憂必有變故。族黨，宗族鄰里。㉝旋屬　隨即；不久。㉞虞　預料。㉟億計　以十萬計。即數十萬。億，小數十萬為億，大數萬萬為億。㊱固非　本來不是。㊲筭術　推算未來之術。㊳曉占書　懂得占卜的學問。㊴明致寇之由二句　這正說明了招致寇亂的原因，未必全都與天命有關。㊵理　治。唐人避高宗李治諱，「治」作「理」。㊶有以無難而失守二句　有的因為沒有危難而失去所守的家業，有的因為多災多難而振興邦國。㊷克勵　能夠深自勉勵。㊸謹脩　慎重地修明政治。㊹勤勵不息　勤勉自勵，永不停止。㊺致　達到。㊻盪滌妖氛　掃蕩妖孽之氣。即平定叛亂。妖氛，妖孽之氣，指叛逆。㊼旋復宮闕　返回宮城。指克復京師。

【語譯】德宗和陸贄談及發生禍亂的原因，深刻自責。陸贄說：「導致今天這種禍患，都是群臣的罪過。」德宗說：「這也是天命，並不是人為的。」陸贄退朝後，上疏說：「陛下立志統一天下，四出征討不來朝臣服之人，元兇稽延受伐，叛將相繼作亂，兵連禍結，到如今已近三年。徵發的士兵日益增多，收斂的賦稅日益沉重，內自京城，外到邊陲，行路之人有遇上兵刃的憂患，居家之人有被苛刻索取的困擾，因此叛亂相繼發生，仇恨與怨言同時出現，非同尋常的憂患，成為億萬百姓共同的憂思。只有陛下沉默深思，獨自一人聽不到事情的真相，以至於兇悍的士卒擊鼓進軍，在光天化日之下侵犯宮禁，這難道不是趁著朝廷出現了矛盾，利用人心背離而作亂嗎！陛下您有得力的輔臣，有專門負責情報的機構，有專司規勸的言官，有負責防衛、戍守的官署，但目睹危急不能竭盡忠誠，面臨災難不能以身殉職。臣所說的導致今日的禍患，是群臣的罪過，這難道是空話嗎！聖上的旨意認為國家的興衰，都是有天命的。臣下聽說過，老天的所見所聞，都是以人的所見所聞才有的。因此祖伊指責商紂王所說的話：『我的生命不是有天命護佑嗎！』周武王數落商紂王的罪行說：『我有天命護佑，不肯以所受的欺侮為鑑戒。』這又是拋開人事而推求天命一定是不可行的道理。《易經》說：『要依據行事來考察吉凶。』又說：『吉凶只是得失的表象。』這就是說天命是由人決定的，其中道理說得很明白。那麼以先聖先哲們的思想，融會《六經》中的主張，都認為禍福完全由人把握，而不說盛衰由天命來決定。把人事理順了而上天卻降禍亂的，還未曾有過；人事亂七八糟而上天卻降下安康的，也未曾有過。近來征討頻繁，刑網漸漸嚴密，物力消耗殆盡，民心疑惑驚恐，就像身處風浪中，動盪不定。上自朝廷群臣，下至黎民百姓，宗族鄰里日夜相聚討論，都擔心必有變故，不久涇原反叛的士卒，正如民眾所預料的那樣。京城內的人，動不動就超過億萬，他們根本不懂推算之術，全不通曉占卜之書，卻明白導致變亂的原因，這說明叛亂未必都與天命有關。臣聽說治理國家有時會發生變亂，變亂有時有助於治理，有並無危難而失去所守的家業，有因多災多難而振興邦國。今天發生變亂宮闕失守之事，已成為過去而無法再追悔了。那些有助治理天下、興邦振國的功業，就在於陛下您能夠自勵而謹慎地建樹了。何必憂心那些叛亂的賊人！何必懼怕時運困厄！勤勵不息，就足以達到太平之世，哪裡只是掃平叛亂妖霧，返回皇宮而已！」

田悅說王武俊❶，使與馬寔共擊李抱真於臨洺。抱真復遣賈林說武俊曰：「臨洺兵精而有備，未易輕也。今戰勝得地，則利歸魏博，不勝，則恆冀大傷。易、定、滄、趙❷，皆大夫之故地也，不如先取之。」武俊乃辭悅，與馬寔北歸。壬戌❸，悅送武俊於館陶❹，執手泣別，下至將士，贈遺甚厚。

先是，武俊召回紇兵，使絕李懷光等糧道。懷光等已西去，而回紇達干❺將回紇千人、雜虜❻二千人適至幽州北境。朱滔因說之，欲與俱詣河南取東都，應接朱泚，許以河南子女、金帛[1]賂之。滔娶回紇女為側室❼，回紇謂之朱郎，且利其俘掠，許之。

賈林復說武俊曰：「自古國家有患，未必不因之更興。況主上九葉天子❽，聰明英武，天下誰肯捨之共事朱泚乎！滔自為盟主以來，輕蔑同列❾。河朔古無冀國，冀乃大夫之封域也。今滔稱冀王❿，又西倚其兄⓫，北引回紇，其志欲盡吞河朔而王之。大夫雖欲為之臣，不可得矣。且大夫雄勇善戰，非滔之比。又本以忠義手誅叛臣⓬，當時宰相處置失宜，為滔所誑誘⓭，故蹉跌至此⓮。不若與昭義⓯併力取滔，其勢必獲。滔既亡，則泚自破矣。此不世之功⓰，轉禍為福之道也。今諸道輻湊⓱攻泚，不日當平。天下已定，大夫乃悔過而歸國，則已晚矣！」時武俊已與滔有隙，因攘袂作色⓲曰：「二百年天子吾不能臣，豈能臣此田舍兒⓳乎！」遂與抱真及馬燧相結，約為兄弟。然猶外事滔，禮甚謹，與田悅各遣使見滔於河間，賀朱泚稱尊號，且請馬寔之兵共攻康日知於趙州。

汝、鄭應援使劉德信將子弟軍在汝州，聞難，引兵入援，與泚眾戰于見子陵⓴，破之。以東渭橋㉑有轉輸積粟，癸亥㉒，進屯東渭橋。

朱泚夜攻奉天東、西、南三面。甲子㉓，渾瑊力戰卻之，左龍武大將軍呂希倩戰死。乙丑㉔，泚復攻城，將軍高重捷與泚將李日月戰於梁山㉕之隅，破之，乘勝逐北，身先士卒，賊伏兵擒之。其麾下十餘人奮不顧死，追奪之。賊不能拒，乃斬其首，棄其身而去。麾下收之入城，上親撫㉖而哭之盡哀，結蒲為首㉗而葬之，贈司空。朱泚見其首，亦哭之曰：「忠臣也！」束蒲為身而葬之。李日月，泚之驍將也，戰死於奉天城下，泚歸其尸於長安，厚葬之。其母竟不哭，罵曰：「奚奴㉘！國家何負於汝而反？死已晚矣！」及泚敗，賊黨皆族誅，獨日月之母不坐。

己巳㉙，加渾瑊京畿、渭南・北、金商節度使。○壬申㉚，王武俊與馬寔至趙州城下。

初，朱泚鎮鳳翔，遣其將牛雲光將幽州兵五百人戍隴州，以隴右營田判官韋皋㉛領隴右留後。及郝通奔鳳翔㉜，牛雲光詐疾，欲俟皋至，伏兵執之以應泚。事泄，帥其眾奔泚。至汧陽㉝，遇泚遣中使蘇玉齎詔書加皋中丞㉞，玉說雲光曰：「韋皋，書生也。君不如與我俱之隴州，皋幸而受命，乃吾人也；不受命，君以兵誅之，如取孤㹠㉟耳！」雲光從之。皋從城上問雲光曰：「曏者㊱不告而行，今而復來，何也？」雲光曰：「曏者未知公心，今公有新命㊲，故復來，願託腹心。」皋乃先納蘇玉，受其詔書，謂雲光曰：「大使苟無異心，請悉納甲兵㊳，使城中無疑，眾乃可入。」雲光以皋書生，易之㊴，乃悉以甲兵輸之而入㊵。明日，皋宴玉、雲光及其卒於郡舍㊶，伏甲誅之㊷，築壇㊸，盟將士曰：「李楚琳賊虐本使㊹，既不事上㊺，安能恤下㊻！宜相與討之。」遣兄平、弇詣奉天，復遣使求援於吐蕃㊼。

【章旨】以上為第十四段，寫王武俊反正，與李抱真、馬燧結盟為兄弟，韋皋收復鳳翔，朱泚挫於奉天，官軍走出低谷，形勢膠著，陷於相持。

【注釋】❶田悅說王武俊　官軍魏縣行營既散，李抱真退守臨洺，形勢孤弱，田悅欲連兵攻之。馬寔，朱滔之將。❷易定滄趙　四州皆恆冀巡屬，其時張孝忠據易、定，滄三州，康日知據趙州。❸壬戌　十月十八日。❹館陶　縣名，在今山東館陶。❺達干　回紇人名。❻雜虜　各族的混合編隊，室韋、奚等人。❼側室　小妻；偏房。❽九葉天子　第九世皇帝。唐自高祖、太宗、高宗、中宗、睿宗、玄宗、肅宗、代宗，至德宗，已歷九世。葉，世。❾輕蔑同列　看不起一同起事的人。輕蔑，輕視；看不起。❿今滔稱冀王　朱滔據有幽州而稱冀王，乃自大之意。冀州地本為王武俊巡屬，所以賈林用朱滔自王之稱來離間二人。⓫西倚其兄　朱滔兄朱泚，在西邊長安稱帝，則滔可在西邊依靠其兄。⓬手誅叛臣　指王武俊誅殺李惟岳。⓭誑誘　誑騙誘惑。⓮蹉跌至此　栽跟斗到這一地步。指王武俊失誤謀叛。⓯昭義　指昭義節度使李抱真。⓰不世之功　非世所常有的功勞。⓱輻湊　形容人或物像車輻一樣向車轂集中。⓲作色　挽起袖子，憤然變臉。⓳田舍兒　猶言莊稼漢。⓴見子陵　《新唐書・朱泚傳》作「思子陵」，即漢薄太后陵，在文帝霸陵南，故稱南陵，又稱薄陵。文帝，薄太后子，故俗又稱薄陵為「見子陵」或「思子陵」。漢時陵在昭應縣西，即今陝西臨潼西。劉德信軍於昭應，敗賊於見子陵。㉑東渭橋　長安東渭水橋。㉒癸亥　十月十九日。㉓甲子　十月二十日。㉔乙丑　十月二十一日。㉕梁山　在奉天城西北五里，唐高宗乾陵在此。㉖撫　撫摸。㉗結蒲為首　用香蒲紮成頭顱。㉘奚奴　李日月為奚人，故其母罵之曰奚奴。㉙己巳　十月二十五日。㉚壬申　十月二十八日。㉛韋皋　（西元七四五－八〇五年）字城武，唐京兆萬年（今陝西西安）人，官至西川節度使，數敗吐蕃兵，結好南詔。傳見《舊唐書》卷一百四十、《新唐書》卷一百五十八。㉜郝通奔鳳翔　李楚琳作亂，隴州刺史郝通投奔李楚琳。㉝汧陽　隴州屬縣，縣治在今陝西千陽。㉞中丞　御史中丞之省稱。御史大夫副貳，員二人，佐御史大夫監察彈劾百官，為清要之選。㉟孤豘　沒爹娘的小豬崽。㊱鄙者　前些時。㊲今公有新命　現在你有了新的任命。指朱泚加皐御史中丞之命。公，對韋皐的尊稱。㊳悉納甲兵　全部交出盔甲、兵器。納，上交；交納。㊴易之　看輕了他。指牛雲光輕視韋皐。㊵乃悉以甲兵輸之而入　於是牛雲光將全部盔甲、兵器交給了韋皐然後進城。㊶郡舍　郡中公舍。即官廳。㊷伏甲誅之　埋伏甲兵，誅殺了牛雲光等。㊸築壇　古時誓眾，築起高臺，祭天設盟。㊹本使　指鳳翔節度使張鎰。㊺事上　侍奉上司。㊻恤下　憐恤部下。㊼求援於吐蕃　韋皐恐朱泚攻擊，故求援吐蕃以禦之。

【校　記】①金帛　此二字原無。據章鈺校，十二行本、乙十一行本皆有此二字，張敦仁《通鑑刊本識誤》同，今據補。

【語　譯】田悅勸王武俊，讓王武俊與馬寔在臨洺共同攻擊李抱真。李抱真又派遣賈林去勸告王武俊說：「臨洺的軍隊精銳而且有所防備，不要隨意輕視。現在打了勝仗得到了臨洺土地，那麼利益也是歸魏博，沒有取勝，那麼恆冀的實力將大受損傷。易州、定州、滄州、趙州，都是大夫您原有的地盤，不如先取得這些地方。」於是王武俊推辭了田悅的請求，與馬寔一起領軍北歸。十月十八日壬戌，田悅在館陶送行王武俊，握著王武俊的手流淚告別，下至王武俊的將士，也贈送了相當豐厚的禮品。

此前，王武俊叫來回紇士兵，讓他們切斷李懷光等人的糧道。李懷光等人已西赴長安，而回紇達干帶領回紇兵一千名和各族士兵二千名剛到幽州北部。朱滔乘機遊說回紇人，想同他們一起前往河南奪取洛陽，接應朱泚，許諾拿河南的男女和金帛送給他們。朱滔娶了一個回紇女人為小妾，回紇人稱朱滔為朱郎，而且貪圖去河南可擄掠，便答應了朱滔。

賈林再次去勸王武俊說：「自古以來，國家有憂患，未必不能藉此復興。何況皇上是第九代天子，聰明英武，天下誰肯捨棄這樣的皇帝而去侍奉朱泚呢！朱滔自從當了盟主以來，瞧不起原先與他地位一樣的人。河朔自古以來沒有冀國，冀州是大夫您的封地。如今朱滔自稱冀王，又向西依靠他的哥哥朱泚，從北邊招來回紇人，他的志向是要吞併河朔稱王。大夫您即使想做朱滔的臣下，也不可能了。況且大夫您雄勇善戰，不是朱滔所能比的。您又本著忠義之心手誅叛臣李惟岳，當時宰相處理不當，被朱滔欺騙誘惑，因此才栽到這一地步。您不如與昭義軍合力抓獲朱滔，勢必得到成功。朱滔滅亡後，那麼朱泚自然失敗。這是非世所常有的功勞，是轉禍為福的一條道路。目前各道從四面八方合攏攻打朱泚，過不了幾天就會平定朱泚。到天下已經安定時，大夫您才悔過而回歸朝廷，那就晚了！」當時王武俊與朱滔有隔閡，因而挽起袖子，憤然變臉說：「我不當二百年相傳的天子的臣屬，怎能臣屬這鄉間小子呢！」於是就與李抱真和馬燧聯絡，約為兄弟。但在表面上還是侍奉朱滔，禮節十分恭謹，同田悅各自派使者在河間謁見朱滔，祝賀朱泚稱帝，而且請求與馬寔的軍隊共同向趙州的康日知發起進攻。

汝州、鄭州應援使劉德信率領京師將領的子弟兵駐在汝州，獲悉皇帝蒙難，帶兵進京援救，與朱泚的部眾在見子陵交戰，打敗了朱泚軍。由於東渭橋有朝廷等待轉運的糧食，十月十九日癸亥，劉德信進駐東渭橋。

朱泚夜間向奉天城東、西、南三面發起進攻。十月二十日甲子，渾瑊率領軍隊奮力作戰，擊退了朱泚的進攻，左龍武大將軍呂希倩戰死。二十一日乙丑，朱泚再次攻打奉天城，將軍高重捷與朱泚部將李日月在梁山下交戰，打敗了李日月，高重捷乘勝追擊逃敵，身先士卒，被埋伏的叛軍擒獲。高重捷的部下十餘人奮不顧身，追趕爭奪。叛軍抵擋不住，就砍下高重捷的頭，丟棄他的身軀跑了。部下收了高重捷的軀體進入奉天城，德宗親自撫屍痛哭，極盡悲哀，用蒲草編成首級埋葬了高重捷，追贈高重捷為司空。朱泚見到高重捷的首級，也哭著說：「你是忠臣啊！」用蒲草編一個身軀埋葬了高重捷。李日月是朱泚的驍將，戰死在奉天城下，朱泚把他的屍體送回長安，厚葬了他。李日月的母親竟然沒有哭泣，罵道：「這個奴才！國家什麼地方虧待了你而要反叛？死得已經太遲了！」等到朱泚失敗，朱泚的黨羽都被滅族，惟獨李日月的母親沒有牽連入罪。

十月二十五日己巳，德宗加授渾瑊為京畿、渭南、渭北、金商節度使。〇二十八日壬申，王武俊與馬寔率軍抵達趙州城下。

當初，朱泚擔任鳳翔節度使時，派遣他的部將牛雲光帶領幽州士兵五百人戍守隴州，用隴右營田判官韋皋兼任隴右留後。等到郝通逃奔鳳翔時，牛雲光假裝有病，打算等韋皋到達以後，埋伏兵士抓捕韋皋來響應朱泚。事情洩露，便帶領部眾投奔朱泚。到達汧陽，碰到朱泚派遣中使蘇玉攜帶著詔書加授韋皋中丞官職，蘇玉規勸牛雲光說：「韋皋，是一介書生。你不如與我一起前往隴州，假如韋皋肯受詔命，那麼他是我們的人；假如不肯接受詔命，你就帶兵殺掉他，這就像獲取孤零零的小豬一樣容易！」牛雲光聽從了蘇玉。韋皋從城上向牛雲光問道：「前些時你不辭而別，現在你又回來，這是為什麼？」牛雲光說：「前些時不知道您的心思，而今您有新的任命，所以我又回來，願意充當您的親信。」韋皋於是先讓蘇玉入城，接受了蘇玉帶來的詔書，然後對牛雲光說：「大使你如果對我沒有二心的話，請將盔甲、兵器全部交出來，使城中的軍民不犯疑，你的部眾才能進城。」牛雲光認為韋皋是個書生，很輕視他，於是將所帶盔甲、兵器都交出後率眾入城。第二天，韋皋在郡中客舍宴請蘇玉、牛雲光以及他們的士卒，埋伏甲兵將他們全部誅殺，然後築壇，與將士盟誓說：「李楚琳這個叛賊殘害了本軍節度使張鎰，既然不能侍奉上司，怎能體恤部下！我們應當共同去討伐他。」韋皋派遣兄長韋平、韋弇前往奉天請命，又派使者前往吐蕃求援。

【研　析】本卷研析李希烈兵亂淮西、苛稅重起、陸贄上奏論治國之要、德宗蒙塵等四件史事。

李希烈兵亂淮西。李希烈，遼西人，年少從軍平盧軍，為李忠臣部屬。李忠臣任淮西節度使，署李希烈為偏將。代宗末，李忠臣荒廢軍政，李希烈因眾怨逐走李忠臣，任淮西節度留後，德宗即位提升李希烈為淮西節度使，改稱淮寧軍。德宗用兵河北，李希烈請纓討梁崇義，德宗嘉獎，封李希烈南平郡王，加漢南、漢北兵馬招討使。楊炎固諫認為李希烈狼子野心，不可授以方面重任。德宗不悅，盧杞趁機構陷，楊炎遭貶殺，李希烈如願以償，得以專征方面。黜陟使李承從淮西還朝，也上奏德宗，認為李希烈取勝，將是朝廷大害。德宗不以為然。梁崇義被平定，李希烈果然野心狂悖，欲據襄州為己有，目的未達，於是與李納勾結，接受河北四鎮的推戴，自號建興王、天下都元帥，反叛朝廷。李希烈與河北四鎮五賊，兵連禍結，擾亂唐朝半壁江山，李希烈於西元七八二年反叛，一度稱帝，建偽號為楚，殺害宣慰使顏真卿。至西元七八五年，李希烈為部將陳仙奇所殺，淮西亂平。李希烈為害淮西、河南達四年之久，人民遭塗炭，中原人口為之一空。李希烈這一禍國大盜，完全是德宗拒諫而自用一手栽培起來的。

苛稅重起。唐制，節度使出兵，只要出境，一切用度由國庫承擔。兩河用兵，月耗軍資一百餘萬緡。國庫很快空竭。朝廷重徵酒稅，這自然是杯水車薪。太常博士韋都賓、陳京出歪招，建言向商人借款，凡富有超過一萬緡者借其餘，只要向全國一兩千名商人借款，就可籌措數年之軍費，長安一地可籌五百萬緡。德宗採納，詔命判度支杜佑大索長安商賈所有錢物，拷打強索，逼人上吊。接著又徵收典當鋪製錢。長安全城遭浩劫，才搜刮到八十萬緡。地方商借，凡家有錢帛儲糧的人家，強徵四分之一，總計所得，也才二百萬緡。建中四年（西元七八三年），又初行間架稅和除陌錢法。間架稅，就是開徵房產稅，兩架為一間，上等屋稅兩千，中等稅一千，下等稅五百文。除陌錢，凡交易，甚至饋贈，抽百分之五營業稅。兩稅法施行才二、三年，各種巧設名目的苛稅接踵而至，民怨沸騰，困苦不堪。

陸贄上奏論治國之要。陸贄，字敬輿，蘇州嘉興（今浙江嘉興）人，唐代著名政論家和名臣。年十八登進士第，代宗末，官至監察御史。德宗在東宮時，已仰慕陸贄名聲。德宗即位，召陸贄為翰林學士，以備顧問應對。陸贄忠直敢言，時政有缺，巨細必陳。建中四年，朱泚叛亂，德宗出亡奉天，陸贄從駕，軍國事務，千頭萬緒，陸贄草詔，思如泉湧，下筆成章，莫不如意。陸贄奏議，直言時政，是當時歷史橫切面的寫照，在中國政治史上佔有重要的地位。陸贄奏議收入《翰苑集》中有五十六篇，《資治通鑑》摘載了十餘篇，只佔一小部分，但已經生動地描繪了德宗的昏愚，刻劃其猜忌兇暴的嘴臉，栩栩如生。陸贄對時務的洞察深刻入骨，見微知著，料事如神。建中四年八月，兩河爭戰正酣，賦役日滋，陸贄憂心兵窮民困，恐生內變，於是上奏德宗論治國之要，重根本，重民生，掌控大局。形勢在君，異類同心，形勢傾危，同舟之人都是敵人。陸贄反對涇原兵東調，提出調整討逆官軍部署，加重京師防務，否則變生肘腋。涇原兵變，德宗委過於天命。陸贄正言，禍由人起，不是天命，災禍之源就是德宗本人，並諷諭德宗除奸，罷免奸相盧杞。不過這一切的苦口婆心，大都對牛彈琴，德宗很少採納。德宗在顛沛流離之中，不得不依靠陸贄支撐大局，多少採納了一些建議，改善了一些政治，儘管是短暫的，卻撥正了唐王室航船的方向，渡過了險灘，如發布興元大教詔就出自陸贄的建議和陸贄之手。

德宗蒙塵。建中四年十月，德宗調涇原兵五千人東出救援襄城。涇原兵路過京師，因不給犒賞，兵士譁變，攻入京城，德宗蒙塵，倉皇逃奔奉天，隨從只有宦官一百餘人，朝士百官都丟在京師。過了兩三天，左金吾衛大將軍渾瑊率家屬到奉天，附近諸鎮派出勤王援軍趕來奉天，有了渾瑊統兵，人心始安。渾瑊是郭子儀舊將。德宗即位伊始，就迫不及待解除郭子儀兵權，分郭子儀所管軍州為三個節度使，渾瑊是其中之一。當年，德宗又調渾瑊入京任左金吾衛大將軍，仍是猜忌而奪其兵權。渾瑊成了挽救危局的決定性人物。德宗未被叛軍俘虜，全靠渾瑊。

朱泚，是朱滔的哥哥，任涇原節度使。朱滔反叛，德宗軟禁朱泚於京師。德宗出逃，諫議大夫姜公輔叩馬諫德宗，立即殺掉朱泚，若被變兵擁為首領，必為大害。德宗只顧逃命，說：「來不及了。」變兵果然擁護朱泚為首領，朱泚連夜入宮居含元殿，自稱權知六軍。十月初三日，涇原兵變，十月初四日朱泚登白華殿召會百官，初九日登宣政殿，自稱大秦皇帝，改元應天。百官變服出逃者有之，出任偽職者有之。勸進者為京兆尹源休，他出使回紇回京，因賞薄而怨恨，特為朱泚論成敗，引符命，勸其僭逆稱帝。朱泚愚蠢無比，真的忙於稱帝，喪失了追擊擒獲德宗的最佳良機，也未能迎請德宗挾天子以令諸侯。朱泚的淺薄，成就了德宗的僥倖。

卷第二百二十九

唐紀四十五

起昭陽大淵獻（癸亥　西元七八三年）十一月，盡閼逢困敦（甲子　西元七八四年）正月，不滿一年。

【題　解】本卷記事起西元七八三年十一月，迄西元七八四年正月，共三個月。當唐德宗建中四年十一月到興元元年正月。這三個月是唐王朝與德宗個人轉危為安的緊要關頭，發生一系列大事件。首先是李懷光解奉天之圍，朱泚龜縮京師坐以待斃。其次，河南戰場李希烈勢盛，南方諸鎮守境自保，擴充實力，觀望形勢。李希烈南犯江、淮，東西受阻，曹王李皋、鄂州刺史李兼立下大功，穩定了河南局勢。其三，陸贄上言德宗下罪己詔書以挽救時局。德宗蒙塵納其言，下詔改元興元，於正月元旦發布大赦詔，河北王武俊、田悅、山東李納接受赦令歸順朝廷，朱滔陷於孤立，史稱興元大赦詔。形勢大好之際，奸臣盧杞破壞了這一局面。盧杞阻隔德宗召見李懷光，李懷光怏怏不樂，挾手握重兵之權，強諫德宗貶逐盧杞出朝而心不自安，埋下了李懷光背叛的禍根。

德宗神武聖文皇帝四

建中四年（癸亥　西元七八三年）

十一月乙亥❶，以隴州❷為奉義軍，擢皋為節度使。泚又使中使劉海廣許皋鳳翔節度使，皋斬之。

靈武❸留後杜希全❹、鹽州❺刺史戴休顏、夏州❻刺史時常春會渭北❼節度使李建徽合兵萬人入援，將至奉天，上召將相議道所從出❽。關播、渾瑊曰：「漠谷❾道險狹，恐為賊所邀。不若自乾陵北過，附柏城而行❿，營於城東北雞子堆，與城中掎角⓫相應，且分賊勢。」盧杞曰：「漠谷道近，若為賊所邀，則城中出兵應接可也。儻出乾陵，恐驚陵寢。」瑊曰：「自泚攻城，斬⓬乾陵松柏，以夜繼晝，其驚多矣。今城中危急，諸道救兵未至，惟希全等來，所繫非輕。若得營據要地⓭，則泚可破也。」杞曰：「陛下行師，豈比逆賊！若令希全等過之，是自驚陵寢。」上乃命希全等自漠谷進。丙子⓮，希全等軍至漠谷，果為賊所邀，乘高以大弩、巨石擊之，死傷甚眾。城中出兵應接，為賊所敗。是夕，四軍潰⓯，退保邠州⓰。泚閱其輜重於城下，從官相視失色⓱。休顏，夏州人也。

泚攻城益急，穿塹環之⓲。泚移帳於乾陵⓳，下視城中，動靜皆見之。時遣使環城招誘士民，笑其不識天命。

神策河北行營節度使李晟疾愈⑳，聞上幸奉天，帥眾將奔命㉑。張孝忠迫於朱滔、王武俊，倚晟為援，不欲晟行，數沮止㉒之。晟乃留其子憑，使娶孝忠女為婦；又解玉帶㉓賂孝忠親信，使說之；孝忠乃聽晟西歸，遣大將楊榮國將銳兵六百與晟俱。晟引兵出飛狐道㉔，晝夜兼行，至代州㉕。丁丑㉖，加晟神策行營節度使。

王武俊、馬寔攻趙州不克。辛巳㉗，寔歸瀛州，武俊送之五里，犒贈甚厚，武俊亦歸恆州。

上之出幸奉天也，陝虢觀察使㉘姚明敭以軍事委都防禦副使張勸，去詣行在。勸募兵得數萬人。甲申㉙，以勸為陝虢節度使。

朱泚攻圍奉天經月㉚，城中資糧俱盡㉛。上嘗遣健步㉜出城覘賊㉝，其人懇㉞以苦寒為辭，跪奏乞一襦㉟袴㊱。上為之尋求不獲，竟憫默㊲而遣之。時供御纔有糲米㊳二斛，每伺賊之休息，夜縋人於城外，采蕪菁根㊴而進之。上召公卿將吏謂曰：「朕以不德，自陷危亡，固其宜也。公輩無罪，宜早降以救室家。」羣臣皆頓首流涕，期盡死力。故將士雖困急，而銳氣不衰。

上之幸奉天也，糧料使㊵崔縱勸李懷光令入援，懷光從之。縱悉斂軍資㊶與懷光皆來。懷光晝夜倍道[42]，至河中[43]，力疲，休兵三日。河中尹[44]李齊運[45]傾力犒宴，軍士[1]尚欲遷延[46]。崔縱先輦貨財度河[47]，謂眾曰：「至河西[48]，悉以分賜。」眾利之，西屯蒲城[49]，有眾五萬。齊運，惲之孫也。

李晟行且收兵[50]，亦自蒲津濟，軍於東渭橋。其始有卒四千，晟善於撫御，與士卒同甘苦，人樂從之，旬月間[51]至萬餘人。○神策兵馬使尚可孤[52]討李希烈，將三千人在襄陽，自武關[53]入援，軍于七盤[54]，敗泚將仇敬[55]，遂取藍田[56]。可孤，宇文部之別種也。

鎮國軍[57]副使駱元光[58]，其先安息人，駱奉先養以為子，將兵守潼關近十年，為眾所服。朱泚遣其將何望之襲華州[59]，刺史董晉[60]棄州走行在。望之據其城，將聚兵以絕東道[61]。元光引關下兵[62]襲望之，走還長安。元光遂軍華州，召募士卒，數日，得萬餘人。泚數遣兵攻元光，元光皆擊卻之，賊由是不能東出。上即以元光為鎮國軍節度使，元光乃將兵二千西屯昭應[63]。

馬燧遣其行軍司馬王權及其子彙將兵五千人入援，屯中渭橋。○於是泚黨所據惟長安而已，援軍遊騎時至望春樓[64]下。李忠臣等屢出兵皆敗，求援於泚。泚恐民間乘弊抄[65]之，所遣兵皆晝伏夜行。

泚內以長安為憂，乃急攻奉天，使僧法堅[66]造雲梯[2]，高廣各數丈，裹以兕革[67]，下施巨輪，上容壯士五百人，城中望之恟懼[68]。上以問群臣，渾瑊、侯仲莊[69]對曰：「臣觀雲梯勢甚重，重則易陷。臣請迎其所來鑿地道，積薪蓄火以待之。」神武軍使[70]韓澄曰：「雲梯小伎，不足上勞聖慮，臣請禦之。」乃度梯之所傃[71]，廣城東北隅三十步[72]，多儲膏油松脂薪葦於其上。丁亥[73]，泚盛兵鼓譟攻南城，韓遊瓌曰：「此欲分吾力也。」乃引兵嚴備東北。戊子[74]，北風甚迅[75]，泚推雲梯，上施濕氈，懸水囊，載壯士攻城，翼以轒轀[76]，置人其下，抱薪負土填塹而前，矢石火炬所不能傷。賊併兵[77]攻城東北隅，矢石如雨，城中死傷者不可勝數。賊已有登城者，上與渾瑊對泣，群臣惟仰首祝天[78]。上以無名告身[79]自御史大夫、實食[80]五百戶以下千餘通[81]授瑊，使募敢死士禦之，仍賜御筆，使視其功之大小書名給之，告身不足則書其身[82]，且曰：「今便與卿別[83]。」瑊俯伏流涕，上拊其背，歔欷[84]不自勝。時士卒凍餒，又乏甲冑，瑊撫諭，激以忠義，皆鼓譟力戰。城中流矢，進戰不輟，初不言痛。會雲梯輾地道，一輪偏陷[85]，不能前卻[86]，火從地中出[87]，風勢亦回[88]，城上人投葦炬，散松脂，沃[89]以膏油，讙呼震地。須臾，雲梯及梯上人皆為灰燼，臭聞數里，賊乃引退。於是三門皆出兵[90]，太子親督戰，賊徒大敗，死者數千人。將士傷者，太子親為裹瘡。入夜，泚復來攻城，矢及御前三步而墜，上大驚。

【章 旨】以上為第一段，寫官軍勤王之師四集關中，朱泚叛軍急攻奉天，萬分危急。

【注 釋】❶乙亥 十一月初二日。❷隴州 州名，治所在今陝西隴縣。❸靈武 方鎮名，治所靈州，在今寧夏靈武西南。❹杜希全 京兆醴泉人，時任靈武留後。與鹽州刺史戴休顏均為郭子儀部下西北名將。戴休顏，夏州人。二人同傳，見《舊唐書》卷一百四十四、《新唐書》卷一百五十六。❺鹽州 治所五原縣，在今陝西定邊。❻夏州 治所朔方縣，在今陝西橫山縣西北。❼渭北 方鎮名，治所坊州，在今陝西黃陵。❽議道所從出 討論入援軍經過的路線。❾漠谷 山狹谷地名，在奉天城北。❿附柏城而行 沿著柏城行進。唐代諸陵皆栽柏樹環繞，遮蔽陵寢，謂之柏城。貞元三年敕諸陵柏城四面各三里內不得他人安葬。⓫掎角 軍事上分兵遙相呼應，互相援助。⓬斬 砍伐。⓭營據要地 紮營在軍事要衝之地。⓮丙子 十一月初三日。⓯四軍潰 靈、鹽、夏、渭北四鎮入援之軍潰敗。⓰邠州 州名，治所新平縣，在今陝西彬縣。⓱泚閱其輜重於城下二句 意謂朱泚到奉天城下巡視所獲戰利品，輜重山積，他的隨從官們都不覺大驚失色。閱，查點。⓲穿塹環之 挖掘壕溝環繞奉天城。⓳帳於乾陵 在乾陵山頂設置軍帳。乾陵地勢高於奉天城，可以俯視城中動靜。盧杞不讓入援官軍據此，今為叛軍所據。⓴李晟疾愈 前年李晟染疾，從易州還保定州。㉑奔命 奔赴奉天受命。㉒沮止 阻止。㉓玉帶 鑲有玉石的腰帶。㉔飛狐道 穿越飛狐關的要道。飛狐關在今河北淶源北，又名飛狐口，一百餘里山路，兩崖峭立，一線交通，極為險要。㉕代州 州治雁門，在今山西代縣。㉖丁丑 十一月初四日。㉗辛巳 十一月初八日。㉘陝虢觀察使 不設節度使的道即置觀察使，為一道的行政長官。陝虢觀察使領陝、虢二州。陝州治所陝縣，在今河南三門峽市西。虢州治所弘農縣，在今河南靈寶。㉙甲申 十一月十一日。㉚經月 整月。朱泚於十月中圍攻奉天，至此已歷一月。㉛資糧俱盡 軍資及糧食都已耗盡。㉜健步 善走的人。元代謂之「急腳子」。㉝覘賊 偵察敵情。㉞懇 懇求。㉟襦 短襖。㊱袴 套褲。㊲憫默 因哀憐難過而沉默。憫，哀憐。默，無以為辭。㊳糲米 粗糧；雜糧。㊴蕪菁根 即蔓菁根，和其葉均可為蔬菜。㊵糧料使 以度支供應出境作戰的軍需官。崔縱為魏縣行營糧料使。㊶悉斂軍資 集中了全部軍資。㊷倍道 兼程趕路。㊸河中 府名，治所蒲州，在今山西永濟。㊹河中尹　河中府行政長官。㊺李齊運　太宗子蔣王李惲之孫。曾任監察御史、工部郎中等職。傳見《舊唐書》卷一百三十五、《新唐書》卷一百六十七。㊻軍士尚欲遷延　軍士們還想拖延不行。㊼輦貨財度河　車載物資渡過黃河。㊽河西　縣名，在蒲州對岸黃河之西，縣治在今陝西合陽東黃河西岸上。㊾蒲城　縣名，縣治在今陝西蒲城。㊿行且收兵　在行進中邊走邊招兵。(51)旬月間　一月之間。(52)尚可孤　東部鮮卑宇文部之別種。原為安史部將，歸朝後多立功勳，加官檢校尚書右僕射。傳見《舊唐書》卷一百四十四、《新唐書》卷一百一十。(53)武關　在今陝西丹鳳東南，為關中東南門戶。(54)七盤　山名，在陝西藍田南。(55)仇敬　即仇敬忠，朱泚所遣抗擊關東諸軍入援的將領。(56)藍田　縣名，縣治在今陝西藍田西。(57)鎮國軍　軍鎮名，肅宗上元元年（西元七六〇年）置鎮國軍於華州。(58)駱元光　安息人，為代宗朝宦官駱奉先養子，冒姓駱。因平朱泚及李懷光有功，賜姓李改名李元諒，官至隴右節度使。傳見《舊唐書》卷一百四十四、《新唐書》卷一百五十六。(59)華州　州名，為鎮國軍治所，在今陝西華縣。(60)董晉　為華州刺史，棄州赴奉天，改任國子祭酒，奉詔宣慰河北恆州。官至宣武節度使。傳見《舊唐書》卷一百四十五、《新唐書》卷一百五十一。(61)絕東道　阻斷東方進入關中的通道。(62)關下兵　駐防潼關之兵。(63)昭應　縣名，縣治在今陝西臨潼。(64)望春樓　禁苑內樓名，近長樂驛，臨廣運潭，在長安東郊。(65)抄偷襲。(66)法堅　長安城中西明寺僧人。(67)兕革　犀牛皮。(68)忷懼　驚擾恐懼。忷，同「恟」。(69)侯仲莊　神策京西將，護駕奉天，還左衛將軍，為防城使。傳見《新唐書》卷一百三十六。(70)神武軍使　禁軍武官名，玄宗開元二十六年（西元七三八年），分左、右羽林軍置左、右神武軍。(71)傃　向。這裡指雲梯將要攻擊的方位。(72)廣城東北隅三十步　在城東北角拓廣三十步寬的地域，積辦防守器材。古六尺為步，三十步為十八丈。(73)丁亥　十一月十四日。(74)戊子　十一月十五日。(75)迅　風速迅猛。(76)翼以轒轀　雲梯兩翼有助攻的戰車。轒轀，攻城衝車。(77)併兵　合併兵力。(78)仰首祝天　抬頭向蒼天禱告。(79)無名告身　空名委任狀。告身，唐代任命官職的委任狀。(80)實食　食實封。(81)千餘通　一千多份告身。(82)告身不足則書其身　如果千餘份告身仍不夠用，就在應募的勇士身上直接寫下委任的官職。(83)今便與卿別　我現在就和您永別。德宗言此，示意渾瑊死戰。(84)歔欷　抽泣嗚咽。(85)一輪偏陷　一輪偏斜下陷。(86)不能前卻　既不能前進，也不能後退。(87)火從地中出　在雲梯攻擊路線上挖地道置薪燃之，故火從地中出。(88)風勢亦回　迅猛的北風轉為南風，於是官軍用火攻雲梯。(89)沃　澆浸。(90)三門皆出兵　時朱泚攻奉天東、南、北三面，故三門乘賊引退，皆出兵追擊。

【校　記】[1]士　此字原無。據章鈺校，十二行本、乙十一行本、孔天胤本皆有此字，張敦仁《通鑑刊本識誤》、張瑛《通鑑校勘記》同，今據補。[2]雲梯　嚴衍《通鑑補》改作「雲橋」，下同。

【語　譯】德宗神武聖文皇帝四

建中四年（癸亥　西元七八三年）

十一月初二日乙亥，朝廷把隴州設置為奉義軍，提升韋皋擔任節度使。朱泚又派中使劉海廣許諾授予韋皋鳳翔節度使，韋皋殺了劉海廣。

靈武留後杜希全、鹽州刺史戴休顏、夏州刺史時常春會同渭北節度使李建徽，集中兵力一萬人進入關中救援，即將到達奉天，德宗召集將軍、宰相一起商議這支軍隊入援奉天的路線。關播、渾瑊說：「漠谷道既險峻又狹窄，走這條路恐怕被叛軍設伏截擊。不如從乾陵的北邊經過，沿著柏城行進，在城東北的雞子堆紮營，與奉天城形成相呼應的犄角之勢，並且可以分散叛賊的兵力。」盧杞說：「漠谷道離城近，走這條路如果被敵人截擊，那麼奉天城出兵接應就可以了。倘若走乾陵，恐怕驚擾先帝陵寢。」渾瑊說：「自從朱泚攻打奉天城以來，叛軍砍伐乾陵松柏，夜以繼日，驚擾太多了。如今奉天城中危急，各道的救兵沒有到達，只有杜希全等人來了，關係重大。如能佔據要害之地紮營，那麼朱泚就可以打敗了。」盧杞說：「陛下用兵，怎能同叛賊相提並論！假如讓杜希全等人從乾陵旁經過，就是我們自己去驚擾先帝們的陵寢。」於是德宗命令杜希全等人從道漠谷前進。十一月初三日丙子，杜希全等人到達漠谷，果然被叛軍截擊，叛軍登高用大弩、巨石攻打官軍，官軍死傷很多。奉天城出兵接應，也被叛軍打敗。當晚，靈、鹽、夏、渭北四鎮軍隊被叛軍擊潰，退守邠州。朱泚在城下檢閱繳獲的輜重，隨從官員看到如此多的繳獲，相視失色。戴休顏，是夏州人。

朱泚攻打奉天城更加猛烈，挖了一道戰壕環繞奉天城。朱泚把大帳遷到乾陵，俯視奉天城內，所有動靜都能看見。常派使者環城招引誘騙城中士民百姓，嘲笑他們不識天命。

神策軍河北行營節度使李晟病癒，聽說德宗到達奉天，率眾將奔赴奉天受命。張孝忠被迫於朱滔、王武俊，依靠李晟為後援，不想讓李晟走，多次阻止他。於是李晟就留下他的兒子李憑，讓他娶張孝忠的女兒為妻；又解下自己的玉腰帶賄賂張孝忠的親信，讓他去勸說張孝忠；張孝忠才聽任李晟率軍西歸關中，派大將楊榮國帶領六百精銳士兵與李晟一起出發。李晟率兵從飛狐道前進，晝夜兼程，抵達代州。十一月初四日丁丑，朝廷加授李晟神策行營節度使。

王武俊、馬寔攻打趙州沒有攻克。十一月初八日辛巳，馬寔返回瀛州，王武俊為他送行五里路，給他的犒賞和饋贈十分豐厚，王武俊也回到了恆州。

德宗出幸奉天時，陝虢觀察使姚明敭把軍事指揮權交給都防禦副使張勸代理，自己來到奉天皇帝住處。張勸召募士兵得到了幾萬人。十一月十一日甲申，朝廷命張勸為陝虢節度使。

朱泚圍攻奉天已有一個月，城中的軍資和糧食都耗盡了。德宗曾經派遣善於行走的人出城偵察敵情，這個人以天氣酷寒為由，跪地懇求德宗給一身短襖和套褲。德宗為他尋找，沒有找到，最後只能哀憐無語，讓這個人去執行任務。當時德宗的供應只有粗米二斛，人們常常抓住叛軍們休息的時機，在夜間用繩子把人吊放到城外，採掘野生的蕪菁根進獻給德宗。德宗召集王公、卿相、將領、官吏，對他們說：「我由於沒有德行，自己陷入危亡的境地，這本來是應該的。你們沒有罪過，最好及早投降來挽救你們的家室。」群臣都磕頭流涕，希望拼死盡力。因此將士們雖然極度困乏，而戰鬥的銳氣沒有衰減。

德宗出幸奉天時，糧料使崔縱勸說李懷光入援關中，李懷光聽從了。崔縱把軍需物資全部集中，與李懷光一起增援奉天。李懷光晝夜兼程，抵達河中，人困馬乏，休整了三天。河中府尹李齊運傾全力設宴犒勞軍隊，士兵們還想拖延些時日。崔縱先裝載物資錢財渡過黃河，對士兵們說：「到達河西後，把全部物資錢財分賜給大家。」士兵們都貪圖財貨，便西進屯駐蒲城，擁有部眾五萬人。李齊運，是蔣王李惲的孫子。

李晟邊行進邊招收士兵，也從蒲津渡口過了黃河，紮營在東渭橋。開始時有士兵四千人，李晟善於安撫、約束部下，與士兵同甘共苦，人們都樂意跟隨他，一個月時間達到一萬多人。〇神策兵馬使尚可孤征討李希烈，率領三千人在襄陽，從武關入援奉天，駐軍七盤嶺，打敗了朱泚的將領仇敬，於是攻取了藍田。尚可孤是宇文部落一個分支的首領。

鎮國軍副使駱元光，他的祖先是西域安息國人，駱奉先把駱元光收為養子，駱元光領兵守衛潼關將近十年，為部眾所信服。朱泚派遣他的部將何望之襲擊華州，華州刺史董晉放棄華州逃奔奉天皇帝住處。何望之佔據華州，即將集中兵力斷絕東方進入關中的通道。駱元光帶領潼關的軍隊襲擊何望之，何望之逃回長安。於是駱元光駐紮在華州，招募士兵，幾天之內，得到一萬多人。朱泚多次派兵攻打駱元光，都被駱元光擊退，叛軍由此不能東出。德宗便任命駱元光為鎮國軍節度使，駱元光率領二千兵力，向西屯駐昭應。

馬燧派遣行軍司馬王權和他的兒子馬彙帶領五千人入援奉天，屯駐中渭橋。○到了這時，朱泚一夥所佔據的只有長安而已，救援官軍的巡邏騎兵時常來到望春樓下。李忠臣等人屢次出兵交戰都失敗了，求援於朱泚。朱泚擔心民眾乘自己困敝前來偷襲，因此所派出的援兵都是晝伏夜行。

朱泚的內心深以長安為憂，於是急攻奉天，讓僧人法堅建造雲梯，高度和寬度各有幾丈，外面蒙著犀牛皮，下部安裝巨大的車輪，雲梯上部可以容納五百名壯士，奉天城內的人看見雲梯都驚擾恐懼。德宗詢問群臣對策，渾瑊、侯仲莊回答說：「臣觀察雲梯的樣子很沉重，沉重就容易下陷。臣請求對著雲梯來的方向挖掘地道，堆積乾柴，備好火種來等待它。」神武軍使韓澄說：「雲梯是小伎倆，不足以煩勞陛下憂慮，請讓我來抵禦它。」於是韓澄推測了雲梯行進的方向，把城牆東北角向外拓展了三十步，在上面儲備了大量的膏油、松脂和乾柴、蘆葦。十一月十四日丁亥，朱泚的軍隊大舉出動，擊鼓吶喊進攻奉天南城，韓遊瓌說：「這是想分散我們的兵力。」於是帶兵在城東北嚴加防備。十五日戊子，北風颳得極為迅猛，朱泚的士兵推著雲梯，雲梯上面鋪著溼透了的氈子，還懸掛著水袋，運載壯士攻城，雲梯兩翼有助攻的戰車，把人安置在戰車下部，他們抱著乾柴，身背泥土，填埋壕溝，向前推進，箭矢、石塊、火把傷不到他們。叛軍合兵攻打奉天城東北角，箭石如雨，城內死傷的人多得數不勝數。叛軍已有登上城牆的人，德宗與渾瑊相對哭泣，群臣只有仰首向天祈禱。德宗將上自御史大夫、實封食邑五百戶以下各級官吏的空白委任書一千多份交給了渾瑊，讓他召募敢死隊抗擊叛軍，還把御筆賜給渾瑊，讓渾瑊按照這些人戰功的大小，在委任書上寫上姓名發放給他們，如果委任書不夠，就寫在立功者的身上，而且說：「現在就與你訣別了。」渾瑊伏在地上流涕，德宗撫摸著渾瑊的脊背，抽泣不能自已。當時士兵飢寒交迫，又缺少盔甲，渾瑊撫慰勸導，用忠義來激發他們，士兵都擂鼓吶喊，拼力奮戰。渾瑊被流矢射中，仍然奮戰不息，當時無暇顧及疼痛。正碰上雲梯的巨輪輾在地道上，一個輪子偏斜塌陷，不能進退，火焰從地道中冒了出來，風勢也改變了方向，奉天城上的守軍把蘆葦紮的火把投到雲梯上，撒上松脂，澆上膏油，歡呼聲震天動地。片刻之間，雲梯和梯上的人全都化為灰燼，臭味幾里以外都能聞到，叛軍這才撤退。這時奉天城東、西、南三個城門都出兵追擊，皇太子親自督戰，叛軍大敗，死的就有數千人。負傷的朝廷將士，皇太子親自為他們包紮傷口。到了夜間，朱泚又來攻城，亂箭落在離德宗三步遠的地方，德宗非常驚恐。

李懷光自蒲城引兵趣涇陽❶，並北山而西❷。先遣兵馬使張韶微服❸間行詣行在，藏表於蠟丸。韶至奉天，值賊方攻城，見韶，以為賤人，驅之使與民俱填塹。韶得間❹，踰塹抵城下呼曰：「我朔方軍使者也。」城上人下繩引之❺。比登❻，身中數十矢，得表於衣中而進之。上大喜，舁韶以徇城❼，四隅❽歡聲如雷。癸巳❾，懷光敗泚兵於澧泉❿。泚聞之懼，引兵遁歸長安。眾以為懷光復三日不至，則城不守矣。

泚既退，從臣皆賀。汴滑行營⓫兵馬使賈隱林⓬進言：「陛下性太急，不能容物。若此性未改，雖朱泚敗亡，憂未艾⓭也。」上不以為忤，甚稱之。侍御史萬俟著⓮開金、商運路⓯，重圍既解，諸道貢賦繼至，用度始振。

朱泚至長安，但為城守之計，時遣人自城外來，周走[16]呼曰：「奉天破矣！」欲以惑眾。泚既據府庫之富，不愛金帛以悅將士，公卿家屬在城者皆給月俸。神策及六軍從車駕及哥舒曜、李晟者，泚皆給其家糧，加以繕完器械，日費甚廣。及長安平，府庫尚有餘蓄，見者皆追怨有司之暴斂焉。

或謂泚曰：「陛下既受命，唐之陵廟不宜復存。」泚曰：「朕嘗北面事唐，豈忍為此！」又曰：「百官多缺，請以兵脅士人[17]補之。」泚曰：「強授之則人懼。但欲仕者則與之，何必叩戶拜官[18]邪！」泚所用者，惟范陽、神策團練兵[19]，涇原卒驕，皆不為用，但守其所掠資貨，不肯出戰，又密謀殺泚，不果而止。

李懷光性粗疏，自山東來赴難，數與人言盧杞、趙贊、白志貞之姦佞，且曰：「天下之亂，皆此曹所為也。吾見上，當請誅之。」既解奉天之圍，自矜其功，謂上必接以殊禮[20]。或說王翃、趙贊曰：「懷光緣道憤歎，以為宰相謀議乖方[21]，度支賦斂煩重，京尹犒賜刻薄，致乘輿播遷者，三臣之罪[22]也。今懷光新立大功，上必披襟布誠[23]，詢訪[1]得失[24]，使其言入，豈不殆哉！」翃、贊以告盧杞。杞懼，從容言於上曰：「懷光勳業，社稷是賴，賊徒破膽，皆無守心，若使之乘勝取長安，則一舉可以滅賊，此破竹之勢也。今聽其入朝，必當賜宴，留連累日，使賊入京城，得從容成備，恐難圖矣。」上以為然㉕。詔懷光直引軍屯便橋，與李建徽、李晟及神策兵馬使楊惠元刻期㉖共取長安。懷光自以數千里竭誠赴難，破朱泚，解重圍，而咫尺不得見天子，意殊怏怏，曰：「吾今已為姦臣所排，事可知矣！」遂引兵去。至魯店㉗，留二日乃行。

【章旨】以上為第二段，寫李懷光解奉天之圍，因盧杞奸詐阻隔，沒有受到德宗召見，心懷怏怏進兵長安，埋下隱患。

【注釋】❶涇陽　縣名，縣治在今陝西涇陽。❷並北山而西　沿著北山山麓向西行進。李懷光率軍從蒲城向涇陽方向迂迴包圍攻奉天的朱泚軍，故沿北山西行。❸微服　改變常服，打扮成普通人。❹得間　鑽空子；找到機會。❺下縋引之　牆上拋下繩索將張韶牽引到城上去。❻比登　等到登上城頭。❼舁韶以徇城　用擔架抬著張韶在城中繞行。❽四隅　四處。❾癸巳　十一月二十日。❿澧泉　亦作「醴泉」。縣名，在奉天東，縣治在今陝西禮泉。⓫汴滑行營　建中三年（西元七八二年）置，用以討伐李納的河南官軍，任李勉為都統，節制永平、宣武、河陽三鎮兵。⓬賈隱林　永平節度兵馬使，當入衛而值朱泚之難，率眾扈奉天行在。傳見《舊唐書》卷一百四十四、《新唐書》卷一百九十二。⓭憂未艾　憂患還沒有完。⓮萬俟著　人名。萬俟，複姓。萬，當作「万」。《新唐書》卷二百二十五中〈朱泚傳〉作「万俟」。奉天解圍後，四方貢物接踵而來，大賜軍中，為打通貨運通道，詔殿中侍御史万俟著治金、商道。⓯金商運路　即江淮財賦通過長江、漢水，經襄陽從武關入貢則經商州，經襄陽由梁州（今陝西漢中）入貢則經金州。金州治所西城，在今陝西安康。商州治所上絡，在今陝西商州。⓰周走　環城奔跑。⓱以兵脅士人　用武力逼迫士大夫出來做偽官。⓲叩戶拜官　挨家挨戶敲門請人做官。⓳范陽神策團練兵　范陽兵為朱泚舊部。神策團練兵，即團結兵，農閒集訓鄉人，官供資糧，是一種常備民兵。代宗時置。見本書卷二百二十五代宗大曆十二年。⓴殊禮　異乎尋常的禮遇。㉑乖方　乖謬無方。㉒三臣之罪　禍亂天下，是宰相盧杞、判度支趙贊、京兆尹王翃三人的罪過。㉓披襟布誠　敞開胸襟，推誠相待。㉔詢訪得失　徵詢政治的得失。㉕上以為然　德宗認為盧杞的建議是對的。李懷光矜功望德宗厚賞，德宗只求速見功業而不憐恤臣下功勞，盧杞於是鑽了這個空子為自己打算，導致了新的事變。㉖刻期　限期。㉗魯店　地名，在今陝西乾縣東南。

【校　記】①訪　原無此字。據章鈺校，十二行本、乙十一行本、孔天胤本皆有此字，張敦仁《通鑑刊本識誤》同，今據補。

【語　譯】李懷光由蒲城率軍奔赴涇陽，沿著北山山麓西進。先派兵馬使張韶裝扮成普通人抄小路前往奉天，把上奏表章藏在蠟丸中。張韶到達奉天時，適逢叛軍開始攻城，見到張韶，以為他是貧賤的人，就驅使他和百姓一起填壕溝。張韶得到機會，翻越壕溝，到達城牆下呼喊說：「我是朔方軍的使者。」城上守軍放下繩子把張韶吊上去。等到登上城牆時，張韶身上中了幾十箭，從衣服裡得到李懷光的表章，進呈給德宗。德宗大為高興，讓人抬著張韶在城內遊行以示表彰，四處歡聲雷動。十一月二十日癸巳，李懷光在澧泉打敗了朱泚的軍隊。朱泚聞訊後非常害怕，率軍逃回長安。大家認為李懷光再過三天還不到來，奉天城就失守了。

朱泚撤退後，隨從的大臣都向德宗祝賀。汴滑行營兵馬使賈隱林向德宗進言：「陛下性情太急躁，不能寬容待人。如果這種秉性不改，雖然朱泚敗亡，憂患還不能止息。」德宗並不認為這是冒犯，對賈隱林極為稱讚。侍御史万俟著打通經由金州、商州的運輸道路，重圍解除後，各道的貢賦相繼送達，朝廷的支出費用才開始寬裕起來。

朱泚到達長安，只作守城的計畫，經常派人從城外進來，環城奔跑呼喊說：「奉天城被攻破了！」想用這種方法迷惑民眾。朱泚據有朝廷府庫裡的財富後，毫不吝惜金帛，用來取悅將士，公卿家屬在長安城中的，全都給月俸。神策軍和六軍中跟隨皇帝車駕的將士及哥舒曜、李晟的部下，朱泚都給他們的家屬發糧食，加上修繕各種器械，每天的費用非常多。到長安平定時，府庫裡還有剩餘的蓄存，凡是見過的人，都怨恨先前官府對百姓的橫徵暴斂。

有人對朱泚說：「陛下您既然秉受天命，唐朝的陵廟不應當再保存。」朱泚說：「我曾向唐朝北面稱臣，怎能忍心做這種事呢！」又有人說：「現在文武百官大多空缺，請派兵脅迫讀書人來補充。」朱泚說：「強行給人授官，人們就會恐懼。只給想做官的人授予官職，何必敲門叩戶封官授職呢！」朱泚所能使用的軍隊只有范陽的軍隊和神策團練兵，涇原軍士兵驕悍，全都不聽從朱泚的調遣，只守著劫掠來的物資錢財，不肯出戰，還密謀殺掉朱泚，沒有最後決斷只好作罷。

李懷光性格粗疏，從山東赴奉天解救國難，多次對人說起盧杞、趙贊、白志貞的奸佞言行，並且說：「天下的混亂，都是這夥人所造成的。我見到皇上時，會請求誅殺他們。」奉天之圍解除後，李懷光居功自傲，認為德宗一定會以異乎尋常的禮儀來接待他。有人勸王翃、趙贊說：「李懷光沿路憤然感歎，認為宰相的謀劃和建議乖謬，度支所徵賦稅繁重，京兆尹犒賞將士非常刻薄，造成車駕被迫出巡，都是宰相、度支、京兆尹三個大臣的罪過。如今李懷光又剛剛立下大功，皇上一定會對他敞開胸襟，坦誠相待，徵詢政事得失，如果讓他的那些話傳入皇帝耳中，難道你們不危險嗎！」王翃、趙贊把這番話告訴了盧杞。盧杞很害怕，乘空閒時對德宗說：「李懷光所建樹的功勳業績，是國家安危所繫，叛軍被嚇破了膽，全無固守長安之心，如果派李懷光乘勝攻取長安，那麼就可以一舉消滅叛軍，這如同破竹之勢。現在讓李懷光入城朝見，陛下一定會賜宴招待，拖延幾天，使叛軍進入京城，能夠得空完成防備，到那時恐怕就難以謀取長安了。」德宗認為盧杞的建議是對的，便下詔讓李懷光直接帶兵在便橋駐紮，與李建徽、李晟和神策兵馬使楊惠元在指定日期內一起攻取長安。李懷光認為自己數千里之外竭誠赴難，打敗了朱泚，解除了奉天的重圍，但近在咫尺，不能夠見到天子，心裡特別不高興，說：「現在我已被奸臣排擠，事情再清楚不過了！」於是帶兵離開奉天。到達魯店，停留了兩天，才向長安進發。

劍南❶西山兵馬使❷張朏以所部兵作亂，入成都，西川節度使張延賞❸棄城奔漢州❹。鹿頭❺戍將叱干遂等討之，斬朏及其黨，延賞復歸成都。

淮南節度使陳少遊將兵討李希烈，屯盱眙❻。聞朱泚作亂，歸廣陵❼，修塹壘，繕甲兵。浙江東、西節度使韓滉❽閉關梁，禁馬牛出境，築石頭城❾，穿井近百所❿，繕館第⓫數十，修塢壁⓬，起建業⓭，抵京峴⓮，樓堞相屬⓯，以備車駕渡江，且自固也。少遊發兵三千大閱於江北，滉亦發舟師三千曜武於京江以應之。

鹽鐵使包佶⓰有錢帛八百萬，將輸京師。陳少遊以為賊據長安，未期收復，欲彊取之。佶不可，少遊欲殺之。佶懼，匿妻子於案牘中⓱，急濟江。少遊悉收其錢帛。佶有守財卒三千，少遊亦奪之。佶纔與數十人俱至上元⓲，復為韓滉所奪。

時南方藩鎮各閉境自守，惟曹王皋數遣使間道⓳貢獻。李希烈攻逼汴、鄭，江、淮路絕，朝貢皆自宣、饒、荊、襄趣武關⓴。皋治郵驛，平道路，由是往來之使通行無阻。

【章旨】以上為第三段，寫南方各藩鎮對德宗蒙塵做出的應對反應，多為守境自保，擴充實力以待時機。

【注釋】❶劍南　指劍南西川節度使，治所成都。❷西山兵馬使　劍南置重兵於西山，以防吐蕃，設兵馬使以統領之。❸張延賞　歷東都、淮南、荊南、西川四鎮，所至民頌其愛，入朝官至宰相。傳見《舊唐書》卷一百二十九、《新唐書》卷一百二十七。❹漢州　州治雒縣，在今四川廣漢。❺鹿頭　關名，在漢州德陽縣，因鹿頭山而得名。❻盱眙　縣名，為淮水上軍事要地。在今江蘇盱眙。❼廣陵　揚州治所，在今江蘇揚州。❽韓滉　官至度支諸道轉運、鹽鐵使，名將李晟為其所薦。傳見《舊唐書》卷一百二十九、《新唐書》卷一百二十六。❾石頭城　在今江蘇南京。❿穿井近百所　打井近百口。⓫繕館第　修治館舍甲第。⓬塢壁　碉堡和壁壘。⓭建業　在今江蘇南京。建業與石頭城，兩城相鄰，今均在南京境內。⓮京峴　山名，在今江蘇鎮江市東五里。⓯樓堞相屬　瞭望城樓與防禦城牆相連。⓰包佶　劉晏舊吏，官至刑部侍郎。事附《新唐書》卷一百四十九〈劉晏傳〉。⓱匿妻子於案牘中　藏匿妻子兒女在裝文案的箱籠中。⓲上元　縣名，縣治在今江蘇南京鳳凰山南。⓳間道　偏僻小道。⓴朝貢皆自宣饒荊襄趣武關　江南貢物便捷路徑，原是從揚州北上，經徐州、汴州的運河水路達於黃河西入關中，由於淮西叛亂，運河路斷，只能從宣州、饒州達於荊州、襄州，再取道武關入京師。

【語　譯】劍南西山兵馬使張朏率領所部士卒作亂，攻入成都城，西川節度使張延賞丟棄成都城，逃往漢州。鹿頭關的戍守將領叱干遂等人討伐張朏，殺了張朏及其黨羽，張延賞又返回成都。

淮南節度使陳少遊率軍討伐李希烈，屯駐盱眙。獲悉朱泚作亂，返回廣陵，整修戰壕和營壘，繕治盔甲和兵器。浙江東道、西道節度使韓滉封鎖關隘橋樑，禁止牛馬出境，修築石頭城，在城內打了近一百口井，修整館舍府第幾十處，修建碉堡和壁壘，起自建業，抵達京峴山，瞭望樓和防禦城牆相連，為皇帝車駕南渡長江做準備，也是為了鞏固自己的守備。陳少遊調動士兵三千人在長江北岸大規模演習，韓滉也派出水軍三千人在京江水域耀武揚威，與陳少遊相呼應。

鹽鐵使包佶有錢帛八百萬，即將運往長安。陳少遊認為叛軍佔據長安，不知什麼時候收復，打算強行奪取包佶的這些錢財。包佶不肯交出來，陳少遊打算殺了他。包佶很害怕，把自己的妻子兒女藏在裝文書檔案的箱籠裡，急忙渡過長江。陳少遊全部收繳了他的錢帛。包佶有守護錢財的士兵三千人，陳少遊也強行收編了。包佶僅僅同數十人逃到上元縣，又被韓滉劫掠。

當時南方的藩鎮各自封鎖邊境自保，只有江南西道的節度使曹王李皋屢次派遣使者走偏僻小路向在奉天城的朝廷進貢。李希烈不斷進逼汴州、鄭州，江、淮通往奉天的道路被阻斷，貢賦都從宣州、饒州、荊州、襄州去往武關再運抵奉天。李皋整治境內的郵驛設施，平整道路，因此來往的使者通行無阻。

上問陸贄以當今切務❶。贄以曏日致亂，由上下之情不通，勸上接下從諫，乃上疏，其略曰：「臣謂當今急務，在於審察群情。若群情之所甚欲者，陛下先行之；所甚惡者，陛下先去之。欲惡❷與天下同而天下不歸者，自古及今，未之有也。夫理亂之本，繫於人心，況乎當變故動搖之時，在危疑向背之際❸，人之所歸則植❹，人之所去則傾❺。陛下安可不審察群情，同其欲惡，使億兆歸趣❻，以靖邦家❼乎！此誠當今之所急也。」又曰：「頃者竊聞輿議❽，頗究群情❾，四方則患於中外意乖❿，百辟又患於君臣道隔⓫。郡國之志⓬不達於朝廷⓭，朝廷之誠⓮不升於軒陛⓯。上澤闕於下布⓰，下情壅於上聞⓱，實事不必⓲知，知事不必實，上下否隔⓳於其際，真偽雜糅⓴於其間，聚怨囂囂㉑，騰謗籍籍㉒，欲無疑阻㉓，其可得乎！」又曰：「總㉔天下之智以助聰明㉕，順天下之心㉖以施教令，則君臣同志㉗，何有不從㉘！遠邇歸心，孰與為亂！」又曰：「慮有愚而近道㉙，事有要而似迂㉚。」

疏奏旬日，上無所施行，亦不詰問。贄又上疏，其略曰：「臣聞立國之本，在乎得眾，得眾之要，在乎見情㉛。故仲尼㉜以謂人情者聖王之田㉝，言理道所生也㉞。」又曰：「易乾下坤上曰『泰』，坤下乾上曰『否』，損上益下曰『益』，損下益上曰『損』㉟。夫天在下而地處上，於位乖矣，而反謂之泰者，上下交故也㊱。君在上而臣處下，於義順矣，而反謂之否者，上下不交故也㊲。上約己而裕於人，人必說而奉上矣，豈不謂之益乎㊳！上蔑人而肆諸己，人必怨而叛上矣，豈不謂之損乎㊴！」又曰：「舟即君道，水即人情。舟順水之道乃浮，違則沒；君得人之情乃固，失則危。是以古先聖王之居人上也，必以其欲從天下之心，而不敢以天下之人從其欲㊵。」又曰：「陛下憤習俗以妨理㊶，任削平而在躬㊷，以明威照臨㊸，以嚴法制斷㊹，流弊自久，浚恆太深㊺。遠者驚疑而阻命逃死之禍作㊻，近者畏懾而偷容避罪之態生㊼。君臣意乖㊽，上下情隔㊾，君務致理㊿，而下防誅夷(51)，臣將納忠(52)，又上慮欺誕(53)，故睿誠不布於羣物(54)，物情不達於睿聰(55)。臣於往年(56)曾任御史，獲奉朝謁，僅欲半年，陛下嚴邃高居(57)，未嘗降旨臨問。羣臣跼蹐趨退(58)，亦不列事(59)奏陳。軒陛之間(60)，且未相諭(61)；宇宙之廣，何由自通(62)！雖復例對使臣(63)，別延宰輔，既殊師錫，且異公言(64)。未行者則戒以樞密勿論，已行者又謂之遂事不諫(65)，漸生拘礙(66)，動涉猜嫌，由是人各隱情，以言為諱。至於變亂將起，億兆同憂，獨陛下恬然[67]不知，方謂太平可致。陛下以今日之所覩，驗往時之所聞，孰真孰虛，何得何失，則事之通塞備詳之矣，人之情偽盡知之矣[68]。」

上乃遣中使[69]諭之曰：「朕本性甚好推誠[70]，亦能納諫。將謂君臣一體，全不隄防，緣推誠不疑，多被姦人賣弄。今所致患害，朕思亦無它，其失反在推誠[71]。又，諫官論事，少能慎密，例自矜衒[72]，歸過於朕以自取名。朕從即位以來，見奏對論事者甚多，大抵皆是雷同，道聽塗說，試加質問，遽即辭窮[73]。若有奇才異能，在朕豈惜拔擢。朕見從前已來，事祇如此，所以近來不多取次對人[74]，亦非倦於接納[75]，卿宜深悉此意[76]。」贄以人君臨下[77]，當以誠信為本[78]。諫者雖辭情鄙拙[79]，亦當優容[80]以開言路。若震之以威，折之以辯[81]，則臣下何敢盡言，乃復上疏，其略曰：「天子之道，與天同方，天不以地有惡木而廢發生[82]，天子不以時有小人而廢聽納[83]。」又曰：「唯信與誠，有失無補[84]。一不誠則心莫之保，一不信則言莫之行[85]。陛下所謂失於誠信以致患害者，臣竊以斯言為過矣。」又曰：「馭之以智則人詐[86]，示之以疑則人偷[87]。上行之則下從之，上施之則下報之。若誠不盡於己而望盡於人，眾必怠而不從矣[88]。不誠於前而曰誠於後，眾必疑而不信矣[89]。是知誠信之道，不可斯須而去身[90]。願陛下慎守而行之有加[91]，恐非所以為悔者也。」又曰：「臣聞仲虺讚揚成湯[92]，不稱其無過而稱其改過；吉甫歌誦周宣[93]，不美其無闕而美其補闕。是則聖賢之意較然著明，惟以改過為能，不以無過為貴。蓋為人之行己，必有過差[94]，上智下愚，俱所不免。智者改過而遷善，愚者恥過而遂非[95]。遷善則其德日新，遂非則其惡彌積[96]。」又曰：「諫官不密自矜[97]，信非忠厚[98]，其於聖德固亦無虧。陛下若納諫不違[99]，則傳之適足增美[100]。陛下若違諫不納[101]，又安能[102]禁之勿傳！」又曰：「侈言無驗不必用[103]，質言當理不必違[104]，辭拙而效速者不必愚[105]，言甘而利重者不必智[106]。是皆考之以實，慮之以終[107]，其用無它，唯善所在。」又曰：「陛下所謂『比見奏對論事皆是雷同，道聽塗說者』，臣竊以眾多之議，足見人情，必有可行，亦有可畏，恐不宜一概輕侮而莫之省納[108]也。陛下又謂『試加質問，即便辭窮』，臣但以[109]陛下雖窮其辭而未窮其理，能服其口而未服其心。」又曰：「為下者莫不願忠，為上者莫不求理。然而下每苦[110]上之不理，上每苦下之不忠。若是者何？兩情不通故也。下之情莫不願達於上，上之情莫不求知於下，然而下恆苦上之難達，上恆苦下之難知。若是者何？九弊不去故也。所謂九弊者，上有其六而下有其三[111]：好勝人，恥聞過，騁辯給，眩聰明，厲威嚴，恣彊愎，此六者[112]，君上之弊也。諂諛，顧望[113]，畏愞[114]，此三者[115]，臣下之弊也。上好勝必甘於佞辭[116]，上恥過必忌於直諫[117]，如是則下之諂諛者順指[118]，而忠實之語不聞矣。上騁辯必勦說[119]而折人以言，上眩明必臆度[120]而虞人以詐[121]，如是則下之顧望者自便，而切磨之辭不盡矣。上厲威必不能降情[122]以接物，上恣愎必不能引咎以受規[123]，如是則下之畏愞者避辜[124]，而情理之說[125]不申矣。夫以區域之廣大，生靈之眾多，宮闕之重深，高卑之限隔[126]，自黎獻[127]而上，獲覩至尊之光景[128]者，踰億兆而無一焉[129]。就獲覩之中得接言議者，又千萬不一。幸而得接者，猶有九弊居其間，則上下之情所通鮮矣。上情不通於下則人惑[130]，下情不通於上則君疑[131]。疑則不納其誠，惑則不從其令。誠而不見納則應之以悖[132]，令而不見從則加之以刑[133]，下悖上刑，不敗何待[134]！是使亂多理少[135]，從古以然。」又曰：「昔趙武吶吶而為晉賢臣[136]，絳侯木訥而為漢元輔[137]。然則口給者[138]事或非信，辭屈[139]者理或未窮。人之難知，堯、舜所病[140]，胡可以一詶一詰而謂盡其能哉[141]！以此察天下之情，固多失實；以此輕天下之士，必有遺才[142]。」又曰：「諫者多，表我之能好[143]；諫者直，示我之能容[144]；諫者之狂誣，明我之能恕[145]；諫者之漏泄[146]，彰我之能從[147]。有一于斯，皆為盛德[1]。是則人君與諫者交相益之道也148。諫者有爵賞之利，君亦有理安之利；諫者得獻替之名149，君亦得采納之名。然猶諫者有失中而君無不美，唯恐讜言150之不切，天下之不聞，如此則納諫之德光矣。」上頗采用其言。

【章旨】以上為第四段，陸贄上奏論人君治國之道，用賢納諫是根本，隱喻盧杞專權誤國，德宗文過飾非，自用如故。

【注釋】❶切務　急務。❷欲惡　好惡。❸況乎當變故動搖之時二句　何況正當變故發生、人心動搖的時候，又處在危殆疑慮、人心向背的關頭。❹植　直立；站立。❺傾　傾倒；覆敗。❻使億兆歸趣　使全天下億萬民眾都歸附朝廷。❼以靖邦家　用來安定國家。❽輿議　民眾的議論。❾頗究羣情　對群眾的心願也很作了些研究。頗，相當地；很。❿四方則患於中外意乖　意謂地方上擔心的是朝內朝外政見不統一。四方，指地方。⓫百辟又患於君臣道隔　意謂朝中百官擔心的是君臣溝通的道路被阻隔。百辟，指朝廷百官。⓬郡國之志　地方上的意見。⓭不達於朝廷　不能上達朝廷。⓮朝廷之誠　朝廷百官的誠意。⓯不升於軒陛　忠言不能上達皇帝。軒陛，皇帝乘用的車輦、椅陛，代指皇帝。⓰上澤闕於下布　皇上的恩澤很少向下流布。闕，通「缺」。缺失。⓱下情壅於上聞　下面的實情被阻塞不能上聞。壅，阻塞。⓲不必　不一定。⓳上下否隔　上下被阻隔。否，閉塞不通。⓴真偽雜糅　真假情況混雜。㉑聚怨囂囂　聚集的怨氣囂然塵上。即謂民怨沸騰。㉒騰謗籍籍　流言飛語縱橫交錯。籍籍，紛紛；縱橫交錯。㉓疑阻　猜疑與阻隔。指上下猜疑，溝通受阻隔。㉔總　彙總；聚結。㉕助聰明　指幫助皇上耳聰目明。㉖順天下之心　指順應全國民心。㉗同志　同心同德。㉘何有不從　有誰不聽從政令。從，指聽從朝廷政令。㉙慮有愚而近道　有的思慮看似愚昧而接近道理。㉚事有要而似迂　有的事情本來切合實際而看似迂闊。㉛見情　洞察人情。㉜仲尼　孔子之字。㉝人情者聖王之田　人情是聖王的田土。語出《禮記．禮運》：「人情以為田。」㉞言理道所生也　這就是說人情是治國之道產生的基礎。理道，指治國之道。㉟易四句　這裡陸贄以《易經》的〈泰〉、〈否〉、〈損〉、〈益〉四個卦象的構成發起議論，用以闡發泰否損益四字箴言。㊱天在下而地處上四句　乾為天，卦象為三陽爻☰；坤為地，卦象為三陰爻☷。泰，亨通的意思。〈泰卦〉之象為䷊，故云天在下而地在上。這本是位置錯亂，反而叫泰，那是因為上下交融通達的緣故。以上解說〈泰卦〉。㊲君在上而臣處下四句　乾為君，坤為臣。否為阻塞不通的意思。〈否卦〉之象為䷋，故云君在上而臣處下。這在義理上是通順的，反而叫否，那是因為上下阻隔不通的緣故。以上解釋〈否卦〉。㊳上約己而裕於人三句　〈益〉的卦象為䷩，是損☴在上，益☳在下，〈彖辭〉曰：「損上益下，民悅無疆」，這裡發揮其義說：君主在上約束自己，而寬大待人，人們必定高高興興地侍奉君王，這難道不應該叫做益嗎。㊴上蔑人而肆諸己三句　〈損〉的卦象䷨，是損☱在下，益☶在上。君主蔑視他人，而自己卻肆無忌憚，人們必定怨恨而背叛君主，這難道不應該叫做損嗎。㊵是以古先聖王之居人上也三句　因此，古代的聖明君王君臨百姓之上，一定使自己的欲望順從百姓的心願，而不敢讓百姓順從自己的欲望。這裡化用《左傳》僖公二十年臧文仲之語：「以欲從人則可，以人從欲則鮮濟。」㊶陛下憤習俗以妨理　陛下十分憤恨藩鎮割據跋扈的習俗，因為它損害了天下治道。㊷任削平而在躬　把削平藩鎮的重任擔在身上。㊸以明威照臨　以聖明的威嚴照臨四方。㊹以嚴法制斷　用嚴峻的法網裁決萬事。㊺流弊自久二句　然而流弊由來已久，陛下疏通流弊追根究底求之太深。浚，疏通；糾正。恆，追根究底。㊻遠者句　謂被疏遠的人驚怖猜疑，因而抗拒命令、逃避死罪的叛亂就發生了。㊼近者句　謂受到親近的人畏懦恐懼，因而苟且偷生、逃避罪責的情態發生。㊽君臣意乖　君臣的意趣正相反。乖，相反；相背。㊾上下情隔　上下的感情有隔閡。㊿致理　務求達到天下大治。51下防誅夷　指臣下提防被誅殺。52納忠　效納忠心。53上慮欺誕　謂皇上總是顧慮受欺騙，猜疑臣下。54睿誠不布於羣物　謂皇上的誠意不能散播於大眾。睿，聖明，對皇上的敬語。55物情不達於睿聽　謂人民大眾的情意也不能上達於聖聽。56往年　前些年，此指德宗即位初，陸贄曾任監察御史。57嚴邃高居　威嚴深邃莫測，而又高高在上。58羣臣跼蹐趨退　群臣小心謹慎，恭敬進退。跼蹐，拘謹小心的樣子。趨退，臣下朝見君主時的進退。趨，小步急走。59列事　條列事務。此指應當呈奏皇上的軍國事務，一件件、一條條列出。60軒陛之間　指朝廷君臣之間。61相諭　互相交流、溝通。62自通　謂自由通達，暢快交流。63雖復例對使臣　雖然陛下一一按慣例接待地方使者。使臣，指節度使等所遣來朝見的使者。64別延宰輔三句　另外延請宰相議事，但這既與眾人參與不同，而且又與當朝公開進言有別。唐制，皇帝於延英殿例請宰相議事。師錫，語出《尚書・堯典》，孔安國注：「師，眾也；錫，與也。」65未行者則戒以樞密勿論二句　尚未施行的事，臣下以勿洩機密為戒，不加討論；已行的事，臣下又說已經過去的事不必勸諫。《論語・八佾》載孔子告誡宰我說，對待國君要言行謹慎，「成事不說，遂事不諫，既往不咎」。陸贄反用其義。66拘礙　顧忌。67恬然　安然。68陛下以今日之所覩六句　陛下如果拿今天見到的來驗證以往聽說的，自然能分清哪個是真，哪個是假，得在哪裡，失在何處，那麼事情的通達與阻塞情況，不就全都明白了，人們的真偽也全都知道了。例如兩河兵興已來至朱泚之亂，盧杞之言無一不誤國，德宗如能以事實驗證，忠奸立辨。陸贄之言，切中要害。(69)中使　宮中派出的宦官使者。(70)推誠　推心置腹。(71)其失反在推誠　原來失誤反而是真誠待人造成的。(72)矜衒　誇示炫耀。(73)遽即辭窮　立即無話可說。(74)取次對人　指按慣例依次諮詢大家的意見。(75)倦於接納　厭倦採納大家的意見。(76)卿宜深悉此意　你應該深知這個意思。(77)臨下　統治臣下。(78)以誠信為本　拿誠心和信用為根本。(79)辭情鄙拙　言辭與態度都粗鄙而迂拙。(80)優容　寬容。(81)震之以威二句　既用威嚴震懾臣下，又用辯論折服臣下。(82)廢發生　制止萬物生長。(83)廢聽納　廢止聽取和採納意見。(84)唯信與誠二句　只有信用與誠心，這兩者一旦失去就無法補救。(85)一不誠則心莫之保二句　一有不誠心待人的事發生，那麼就沒法保有天下的人心；一有不守信用的事情發生，那麼你的話沒有人遵行。保，指擁有天下人的誠心。(86)馭之以智則人詐　用智謀駕御臣下，人們便會欺詐。(87)示之以疑則人偷　將猜疑顯示給臣下，人們便會得過且過。偷，苟且偷生。(88)若誠不盡於己而望盡於人二句　如果自己不能做到竭誠待人，而要求人家竭誠待己，大家一定消極懈怠，不會聽從。誠不盡於己，謂自己不竭盡忠誠。望，希望；要求。(89)不誠於前而曰誠於後二句　先前無誠信，而說以後有誠信，大家一定懷疑而不相信。(90)斯須而去身　片刻時間也不能離開自身。言每時每刻保持誠信。去，離。(91)慎守而行之有加　慎重保守誠與信，而且身體力行更加認真。守，指牢牢保有誠與信。加，加倍努力，身體力行。(92)仲虺贊揚成湯　仲虺，殷朝成湯時名臣。成湯，商朝開國之君。《尚書》有〈仲虺之誥〉，為仲虺稱頌湯放桀而作，誥中有「用人惟己，改過不吝」之語。讚揚成湯不是稱許他不犯錯誤，而是稱讚他改正錯誤，為此所本。(93)吉甫歌誦周宣　尹吉甫，周宣王大夫。周宣王，西周中興之主。《詩經・烝民》即尹吉甫讚美周宣王的詩。尹吉甫頌揚周宣王，不是讚美他沒有缺失，而是讚美他能夠彌補缺失。(94)蓋為人之行己二句　大凡人們只要按自己的意志做事，恐怕一定會有過錯。行己，按自己的主觀意圖辦事。過差，過錯；差錯。(95)智者改過而遷善二句　有智慧的人改正過錯而轉向善美，愚昧的人恥於改過而因循錯誤。遷，轉移；轉化。遂，因循；隨波逐流。(96)其惡彌積　他的過錯更加聚積。彌，更加。(97)諫官不密自矜　謂諫官進言不夠嚴密而又自我誇耀。自矜，自傲。(98)信非忠厚　真的不能說是忠厚。指聽言者不是忠厚之人。信，當真；確確實實。(99)納諫不違　採納直言而不拒絕。違，拒絕。(100)適足增美　謂君主納諫是美德，恰恰足以增添光彩。(101)違諫不納　拒絕直言而不採納，與「納諫不違」相反。(102)安能　怎麼能。(103)侈言無驗不必用　說空話而沒有效驗的進諫不必採用。胡三省注云：「德宗之信裴延齡，以侈言也。」侈言，大話；空話。(104)質言當理不必違　樸實的話說得在理不必拒絕。胡注云：「德宗之罷柳渾，以質言也。」(105)辭拙而效速者不必愚　言辭笨拙而收效迅速的，不一定愚昧。胡注云：「如蕭復之諫幸鳳翔是也。」(106)言甘而利重者不必智　言辭甘美而重於財利的，不一定聰明。胡注云：「趙贊、竇滂之苛徵重斂是也。」(107)考之以實二句　謂善言都是經過事實的考察，又要考慮最後的結果。(108)莫之省納　一概拒絕，不肯審察採納。(109)但以　依臣下上疏慣用語氣，應為「竊以」。(110)每苦　每每感到遺憾。下文「恆苦」，即「總是感到遺憾」，互文同義。(111)上有其六而下有其三　在上位的君有六弊，而在下位的臣有三弊。(112)此六者　指上文六弊，即好勝於人，恥於聞過，馳騁辯才，炫耀聰明，厲行威嚴，剛愎自用，是為人君常犯的錯誤。(113)顧望　瞻前顧後；觀望猶豫。(114)畏愞　畏懼怯懦。(115)此三者　指上文三弊，即諂媚阿諛，瞻前顧後，畏葸怯懦，是人臣常犯的錯誤。(116)甘於佞辭　喜歡聽巧言阿諛之辭。(117)忌於直諫　忌諱直言極諫。(118)順指　順承旨意。(119)勦說　打斷別人，強說己意。(120)臆度　主觀臆測。(121)虞人以詐　用詭詐的方法來猜度別人。(122)降情　猶今言放下架子，屈尊自謙。(123)引咎以受規　自己主動承擔過錯而接受別人的規勸。(124)避辜　逃避責任、罪過。(125)情理之說　合情合理的言論。(126)高卑之限隔　地位高下的限制和阻隔。(127)黎獻　普通百姓中的賢者。黎，眾庶。獻，賢者。(128)至尊之光景　聖上的顏面、風采。(129)踰億兆而無一焉　普通百姓見皇帝，在億萬人之中難得有一個。(130)人惑　上情不下達則臣下迷惑。(131)君疑　下情不通於上則君主猜疑。(132)誠而不見納則應之以悖　臣下的誠心不被接受，就會以悖逆的行為來對付君主。(133)令而不見從則加之以刑　君主的命令沒有被聽從，就會對臣下施加刑罰。(134)下悖上刑二句　臣下悖逆，君上用刑，不敗亡還能等待什麼。(135)理少　治少。(136)趙武吶吶而為晉賢臣　春秋時晉國大夫趙武不善言辭，為晉正卿，晉國以強。吶吶，通「訥訥」。口吃不善言。(137)絳侯木訥而為漢元輔　西漢開國功臣周勃封絳侯，木訥少言，為漢丞相。(138)口給者　口有辯才的人。(139)辭屈　不善言辭；言語短拙。(140)病　缺點；短處。(141)胡可句　怎麼可以在一答一問之間就窮盡了對方的本領呢。胡，通「曷」。怎麼。訓，答。詰，問。(142)遺才　遺漏了人才。(143)能好　能愛好諫者。(144)能容　能容納直言。(145)能恕　能寬恕待人。(146)漏泄　洩露直言人君之過的情況。(147)能從　能從善如流。(148)是則人君與諫者交相益之道也　這就是君主與進諫人互相補益的正確方法。(149)得獻替之名　獲得進獻忠言的名聲。(150)讜言　正直之言。

【校　記】[1]有一于斯皆為盛德　此二句原無。據章鈺校，十二行本、乙十一行本、孔天胤本皆有此二句，張敦仁《通鑑刊本識誤》、張瑛《通鑑校勘記》同，今據補。

【語　譯】德宗詢問陸贄當前最急需辦理的事情是什麼。陸贄認為先前導致變亂的原因，在於朝廷上下情況互不溝通，勸說德宗接納臣下，聽從勸諫，於是上疏，疏中大致說：「臣認為當今最急迫的事務，在於詳察民情。如果是民眾最盼望的，陛下要首先實施它；如果是他們十分厭惡的，陛下就要首先去除它。陛下的好惡與天下民眾相同而天下民眾不歸順於他的事情，從古到今，未曾有過。治與亂的根本，在於人心向背，更何況正當變故發生、民心動搖的時候，又處於危殆疑慮、人心向背不定之際，如果是人心所歸，就能夠建樹功業，人心背離，就會政權傾倒。陛下怎麼可以不仔細考察民眾實情，與他們好惡相同，讓億萬民眾歸附朝廷，從而安定國家呢！這實在是朝廷當前最急的事啊。」又說：「最近臣私下聽到過民眾的議論，對民眾的心願頗作了些探究，地方上擔憂朝廷內外政見不一，朝廷百官擔憂君臣之間的溝通被阻隔。地方上的意見不能上達於朝廷，朝廷百官的誠意不能上達皇上。皇上的恩澤很少向下流布，下面的實情被阻塞不能上聞，真實的情況不一定知悉，知悉的情況不一定真實，上下之間被阻隔，真假情況雜糅其間，聚集的怨氣囂然塵上，流言蜚語縱橫交錯，想要上下之間沒有猜疑和阻隔，那可能嗎！」又說：「匯集天下人的智慧來協助陛下做到耳聰目明，順從天下人的心願施行政教律令，那麼君臣同心同德，有誰不聽從！遠近都歸服，誰還參加作亂呢！」又說：「有的思慮看上去很愚昧卻接近事理，有的事情切合實際而看似迂闊。」

陸贄的奏疏上呈後十天，德宗沒有任何舉措，也不向陸贄追問。陸贄又上疏，疏中大意說：「臣下聽說立國之本，在於得到民眾，得到民眾的關鍵在於洞察民情。所以孔子認為民情是聖王的田土，就是說民情是治國之道產生的基礎。」又說：「在《易經》中，乾在下而坤在上叫做『泰』，坤在下而乾在上叫做『否』，損在上而益在下叫做『益』，損在下而益在上叫做『損』。天處在下面而地處在上面，位置錯亂，反而稱為『泰』，那是上下交融的緣故。君王在上而大臣在下，這在義理上是通順的，反而稱為『否』，那是上下不相通的緣故。人君約束自己而寬大待人，人們必然高高興興地侍奉他，這難道不應該叫做『益』嗎！人君蔑視他人而任己妄為，人們必然會怨恨而背叛他，這難道不應該叫做『損』嗎！」又說：「船就如為君之道，水就如民情。船順應水的規律就會浮在水上，違背了船就會沉沒；君主能夠掌握民情，國家就能鞏固，失察民情，國家就危險了。因此古代聖明君王身居百姓之上，必定要使自己的欲望順從百姓的心願，而不敢讓天下百姓順從自己的欲望。」陸贄還說：「陛下憤恨藩鎮割據的習俗，因為它損害了天下治道，便以削平藩鎮為己任，以聖明的威嚴照臨天下，用嚴峻的法度裁決萬事，然而流弊由來已久，而陛下疏通流弊追根究底求之太深。被您所疏遠的人驚恐猜疑，因而抗拒朝廷命令以求逃脫死罪的叛亂就發生了，您所親近的人畏懦恐懼，因而苟且偷生、逃避罪責的情態就出現了。君王和大臣的意趣相反，上下情感隔閡，君王務求達到天下大治，而臣下卻在防備被誅滅，臣下準備向君王效納忠心，君王又顧慮受欺騙，因此皇帝的誠意不能廣播於大眾，而大眾的情意也不能上達於聖聽。我從前曾擔任過監察御史，得以侍奉朝見陛下，僅有半年時間，陛下威嚴深邃莫測，高高在上，未曾降旨徵詢群臣的意見。群臣小心謹慎，恭敬進退，也不肯提出各種事項條列陳奏。朝廷君臣之間，尚且未能互相交流、溝通；宇宙如此廣闊，又怎能自由通達呢！雖然陛下按慣例召見詢問地方使者，還另外延請宰相們商議政務，但這既與眾人參與不同，而且也異於當朝公開進言。還沒有施行的事情，大臣們以機密為戒，不加討論，對已經實施的事情，大臣們又說已經過去，不必勸諫，大臣們漸漸產生了顧忌，動不動就牽連到受猜疑的事情上，這樣一來大家都各自隱瞞真實情況，都忌諱站出來講話。以至於將要發生變亂時，萬民同憂，惟獨陛下安然不知，還以為太平之世就要到來。陛下您用今日所親眼見到的事實，驗證一下您以往聽說的一些話，看看哪些是真實的，哪些是虛假的，得在哪裡，失在何處，那麼事情的通達與阻塞情況，全部可以明白了，人們的真偽，全部可以知道了。」

於是德宗派中使諭示陸贄說：「朕本身的性格是很喜歡對人推心置腹的，也能夠採納臣下所提的意見。而且我覺得君與臣應該是一個整體，對臣下不加提防，一向推誠相待，不加猜疑，但多次被奸佞之人出賣和愚弄。今天所導致的禍亂，朕考慮也不是別的原因，失誤反而在於我推誠待人。還有，諫官議論軍國大事，很少能嚴謹周密，照例都是自我誇示炫耀，把過錯全推給朕，來為自己博取高名。朕從繼承皇位以來，看到奏對論事的很多，大體上都互相雷同，道聽途說，朕加以質問，馬上就會無言以對。如果有奇才異能，朕怎麼會捨不得提拔。朕觀察從先前到如今，事情都只是這個樣子，所以新近以來不再過多地依次向大家諮詢意見，但也不是我厭倦接受大家的意見，卿應當深知朕的這個意思。」陸贄認為帝王統治天下，應當以誠信作為根本。即便進諫人的言辭和態度都很粗鄙迂拙，皇帝也應該寬容大度地對待他們，以便開通言路。如果用威嚴來震懾他們，用辯論來折服他們，那麼臣下怎麼敢毫無保留地表達自己的主張呢？於是再次上奏，大體意思說：「做天子的原則，與上天統馭萬物的方式一樣，上天不會由於地上長出了壞樹就禁止萬物生長，天子也不能因為經常有小人而廢止聽取和採納臣下的意見。」又說：「能夠用來治理天下的，只有信和誠，二者一旦失去就無法彌補。一旦有不誠心待人的事發生，那麼就沒法保有天下的人心，一旦有不守信用的事情發生，那麼您的話就無人會遵行。陛下您說自己失誤的地方在於對待臣下過分真心誠意，才導致了禍亂的發生，臣下私下覺得這話說得過分了。」又說：「用智謀來駕御臣下，那麼人們就會欺詐，向臣下表示猜疑的態度，那麼人們就會得過且過。上面推行什麼，下面就跟隨執行什麼，上面對下面施恩，下面就會對上面報德。如果自己做不到竭誠待人，卻指望別人竭誠對待自己，大家一定會消極懈怠，不會聽從。先前不誠信，而說以後有誠信，人們一定懷疑而不相信。由此可知，誠信這一準則，是一刻也不能離開自身的。希望陛下謹慎地堅守誠信，而且身體力行更加認真，恐怕不是讓陛下後悔的事情吧。」又說：「臣聽說仲虺頌揚成湯，不是讚揚成湯沒有過錯，而是讚揚成湯能改正過錯；尹吉甫稱頌周宣王，不是讚美周宣王沒有缺失，而是讚美周宣王能夠補救缺失。由此可知聖賢的意思非常明確，只以改正過錯為賢能，而不以沒有過錯為可貴。大凡人們按自己的意志做事，必定會有差錯，無論是最聰明的人，還是最愚笨的人，都在所難免。有智慧的人改正過錯而轉向善美，愚昧的人恥於改正過錯而因循錯誤。朝向善良，德性一天會比一天進步，因循錯誤，那麼他的錯誤更加聚積。」又說：「諫官建言不嚴密，而又自我誇耀，實在不能說是忠誠和厚道，但對於陛下的德望本也沒有什麼損害。陛下如果能夠採納直言而不拒絕，那麼此事傳出去，正好足以給您的德行增美。陛下如果拒絕直言勸諫，又怎麼能禁止人們不傳播此事呢！」又說：「說空話而沒有實際效驗的進諫不必採用，樸實的話說得在理不必拒絕，言詞笨拙而收效迅速的進諫，不一定愚昧，言辭甜美而重於財利的，不一定聰明。這些都要根據事實來考察，考慮最終結果，總之採用進諫之言，沒有別的標準，只看對事情是否有益。」又說：「陛下所說的『近來所見奏對論事都互相雷同，不外乎道聽途說』這句話，臣私下認為，人人都議論，足以反映人們的心願，必定有可行之處，也有令人擔憂的地方，恐怕陛下不應一概輕視，而不加審察採納。陛下又說『嘗試加以質問，馬上就無言以對』，我認為陛下您雖能詰難奏對大臣無話可說，但不能認定人家就毫無道理，您只是讓人口服而不能讓人心服。」又說：「作為臣下，沒有不願對君王竭盡忠誠的，作為帝王，沒有不追求天下太平的。但是臣下每每遺憾君王不能達到天下太平，君王也每每遺憾臣下不能盡忠竭誠。這是為什麼呢？是上下情況沒有溝通的緣故。下面的情況沒有不願意傳達給帝王的，君王的情況沒有不尋求讓臣下知道的，然而臣下每每遺憾下情難於上達，君王則每每遺憾於臣下難以知道上情。這又是什麼原因呢？是沒有清除九弊的緣故。所謂九弊，帝王有六項而臣下有三項：待人爭強好勝、恥於聽到自己的過失、辭辯縱橫、炫耀聰明、務求儀容威嚴、剛愎無節制，這六個方面，是君王的弊端。諂媚阿諛、觀望猶豫、畏懼怯懦，這三個方面，是臣下的弊端。皇上熱衷於爭強好勝，一定樂聞巧言阿諛之辭，皇上恥於聽說自己的過錯，一定忌諱直言極諫，這麼一來，臣下中的阿諛諂媚者就去迎合帝王的意圖，帝王就聽不到忠誠真實的話了。帝王馳騁口辯，必然打斷別人講話，用言辭壓服別人；帝王炫耀自己聰明，一定會主觀揣測而用詭詐的方法來猜度別人，這麼一來，臣下中瞻前顧後的人自尋便利，而經過反覆斟酌取捨的言辭一定會沒完沒了。帝王務求儀容威嚴，一定不會屈尊自謙地待人接物；帝王剛愎無節制，一定不會承認自己的過失而接受規勸，這麼一來，臣下中的那些畏懼怯懦的人將會逃避罪責，而合情合理的辯解就得不到申訴了。天下的地域幅員廣闊，生靈眾多，而宮殿幽深重疊，上下尊卑的等級限制和阻隔，自普通民眾的賢能之士以上，能夠見到聖上的顏面和風采的人，在超過億萬人之中也沒有一個。在見到帝王的人中，能夠與帝王交談議論的人，又是千萬人中沒有一個。在有幸得到帝王接談的人中，又還有九項弊端在其中，那麼，上與下的情況所能溝通的就很少了。上情不能通於下，那麼臣下就迷惑，而下情不通於上，那麼君王就會在心中猜疑。帝王猜疑臣下，那麼就不會接納臣下的誠意，臣下迷惑，就不會服從帝王的命令。忠誠不被接受，那麼就會採取悖逆的行為對待帝王，帝王的命令不被臣下所服從，那麼帝王就會對臣下施加刑罰，臣下悖逆，帝王施刑，國家不敗亡還能等待什麼！這導致變多治少，自古以來都是如此。」又說：「過去趙武說話口吃，但卻做了晉國的賢臣，絳侯灌嬰木訥少言，但卻做了漢王朝的丞相。這樣看來，口有辯才的人所說的事情未必可信，言語短拙的人所說的話不缺少事理。人是難以瞭解的，堯、舜都有短處，怎麼能僅憑君臣之間一問一答，就說他已盡其所能了呢！用這種方式來考察天下的事情，本該大多失實；用這種方式輕視天下的士人，一定會有遺漏人才。」陸贄還說：「進諫規勸的人多，表示君王喜歡納言聽諫；進諫的人犯顏直諫，顯示君王寬容；進諫的人狂妄誣罔，表明君王能夠寬恕待人；進諫的人洩露直言君王過錯的情況，彰顯了君王能從善如流。有一於此，就是大德了。這就是帝王與進諫者之間相互補益的方法。進諫的人有獲得官爵賞賜的利益，君王也有獲得天下太平的利益；進諫的人得到進獻忠言的美名，君王也得到採納意見的美名。然而進諫的人還是有的失於中肯，而對君王卻沒有不好的地方，君王應擔憂的只是臣下的正直之言還不夠切中要害，天下人聽不到臣下提的這些問題，如果這樣，陛下善於納諫的美德就會光照無際了。」德宗採納了陸贄的很多建議。

李懷光頓兵不進，數上表暴揚❶盧杞等罪惡。眾論諠騰❷，亦咎杞等。上不得已，十二月壬戌❸，貶杞為新州❹司馬，白志貞為恩州❺司馬，趙贊為播州❻司馬。宦者翟文秀，上所信任也，懷光又言其罪，上亦為殺之。

乙丑❼，以翰林學士、祠部員外郎陸贄為考功郎中❽，金部員外郎吳通微為職方郎中❾。贄上奏，辭以「初到奉天，扈從將吏例加兩階❿，今翰林獨遷官。夫行罰先貴近⓫而後卑遠⓬，則令不犯；行賞先卑遠而後貴近，則功不遺⓭。望先錄大勞⓮，次徧羣品⓯，則臣亦不敢獨辭。」上不許。

上在奉天，使人說田悅、王武俊、李納，赦其罪，厚賂以官爵。悅等皆密歸款⓰，而猶未敢絕朱滔，各稱王如故。滔使其虎牙將軍⓱王郅說悅曰：「日者八郎⑱有急，滔與趙王⑲不敢愛其死，竭力赴救，幸而解圍⑳。今太尉三兄㉑受命關中，滔欲與回紇共往助之，願八郎治兵，與滔渡河共取大梁㉒。」悅心不欲行，而未忍絕滔，乃許之。滔復遣其內史舍人㉓李琯見悅，審其可否。悅猶豫不決，密召扈崿議之。司武侍郎㉔許士則曰：「朱滔昔事李懷仙為牙將，與兄泚及朱希彩共殺懷仙而立希彩㉕。希彩所以寵信其兄弟至矣，滔又與判官李子瑗謀殺希彩而立泚㉖。泚既為帥，滔乃勸泚入朝㉗而自為留後，雖勸以忠義，實奪之權也。平生與之同謀共功如李子瑗之徒，負而殺之者二十餘人。今又與泚東西相應，使滔得志，泚亦不為所容，況同盟乎！滔為人如此，大王何從得其肺腑而信之邪！彼引幽陵㉘、回紇十萬之兵屯於郊坰㉙，大王出迎，則成擒矣。彼囚大王，兼魏國之兵，南向度河，與關中相應，天下其孰能當之！大王於時悔之無及。為大王計，不若陽許偕行，而陰為之備㉚，厚加迎勞。至則託以它故，遣將分兵而隨之。如此，大王外不失報德之名，而內無倉猝之憂矣。」扈崿等皆以為然。王武俊聞李琯適魏，遣其司刑員外郎㉛田秀馳見悅曰：「武俊曏以宰相處事失宜，恐禍及身，又八郎困於重圍，故與滔合兵救之。今天子方在隱憂，以德綏我㉜，我曹何得不悔過而歸之邪！捨九葉天子㉝不事而事泚及[1]滔乎！且泚未稱帝之時，滔與我曹比肩為王，固已輕我曹矣。況使之南平汴、洛，與泚連衡，吾屬皆為虜矣。八郎慎勿與之俱南，但閉城拒守。武俊請伺其隙㉞，連昭義之兵㉟，擊而滅之，與八郎再清河朔，復為節度使，共事天子，不亦善乎！」悅意遂決，紿滔云：「從行，必如前約。」

丁卯㊱，滔將范陽步騎五萬人，私從者復萬餘人，回紇三千人，發河間而南，輜重首尾四十里。

李希烈攻李勉於汴州㊲，驅民運土木、築壘道㊳以攻城。忿其未就，并人填之，謂之濕薪。勉城守累月，外救不至，將其眾萬餘人奔宋州㊴。庚午，希烈陷大梁。滑州刺史李澄以城降希烈，希烈以澄為尚書令兼永平節度使。勉上表請罪，上謂其使者曰：「朕猶失守宗廟，勉宜自安。」待之如初。

劉洽遣其將高翼將精兵五千保襄邑㊵，希烈攻拔之，翼赴水死。希烈乘勝攻寧陵㊶，江、淮大震㊷。陳少遊㊸遣參謀㊹溫述送款於希烈曰：「濠、壽、舒、廬㊺，已令弛備㊻，韜戈卷甲㊼，伏俟指麾㊽。」又遣巡官㊾趙詵結李納於鄆州。

中書侍郎、同平章事關播罷為刑部尚書。○以給事中㊿孔巢父(51)為淄青宣慰使(52)，國子祭酒(53)董晉(54)為河北宣慰使。

【章　旨】以上為第五段，寫李懷光挾領兵之重強諫，倒奸相盧杞。官軍河南戰事吃緊，李希烈勢盛。朝廷分化招降河北叛軍，朱滔陷於孤立。

【注　釋】❶暴揚　公開揭露。❷眾論諠騰　眾論譁然。❸壬戌　十二月十九日。❹新州　州名，治所在今廣東新興。❺恩州　州名，治所在今廣東恩平。❻播州　州名，治所在今貴州遵義。❼乙丑　十二月二十二日。❽祠部員外郎陸贄為考功郎中　祠部員外郎、考功郎中皆官名，郎中為司級主官，正五品，員外郎為司級次官，從六品上。祠部為禮部第二司，職掌祭祀禮儀。考功為吏部第四司，職掌百官功過考績。凡吏部官高於諸部同級官。陸贄從清要之禮部升遷為執吏權的吏部，又升為司主官。❾金部員外郎吳通微為職方郎中　金部為戶部第三司，掌錢穀出納。職方是兵部第二司，掌輿圖及邊防。❿加兩階　升兩品。⓫貴近　位尊而親近。⓬卑遠　位低而疏遠。⓭功不遺　功勞不會被漏掉。⓮錄大勞　升遷有大功的人。錄，敘錄；選用。大勞，大功。⓯次徧羣品　其次一一施恩百官各品。⓰悅等皆密歸款　田悅等都暗中表示歸服朝廷。⓱虎牙將軍　即左將軍。朱滔等稱王置署官職，採用漢官名稱。⓲八郎　田悅排行第八，故稱八郎。⓳趙王　指王武俊。⓴解圍　朱滔救田悅解官軍之圍。事見本書卷二百二十七德宗建中三年。㉑三兄　朱泚排行第三，故滔稱三兄。㉒大梁　即汴州，宣武軍節度使治所。㉓內史舍人　相當於唐朝廷的中書舍人。㉔司武侍郎　相當於唐朝廷的兵部尚書。㉕殺懷仙而立希彩　事見本書卷二百二十四代宗大曆三年。㉖殺希彩而立泚　事見本書卷二百二十四代宗大曆七年。㉗泚入朝　朱泚入朝，朱滔自為留後。事見本書卷二百二十五代宗大曆九年。㉘幽陵　即幽州。㉙屯於郊坰　朱滔行營屯於魏州之郊。坰，郊野。邑外謂之郊，郊外謂之野，野外謂之林，林外謂之坰。㉚陽許偕行二句　表面上答應與朱滔共同進軍，而實際上暗中作好防備。陽許，佯許。㉛司刑員外郎　相當於唐朝廷的刑部員外郎。㉜以德綏我　用恩德來安撫我們。㉝九葉天子　指德宗為唐代第九世皇帝。葉，世；代。㉞伺其隙　謂偵伺朱滔的破綻。㉟昭義之兵　即李抱真的軍隊，時屯臨洺。㊱丁卯　十二月二十四日。㊲汴州　李勉以宣武節度使鎮汴州。㊳築壘道　修築壁壘通道。㊴奔宋州　李勉奔宋州，依汴宋節度使劉洽。㊵襄邑　縣名，宋州巡屬，縣治在今河南睢縣。㊶寧陵　縣名，在襄邑東，宋州西四十五里，縣治在今河南寧陵。㊷江淮大震　李希烈攻寧陵而宋州危，故淮西鄰道江、淮受到震動。㊸陳少遊　淮南節度使。㊹參謀　節度使文職屬吏，掌謀議。㊺濠壽舒廬　皆州名，為淮南西部巡屬，在淮、蔡東南。㊻弛備　解除戒備。㊼韜戈卷甲　收藏起兵器和甲冑。㊽伏俟指麾　拜伏等待著你來指揮。㊾巡官　節度使文職屬吏，掌巡察事務。㊿給事中　官名，屬門下省，職掌封駁制敕、糾劾百官。(51)孔巢父　字弱翁，孔子三十七世孫。官至御史大夫，有口才，屢為宣慰使。因宣慰李懷光，為其所害。傳見《舊唐書》卷一百五十四、《新唐書》卷一百六十三。52宣慰使　招撫叛逆的欽差大臣。孔巢父宣慰淄青李納。53國子祭酒　官名，國子監主官。54董晉　華州刺史。朱泚反，董晉棄州走行在，改任國子祭酒。

【校　記】1泚及　原無此二字。據章鈺校，十二行本、乙十一行本、孔天胤本皆有此二字，張敦仁《通鑑刊本識誤》、張瑛《通鑑校勘記》同，今據補。

【語　譯】李懷光屯兵不進，屢次上書德宗公開揭露盧杞等人的罪惡。人們議論譁然，也都把罪責歸於盧杞等人。德宗迫不得已，十二月十九日壬戌，把盧杞貶為新州司馬，把白志貞貶為恩州司馬，把趙贊貶為播州司馬。宦官翟文秀，是皇帝信賴重用的人，李懷光又述說他的罪行，德宗也因此殺了翟文秀。

十二月二十二日乙丑，朝廷任命翰林學士、祠部員外郎陸贄為考功郎中，任命金部員外郎吳通微為職方郎中。陸贄上奏，推辭任命，說自己「剛到奉天城，護駕將士依照慣例應該提升兩級，如今只有翰林學士升官。施行懲罰要先從顯貴和親近的人開始，然後是卑微和疏遠的人，這樣，發布的命令就不會有人違犯；行賞先從卑微和疏遠的人開始，然後才是顯貴和親近的人，這樣，功勞就不會遺漏。希望陛下首先升遷有大功勞的人，其次再遍及各級文武官吏，那麼我也不敢獨自推辭對我的升遷任命。」德宗沒有答應。

德宗在奉天時，派人勸說田悅、王武俊、李納，許諾赦免他們的罪過，送給高官顯爵。田悅等人都暗中表示歸降朝廷，但還不敢與朱滔斷絕關係，一如既往地各自稱王。朱滔派他的虎牙將軍王郅勸田悅說：「先前八郎你有危難時，我朱滔與趙王一道不惜性命，竭盡全力趕往救援，有幸解除了對你的圍困。如今我做太尉的三哥在關中承受天命而登上皇位，我朱滔打算與回紇兵一同前去援助，希望八郎你能整飭兵馬，與我朱滔一道渡過黃河，共同攻取大梁。」田悅內心不願意前往，而又不忍心拒絕，就答應了。朱滔又派遣內史舍人李瑄去見田悅，觀察田悅是否打算出兵。田悅猶豫不決，暗中召來扈崿商議這件事。司武侍郎許士則說：「朱滔先前侍奉李懷仙為牙將，與兄長朱泚以及朱希彩共同殺了李懷仙而擁立朱希彩。朱希彩因此極其寵信朱泚兄弟，而朱滔又與判官李子瑗謀殺了朱希彩擁立朱泚。朱泚做了節度使後，朱滔就勸朱泚進京入朝而自己擔任留後，雖然用忠義勸導朱泚，實際上是奪走了朱泚的權力。畢生與朱滔一起謀劃一起立功的人如李子瑗這夥人，遭朱滔背棄而殺害的有二十多人。如今朱滔又與朱泚東西相互策應，假如朱滔得志，朱泚也不會被朱滔所容，何況是同盟者呢！朱滔的為人是這樣，大王從哪裡得到他的肺腑之言而相信他呢！朱滔帶領十萬名幽州、回紇兵駐紮在城外郊野，大王您如果出去迎接，那就被活捉了。朱滔囚禁了大王，兼併了魏國的軍隊，南下渡過黃河，與關中地區互相呼應，天下有誰能與朱滔抗衡呢！大王到時候後悔都來不及了。為大王考慮，不如表面上許諾與朱滔一同南下，而暗地裡做好防備，厚為迎接和慰勞。等朱滔抵達時，就找一個別的藉口，派遣將領帶一部分兵力跟隨朱滔。這麼一來，大王對外不會喪失知恩報德的名聲，對內也不用擔心突然發生變亂了。」扈崿等人都認為許士則說得有道理。王武俊聽說李瑄去了魏博田悅那裡，就派司刑員外郎田秀騎馬急馳去見田悅說：「我王武俊一向認為是當朝宰相處理事情不適宜，害怕災禍及身，加上八郎你陷入重重圍困之中，因此和朱滔一起合兵救援你。目前皇帝正處在深深的憂患之中，還能用恩德來撫慰我們，我們怎能不悔過自新而歸順朝廷呢！怎能捨棄九世代代相承的天子不去侍奉，而去侍奉朱泚和朱滔呢！況且朱泚沒有稱帝時，朱滔與我輩同樣為王，那時他已開始輕視我輩了。何況再讓朱滔南下奪取汴州和東都洛陽，與朱泚成橫貫之勢，我們都要成了朱滔的俘虜了。八郎你要謹慎，不要與朱滔一同南下，只須緊閉城門，堅守抵抗。請讓我王武俊偵伺朱滔的破綻，聯合昭義軍的兵馬，發動襲擊並消滅朱滔，我與八郎再掃清河朔地區，重新擔任朝廷的節度使，共同侍奉皇帝，這不也是很好的選擇嗎！」田悅的想法便決定下來，哄騙朱滔說：「我跟隨你一起去，一定按照以前約定的那樣去做。」

十二月二十四日丁卯，朱滔帶領范陽的五萬名步兵、騎兵，作為私屬跟隨的又有一萬多人，回紇兵三千人，從河間出發南下，運輸輜重的車隊首尾長達四十里。

李希烈在汴州攻打李勉，驅趕民眾運送土木材料、修築壁壘通道，用來攻城。李希烈因為惱怒工程沒有完成，便把活人隨土填埋了，把這些人稱為溼柴。李勉固守汴州城好幾個月，外邊的救兵沒有抵達，便率領他的部下一萬多人奔赴宋州。十二月二十七日庚午，李希烈攻陷大梁。滑州刺史李澄帶領全城投降李希烈，李希烈任命李澄為尚書令兼永平節度使。李勉上表請罪，德宗對李勉的使者說：「我尚且失守宗廟，李勉自己應該安心才是。」德宗對待李勉與先前一樣。

劉洽派遣將領高翼帶領精銳部隊五千人守衛襄邑城，李希烈攻取了襄邑，高翼投水身亡。李希烈乘勝攻打寧陵縣，江、淮大為震盪。陳少遊派遣參謀溫述向李希烈表達誠意說：「濠州、壽州、舒州、廬州，我已命令他們解除戒備，收藏起兵器和甲冑，拜伏在地等待您來指揮。」又派遣巡官趙詵在鄆州與李納聯絡。

中書侍郎、同平章事關播被免職，擔任刑部尚書。○朝廷任命給事中孔巢父為淄青宣慰使，國子祭酒董晉為河北宣慰使。

陸贄言於上曰：「今盜遍天下，輿駕播遷，陛下宜痛自引過以感人心。昔成湯以罪己勃興❶，楚昭以善言復國❷。陛下誠能不吝改過❸，以言謝天下❹，使書詔無所避忌❺，臣雖愚陋，可以仰副聖情❻，庶令反側之徒革心向化❼。」上然之。故奉天所下書詔❽，雖驕將悍卒聞之，無不感激揮涕。

術者❾上言：「國家厄運，宜有變更❿以應時數⓫。」羣臣請更加尊號⓬一二字。上以問贄，贄上奏以為不可，其略曰：「尊號之興，本非古制⓭。行於安泰之日⓮，已累謙沖⓯。襲乎喪亂之時，尤傷事體⓰。」又曰：「嬴秦⓱德衰，兼皇與帝⓲，始總稱之。流及後代，昏僻之君⓳，乃有聖劉、天元之號⓴。是知人主輕重㉑，不在名稱。損之㉒有謙光稽古之善，崇之㉓獲矜能納諂之譏。」又曰：「必也俯稽術數，須有變更㉔，與其增美稱而失人心，不若黜舊號以祗天戒㉕。」上納其言，但改年號而已㉖。

上又以中書所撰赦文㉗示贄，贄上言，以為：「動人以言，所感已淺；言又不切㉘，人誰肯懷㉙。今茲德音㉚，悔過之意不得不深，引咎之辭不得不盡㉛，洗刷疵垢㉜，宣暢鬱堙㉝，使人人各得所欲，則何有不從者乎！應須改革事條，謹具別狀同進㉞。捨此之外，尚有所虞㉟。竊以知過非難，改過為難；言善非難，行善為難。假使赦文至精㊱，止於知過言善㊲，猶願聖慮更思所難㊳。」上然之。

【章　旨】以上為第六段，寫陸贄上奏德宗，改弦更張政治來挽救時局，而下詔罪己挽回人心是最初實際改弦更張的起點。

【注　釋】❶勃興　勃然興起。語出《左傳》莊公十一年魯大夫臧文仲之言，曰：「禹、湯罪己，其興也勃焉。」❷楚昭以善言復國　據胡三省注：楚昭王遭闔閭之禍，國滅出亡，父老送之。王曰：「父老反矣，何患無君？」父老曰：「有君如是其賢也。」相與從之。秦人憐而救之，昭王復國。❸不吝改過　不吝惜改過，即肯於改過。❹以言謝天下　用語言向天下謝罪。即發布罪己詔書。❺使書詔無所避忌　讓詔書寫得沒有忌諱，真實無欺。❻仰副聖情　符合聖上心意。❼庶令反側之徒革心向化　差不多可以使反覆無常之徒革心洗面，心向德化，歸附朝廷。❽奉天所下書詔　興元元年正月癸酉朔（正月初一），德宗下罪己詔，大赦，改元，史稱「興元大赦詔」。使者去山東宣詔，諸鎮驕將悍卒聞之，無不感激。《通鑑》行文，為了敘事完整，有時追述，有時下及。這裡是下及而敘及大赦詔。❾術者　方術士。古代研習天文、醫藥、占卜及神仙術的人，聲稱能預言吉凶。❿變更　變革。當指改元、上尊號、大赦之類。⓫時數　運數。指按週期轉移的天命。德宗納術士之言，於是改元、大赦，用以應合時運。⓬尊號　尊崇的名號。「皇帝」二字即為尊號，意猶未竟再加美號。建中元年（西元七八〇年）

群臣給德宗上尊號為「聖神文武皇帝」，至此群臣請再加一、二字。陸贄以為不可，在「興元大赦詔」中去「聖神文武」四字。⑬尊號之興二句　指在「皇帝」之上再加尊號，不是古來所有。唐代始於玄宗皇帝，加尊號為「開元神武皇帝」。⑭安泰之日　太平時代。⑮已累謙沖　謂尊號拖累了皇帝謙虛沖和的美德。累，拖累；玷汙。⑯襲乎喪亂之時二句　在國家危難時候沿襲加尊號的做法，尤其有害政體。尤，更加。⑰嬴秦　秦為嬴姓，故稱嬴秦。⑱兼皇與帝　古有三皇五帝的稱號。秦始皇統一六國，認為功過三皇五帝，合稱皇帝，自稱「始皇帝」，後世以數計。事見《史記》卷六《秦始皇本紀》。⑲昏僻之君　昏庸邪僻的君主。⑳聖劉天元之號　「聖劉」之號見《漢書》卷十一〈哀帝紀〉、本書卷三十四漢哀帝建平二年。漢哀帝信方士之說，漢德中衰，當改元更命以應天命而號稱「陳聖劉太平皇帝」。「天元」之號見《周書》卷七〈宣帝紀〉、本書卷一百七十三陳宣帝太建十一年。周宣帝禪位太子，自稱天元皇帝，所居稱「天臺」。陸贄引據兩例稱尊號的皇帝，皆衰世皇帝自大之舉，不可效法。㉑人主輕重　君主的偉大與渺小。㉒損之　指降低尊號。句意為損抑尊號會有謙虛求古的美名。㉓崇之　指崇尚、加大尊號。句意為崇尚尊號只能得到自我尊大接受諂媚的譏諷。㉔必也俯稽術數二句　一定要屈身稽考術數時運，需要變更稱號。俯稽，放下身架考察。變更，指變更年號、尊號等，以應天命。㉕黜舊號以祗天戒　廢除原有的尊號來敬承上天的警戒。舊號，指德宗原有的尊號「聖神文武」。祗，敬畏。㉖上納其言二句　德宗採納了陸贄的建言，在「興元大赦詔」中宣布去掉「聖神文武」的尊號，但在實際上仍受群臣尊號的朝賀，故云「但改年號而已」。史言德宗改過只是一句空話。㉗中書所撰赦文　中書省所擬的大赦詔文。㉘不切　不確實。㉙懷　放在心懷。㉚今茲德音　現在所要昭示於人民的德音。德音，指中書省所撰大赦詔文。㉛引咎之辭不得不盡　引咎自責的話不能不詳盡。引咎，承擔責任。㉜洗刷疵垢　洗刷自己的缺點和錯誤。㉝宣暢鬱堙　宣洩大家埋藏的抑鬱。㉞應須改革事條二句　應該及時改變的具體事項，我已恭敬地另寫條陳一同奏進。須，立須；及時。別狀，寫在另一張紙上。㉟捨此之外二句　除此之外，我還有憂慮。此，指下罪己詔。所虞，所憂慮的是具體的改過行動。㊱至精　極為精緻。此指大赦令的文辭優美，好話說盡。㊲止於知過言善　僅僅停留在知道自己的過錯和講幾句好話上。謂只做到了易，而未行其難，即還未做到改過、行善。㊳猶願聖慮更思所難　還希望皇上另外思考更為難辦的事情。即改過、行善。

【語　譯】陸贄對德宗說：「如今盜賊遍布天下，陛下的車駕流亡遷徙，陛下應當痛切地引咎自責來感化民心。過去成湯因自己承擔罪責而勃然興起，楚昭王因善意的講話而終於復國。陛下確實能夠不惜改過，公開地向天下人謝罪，讓詔書寫得無所避諱，臣雖愚昧淺陋，能讓草擬的詔書符合陛下的心意，差不多可以讓那些反覆無常之徒洗心革面，歸附朝廷。」德宗認為陸贄說得對。因此在奉天城所頒布的詔書，即使是驕兵悍將聽到了，沒有不感動得揮淚的。

有方術之士進言德宗說：「國家蒙受了厄運，應當有所變革，以順應運數。」群臣們請為德宗的尊號再加上一、二個字。德宗就此事詢問陸贄，陸贄上奏，認為不可以。奏疏大致的意思是說：「出現給皇帝添加尊號這件事，本來就不是古代的制度。在國家太平時施行，已經拖累了皇帝謙遜沖和的美德。在國家處在喪亂時襲用，尤其有害政體。」又說：「嬴姓秦朝德行衰敗，兼用皇與帝兩個名號，始將二者合稱皇帝。流傳到後代，昏庸邪僻的君主，才有漢哀帝的『聖劉』之號、周宣帝的『天元』之稱。由此可知，帝王偉大與渺小，不在於他有個什麼名稱。降低尊號，就會有謙遜和順從古制的美譽，崇尚尊號，只能獲得自我尊大和接受諂媚的譏諷。」又說：「陛下一定要屈身稽考時運術數，需要變更稱號，與其給自己增加美稱而喪失民心，不如廢黜原有的尊號而表示恭奉上天的警戒。」德宗接受了陸贄的主張，僅僅改換了來年的年號而已。

德宗又把中書省撰寫的大赦詔文給陸贄看，陸贄進言德宗，認為：「用言語打動別人，使人所受的感動已經很少；如果所說的話不切實際，人們誰肯放在心上。今天的這篇詔書，追悔過失的意思不能不深切，引咎自責的措辭不能不詳盡，洗刷自己的缺點和錯誤，宣洩大家心中久埋的抑鬱，使人們各自得到所希望的滿足，那麼還有誰會不聽命於朝廷呢！應當及時變革的具體事項，我恭敬地另寫了一個條陳同時進呈。除此之外，我還有所擔憂。臣認為知道自己的過錯並不難，難在改正過錯；話講得好並不難，難在做得好。假如這篇赦罪文書寫得極為精緻，那也只是停留在知道自己的過錯和講得動聽，還希望陛下另外考慮改過、行善這些更難辦的事情。」德宗認為陸贄說得對。

興元元年（甲子　西元七八四年）

春，正月癸酉朔❶，赦天下，改元。制曰❷：「致理❸興化，必在推誠；忘己濟人❹，不吝改過。朕嗣服丕構❺，君臨萬邦❻，失守宗祧❼，越在草莽❽。不念率德❾，誠莫追於既往；永言思咎，期有復於將來。明徵其義，以示天下❿。

「小子懼德弗嗣⓫，罔敢怠荒⓬。然以長于深宮之中，暗⓭於經國之務⓮，積習易溺⓯，居安忘危，不知稼穡之艱難⓰，不恤⓱征戍之勞苦，澤靡下究⓲，情未上通，事既擁隔，人懷疑阻⓳。猶昧省己⓴，遂用興戎㉑，徵師四方，轉餉千里，賦車籍馬㉒，遠近騷然，行齎居送㉓，眾庶勞止㉔，或一日屢交鋒刃，或連年不解甲冑。祀奠乏主，室家靡依㉕，死生流離，怨氣凝結㉖，力役不息，田萊㉗多荒。暴令峻於誅求，疲甿空於杼軸㉘，轉死溝壑，離去鄉閭，邑里丘墟，人煙斷絕。天譴於上而朕不寤，人怨於下而朕不知，馴致亂階，變興都邑㉙，萬品失序㉚，九廟震驚㉛，上累于祖宗㉜，下負于蒸庶㉝，痛心靦貌㉞，罪實在予，永言愧悼㉟，若墜泉谷㊱。自今中外所上書奏，不得更言『聖神文武』之號。

「李希烈、田悅、王武俊、李納等，咸以勳舊，各守藩維。朕撫御乖方㊲，致其疑懼。皆由上失其道，而下罹㊳其災，朕實不君㊴，人則何罪㊵！宜并所管將吏等一切待之如初。

「朱滔雖緣朱泚連坐，路遠必不同謀，念其舊勳，務在弘貸㊶，如能效順，亦與惟新㊷。

「朱泚反易天常㊸，盜竊名器㊹，暴犯陵寢㊺，所不忍言，獲罪祖宗，朕不敢赦。其脅從將吏百姓等，但官軍未到京城以前，去逆效順并散歸本道本軍者，並從赦例㊻。

「諸軍諸道應赴奉天及進收京城將士，並賜名奉天定難功臣㊼，其所加墊陌錢㊽、稅間架、竹、木、茶、漆、榷鐵㊾之類，悉宜停罷。」

赦下，四方人心大悅。及上還長安明年㊿，李抱真入朝為上言：「山東宣布赦書，士卒皆感泣。臣見人情如此，知賊不足平也。」

命兵部員外郎李充為恆冀宣慰使。○朱泚更國號曰漢，自號漢元天皇，改元天皇。

【章旨】以上為第七段，寫德宗採納陸贄建言，在興元元年的元旦日頒布興元大赦詔。

【注釋】❶癸酉朔　正月初一日。❷制曰　此即陸贄所草「興元大赦詔」，全文載《舊唐書》卷十二〈德宗紀〉上。❸致理　達到天下大治。理，即治。唐避高宗諱，改「治」為「理」。❹忘己濟人　忘記自己，幫助別人。❺嗣服丕構　繼承帝位。丕構，大廈，代指國家、帝位。典出《尚書・大誥》：「若考作室，既厎法，厥子乃弗肯堂，矧肯構。」❻君臨萬邦　統治天下。❼失守宗祧　失守了祖宗廟堂。宗，百世不毀之廟，如高祖、太宗。祧，遠祖之廟。宗祧，代指宗廟。❽越在草莽墜落在原野草叢中。語出《左傳》昭公二十年衛侯之語。❾不念率德　沒有念念不忘遵循德教。❿明徵其義二句　現在把這個意思公開表達出來，展示給天下之人。⓫小子懼德弗嗣　朕害怕自己的德行不能繼承先帝的業績。小子，天子的謙稱。⓬罔敢怠荒　不敢怠慢荒忽職守。⓭暗　不熟悉。⓮經國之務　治理國家的政務。⓯積習易溺　積久的習慣容易沉溺。⓰居安忘危二句　化用《周書》與《尚書・無逸》周公告成王之語。《周書》曰「居安思危」，見《左傳》襄公十一年引，乃《逸周書》之文。《尚書・無逸》載，周公作〈無逸〉，告成王曰：「嗚呼，君子所其無逸，先知稼穡之艱難。」又曰：「相小人，厥父母勤勞稼穡，厥子乃不知稼穡之艱難。」⓱恤　憐愛；體恤。⓲澤靡下究　恩澤沒有普施於黎民眾庶。⓳人懷疑阻　人們自然心懷疑慮而憂愁。阻，憂也。⓴猶昧省己　朕仍然不知道反省自己。㉑興戎　興兵；爆發戰爭。㉒賦車籍馬　徵用車馬。賦、籍，徵也。㉓行齎居送　出征的人要帶軍資，留在家中的人服役輸送衣糧。㉔眾庶勞止　大眾受盡了勞苦。止，語氣詞。㉕祀奠乏主二句　祭奠祖先沒有主人，家庭沒有依靠。㉖死生流離二句　生死無定，流離失所，怨恨之氣，鬱聚盤結。㉗田萊　農田荒蕪。田廢生草曰萊。㉘暴令峻於誅求二句　殘暴的長官嚴厲索討錢糧，疲困的農婦不再織布。令，官吏，與下文「甿」對應。甿，百姓，此指農婦。杼軸，指代織布。杼，織機上的梭子。軸，織機的轉軸。㉙馴致亂階二句　於是逐漸釀成禍亂的基礎，致使京城發生了變故。馴，逐漸。興，發生；興起。㉚萬品失序　萬事失去了秩序。㉛九廟震驚　九廟祖宗受到驚擾。古制天子七廟，始祖與三昭三穆為七。唐初始立四廟，後逐漸增立親廟，至玄宗開元十年（西元七二二年）始立九廟，自是常為定制。㉜上累于祖宗　朕對上連累了列祖列宗。㉝下負于蒸庶　朕對下辜負了黎民大眾。蒸庶，眾庶。㉞痛心靦貌　內心沉痛，臉上慚愧。㉟永言愧悼　久久地慚愧和悲傷。言，句中語氣詞。㊱泉谷　淵谷。唐避高祖李淵諱，「淵」字作「泉」。㊲乖方　無方；失當。㊳罹　遭受。㊴不君　不配為君；言行不像君主。㊵人則何罪　他人有什麼罪。即在下位的人無罪，赦免田悅等。㊶弘貸　寬大免罪。㊷惟新　自新。㊸反易天常　違背天道，改變常規。指違反君為臣綱之規而為逆。㊹名器　指君位。㊺暴犯陵寢　殘暴地侵害了列祖列宗的陵園寢廟。朱泚在奉天屯兵於乾陵等地。㊻並從赦例　一概按照赦免的條例處理。㊼奉天定難功臣　給一應勤王官兵士庶加此榮名，以激勵士氣。定難，克平禍難。㊽墊陌錢　即除陌錢。㊾榷鐵　國家專營鑄鐵及買賣。㊿上還長安明年　德宗還長安之明年，即貞元元年（西元七八五年）。

【語　譯】興元元年（甲子　西元七八四年）

春，正月初一日癸酉，朝廷大赦天下，更改年號。頒布制書說：「達到天下大治，振興教化，一定在於開誠布公；忘記自己，幫助別人，不惜改正錯誤和過失。朕繼承帝位，統治天下，卻失守宗廟，身落荒野草叢之中。沒能念念不忘遵循德教，實在無法追悔以往；只有長久地審思自己的過錯，希望將來復興國家。現把這個意思公開表達出來，展示在天下人的面前。

「朕擔心自己的德行難以繼承先帝們的業績，臨朝不敢荒忽懈怠。然而由於生活在深宮之中，不熟悉治理國家的事務，積久的習慣容易沉溺，身處平安之世，忘卻天下會有危難，不知道農事的艱難，不體恤征戍將士的勞苦，恩澤沒能廣施下層百姓，下面的情況也沒能上通朝廷，事情既然阻隔壅塞，人們便心懷疑慮而憂愁。朕仍不懂得反省自己，於是戰爭興起，四處徵兵，轉運糧餉千里之遙，徵用百姓車馬，遠近騷動不安，出征的人要自帶軍資，居家的人則服役輸送，民眾受盡了勞苦，有時一天之內多次交戰，有時連年不能解甲休整。祭祀祖先沒有主人，家庭沒有依靠，百姓生死無定，流離失所，怨恨之氣，凝聚盤結，徵發勞役未曾停息，農田荒蕪。殘暴的官吏嚴厲索討錢糧，困疲的農婦不再織布，人們流離轉徙死於溝壑之中，背井離鄉，城鎮鄉村變為丘墟，人煙斷絕。蒼天示譴於上，而朕沒有醒悟，百姓怨恨於下，而朕不知曉，於是逐漸釀成禍亂的基礎，變亂興起於都城，萬事喪失了秩序，九朝祖宗震驚，朕對上拖累了列祖列宗，對下辜負了黎民，內心沉痛，臉上羞愧，罪責在我，長久地慚愧和悲傷，就像墜入淵谷。從今以後，朝廷內外所上奏的書表奏章，不允許再稱『聖神文武』之號。

「李希烈、田悅、王武俊、李納等人，都是以有功舊臣，各自駐守藩鎮。朕安撫、控馭失當，致使他們對朝廷疑惑畏懼。這都是由於上面失道而導致下面遭受災害，朕實在是言行不像君主，他人有什麼罪呢！應當把李希烈等人連同他們的部屬將士等一併對待如同當初。

「朱滔雖然由於朱泚反叛而應獲連坐之罪，但二人相距遙遠必不同謀，念他是功勳舊臣，一定寬大恕罪，如果能夠歸順效命，也准許他反省自新。

「朱泚違背天道，竊取君位，殘暴地侵犯了先皇陵寢，所作所為令人不忍稱說，得罪於列祖列宗，朕不敢赦免。那些因受朱泚威脅而被迫跟隨的將士、官吏、百姓等人，只要是在朝廷軍隊尚未到達京城以前，離開叛軍，效順朝廷，能夠散夥後投奔本道本軍的人，一律依照赦免條例辦理。「諸軍諸道凡應召奔赴奉天救難和進軍收復京城的將士，一併賜予奉天定難功臣的稱號。那些加徵的除陌錢、間架稅，以及竹、木、茶、漆稅和專營鐵器等項稅賦，全部停止徵收。」

赦罪文書頒行天下，四方民心大快。等到德宗重返長安的第二年，李抱真入朝對德宗說：「山東頒布赦罪文書時，士兵們都感動流淚。我見民情是這樣，就知道平定叛軍實在不足掛齒了。」

朝廷任命兵部員外郎李充為恆冀宣慰使。○朱泚更改國號為漢，自稱漢元天皇，改換年號為天皇。

王武俊、田悅、李納見赦令，皆去王號，上表謝罪。惟李希烈自恃兵彊財富，遂謀稱帝。遣人問儀❶於顏真卿，真卿曰：「老夫嘗為禮官，所記惟諸侯朝天子禮耳。」希烈遂即皇帝位，國號大楚，改元武成。置百官，以其黨鄭賁為侍中，孫廣為中書令，李綬、李元平同平章事。以汴州為大梁府，分其境內為四節度。希烈遣其將辛景臻謂顏真卿曰：「不能屈節，當自焚！」積薪灌油於其庭。真卿趨赴火，景臻遽止之。

希烈又遣其將楊峯❷齎赦❸賜陳少遊及壽州❹刺史張建封❺，建封執峯徇於軍❻，腰斬於市。少遊聞之駭懼。建封具以少遊與希烈交通之狀聞。上悅，以建封為濠、壽、廬三州都團練使❼。希烈乃以其將杜少誠為淮南節度使，使將步騎萬餘人先取壽州，後之江都，建封遣其將賀蘭元均、邵怡守霍丘❽秋柵❾。少誠竟不能過，遂南寇蘄、黃，欲斷江路❿。時上命包佶自督江、淮財賦，泝江詣行在，至蘄口⓫，遇少誠入寇。曹王皐遣蘄州刺史伊慎將兵七千拒之，戰於永安戍⓬，大破之。少誠脫身走，斬首萬級，包佶乃得前。後佶入朝，具奏陳少遊奪財賦事。少遊懼，厚斂所部以償之。李希烈以夏口⓭上流要地，使其驍將董侍募死士七千襲鄂州，刺史李兼⓮偃旗臥鼓閉門以待之。侍撤屋材以焚門，兼帥士卒出戰，大破之。上以兼為鄂、岳、沔都團練使。於是希烈東畏曹王皐，西畏李兼，不敢復有窺江、淮之志矣。

【章旨】以上為第八段，寫李希烈南犯江、淮，東西受阻，再不敢南犯。

【注釋】❶儀　即皇帝位的禮儀。❷楊峯　兩《唐書》作楊豐。❸赦　指李希烈所頒發的赦令。❹壽州　州名，為淮南節度使巡屬。治所壽春，在今安徽壽縣。❺張建封　字本立，初為岳州刺史、壽州刺史，貞元間拜御史大夫，除泗濠節度使。傳見《舊唐書》卷一百四十、《新唐書》卷一百五十八。❻徇於軍　在軍中示眾。❼都團練使　官名。唐代中期以後，在不設節度使地區置團練使，掌管一地軍事。都團練使為濠、壽、廬三州團練使之長。❽霍丘　縣名，在壽州之西，縣治在今安徽霍丘。❾秋柵　防衛霍丘的軍塞。❿欲斷江路　想阻斷貢賦朝廷的長江水路。蘄、黃二州在壽州西南臨江，故淮南將杜少誠想攻下二州以斷江路。⓫蘄口　蘄水入江之口。在今湖北蘄春南長江北岸。⓬永安戍　軍寨名，在黃州界內，梁曾置永安郡，後廢為戍。在今湖北新洲，唐時為黃岡縣。⓭夏口　夏水，即漢水入江之口，時為江夏縣，鄂州治所。在今湖北武漢三鎮的漢口。⓮李兼　官至江西觀察使。

【語譯】王武俊、田悅、李納見到皇帝的赦罪詔令，都去掉了諸侯王稱號，上表朝廷認罪。只有李希烈倚仗自己軍力強大，資財富足，便謀劃稱帝。他派人向顏真卿詢問即皇帝位的典禮儀式，顏真卿說：「老夫曾擔任禮官，所記得的只有諸侯朝見天子的禮儀罷了。」李希烈於是登上了皇帝之位，國號為大楚，改年號為武成。設置百官，讓他的黨羽鄭賁擔任侍中，孫廣擔任中書令，李綬、李元平為同平章事。把汴州改稱為大梁府，劃分所統轄的地域為四個節度區。李希烈派將領辛景臻對顏真卿說：「你既然不能屈節侍奉我，就應該自焚！」在顏真卿的庭院中堆積乾柴，澆上油脂。顏真卿快步投入火堆，辛景臻急忙阻止他。

李希烈又派遣他的部將楊峯攜帶赦書送給陳少遊和壽州刺史張建封。張建封抓住楊峯在軍中示眾，在街市中把他腰斬了，陳少遊聽到消息後震驚懼怕。張建封把陳少遊與李希烈互相勾結的情況上奏給朝廷。德宗非常高興，任命張建封為濠州、壽州、廬州都團練使。李希烈任命他的部將杜少誠為淮南節度使，讓他率領步兵、騎兵一萬多人先去攻佔壽州，然後前往江都赴任。張建封派遣他的部將賀蘭元均、邵怡守衛霍丘縣的秋柵。杜少誠竟然被阻截無法通過，就南去侵犯蘄州、黃州，想要截斷長江通道。當時德宗命令包佶親自督運江、淮一帶徵斂的財賦，溯江前往德宗所在的奉天城，到了蘄口，遭遇到杜少誠的侵擾。曹王李皋派遣蘄州刺史伊慎帶領士兵七千人阻擊杜少誠，雙方在永安戍交戰，大敗杜少誠。杜少誠脫身逃走，官軍斬獲叛軍首級一萬多，包佶這才得以前進。後來包佶入朝晉見德宗，把陳少遊奪取朝廷財賦的事情原原本本地奏報了。陳少遊很害怕，在控制的地域內大肆搜刮來補償朝廷。李希烈認為夏口是長江上游的要害之地，便派他的驍將董侍召募敢死士卒七千人襲擊鄂州，鄂州刺史李兼偃旗息鼓，關閉城門，以待董侍。董侍命令部下拆除民房的木材用來焚燒城門，李兼帶領士卒出城交戰，把董侍的人馬打得大敗。德宗任命李兼為鄂州、岳州、沔州都團練使。於是李希烈東面害怕曹王李皋，西面害怕李兼，不敢再有窺伺長江、淮河的想法了。

朱滔引兵入趙境，王武俊大具犒享❶。入魏境，田悅供承倍豐❷，使者迎候，相望於道。丁丑③，滔至永濟④，遣王郅見悅，約會館陶⑤，偕行度河。悅見郅曰：「悅固願從五兄⑥南行，昨日將出軍，將士勒兵不聽悅出，曰：『國兵新破⑦，戰守踰年⑧，資儲竭矣。今將士不免凍餒，何以全軍遠征⑨！大王日自撫循，猶不能安。若捨城邑而去，朝出，暮必有變。』悅之志非敢有貳也，如將士何！已令孟祐備步騎五千，從五兄供芻牧之役⑩。」因遣其司禮侍郎⑪裴抗等往謝滔。滔聞之，大怒曰：「田悅逆賊，曏在重圍，命如絲髮⑫，使我叛君棄兄，發兵晝夜赴之，幸而得存。許我貝州，我辭不取；尊我為天子，我辭不受⑬。今乃負恩⑭，誤我遠來，飾辭不出！」即日，遣馬寔攻宗城、經城⑮，楊榮國攻冠氏⑯，皆拔之。又縱回紇掠館陶，頓幄帟⑰、器皿、車、牛以去。悅閉城自守。壬午⑱，滔遣裴抗等還，分兵置吏守平恩⑲、永濟。

丙戌⑳，以吏部侍郎盧翰為兵部侍郎、同平章事。翰，義僖之七世孫也。○朱滔引兵北圍貝州，引水環之，刺史邢曹俊嬰城拒守。縱范陽及回紇兵大掠諸縣，又拔武城㉑，通德、棣二州㉒，使給軍食，遣馬寔將步騎五千屯冠氏以逼魏州。

○以給事中杜黃裳㉓為江淮宣慰副使。

【章　旨】以上為第九段，寫王武俊、田悅、李納接受赦令歸順朝廷，河北朱滔仍負隅頑抗。

【注　釋】❶大具犒享　大力備辦犒賞軍食。❷供承倍豐　供奉的酒食更是加倍豐盛。❸丁丑　正月初五日。❹永濟　田悅分臨清所置縣名。以縣西臨永濟渠而得名，屬貝州，縣治在今山東臨清南。❺館陶　魏州屬縣，縣治在今河北館陶北。❻五兄　朱滔排第五，故田悅稱他為「五兄」。❼國兵新破　田悅稱魏王，故自稱「國兵」。新破，指不久前為馬燧所破。❽戰守踰年　指與馬燧等官軍交戰超過一年。❾何以全軍遠征　全軍靠什麼遠征作戰。❿供芻牧之役　供辦放馬餵馬的雜活。⓫司禮侍郎　相當唐朝廷的禮部侍郎。⓬命如絲髮　生命垂危，命懸一髮。⓭許我貝州四句　朱滔叛唐救田悅，不取田悅所獻貝州，不受田悅所尊天子之號。事均見本書卷二百二十七德宗建中三年。⓮負恩　背德。⓯宗城經城　皆縣名。宗城在今河北威縣東，經城在今河北威縣北經鎮。⓰冠氏　縣名，在今山東冠縣。⓱幄帟　宿軍帳幕。⓲壬午　正月初十日。⓳平恩　洺州屬縣。在今河北曲周東南。⓴丙戌　正月十四日。㉑武城　縣名，屬貝州，縣治在今河北武城。㉒通德棣二州　朱滔克武城連通德、棣二州。朱滔建中二年（西元七八一年）據有德、棣二州。㉓杜黃裳　（西元七三八—八〇八年）字遵素，京兆萬年（今西安）人，憲宗朝官至宰相，為同中書門下平章事。傳見《舊唐書》卷一百四十七、《新唐書》卷一百六十九。

【語　譯】朱滔率軍進入趙州境內，王武俊為朱滔備辦了豐厚的犒賞軍食。朱滔率軍進入魏州境內，田悅供奉的物品加倍豐厚，派使者迎候朱滔，前後相望於道。正月初五日丁丑，朱滔抵達永濟縣，派遣王郅去見田悅，約田悅在館陶會合，同行南渡黃河。田悅接見王郅時說：「我田悅本來願意隨從五哥南進，昨天將要出兵，將士們按兵不動，不服從我的命令出城，他們說：『我們魏國的軍隊剛被打敗，交戰超過一年，物資儲備全都耗盡了。如今將士們難以避免挨餓受凍，全軍靠什麼遠征作戰呢！大王您每日都要親自安撫慰諭將士，軍心還不能安定下來。假如放棄駐守的城邑離去，早晨出去，日落後必定兵變。』我田悅的本意是不敢對五哥懷有二心的，但又能拿將士們怎麼辦呢！我已經命令孟祐準備步兵、騎兵五千人，隨從五哥，供五哥用作割草餵馬的賤役。」於是派遣司禮侍郎裴抗等人前往朱滔那裡賠罪。朱滔聽到這一消息，大怒，說：「田悅這個逆賊，先前身陷重圍，性命如同頭髮絲那樣纖弱，讓我背叛皇帝，離棄兄弟，發兵晝夜兼程地前往救援他，僥倖保住了他的性命。田悅許諾把貝州送給我，我推辭沒有接受；尊崇我做皇帝，我推辭沒有接受。到如今卻辜負恩德，害得我率軍遠行而來，田悅竟然花言巧語推託而不肯出兵！」當天，便派遣馬寔攻打田悅佔據的宗城縣、經城縣，派遣楊榮國攻打冠氏縣，都攻取了。還縱容回紇兵搶劫館陶頓儲的帳幕及各種器具、車輛、牛群而去。田悅閉城自守。初十日壬午，朱滔派裴抗等人返回魏州，分派兵馬，設置官吏，守備平恩縣和永濟縣。

正月十四日丙戌，朝廷任命吏部侍郎盧翰為兵部侍郎、同平章事。盧翰是盧義僖的第七代孫。○朱滔帶兵北圍貝州，引來河水把貝州城環繞起來，貝州刺史邢曹俊環城守衛，抵禦朱滔。朱滔縱容范陽和回紇士兵大肆搶掠各縣，又攻取了武城縣，連通了德、棣兩個州，讓德、棣二州供應軍糧，派遣馬寔率步兵、騎兵五千人屯駐在冠氏縣，壓迫魏州。○朝廷任命給事中杜黃裳為江淮宣慰副使。

上於行宮廡❶下貯諸道貢獻之物，牓曰「瓊林大盈庫❷」。陸贄以為：「戰守之功，賞賚❸未行，而遽私別庫，則士卒怨望，無復鬬志。」上疏諫，其略曰：「天子與天同德，以四海為家，何必橈廢公方❹，崇聚❺私貨！降至尊❻而代有司之守，辱萬乘以效匹夫之藏，虧法失人❼，誘姦聚慝❽，以斯制事，豈不過哉❾！」又曰：「頃者六師初降❿，百物無儲，外扞兇徒，內防危堞⓫，晝夜不息，殆將五旬⓬，凍餒交侵⓭，死傷相枕⓮，畢命同力⓯，竟夷大艱⓰。良以陛下不厚其身，不私其欲，絕甘⓱以同卒伍，輟食以啗功勞⓲。無猛制而人不攜⓳，懷所感也；無厚賞而人不怨，悉所無也。今者攻圍已解，衣食已豐，而謠讟方興⓴，軍情稍阻㉑，豈不以勇夫恆性㉒，嗜利矜功，其患難既與之同憂，而好樂不與之同利，苟異恬默，能無怨咨㉓！」又曰：「陛下誠能近想重圍之殷憂㉔，追戒平居之專欲㉕，凡在二庫㉖貨賄，盡令出賜有功，每獲珍華㉗，先給軍賞，如此，則亂必靖㉘，賊必平，徐駕六龍㉙，旋復都邑㉚，天子之貴，豈當憂貧！是乃散其小儲㉛而成其大儲㉜，損其小寶而固其大寶也。」上即命去其牓㉝。

蕭復嘗言於上曰：「宦官自艱難以來㉞，多為監軍，恃恩縱橫㉟。此屬但應掌宮掖之事，不宜委以兵權國政。」上不悅。又嘗言：「陛下踐阼之初，聖德光被㊱，自楊炎、盧杞黷亂㊲朝政，以致今日。陛下誠能變更睿志㊳，臣敢不竭力。儻使臣依阿苟免㊴，臣實不能！」又嘗與盧杞同奏事，杞順上旨，復正色曰：「盧杞言不正！」上愕然，退，謂左右曰：「蕭復輕㊵朕！」戊子㊶，命復充山南東·西、荊湖、淮南、江西、鄂岳、浙江東·西、福建、嶺南等道宣慰、安撫使，實疏㊷之也。

既而劉從一及朝士往往奏留復㊸。上謂陸贄曰：「朕思遷幸㊹以來，江、淮遠方，或傳聞過實，欲遣重臣宣慰，謀於宰相及朝士，僉㊺謂宜然。今乃反覆如是，朕為之悵恨累日㊻。意㊼復悔行，使之論奏邪？卿知蕭復何如人㊽？其不欲行，意趣安在[49]？」贄上奏，以為：「復痛自脩勵[50]，慕為清貞[51]，用雖不周，行則可保[52]。至於輕詐[53]如此，復必不為。借使[54]復欲逗留[55]，從一安肯附會[56]！今所言矛楯[57]，願陛下明加辯詰[58]。若蕭復有所請求，則從一何容為隱[59]！若從一自有回互[60]，則蕭復不當受疑。陛下何憚而不辯明[61]，乃直[62]為此悵恨也！夫明則罔惑，辯則罔冤[63]；惑莫甚於逆詐而不與明[64]，冤莫痛於見疑而不與辯[65]。是使情偽相糅[66]，忠邪靡分[67]。茲實居上御下之要樞，惟陛下留意[68]。」上亦竟不復辯也。

辛卯[69]，以王武俊為恆、冀、深、趙節度使。壬辰[70]，加李抱真、張孝忠並同平章事。丙申[71]，加田悅檢校左僕射。以山南東道行軍司馬樊澤[72]為本道節度使，前深、趙觀察使康日知為同州刺史、奉誠軍[73]節度使，曹州刺史李納[74]為鄆州刺史、平盧節度使。

戊戌[75]，加劉洽汴、滑、宋、亳都統副使，知都統事[76]，李勉悉以其眾授之。◯辛丑[77]，六軍[78]各置統軍[79]，秩從三品，以寵勳臣。◯吐蕃尚結贊請出兵助唐收京城。庚子[80]，遣祕書監崔漢衡使吐蕃，發其兵。

【章旨】以上為第十段，寫德宗猜疑、貪財秉性難移，局勢好轉舊病復犯，由於尚在蒙塵之中，京城未復，才勉強聽取了陸贄的勸諫。

【注釋】❶廡 廊廡。❷牓曰瓊林大盈庫 題寫上「瓊林大盈庫」。因瓊林、大盈二庫為宮中內庫，寫上這幾個字即為皇帝私產。❸賞賚 賞賜。❹橈廢公方 破壞國家法度。橈，曲木，這裡指法度被彎曲、被踐踏。公方，國家法度。諸道貢賦本為國用，德宗據為私產，故有是言。❺崇聚 多聚。❻至尊 與下文「萬乘」，皆指代皇帝。❼虧法失人 既損害法度，又失去人心。❽誘姦聚慝 誘發奸邪，蓄養大惡。慝，巨奸。❾以斯制事二句 用這樣的方法處理事務，難道不是錯誤的嗎。❿六師初降 皇帝六軍剛到奉天城。這是對德宗出逃奉天的委婉說法。天子之行，必有六師。降，降臨，指由京師到奉天。⓫內防危堞 對內要防守垂危的城牆。⓬五旬 五十天。⓭凍餒交侵 飢寒交迫。⓮死傷相枕 死傷的人縱橫交錯，互相靠在一起。⓯畢命同力 拼命力戰，同心同德。⓰竟夷大艱 終於克服了巨大的困難。⓱絕甘 棄絕甘美的食物。⓲輟食以啗功勞 停止御膳，送給立功的將士吃。輟，中斷；停止。啗，吃。⓳無猛制而人不攜 沒有用嚴厲的管束辦法而人們卻不叛離。攜，離散；叛離。⓴謠讟方興 謠言、怨言卻正在興起。㉑軍情稍阻 軍中漸生隔閡。㉒恆性 常性；本性。指嗜利矜功。㉓苟異恬默二句 如果陛下不像過去那樣恬淡靜默，怎麼能讓下面的人沒有怨言呢。㉔殷憂 深切憂患。㉕專欲 只滿足個人欲望。㉖二庫 瓊林、大盈兩庫。㉗珍華 珍稀華美的物品。㉘靖 平定。㉙徐駕六龍 從容地駕起乘輿。六龍，代指天子之車駕。㉚旋復都邑 凱旋回師，回到京師。㉛散其小儲 散發小小的儲存。㉜成其大儲 成就了一統天下的大儲蓄。㉝去其牓 揭去瓊林大盈字樣的題字，把財物交公。㉞自艱難以來 指唐朝自安史之亂的禍患以來。㉟恃恩縱橫 仗恃皇帝的恩寵而為所欲為。㊱聖德光被 聖德光耀天下。㊲黷亂 穢亂。㊳變更睿志 改變從前的所作所為。睿志，英明的旨意。此為臣諫君的委婉語。㊴依阿苟免 阿諛依附，苟且自保。㊵輕 輕視；看不起。㊶戊子 正月十六日。㊷疏 疏遠。㊸奏留復 其時劉從一為同中書門下平章事，他和許多朝士上奏請求德宗留下蕭復在朝中。㊹遷幸 指出奔奉天。㊺僉 都。㊻悵恨累日 惱恨了好幾天。㊼意 想來；猜想。㊽何如人 是一個什麼樣的人。㊾意趣安在 意圖何在；有什麼用意。㊿痛自脩勵 痛下決心修身自勵。(51)慕為清貞 嚮往著做一個清廉貞潔之士。(52)用雖不周二句 蕭復的言行雖然不周全，但他的品德是可以保證的。(53)輕詐 輕率詭詐。指蕭復指使劉從一等上奏事。(54)借使 假使。(55)逗留 逗留朝中不肯遠出。(56)附會 隨聲附和，聽人指使。(57)今所言矛楯 現在陛下所言自相矛盾。(58)明加辯詰 認真地查問清楚。(59)何容為隱 為何要替人隱晦。(60)回互 通「回護」。若是劉從一個人要回護蕭復，那與蕭復沒有關係。(61)陛下何憚而不辯明 陛下為什麼擔心而不查明真象。憚，怕；擔心。(62)直 一直；竟至於。(63)夫明則罔惑二句 說起來，把事情弄明白了就沒有疑惑，把事情辯白清楚了就沒有冤屈。罔，無。(64)惑莫甚於逆詐而不與明 困惑沒有比被欺詐而不能予以說明真象更糟糕的了。逆詐，與下文「見疑」

為互文，逆、見，均表示被動。不與明，自己不能予以說明。❻❺冤莫痛於見疑而不與辯　冤屈沒有比先被猜疑而不能予以辯白更為痛心的了。見疑，被猜疑。不與辯，不能予以辯白。辯，通「辨」。❻❻情偽相糅　真偽參雜。❻❼忠邪靡分　忠奸不分。❻❽茲實居上御下之要樞二句　這些實在是居於君王之位駕御臣下的關鍵，希望陛下留心參考。❻❾辛卯　正月十九日。❼⓪壬辰　正月二十日。❼❶丙申　正月二十四日。❼❷樊澤　（西元七四二—七九八年）歷官山南、荊南兩鎮節度使。傳見《舊唐書》卷一百二十二、《新唐書》卷一百五十九。❼❸奉誠軍　乾元初於同州置匡國軍，後改為奉誠軍。德宗以趙州與王武俊，故徙康日知於同州。❼❹曹州刺史李納　李納本為曹州刺史，建中二年（西元七八一年），其父李正己卒，李納自領軍務，未有朝命。至此，始正式委命為曹州刺史，先敘本職，再敘新命加節鎮旌節。❼❺戊戌　正月二十六日。❼❻知都統事　代理都統事務。知，代理。都統李勉失地汴州，依附劉洽，以餘眾交授劉洽指揮。故朝廷命劉洽為副都統，知都統事。❼❼辛丑　正月二十九日。❼❽六軍　左、右羽林軍，左、右龍武軍，左、右神武軍。❼❾統軍　武職官名，六軍各置一人，品秩次於六軍大將軍。❽⓪庚子　正月二十八日。

【語　譯】德宗在行宮廊廡下貯藏著各道貢獻的物品，掛起一塊題寫「瓊林大盈庫」字樣的牌子。陸贄認為：「將士們征戰攻守之功，一直沒有頒行賞賜，卻急忙將財物另存私庫，那麼就會引起士兵們的怨恨，無復鬥志。」因而上疏勸諫。奏疏大略說：「天子與上天有同樣的德行，以四海為家，為什麼一定要自壞法度，為私己多聚財貨呢！把帝王之尊降低為看守財物的主管官吏，有辱萬乘之君而去效仿平民百姓私藏物品，這樣既損害了法度，又失去了人心，誘發奸邪，蓄養大惡，用這種方式來處理事務，難道不是錯誤的嗎！」又說：「不久以前，皇上的六軍剛到奉天時，各種物資儲備都沒有，他們對外要抵禦兇狠的叛軍，對內防守垂危的城牆，晝夜連續戰鬥，前後將近五十天，大家飢寒交迫，喪命和負傷的人縱橫相枕，但他們拼命力戰，同心同德，最終克服了巨大的困難。這確實是因為陛下您沒有貪圖個人享受，不去滿足自己的私欲，棄絕甘美的飲食，與士兵們同甘共苦，甚至停用御膳，以省下食物賜給立功的將士。沒有嚴厲的管束方法而人們沒有叛離，這是由於被陛下的恩德感動了；對將士們沒有豐厚的賞賜，而大家並沒怨言，這是由於他們知道當時已沒有東西可賞。如今叛軍的進攻和圍困都已解除，提供的衣食都已充裕起來，然而軍中的謠言和怨聲正在興起，軍中漸生隔閡，這難道不是因為勇夫們的本性都是喜好財利、自誇功勞，在患難之時能與他們共擔憂患，而在歡樂之時卻不能利益共享造成的嗎？假使陛下已不像當時那樣恬淡靜默，怎麼能讓將士們沒有怨言呢！」又說：「陛下果真能想想不久前被重重圍困的深切憂慮，戒除日常只滿足個人欲望的缺點，凡是貯存在大盈、瓊林兩個府庫中的金銀財貨，命令全部拿出來賞賜有功人員，每當獲得珍貴華美的物件，先供作軍中賞賜，這樣一來，變亂就必定平定下來，叛賊必定被芟除，您從容地駕起乘輿，凱旋班師，復歸京城，以天子的尊貴，難道用得著擔憂貧困嗎！這就是散去了陛下的小小儲蓄，而成就了陛下一統天下的巨大儲蓄，損耗了陛下的小寶物，而鞏固了陛下的萬世根基這個大寶物啊。」德宗立即命令拆除了「瓊林大盈庫」這塊牌子。

蕭復曾對德宗說：「宦官自從國家發生禍亂以來，大多擔任監軍，倚仗皇帝的恩寵而飛揚跋扈。這類人只應掌管皇宮內的事務，不應當把兵權國政委託給他們。」德宗聽了不高興。蕭復還曾對德宗說：「陛下繼承皇位的初期，聖德光耀天下。自從楊炎、盧杞穢亂朝政，以至於形成了目前這種局面。陛下果真能改變以前的所作所為，臣怎敢對朝廷不竭盡全力？假如讓臣凡事依附，苟且自保，那臣實在無法做到！」蕭復又曾經與盧杞同時上朝奏議政事，盧杞迎合皇帝的旨意，蕭復面色嚴肅地說：「盧杞說話虛偽不正！」德宗愕然，退朝後，對身邊的人說：「蕭復輕視我！」正月十六日戊子，德宗任命蕭復充當山南東、西道、荊湖、淮南、江西、鄂岳、浙江東、西道、福建、嶺南等道的宣慰、安撫使，這實際上是疏遠蕭復。

不久劉從一和朝中官員們紛紛上奏請求把蕭復留在朝中。德宗對陸贄說：「朕考慮到自從出奔奉天城以來，江、淮遙遠，有的傳聞言過其實，想派遣德高望重的大臣去宣諭安撫，就此事徵求宰相和朝臣們的意見，都以為應該這樣處理。如今竟這樣翻來覆去，朕為此惱恨了幾天。猜想是蕭復不願意赴任，而指使朝臣上奏議論讓自己留下嗎？卿知道蕭復是什麼樣的人嗎？他不想赴任，意圖何在？」陸贄上奏，認為：「蕭復痛下決心去修身自勵，嚮往做到清廉貞潔，雖然言行不夠周全，但是他的品德還是可以保證的。至於採取如此輕率詭詐的方法，蕭復一定不會這樣做。假使蕭復打算逗留朝中，劉從一怎麼肯附和蕭復呢？此刻陛下所說的話有矛盾，希望陛下明加辨察，追問清楚。倘若蕭復對劉從一有什麼請託的話，那麼劉從一為何替蕭復隱瞞呢！倘若劉從一自願回護蕭復，那麼蕭復就不應當受到懷疑。陛下為什麼擔心而不查明此事，竟至於為此而耿耿於懷呢！事情搞清楚了，就不會有疑惑，把事情辯白清楚了，就不會有冤枉。疑惑，沒有比被人欺詐而不能予以說明更糟糕的了；冤屈，沒有比被人猜疑而不能予以辨明更痛心的了。這樣會使真偽糅雜，忠奸不分。這實在是君臨天下駕御群臣的關鍵，希望陛下留意。」德宗最終也沒有對此事重加辨察。

正月十九日辛卯，朝廷任命王武俊為恆、冀、深、趙四州節度使。二十日壬辰，一併加授李抱真、張孝忠為同平章事。二十四日丙申，加授田悅為檢校左僕射。任命山南東道行軍司馬樊澤為本道的節度使，任命前深、趙二州觀察使康日知為同州刺史、奉誠軍節度使，任命曹州刺史李納為鄆州刺史、平盧節度使。

正月二十六日戊戌，加授劉洽為汴、滑、宋、亳四州都統副使，代理都統職務，命令李勉把自己率領的兵馬全部交給劉洽。〇二十九日辛丑，朝廷在六軍中各設統軍一職，品級為從三品，用來表示對有功之臣的尊寵。吐蕃的尚結贊請求出兵援助唐朝收復京城長安。〇二十八日庚子，朝廷派遣祕書監崔漢衡出使吐蕃，調發吐蕃軍隊來援。

【研　析】本卷研析盧杞之貶和德宗罪己兩大事件。

盧杞之貶。盧杞，字子良，渭州靈昌（在今河南渭縣西南）人。出身官僚世家，父、祖皆唐玄宗朝重臣，祖盧懷慎，宰相，父盧奕，御史大夫。盧杞門蔭入仕，代宗末官至虢州刺史。建中二年（西元七八一年），徵為御史大夫，旬日之間升為宰相。建中四年末貶為新州司馬。為相三年，蒙蔽聖聽，隳亂朝典，殘害忠良，致亂危國，是唐代，也是中國歷史上著名的奸相。盧杞貌醜，面色如藍，人們把他看成是鬼怪。郭子儀病重，百官看望，郭子儀不迴避婢僕。盧杞造訪，郭子儀讓所有婢僕迴避，自己一人正襟危坐接待盧杞。事後家人問原因，郭子儀說：「盧杞貌醜，婢僕們見了暗中嘲笑，盧杞一旦掌權，我們家就要滅族。」郭子儀歷練世故，一眼看穿了盧杞的奸惡。可是多數人識不透，見盧杞穿粗衣，吃粗飯，認為他有父祖清廉之風，這說明盧杞善於偽裝。

盧杞妒賢害能，小有違逆，必置人於死地。楊炎看不起盧杞貌醜，遭殺身之禍。顏真卿耿正，盧杞上奏德宗派顏真卿為淮西宣慰使，借李希烈之手殺害忠良。宰相張鎰忠正有才，盧杞妒忌，上奏德宗出張鎰為鳳翔節度使。宰相崔寧來到奉天，德宗慰勞有加，盧杞忌憚，藉口朱泚任命崔寧為中書令，誣陷崔寧來奉天是為朱泚作內應，德宗不察，暗殺了崔寧。諸鎮勤王之師到奉天，盧杞以全家百口擔保朱泚不反，不讓勤王之師進奉天城，勸德宗不在奉天設備，以此來向朱泚示之以誠。諫議大夫姜公輔強諫，反駁盧杞，如果朱泚不反，還怕天子之兵多嗎？有備才能無患。諸鎮之兵，這才得以進奉天城。靈武、鹽州等一萬多名勤王之師將到奉天，有兩條路可以進城。一條路經漠谷，道近艱險，如中敵伏則危殆，一條路經乾陵，道稍遠平坦，可保無虞。關播、渾瑊主張援軍途經乾陵入城。盧杞反對，說援軍經乾陵驚擾祖宗。渾瑊說：「朱泚叛兵，砍伐乾陵松柏，日夜不停，早已驚擾多時。」盧杞說：「天子之兵，怎能與賊兵相比。」結果靈、鹽援兵經漠谷，全軍覆沒。盧杞大奸似忠，如此禍國，百官咬牙切齒，無人敢言。李懷光解奉天之圍，自以為功大，期待德宗召見。盧杞擔心李懷光入朝對己不利，冠冕堂皇上奏德宗下詔，讓李懷光乘勝追擊朱泚，不必入朝晉見。李懷光不滿，認為被盧杞所賣，屯兵咸陽不進，連上數道奏章揭發盧杞罪惡，百官也議論紛紛，德宗不得已貶盧杞為新州司馬。德宗回到京師，念念不忘盧杞，又要起用，遭到朝臣反對。德宗說：「眾人都說盧杞奸邪，朕怎麼認識不到。」李勉回答：「盧杞奸邪，天下人皆知，只有陛下不知，這正是盧杞之所以為奸也。」德宗無話可說。盧杞善逢迎，他摸透德宗自大忌刻的心理，總是順著德宗的心意去辦事，盧杞的過惡，其實就是德宗的過惡。苛暴雜稅的徵收，殺崔寧、殺楊炎，以及不准勤王之師進奉天城、路經漠谷遭覆滅等等，均為德宗之意，通過盧杞之口說出而已。一個愚笨的昏君，如遇良輔，尚可治國，三國蜀漢劉禪，有賢相諸葛亮、蔣琬為輔，國可治，而一個自以為是又有些才幹的昏君，如殷紂王、隋煬帝，有神仙相輔也沒有用。德宗乃殷紂王、隋煬帝之流，逼反李懷光，第二次蒙塵，罪有應得，沒有做亡國之君，真是萬幸。

德宗罪己。德宗蒙塵，出逃奉天，收縮河北之軍勤王，魏縣行營解散，李抱真退屯臨洺，觀望形勢。李抱真利用王武俊與朱滔的矛盾，勸說王武俊歸唐。德宗困在奉天，陸贄進言，說「昔成湯以罪己勃興，楚昭以善言復國」，希望德宗能夠下罪己詔，推誠改過，赦免叛臣，允許他們革新改過，可以早日結束戰爭。德宗採納，派人遊說田悅、王武俊、李納，允許他們改過，以朝命委任他們做節度使。本來這三人要的就是割據，傳子繼承。名義上歸唐，揭去叛臣帽子，何樂而不為，三人於是祕密答應了。西元七八四年正月一日，德宗改元興元，發布大赦詔，史稱興元大赦詔，也就是德宗的罪己詔。詔書開門見山，德宗表示推誠改過。制曰：「致理興化，必在推誠；忘己濟人，不吝改過。朕嗣服丕構，君臨萬邦，失守宗祧，越在草莽。不念率德，誠莫追於既往；永言思咎，期有復於將來。明徵其義，以示天下。」說得情真意切。詔書宣布，四方人心大快，河北那些驕兵悍將，也無不感激涕零。田悅、王武俊、李納上表謝罪。德宗任命王武俊為恆冀深趙節度使，李納為平盧節度使，田悅已為節度使，加官檢校左僕射。朱滔在西元七八五年病死，將士立刻擁立劉怦為軍主，朝廷授任為幽州、盧龍節度使。西元七八六年，李希烈為部將陳仙奇所殺，接著淮西將吳少誠殺陳仙奇，自為留後，朝廷認可。這樣由節度使傳子制引發的一場大戰，禍亂唐朝半壁江山，德宗兩度蒙塵，最終以皇帝罪己告終，藩鎮割據成為定局。陸贄的出現，促使德宗最後關頭的屈己，使唐王朝度過了危機。陸贄政治上的運籌帷幄，軍事上的洞察預測，起了中流砥柱的作用。陸贄是一個傑出的政治家。

卷第二百三十

唐紀四十六　起閼逢困敦（甲子　西元七八四年）二月，盡四月，不滿一年。

【題　解】 本卷記事起西元七八四年二月，迄四月，共三個月。當德宗興元元年二月到四月。德宗偏狹、任性而急躁，遙控戰事，拒諫而自用，促成李懷光反叛，唐王室再度陷於危局。德宗被迫逃奔漢中，甚至有效法唐玄宗避蜀的打算。幸賴陸贄支撐大局，李晟分兵駐屯，阻止了李懷光與朱泚合勢，逼迫李懷光東走入據河中，緩解了形勢。陸贄直諫，德宗不平，外親內疏，陸贄有宰相之實而無宰相之名，時人稱其為內相。山南東道節度使賈耽識大體，奉君命，從容讓位下屬，留給了蒙塵中的德宗一塊立足之地。河北戰事，王武俊與李抱真釋嫌，聯兵救貝州。魏博田緒殺田悅歸順朝廷，朱滔陷於孤立。

德宗神武聖文皇帝五

興元元年（甲子　西元七八四年）

二月戊申❶，詔贈段秀實太尉，諡曰忠烈，厚恤其家。時賈隱林已卒，贈左僕射，賞其能直言也。

李希烈將兵五萬圍寧陵，引水灌之。濮州❷刺史劉昌❸以三千人守之。滑州刺史李澄❹密遣使請降，上許以澄為汴滑節度使。澄猶外事希烈，希烈疑之，遣養子六百人戍白馬❺，召澄共攻寧陵。澄至石柱❻，使其眾陽驚❼，燒營而遁。又諷養子令剽掠，澄悉收斬之，以白希烈，希烈無以罪也。

劉昌守寧陵，凡四十五日不釋甲❽。韓滉❾遣其將王栖曜將兵助劉洽拒希烈，栖曜以彊弩數千游汴水，夜，入寧陵城。明日，從城上射希烈，及其坐幄。希烈驚曰：「宣、潤弩手❿至矣！」遂解圍去。

【章　旨】以上為第一段，寫淮西軍事，官軍與叛賊李希烈拉鋸相持。

【注　釋】❶戊申　二月初七日。❷濮州　州名，治所鄄城，在今山東鄄城北。❸劉昌　官至四鎮、北庭行營兼涇原節度使。傳見《舊唐書》卷一百五十二、《新唐書》卷一百七十。❹李澄　滑州刺史，以城降李希烈，見上卷上年。❺白馬　縣名，滑州治所，在今河南滑縣東。❻石柱　滑州境內地名。❼陽驚　假作驚擾；人為製造的兵變。陽，通「佯」。假裝；故意。驚，兵變。❽釋甲　脫下鎧甲休整。❾韓滉　時為鎮海軍節度使，駐節潤州。傳見《舊唐書》卷一百二十九、《新唐書》卷一百二十六。❿宣潤弩手　指鎮海軍強弓手部隊。

【語　譯】德宗神武聖文皇帝五

興元元年（甲子　西元七八四年）

二月初七日戊申，德宗下詔追贈段秀實為太尉，諡號為忠烈，對他的家人厚加撫恤。當時賈隱林已經去世，追贈賈隱林為左僕射，這是獎賞他能正言直諫。

李希烈帶兵五萬人包圍寧陵城，挖溝引水灌城。濮州刺史劉昌率領三千人守衛寧陵城。

滑州刺史李澄祕密派遣使者到奉天城請求降附朝廷，德宗承諾授給李澄汴滑節度使。李澄在表面上仍然奉侍李希烈，李希烈懷疑李澄，派遣自己的六百名養子戍守白馬城，叫李澄與他一起攻打寧陵城。李澄到了石柱，指使他的部眾佯裝驚擾，燒毀營房後逃跑了。又暗示李希烈的養子，讓他們搶掠，李澄把他們全抓起來處斬，並報告了李希烈，李希烈沒有辦法加罪於李澄。

劉昌防守寧陵，連續四十五天沒有脫掉身上的鎧甲。韓滉派他的部將王栖曜率兵協助劉洽抵禦李希烈，王栖曜派出強健精銳的弓弩手幾千人游過汴水，夜裡進入寧陵城。第二天，弓弩手從寧陵城上射擊李希烈，箭矢落到了李希烈的坐帳之上。李希烈吃驚地說：「宣州、潤州的弓弩手到來了！」於是解除對寧陵城的包圍後離去。

朱泚既[1]自奉天敗歸，李晟謀取長安。劉德信與晟俱屯東渭橋，不受晟節制。晟因德信至營中，數以滬澗之敗及所過剽掠之罪，斬之❶。因以數騎馳入德信軍，勞其眾，無敢動者。遂并將之，軍勢益振。

李懷光既脅朝廷逐盧杞等，內不自安，遂有異志❷。又惡李晟獨當一面，恐其成功，奏請與晟合軍，詔許之。晟與懷光會于咸陽西陳濤斜❸，築壘未畢，泚眾大至。晟謂懷光曰：「賊若固守宮苑❹，或曠日持久，未易攻取。今去其巢穴，敢出求戰，此天以賊賜明公，不可失也。」懷光曰：「軍適至，馬未秣❺，士未飯，豈可遽戰❻邪！」晟不得已，乃就壁❼。晟每與懷光同出軍，懷光軍士多掠人牛馬，晟軍秋豪不犯。懷光軍士惡其異己，分所獲與之，晟軍終不敢受。

懷光屯咸陽累月❽，逗留不進。上屢遣中使趣之，辭以士卒疲弊，且當休息觀釁❾。諸將數勸之攻長安，懷光不從，密與朱泚通謀❿，事跡頗露[2]。李晟屢奏，恐其有變，為所併，請移軍東渭橋。上猶冀懷光革心，收其力用，寢晟奏不下。

懷光欲緩戰期，且激怒諸軍，奏言：「諸軍糧賜薄⓫，神策獨厚。厚薄不均，難以進戰。」上以財用方窘，若糧賜皆比神策，則無以給之；不然，又逆懷光意，恐諸軍觖望⓬。乃遣陸贄詣懷光營宣慰，因召李晟參議其事。懷光意欲晟自乞減損，使失士心，沮敗其功，乃曰：「將士戰鬭同而糧賜異，何以使之協力！」贄未有言，數顧晟⓭。晟曰：「公為元帥，得專號令，晟將一軍，受指蹤⓮而已。至於增減衣食，公當裁之。」懷光默然，又不欲自減之，遂止。

時上遣崔漢衡詣吐蕃發兵，吐蕃相尚結贊言：「蕃法⓯發兵，以主兵大臣為信。今制書無懷光署名，故不敢進。」上命陸贄諭⓰懷光，懷光固執⓱以為不可，曰：「若克京城，吐蕃必縱兵焚掠，誰能遏⓲之？此一害也。前有敕旨⓳，募士卒克城者人賞百緡，彼發兵五萬，若援敕求賞，五百萬緡何從可得？此二害也。

虜騎雖來，必不先進，勒兵自固，觀我兵勢，勝則從而分功，敗則從而圖變，譎詐⑳多端，不可親信，此三害也。」竟不肯署敕，尚結贊亦不進軍。

【章旨】以上為第二段，寫李懷光奉命討朱泚，心懷異志而按兵不動，德宗派陸贄宣慰，觀察軍情。

【注釋】❶數以滬澗之敗二句　德宗建中四年（西元七八三年）九月，官軍在滬澗為李希烈所敗。（事見本書卷二百二十八）劉德信為神策軍將，與李晟同列。建中四年十一月，加李晟神策行營節度使，而劉德信不聽李晟節度，故晟列舉劉德信諸罪斬之，合兵以攻朱泚。❷異志　異心；離異朝廷的背叛之心。❸陳濤斜　又名咸陽斜，地名，在今陝西咸陽東。❹宮苑　指長安宮城及苑城。❺馬未秣　馬尚未進料。秣，馬料。❻遽戰　立即開戰。❼就壁　回到軍營去。壁，駐軍壁壘。❽懷光屯咸陽累月　李懷光於上年十一月癸巳（二十日）解奉天之圍，至二月戊申（初七）與李晟合兵咸陽，已逗留七十六日，故言累月。累月，數月。❾休息觀釁　休整部隊，並觀察敵軍的破綻。❿通謀　溝通合謀。⓫糧賜薄　糧餉供應微薄。⓬觖望　不滿足；怨望。⓭數顧晟　陸贄多次回頭目視李晟，示意他表態。⓮受指蹤　接受指揮。⓯蕃法　吐蕃的法律規定。⓰諭　曉示。⓱固執　堅持己見。⓲遏　制止。⓳敕旨　聖旨。⓴譎詐　詭詐；心計。

【校記】[1]既　原無此字。據章鈺校，十二行本、乙十一行本皆有此字，今據補。[2]事跡頗露　原無此四字。據章鈺校，十二行本、乙十一行本、孔天胤本皆有此四字，張敦仁《通鑑刊本識誤》、張瑛《通鑑校勘記》同，今據補。

【語譯】朱泚已經從奉天敗歸長安，李晟謀劃攻取長安城。劉德信與李晟都駐紮在東渭橋，劉德信不接受李晟的指揮。李晟乘劉德信到自己軍營中的機會，列舉劉德信在滬澗戰敗以及所過之處搶劫擄掠的罪行，把劉德信殺了。接著率領幾名騎兵馳入劉德信軍中，慰勞他的部眾，他的部眾中沒有人敢反抗的。於是李晟一併統帥了劉德信的部隊，軍隊的聲勢更加振作。

李懷光脅迫朝廷貶逐了盧杞等人後，自己內心不安，於是有了反叛朝廷的打算。又嫉妒李晟獨當一面，害怕李晟取得成功，便上奏朝廷請求與李晟的軍隊聯合在一起，德宗下詔答應了。李晟與李懷光在咸陽西邊陳濤斜會合，營壘沒有修完，朱泚的大批軍隊蜂擁而來。李晟對李懷光說：「叛軍如果固守宮城和苑城，也許會曠日持久，不容易攻取長安城。如今他們離開了自己的巢穴，竟敢出城來挑戰，這是上天拿著叛軍賞賜給您，不能喪失時機。」李懷光說：「我們的軍隊剛到這裡，馬匹未吃草料，士兵沒有吃飯，怎麼能馬上開戰呢！」李晟迫不得已，只得回到自己的營壘裡去。李晟每次與李懷光一同出兵，李懷光的士兵大多搶掠百姓的牛馬，李晟的軍隊秋毫無犯。李懷光的士兵厭惡李晟的軍隊與自己不同，把搶劫來的東西分給他們，李晟的軍士始終不敢接受。

李懷光在咸陽屯兵數月，遲留不肯進軍。德宗多次派遣中使催促他，李懷光便藉口說士兵疲憊不堪，暫時應當休整，觀察敵軍破綻。各位將領多次勸李懷光攻打長安城，李懷光不肯聽從，暗中與朱泚溝通合謀，事情頗多洩漏。李晟屢次上奏朝廷，擔心李懷光有變故，軍隊被李懷光兼併，請求朝廷讓自己的軍隊移往東渭橋。德宗仍然希望李懷光洗心革面，獲取他的軍力支持，便把李晟的奏疏壓下來，沒有批示下達。

李懷光想延緩作戰的時間，並且激怒各支軍隊，就上奏說：「各軍的糧食供給很少，只有神策軍的供應豐厚。厚薄不均，難以進軍作戰。」德宗因為財物用度正處於困難之中，如果各軍的糧食供給都比照神策軍，就沒有那麼多糧食供給；如果不增加各軍的供給，又違背李懷光的心意，擔心各軍怨望。於是就派陸贄前往李懷光營中宣諭安撫，順便傳召李晟參與討論這件事。李懷光的意思是想讓李晟自己開口請求朝廷減少對他的軍隊的供給，讓李晟喪失軍心，破壞李晟的功業，於是就說：「將士同樣是打仗，而糧食供給不同，那怎麼能讓他們齊心協力呢！」陸贄沒有說話，多次回頭看李晟。李晟說：「您李懷光是軍中元帥，有權發號施令，我李晟帶領一支軍隊，接受您的指揮而已。至於增減衣服和糧食供給，由您裁斷。」李懷光沉默不語，又不想親口說出裁減李晟軍隊的供給，事情就此擱置下來。

當時德宗派遣祕書監崔漢衡前往吐蕃請求調發援兵，吐蕃的國相尚結贊說：「按照吐蕃的法規，調派援兵要由對方主掌兵權大臣的署名為憑信。現在帶來的求援制書上沒有李懷光的簽名，所以我們不敢進軍。」德宗派陸贄去曉諭李懷光，李懷光堅持認為不能讓吐蕃發兵來援助，說：「如果吐蕃攻下了京城，一定會縱兵燒殺搶掠，誰能阻止他們？這是第一個害處。前不久頒布敕書說，召募的士兵參與攻克長安城的人，每個人獎賞錢一百緡，吐蕃發兵五萬人，如果引用敕書為依據請求賞賜，那五百萬緡錢從哪裡去獲取呢？這是第二個害處。吐蕃的騎兵雖然來了，一定不肯率先進軍攻城，他們按兵不動，穩固自己，並且觀察我軍的情況，如果勝利了就跟隨瓜分功勞，如果失敗了就乘機圖謀生事，詭計多端，不能親近信任。這是第三個害處。」李懷光最終不肯在敕書上簽名，尚結贊也沒有發兵。

陸贄自咸陽還，上言：「賊泚稽誅❶，保聚宮苑，勢窮援絕❷，引日偷生❸。懷光總仗順之師❹，乘制勝之氣❺，鼓行芟翦，易若摧枯❻。而乃寇奔不追，師老不用❼，諸帥每欲進取，懷光輒沮其謀❽。據茲事情，殊不可解❾。陛下意在全護❿，委曲聽從⓫。觀其所為，亦未知感⓬。若不別務規略⓭，漸思制持⓮，惟以姑息⓯求安，終恐變故難測。此誠事機危迫之秋⓰也，固不可以尋常容易處之⓱。今李晟奏請移軍⓲，適遇臣銜命宣慰，懷光偶論此事，臣遂汎問所宜⓳。懷光乃云：『李晟既欲別行，某亦都不要藉⓴。』臣猶慮有翻覆，因美其軍盛彊㉑。懷光大自矜誇，轉有輕晟之意。臣又從容㉒問云：『回日㉓，或聖旨顧問事之可否，決定何如㉔？』懷光已肆輕言㉕，不可中變㉖，遂云：『恩命㉗許去，事亦無妨。』要約㉘再三，非不詳審，雖欲追悔，固難為辭。伏望即以李晟表㉙出付中書，敕下依奏(30)，別賜懷光手詔，示以移軍事由(31)。其手詔大意云：『昨得李晟奏，請移軍城東(32)，以分賊勢。朕本欲委卿商量，適會陸贄回奏云，見卿語及於此，仍言許去事亦無妨，遂敕本軍允其所請。』如此，則詞婉而直(33)，理順而明(34)，雖蓄(35)異端(36)，何由起怨！」上從之。

晟自咸陽結陳而行(37)，歸東渭橋。時鄜坊節度使李建徽、神策行營節度使楊惠元猶與懷光聯營，陸贄復上奏曰：「懷光當管師徒(38)，足以獨制兇寇，逗留未進，抑有它由(39)。所患太彊，不資傍助。比者(40)又遣李晟、李建徽、楊惠元三節度之眾附麗其營(41)，無益成功，祇足生事。何則？四軍(42)接壘，羣帥(43)異心(44)，論勢力則懸絕高卑(45)，據職名則不相統屬(46)。懷光輕晟等兵微位下而忿其制不從心(47)，晟等疑懷光養寇蓄姦而怨其事多陵己(48)，端居則互防飛謗，欲戰則遞恐分功，齟齬不和，嫌釁遂構(49)，俾(50)之同處，必不兩全。彊者惡積而後亡，弱者勢危而先覆，覆亡之禍，翹足可期(51)！舊寇未平，新患方起，憂歎所切，實堪疚心(52)。太上消慝於未萌(53)，其次救失於始兆(54)。況乎事情已露，禍難垂成(55)，委而不謀，何以寧亂(56)！李晟見機慮變(57)，先請移軍就東[1]，建徽、惠元勢轉孤弱，為其吞噬，理在必然。它日雖有良圖，亦恐不能自拔。拯其危急(58)，唯在此時。今因李晟願行，便遣合軍同往，託言晟兵素少59，慮為賊泚所邀60，藉此兩軍迭為犄角61，仍先諭旨，密使促裝，詔書至營，即日進路62，懷光意雖不欲，然亦計無所施。是謂先人有奪人之心，疾雷不及掩耳者也63。解鬬不可以不離，救焚64不可以不疾，理盡於此，惟陛下圖之。」上曰：「卿所料極善。然李晟移軍，懷光不免悵望，若更遣建徽、惠元就東65，恐因此生辭66，轉難調息67，且更俟旬時68。」

【章　旨】以上為第三段，寫陸贄建言德宗，應採納李晟分兵駐屯的策略，轉移李晟等三支官軍以分李懷光兵勢，德宗折衷，半聽半疑，結果只移動李晟一軍。

【注　釋】❶稽誅　延緩了被誅滅的時間。稽，延。❷勢窮援絕　大勢已盡，外援斷絕。❸引日偷生　延長時日，苟且偷生。❹總仗順之師　統領正義之師。❺乘制勝之氣　乘著勝利的聲勢。制勝，指懷光醴泉之勝。❻鼓行芟翦二句　擊鼓進軍，消滅敵人，如同摧枯拉朽一樣容易。❼師老不用　坐待士氣低落而不肯用兵。師老，士氣低落。❽沮其謀　破壞、阻止諸將的計畫。❾據茲事情二句　根據這些情況，李懷光的意圖很難理解。❿全護　保全回護。⓫委曲聽從　委曲求全聽從他的請求。⓬知感　內心知恩感動。⓭別務規略　採取另外的謀劃。⓮漸思制持　逐漸想辦法加以控制。⓯姑息　無原則的寬容。⓰秋　緊要時刻。⓱不可以尋常容易處之　不可按常規輕易地隨便處理。⓲移軍　轉移陣地。指李晟恐為李懷光所併，要求分兵轉移。⓳遂汎問所宜　於是我也泛泛地問李懷光，應如何處置李晟移軍之事。⓴要藉　需其用，藉其力。節度使下有「要藉官」，顧名思義，亦是此義。李懷光此言是說他不需要借助李晟的力量。㉑臣猶慮有翻覆二句　陸贄唯恐李懷光變卦不允許李晟轉移，於是趁機誇耀李懷光的軍勢盛強。翻覆，反覆；變卦。㉒從容　胸有成竹，不慌不忙。㉓回日　指陸贄回朝覆命之時。㉔決定何如　謂李懷光的決定是什麼。即李晟軍轉移，李懷光是同意還是不同意。㉕已肆輕言　已經隨便地說出了不慎重的話。指李懷光已說出不需李晟助力的話。㉖中變　中途變卦，改口說話。㉗恩命　皇上之命。㉘要約　相邀約定。要，通「邀」。按，要約再三至固難為辭四句，指陸贄趁勢三番五次與李懷光約定，允許李晟移軍，不能不說是十分謹慎周密，即使李懷光想要反悔，實在難於開口。㉙李晟表　李晟要求移軍的奏表。㉚敕下依奏　下敕令批准所奏。㉛事由　事因。㉜移軍城東　指李晟軍轉移陣地到長安城東。東渭橋在長安之東，李晟軍本屯此，奉命與李懷光合軍於咸陽，今移軍返回原地。㉝詞婉而直　用詞委婉而直切。㉞理順而明　道理順暢而意思明白。㉟蓄　內心積藏。㊱異端　異謀；另生事端。㊲結陳而行　組成戰鬥隊形轉移。此以防李懷光追擊。㊳當管師徒　當下所統軍眾。㊴抑有它由　也許有別的原因。㊵比者　近來。㊶附麗其營　靠近李懷光軍的營壘。㊷四軍　李晟、李建徽、楊惠元、李懷光四將之軍。㊸羣帥　四軍之將。㊹異心　不同心；想法不同。㊺論勢力則懸絕高卑　謂李懷光最強，地位最高，相去懸遠。㊻據職名則不相統屬　按職務，四將皆為節度使，各統一軍，不相統屬。㊼忿其制不從心　指李懷光對諸將不能隨意節制而忿怒。㊽陵己　陵侮自己。㊾端居則互防飛謗四句　在平時，他們要互相提防飛言流語謠言誹謗，準備打仗時，他們要各自擔心功勞被對方分去，於是意見不和，造成了嫌隙。端居，平居；平時。互、遞，兩字互文。互相；交替。齟齬，牙齒參差不齊，喻意見不和。構，構成；產生。㊿俾　使；讓。51翹足可期　不需多久的時期。人立而翹足則不可久，形容時間短暫，預事可立效。52疚心　傷心。53太上消慝於未萌　最好的辦法是把奸惡消滅在萌發之前。54其次救失於始兆　其次是補救過失在剛剛發生之時。始兆，剛萌發之時。55禍難垂成　禍難就要形成。56委而不謀二句　拋在一邊不去謀劃，拿什麼去寧息變亂。57見機慮變　看破機關，顧慮生變。58拯其危急　拯救李建徽、楊惠元的危難。59素少　一向很少。60邀　截擊。61藉此兩軍迭為掎角　言李晟眾寡，要借助李建徽、楊惠元兩支軍隊應援形成相依之勢。迭，互相。掎角，互相支援的形勢。62仍先諭旨四句　對李、楊兩軍，還要先行傳達聖旨，暗中讓他們趕快整理行裝，移軍的詔令一到，當天就啟程。諭旨，告諭的聖旨。63是謂先人有奪人之心二句　這叫做，行動在敵人的前頭就能奪去敵人的鬥志，也就是迅雷不及掩耳的意思。先人有奪人之心，語出《左傳》文公七年趙盾之言。疾雷不及掩耳，語出《淮南子》。64救焚　救火。65就東　移軍向東靠攏李晟。66生辭　找到藉口，生起事端。67調息　調解止息。68旬時　旬日；十天。

【校　記】①就東　此二字原無。據章鈺校，十二行本、乙十一行本皆有此二字，張敦仁《通鑑刊本識誤》同，今據補。

【語　譯】陸贄從咸陽回到奉天城，上奏說：「叛賊朱泚為延緩被誅滅的時間，集中兵力守衛皇城和禁苑，大勢已盡，外援斷絕，遷延時日，苟且偷生。李懷光統領正義之師，乘著大獲全勝的氣勢，擊鼓進軍，消滅敵人，易如摧枯拉朽。但是李懷光在叛軍逃竄時不追擊，坐等士氣低落不肯用兵，各軍主帥每每打算進兵攻取，李懷光總是破壞他們的謀劃。根據這些情形看來，他的意圖很難理解。陛下的意圖是要維護保全李懷光，委曲求全，言聽計從。觀察李懷光的所作所為，他也沒有知恩感動。如果不另外採取措施和謀略，漸漸地想辦法加以控制，只是一味地姑息，以求得平安，最終恐怕變故難以預料。這實在是危機四伏的緊要時刻，當然不能按常規隨便處理。現在李晟上奏朝廷請求轉移軍隊，正好遇上臣奉陛下之命去那裡宣撫、安慰，李懷光偶爾談到此事，臣於是泛泛地詢問該如何處理。李懷光便說：『李晟既然想去別的地方駐紮，我也不必借力李晟來為我效命。』臣還是擔心李懷光有所反覆，因此就稱讚李懷光的軍力強盛。李懷光自己大為誇耀了一番，轉而露出了輕視李晟的意思。臣又不慌不忙地問李懷光：『我回朝時，或許皇上詢問這個事情是可行還是不可行，不知你的決定是什麼？』李懷光已經隨意說了不慎重的話，不能中途變卦，於是就說：『如果皇上之命允許他轉移，也不妨礙什麼事。』臣與李懷光再三約定，不能不說是十分周密慎重的了，即使李懷光想要反悔，實在難於開口。希望陛下馬上把李晟的奏表轉給中書，下敕令批准李晟所奏，另外再賜給李懷光一份您的手諭，告訴調離李晟部隊的理由。這份手諭的大致意思說：『昨天收到李晟的奏疏，請求把軍隊調往長安城的東邊，藉此分散敵人的兵力。朕本來想就這事同你商量，正巧陸贄從你那裡回來上奏說，與你相見時曾談到這事，你一直說允許李晟撤出你的駐地，對事情沒什麼妨礙，所以就下令允許李晟的請求。』這樣一來，辭語委婉而直切，道理順暢而明白，李懷光雖然心懷異謀，但沒有任何理由心生怨恨！」德宗聽從了陸贄的建議。

李晟的軍隊編成戰鬥隊形從咸陽出發，回到東渭橋。當時鄜坊節度使李建徽、神策行營節度使楊惠元還與李懷光軍營相連，陸贄又上奏說：「李懷光當下所統軍眾，足以獨自制服兇惡的叛賊，他逗留不前，也許有其他的原因。令人擔憂的是他的軍隊力量太強，不需要借助別人的幫助。最近朝廷又派遣李晟、李建徽、楊惠元三個節度使轄下的軍隊挨著李懷光的軍營，這無助於戰事的勝利，只會生出事端。這是什麼原因呢？四支軍隊的營壘連接，各支軍隊主帥想法不同，按軍力來說，強弱懸殊，據職務而言，沒有統屬關係。李懷光輕視李晟等人兵力弱小、地位低下，但又對不能隨意節制他們而惱火，李晟等人懷疑李懷光養寇蓄奸，而對李懷光處理事情常常欺陵自己而心懷怨恨，平時就互相防備飛言流語，謠言誹謗，準備作戰時就各自擔心功勞被對方分去，意見不和，產生了矛盾和衝突，讓他們駐紮在一起，勢必不會兩全。勢力強盛的一方惡行積累而最後敗亡，勢力弱小的一方形勢困危首先覆滅，各方傾敗之禍，翹足可待！原先的叛賊沒有消滅，新的禍患正在出現，這是使人憂心歎恨的關節點，實在讓人傷心。最佳的辦法是把奸惡消滅在萌芽之前，其次是補救過失於剛剛發生之時。何況現在事情已經露出了端倪，禍難即將形成，如果把這事放到一邊不加謀劃，到時用什麼來平息禍亂！李晟看到了苗頭，顧慮出現變故，先行請求移軍到東邊，李建徽、楊惠元兩軍勢力變得孤單弱小，被李懷光吞併，是必然的道理。他日雖然有良策，恐怕也不能自救。拯救危機，只能在這個時候。現在乘李晟自願調移軍隊，便讓另外兩支軍隊與李晟聯軍同去，藉口李晟兵力一向很少，恐怕為叛賊朱泚截擊，借助這兩支軍隊形成互相援助之勢，可以先派人去兩支軍隊中傳達聖旨，暗中命令他們趕快整理行裝，詔書下達軍營，當天就出發上路，即便李懷光內心不想讓他們走，也無計可施。這就是所謂的先發制人，迅雷不及掩耳。解除爭鬥不能不讓雙方分開，救火不能不快速行動，所要講的道理全在這裡了，請陛下設法處理。」德宗說：「你所設想的很好。但李晟把軍隊調往他處，李懷光不免要耿耿於懷，如果再將李建徽、楊惠元調往長安城東邊，恐怕李懷光因此找藉口，反而變得更難調解關係，那就暫且等待旬日。」

辛酉❶，加王武俊同平章事兼幽州、盧龍節度使❷。

李晟以為：「懷光反狀已明，緩急宜有備。蜀、漢之路不可壅❸，請以裨將趙光銑等為洋、利、劍❹三州刺史，各將兵五百以防未然。」上疑未決，欲親總❺禁兵幸咸陽，以慰撫❻為名，趨❼諸將進討。或謂懷光曰：「此漢祖遊雲夢之策❽

也！」懷光大懼，反謀益甚。

上垂欲行❾，懷光辭益不遜❿。上猶疑讒人間之⓫，甲子，加懷光太尉，增實食⓬，賜鐵券⓭，遣神策右兵馬使李卞等往諭旨。懷光對使者投鐵券於地曰：「聖人⓮疑懷光邪？人臣反，賜鐵券，懷光不反，今賜鐵券，是使之反也！」辭氣甚悖⓯。朔方左兵馬使張名振⓰當軍門大呼曰：「太尉視賊⓱不許擊，待天使⓲不敬，果欲反邪！功高太山，一旦棄之，自取族滅，富貴它人⓳，何益哉！我今日必以死爭之。」懷光聞之，謂曰：「我不反，以賊方彊，故須蓄銳俟時⓴耳。」懷光又言：「天子所居必有城隍㉑。」乃發卒城咸陽。未幾，移軍據之。張名振曰：「乃者言不反，今日拔軍此來，何也？何不攻長安，殺朱泚，取富貴，引軍還邠㉒邪！」懷光曰：「名振病心㉓矣！」命左右引去，拉殺㉔之。

右武鋒兵馬使石演芬㉕本西域胡人，懷光養以為子。懷光潛與朱泚通謀，演芬遣其客郜成義詣行在告之，請罷其都統之權。成義至奉天，告懷光子璀，璀密白其父。懷光召演芬責之曰：「我以爾為子，柰何欲破我家！今日負我，死甘心乎？」演芬曰：「天子以太尉為股肱，太尉以演芬為心腹，太尉既負天子，演芬安得不負太尉乎！演芬胡人，不能異心，惟知事一人㉖。苟免賊名而死，死甘心矣！」懷光使左右臠食㉗之。皆曰：「義士也！可令快死。」以刀斷其喉而去。

李卞等還，言懷光驕慢之狀，於是行在始嚴門禁㉘，從臣皆密裝以待㉙。

【章　旨】以上為第四段，寫德宗欲巡幸李懷光軍營，又賜以不死鐵券以寵之，適得其反，李懷光忌疑而加緊謀叛。

【注　釋】❶辛酉　二月二十日。❷兼幽州盧龍節度使　幽州、盧龍節度使為朱滔所領，德宗使王武俊兼領朱滔所領之鎮，欲使之討朱滔。❸壅　被阻塞。❹洋利劍　三州名，洋州治所在今陝西西鄉，利州治所在今四川廣元，劍州治所在今四川劍閣。三州為關中通蜀的交通要地。❺總　統領。❻慰撫　慰問安撫。❼趣　督促。❽此漢祖遊雲夢之策　漢高祖以遊獵雲夢為名擒韓信。事見《史記》卷九十二〈淮陰侯列傳〉。❾上垂欲行　德宗臨近巡幸咸陽。❿辭益不遜　說話更加不恭敬。⓫疑讒人間之　德宗懷疑進讒言的人挑撥離間了李懷光。⓬增實食　增加實際的封邑戶口。⓭鐵券　賜給特殊功臣的免死制書，鑄於鐵券上。⓮聖人　唐代臣子習慣稱皇帝為聖人。⓯辭氣甚悖　說話的口氣極其無禮。⓰張名振　李懷光親將，為左兵馬使，不願謀反被李懷光拉殺。傳見《舊唐書》卷一百八十七、《新唐書》卷一百九十三。⓱視賊　對待敵人。⓲天使　朝廷使者。⓳自取族滅二句　自取滅族之禍，而替別人創造了富貴的條件。指他人平亂討逆而取富貴。⓴蓄銳俟時　蓄積銳氣，等待時機。㉑城隍　城壕。隍，無水的壕溝。這裡指李懷光聲言為迎接德宗而修治咸陽城牆，以便固守。㉒引軍還邠　平賊取勝後回到邠州去。李懷光為朔方節度使，駐節邠州，治所在今陝西彬縣。㉓病心　得了心病。喻瞎操心，多管閒事。㉔拉殺　力士拉裂身體，斷骨而死。㉕石演芬　李懷光右兵馬使，反對李懷光謀叛亦被殺。傳見《舊唐書》卷一百八十七下、《新唐書》卷一百九十三。㉖一人　天下第一人，指天子。㉗臠食　將人活活地切塊分食。㉘嚴門禁　加強宮門警戒，以防不測。㉙密裝以待　祕密地打點行裝，等待追隨德宗轉移。

【語　譯】二月二十日辛酉，加授王武俊同平章事兼幽州、盧龍節度使。

李晟認為：「李懷光反叛朝廷的情況已經明朗，無論事緩、事急都要有所防備。蜀地、漢中的交通要道不能堵塞，請委任裨將趙光銑等人擔任洋州、利州、劍州三個州的刺史，讓他們各自率兵五百防患於未然。」

德宗猶豫不決，想要親自總領禁軍前往咸陽，以安撫、慰問將士為名，督促各個將領率軍攻打長安城。有人對李懷光說：「這是漢高祖巡遊雲夢澤的計策啊！」李懷光大為恐懼，反叛朝廷的計畫更為加緊了。

德宗將要巡行咸陽，李懷光更加出語不遜。德宗這時仍然懷疑是進讒言的人在離間李懷光，二月二十三日甲子，加授李懷光為太尉，增加李懷光實封的食邑戶口，賜予可免死罪的鐵券，派遣神策軍右兵馬使李卞等人去李懷光那裡傳達聖旨。李懷光當著朝廷使者的面把鐵券扔到地上說：「是皇上懷疑我李懷光了吧？人臣造反，皇帝才賜給鐵券，我李懷光不反叛朝廷，現在賞給我鐵券，這是讓我造反呀！」說話口氣極其無禮。朔方軍的左兵馬使張名振擋在軍門門口大聲呼喊說：「太尉對待叛軍，不允許我等出擊，對待朝廷的使者，極不恭敬，果然是要造反！你的功勞像泰山一樣高，一旦拋棄，自取滅族之禍，讓他人享受富貴，這有什麼好處呢！我今天一定以死相爭。」李懷光聽了，對張名振說：「我不反叛朝廷，因為敵軍正處在強盛時期，所以必須養精蓄銳，等待時機。」李懷光又說：「天子居住的地方一定得有城壕。」於是調派士兵修築咸陽城。過了不久，他就調移軍隊，佔據了咸陽。張名振說：「才說不反叛朝廷，現在調軍到這裡來，那又是幹什麼？為什麼不去攻打長安城，誅殺朱泚，獲取富貴，帶領將士們回邠寧故地去呢！」李懷光說：「張名振得了心病！」命令身邊的人把張名振拉走，把他拉扯死了。

右武鋒兵馬使石演芬本是西域胡人，李懷光把他收養為子。李懷光暗中與朱泚陰謀勾結，石演芬派他的門客郜成義前往奉天告發這件事，請求德宗罷免李懷光的都統權力。郜成義到達奉天，告訴了李懷光的兒子李璀，李璀祕密地把這件事情告訴了他的父親李懷光。李懷光叫來石演芬，斥責他說：「我把你當成兒子，你為什麼想讓我家破人亡！你今天辜負了我，我讓你死，你心甘情願嗎？」石演芬說：「天子把太尉您視為輔佐大臣，太尉您把我當成心腹親信，太尉您既然辜負了皇帝，我石演芬怎麼能不辜負太尉您呢！我石演芬是胡人，不能有二心，只知道侍奉天子。如果能免受叛賊之名，死了也心甘情願！」李懷光命令身邊人把石演芬切塊吃掉。這些人都說：「石演芬是一位俠義之士！應讓他快些死去。」便用刀割斷石演芬的喉嚨後離去。

李卞等人回到奉天城，彙報了李懷光驕悍傲慢的情況，於是朝廷加強宮門警戒，德宗的侍從大臣都在暗中整理行裝，等待隨從德宗轉移。

乙丑❶，加李晟河中、同絳節度使，上猶以為薄，丙寅❷，又加同平章事。

上將幸梁州❸，山南節度使鹽亭嚴震❹聞之，遣使詣奉天奉迎，又遣大將張用誠將兵五千至盩厔❺以來迎衛。用誠為懷光所誘，陰與之通謀，上聞而患之。會震繼遣牙將馬勛奉表，上語之故，勛請「亟詣梁州取嚴震符❻召用誠還府，若不受召，臣請殺之。」上喜曰：「卿何時復至此？」勛刻日時❼而去。既得震符，請壯士五人與之俱出駱谷❽。用誠不知事泄，以數百騎迎之，勛與之俱入驛。時天寒，勛多然藁火於驛外，軍士皆往附火❾，勛乃從容出懷中符，以示用誠曰：「大夫召君。」用誠錯愕❿起走，壯士自後執其手擒之。用誠子在勛後，斫傷勛首。壯士格殺⓫其子，仆用誠於地⓬，跨其腹⓭，以刀擬其喉⓮曰：「出聲則死！」勛入其營，士卒已擐甲執兵⓯矣。勛大言曰：「汝曹父母妻子皆在漢中，一朝棄之，與張用誠同反，於汝曹何利乎？大夫令我取用誠，不問汝曹，無自取族滅！」眾皆讋服⓰。勛送用誠詣梁州，震杖殺⓱之，命副將領其眾。勛裹其首，復命於行在，愆期⑱半日。

李懷光夜遣人襲奪李建徽、楊惠元軍，建徽走免，惠元將奔奉天，懷光遣兵追殺之。懷光又宣言曰：「吾今與朱泚連和，車駕且當遠避！」

懷光以韓遊瓌朔方將⑲也，掌兵在奉天，與遊瓌書，約使為變⑳。遊瓌密奏之。明日，又以書趣之㉑。遊瓌又奏之[1]。上稱其忠義，因問：「策安出㉒？」對曰：「懷光總㉓諸道兵，故敢恃眾為亂。今邠寧有張昕，靈武有甯景璿，河中有呂鳴岳，振武有杜從政，潼關有唐朝臣，渭北有竇覦㉔，皆守將㉕也。陛下各以其地及其眾授之，尊懷光之官，罷其權，則行營諸將各受本府指麾矣㉖。懷光獨立，安能為亂！」上曰：「罷懷光兵權，若朱泚何㉗？」對曰：「陛下既許將士以克城殊賞，將士奉天子之命以討賊取富貴，誰不願之！邠府兵以萬數，借使㉘臣得而將之，足以誅泚，況諸道必有仗義之臣，泚不足憂也！」上然之。

【章　旨】以上為第五段，寫李懷光反叛，兼併李建徽、楊惠元軍。

【注　釋】❶乙丑　二月二十四日。❷丙寅　二月二十五日。❸梁州　州名，山南西道治所，在今陝西漢中。❹嚴震　（西元七二四—七九九年）字遐聞，梓州鹽亭縣（今四川鹽亭）人，時為山南西道節度使。傳見《舊唐書》卷一百十七、《新唐書》卷一百五十八。❺盩厔　縣名，縣治在今陝西周至。❻符　此謂節度使兵符。❼刻日時　約定日期。❽駱谷　關中通漢中的山谷之一。❾附火　靠近火堆烤火。❿錯愕　猝然驚懼的樣子。⓫格殺　鬥殺。⓬仆用誠於地　將張用誠摔倒在地。⓭跨其

腹 騎在張用誠的肚子上。⓮以刀擬其喉 用刀架在喉頸上。⓯擐甲執兵 穿好鎧甲，拿起了兵器。⓰讋服 屈服。讋，通「慴」。失氣順從的樣子。⓱杖殺 用棍棒打死。⓲愆期 過期；超過了約定的時間。⓳朔方將 韓遊瓌初事郭子儀，與李懷光有舊，為朔方鎮將。李懷光東征，韓遊瓌為留後。⓴為變 作亂。㉑又以書趣之 再一次寫信催促韓遊瓌起事。㉒策安出 用什麼計策來對付。㉓總 節制；統領。㉔竇覦 時為坊州刺史，駐渭北。傳見《舊唐書》卷一百八十三。㉕守將 守衛一方之將。㉖罷其權二句 意謂罷免李懷光兵權，則諸路軍隊雖在行營，將不肯受命於李懷光，而各稟本府之命。㉗若朱泚何 怎麼對付朱泚呢。德宗謂罷李懷光兵權，恐無人可制朱泚。㉘借使 假使。

【校　記】①遊瓌又奏之 原無此句。據章鈺校，十二行本、乙十一行本皆有此句，張敦仁《通鑑刊本識誤》同，今據補。

【語　譯】二月二十四日乙丑，加封李晟為河中、同絳節度使，德宗覺得這樣對待李晟還是太薄了一點，二十五日丙寅，又加授李晟為同平章事。

德宗將要幸臨梁州，山南節度使鹽亭人嚴震聽說這件事後，派遣使者前往奉天迎接德宗，又派手下大將張用誠率兵五千人到盩厔縣來迎接護衛。張用誠被李懷光所引誘，暗中與李懷光陰謀串通，德宗知道後擔心此事。正好嚴震接著派遣牙將馬勛上奏表，德宗把事情的原委告訴馬勛，馬勛向德宗請求「趕快去梁州取嚴震的兵符召張用誠回府，如果他不接受命令，請讓我殺了他。」德宗高興地說：「你什麼時候再到這裡來？」馬勛給自己約定日期後離去。馬勛得到嚴震的兵符後，請嚴震派五名勇士和他一起出了駱谷。張用誠不知道事情洩露，親自帶幾百名騎兵迎接馬勛，馬勛與張用誠一起進了驛站。當時天氣寒冷，馬勛在驛站外燃藁取火，張用誠的士兵都靠近火堆烤火，馬勛這才不慌不忙地從懷中掏出嚴震的兵符，把它給張用誠看，說：「嚴大夫召您回府。」張用誠猝然驚懼，起身逃跑，馬勛帶來的勇士從後邊抓住了張用誠的手，活捉了他。張用誠的兒子站在馬勛後面，用劍砍傷了馬勛的腦袋。勇士殺了張用誠的兒子，把張用誠摔倒地上，騎在他的肚子上，用刀抵在他的喉頭說：「出聲就殺死你！」馬勛進入張用誠的軍營中，士兵們已穿上鎧甲，手持兵器。馬勛對他們大聲說：「你們的父母、妻兒都在漢中，你們一旦拋棄了他們，與張用誠一道反叛朝廷，對你們有什麼好處嗎？嚴大夫命令我來拘捕張用誠，不追究你們，你們不要自取滅族之禍！」兵眾都屈服了。馬勛把張用誠送到梁州，嚴震命人用軍棍打死了張用誠，命令副將統領他的部眾。馬勛包裹張用誠頭顱，去奉天城向德宗覆命，僅超過半天期限。

李懷光夜間派人襲擊李建徽、楊惠元，奪取他們的部眾，李建徽脫身僅免一死，楊惠元將要逃往奉天，李懷光派兵追殺了楊惠元。李懷光又揚言說：「我現在與朱泚聯合，皇帝的車駕應該遠遠迴避！」

李懷光以為韓遊瓌是朔方軍的舊將，在奉天城執掌兵權，就給韓遊瓌寫了封信，約他發動叛亂。韓遊瓌把此事祕密向德宗奏報。第二天，李懷光又寫信催促韓遊瓌。韓遊瓌又向德宗奏報了。德宗稱讚韓遊瓌對朝廷忠義，於是詢問韓遊瓌：「現在該採取什麼計策？」韓遊瓌回答說：「李懷光統領各道軍隊，所以依仗兵多敢於叛亂。現在邠寧有張昕，靈武有甯景璿，河中有呂鳴岳，振武有杜從政，潼關有唐朝臣，渭北有竇覦，都是守衛一方的將領。陛下把各個地區以及該地區的軍隊都交給這些將領統轄和指揮，提升李懷光的官職，罷免他的兵權，那麼在行營的各個將領都分別受各自軍府的指揮了。李懷光孤立，怎麼能造反作亂呢！」德宗問：「罷免李懷光的兵權，那怎麼對付朱泚呢？」韓遊瓌回答說：「陛下既然許諾給攻下長安城的將士以特殊的賞賜，那麼將士們奉天子的命令討伐叛賊獲得富貴，還有誰不願意立功呢！邠寧軍府的兵士數以萬計，假如我得到這支軍隊率領它，足以誅滅朱泚，何況各道之中一定有主持正義的臣屬，朱泚不足以令人擔憂！」德宗覺得韓遊瓌說得有道理。

丁卯❶，懷光遣其將趙昇鸞入奉天，約其夕使別將達奚小俊❷燒乾陵，令昇鸞為內應以驚脅乘輿。昇鸞詣渾瑊自言❸，瑊遽以聞❹，且請決幸梁州。上命瑊戒嚴。瑊出，部勒未畢，上已出城西，命戴休顏守奉天，朝臣將士狼狽扈從。戴休顏徇於軍中❺曰：「懷光已反！」遂乘城拒守。

朱泚之稱帝也，兵部侍郎劉迺❻臥病在家。泚召之，不起。使蔣鎮自往說之，凡再往，知不可誘脅❼，乃歎曰：「鎮亦忝列曹，不能捨生，以至於此，豈可復以己之腥臊污漫賢者乎！」歔欷❽而返。迺聞帝幸山南，搏膺大呼❾，自投于牀❿，不食數日而卒。

太子少師喬琳從上至盩厔，稱老疾不堪山險⓫，削髮⓬為僧，匿於仙遊寺。泚聞之，召至長安，以為吏部尚書。於是朝士之竄匿者多出仕泚⓭矣。懷光遣其將孟保、惠靜壽、孫福達將精騎趣南山邀⓮車駕，遇諸軍糧料使張增於盩厔。三將曰：「彼使我為不臣，我以追不及報之，不過不使我將耳。」因目增曰：「軍士未朝食，如何？」增紿其眾曰：「此東數里有佛祠，吾貯糧焉。」三將帥眾而東，縱之剽掠⓯。由是百官從行者皆得入駱谷。以追不及還報，懷光皆黜之。○河東將王權、馬彙引兵歸太原。

【章旨】以上為第六段，寫李懷光欲偷襲奉天，德宗倉皇出奔山南。

【注釋】❶丁卯　二月二十六日。❷達奚小俊　人名。❸自言　自首。❹遽以聞　立即上奏德宗。❺徇於軍中　公開向全軍宣布。徇，昭示。❻劉迺　（西元七二二－七八〇年）天寶進士，官至兵部侍郎。傳見《舊唐書》卷一百五十三、《新唐書》卷一百九十三。❼誘脅　引誘脅迫，軟硬兼施。❽歔欷　抽泣歎息。❾搏膺大呼　捶胸大叫。❿自投于牀　自己栽倒在床上。這是痛徹心骨而情不自禁的舉動。⓫不堪山險　經受不住翻山越嶺的跋涉。⓬削髮　剃髮。⓭出仕泚　出仕於朱泚。藏匿的朝官見喬琳出仕偽職，於是紛紛投效朱泚。⓮邀　攔擊。⓯縱之剽掠　聽任士兵劫掠。

【語　譯】二月二十六日丁卯，李懷光派遣部將趙昇鸞進入奉天城，約定當天晚上派別將達奚小俊火燒乾陵，讓趙昇鸞在奉天城中做內應，驚擾、脅迫德宗。趙昇鸞到渾瑊那裡把這事主動說了，渾瑊立即把此事上報德宗，並且請求德宗決定幸臨梁州。德宗命令渾瑊嚴加防範。渾瑊出了宮門，部署工作尚未做好，德宗已出城西去，命令戴休顏守衛奉天，朝廷大臣和護衛將士狼狽隨從。戴休顏在軍營中巡行說：「李懷光已經造反！」於是登城守禦。

朱泚稱帝後，兵部侍郎劉迺臥病在家。朱泚徵召他，他不肯響應。朱泚派蔣鎮親自去勸說，蔣鎮總共去了兩次，知道劉迺這個人不受威逼利誘，便感歎地說：「我蔣鎮也曾忝列朝臣，不能夠捨棄生命，落到了這種地步，難道還要用自己汙穢的行為去玷辱賢德之人嗎！」歎息良久，回去了。劉迺聽說德宗出走山南，搥胸大叫，自己栽倒在床上，幾天不食而死。

太子少師喬琳跟隨德宗到了盩厔縣，聲稱年老有病經受不了山險跋涉，削髮為僧，藏身於仙遊寺。朱泚聽說此事，把喬琳徵召到長安，任命他擔任吏部尚書。自此以後，朝廷大臣逃竄藏匿的有很多人出來在朱泚手下做官了。

李懷光派遣他的將領孟保、惠靜壽、孫福達率領精銳騎兵奔赴南山攔截德宗，在盩厔縣境碰上了諸軍糧料使張增。這三位將領說：「李懷光讓我們幹反叛皇帝的事，我們就報告說追趕不到，這樣只不過不讓我們做將領罷了。」於是看著張增說：「我們的士兵沒有吃早飯，該怎麼辦？」張增騙他們的部眾說：「從這往東幾里有一座佛寺，裡面我儲存了糧食。」三位將領率領部眾東去，縱兵搶掠。因此德宗和跟隨的文武百官都得以進入駱谷。三位將領回來報告說沒有追趕上，李懷光把他們全部罷免了。○河東將領王權、馬彙帶領軍隊返回太原。

李晟得除官制，拜哭受命❶，謂將佐曰：「長安，宗廟所在，天下根本，若諸將皆從行，誰當滅賊者！」乃治城隍❷，繕甲兵，為復京城之計。先是，東渭橋有積粟十餘萬斛，度支給李懷光軍幾盡。是時懷光、朱泚連兵，聲勢甚盛，車駕南幸，人情擾擾。晟以孤軍處二彊寇之間，內無資糧，外無救援，徒以忠義感激將士，故其眾雖單弱而銳氣不衰。又以書遺懷光，辭禮卑遜❸，雖示尊崇而諭以禍福，勸之立功補過。故懷光慚恧❹，未忍擊之。晟曰：「畿內雖兵荒之餘❺，猶可賦斂。宿兵養寇❻，患莫大焉！」乃以判官張彧假❼京兆尹，擇四十餘人，假官以督渭北諸縣[1]芻粟❽，不旬日，皆充羨❾，乃流涕誓眾，決志平賊。

田悅用兵數敗，士卒死者什六七，其下皆厭苦之。上以給事中孔巢父為魏博宣慰使。巢父性辯博❿，至魏州，對其眾為陳逆順禍福，悅及將士皆喜。兵馬使田緒，承嗣之子也，凶險，多過失，悅不忍殺，杖而拘之⓫。悅既歸國，內外撤警備。三月壬申朔⓬，悅與巢父宴飲，緒對弟姪有怨言⓭，其姪止之。緒怒，殺姪，既而悔之，曰：「僕射⓮必殺我！」既夕，悅醉，歸寢，緒與左右密穿後垣入⓯，殺悅及其母、妻等十餘人，即帥左右執刀立於中門⓰之內夾道。將旦，以悅命召行軍司馬扈崿、判官許士則、都虞候蔣濟議事。府署深邃，外不知有變，士則、濟先至，召入，亂斫⑰殺之。緒恐既明事泄，乃出門⑱，遇悅親將劉忠信方排牙⑲，緒疾呼謂眾曰：「劉忠信與扈崿謀反，昨夜刺殺僕射。」眾大驚詬譁。忠信未及自辯，眾分裂殺之。扈崿來，及戟門⑳遇亂，招諭將士，將士從之者三分之一。緒懼，登城㉑而立，大呼謂眾曰：「緒，先相公㉒之子，諸君受先相公恩，若能立緒，兵馬使賞緡錢二千，大將半之，下至士卒，人賞百緡，竭公私之貨，五日取辦。」於是將士回首殺扈崿，皆歸緒，軍府乃安。因請命㉓於孔巢父，巢父命緒權知軍府。後數日，眾乃知緒殺其兄㉔，雖悔怒㉕，而緒已立，無如之何。緒又殺悅親將薛有倫等二十餘人。

李抱真、王武俊引兵將救貝州，聞亂，不敢進。朱滔聞悅死，喜曰：「悅負恩，天假手於緒也。」即遣其執憲大夫㉖鄭景濟等，將步騎五千助馬寔，合兵萬二千人攻魏州。寔軍王莽河，縱騎兵及回紇四出剽掠。滔別遣人入城[2]說緒，許以本道節度使。緒方危急，遣隨軍侯臧詣貝州送款於滔。滔喜，遣臧還報，使亟定盟約。時緒部署城內已定，李抱真、王武俊又遣使詣緒，許以赴援，如悅存日之約。緒召將佐議之，幕僚曾穆、盧南史曰：「用兵雖尚威武，亦本仁義，然後有功。今幽陵之兵㉗恣行殺掠，白骨蔽野，雖先僕射背德，其民何罪！今雖盛彊，其亡可跂立而待㉘也。況昭義㉙、恆冀㉚方相與攻之，柰何以目前之急欲從人為反逆乎！不若歸命朝廷。天子方蒙塵於外，聞魏博使至必喜，官爵旋踵㉛而至矣。」緒從之，遣使奉表詣行在，城守以俟命。

【章旨】以上為第七段，寫魏博鎮兵變，田緒殺田悅奉表歸順。

【注釋】❶李晟得除官制二句　指拜李晟河中、同絳節度使，加同平章事，得到委任狀後，哭泣著跪拜受命。❷治城隍　修築城牆，深挖壕溝。這裡當指李晟在東渭橋修治軍壘。❸辭禮卑遜　書信的語言十分謙恭有禮。❹慚恧　慚愧。❺兵荒之餘　經受戰亂之後。❻宿兵養寇　按兵不動使敵人坐大。❼假　代理。❽督渭北諸縣芻粟　督促徵收渭北諸縣的糧草。芻，餵馬草料。粟，糧米。❾皆充羨　各縣所辦糧草都充足有餘。羨，剩餘。❿性辯博　生性能言善辯。⓫杖而拘之　打了一頓板子後拘留起來。這裡的拘，指軟禁府衙中。⓬壬申朔　三月初一日。⓭對弟姪有怨言　田緒在弟姪面前發洩對田悅的怨言。⓮僕射　指田悅。田承嗣加檢校尚書僕射，悅承襲魏鎮，故尊稱僕射。⓯密穿後垣入　偷偷地從後牆穿洞進入。⓰中門　中庭之門。⓱斫　砍殺。⓲出門　走出中門。⓳排牙　集合牙前將士，手執武器立於庭下。⓴戟門　鎮衙外門。因門前列戟，故稱戟門。㉑登城　指田緒登上牙城。㉒先相公　指田承嗣。㉓請命　請示朝命。㉔殺其兄　田悅為田緒堂兄。㉕悔怒　怒田緒殺兄，悔不該立緒。㉖執憲大夫　猶天朝的御史大夫。㉗幽陵之兵　指幽州的朱泚軍隊。㉘亡可跂立而待　謂朱滔的滅亡如同足尖立地不可久待一樣，就在眼前。跂，抬起腳後跟，讓腳尖立地。㉙昭義　指李抱真。㉚恆冀　指王武俊。㉛旋踵　轉過身來。喻事之易辦。踵，腳後跟。

【校記】①諸縣　原無此二字。據章鈺校，十二行本、乙十一行本、孔天胤本皆有此二字，張敦仁《通鑑刊本識誤》同，今據補。②入城　原無此二字。據章鈺校，十二行本、乙十一行本皆有此二字，今據補。

【語譯】李晟得到新官委任狀後，哭泣著跪拜受命，對將吏僚佐們說：「長安城，是國家宗廟所在之地，天下的根本，如果各位將領都跟隨皇帝，那由誰來承擔消滅叛賊的任務呢！」於是修築城牆，深挖壕溝，整修鎧甲兵器，做好收復京城的準備。此前在東渭橋還有儲存的糧食十幾萬斛，度支把它撥給李懷光的軍隊，幾乎用光了。這時李懷光和朱泚兵力聯合，聲勢浩大，德宗南走，人心慌亂不堪。李晟僅憑一支孤立的軍隊夾在兩支強盛的叛軍中間，內無軍資糧米供應，外無援救，只能以忠義的精神來感動激勵將士，所以他的軍隊雖然勢單力弱而銳氣不減。李晟又寫信給李懷光，措辭謙恭有禮，雖然對李懷光表示了尊敬和推崇，但還是曉示禍福，勸他立功補過失。所以李懷光心懷慚愧，不忍心攻打李晟。李晟對部將們說：「京畿地區雖然經受戰亂的洗劫，但仍然可以徵收賦稅。按兵不動，讓敵人養精蓄銳，那是最大的禍患啊！」於是委任判官張彧暫時代理京兆尹，選拔四十多人出來，都暫時代理官職督辦渭北各縣糧草，不到十天，糧草都充足有餘，於是李晟流著眼淚與部下將士們宣誓，決心消滅叛賊。

田悅帶兵打仗多次失敗，士兵死去的有十分之六七，他的部下都討厭戰事。德宗任命給事中孔巢父為魏博宣慰使。孔巢父生性能言善辯，到了魏州，對著田悅的部眾陳述反叛朝廷的危害和歸順朝廷的好處，田悅和將士們都很高興。田悅的兵馬使田緒，是前節度使田承嗣的兒子，為人兇悍陰險，犯了很多過失，田悅不忍心殺死田緒，往往是打一頓板子後拘禁起來。田悅歸順朝廷後，裡裡外外都撤除了警備。三月初一日壬申，田悅與孔巢父設宴飲酒，田緒向姪兒說了些不滿田悅的話，姪兒制止。田緒大怒，殺了姪兒，事後又後悔了，說：「僕射一定殺死我！」當天晚上，田悅喝醉了，回家睡覺，田緒與自己的身邊人祕密地從後牆穿洞進去，殺了田悅和他的母親、妻子等十多人，隨即率領親信提著刀站在中門的內夾道上。天快亮時，借用田悅的命令召行軍司馬扈崿、判官許士則、都虞候蔣濟商議事情。軍府衙門的庭院深邃，外面的人不知道發生了變故，許士則、蔣濟先到，田緒把二人傳召進去，用亂刀砍死了他們。田緒害怕天亮後事情洩露，於是走出中門，正遇上田悅的親信將領劉忠信在部署牙前將士，田緒大聲喊叫，對牙前將士說：「劉忠信與扈崿陰謀造反，昨天晚上刺殺了田僕射。」牙前將士大為震驚，喊叫聲亂成一團。劉忠信還來不及自我辯白，牙前將士就把劉忠信殺掉分屍了。扈崿來到軍府，到軍府門外時碰上了事變，勸說將士們不要混亂，將士們聽從扈崿的有三分之一。田緒害怕了，登上牙城站著，大聲對眾將士們喊道：「我田緒是田承嗣的兒子，各位都是受了先公的恩德，你們如果能擁立我田緒，擔任兵馬使這一官職的人獎賞緡錢一半，擔任大將一職的賞緡錢二千，下至普通士兵，每人賞錢一百緡，我竭盡公府和我私人的錢財，在五天之內兌現。」於是將士們回頭殺了扈嵦，全都歸順了田緒，軍府衙門內外才安定下來。田緒於是向孔巢父請求朝命，孔巢父命令田緒暫時代理軍府事務。過後幾天，將士們才知道是田緒殺了他的堂兄，雖然後悔、憤怒，但田緒已經被擁立，大家也沒有別的辦法。田緒又殺了田悅的親信將領薛有倫等二十多人。

李抱真、王武俊帶領軍隊即將援救貝州，聽說田悅軍府發生變亂，不敢進軍。朱滔聽說田悅死了，高興地說：「田悅忘恩負義，上天借助田緒之手殺了田悅。」立即派遣執憲大夫鄭景濟等人率領步兵、騎兵五千人協助馬寔，聯合兵力一萬二千人攻打魏州。馬寔的軍隊駐紮在王莽河，放縱騎兵和回紇人四出搶掠。朱滔另外派人進城勸說田緒與自己聯合，允諾以田緒為魏博節度使。田緒正處在危急關頭，派遣隨軍官侯臧前往貝州向朱滔表達忠心。朱滔很高興，打發侯臧回來報告，讓田緒趕快與朱滔訂定盟約。當時田緒在魏州城內的各項部署已經停當，李抱真、王武俊又派使者前往田緒那裡，答應援救田緒，就像田悅在世時約定的一樣。田緒召集將領僚佐討論此事，幕僚曾穆、盧南史說：「用兵雖然崇尚威武，但也要以仁義為本，然後才會獲得成功。現在朱滔的幽州軍隊肆意殺人搶掠，白骨蔽野，雖然已故僕射辜負了朱滔的援救恩德，但百姓有什麼罪過！現在朱滔雖然強盛，但他的滅亡如同足尖立地，等待不了多久。何況昭義軍、恆冀軍正一起向朱滔進攻，怎麼能因為目前情況緊急，就想跟著別人反叛朝廷呢！不如歸順朝廷。皇帝正蒙難在京城之外，聽說魏博使者到來一定高興，您的官爵馬上就可得到了。」田緒聽從了這一建議，派遣使者帶著表章前往德宗住處，防守魏州城以等待朝廷的命令。

上之發奉天也，韓遊瓌帥其麾下八百餘人還邠州。李懷光以李晟軍浸盛❶，惡之，欲引軍自咸陽襲東渭橋。三令其眾，眾不應，竊相謂曰：「若與我曹擊朱泚，惟力是視❷。若欲反，我曹有死，不能從也。」懷光知眾不可強，問計於賓佐，節度巡官❸良鄉李景略❹曰：「取長安，殺朱泚，散軍還諸道，單騎詣行在，如此，臣節亦未虧，功名猶可保也。」頓首懇請，至於流涕。懷光許之。都虞候閻晏等勸懷光東保河中❺，徐圖去就。懷光乃說其眾曰：「今且屯涇陽❻，召妻孥於邠，俟至，與之俱往河中。春裝既辦，還攻長安，未晚也。東方諸縣皆富實，軍發之日，聽爾俘掠。」眾許之。懷光乃謂景略曰：「曏者之議，軍眾不從，子宜速去，不❼且見害。」遣數騎送之。景略出軍門，慟哭曰：「不意此軍一旦[1]陷於不義❽！」

懷光遣使詣邠州，令留後張昕悉發所留兵萬餘人及行營將士家屬會涇陽，仍遣其將劉禮等將三千餘騎脅遷❾之。韓遊瓌說昕曰：「李太尉功高，自棄己[2]蹈禍機❿，中丞今日可以自求富貴，遊瓌請帥麾下以從⓫。」昕曰：「昕微賤，賴李太尉得至此，不忍負也。」遊瓌乃謝病不出，陰與諸將高固、楊懷賓等相結。時崔漢衡以吐蕃兵營于邠南，高固曰：「昕以眾去，則邠城空矣。」乃詐為渾瑊書，召吐蕃使稍逼邠城⓬。昕等懼，竟不敢出。昕等謀殺諸將之不從者，遊瓌知之，先與高固等舉兵殺昕，遣楊懷賓奉表以聞，且遣人告崔漢衡。漢衡矯詔以遊瓌知軍府事，軍中大喜。懷光子旻在邠，遊瓌遣之。或曰：「不殺旻，何以自明⑬？」遊瓌曰：「殺旻，則懷光怒，其眾必至，不如釋旻以走之。」時楊懷賓子朝晟在懷光軍中為右廂兵馬使，聞之，泣白懷光曰：「父立功於國，子當誅夷⑭，不可典兵⑮。」懷光囚之。於是遊瓌屯邠寧，戴休顏屯奉天，駱元光屯昭應，尚可孤屯藍田，皆受李晟節度，晟軍聲大振。

始，懷光方彊，朱泚畏之，與懷光書，以兄事之，約分帝關中，永為鄰國。及懷光決反，逼乘輿南幸，其下多叛之，勢益弱。泚乃賜懷光詔書，以臣禮待之，且徵其兵。懷光慚怒，內憂麾下為變，外怒李晟襲之，遂燒營東走，掠涇陽等十二縣，雞犬無遺。及富平⑯，大將孟涉、段威勇將數千人奔于李晟，將士在道散亡相繼。至河中，或勸河中守將呂鳴岳焚橋拒之。鳴岳以兵少恐不能支，遂納之，河中尹李齊運棄城走。懷光遣其將趙貴先築壘於同州⑰，刺史李紓懼，奔行在。幕僚裴向⑱攝州事，詣貴先，責以逆順之理。貴先感寤⑲，遂請降，同州由是獲全。向，遵慶之子也。懷光使其將符嶠襲坊州⑳，據之。渭北守將竇覦帥獵團㉑七百圍之，嶠請降。詔以覦為渭北行軍司馬。

【章　旨】以上為第八段，寫李懷光眾叛親離，燒營東走，入據河中。

【注　釋】❶浸盛　日益強大。❷惟力是視　只是盡力，別的什麼都不顧。即有多少力就出多少力。惟，只是；唯獨。力，力量；力氣。是，代詞，復指提前的賓語。❸節度巡官　節度使僚屬，掌巡察事務。❹李景略　幽州良鄉（在今北京市房山區東南）人，歷官河東行軍司馬、天德軍防禦使。傳見《舊唐書》卷一百五十二、《新唐書》卷一百七十。❺河中　府名，治所蒲州，在今山西永濟。❻涇陽　縣名，縣治在今陝西涇陽東南。❼不　通「否」。❽陷於不義　朔方軍曾平定安史之亂，又擊退過回紇、吐蕃，功高天下，今卻被李懷光帶入歧途，反叛朝廷，陷於不義。陷，沉淪。❾脅遷　脅迫邠州之兵轉移。❿自棄己蹈禍機　自己拋棄自己踏上禍患的機關。⓫帥麾下以從　帶領我的部下追隨你。⓬稍逼邠城　吐蕃軍隊逐漸向邠州城逼近。⓭不殺旻二句　不殺李旻，怎麼向德宗表明自己不反。⓮誅夷　誅滅。楊懷賓為韓遊瓌將，率兵斬張昕，奉表詣行在，是父立功於國。楊朝晟為李懷光兵馬使，後為韓遊瓌將，官至邠寧節度使。⓯典兵　掌管軍隊。⓰富平　縣名，治所在今陝西富平。⓱同州　州名，治所馮翊，在今陝西大荔。李懷光築壘同州，防備唐兵東討。⓲裴向　（西元七五一—八三〇年）肅宗朝宰相裴遵慶之子，官至大理寺卿，以吏部尚書致仕。傳見《舊唐書》卷一百十三、《新唐書》卷一百四十。⓳感寤　受到感召而醒悟。⓴坊州　州名，治所在今陝西黃陵。㉑獵團　由獵戶組成的民兵團。

【校　記】①一旦　原無此二字。據章鈺校，十二行本、乙十一行本、孔天胤本皆有此二字，今據補。②棄己　原無此二字。據章鈺校，十二行本、乙十一行本、孔天胤本皆有此二字，張敦仁《通鑑刊本識誤》同，今據補。

【語　譯】德宗從奉天出發前往梁州時，邠寧留後韓遊瓌率領部下八百多人回到了邠州。李懷光因為李晟的軍隊勢力日益強盛，對李晟很是厭惡，想要率軍從咸陽襲擊東渭橋。李懷光對部眾三次下達命令，將士們都不服從，他們私下互相說：「如果和我們進攻朱泚，我們有多少力出多少力。如果打算反叛，我們惟有一死，不能相從。」李懷光知道不能強迫部眾反叛，就向賓客、僚佐詢問對策，節度巡官良鄉人李景略說：「攻取長安，殺掉朱泚，解散大軍各回本道，您單騎到行在所晉見皇上，這樣的話，做臣屬的操守也沒有缺失，功名還可以保得住。」李景略向李懷光磕頭懇請，以至於涕淚交流。李懷光答應了。都虞候閻晏等人勸李懷光率軍東進據守河中，慢慢考慮該怎麼辦。於是李懷光勸將士們說：「我們現在暫且屯駐涇陽，把妻兒老小從邠州召來，等家眷來了，同他們一起去河中地區。把春天的衣裝置辦好了後，回來攻打長安，到時也還不晚。東邊的各個縣都很富裕，軍隊出發的那一天，聽任你們隨便擄掠。」將士們都答應了。李懷光便對李景略說：「你日前的建議，將士們不答應，你應趕快離開這裡，否則的話，將被殺害。」派遣幾名騎兵送走李景略。李景略走出軍門，悲痛大哭，說道：「我沒料到這支軍隊一下子陷於不義之中！」

李懷光派使者前往邠州，命令留後張昕把所有留在此地的兵士一萬多人以及行營中的將士家屬在涇陽會合，還派將領劉禮等人率領三千多名騎兵去脅迫他們遷移。韓遊瓌勸張昕說：「李太尉功高，自己拋棄了自己踏上禍患的機關，張中丞您現在可以自取富貴，我韓遊瓌請求率領部下追隨你。」張昕說：「我張昕卑微低賤，依靠李太尉得以至此，我不忍心背叛。」韓遊瓌便稱病閉門不出，暗中與將領中的高固、楊懷賓等人相互聯絡。當時崔漢衡讓吐蕃派出的援兵駐紮在邠州的南面，高固說：「張昕帶領將士、家屬去涇陽的話，那邠州城就空虛了。」於是假冒渾瑊之名寫了一封信，叫吐蕃的軍隊逐漸逼近邠州城。張昕等人害怕，竟然不敢帶人出城。張昕等人策劃殺害將領中不聽指揮的人，韓遊瓌得知這一消息，搶先與高固等人起兵殺了張昕，派遣楊懷賓帶著表章到德宗所在的梁州彙報，並且派人把此事告訴了崔漢衡。崔漢衡假傳德宗的詔令，任命韓遊瓌主持邠寧軍府事務，邠寧軍中將士大為高興。李懷光的兒子李旻在邠州城，韓遊瓌打發李旻出走。有人說：「不殺了李旻，怎麼向皇帝表明自己不反叛呢？」韓遊瓌說：「如果殺了李旻，李懷光就會大怒，他的部隊必然到來，不如放走李旻讓李懷光離開。」當時楊懷賓的兒子楊朝晟在李懷光軍中擔任右廂兵馬使，聽說邠州城的事變後，哭著對李懷光說：「我父親為朝廷立了功，他的兒子應受誅滅，不能掌管軍隊。」李懷光把楊朝晟關押起來。在這個時候，韓遊瓌屯駐邠寧，戴休顏屯駐奉天，駱元光屯駐昭應，尚可孤屯駐藍田，都受李晟的調度指揮，李晟軍隊的聲勢大振。

當初，李懷光的力量正強大時，朱泚害怕李懷光，寫信給李懷光，當做兄長奉侍，約定兩人分別在關中地區稱帝，永遠互為友好鄰國。等到李懷光決定反叛朝廷，逼迫皇帝南行梁州，李懷光的部屬很多都背叛了李懷光，勢力日益衰弱。朱泚便向李懷光頒賜詔書，以對待臣屬的禮儀對待李懷光，而且還要徵調李懷光的軍隊。李懷光既愧疚，又憤怒，對內擔心部下叛變，對外惱怒李晟襲擊他，於是燒毀軍營向東邊逃走，搶掠涇陽等十二個縣，雞犬不留。李懷光的軍隊到達富平，大將孟涉、段威勇帶著幾千人投奔了李晟，部下將士在途中相繼逃亡。到了河中府，有人勸河中府的守將呂鳴岳燒毀黃河上的蒲津橋抵禦李懷光。呂鳴岳以為兵力太少恐怕不能支撐，於是接納了李懷光，河中府尹李齊運丟下城池逃走了。李懷光派遣他的將領趙貴先在同州修建防禦堡壘，同州刺史李紓害怕，奔赴德宗所在的梁州。幕僚裴向代理同州事務，裴向前往趙貴先那裡，用叛逆與歸順朝廷的利害關係來責備趙貴先。趙貴先受到感召而醒悟，於是請求投降，同州因此而獲得保全。裴向是裴遵慶的兒子。李懷光派遣他的部將符嶠襲擊坊州，佔領了坊州。渭北守將竇覦率領由獵戶組成的隊伍七百人包圍了坊州，符嶠請求投降。德宗下詔任命竇覦為渭北行軍司馬。

丁亥❶，以李晟兼京畿、渭北、鄜、坊、丹、延節度使。

庚寅❷，車駕至城固❸。唐安公主薨，上長女也。◯上在道，民有獻瓜果者，上欲以散試官授之，訪於陸贄，贄上奏，以為「爵位恆宜慎惜❹，不可輕用。起端雖微，流弊必大。獻瓜果者，止可賜以錢帛，不當酬以官。」上曰：「試官虛名，無損於事。」贄又上奏，其略曰：「自兵興以來，財賦不足以供賜，而職官之賞興焉，青朱雜沓於胥徒❺，金紫普施於輿皁❻。當今所病，方在爵輕，設法貴之，猶恐不重，若又自棄，將何勸人！夫誘人之方，惟名與利❼，名近虛而於教為重，利近實而於德為輕。專實利而不濟之以虛，則耗匱而物力不給；專虛名而不副之以實，則誕謾⑧而人情不趨。故國家命秩⑨之制，有職事官⑩，有散官⑪，有勳官⑫，有爵號⑬。然掌務而授俸⑭者，唯繫職事之一官⑮也。此所謂施實利而寓虛名⑯者也。其勳、散、爵號三者所繫，大抵止於服色、資蔭⑰而已。此所謂假虛名而佐實利者也。今之員外⑱、試官⑲，頗同勳、散、爵號，雖則授無費祿，受不占員⑳，然而突銛鋒、排患難者㉑則以是賞之，竭筋力、展勞效者又以是酬之。若獻瓜果者亦授試官，則彼必相謂曰：『吾以忘軀命而獲官，此以進瓜果而獲官，是乃國家以吾之軀命同於瓜果矣！』視人如草木，誰復為用哉㉒！今陛下既未有實利以敦勸㉓，又不重虛名而濫施，人無藉㉔焉。則後之立功者，將曷用為賞哉㉕！」

贄在翰林，為上所親信，居艱難中，雖有宰相，大小之事，上必與贄謀之，故當時謂之內相，上行止必與之俱。梁、洋道險，嘗與贄相失㉖，經夕不至㉗，上驚憂涕泣，募得贄者賞千金。久之，乃至，上喜甚，太子以下皆賀。然贄數直諫，迕㉘上意。盧杞雖貶官，上心庇之。贄極言杞姦邪致亂，上雖貌從㉙，心頗不悅。故劉從一、姜公輔皆自下陳登用㉚，贄恩遇雖隆，未得為相。

【章　旨】以上為第九段，寫陸贄諫阻德宗濫授職官，德宗不平，因正倚重陸贄，外親內疏，故陸贄有宰相之職責，而無宰相之名，時人謂之內相。

【注　釋】❶丁亥　三月十六日。❷庚寅　三月十九日。❸城固　縣名，縣治在今陝西城固。❹慎惜　慎重、珍惜。❺青朱雜沓於胥徒　身穿青色、緋色朝服的人有許多混雜在小吏與役徒之中。唐制七品以上青色，五品以上緋色。胥，小吏；官府辦事員。徒，服役之人。這裡指有許多小吏、徒役之人得賜穿青衣緋的散官。❻金紫普施於輿皁　金魚袋和紫色朝服普遍賜給地位低賤的人。唐制，三品以上高官穿紫色衣，佩金魚袋。輿皁，賤臣。❼名與利　名，指聲譽，這裡指無實權的爵位、散官之名。利，指實利，具體的物質賞賜。❽誕謾　吹噓不實；說大話。❾命秩　官職與品秩。命，指職官之名。秩，品級。❿職事官　有職有權管理事務的官。⓫散官　加官，只是一種榮銜而不治事的官。⓬勳官　即武功爵，授予有戰功的人。⓭爵號　即爵位，它是表示身分地位的一種稱號。⓮掌務而授俸　掌管實際事務，並給以俸祿。⓯一官　指有職有權的只有職事一種官。⓰施實利而寓虛名　既有利又有名。⓱服色資蔭　服色，指穿紫、緋、淺緋、深綠、淺綠、深青、淺青及黃，其色各以品為差等。資蔭，指隨資品得蔭其子或孫及曾孫。⓲員外　在定額以外安置冗員，稱員外官。⓳試官　也有兩種：一種為試任某職，稱職者再授為真。一種為假借其名，實不試守。這裡的員外、試官，均指虛職。⓴不占員　不佔正員官之名額，無名額限制。㉑突銛鋒排患難者　衝鋒陷陣、排患解難的人。突銛鋒，冒著刀劍的鋒芒。㉒誰復為用哉　誰還為國家所用啊。㉓敦勸　勉勵。㉔無藉　沒有標準作為依據。㉕將曷用為賞哉　將拿什麼來獎勵立功的人呢。㉖相失　兩人失散。㉗經夕不至　過了一整夜也不見陸贄到來。㉘迕　違犯；冒犯。㉙貌從　表面上同意。㉚自下陳登用　比陸贄地位低下的劉從一、姜公輔破格升用。下陳，下列；下位。登用，超越任用。劉從一以吏部郎中用為相，姜公輔以翰林學士用為相，均見上卷上年。

【語　譯】三月十六日丁亥，德宗任命李晟兼京畿、渭北、鄜、坊、丹、延地區節度使。

三月十九日庚寅，德宗到達城固。唐安公主去世，她是德宗的長女。〇德宗在途中，百姓中有個貢獻瓜果的人，德宗想授給這人一個散試官的職務，就此事詢問陸贄，陸贄上奏，認為「授官賜爵，一定要慎重、珍惜，不能輕易地任命。事情起初看起來很小，但流弊必然很大。對獻瓜果的人，只能賞賜錢財布帛，不應該用官職來酬謝。」德宗說：「試官只是一個虛名，對事情沒有損害。」陸贄又上奏，大致意思是說：「自從發生戰亂以來，徵收的賦稅滿足不了支出和賞賜，於是用官職來獎賞的辦法就興盛起來了，身著青色、朱色官服的人有許多混雜在小吏和役徒之中，金魚袋和紫色朝服普遍賜給了低賤小臣。現在人們所擔心的，正在於爵位太輕，千方百計使爵位高貴起來，唯恐爵位不重，如果朝廷再輕視爵位，那又用什麼辦法來勸勉人們呢！誘導人的方法，只有名與利，名譽看似虛空但對教化很重要，利益看似實在但對於品德來說是次要的。專門用物資實利來獎勵而不借助名譽，那麼就會耗盡錢財而物力供應不上；專用虛名來獎勵而不輔之以實利，那就是吹噓不實，而人們不去追求它。所以國家官職品秩的制度，有職事官，有散官，有勳官，有爵號。但是掌管實際事務，並且給薪俸的，只有職事官一種。這就是所謂的給其實利而寓名譽於其中。勳官、散官、爵號所牽涉的，大抵只是服色、資蔭而已。這就是所謂的借助名譽而輔之以實利。現在的員外、試官，很像勳官、散官、爵號，雖然授給他們官職，並無俸祿，也不佔正員官的名額，然而對衝鋒陷陣、排患解難的人，就以此來獎賞他們，對為國竭精盡力、艱辛勞苦的人，也以此來酬勞他們。如果對進獻瓜果的人也授給試官名目，那麼他們一定互相說：『我們捨生忘死而獲得官職，這人進獻瓜果而獲得官職，看來朝廷是把我們的生命等同瓜果了！』把人視作草木一樣，誰還為國家所用啊！現今陛下既沒有實際利益用來勸勉人們，又不重視名譽而濫加賞賜，人們就沒有標準可以憑藉了。那麼以後立了功的人，將用什麼來獎賞呢！」

陸贄身在翰林院，被德宗所親信，德宗在艱難的處境中，雖然有宰相，但大事小事，德宗一定要同陸贄商議，所以當時的人都稱陸贄為內相，德宗出行或居止，一定與陸贄在一起。梁州、洋州道路險阻，德宗曾與陸贄走散，過了一整夜陸贄沒有到來，德宗驚恐憂愁，哭了起來，招募能夠把陸贄找來的人賞賜一千金。過了很久，陸贄才趕到，德宗非常高興，太子以下的文武官員都去向德宗道喜。但是陸贄多次犯顏直諫，違背德宗的意旨。盧杞雖然被貶官，但德宗內心還在庇護盧杞。陸贄極力陳說是盧杞奸詐邪惡才導致了戰亂，德宗雖然表面上同意，內心卻很不高興。因此劉從一、姜公輔都由較低的職位登上宰相之職，陸贄雖受德宗特別信任和優待，卻沒有擔任宰相。

王辰❶，車駕至梁州。山南地薄民貧，自安、史以來，盜賊攻剽，戶口減耗太半，雖節制十五州❷，租賦不及中原數縣。及大駕駐蹕❸，糧用頗窘❹。上欲西幸成都，嚴震言於上曰：「山南地接京畿，李晟方圖收復，藉六軍以為聲援。若幸西川，則晟未有收復之期也。」眾議未決。會李晟表至，言：「陛下駐蹕漢中，所以繫億兆之心❺，成滅賊之勢。若規小捨大❻，遷都岷、峨❼，則士庶失望，雖有猛將謀臣，無所施矣。」上乃止。嚴震百方以聚財賦，民不至困窮而供億無乏。牙將嚴礪，震之從祖弟也，震使掌轉餉，事甚脩辦❽[1]。

初，奉天圍既解，李楚琳遣使入貢，上不得已除鳳翔節度使，而心惡之。議者言楚琳凶逆反覆，若不隄防❾，恐生窺伺❿。由是楚琳使者數輩至，上皆不引見，留之不遣。甫⓫至漢中，欲以渾瑊代楚琳鎮鳳翔，陸贄上奏，以為：「楚琳殺帥助賊⓬，其罪固大。但以乘輿未復⓭，大憝⓮猶存，勤王之師悉在畿內，急宣速告⓯，晷刻是爭⓰。商嶺⓱則道迂且遙，駱谷⓲復為盜所扼，僅通王命，唯在褒斜⓳。此路若又阻艱⓴，南北遂將夐絕㉑。以諸鎮危疑之勢㉒，居二逆㉓誘脅之中，洶洶㉔羣情，各懷向背。儻或楚琳發憾㉕，公肆猖狂㉖，南塞要衝㉗，東延巨猾㉘，則我咽喉梗㉙而心膂㉚分矣。今楚琳能兩端顧望㉛，乃是天誘其衷㉜，故通歸塗，將濟大業。陛下誠宜深以為念㉝，厚加撫循，得其遲疑㉞，便足集事。必欲精求素行㉟，追抉宿疵㊱，則是改過不足以補愆㊲，自新不足以贖罪。凡今將吏，豈得盡無疵瑕㊳！人皆省思，孰免疑畏㊴！又況阻命之輩㊵，脅從之流㊶，自知負恩㊷，安敢歸化㊸！斯釁非小，所宜速圖㊹。伏願陛下思英主大略，勿以小不忍虧撓㊺興復之業也。」上釋然開悟，善待楚琳使者，優詔存慰之。

丁酉㊻，加宣武節度使劉洽同平章事。○己亥㊼，以行在都知兵馬使渾瑊同平章事兼朔方節度使，朔方、邠寧、振武、永平、奉天行營兵馬副元帥㊽。

庚子㊾，詔數李懷光罪惡，敘朔方將士忠順功名，猶以懷光舊勳，曲加容貸㊿。其副元帥、太尉、中書令、河中尹并朔方諸道節度、觀察等使，宜並罷免，授太子太保(51)。其所管兵馬，委本軍自舉一人功高望重者便宜統領(52)。速具奏聞，當授旌旄(53)，以從人欲。

夏，四月壬寅(54)，以邠寧兵馬使韓遊瓌為邠寧節度使。○癸卯(55)，以奉天行營兵馬使戴休顏為奉天行營節度使。

靈武守將甯景璿為李懷光治第(56)。別將李如暹曰：「李太尉逐天子，而景璿為之治第，是亦反也。」攻而殺之。

甲辰(57)，加李晟鄜坊、京畿、渭北、商華副元帥(58)。晟家百口及神策軍士家屬皆在長安，朱泚善遇之。軍中有言及家者，晟泣曰：「天子何在，敢言家乎！」泚使晟親近以家書遺晟曰：「公家無恙。」晟怒曰：「爾敢為賊為間(59)！」立斬之。軍士未授春衣，盛夏猶衣裘褐(60)，終無叛志。

乙巳(61)，以陝虢防遏使唐朝臣為河中、同絳節度使。前河中尹李齊運為京兆尹，供晟軍糧役。○庚戌(62)，以魏博兵馬使田緒為魏博節度使。

【章旨】以上為第十段，寫德宗建行在所於山南，調整官軍部署，以李晟為主將討賊。

【注釋】❶壬辰　三月二十一日。❷十五州　山東西道巡屬十五州為：梁、洋、興、鳳、開、通、渠、集、蓬、利、壁、巴、閬、果、金。❸駐蹕　帝王出行暫駐。❹頗窘　十分困乏。❺繫億兆之心　維繫億萬民眾之心。❻規小捨大　圖小捨大。具體而言，規小指欲幸成都以便資用，捨大指捨棄興復之功而苟安於一隅。❼岷峨　岷山、峨山，指代西蜀。❽事甚脩辨　事情辦理得很好。辨，通「辦」。❾隄防　防備；防範。❿窺伺　伺機為亂。⓫甫　剛剛。⓬楚琳殺帥助賊　指李楚琳殺鳳翔節度使張鎰而助朱泚。事見本書卷二百二十八德宗建中四年。⓭乘輿未復　指德宗未返京城。⓮大憝　大奸大惡；罪魁禍首。⓯急宣速告　上對下緊急宣旨，下對上快速稟告。⓰晷刻是爭　片刻時間都要爭取。晷刻，指一刻日影，即片刻時間。晷，日影。古時立表以測日影計時。刻，另一種計時方法，用銅壺盛水，穿孔漏水，立浮標刻度以計時。一晝夜分為一百刻。⓱商嶺　取道商州翻越秦嶺的路線。從漢中取道商嶺入關，向東迂繞一千餘里。⓲駱谷　漢中通關中的中間一條谷道，南口在洋縣，北口在周至西南。此道最近，時為朱泚所控制。⓳褒斜　漢中入關中最西的一條谷道，南口在漢中褒城北，北口在關中眉縣西南。⓴阻艱　阻斷。㉑夐絕　遙遠阻絕。㉒危疑之勢　形勢危急而人心疑慮。㉓二逆　指朱泚和李懷光。㉔洶洶　水聲。比喻人聲嘈雜，這裡指動盪不安。㉕發憾　生出怨恨。㉖公肆猖狂　公然肆意作狂妄舉動。㉗南塞要衝　指由鳳翔南下阻塞斜谷交通。㉘東延巨猾　從東面引進大奸猾。指東連朱泚。㉙梗　阻塞。㉚心膂　心臟和脊樑骨。㉛兩端顧望　在兩方之間觀望。指李楚琳明奉朝廷而暗結朱泚。㉜天誘其衷　是上天誘導他心向朝廷。衷，內心。㉝深以為念　深深地把這一點記在心上。即深記褒斜谷的暢通，是規復大業的重要條件。㉞遲疑　使李楚琳反叛朝廷之心遲疑不決，就可為官軍成就事功爭取了時間。㉟精求素行　認真地苛求臣下平日的行為。㊱追抉宿疵　追究舉發以往的過失。㊲補愆　補救過失。愆，錯誤；過失。㊳盡無疵瑕　十全十美，全無過失。疵瑕，喻過失、錯誤。疵，毛病。瑕，美玉上的斑痕。㊴人皆省思二句　人人都在反省自己的過失，有誰能免除疑慮與畏懼呢。孰，誰。㊵阻命之輩　抗拒朝命之徒。指田悅、王武俊、李納等。㊶脅從之流　被脅迫作亂的人。之流，同「之輩」。那些人。㊷負恩　辜負皇恩，即背叛朝廷。㊸歸化　歸順向化，即效順朝廷。㊹斯釁非小二句　指以渾瑊代楚琳這件事將挑起事端，非同小可，應盡快安排好的辦法。㊺撓　損害。㊻丁酉　三月二十六日。㊼己亥　三月二十八日。㊽副元帥　時李懷光為副元帥，將要罷免，故先用渾瑊為副元帥。㊾庚子　三月二十九日。㊿曲加容貸　曲意寬容，免其罪過。(51)太子太保　官名，太子三師之一，閒官。(52)便宜統領　因利乘便，權宜為統帥。(53)當授旌旄　朝廷當依從眾人所推授給節度使的旌節。(54)壬寅　四月初二日。(55)癸卯　四月初三日。(56)治第　修建住宅。(57)甲辰　四月初四日。(58)加李晟鄜坊京畿渭北商華副元帥　進一步分李懷光兵權。(59)為賊為間　替賊人當奸細。間，搞離間的奸細。(60)衣裘褐　穿皮衣短襖。(61)乙巳　四月初五日。(62)庚戌　四月初十日。

【校　記】[1]辨　據章鈺校，十二行本、乙十一行本皆作「辨」，二字通。

【語　譯】三月二十一日壬辰，德宗到達梁州。山南地薄民貧，自從安史之亂以來，盜賊攻掠，戶口減損了一大半，雖然統轄十五個州，租賦達不到中原幾個縣的數量。等到德宗到這裡住下後，糧食用度十分困乏。德宗想西去成都，嚴震對德宗說：「山南地區接近京畿，李晟正在計劃收復京城，他要借助陛下統領而來的六軍作為聲援。如果您去了西川地區，那麼李晟收復京城便沒有日期了。」群臣商議沒有決定下來。適逢李晟的表章到了，說：「陛下住在漢中，以此來維繫億萬民眾之心，形成消滅叛賊之勢。如果圖小捨大，遷都岷、峨一帶，那麼士人和百姓失望，雖然有猛將謀臣，也無計可施了。」德宗這才打消了去成都的念頭。嚴震千方百計徵收賦稅，使老百姓不至於窮困而對朝廷的供應也不缺乏。牙將嚴礪，是嚴震的同門堂弟，嚴震派嚴礪負責轉運糧餉，嚴礪把各個事項都辦得很好。

當初，奉天城的包圍解除之後，李楚琳派遣使者入朝進貢，德宗迫不得已任用他為鳳翔節度使，而心裡很厭惡李楚琳。商議這事的人說李楚琳兇惡忤逆，反覆無常，如果不加防備，恐怕李楚琳伺機作亂。因此，李楚琳的使者有好幾批來到奉天，德宗一概不予接見，把他們留下來不讓回去。德宗剛到漢中，想用渾瑊替代李楚琳鎮守鳳翔，陸贄上奏，認為：「李楚琳殺了自己的主帥而協助叛賊朱泚，他的罪過固然很大。但由於陛下的車駕還沒有回到京城，罪魁禍首尚在，援救朝廷的各支軍隊都在京畿地區，緊急宣詔，快速稟告，片刻都要爭取。商嶺道路迂迴遙遠，駱谷又被敵寇控制，要向京畿內的軍隊傳達陛下的意旨，只有褒斜這一條道路。這條路如果再有阻礙，山南和京畿地區的聯繫將被斷絕。目前各鎮形勢危急又心懷疑慮，處在兩個叛賊朱泚、李懷光的引誘和脅迫之中，人心動盪不安，各懷向背。假如李楚琳對朝廷產生怨恨，公然肆意妄行，在南邊阻塞北進的交通要道，在東邊召來大奸賊，那麼我們的咽喉阻塞，而心臟就與脊樑骨分開了。現在李楚琳能在朝廷和叛賊兩方之間觀望，這正是上天誘導他心向朝廷，有意開通歸向京城的道路，將要完成收復京城、平定叛亂的大業。陛下應該深深記住這一點，以優厚的待遇來安撫李楚琳，讓他猶豫不決，便足可成就大事。陛下一定要認真地苛求臣下平日行為，追究舉發以往的過失，那麼就是改正了過錯也不足以彌補以前的過失，重新做人也不足以贖罪。凡是現今的將吏，哪能完全沒有過失呢！人人都在反省過失，那又有誰能夠避免疑慮與畏懼呢！更何況那些抗拒朝廷命令之徒，以及被脅從作亂的人，自己知道辜負了皇上的恩德，怎麼敢歸順向化呢！以渾瑊替代李楚琳這一事端非同小可，應該趕快籌劃。懇切希望陛下想想英明君主的雄才大略，不要因為對一些小事不能忍耐而損害了收復京城的大業。」德宗豁然省悟，很好地對待李楚琳的使者，頒下辭美的詔書撫慰李楚琳。

三月二十六日丁酉，加授宣武節度使劉洽同平章事。〇二十八日己亥，任命行在都知兵馬使渾瑊為同平章事，兼任朔方節度使和朔方、邠寧、振武、永平、奉天行營各軍兵馬副元帥。

三月二十九日庚子，德宗下詔指數李懷光的罪行，表彰朔方軍將士忠於國家、效順朝廷的功名，但仍然因為李懷光舊日功勳，曲加寬容。他的副元帥、太尉、中書令、河中尹以及朔方諸道節度使、觀察使等職務，應該一併罷免，授予太子太保的職位。他所統領的兵馬，委託本軍自行推舉一個功高望重的人權宜統領。從速把所有情況上奏朝廷，以便朝廷授給旌節，以此來順從人們的願望。

夏，四月初二日壬寅，德宗任命邠寧兵馬使韓遊瓌為邠寧節度使。○初三日癸卯，任命奉天行營兵馬使戴休顏為奉天行營節度使。

靈武守將甯景璿為李懷光建造私宅。別將李如暹說：「李太尉驅逐皇帝，而甯景璿卻為李懷光修建私宅，這也是反叛朝廷。」於是攻打甯景璿並殺了他。

四月初四日甲辰，德宗加授李晟為鄜坊、京畿、渭北、商華等軍副元帥。李晟家族中有一百人，以及神策軍士的家屬都在長安城內，朱泚對他們都好好相待。李晟的軍中有人說到家室之事，李晟哭著說：「天子現在在哪裡，怎敢談及自己的家！」朱泚派遣李晟親近的人把家信送到李晟手裡說：「你的家人全都平安無事。」李晟大怒說：「你竟敢為叛賊做奸細！」立即殺了這個親信。李晟軍中的將士都沒有春天的服裝，到了酷熱的盛夏，還穿著皮衣短襖，他們始終沒有背叛的想法。

四月初五日乙巳，德宗任命陝虢防遏使唐朝臣為河中、同絳節度使。任命前河中府尹李齊運為京兆尹，負責給李晟供應軍糧和差役。○初十日庚戌，德宗任命魏博兵馬使田緒為魏博節度使。

渾瑊帥諸軍出斜谷，崔漢衡勸吐蕃出兵助之，尚結贊曰：「邠軍不出，將襲我後。」韓遊瓌聞之，遣其將曹子達將兵三千往會瑊軍，吐蕃遣其將論莽羅依將兵二萬從之。李楚琳遣其將石鍠將卒七百從瑊拔武功❶。庚戌，朱泚遣其將韓旻攻武功，鍠以其眾迎降。瑊戰不利，收兵登西原❷。會曹子達以吐蕃至，擊旻，大破之於武亭川❸，斬首萬餘級，旻僅以身免。瑊遂引兵屯奉天，與李晟東西相應，以逼長安。

上欲為唐安公主造塔，厚葬之，諫議大夫、同平章事姜公輔表諫，以為「山南非久安之地，公主之葬，會歸上都❹。此宜儉薄，以副軍須之急❺。」上使謂陸贄曰：「唐安造塔，其費甚微，非宰相所宜論。公輔正欲指朕過失，自求名耳。相負如此，當如何處之？」贄上奏，以為公輔任居宰相，遇事論諫，不當罪之，其略曰：「公輔頃與臣同在翰林，臣今據理辯直❻則涉於私黨之嫌，希旨順成❼則違於匡輔之義，涉嫌止貽於身患，違義實玷於君恩❽。徇身忘君❾，臣之恥也。」又曰：「唯闇惑之主❿，則怨讟溢於下國⓫而耳不欲聞，腥德⓬達於上天而心不求寤⓭，迨乎顛覆，猶未知非⓮。」又曰：「當問理之是非，豈論事之大小！虞書曰⓯：『兢兢業業，一日二日萬幾⓰。』唐、虞之際，主聖臣賢，慮事之微⓱，日至萬數⓲。然則微之不可不重也如此，陛下又安可忽而不念乎！」又曰：「若以諫爭為指過⓳，則剖心之主不宜見罪於哲王⓴；以諫爭為取名㉑，則匪躬之臣㉒不應垂訓於聖典。」又曰：「假有意將指過，諫以取名，但能聞善而遷，見諫不逆㉓，則所指者適足以彰陛下莫大之善，所取者適足以資陛下無疆之休㉔。因而利焉，所獲多矣㉕。儻或怒其指過而不改，則陛下招惡直之譏㉖；黜其取名而不容，則陛下被違諫之謗㉗。是乃掩己過而過彌著㉘，損彼名而名益彰㉙。果而行之，所失大矣。」上意猶怒，甲寅，罷公輔為左庶子㉚。

【章旨】以上為第十一段，寫宰相姜公輔諫阻德宗厚葬唐安公主而被罷相，德宗偏狹而剛愎的本性暴露無遺。

【注釋】❶武功 縣名，縣治在今陝西武功西北。❷西原 西原在武功西。高平地勢稱為原。❸武亭川 水名，在舊武功之東。即今陝西漆水河。❹上都 指長安。❺副軍須之急 適應軍須急用。軍須，凡行軍所用，資糧器械，都叫軍須。當時軍須短缺，不宜厚葬公主以損軍須。❻據理辯直 依據道理爭辯說姜公輔是正確的。❼希旨順成 迎合聖上意旨，順著陛下的成見。希旨，迎合旨意。❽涉嫌止貽於身患二句 牽涉嫌疑只限於給自身留下禍患，違背大義卻實在是玷汙了皇上的恩義。貽，遺留。玷，玉石上的斑點，喻瑕疵。❾徇身忘君 只顧自身利益，而忘記皇上的大事。徇身，經營自身，只顧個人利益。徇，營。❿闇惑之主 昏庸糊塗的君主。⓫怨讟溢於下國 怨恨誹謗的聲音遍於天下；天下民怨沸騰。讟，誹謗。⓬腥德 汙穢的品德。⓭寤 醒悟；反省。⓮迨乎顛覆二句 到了國家顛覆的時候，還不知道自己的過失。⓯虞書曰 引語見《尚書・皋陶謨》。⓰一日二日萬幾 要一天又一天的日理萬機。幾，通「機」。⓱慮事之微 指聖主賢臣考慮細微的事情。⓲日至萬數 每天達到數以萬計。⓳指過 指責過失。⓴剖心之主句 剖心之主，指紂王，他曾經剖忠臣比干之腹取其心。哲王，指周武王，他指數紂之罪，其一為「剖賢人之心」。句意謂若以諫爭為指過，那麼剖開諫臣心臟的君主也就不被聖哲的帝王所歸罪了。㉑取名 撈取聲名。㉒匪躬之臣 不顧自身安危的忠臣。這裡是化用《易經・蹇卦・象辭》之語：「王臣蹇蹇，匪躬之故。」㉓見諫不逆 遇見直言勸諫不反感。㉔無疆之休 無邊無際的福氣。㉕因而利焉二句 因納諫而得到益處，所獲得的實在是太多了。㉖招惡直之譏 招致厭惡直言的譏刺。㉗被違諫之謗 遭受拒諫的誹謗。㉘掩己過而過彌著 掩蓋自己的過失而過失更加彰顯。彌，更加。㉙損彼名而名益彰 貶損別人的名聲而別人的名聲更加響亮。益，與上句的「彌」為同義互文。㉚左庶子 東宮屬官，侍從太子。

【語　譯】渾瑊率領各路人馬出師斜谷，崔漢衡勸說吐蕃人出兵協助渾瑊，尚結贊說：「邠寧的軍隊不調出來協助，將要襲擊我們的背後。」韓遊瓌聽說了，派遣他的將領曹子達率兵三千人去與渾瑊的軍隊會合，吐蕃派遣他們的將領論莽羅依率兵二萬人跟隨在後。李楚琳派他的部將石鍠率領七百名士兵跟隨渾瑊攻取武功縣。四月初十日庚戌，朱泚派遣他的部將韓旻攻打武功縣，石鍠帶著自己的部眾迎接韓旻，向韓旻投降。渾瑊所部官軍作戰失利，收兵登上西原高地。適逢曹子達帶著吐蕃兵趕來，攻打韓旻，在武亭川大敗韓旻，殺敵一萬多人，韓旻僅僅隻身逃脫。渾瑊於是率軍駐紮奉天，與李晟東西相應，以進逼長安城。

德宗打算為唐安公主建塔，厚葬她，諫議大夫、同平章事姜公輔上表勸諫德宗，認為「山南地區不是陛下長住久安的地方，安葬公主，應該在返回首都長安之後。在這裡應該葬事從儉，適應軍需急用。」德宗派使者對陸贄說：「為唐安公主建塔，費用很少，這不是宰相所應議論的事情。姜公輔正想指出朕的過失，為自己求得名聲。宰相這樣辜負朕，應當如何處置他？」陸贄上奏德宗，認為姜公輔職居宰相，遇到事情議論勸諫，不應加罪他，這篇奏表的大意說：「姜公輔不久以前與臣同在翰林院，臣現在根據道理爭辯說姜公輔是正確的，那麼就涉及營結私黨的嫌疑，迎合意旨，順著皇帝的說法，那又違背了匡正、輔佐的大義。涉及嫌疑只限於給自己留下禍患，而違背匡正、輔佐的大義，卻實在是玷汙了皇上對我的恩義。只顧自身利益，忘記皇上的大事，那是為臣的恥辱。」又說：「只有昏庸糊塗的君主，天下民怨四起還不願意聽到，汙穢的品德上達於天而不求反省，等到國家覆滅，還不知道自己的過錯。」又說：「應該問道理是對還是錯，怎麼能只論事情的大小！〈虞書〉說：『兢兢業業，要一天又一天的日理萬機。』在唐堯、虞舜時期，國君聖明，大臣賢達，考慮細微的事情，每天達到數以萬計。看來細小的事情是這樣不能不重視，陛下又怎麼能忽視小事而不放在心上呢！」又說：「如果認為勸諫是指責過失，那麼像商紂王這種挖賢臣心臟的君主就不應該被周武王所歸罪；如果認為勸諫是為自己撈取名聲，那麼捨身忘己的忠臣就不應載於經典垂範後世。」又說：「假如諫臣是有意指責陛下的過錯，通過諫勸來獲取自己的名聲，陛下只要能夠聽到好的意見就改正，遇到諫言不反感，那麼指責的人適足以彰明陛下莫大的美德，所得到的適足以顯示陛下無邊無際的福氣。陛下因納諫而得到益處，所獲得的實在是太多了。假如陛下對指責過失的人大為惱火而不改正，那麼陛下就會招來厭惡直言進諫的譏諷；貶斥那些謀取名聲的人而不寬容，那麼陛下就會遭受拒諫的誹謗。這就是所謂掩飾自己的過錯，反而使過錯變得更加彰顯，貶損別人的名聲，而別人的名聲反而更加響亮。果真要對姜公輔治罪，陛下所損失的就太大了。」德宗心裡仍然生氣，四月十四日甲寅，罷免姜公輔的宰相之職，改任左庶子。

加西川節度使張延賞同平章事，賞其供億❶無乏故也。

朱泚、姚令言數遣人誘涇原節度使馮河清❷，河清皆斬其使者。大將田希鑒密與泚通，殺河清，以軍府附於泚，泚以希鑒為涇原節度使。

上問陸贄：「近有卑官❸自山北❹來者，率非良士❺。有邢建者，論說賊勢，語最張皇❻，察其事情，頗似窺覘❼，今已於一所安置。如此之類，更有數人，若不追尋，恐成姦計。卿試思之，如何為便？」贄上奏，以為「今盜據宮闕，有涉險遠來赴行在者，當量加恩賞，豈得復猜慮拘囚❽！」其略曰：「以一人之聽覽❾而欲窮宇宙之變態❿，以一人之防慮⓫而求勝億兆之姦欺，役智彌精⓬，失道彌遠⓭。項籍納秦降卒二十萬，慮其懷詐復叛，一舉而盡阬⓮之。其於防虞，亦已甚矣。漢高豁達大度，天下之士至者，納用不疑。其於備慮⓯，可謂疏矣。然而項氏以滅，劉氏以昌，蓄疑之與推誠，其效固不同也。秦皇嚴肅雄猜⓰，而荊軻奮其陰計⑰；光武寬容博厚，而馬援輸其款誠⑱。豈不以虛懷待人，人亦思附；任數御物，物終不親⑲。情思附則感而悅之⑳，雖寇讎化為心膂㉑矣；意不親則懼而阻之㉒，雖骨肉結為仇慝㉓矣。」又曰：「陛下智出庶物㉔，有輕待人臣之心；思周萬機㉕，有獨馭區寓之意；謀吞眾略，有過慎之防；明照羣情，有先事之察；嚴束百辟㉖，有任刑致理之規㉗；威制四方，有以力勝殘之志㉘。由是才能者怨於不任㉙，忠藎者憂於見疑㉚，著勳業者懼於不容㉛，懷反側者迫於及討，馴致離叛㉜，構㉝成禍災。天子所作，天下式瞻㉞，小猶慎之，矧㉟又非小？願陛下以覆車之轍為戒，實宗社無疆之休㊱。」

【章　旨】以上為第十二段，寫陸贄上奏德宗，厚待從叛臣敵戰區投奔行在所的吏民，以鼓勵天下士民效順。

【注　釋】❶供億　供其匱乏，使之安適。億，安也。也有人認為，供億即謂供應所需。德宗在漢中，依靠西川節度使張延賞供給。❷馮河清　朔方舊將，為涇原兵馬使，姚令言東出為留後。朱泚反長安，馮河清誓眾效節，為投敵的田希鑒所害。傳見《舊唐書》卷一百二十五、《新唐書》卷一百四十七。❸卑官　低級官。❹山北　秦嶺之北，指關中長安。❺率非良士　大都不是賢良之士。❻語最張皇　說話最誇大。❼頗似窺覘　很像是在打探情報。❽猜慮拘囚　猜疑拘禁。❾聽覽　見聞。❿窮宇宙之變態　全部弄明白宇宙的變化形態。窮，窮盡。⓫防慮　思考防範。⓬役智彌精　用的心智愈是精細。⓭失道彌遠　迷失的道路愈遠。道，路途，引申為辦法。此句意謂離開正確處理的辦法更遠。⓮阬　活埋。項籍活埋秦降卒二十萬於河南新安，事見《史記》卷七〈項羽本紀〉、《漢書》卷三十一〈項籍傳〉與本書卷九漢高祖元年。⓯備慮　防患的思慮。⓰嚴

肅雄猜　嚴厲峻急，雄略猜疑。⓱奮其陰計　奮力實行他的祕密計畫。指荊軻刺秦王，事見《史記》卷八十六〈刺客列傳〉與本書卷七秦始皇二十年。⓲輸其款誠　獻納自己的忠誠。指馬援歸服光武帝，事見《後漢書》卷二十四〈馬援傳〉與本書卷四十一漢世祖建武四年。⓳任數御物二句　任用權術駕御人物，人物終究不會親附。物，英雄人物。⓴情思附則感而悅之　想要人內心歸附，那就要感化他而使之心情愉快。情思附，感情思想都歸附，即真情實意地歸附。㉑雖寇讎化為心膂　即使是仇敵也會轉化為心腹。心膂，心臟與脊骨，喻貼心的親信。㉒意不親則懼而阻之　主觀臆想人心不親附，那就疑懼他而千方百計阻撓他排斥他。意，主觀的臆想。㉓雖骨肉結為仇慝　即使是骨肉親情也會結成仇敵。慝，隱藏在心中的仇恨。引申為仇敵。㉔智出庶物　智慧超出凡品。㉕思周萬機　思慮遍察萬事。㉖嚴束百辟　嚴厲管束百官。㉗有任刑致理之規　有專任刑法以求政治修明的規略。㉘有以力勝殘之志　有使用武力戰勝兇惡敵人的志向。殘，指兇惡的敵人。㉙才能者怨於不任　有才能的人因得不到任用而怨恨。不任，不被任用。㉚忠藎者憂於見疑　竭盡忠誠的人因遭受猜疑而憂慮。見疑，被猜疑。㉛著勳業者懼於不容　功勳卓著的人害怕不被容納；大功臣因功高震主而不容於朝廷。㉜馴致離叛　逐漸走向叛亂。馴，漸漸演變。㉝構　造成。㉞式瞻　看做榜樣。式，模式；榜樣。㉟矧　況且。㊱無疆之休　無窮的福分。無疆，無邊；無窮。疆，界。休，吉祥；福分。

【語譯】德宗加授西川節度使張延賞同平章事，這是為了獎賞張延賞對朝廷供應無缺。

朱泚、姚令言多次派人去引誘涇原節度使馮河清，馮河清把他們的使者都殺了。馮河清屬下的大將田希鑒暗中與朱泚勾結，殺了馮河清，獻出涇原軍府歸附了朱泚，朱泚任命田希鑒為涇原節度使。

德宗詢問陸贄：「最近有從山北來的低級官員，大都不是賢良之士。有一個叫邢建的人，談論叛賊的形勢，說得最誇大，觀察這個人的情況，很像是打探情報，現在已把他們安置在一個地方。像邢建這樣的人，還有幾個，如果不追究他們，恐怕他們的奸計就會得逞。你想一想這件事，怎樣處置為好？」陸贄上奏德宗，認為「現在叛賊佔據皇宮，有人冒著危險跋山涉水遠道投奔陛下，應當酌量施恩給賞，怎麼能反而對他們猜疑和囚禁呢！」這份奏疏的大意說：「憑一個人的所見所聞，想全部弄明白宇宙間變化的情況，憑一個人的思考防範來求得戰勝億萬人的欺詐，用的心智越是精細，離正確的處理方法越遠。項羽接受了秦朝投降的士兵二十萬人，擔心他們心懷鬼胎，再次反叛，一下子把他們全部活埋了。項羽在防備禍患方面，也是做到極點了。漢高祖劉邦豁達大度，天下的士人到來的，接納、任用，不加猜疑。劉邦在防患的考慮方面，可以說是太疏忽了。然而項羽因此而滅亡，劉邦因此而昌盛，心存懷疑與推誠待人，其效果本來就不相同。秦始皇嚴厲峻急，雄略猜疑，而荊軻逞其暗殺計畫；光武帝劉秀為人寬宏大量，博愛仁厚，而馬援納款歸附。這豈不是虛懷待人，別人也想歸附他；任用權術駕御別人，別人終究不會親附。要想讓人內心歸附，那麼就要感化而使人愉快，雖然曾是仇敵，也能變為心腹；臆想人心不親附，那就會疑懼他，排斥他，雖然是親骨肉也成為仇敵了。」陸贄又說：「陛下的智慧超出凡品，有輕視群臣之心；陛下的思慮遍察萬物，有獨自駕御天下的想法；陛下的謀略囊括了大家的計策，有過於謹慎的防範；陛下的英明洞照群情，事有先見之明；陛下嚴厲管束百官，有專用刑罰以達到政治修明的方略；陛下的威嚴控御四方，有用武力戰勝兇惡敵人的志向。因此有才能的人因得不到任用而怨恨，竭盡忠誠的人因遭受猜忌而憂慮，功勳卓著的人害怕不被容納，心懷反覆的人因迫於被討伐而漸漸背叛朝廷，造成災禍。天子的所作所為，天下人看作是榜樣，細微小事尚且謹慎，況且現在面臨的又不是小事，希望陛下以前車的翻覆為鑑戒，這實在是宗廟社稷無窮的福分。」

丁巳❶，以前山南東道節度使南皮賈耽❷為工部尚書。先是❸，耽使行軍司馬樊澤奏事行在，澤既復命，方大宴，有急牒❹至，以澤代耽為節度使。耽內牒懷中，宴飲如故，顏色不改。宴罷，召澤告之，且命將吏謁澤。牙將張獻甫怒曰：「行軍為尚書問天子起居，乃敢自圖節鉞，奪尚書土地！事人不忠，眾心不服[1]，請殺之。」耽曰：「是何言也！天子所命，即為節度使矣！」即日離鎮，以獻甫自隨❺，軍府遂安。

左僕射李揆自吐蕃還，甲子❻，薨於鳳州❼。○韓遊瓌引兵會渾瑊於奉天。○丙寅❽，加平盧節度使李納同平章事。○丁卯❾，義王玼❿薨。

【章旨】以上為第十三段，寫山南東道節度使賈耽識大體，奉君命，從容讓位下屬，史特為載之。

【注釋】❶丁巳　四月十七日。❷賈耽　南皮（今河北南皮）人，順宗朝官至宰相。傳見《舊唐書》卷一百三十八、《新唐書》卷一百六十六。❸先是　此前。這裡追述樊澤代賈耽為山南節度使的經過，事在上卷興元元年。❹急牒　緊急公文。❺以獻甫自隨　賈耽讓張獻甫同行，既免除了樊澤的疑忌，又保護了張獻甫。❻甲子　四月二十四日。❼薨於鳳州　李揆還赴興元，至鳳州而薨。❽丙寅　四月二十六日。❾丁卯　四月二十七日。❿義王玼　唐玄宗子。

【校記】①眾心不服　原無此句。據章鈺校，十二行本、乙十一行本皆有此句，今據補。

【語譯】四月十七日丁巳，德宗任命前山南東道節度使南皮人賈耽為工部尚書。此前，賈耽派他的行軍司馬樊澤到行在所奏事，樊澤返回覆命，賈耽正大擺酒宴，有朝廷的緊急公文來到，任命樊澤代替賈耽擔任節度使。賈耽把公文揣進懷裡，照舊進行宴會，面色沒有變化。宴會結束，賈耽叫來樊澤告知朝廷的決定，而且命令軍府中的將領、官吏來拜見樊澤。牙將張獻甫憤怒地說：「行軍司馬替尚書去問候皇帝的衣食起居，竟敢自己向皇帝求取節度使的旌節，奪走尚書統轄的土地！樊澤侍奉上司不忠，眾人心裡不服，請讓我殺了樊澤。」賈耽說：「你這是說的什麼話！皇帝所任命的人，他就是節度使！」賈耽當天就離開山南東道軍府，帶著張獻甫跟隨自己，軍府於是安定下來。

左僕射李揆從吐蕃回來，四月二十四日甲子，在鳳州去世。○韓遊瓌率軍與渾瑊在奉天會合。○二十六日丙寅，德宗加授平盧節度使李納同平章事。○二十七日丁卯，義王李玼去世。

朱滔攻貝州百餘日，馬寔攻魏州亦踰四旬，皆不能下。賈林復為李抱真說王武俊曰：「朱滔志吞貝、魏，復值田悅被害，儻旬日不救，則魏博皆為滔有矣。魏博既下，則張孝忠必為之臣。滔連三道❶之兵，益❷以回紇，進臨常山❸，明公欲保其宗族得乎！常山不守，則昭義退保西山❹，河朔盡入於滔矣。不若乘貝、魏未下，與昭義合兵救之。滔既破亡，則關中喪氣❺，朱泚不日梟夷❻，鑾輿反正❼，諸將之功，孰有居明公之右❽者哉！」武俊悅，從之。

戊辰❾，武俊軍于南宮❿東南，抱真自臨洺引兵會之，與武俊營相距十里。兩軍尚相疑，明日，抱真以數騎詣武俊營，賓客共諫止之，抱真命行軍司馬⓫盧玄卿勒兵以俟，曰：「吾之此舉，繫天下安危。若其不還，領軍事以聽朝命亦惟子，勵將士以雪讎恥亦惟子。」言終，遂行。武俊嚴備以待之。抱真見武俊，敘國家禍難，天子播遷，持武俊哭，流涕縱橫。武俊亦悲不自勝，左右莫能仰視，遂與武俊約⓬為兄弟，誓同滅賊。武俊曰：「相公十兄名高四海⓭，曏蒙開諭⓮，得棄逆從順⓯，免葅醢⓰之罪，享王公之榮。今又不間胡虜⓱，辱為兄弟，武俊當何以為報乎？滔所恃者回紇耳，不足畏也。戰日，願十兄按轡臨視，武俊決為十兄破之。」抱真退入武俊帳中，酣寢久之⓲。武俊感激，待之益恭，指心仰天曰：

「此身已許十兄死矣！」遂連營而進。山南地熱，上以軍士未有春服，亦自御裌衣⑲。

【章　旨】以上為第十四段，寫王武俊與李抱真釋嫌聯兵救貝州，討逆朱滔。

【注　釋】❶三道　三鎮，指幽州、易定、魏博。❷益　加上。❸常山　即五嶽之一恆山，在王武俊轄境恆州內。❹西山　昭義轄境邢州內西部的太行山。恆冀、昭義阻山以為固，故以常山指代恆冀，西山指代昭義。❺喪氣　喪失鬥志；失去士氣。❻梟夷　被梟首誅滅。❼鑾輿反正　皇上撥亂反正。❽右　上。❾戊辰　四月二十八日。❿南宮　縣名，冀州巡縣，縣治在今河北南宮西北。⓫行軍司馬　唐代出征將帥或節度使下置此官，職掌號令印信，以握有軍事實權者充任，權力之大，在節度副使之上，故李抱真以軍事相託行軍司馬盧玄卿。⓬約　結盟。⓭十兄名高四海　十哥的名聲傳揚天下。李抱真排行第十，故武俊呼為十兄。⓮開諭　開導勸諭。⓯棄逆從順　背棄叛逆，歸順朝命。⓰葅醢　古代酷刑，將人剁成肉醬。⓱不間胡虜　不嫌棄我為胡人。王武俊是契丹人。⓲酣寢久之　酣睡了很長時間。李抱真寢於王武俊軍營，示意誠心不疑。⓳御裌衣　穿雙層的裌衣。裌衣為春秋裝。德宗在初夏仍穿裌衣示與士卒共甘苦。

【語　譯】朱滔攻打貝州一百多天，馬寔攻打魏州城也超過了四十多天，都沒有攻下。賈林再次為李抱真去勸王武俊說：「朱滔志在吞併貝州、魏州，又正值田悅被害，假若我們十天不去援救，那麼魏博鎮就全被朱滔佔領了。魏博鎮被攻下之後，那麼張孝忠一定會成為朱滔的臣屬。朱滔會合幽州、易定、魏博三鎮的兵力，加上回紇，進軍常山，那時您想保全自己的宗族能做得到嗎！常山失守，那我們昭義軍就要退守西山，河朔地區就會全部落入朱滔之手。不如乘著貝州、魏州還沒有被朱滔攻陷，與我們昭義軍聯合兵力援救貝州、魏州。朱滔失敗後，那麼關中的朱泚就會喪失鬥志，朱泚不久也要被剿滅，皇上撥亂反正，各位將領的功勞，誰能在您前面呢！」王武俊很高興，聽從了賈林的勸說。

四月二十八日戊辰，王武俊駐紮在南宮東南，李抱真從臨洺帶兵與王武俊會合，與王武俊的軍隊營地相距十里。當時兩支軍隊仍然彼此猜疑，第二天，李抱真帶著幾名騎兵前往王武俊的軍營，門客一起勸阻他，李抱真命令行軍司馬盧玄卿統兵戒備等待消息，說：「我的這一次行動，關係到天下的安定與危亡。如果我回不來了，統領軍隊、聽從朝廷的命令只靠你一人，激勵將士、為我報仇、為昭義軍雪恥也靠你一人。」說完，就上路了。王武俊戒備森嚴，等待李抱真。李抱真見到王武俊，述說國家災難，天子流離失所，拉著王武俊哭起來，滿臉淚水。王武俊也悲痛不已，身邊的人都難過地低著頭，李抱真於是與王武俊結為兄弟，發誓一起消滅叛賊。王武俊說：「相公十哥你名揚四海，從前承蒙開導，得以背棄叛賊，歸順朝廷，避免了要被剁成肉醬的罪過，享受王公大臣的榮耀。今日你又不嫌棄我是胡人，屈尊與我結為兄弟，我王武俊用什麼來報答你呢？朱滔所依仗的是回紇兵罷了，不值得害怕。打仗那天，希望十哥勒馬觀望，我王武俊一定要為十哥打敗他們。」李抱真來到王武俊的營帳裡，酣睡了很長時間。王武俊對李抱真非常感激，對他愈益恭敬，捫心仰天發誓說：「此身決心為十哥而死！」於是雙方連營進軍。

山南地區天氣炎熱，德宗因為將士們沒有春天的服裝，自己也穿著袷衣。

【研析】本卷研析德宗借兵吐蕃、李懷光反叛、姜公輔罷相三事，從一個側面看德宗的昏愚誤國。

德宗借兵吐蕃。德宗向吐蕃借兵平叛，按吐蕃國法，吐蕃出兵，要唐朝統兵大將在制書上簽名，擔保並肩作戰的唐兵信譽。皇帝制書沒有李懷光的簽名，吐蕃相尚結贊率領的吐蕃兵不肯進攻。德宗命陸贄勸說李懷光副署，李懷光不贊同。指出借吐蕃兵平亂有三害。攻破長安，吐蕃縱兵搶掠，此其一害。按約定，取勝之後，每一個士兵賞錢一百文，吐蕃兵五萬，賞錢五百萬緡，從哪裡找這筆錢，此其二害。吐蕃狡猾，不肯先出戰，騎牆觀察形勢，官軍勝利了就來搶功勞，官軍失敗了，趁火打劫，此其三害。李懷光所言三害，還不止此。安史之亂吐蕃趁火打劫，攻陷河西、隴右，切斷了唐朝與西域的聯繫。西域北庭節度使李元忠、安西四鎮留後郭昕率軍堅守，西元七八一年使者間道入朝，朝廷才知道北庭、安西二鎮尚存。德宗為了借兵吐蕃，竟然私許割棄兩鎮給吐蕃，簡直是一個賣國之君。後來李懷光反叛，吐蕃背約大掠武功撤走，德宗聽了非常憂愁，陸贄上奏，吐蕃退走是大好事，平定叛亂要信任將帥。其後李晟滅朱泚，馬燧、渾瑊除掉李懷光，事實生動說明，借兵吐蕃，實屬多餘。可是德宗為什麼不惜一切代價，乃至賣國要借兵吐蕃呢？德宗此舉有兩個卑鄙目的。一是結和吐蕃，打擊回紇，以報個人受辱之私仇。二是猜忌功臣，借兵分功。李懷光摸透了德宗的心理，遂生不臣之心，才敢於把底牌揭穿。如果說吐蕃退兵，是一件好事，而李懷光之叛亂，差點要了德宗的老命，給唐王朝製造了極大的危害。

李懷光反叛。李懷光，渤海靺鞨人。本姓茹，其父因戰功賜姓李。李懷光年少從軍，武藝精良，為朔方名將，隸屬郭子儀。德宗即位，罷郭子儀兵權，分其軍為三節度使，由李懷光、常謙光、渾瑊分掌。李懷光鎮邠寧，藉故殺害功名比自己高的朔方大將溫儒雅等人，李懷光就是這樣一個暴戾的陰謀家，德宗卻要信任他。物以類聚，人以群分。德宗猜疑心強，本能地畏懼忠直，親近小人，也許德宗認為，身上有毛病的人便於掌控，否則，他對李懷光的信任不可理解。

德宗罷涇原節度使段秀實，任命李懷光兼任。段秀實忠貞，死於朱泚之難。段秀實用計延遲了朱泚進兵奉天，救了德宗的命。涇原兵拒絕李懷光到任，德宗改任朱泚。恰恰就是一個朱泚，一個李懷光，德宗任用的兩個奸人，一前一後逼使德宗兩次蒙塵。昏君總是親小人、遠賢臣，德宗猜疑忠正之臣，信用奸邪小人，搬起石頭砸了自己的腳。

李懷光屯兵咸陽，遲延不進，已萌生異志。李懷光有兵五萬，李晟率兵一萬，鄜坊節度使李建徽、神策行營節度使楊惠元各有兵數千，皆受李懷光節制。李晟請戰，李懷光不許。李晟覺察情況不妙，請求移軍別屯，德宗扣下奏報，派陸贄為宣慰使，到李懷光軍營察看動靜。陸贄認為李懷光「總仗順之師，乘制勝之氣，鼓行芟翦，易若摧枯。而乃寇奔不追，師老不用」，必有異志。陸贄動用智慧，激發李懷光說大話，贊同李晟移軍。陸贄從咸陽勞軍回行在，建言德宗授命李建徽、楊惠元兩軍與李晟一同移軍，保存實力。德宗不聽，只讓李晟一軍轉移。等到李懷光叛逆，果然李、楊兩軍為李懷光吞沒。這是德宗遙控軍情帶來的惡果。

李懷光奏言狂悖，反形已露，德宗賜以不死之鐵券，還想親自巡幸以安李懷光之心。得知李懷光要偷襲奉天，才倉皇逃奔山南，路上差點被截擊。李懷光反叛後，形勢極為險惡。許多隱伏在京師的朝官，認為大勢已去，紛紛投靠朱泚。河東節度使馬燧也感到絕望，撤回勤王之兵，收縮保衛河東。這時李晟受命於危難之際，為討逆主將，是決定唐王室命運的關鍵人物。

李晟駐軍東渭橋，一支孤軍夾在朱泚和李懷光兩強之中，處境極為艱難。李懷光部眾拒絕公開反叛，反對攻擊李晟，眾叛親離，逃往河中。邠寧、奉天、昭應、藍田等地的唐軍集結長安，接受李晟指揮，聲勢大振。德宗要陸贄規劃進兵方略。陸贄拒絕做規畫，勸諫德宗不要遙控軍事，說：「君上之權，特異臣下，惟不自用，乃能用人。」德宗不得已由李晟自主用兵，李晟很快攻入長安，朱泚敗亡。西元七八五年，馬燧、渾瑊圍攻河中，李懷光自殺。從西元七八一年，德宗用兵河北三鎮開始，到此戰禍才算基本結束。德宗遙控軍事，一個錯誤接著一個錯誤，把戰禍從河北引向河南，又引到長安城。幸虧有渾瑊、李晟、馬燧、李抱真一批良將，危急關頭有陸贄籌劃，才算保住了唐王朝。

姜公輔罷相。德宗蒙塵山南，在漢中建行在所。山南地薄民貧，從安史之亂以來，盜賊橫行，戶口又減去了一大半。山南節制十五州，租賦趕不上江淮幾個縣。德宗大駕駐蹕，增加了成倍的官兵與朝廷官吏，食糧都很緊張。此時，德宗愛女唐安公主，還未出嫁，死在成固。德宗為唐安公主造塔，還要厚葬。宰相姜公輔兼諫議大夫之職，上表諫曰：「山南非久安之地，公主之葬，會歸上都。此宜儉薄，以副軍須之急。」姜公輔提出，在非常時期，戰事緊張，供應短缺，應當薄葬，何況又是臨時安葬，等回到京都以後，再隆重舉行葬禮不遲。德宗卻認為姜公輔辜負了皇上恩德，故意找錯，以求名聲。陸贄剖析，薑公輔身為宰輔，職責所繫，並非求名找錯，君王應虛心納諫。德宗仍然氣憤難平，罷了姜公輔的官，改任閒職左庶子。德宗偏狹而自用的本性原本就是這樣。

卷第二百三十一

唐紀四十七

起閼逢困敦（甲子　西元七八四年）五月，盡旃蒙赤奮若（乙丑　西元七八五年）七月，凡一年有奇。

【題解】本卷記事起西元七八四年五月，迄西元七八五年七月，凡一年又三個月。當唐德宗興元元年五月到貞元元年七月。此時期官軍在艱難險阻中四處奏凱歌，節節勝利，唐王室露出了一絲復興的曙光。先是吐蕃盟軍撤離長安，陸贄上奏這是大好事，勸諫德宗不要遙控前線軍事，委署李晟討逆大權。李晟不負重望，很快攻克長安，整肅綱紀，誅殺涇州邊將田希鑒等三十餘人，因其屢叛附賊朱泚故也。河北李抱真、王武俊合兵大破朱滔。淮西李希烈途窮末路殺顏真卿。李泌單騎入陝州不費兵卒平叛亂。可惜德宗是一個昏君，他返回長安並不是勵精圖治，而是立刻猜忌功臣。李勉抗擊李希烈，韓滉竭盡忠心調集江南財貨供應軍資，立下大功，卻受德宗猜疑，幸虧李泌善諫，全力保護，李勉、韓滉才免於難。德宗返京，重新起用宦官掌兵權，又欲赦免李懷光以減殺功臣之功。李晟上奏李懷光五不可赦，德宗才不得已從之。

德宗神武聖文皇帝六

興元元年（甲子　西元七八四年）

五月，鹽鐵判官❶萬年王紹❷以江、淮繒帛來至，上命先給將士，然後御衫❸。韓滉❹欲遣使獻綾羅❺四十擔詣行在❻，幕僚何士幹請行。滉喜曰：「君能相為行❼，請今日過江。」士幹許諾。歸別家，則家之薪米儲偫❽已羅門庭矣。登舟，則資裝器用已充舟中矣。下至廁籌❾[1]，滉皆手筆記列，無不周備。每擔夫與白金一版❿置腰間。又運米百艘以餉李晟，自負囊米置舟中，將佐爭舉之，須臾而畢。艘置五弩手以為防援⓫，有寇則叩舷相警⓬，五百弩已彀⓭矣。比至渭橋，盜不敢近。時關中兵荒，米斗直錢五百。及滉米至，減五之四⓮。滉為人彊力嚴毅⓯，自奉儉素，夫人常衣絹裙，破，然後易。

【章　旨】以上為第一段，寫韓滉效忠朝廷，在緊要關頭搶運物資供給朝廷。

【注　釋】❶鹽鐵判官　鹽鐵使屬下判官，掌書奏及日常事務。❷王紹　（西元七四三－八一四年）原名純，避憲宗李純諱改名紹，京兆萬年（今陝西西安東）人，官至戶部尚書。傳見《舊唐書》卷一百二十三、《新唐書》卷一百四十九。❸御衫　皇上所用單衣夏裝。❹韓滉　時韓滉為浙江東、西節度使，鎮建業。傳見《舊唐書》卷一百二十九、《新唐書》卷一百二十六。❺綾羅　綾，彩緞。羅，薄綢。❻行在　即行在所，天子在外所停住之處。❼相為行　替我前行。❽儲偫　儲備。❾廁籌　廁所的拭穢用具。❿白金一版　銀牌一塊。用作識別標記。⓫艘置五弩手以為防援　每艘糧船安置五個弓箭手用以防衛和互相支援。⓬有寇則叩舷相警　發現寇盜就敲擊船舷互通警報。⓭彀　張滿弓弩。⓮減五之四　減價五分之四。⓯嚴毅　嚴明果斷。

【校　記】①廁籌　原作「廚籌」。胡三省注云：「當作『廁籌』。」據章鈺校，乙十五行本、乙十一行本、孔天胤本皆作「廁籌」，今據校改。

【語　譯】德宗神武聖文皇帝六

興元元年（甲子　西元七八四年）

五月，鹽鐵判官萬年人王紹押運江、淮地區的絲綢布帛到了梁州，德宗命令先供給將士，然後自己才換了單衣。韓滉想派遣使者運送綾羅四十擔前往天子住處，幕僚何士幹請求前行。韓滉高興地說：「你能替我前往，請今天過江成行。」何士幹答應了。回來與家人道別，看到韓滉已派人將家用的柴米儲備放滿庭院。何士幹登上船隻時，各種物資、裝備、用具裝滿船中。就連廁所用具，韓滉都親手記錄，無不完備。每一個擔夫都發給他們一塊銀牌纏住腰間。又運送一百船大米給李晟做軍餉，韓滉自己親自背米放在船裡，將領、僚佐爭先恐後地背米上船，一會兒一百船米就裝好了。韓滉在每艘船上布置五名弓弩手，用以防衛和互相援助，如果有盜賊就敲擊船舷互通警報，五百名弓弩手已經張弓嚴防了。一直到渭橋，盜賊不敢接近運糧船隊。當時關中地區兵荒馬亂，一斗米價值五百錢。等韓滉的米運到，米價下跌了五分之四。韓滉為人強悍有力、嚴明果斷，自己平時生活儉樸，夫人經常穿著絹裙，破了，然後換一件。

吐蕃既破韓旻等❶，大掠而去。朱泚使田希鑒厚以金帛賂之，吐蕃受之。韓遊瓌以聞。渾瑊又奏：「尚結贊屢遣人約刻日❷共取長安，既而不至，聞其眾今春大疫，近已引兵去。」上以李晟、渾瑊兵少，欲倚吐蕃以復京城，聞其去，甚憂之，以問陸贄。贄以為吐蕃貪狡，有害無益，得其引去，實可欣賀。乃上奏，其略曰：「吐蕃遷延顧望❸，反覆多端，深入郊畿，陰受賊使❹，致令羣帥❺進退憂虞❻。欲捨之獨前，則慮其懷怨乘躡❼；欲待之合勢❽，則苦其失信稽延❾。戎若未歸，寇終不滅❿。」又曰：「將帥意陛下不見信任，且患蕃戎之奪其功。士卒恐陛下不恤舊勞，而畏蕃戎之專其利。賊黨懼蕃戎之勝，不死則悉遺人禽⓫。百姓畏蕃戎之來，有財必盡為所掠。是以順於王化者，其心不得不怠⓬，陷於寇境者，其勢不得不堅⓭。」又曰：「今懷光別保蒲、絳，吐蕃遠避封疆⓮，形勢既分⓯，腹背無患⓰，瑊、晟諸帥，才力得伸⓱。」又曰：「但願陛下慎於撫接⓲，勤於砥礪⓳，中興大業，旬月可期，不宜尚眷眷於犬羊之羣⓴，以失將士之情也。」

【章　旨】以上為第二段，寫陸贄上奏論吐蕃背約撤軍是大好事，勸諫德宗平定叛亂，依靠效忠朝廷的官軍才是根本。

【注　釋】❶吐蕃既破韓旻等　德宗興元元年（西元七八四年）四月庚戌，吐蕃在武亭川大敗韓汶。❷刻日　約定日期。❸遷延顧望　拖延觀望。❹陰受賊使　暗中接受賊人的指使。❺羣帥　諸軍統帥。❻進退憂虞　進退憂慮。憂虞，憂慮預料不到的事件發生。即下文，捨之獨前，恐吐蕃襲其後；待之合勢，又苦於吐蕃不守信用。❼乘躡　乘其虛，躡其後。❽合勢　會合壯大兵勢。❾稽延　遷延；拖延。❿戎若未歸二句　吐蕃若不回歸，敵寇終難消滅。⓫悉遺人禽　全部送給人擒獲。⓬是以順於王化者二句　意謂德宗依賴吐蕃，所以順從君王教化的人，他們的心裡不得不懈怠。⓭陷於寇境者二句　意謂陷落到敵寇境內的人，他們害怕失敗，遭吐蕃踐踏，不再回歸的情勢不能不堅定。陷於寇境者，身陷叛賊朱泚境內的臣民。⓮遠避封疆　指吐蕃遠遠地離開了唐朝的疆土。⓯形勢既分　吐蕃與李懷光相呼應的形勢已經分離。⓰腹背無患　指官兵沒有了腹背受敵的夾擊之患。⑰才力得伸　才能和力量可以得到施展。⑱慎於撫接　謹慎地安撫接待將士。⑲勤於砥礪　勤勉地磨勵自己。⑳犬羊之羣　對吐蕃軍的蔑稱。

【語　譯】吐蕃的軍隊打敗了韓旻等人以後，大肆搶掠而去。朱泚派田希鑒用很厚重的金錢布帛賄賂吐蕃，吐蕃接受了。韓遊瓌將此事上奏給了德宗。渾瑊又上奏德宗說：「尚結贊多次派人同我們約定日期，共同攻打長安城，過後卻不來，聽說吐蕃境內今年春天大面積流行瘟疫，最近已帶兵回去了。」德宗認為李晟、渾瑊的兵力數量少，想依靠吐蕃的軍隊收復京城，聽說他們回去了，非常擔心，就此事來詢問陸贄。陸贄認為吐蕃人貪婪狡猾，對朝廷有害無益，現在他們自己回去了，實在值得慶幸。於是就上奏德宗，大意說：「吐蕃人拖延觀望，兩邊觀望，他們反覆無常，詭計多端，深入我們的京畿地區，暗中接受叛賊的指使，以至於各軍將帥進退憂慮。如果將他們拋到一邊，獨自進攻長安城，又擔心他們心懷怨恨，乘機跟在後面搗亂；如果等他們前來兵力聯合，又怕他們失信拖延。如吐蕃不回到自己的地方，敵寇終難消滅。」又說：「各軍將帥心中猜想不被陛下信任，又擔心吐蕃人奪取他們的功勞。士兵們害怕陛下不體恤他們往日的勞績，而擔心吐蕃人獨佔了陛下的賞賜。叛賊朱泚的黨羽害怕吐蕃取得勝利後，即使不死，也會全部送給人擒獲。老百姓害怕吐蕃人到來，即使有錢財，也會被他們所掠。因此，順從君王教化的人，他們的心裡不得不懈怠，而陷落叛賊境內的人，他們不肯回歸的情勢不能不堅定。」又說：「現今李懷光退保蒲州、絳州，吐蕃人又遠離我國的疆土，那麼李懷光和吐蕃人呼應的形勢已經分離，官軍已經擺脫了腹背受敵的禍患，渾瑊、李晟等各支官軍的主帥，他們的才幹和力量都能夠得到施展了。」又說：「只希望陛下能夠謹慎地對待和安撫將士，勤勉地砥礪自己，中興家國的宏偉大業，很短的時間內就可以期待完成，不應該對吐蕃這群犬羊念念不忘，而失去了將士的效忠之心。」

上復使謂贄曰：「卿言吐蕃形勢甚善。然瑊、晟諸軍當議規畫❶，令其進取。

朕欲遣使宣慰，卿宜審細條疏❷[1]以聞。」贄以為：「賢君選將，委任責成❸，故能有功。況今秦、梁千里❹，兵勢無常❺，遙為規畫❻，未必合宜。彼違命則失君威，從命則害軍事，進退羈礙❼，難以成功。不若假以便宜之權❽，待以殊常之賞❾，則將帥感悅❿，智勇得伸⓫。」乃上奏，其略曰：「鋒鏑交於原野而決策於九重之中⓬，機會變於斯須而定計於千里之外，用捨相礙⓭，否臧皆凶⓮，上有掣肘⓯之譏，下無死綏之志⓰。」又曰：「傳聞與指實不同，懸算⓱與臨事⓲有異。」又曰：「設使⓳其中有肆情干命者⓴，陛下能於此時戮其違詔之罪㉑乎？是則違命者既不果行罰㉒，從命者又未必合宜㉓，徒費空言，祇勞睿慮，匪惟㉔無益，其損實多。」又曰：「君上之權，特異臣下，惟不自用，乃能用人。」

【章　旨】以上為第三段，寫陸贄上奏德宗，勸諫不要遙控前線軍事。

【注　釋】❶規畫　進軍滅敵的計畫。❷審細條疏　審慎詳細地條列事目。❸委任責成　委以重任，責以成功。❹秦梁千里　關中與漢中相距千里。秦，指關中咸陽，古秦國之地，又稱秦中。梁，指梁州，今陝西漢中。❺兵勢無常　用兵布陣變化不定。❻遙為規畫　遠遠地替前方將帥策劃方略。❼羈礙　羈絆與妨礙，即受牽制。❽便宜之權　見機行事的權力。❾殊常之賞　不同尋常的獎賞。❿感悅　既感激又高興。⓫智勇得伸　智慧和勇敢都得以施展。⓬九重之中　幽深的宮中。⓭用捨相礙　用命與不用命互相妨礙。⓮否臧皆凶　無論勝敗順逆都包含著不測的兇險。否，指行事不順或打敗仗。臧，善，指行事順利或打勝仗。遙控作戰，勝利也屬僥倖，故言否臧皆凶。⓯掣肘　拉住臂節使人難以運動，喻做事受人牽制。⓰死綏之志　一往無前，視死如歸之志。死綏，軍敗而退，將帥當死，謂之死綏。綏，軍退為綏。軍書《司馬法》要求「將軍死綏」，有前一尺，無卻一寸。⑰懸筭　遙遠憑空的籌劃。⑱臨事　親臨現場據實事決斷。⑲設使　假使。⑳肆情干命者　肆意違犯命令的人。㉑戮其違詔之罪　以違犯聖旨的罪名將其誅殺。㉒違命者既不果行罰　違抗命令的人既然不能果斷進行懲治。㉓從命者又未必合宜　服從命令的人又未必符合實際情況。㉔匪惟　不只是。

【校　記】①疏　原作「流」。據章鈺校，乙十一行本、孔天胤本皆作「疏」，今據校改。

【語　譯】德宗又派使者對陸贄說：「卿所論的吐蕃形勢非常好。但是對渾瑊、李晟等各支軍隊應當討論滅敵的計畫，好讓他們按計畫進攻長安城。朕打算派遣使者去安撫他們，卿應該審慎詳細地列出該辦的事目讓朕知道。」陸贄認為：「賢明的君主選任將帥，委以重任，責其成效，所以能夠獲得成功。何況現在關中與漢中相距千里，用兵布陣，情況變化無常，在遙遠的地方替前方將帥策劃方略，未必符合實際需要。如果他們不按照朝廷的命令去辦事，便有失君王的威嚴，如果他們按命令行事，就對打勝仗有損害，他們進攻、撤退，都有羈絆和妨礙，就很難獲得成功。不如給他們見機行事的權力，用不同尋常的獎賞對待他們，那麼將帥們既感激又高興，他們的智慧和勇武就都能施展開來。」於是上奏德宗，奏疏的大意說：「兩軍交戰在原野，而決策於深宮之中，戰爭時機瞬息萬變，但制定計策卻在千里之外，將帥們遵命和不遵命的互相妨礙，勝敗順逆都包含兇險，朝廷要遭受掣肘將帥的譏諷，臣下沒有退卻即死的鬥志。」又說：「傳聞的東西往往與實際情況不相符合，遙遠籌劃與親臨現場據實決斷大有區別。」又說：「假使將帥之中有肆意違抗命令的人，陛下難道能在此時就以違抗朝廷命令之罪殺了他嗎？由此看來，違抗命令的人既然不能果斷進行懲治，服從命令的人又未必符合實際情況，這樣做只是浪費空話，陛下憂勞思慮，不只是沒有什麼益處，而且損失實在太大。」又說：「君王的權力，與臣下的權力很不相同，只有不自以為是，才能善於任用別人。」

癸酉❶，涇王侹❷薨。○徐、海、沂、密觀察使高承宗卒❸。甲戌❹，使其子明應知軍事。

乙亥❺，李抱真、王武俊距貝州三十里而軍。朱滔聞兩軍將至，急召馬寔，寔晝夜兼行赴之。或謂滔曰：「武俊善野戰，不可當其鋒，宜徙營稍前逼之，使回紇絕其糧道。我坐食德、棣之餫❻，依營而陳，利則進攻，否則入保，待其飢疲，然後可制也。」滔疑未決。會馬寔軍至，滔命明日出戰。寔言：「軍士冒暑困憊❼，請休息數日乃戰。」

常侍楊布、將軍蔡雄引回紇達干見滔。達干曰：「回紇在國與鄰國戰，常以五百騎破鄰國數千騎如掃葉耳。今受大王金帛牛酒前後無算❽，思為大王立效❾，此其時矣。明日，願大王駐馬高丘，觀回紇為大王翦武俊之騎，使匹馬不返。」布、雄曰：「大王英略蓋世，舉燕、薊全軍，將掃河南，清關中。今見小敵冘豫❿不擊，失遠近之望，將何以成霸業乎！達干請戰是也。」滔喜，遂決意出戰。

丙子日⓫，武俊遣其兵馬使趙琳將五百騎伏於桑林⓬，抱真列方陳於後，武俊引騎兵居前，自當回紇。回紇縱兵衝之，武俊使其騎控馬避之⓭。回紇突出其後，將還，武俊乃縱兵擊之，趙琳自林中出橫擊⓮之，回紇敗走，武俊急追之。滔騎兵亦走，自踐其步陳，步騎皆東奔，滔不能制，遂走趣其營，抱真、武俊合兵追擊之。時滔引三萬人出戰，死者萬餘人，逃潰者亦萬餘人，滔纔與數千人入營堅守。會日暮，昏霧，兩軍不能進，抱真軍其營之西北，武俊軍其東北。滔夜焚營，引兵出南門，趣德州遁去，委棄所掠資財山積。兩軍以霧，不能追也。滔殺楊布、蔡雄而歸幽州，心既內慙，又恐范陽留守劉怦⑮因敗圖己。怦悉發留守兵夾道二十里，具儀仗，迎之入府，相對悲喜，時人多之。

【章　旨】以上為第四段，寫王武俊與李抱真聯兵大敗朱滔。

【注　釋】❶癸酉　五月初三日。❷涇王侹　肅宗子。❸徐海沂密觀察使高承宗卒　據《舊唐書》卷十二〈德宗紀〉，建中三年（西元七八二年）八月，徐、海、沂都團練使李洧卒，九月，以李洧部將高承宗為徐州刺史，徐、海、沂都團練使，興元元年（西元七八四年）五月卒，以其子高明應知徐州事。《新唐書》卷一百四十八〈李洧傳〉載洧為徐、海、沂、密觀察使，洧卒，部將高承宗代之。一云高承宗為都團練使，一云為觀察使，職任記載不一。❹甲戌　五月初四日。❺乙亥　五月初五日。❻餫　運送的糧餉。❼困憊　困乏疲憊。❽無筭　無計其數。❾立效　立功。❿冘豫　猶豫。⓫丙子旦　五月初六日的早晨。⓬桑林　地名，在經城縣（今河北威縣北）西南。⓭控馬避之　馭馬避開回紇的兵鋒。⓮橫擊　攔腰截擊，將敵軍衝斷為二。⓯劉怦　（西元七二六－七八四年）朱滔姑子。滔卒，代為盧龍節度使。傳見《舊唐書》卷一百四十三、《新唐書》卷二百十二。

【語　譯】五月初三日癸酉，涇王李侹逝世。〇徐、海、沂、密四州觀察使高承宗去世。初四日甲戌，朝廷任命高承宗的兒子高明應主管軍中事務。

五月初五日乙亥，李抱真、王武俊在距離貝州城三十里處駐紮下來。朱滔聽說李抱真、王武俊的兩支軍隊即將到來，緊急徵召馬寔，馬寔晝夜兼程前往。有人對朱滔說：「王武俊善於野戰，不能面對他的兵鋒，而應該將營壘向前稍稍移動來逼迫他，派回紇兵截斷他的運糧之道。我軍坐吃德州、棣州送來的糧餉，背靠營壘布列戰陣，有利就進攻，不利就退進營壘中防守，等待王武俊軍隊飢餓疲勞，然後可以制服他。」朱滔遲疑不決。正好馬寔的軍隊到來，朱滔於是命令軍隊第二天出營作戰。馬寔說：「士兵冒著酷暑炎熱，困乏疲憊，請休息幾天再去作戰。」

朱滔的常侍楊布、將軍蔡雄領著回紇兵的首領達干來見朱滔。達干說：「我們回紇軍在本國的時候，與鄰國交戰，經常用五百名騎兵打敗鄰國的幾千名騎兵，猶如狂風掃落葉。現在我們收受了大王您的金錢布帛、牛肉美酒，多得無法計算，想要為大王您立功，現在正是時候了。明天，希望大王您騎馬站在高坡，觀看回紇軍為大王您消滅王武俊的騎兵，讓敵人一匹馬也不能返回。」楊布、蔡雄說：「大王您雄才大略，蓋世無雙，率領燕、薊地區的全部人馬，將要橫掃河南，清除關中。現在遇見小股敵人就猶豫不決，不肯攻擊，使遠近各地的人感到失望，那將用什麼成就您的霸業呢！達干請求出戰的做法是對的啊。」朱滔聽了很高興，於是決心出營作戰。

五月初六日丙子清晨，王武俊派他的兵馬使趙琳帶領五百名騎兵埋伏在桑林，李抱真的軍隊布列成方陣排在後面，王武俊帶領騎兵處在前面，親自抵擋回紇騎兵。回紇兵縱兵衝過來，王武俊讓他的騎兵馭馬避開回紇的兵鋒。回紇兵衝到了王武俊騎兵的後面，將要回馬時，王武俊於是縱兵攻擊回紇兵，趙琳從林中出擊，攔腰截擊，回紇兵敗逃，王武俊急速追擊。朱滔的騎兵也逃跑，踐踏了自己的步兵陣列，步兵、騎兵全都向東逃命，朱滔無法控制，於是也逃回營壘中，李抱真、王武俊兩軍聯合追擊。當時朱滔帶領三萬人出來作戰，死了的有一萬多人，逃跑潰散的也有一萬多人，朱滔只帶著幾千人回營堅守。這時天正傍晚，昏暗濃霧，李抱真、王武俊兩支軍隊不能前進，於是李抱真駐紮在朱滔營壘的西北邊，王武俊駐紮在朱滔營壘的東北邊。朱滔夜裡放火燒營，帶兵從南門出去，奔赴德州方向逃走，丟下的搶掠來的各種物資、錢財堆積如山。李抱真、王武俊因為霧大，不能追擊。

朱滔殺了楊布、蔡雄，回到幽州，心裡既內愧，又擔心范陽留守劉怦乘自己戰敗而謀害自己。劉怦全部調動范陽的留守部隊，夾道二十里，準備了儀仗隊，把朱滔迎入府中，兩人相對，悲喜交集，當時人稱讚劉怦。

初，張孝忠以易州歸國❶，詔以孝忠為義武❷節度使，以易、定、滄三州隸之。滄州刺史李固烈，李惟岳之妻兄❸也，請歸恆州，孝忠遣押牙安喜程華❹交其州事。固烈悉取軍府綾縑珍貨數十車，將行，軍士大譟曰：「刺史掃❺府庫之實以行，將士於後飢寒，柰何？」遂殺固烈，屠其家。程華聞亂，自竇❻逃出。亂兵求得之，請知州事。華不得已，從之。孝忠聞之，即版❼華攝❽滄州刺史。華素寬厚，推心以待將士，將士安之。

會朱滔、王武俊叛，更遣人招華，華皆不從。時孝忠在定州，自滄如定，必過瀛州，瀛隸朱滔，道路阻澀❾。滄州錄事參軍❿李宇說華，表陳利害，請別為一軍，華從之，遣宇奉表詣行在。上即以華為滄州刺史、橫海軍⓫副大使、知節度事，賜名日華，令日華歲供義武租錢十二萬緡。

王武俊又使人說誘之。時軍中乏馬，日華紿使者曰：「王大夫必欲相屬，當以二百騎相助。」武俊給之。日華悉留其馬，遣其士歸。武俊怒，而方與馬燧等相拒，不能攻取，日華由是獲全。及武俊歸國，日華乃遣人謝過，償其馬價，且賂⑫之。武俊喜，復與交好。

【章　旨】以上為第五段，寫程華節度橫海軍始末。

【注　釋】❶歸國　回歸朝廷。❷義武　方鎮名，建中三年（西元七八二年）置，以授張孝忠，領易、定、滄三州，治所定州。❸妻兄　李惟岳父李寶臣本姓張名忠志，賜姓李，李惟岳娶李氏女為妻，李固烈為惟岳之妻兄。❹程華　安喜（今河北定州）人，以滄州歸國，賜名日華。傳見《舊唐書》卷一百四十三、《新唐書》卷二百十三。❺掃　全部取走；囊盡。❻竇　牆洞。❼版　胡三省注引《燕南記》云：「孝忠差牙官程華與固烈交割，固烈死，孝忠聞之，當日差人送文牒，令攝刺史。」據此，牒即發文牒、送公文，用作動詞。❽攝　暫行代理。❾阻澀　阻礙不通。朱滔所領瀛州夾在滄州與定州之間。義武節度使張孝忠鎮定州，滄州為其巡屬，故交通受阻。❿錄事參軍　州刺史佐貳屬官，糾舉六曹判司。⓫橫海軍　方鎮名，興元元年（西元七八四年）初置以寵程華。貞元三年（西元七八七年）正式置橫海軍節度使，領滄、景二州，治所滄州。⓬賂　贈送厚禮。

【語　譯】當初，張孝忠率領易州軍民回歸朝廷，德宗下詔任命張孝忠為義武節度使，把易、定、滄三州隸屬義武。滄州刺史李固烈，是李惟岳妻子的哥哥，他請求回恆州，張孝忠派遣他的押牙安喜人程華去滄州與李固烈交接滄州事務。李固烈拿了軍府中的綾絹縑帛、珍寶財貨幾十車，即將出發時，將士們大聲喧譁說：「刺史將庫存的財物席捲一空，要全部帶走，將士們以後要飢寒交迫了，怎麼辦？」於是殺了李固烈，屠滅他的全家。程華聽說變亂，從牆洞裡逃了出去。亂兵找到了他，請求程華主持州內事務。程華迫不得已，聽從了。張孝忠聽說這件事後，當即發牒文讓程華代理滄州刺史。程華一向為人寬厚，對將士們推誠相待，將士們便安定下來。

正好這時朱滔、王武俊反叛朝廷，兩人輪番派遣使者招誘程華，程華一概不聽。當時張孝忠在定州，從滄州去定州，一定要經過瀛州，瀛州隸屬朱滔，兩州往來的道路阻滯。滄州的錄事參軍李宇勸說程華，要程華上表陳述利害，請求另設一軍，程華聽從了李宇的意見，派遣李宇帶著表章去德宗所在的奉天。德宗立即任命程華為滄州刺史、橫海軍副大使、主管節度使事務，賜給程華名為日華，命令程日華每年為義武軍提供租錢十二萬緡。

王武俊又派人勸說引誘程日華。當時程日華的軍中缺少馬匹，程日華騙王武俊的使者說：「王大夫一定想要我們隸屬的話，就應當用二百名騎兵來援助我們。」王武俊把人馬給了程日華。程日華把馬匹全部留下，打發兩百名騎兵回去了。王武俊很生氣，但因為正與馬燧等人的軍隊對峙，不能攻打滄州，程日華因此得到保全。等到王武俊回歸朝廷後，程日華就派人去王武俊那裡道歉，償還了王武俊兩百匹馬的價錢，並且送給王武俊很多東西。王武俊很高興，又與程日華復歸舊好。

庚寅❶，李晟大陳兵❷，諭以收復京城。先是，姚令言等屢遣諜人❸覘❹晟進軍之期，皆為邏騎❺所獲。晟引示以所陳兵，謂曰：「歸語諸賊：努力固守，勿不忠於賊也。」皆飲之酒，給錢而縱之❻。遂引兵至通化門❼外，曜武而還，賊不敢出。晟召諸將，問兵所從入❽，皆請先取外城❾，據坊市❿，然後北攻宮闕⓫。晟曰：「坊市狹隘，賊若伏兵格鬭，居人驚亂，非官軍之利也。今賊重兵皆聚苑中⓬，不若自苑北攻之，潰其腹心，賊必奔亡。如此，則宮闕不殘，坊市無擾，策之上者也。」諸將皆曰：「善。」乃牒⓭渾瑊及鎮國節度使駱元光、商州節度使尚可孤刻期集於城下。

壬辰⓮，尚可孤敗泚將仇敬忠於藍田西，斬之。乙未⓯，李晟移軍於光泰門⓰

外米倉村[17]。丙申[18]，晟方自臨築壘，泚驍將張庭芝、李希倩引兵大至。晟謂諸將曰：「始吾憂賊潛匿不出[19]，今來送死，此天贊我，不可失也。」命副元帥兵馬使吳詵等縱兵擊之。時華州營[20]在北，兵少，賊併力攻之。晟命牙前將李演等帥精兵救之。演等力戰，賊敗走，演等追之，乘勝入光泰門。再戰，又破之。會夜，晟斂兵還[21]。賊餘眾走入白華門[22]，夜，聞慟哭。希倩，希烈之弟也。

丁酉[23]，晟復出兵，諸將請待西師[24]至夾攻之。晟曰：「賊數敗，已破膽，不乘勝取之，使其成備，非計也。」賊又出戰，官軍屢捷，駱元光敗泚眾於滻西[25]。戊戌[26]，晟陳兵於光泰門外，使李演及牙前兵馬使王佖將騎兵，牙前將史萬頃將步兵，直抵苑牆神麚村[27]。晟先使人夜開苑牆二百餘步[28]，比演等至，賊已樹柵塞之[29]，自柵中刺射[30]官軍，官軍不得進。晟怒，叱諸將曰：「縱賊如此，吾先斬公輩矣！」萬頃懼，帥眾先進，拔柵而入。佖、演引騎兵繼之，賊眾大潰，諸軍分道並入。姚令言等猶力戰，晟命決勝軍使唐良臣等步騎蹙[31]之，且戰且前，凡十餘合[32]，賊不能支。至白華門，有賊數千騎出官軍之背，晟帥百餘騎回禦之，左右呼曰：「相公來！」賊皆驚潰[33]。

先是，泚遣張光晟將兵五千屯九曲[34]，去東渭橋十餘里，光晟密輸款於晟。

及泚敗，光晟勸泚出亡，泚乃與姚令言帥餘眾西走，猶近萬人。光晟送泚出城還，降於晟。晟遣兵馬使田子奇以騎兵追泚。晟屯含元殿㉟前，舍於右金吾仗㊱，令諸軍曰：「晟賴將士之力，克清㊲宮禁。長安士庶，久陷賊庭，若小有震驚，非弔民伐罪㊳之意。晟與公等室家相見非晚㊴，五日內無得通家信。」命京兆尹李齊運等安慰居人。晟大將高明曜取賊妓㊵，尚可孤軍士擅取賊馬，晟皆斬之，軍中股栗㊶。公私安堵，秋毫無犯，遠坊㊷有經宿㊸乃知官軍入城者。○是日，渾瑊、戴休顏、韓遊瓌亦克咸陽，敗賊三千餘眾，聞泚西走，分兵邀之。

己亥㊹，晟使京西兵馬使孟涉屯白華門，尚可孤屯望仙門㊺，駱元光屯章敬寺㊻，晟以牙前三千人屯安國寺㊼，以鎮京城。斬泚黨李希倩、敬釭、彭偃等八人於市。

【章　旨】以上為第六段，寫李晟率領官軍攻克長安，朱泚出逃。

【注　釋】❶庚寅　五月二十日。❷大陳兵　大規模地檢閱軍隊。❸諜人　間諜；探子。❹覘　刺探軍情。❺邏騎　巡哨騎兵。❻縱之　釋放敵探。李晟故意釋放敵探，放其回營宣傳官軍的盛大陣勢，以懾敵膽。❼通化門　長安東城北起第一門。❽問兵所從入　詢問攻城應從哪裡進入。❾外城　此指長安城外城。❿坊市　居民所居為坊，交易之坊為市。坊市，即市民區。⓫宮闕　宮城，在長安城北部。⓬賊重兵皆聚苑中　賊兵主力都集結在禁苑中。⓭牒　公文。⓮壬辰　五月二十二日。⓯乙未　五月二十五日。⓰光泰門　苑門名，禁苑東垣偏南之門。⓱米倉村　唐京兆府萬年縣苑東鄉屬村。⓲丙申　五月二十六日。⑲潛匿不出　潛藏城中不出來。⑳華州營　華州駱元光之兵。㉑斂兵還　收兵回營。㉒白華門　白華殿宮門。㉓丁酉　五月二十七日。㉔西師　指渾瑊之師，西來攻長安，其時已進兵至武功。㉕滻西　滻水之西。㉖戊戌　五月二十八日。㉗神麚村　《新唐書》卷一百五十四〈李晟傳〉載：晟「悉軍軍光泰門，使王佖、李演將騎，史萬頃將步，抵苑北。」所謂「抵苑北」，即指抵神麚村，可見神麚村在禁苑北牆外。㉘夜開苑牆二百餘步　在夜幕掩蓋下鑿開苑牆一百餘丈。步，六尺為步。㉙樹柵塞之　樹起柵欄堵塞苑牆缺口。㉚刺射　用長兵器刺殺和弓箭射擊。㉛蹙　逼近；壓迫。㉜凡十餘合　總計十多個回合。㉝驚潰　驚惶地潰散。㉞九曲　地名，在長安城東與東渭橋之間。㉟含元殿　大明宮正殿。㊱右金吾仗　即金吾右仗院，宮內金吾衛士仗舍。左金吾仗，在含元殿之東；右金吾仗，在含元殿之西。㊲克清　肅清。㊳弔民伐罪　安撫百姓，討伐罪人。㊴非晚　不會太晚；不會太久。㊵妓　女樂。㊶股栗　兩腿發抖。形容李晟軍令整肅，全軍震懾。㊷遠坊　離戰鬥較遠的坊里。㊸經宿　過了一整夜。㊹己亥　五月二十九日。㊺望仙門　唐大明宮南面五門，其中門曰丹鳳門。丹鳳門之東為望仙門，又東為延政門。丹鳳門之西為建福門，又西為興安門。㊻章敬寺　在長安東城外。㊼安國寺　在大明宮東南。

【語譯】五月二十日庚寅，李晟大規模地檢閱軍隊，他向將士們宣布要收復京城。在此之前，姚令言等人多次派間諜刺探李晟的進軍日期，都被李晟的巡邏騎兵抓獲了。李晟帶著這些間諜看所布軍陣，對他們說：「你們回去對叛賊們說：努力堅守城池，不要不忠於叛賊朱泚。」李晟讓他們都喝了酒，送給錢，放回他們。隨後李晟率領軍隊到達通化門外，耀武揚威後回營，叛軍不敢出城。李晟召集各位將領，詢問他們攻長安城應從哪裡進入，將領都請求先攻下長安外城，佔領市民區，然後向北進攻宮城。李晟說：「街區鬧市狹窄，如果叛軍埋伏士兵與官軍格鬥，就會驚擾居民，對官軍不利。現在叛賊們的主要兵力都聚集在禁苑中，不如從禁苑的北邊進攻宮城，打垮敵人的要害部位，叛賊們一定會四散逃跑。這樣一來，宮城不會受損，街區鬧市不受騷擾，這才是最好的出兵策略。」各位將領都說：「好。」於是李晟給渾瑊和鎮國軍節度使駱元光、商州節度使尚可孤送去文書，約定時間，在長安城下會合。

五月二十二日壬辰，尚可孤在藍田西面打敗朱泚將領仇敬宗，把他殺了。二十五日乙未，李晟軍隊調移到光泰門外的米倉村。二十六日丙申，李晟正在親自指揮將士修建營壘，朱泚的驍將張庭芝、李希倩率領大批人馬到來。李晟對各位將領說：「我開始還擔心叛賊潛藏城中不出來，現在前來送死，這是上天幫助我，機會不能喪失。」李晟命令副元帥府的兵馬使吳詵等人縱兵攻打叛軍。當時，駱元光的華州軍在宮城外的北邊，兵力很少，叛軍集合兵力進攻駱元光。李晟命令牙前將領李演等人率領精銳部隊援救駱元光。李演等人拼死力戰，叛軍敗逃，李演等追趕叛軍，乘勝攻入光泰門。再次與叛軍交戰，又打敗了叛軍。正趕上夜晚，李晟收兵返回。殘餘的叛軍逃進白華門，當天夜裡，聽到城內悲痛的嚎哭聲。李希倩，是李希烈的弟弟。

五月二十七日丁酉，李晟再次出兵，各位將領請求等待西邊渾瑊的軍隊到來時夾擊敵人。李晟說：「叛軍多次戰敗，已經嚇破了膽，不如乘勝攻取他們，如果讓他們做好防備，那不是好計策。」叛軍又出城外與官軍交戰，官軍多次取勝，駱元光在滻水西邊也打敗了朱泚的軍隊。二十八日戊戌，李晟在光泰門外布陣，派牙前將李演和牙前兵馬使王佖率領騎兵，牙前將史萬頃率領步兵，直抵禁苑牆外的神麚村。李晟事先派人在夜晚把禁苑牆鑿開了兩百餘步寬的大口子，等到李演等人率軍來到時，叛軍已經在此豎起柵欄堵住了禁苑牆上的缺口，從柵欄的縫隙中刺殺射擊官軍，官軍不能前進。李晟大怒，呵斥諸將說：「你們如此放縱敵人，我先殺了你們！」史萬頃恐懼，率領部眾首先前進，拔柵而入。王佖、李演率領騎兵繼踵其後，叛軍崩潰，各軍分道同時進入禁苑。姚令言等人還在率眾死戰，李晟命令決勝軍使唐良臣等人率領步兵、騎兵壓迫姚令言，邊作戰邊向前進，總計來回十多個回合，叛軍支撐不住了。到了白華門，有幾千名騎兵組成的叛軍出現在官軍的背後，李晟率領一百多名騎兵回頭抵禦，李晟身邊的人呼喊道：「李相公來了！」叛軍全都驚慌潰散。

在此之前，朱泚派遣張光晟率領五千人屯駐九曲，離東渭橋十多里，張光晟暗中向李晟表示歸誠之意。等到朱泚失敗了，張光晟勸朱泚棄城出逃，朱泚於是和姚令言率領殘餘部眾向西逃跑，還有部眾近萬人。張光晟送朱泚出城以後，返回城內，投降了李晟。李晟派遣兵馬使田子奇帶領騎兵追趕朱泚。李晟駐軍於含元殿前，自己住在右金吾儀仗隊的房舍，下令各支軍隊說：「我李晟依靠將士們的力量，肅清了宮禁內的叛賊。長安城內的士紳百姓，長期陷於叛軍手中，如果對他們稍有震動和驚擾，就違背了安撫百姓、討伐罪人的本意。我李晟與諸位同家人相見的時間不會太久了，諸位五天之內不得同家人通信息。」李晟命令京兆尹李齊運等人安慰居民。李晟的大將高明曜搶佔了叛軍的女樂人，尚可孤的士兵擅自牽走了叛軍的馬匹，李晟把他們都殺了，軍中顫抖。長安城內官民安然無事，軍隊秋毫無犯，遠處的街區有的過了一夜才知道官軍進入城內。○這一天，渾瑊、戴休顏、韓遊瓌也攻下了咸陽城，打敗叛軍三千多人，他們聽說朱泚向西邊逃跑，便分兵攔截朱泚。

五月二十九日己亥，李晟派京西兵馬使孟涉屯駐白華門，尚可孤屯駐望仙門，駱元光屯駐章敬寺，李晟用牙前衛隊三千人屯駐安國寺，以此來鎮守京城。李晟在街市殺了朱泚的黨羽李希倩、敬釭、彭偃等八人。

王武俊既破朱滔❶，還恆州，表讓幽州、盧龍節度使，上許之。

六月癸卯❷，李晟遣掌書記❸吳人于公異作露布上行在，曰：「臣已肅清宮禁，祗謁寢園❹，鍾簴不移❺，廟貌如故❻。」上泣下，曰：「天生李晟，以為社稷，非為朕也！」

晟在渭橋，熒惑守歲❼，久之乃退，賓佐皆賀，曰：「熒惑退舍❽，皇家之福也，宜速進兵。」晟曰：「天子野次❾，臣下知死敵❿而已。天象高遠⓫，誰得知之！」既克長安，乃謂之曰：「曏非相拒⓬也，吾聞五星贏縮無常⓭，萬一復來守歲⓮，吾軍不戰自潰矣。」皆謝曰：「非所及也。」

朱泚將奔吐蕃，其眾隨道散亡。比至⓯涇州，纔百餘騎，田希鑒閉城拒之。

泚謂之曰：「汝之節，吾所授也⑯，柰何臨危相負！」使焚其門。希鑒取節投火中曰：「還汝節！」泚眾皆哭。涇卒遂殺姚令言，詣希鑒降。泚獨與范陽親兵及宗族、賓客北趣驛馬關⑰，寧州⑱刺史夏侯英拒之。至彭原西城屯⑲，其將梁庭芬射泚墜阬中，韓旻等斬之，詣涇州降。源休、李子平奔鳳翔，李楚琳斬之，皆傳首行在。

上命陸贄草詔賜渾瑊，使訪求奉天所失裹頭內人⑳。贄上奏，以為：「巨盜始平，疲瘵之民㉑，瘡痍之卒㉒，尚未循拊㉓，而首訪婦人，非所以副惟新之望㉔也。謀始盡善，克終已稀㉕。始而不謀，終則何有。所賜瑊詔，未敢承旨㉖。」上遂不降詔，竟遣中使求之㉗。

乙巳㉘，詔吏部侍郎班宏充宣慰使，勞問將士，撫慰蒸黎㉙。○丙午㉚，李晟斬文武官受朱泚寵任者崔宣、洪經綸等十餘人；又表守節不屈㉛者劉迺、蔣沇等。○己酉㉜，以李晟為司徒、中書令，駱元光、尚可孤各遷官有差㉝。以檢校御史中丞田希鑒為涇原節度使。○詔改梁州為興元府。○甲寅㉞，以渾瑊為侍中，韓遊瓌、戴休顏各遷官有差。○朱泚之敗也，李忠臣奔樊川㉟，擒獲，丙辰㊱，斬之。

【章　旨】以上為第七段，寫叛臣朱泚之死，以及德宗封賞復國功臣。

【注　釋】❶王武俊既破朱滔　本年二月辛酉，加授王武俊同平章事兼幽州、盧龍節度使，以討朱滔。❷癸卯　六月初四日。❸掌書記　節度使屬官，掌表奏書檄。❹祗謁寢園　恭敬地拜謁了園陵。❺鍾簴不移　編鐘及支架沒有移動。簴，懸掛鐘的架子，橫樑叫筍，兩側的柱叫簴。❻廟貌如故　宗廟的狀貌也和從前一樣。❼熒惑守歲　火星停留在木星之旁。按古代星占家的說法，歲星所在，其國有福，熒惑守歲，其國有災。因此，熒惑離開歲星，賓佐皆賀。❽熒惑退舍　熒惑離開了所留滯的星區，即離開了歲星。❾天子野次　皇上宿留野外。言失守宮闕。❿死敵　與敵人拼死。⓫高遠　謂高遠難測。⓬曏非相拒　先前我不是要拒絕你們的意見。指熒惑退舍，進兵擊賊。⓭五星贏縮無常　金木火水土五星早出與晚出沒有常規。五星出沒皆有規律。運行過次，即早出為贏；未按時到舍，即晚出為縮。這種贏縮規律在沒有完全瞭解以前被認為無常，沒有定規。⓮復來守歲　熒惑再次靠近歲星。⓯比至　及至到達。⓰汝之節二句　田希鑒本為涇原大將，殺節度使馮河清降於朱泚，朱泚授節田希鑒為涇原節度使。事見上卷興元元年四月。距朱泚之敗僅一月時間。⓱驛馬關　關名，屬慶州。在今甘肅慶陽西南。⓲寧州　州名，治所在今甘肅寧縣。驛馬關在寧州之北，朱泚過州，遭攔擊。⓳彭原西城屯　彭原，縣名，寧州屬縣，在驛馬關之南，縣治在今甘肅寧縣西北。西城屯，彭原縣城西的哨所。⓴裏頭內人　給事宮中的傳使宮女，因頭上冠巾，故稱裏頭內人。㉑疲瘵之民　疲困病苦的人民。㉒瘡痍之卒　遭受創傷的士卒。㉓循拊　安撫。㉔非所以副惟新之望　這不符合人們要求革新政治的願望。㉕謀始盡善二句　開始時謀劃得盡善盡美，最終很少能做得盡善盡美。克，能夠。終，此指善終。㉖未敢承旨　不敢奉旨草詔。㉗遣中使求之　德宗直接派中使尋找裏頭宮女。中使，皇帝從宮中派出的宦官使者，一般是奉旨處理一兩件具體事務，事罷即撤。㉘乙巳　六月初六日。㉙撫慰蒸黎　安撫大眾黎民。㉚丙午　六月初七日。㉛守節不屈　恪守臣節，不屈從賊人。劉迺事見上卷興元元年二月，蔣沇事見本書卷二百二十八建中四年。㉜己酉　六月初十日。㉝各遷官有差　各人升官品秩有差等。㉞甲寅　六月十五日。㉟樊川　地名，在今陝西長安韋曲、杜曲一帶。㊱丙辰　六月十七日。

【語　譯】王武俊打敗朱滔後，回到恆州，上表請求辭去幽州、盧龍節度使的職務，德宗同意了。

六月初四日癸卯，李晟派掌書記吳縣人于公異草擬捷報上奏行在所說：「臣已經肅清了宮禁中的叛賊，恭恭敬敬地拜謁先帝們的園陵，編鐘和支架沒有移動，宗廟的狀貌一如往昔。」德宗流下眼淚，說道：「上天降生了李晟這個人，是為了天下社稷，不是為了朕啊！」

李晟在渭橋駐軍時，火星停留在木星旁邊，很長時間才退離，李晟的賓客幕僚們都向他祝賀，說：「火星退離歲星，這是皇家的福兆，應該趕快進兵攻城。」李晟說：「皇帝宿留野外，做臣下的只知道與敵人拼死而已。天象高遠難測，誰能知曉它呢！」攻下長安城後，李晟才對賓客幕僚們說：「從前我不是拒絕你們的意見，我聽說金、木、水、火、土五星的早出與晚出沒有常規，萬一火星再次靠近歲星，我們的軍隊就會不戰自潰了。」賓客僚佐們都向他道歉說：「不是我們所能想到的。」

朱泚將要奔往吐蕃，他的部眾沿途四散逃亡。等到了涇州城，才剩下一百多騎兵，涇原節度使田希鑒關閉城門，拒絕朱泚進城。朱泚對田希鑒說：「你田希鑒的節度使旌節，是我朱泚給與的，你怎麼能在我面臨危難的時候背叛我呢！」於是派人去焚燒涇州城的城門。田希鑒取出朱泚所授節度使旌節，投到火中說：「還給你旌節！」朱泚的部眾都哭了。原涇州的士兵殺了姚令言，前往田希鑒那裡投降。朱泚只與從范陽帶出來的衛兵、宗族成員和幕僚賓客們北赴驛馬關，寧州刺史夏侯英拒絕讓朱泚過關。朱泚到達彭原縣城西的哨所，他的部將梁庭芬放箭把朱泚射落坑中，韓旻等人殺了朱泚，前往涇州投降。源休、李子平跑往鳳翔，李楚琳斬殺了他們，朱泚、姚令言、源休、李子平等人的腦袋都被傳送到德宗的行在所梁州。

德宗命令陸贄草擬詔令給渾瑊，讓他尋訪在奉天失散的裏頭宮女。陸贄上奏德宗，認為：「大盜剛剛平定，疲困病苦的百姓，遭受創傷的士卒，還沒有安撫，而首先訪查一個婦人，陛下的這種做法不符合人們要革新政治的願望。即使開始時謀劃得盡善盡美，最終很少能做得盡善盡美。如果開頭就謀劃不好，那更沒有完美的結局。陛下要賜給渾瑊的詔令，臣不敢奉旨草擬。」德宗於是不頒下此詔，最後只好派中使尋找這個宮女。

六月初六日乙巳，德宗下詔任命吏部侍郎班宏充任宣慰使，慰問將士，安撫黎民大眾。〇初七日丙午，李晟殺了受到朱泚寵信的文武官員崔宣、洪經綸等十幾人，又上表朝廷表彰堅守節操、不屈節操的劉迺、蔣沇等人。〇初十日己酉，德宗任命李晟為司徒、中書令，駱元光、尚可孤各升官晉級不等。任命檢校御史中丞田希鑒為涇原節度使。○德宗下詔將梁州改為興元府。○十五日甲寅，德宗任命渾瑊為侍中，韓遊瓌、戴休顏各升官晉級不等。○朱泚被打敗時，李忠臣跑往樊川，被官軍抓獲了，十七日丙辰，斬殺了他。

上問陸贄：「今至鳳翔有迎駕諸軍，形勢甚盛，欲因此遣人代李楚琳，何如？」贄上奏，以為：「如此則事同脅執❶，以言乎除亂則不武❷，以言乎務理❸則不誠，用是時巡，後將安入❹！議者或謂之權❺，臣竊未諭其理❻。夫權之為義，取類權衡❼，今輦路所經❽，首行脅奪❾，易一帥而虧萬乘之義，得一方而結四海之疑，乃是重其所輕而輕其所重❿，謂之權也，不亦反⓫乎！以反道為權，以任數為智⓬，君上行之必失眾⓭，臣下用之必陷身⓮，歷代之所以多喪亂而長姦邪⓯，由此誤也。不如俟[1]奠枕京邑⓰，徵授一官⓱，彼喜於恩宥，將奔走不暇⓲，安敢輒有旅拒⓳，復勞誅鉏⓴哉！」

戊午㉑，車駕發漢中。○李晟綜理㉒長安以備百司，自請至鳳翔迎扈，上不許。內常侍㉓尹元貞奉使同華，輒詣河中招諭李懷光。晟奏：「元貞矯制擅赦元惡，請理㉔其罪。」

秋，七月丙子㉕，車駕至鳳翔，斬喬琳、蔣鎮、張光晟等。李晟以光晟雖臣賊，而滅賊亦頗有力，欲全之。上不許。

副元帥判官㉖高郢數勸李懷光歸款㉗，懷光遣其子璀詣行在謝罪，請束身歸朝㉘。庚辰㉙，詔遣給事中孔巢父齎先除懷光太子太保敕㉚詣河中宣慰，朔方將士㉛悉復官爵如故。

壬午㉜，車駕至長安，渾瑊、韓遊瓌、戴休顏以其眾扈從。李晟、駱元光、尚可孤以其眾奉迎，步騎十餘萬，旌旗數十里。晟謁見上於三橋㉝，先賀平賊，後謝收復之晚，伏路左請罪。上駐馬㉞慰撫，為之掩涕，命左右扶上馬。至宮，每閒日㉟輒宴勳臣，賞賜豐渥，李晟為之首，渾瑊次之，諸將相又次之。

曹王皋遣其將伊慎、王鍔圍安州㊱，李希烈遣其甥劉戒虛將步騎八千救之。皋遣其別將李伯潛逆擊[2]之於應山㊲，斬首千餘級。生擒戒虛，徇於城下，安州遂降，以伊慎為安州刺史。又擊希烈將康叔夜於厲鄉㊳，走之。

丁亥㊴，孔巢父至河中，李懷光素服待罪㊵，巢父不之止㊶。懷光左右多胡人，皆歎曰：「太尉無官㊷矣！」巢父又宣言於眾曰：「軍中誰可代太尉領軍者？」於是懷光左右發怒諠譟㊸。宣詔未畢，眾殺巢父及中使啖守盈。懷光亦不之止，復治兵㊹為拒守之備。

【章　旨】以上為第八段，寫德宗回長安，遣使招降李懷光，所任非人，功敗垂成。

【注　釋】❶脅執　脅迫拘捕。❷以言乎除亂則不武　脅迫拘人，把它說成是除亂並不能顯示威武。❸務理　務求修明政治。理，治。❹用是時巡二句　把這作為是天子巡視的收穫，事後又怎能堂皇進入京城。時巡，天子春夏秋冬四時出巡四方，察問風俗叫時巡。❺權　權變；權宜之計。❻未諭其理　不能明白脅執為從權的道理。❼夫權之為義二句　權為秤砣，衡為秤桿，權衡用以平準物的輕重，故「權」字取義為權衡輕重。❽輦路所經　皇帝所巡經的地方。輦，指皇帝車駕。❾首行脅奪　第一站就用武力脅迫劫奪一個軍鎮。首行，首站。從漢中回長安，第一站途經鳳翔。❿重其所輕而輕其所重　看重了本該看輕的東西，看輕了本該看重的東西。重，指天子大義。輕，指鳳翔一個軍鎮。陸贄指出，德宗以權宜之計解決李楚琳，恰好把輕重弄顛倒了。⓫反　指輕重顛倒。⓬以反道為權二句　以違背道義為權變，以任用權術為機智。⓭失眾　眾叛親離，失去民心。⓮陷身　危害自身。⓯長姦邪　滋長奸邪。⓰奠枕京邑　安枕京城。⓱徵授一官　徵召李楚琳，在京師給他一個職官。用此解除李楚琳的兵權。⓲奔走不暇　奔走效力都來不及。謂全力效忠。⓳旅拒　率眾相抗。旅，眾也。⓴復勞誅鉏　又煩勞朝廷去誅殺。㉑戊午　六月十九日。㉒綜理　全面治理；總括治理。㉓內常侍　即中常侍，出入天子臥內的親隨宦官。㉔理　治。避高宗李治諱改。㉕丙子　七月初七日。㉖副元帥判官　李懷光之判官。此時李懷光已罷副元帥之職，而未釋兵，史仍沿舊稱。㉗歸款　投誠；歸誠。㉘束身歸朝　縛身回歸朝廷。此為投案請罪的委婉語。㉙庚辰　七月十一日。㉚除懷光太子太保敕　改任李懷光為太子太保的敕令。此敕德宗於三月庚子（二十九日）發布於梁州，事見上卷。㉛朔方將士　李懷光所部。㉜壬午　七月十三日。㉝三橋　在望賢宮之東，京城之西。㉞駐馬　停馬。㉟閒日　休朝日。唐代天子單日視朝，雙日為閒日。㊱安州　州名，治所在今湖北安陸。㊲應山　安州屬縣，縣治在今湖北應山縣。㊳厲鄉　鄉名，屬隋州隋縣，在今湖北隨縣北。㊴丁亥　七月十八日。㊵素服待罪　李懷光釋去官服，穿上白色的衣服表示等待治罪。㊶不之止　不阻止李懷光素服。㊷太尉無官　李懷光部屬多胡人，不懂素服待罪的禮儀，見李懷光素服，故以為無官。㊸讙譟　吼叫。㊹治兵　修繕甲兵。

【校　記】[1]俟　原無此字。據章鈺校，乙十五行本、乙十一行本、孔天胤本皆有此字，張敦仁《通鑑刊本識誤》、張瑛《通鑑校勘記》同，今據補。[2]擊　原無此字。據章鈺校，乙十五行本、乙十一行本、孔天胤本皆有此字，張瑛《通鑑校勘記》同，今據補。

【語　譯】德宗詢問陸贄說：「現今到鳳翔來的有迎接車駕的各支軍隊，聲勢極為盛大，我想乘此機會派人代替李楚琳擔任鳳翔節度使，你看怎麼樣？」陸贄上奏皇帝，認為：「如果這樣做的話，事情就有點像以武力脅迫拘捕，把這種方式說成是清除禍亂，那麼算不上是勇武，把這種方式說成是務求修明政治，那也算不上誠信，若說這是天子巡視的收穫，事後又怎麼能堂皇地進入京城呢！也許議政者中有人將這種方式說成是權宜之計，但臣私下卻不能明白脅迫是權宜的道理。權的本義，取它類似權衡輕重，然後採取措施，現今皇帝車駕經過的地方，第一站就脅迫奪取軍鎮節帥的權力，換了一個鎮將損害了天子的大義，得了一個地方使全天下的人疑慮，這正是看重了本該看輕的東西，而看輕了本該看重的東西，把這叫做權宜之舉，不是輕重顛倒了嗎！以違背道義為權宜之舉，以任用權術為機智，君王如果採取這種方式，一定會喪失人心，臣下如果採取這種方式，一定會自害其身，自古以來之所以出現很多喪亂禍患、奸邪滋長的事情，都是由這一錯誤引起的啊！陛下不如安枕京城後，徵召李楚琳授給一官，他會對陛下的恩澤、寬恕感到高興，將會為朝廷效力都來不及，哪裡敢有聚眾抗命之事，抗拒朝命，又煩勞朝廷去誅殺呢！」

六月十九日戊午，德宗的車駕從漢中出發回京。○李晟全面主持長安城內事務，使各個職能機構完備起來，向朝廷請求自己親自到鳳翔迎接皇帝的車駕，德宗沒有答應。內常侍尹元貞奉德宗命令出使同華，卻去河中府勸說李懷光歸順朝廷。李晟上奏說：「尹元貞假託詔令，擅自赦免罪魁禍首，請治尹元貞的罪。」

秋，七月初七日丙子，德宗的車駕到達鳳翔，殺了喬琳、蔣鎮、張光晟等人。李晟認為張光晟雖然臣服叛賊，但在消滅叛賊時也出了大力，想救他一命。德宗沒有同意。

前副元帥府的判官高郢多次勸說李懷光歸誠朝廷，於是李懷光派兒子李璀前往行在所認罪，請求縛身到朝廷投案。七月十一日庚辰，德宗下詔派遣給事中孔巢父帶著朝廷預先任命李懷光為太子太保的敕令前往河中府安撫，朔方將士全部恢復從前的官爵。

七月十三日壬午，德宗的車駕到達長安，渾瑊、韓遊瓌、戴休顏率領自己的部屬扈從。李晟、駱元光、尚可孤率領自己的部眾迎接德宗，步兵、騎兵共有十幾萬人，旗幟數十里。李晟在三橋晉見德宗，首先向德宗祝賀平定了叛賊，後面謝罪收復京城太晚，跪伏在道路的左邊請罪。德宗停馬慰撫，為李晟的忠心感動得流下眼淚，命令左右隨從扶李晟上馬。回到皇宮後，每逢雙日不上朝時，德宗總是宴請功臣，賞賜豐厚，李晟所得最多，渾瑊次之，各位將領和宰相們又次於渾瑊。

曹王李皋派他的將領伊慎、王鍔包圍安州，李希烈派他的外甥劉戒虛率領步兵、騎兵八千人救援安州。李皋派遣別將李伯潛在應山縣迎擊劉戒虛，斬首一千多級。活捉了劉戒虛，在安州城下示眾，安州於是投降了，朝廷任命伊慎為安州刺史。李皋的軍隊又在厲鄉攻打李希烈的將領康叔夜，把康叔夜趕走了。

七月十八日丁亥，孔巢父到達河中府，李懷光穿著一身白色的衣服，等待朝廷治罪，孔巢父沒有制止他。李懷光的身邊多是胡人，他們都歎息道：「李太尉沒有官職了！」孔巢父又大聲問眾人道：「軍中誰能代替李太尉統領軍隊呢？」於是，李懷光的身邊人大怒，喧譁鬧事。孔巢父還沒有宣讀完朝廷的詔書，李懷光的很多人殺了孔巢父和中使啖守盈。李懷光也不加制止，又修繕兵器，做好防禦的準備。

辛卯❶，赦天下。

初，肅宗在靈武，上為奉節王，學文於李泌❷。代宗之世，泌居蓬萊書院❸，上為太子，亦與之遊。及上在興元，泌為杭州刺史，上急詔徵之，與睦州刺史杜亞❹俱詣行在。乙未❺，以泌為左散騎常侍，亞為刑部侍郎，命泌日直西省以候對❻，朝野皆屬目附之。上問泌：「河中密邇❼京城，朔方兵素稱精銳，如達奚小俊[1]等皆萬人敵，朕晝夕憂之，柰何？」對曰：「天下事甚有可憂者。若惟河中，不足憂也。夫料敵者，料將不料兵。今懷光，將也；小俊之徒乃兵耳，何足為意！懷光既解奉天之圍，視朱泚垂亡之虜不能取，乃與之連和，使李晟得取以為功。今陛下已還宮闕，懷光不束身歸罪，乃虐殺使臣❽，鼠伏❾河中，如夢魘之人❿耳。但恐不日為帳下所梟，使諸將無以藉手也。」

初，上發吐蕃以討朱泚，許成功以伊西、北庭⓫之地與之。及泚誅，吐蕃來求地。上欲召兩鎮節度使郭昕、李元忠還朝，以其地與之。李泌曰：「安西、北庭，人性驍悍，控制西域五十七國⓬及十姓突厥⓭，又分吐蕃之勢，使不能併兵東侵，柰何拱手與之！且兩鎮之人，勢孤地遠，盡忠竭力，為國家固守近二十年，誠可哀憐。一旦棄之以與戎狄，彼其心必深怨中國，它日從吐蕃入寇，如報私讎矣。況日者⓮吐蕃觀望不進，陰持兩端，大掠武功，受賂而去，何功之有！」眾議亦以為然。上遂不與。

【章旨】以上為第九段，寫德宗徵召李泌入朝輔政，聽從李泌建言，拒絕割地伊西、北庭與吐蕃。

【注釋】❶辛卯　七月二十二日。❷李泌　（西元七二二—七八九年）字長源，京兆（今陝西西安）人，原籍遼東襄平（今遼寧遼陽北）。歷仕肅、代、德宗三朝，位至宰相。傳見《舊唐書》卷一百三十、《新唐書》卷一百三十九。❸蓬萊書院　代宗為李泌建書院於蓬萊殿側，稱蓬萊書院。事見本書卷二百二十四代宗大曆三年。❹杜亞　（西元七二五—七九八年）字次公，京兆人，官至東都留守。傳見《舊唐書》卷一百四十六、《新唐書》卷一百七十二。❺乙未　七月二十六日。❻直西省以候對　在中書省值班等待德宗召對。唐門下省為東省，中書省為西省。❼密邇　貼近；靠近。❽虐殺使臣　指李懷光縱亂兵殘殺孔巢父、啖守盈。❾鼠伏　如鼠之深藏，不敢見天日。❿夢魘之人　如夢中的惡鬼，瞬間即逝。⓫伊西北庭　兩都護府，貞觀十四年（西元六四〇年）置。伊西，即安西，轄天山以南西域之地。北庭轄天山以北西域之地。郭昕守安西，李元忠守北庭，久困於吐蕃，因無援，終於在德宗貞元三年（西元七八七年）沒入吐蕃。⓬西域五十七國　漢時三十六國，至唐時分為五十七國。⓭十姓突厥　西突厥有弩失畢、五咄陸等十姓。⓮日者　往日；先前。

【校　記】①小俊　嚴衍《通鑑補》改作「承俊」。

【語　譯】七月二十二日辛卯，大赦天下。

當初，肅宗皇帝在靈武時，德宗為奉節王，跟李泌學習辭章。代宗時期，李泌居處蓬萊書院，德宗為太子，也和李泌交往。等到德宗在興元府時，李泌擔任杭州刺史，德宗緊急下詔徵召李泌，李泌與睦州刺史杜亞一同前往德宗所在的興元府。七月二十六日乙未，德宗任命李泌為左散騎常侍，杜亞為刑部侍郎，命令李泌每天在中書省值班以等候德宗召對，在朝在野的人士都嚮往依附李泌。德宗問李泌：「河中府靠近京城，朔方鎮的士兵一向十分精銳，像達奚小俊等人都有抵擋萬人之勇，朕日夜為此擔憂，你看該怎麼辦？」李泌回答說：「天下有十分值得憂慮的事情。如果只是河中，那就不值得陛下擔憂了。要說預料敵情，是預料將領，而不預料士兵。現今的李懷光，是將領；而達奚小俊之類才是一個小兵而已，哪裡值得放在心上！李懷光解除了奉天城包圍後，眼看著朱泚即將敗滅而不去消滅，反而與朱泚聯合，使李晟得以攻取京城、消滅朱泚，立下功勞。現在陛下已經返回宮廷，李懷光不自縛手腳到朝廷來認罪，反而殘殺朝廷使臣，像老鼠一樣躲藏在河中，如同夢中惡鬼。只怕不久就要被部下殺頭示眾，使朝廷諸將沒有機會下手。」

當初，德宗讓吐蕃出兵來討伐朱泚，答應事情成功後把伊西、北庭之地給與吐蕃。等到朱泚被誅滅，吐蕃前來索取土地。德宗打算召伊西、北庭兩鎮的節度使郭昕、李元忠回朝，把這兩處地方送給吐蕃。李泌說：「安西、北庭，人們天性驍勇剽悍，這兩地控制著西域地區的五十七個國家以及十個種姓的突厥人，又分散吐蕃的力量，使他們不能聯合兵力向東侵擾，怎麼能輕易地送給他們！而且這兩個節鎮的將士，勢力孤單，地域遙遠，盡忠竭力，為國家堅守邊防將近二十年，實在令人哀傷憐憫。一朝把他們遺棄，交給戎狄，他們心中一定會深深怨恨我大唐朝廷，以後他們隨同吐蕃入侵，就像報私仇一樣了。何況從前吐蕃徘徊觀望，不肯進攻，暗中保持兩邊的關係，大肆搶劫武功縣，接受了財物以後才離去，他們有什麼功勞可言！」群臣也都持這種看法。德宗於是就不把這兩地送給吐蕃。

李希烈聞李希倩伏誅，忿怒。八月壬寅❶，遣中使❷至蔡州殺顏真卿。中使曰：「有敕❸。」真卿再拜。中使曰：「今賜卿死。」真卿曰：「老臣無狀，罪當死。不知使者幾日發長安？」使者曰：「自大梁來，非長安也。」真卿曰：「然則賊耳，何謂敕邪！」遂縊殺之。

李晟以涇州倚邊❹，屢害軍帥，常為亂根❺，奏請往理不用命者❻，力田積粟以攘❼吐蕃。癸卯❽，以晟兼鳳翔、隴右節度等使及四鎮、北庭、涇原行營副元帥，進爵西平王。時李楚琳入朝，晟請與俱至鳳翔而斬之，以懲逆亂。上以新復京師，務安反仄❾，不許。

先是，上命渾瑊、駱元光討李懷光軍于同州❿，懷光遣其將徐庭光以精卒六千軍于長春宮⓫以拒之，瑊等數為所敗，不能進。時度支用度不給，議者多請赦懷光。上不許。李懷光遣其妹壻要廷珍守晉州⓬，牙將毛朝敭守隰州⓭，鄭抗守慈州⓮，馬燧皆遣人說下之。上乃加渾瑊河中、絳州節度使，充河中、同華、陝號行營副元帥，加馬燧奉誠軍⑮、晉、慈、隰節度使，充管內諸軍行營副元帥⑯，與鎮國節度使⑰駱元光、鄜坊節度使唐朝臣合兵討懷光。

初，王武俊急攻康日知於趙州，馬燧奏請詔武俊與李抱真同擊朱滔，以深、趙隸武俊，改日知為晉、慈、隰節度使。上從之。日知未至而三州降燧，故上使燧兼領之。燧表讓三州於日知，且言因降而授，恐後有功者，踵以為常⑱。上嘉而許之。燧遣使迎日知，既至，籍府庫⑲而歸之。

甲辰⑳，以鳳翔節度使李楚琳為左金吾大將軍。○丙午㉑，加渾瑊朔方行營元帥。○李晟至鳳翔，治殺張鎰之罪，斬裨將王斌等十餘人。○朱滔為王武俊所攻，殆㉒不能軍㉓，上表待罪。○癸未㉔，馬燧將步騎三萬攻絳州㉕。

度支以李懷光所部將士數萬與懷光同反，不給冬衣。上曰：「朔方軍累代忠義㉖，今為懷光所制耳，將士何罪！」冬，十月己亥[1]，詔：「朔方及諸軍在懷光所者，冬衣及賞錢皆當別貯㉗，俟道路稍通，即時給之。」

李勉累表乞自貶㉘。辛丑㉙，罷勉都統、節度使，其檢校司徒、同平章事如故。○丙辰㉚，李懷光將閻晏寇同州，官軍敗于沙苑㉛。詔徵邠州之軍，韓遊瓌將甲士㉜六千赴之。○乙丑㉝，馬燧拔絳州，分兵取聞喜、萬泉、虞鄉、永樂、猗氏㉞。

初，魚朝恩既誅，代宗不復使宦官典兵。上即位，悉以禁兵委白志貞㉟。志貞得罪，上復以宦官竇文場代之，從幸山南，兩軍稍集。上還長安，頗忌宿將握兵多者，稍稍罷之。戊辰㊱，以文場監神策軍左廂兵馬使，王希遷監右廂兵馬使，始令宦官分典禁旅。

【章旨】以上為第十段，寫李希烈途窮殺顏真卿。德宗部署各路官軍進逼李懷光，因疑忌功臣重新起用宦官掌兵權。

【注釋】❶王寅　八月初三日。❷中使　《舊唐書》卷一百二十八、《新唐書》卷一百五十三顏真卿本傳並謂「閹奴」。李希烈所遣為「閹奴」和部將辛景臻等。❸有敕　有敕書到來。❹倚邊　靠近邊界。❺屢害軍帥二句　德宗初即位，涇州有劉文喜之亂，接著有姚令言之亂，不久又發生田希鑒殺馮河清的事件。亂根，禍亂的策源地。❻往理不用命者　到涇州去處治不聽從朝命的人。❼攘　排斥；抗擊。❽癸卯　八月初四日。❾務安反仄　以安定平穩為要務。反仄，心懷反叛的人。務使反仄之人安定下來，要以寬懷為本，誅殺為輔，故德宗採納了陸贄的建言，不許李晟追究前案。❿同州　州名，治所馮翊，在今陝西大荔。⓫長春宮　宮名，北周宇文護所築。在今陝西大荔東北。⓬晉州　地名，治所臨汾，在今山西臨汾。⓭隰州　州名，治所隰川，在今山西隰縣。⓮慈州　州名，治所吉昌，在今山西吉縣。⓯奉誠軍　興元元年正月置以授康日知。因三州降於馬燧，於是改授馬燧兼領。⓰充管內諸軍行營副元帥　德宗為太子時任天下兵馬大元帥討安史之亂，此後行營只置副元帥。馬燧為奉誠軍管內晉、絳、慈、隰等州諸軍行營副元帥。⓱鎮國節度使　肅宗上元二年（西元七六一年）在華州置鎮國節度，廣德元年（西元七六三年）罷，今復置。⓲踵以為常　相繼作為常例。⓳籍府庫　清點府庫，登上簿籍。⓴甲辰　八月初五日。㉑丙午　八月初七日。㉒殆　幾乎；差不多。㉓不能軍　潰不成軍。㉔癸未　八月庚子朔，無癸未。癸未，九月十五日。㉕絳州　州名，時屬李懷光。治所在今山西新絳。㉖累代忠義　世代忠義。自肅、代以來，朔方軍勤勞王室，功高天下。㉗別貯　另外作專項儲備起來。㉘自貶　主動請求貶官。建中四年（西元七八三年）李勉以永平節度使都統四鎮兵討李希烈，喪師失守，故多次上表請解都統等職。㉙辛丑　十月初三日。㉚丙辰　十月十八日。㉛沙苑　地名，因有沙丘得名。在同州南洛水與渭水之間。㉜甲士　穿盔甲的重裝兵，在步兵中屬於精銳。㉝乙丑　十月二十七日。㉞聞喜萬泉虞鄉永樂猗氏　皆縣名。聞喜、萬泉二縣屬絳州，在南境與蒲州相接。虞鄉、永樂、猗氏三縣屬蒲州。猗氏在蒲州東北，虞鄉在州東，永樂在州東南。李懷光失守諸縣，則官軍三面逼近蒲州河中府城。㉟悉以禁兵委白志貞　白志貞始典禁軍，事見本書卷二百二十五代宗大曆十四年；白志貞解兵權，事見本書卷二百二十九德宗建中四年。㊱戊辰　十月三十日。

【校　記】①己亥　此二字原無。據章鈺校，乙十五行本、乙十一行本、孔天胤本皆有此二字，張瑛《通鑑校勘記》同，今據補。己亥，十月初一日。

【語　譯】李希烈聽說李希倩在長安伏罪處死，十分忿怒。八月初三日壬寅，派遣中使到蔡州殺害顏真卿。中使對顏真卿說：「皇帝有敕書到來。」顏真卿拜了又拜。中使說：「現在賜你死。」顏真卿說：「老臣沒有成績，罪當處死。不知道使者您哪天從長安出發的？」中使說：「我從大梁來，不是從長安來的。」顏真卿說：「這麼說來，你是叛賊，怎麼還說是敕令呢！」中使於是勒死了顏真卿。

李晟認為涇州臨近邊疆，這裡的將士多次殺害軍中主帥，是經常作亂的根源，上奏德宗請求去涇州處治那些不聽從朝廷命令的人，督促軍民努力耕種，儲積糧食，用以抗擊吐蕃。八月初四日癸卯，德宗任命李晟兼任鳳翔、隴右等地節度使以及四鎮、北庭、涇原行營副元帥，進封爵號為西平王。當時李楚琳已經入朝，李晟請求讓李楚琳與自己一起到鳳翔，在鳳翔殺了他，藉以懲治反叛朝廷的變亂。德宗認為剛剛收復京城，務必要安定心懷反叛的人，便沒有答應李晟的請求。

先前，德宗命令渾瑊、駱元光在同州討伐李懷光的軍隊，李懷光派部將徐庭光率領精銳部隊六千人駐守長春宮抵禦渾瑊、駱元光，渾瑊等人多次被徐庭光打敗，不能進軍。當時度支對費用供應不足，議政的人大多請求赦免李懷光。德宗不答應。李懷光派他的妹夫要廷珍防守晉州，牙將毛朝敭防守隰州，鄭抗防守慈州，馬燧全都派人把他們勸說投降了。德宗於是加授渾瑊河中、絳州節度使，充任河中、同華、陝虢行營副元帥，加授馬燧奉誠軍和晉、慈、隰節度使，充任所管轄區域內各支軍隊的行營副元帥，與鎮國軍節度使駱元光、鄜坊鎮節度使唐朝臣聯合兵力討伐李懷光。

當初，王武俊在趙州急攻康日知，馬燧上奏朝廷請詔令王武俊與李抱真一起攻打朱滔，把深州、趙州隸屬於王武俊，改任康日知為晉、慈、隰三州節度使。德宗聽從了這一建議。康日知還沒有到任，晉、慈、隰三州已經投降馬燧，因此，德宗讓馬燧兼領晉、慈、隰三州。馬燧上表朝廷請求把晉、慈、隰三州節度使讓給康日知，而且說因為三州向自己投降，就把官職授給自己，恐怕以後有功勞的人，相繼作為常例。皇帝嘉勉馬燧，同意了馬燧的意見。馬燧派使者去迎接康日知，康日知到了後，馬燧把庫存財物登記造冊，交給了康日知。

八月初五日甲辰，德宗任命鳳翔節度使李楚琳為左金吾大將軍。〇初七日丙午，德宗加授渾瑊為朔方行營元帥。〇李晟到了鳳翔，懲治殺害前任節度使張鎰之罪，殺了裨將王斌等十多個人。〇朱滔被王武俊所攻，幾乎潰不成軍，便上表朝廷，等候治罪。〇癸未日，馬燧率領步兵、騎兵三萬人攻打絳州。

度支的主管官吏認為李懷光所轄的幾萬名將士同李懷光一起反叛，不供給他們冬衣。德宗說：「朔方軍幾代忠義，現在是被李懷光所控制而已，將士們有什麼罪過！」冬，十月初一日己亥，德宗下詔說：「朔方軍以及在李懷光統領下的各軍將士，他們的冬衣和賞錢都應當另外儲備起來，等到道路漸漸開通之後，馬上按時發給他們。」

李勉多次上表朝廷請求貶職。十月初三日辛丑，罷免了李勉都統、節度使的職務，他的檢校司徒、同平章事職務依舊保留。〇十八日丙辰，李懷光的將領閻晏侵犯同州，官軍在沙苑戰敗。德宗下詔徵調邠州的軍隊，韓遊瓌率領六千名甲士奔赴同州。〇二十七日乙丑，馬燧攻取絳州，分兵攻取聞喜、萬泉、虞鄉、永樂、猗氏。

當初，魚朝恩被殺以後，代宗不再讓宦官掌管兵權。德宗即位以後，把所有的禁衛軍交給了白志貞。白志貞獲罪後，德宗又讓宦官竇文場代替白志貞統領禁衛軍，跟隨德宗到了山南，神策的左右兩軍逐漸集中起來。德宗回到長安，對掌握很多兵馬的老將很有顧忌，逐漸地罷免了他們。十月三十日戊辰，德宗任命竇文場為監督神策軍的左廂兵馬使，王希遷為監督神策軍的右廂兵馬使，開始讓宦官分別掌管中央禁衛軍。

閏月❶丙子❷，以涇原節度使田希鑒為衛尉卿❸。

李晟初至鳳翔，希鑒遣使參候。晟謂使者曰：「涇州逼近吐蕃，萬一入寇，州兵能獨禦之乎？欲遣兵防援❹，又未知田尚書意。」使者歸，以告希鑒，希鑒果請援兵，晟遣腹心將彭令英等戍涇州。晟尋託巡邊詣涇州，希鑒出迎，晟與之並轡❺而入，道舊結歡❻。希鑒妻李氏，以叔父事晟，晟謂之田郎。晟命具三日食，曰：「巡撫畢，即還鳳翔。」希鑒不復疑。晟置宴，希鑒與將佐俱至晟營。晟伏甲於外廡❼。既食而飲❽，彭令英引涇州諸將下堂。晟曰：「我與汝曹久別❾，各宜自言姓名。」於是得為亂者石奇等三十餘人，讓❿之曰：「汝曹屢為逆亂，殘害忠良，固天地所不容！」悉引出，斬之。希鑒尚在座，晟顧曰：「田郎亦不得無過，以親知之故，當使身首得完。」希鑒曰：「唯。」遂引出，縊殺之，并其子萼。晟入其營，諭以誅希鑒之意，眾股栗，無敢動者。

【章　旨】以上為第十一段，寫李晟整肅綱紀，誅殺涇州數叛朝廷的大惡田希鑒等數十人。

【注釋】❶閏月　閏十月。❷丙子　閏十月初八日。❸衛尉卿　官名，衛尉寺長官，掌儀仗兵器與帳幕供設。田希鑒被任命為衛尉卿而解除兵權，未及赴京為李晟所誅。❹防援　增防援兵。❺並轡　並騎；兩馬並行。❻道舊結歡　敘舊交好。❼廡　屋廊。❽既食而飲　連吃帶喝。即酒酣之際。❾久別　分別了很長時間。❿讓　斥責。

【語譯】閏十月初八日丙子，德宗任命涇原節度使田希鑒為衛尉卿。

李晟剛到鳳翔的時候，田希鑒派遣使者來參見問候。李晟對使者說：「涇州逼近吐蕃，萬一吐蕃入侵，涇州的兵力能抵擋得住嗎？我想派兵去增強防禦力量，又不知道田尚書的想法。」使者回到涇州，把這個意思告訴了田希鑒，田希鑒果然請李晟派去援兵。李晟派遣心腹將領彭令英等人戍守涇州。不久，李晟藉口巡視邊疆前往涇州，田希鑒出城迎接，李晟和田希鑒並騎入城，敘舊交好。田希鑒的妻子李氏，用對待叔父一樣的禮儀奉事李晟，李晟因此稱田希鑒為田郎。李晟命令田希鑒準備三天的伙食，對田希鑒說：「我巡察安撫完畢，立刻返回鳳翔。」田希鑒對李晟不再懷疑。李晟設置酒宴，田希鑒和將領、僚佐們都到了李晟的軍營。李晟在外邊屋廊下埋伏了甲兵。田希鑒等人連吃帶喝，彭令英把涇州的各位將領帶到堂下。李晟對他們說：「我與你們分別很久了，你們最好各自說出姓名。」於是得到了犯上作亂的石奇等三十多人，李晟斥責他們說：「你們多次為逆作亂，殘害忠良，實在是天地不能容忍的！」於是把他們全部拉出去，斬殺了他們。田希鑒還在座位上，李晟回頭對田希鑒說：「田郎你也不能說沒罪，因為你我親近友好的緣故，我自當讓你身首完整。」田希鑒說：「是的。」於是帶出去，絞殺了他，連同他的兒子田萼也絞死了。李晟進入田希鑒的軍營，向眾人宣諭誅殺田希鑒的原因，眾人嚇得腿直發抖，無人敢動。

李希烈遣其將翟崇暉悉眾圍陳州❶，久之，不克。李澄知大梁兵少，不能制滑州，遂焚希烈所授旌節，誓眾歸國。甲午❷，以澄為汴滑節度使❸。

宋亳節度使劉洽遣馬步都虞候劉昌與隴右、幽州行營節度使曲環等將兵三萬救陳州。十一月癸卯❹，敗翟崇暉於州西，斬首三萬五千級，擒崇暉以獻。乘勝進攻汴州❺。李希烈懼，奔歸蔡州❻。李澄引兵趣汴州，至城北，恇怯❼不敢進。劉洽兵至城東，戊午❽，李希烈守將田懷珍開門納之。明日，澄入，舍於浚儀❾。兩軍之士，日有忿鬩❿。會希烈鄭州⓫守將孫液降於澄，澄引兵屯鄭州。詔以都統司馬⓬寶鼎薛珏⓭為汴州刺史。

李勉至長安，素服待罪。議者多以「勉失守大梁⓮，不應尚為相。」李泌言於上曰：「李勉公忠雅正，而用兵非其所長。及大梁不守，將士棄妻子而從之者殆二萬人，足以見其得眾心矣。且劉洽出勉麾下，勉至睢陽⓯，悉舉其眾以授之，卒平大梁，亦勉之功也。」上乃命勉復其位。議者又言：「韓滉聞鑾輿在外，聚兵修石頭城⓰，陰蓄異志⓱。」上疑之，以問李泌。對曰：「滉公忠清儉⓲，自車駕在外，滉貢獻不絕。且鎮江東十五州⓳，盜賊不起，皆滉之力也。所以修石頭城者，滉見中原板蕩⓴，謂陛下將有永嘉之行㉑，為迎扈㉒之備耳。此乃人臣忠篤之慮，柰何更以為罪乎！滉性剛嚴，不附權貴，故多謗毀，願陛下察之，臣敢保其無它。」上曰：「外議洶洶，章奏如麻㉓，卿弗聞乎？」對曰：「臣固聞之。

其子皋為考功員外郎㉔，今不敢歸省其親，正以謗語沸騰故也。」上曰：「其子猶懼如此，卿柰何保之？」對曰：「滉之用心，臣知之至熟。願上章明其無它㉕，乞宣示中書㉖，使朝眾㉗皆知之。」上曰：「朕方欲用卿，人亦何易可保！慎勿違眾，恐并為卿累㉘也。」泌退，遂上章，請以百口保滉。它日，上謂泌曰：「卿竟上章，已為卿留中㉙。雖知卿與滉親舊，豈得不自愛其身乎！」對曰：「臣豈肯私於親舊以負陛下，顧滉實無異心。臣之上章，以為朝廷，非為身也。」上曰：「如何其為朝廷？」對曰：「今天下旱、蝗，關中米斗千錢，倉廩耗竭，而江東豐稔。願陛下早下臣章以解朝眾之惑，面諭韓皋使之歸覲㉚，令滉感激無自疑之心，速運糧儲，豈非為朝廷邪！」上曰：「善！朕深諭之矣。」即下泌章，令韓皋謁告歸覲，面賜緋衣㉛，諭以「卿父比有謗言㉜，朕今知其所以，釋然㉝不復信㉞矣。」因言：「關中乏糧，歸語卿父，宜速致之。」皋至潤州，滉感悅流涕，即日自臨水濱㉟發米百萬斛，聽皋留五日即還朝㊱。皋別其母，啼聲聞於外。滉怒，召出，撻之㊲，自送至江上，冒風濤而遣之。既而陳少遊聞滉貢米，亦貢二十萬斛。上謂李泌曰：「韓滉乃能化陳少遊貢米㊳矣！」對曰：「豈惟少遊，諸道將爭入貢矣。」

【章　旨】以上為第十二段，寫李泌善諫，不顧個人安危保護李勉、韓滉兩位忠義大臣。

【注　釋】❶陳州　州名，治所宛丘，在今河南淮陽。❷甲午　閏十月二十六日。❸以澄為汴滑節度使　德宗建中四年十二月，滑州刺史李澄以城降李希烈。興元元年（西元七八四年）二月，李澄密遣使歸國，德宗許以為汴滑節度使，猶外事李希烈。至此，李澄公開與李希烈決裂而正式授使職。❹癸卯　十一月初六日。❺汴州　州名，治所浚儀，在今河南開封。❻蔡州　李希烈淮寧鎮所，州治汝陽，在今河南汝南縣。❼恇怯　惶恐畏縮。❽戊午　十一月二十一日。❾舍於浚儀　指住留在浚儀縣衙。❿忿鬩　怨恨爭鬥。⓫鄭州　州名，治所在今河南鄭州。⓬都統司馬　薛珏所任為汴宋都統行軍司馬。⓭薛珏（西元七一九—七九二年）河中寶鼎（今山西臨猗東北）人，曾官楚州刺史、汴州刺史、河南尹、司農卿、京兆尹。⓮勉失守大梁　事見本書卷二百二十九德宗建中四年。⓯睢陽　縣名，宋州治所，在今河南商丘。⓰聚兵修石頭城　事見本書卷二百二十九建中四年。⓱陰蓄異志　暗藏反叛朝廷之意。⓲公忠清儉　公正忠誠，清廉儉樸。⓳鎮江東十五州　韓滉為浙江東、西道節度使，所統十五州為潤、昇、常、湖、蘇、杭、陸、越、明、台、溫、衢、處、婺等十四州，加宣州凡十五州。宣州為滉領鎮時所增。⓴板蕩　動盪。㉑永嘉之行　永嘉為西晉懷帝年號。永嘉年間（西元三〇八—三一三年），西晉大亂，晉元帝渡江保有東晉。李泌引此喻以白韓滉本志。㉒迎扈　迎接和扈從皇上。㉓如麻　形容多如麻成團。㉔考功員外郎　官名，吏部第四司考功司副長官，掌判文武百官考績行狀。㉕上章明其無它　上疏證明韓滉沒有異志。㉖宣示中書　將奏章宣示於中書省。㉗朝眾　朝廷眾臣。㉘累　牽累。㉙留中　留在禁中，擱置不辦。㉚歸覲　歸家省親。㉛面賜緋衣　德宗當面賜給韓皋緋色朝服。韓皋為考功員外郎，從六品，緋色朝服為四、五品之服。㉜比有謗言　接連遭受誹謗。㉝釋然　消除了疑慮。㉞不復信　不再相信流言。㉟自臨水濱　韓滉親自來到江邊碼頭。㊱聽皋留五日即還朝　允許韓皋在家停留五天即打發他還朝。㊲撻之　用棍子打了韓皋一頓，促其還朝。㊳陳少遊貢米　陳少遊為淮南節度使，陰附李希烈，現在也貢米二十萬斛。

【語　譯】李希烈派遣他的將領翟崇暉帶領所有部眾包圍陳州，很久，不能攻克。李澄知道大梁的兵力很少，控制不了滑州，於是就焚燒了李希烈授予的節度使旌節，與部眾宣誓回歸朝廷。閏十月二十六日甲午，德宗任命李澄為汴滑節度使。

宋亳節度使劉洽派遣馬步都虞候劉昌與隴右、幽州行營節度使曲環等人率兵三萬人援救陳州。十一月初六日癸卯，劉昌、曲環等在陳州西邊打敗翟崇暉，斬首三萬五千級，活捉了翟崇暉，獻給朝廷。劉昌、曲環乘勝進攻汴州。李希烈很害怕，逃回蔡州。李澄率兵奔赴汴州，到了汴州城北，惶恐畏縮，不敢進攻。這時劉洽的軍隊到了汴州城東，二十一日戊午，李希烈的汴州守將田懷珍打開城門，迎入劉洽的軍隊。第二天，李澄的軍隊才進去，駐紮在浚儀縣。兩支軍隊的士兵，每天相互怨恨爭鬥。適逢李希烈的鄭州守將孫液向李澄投降，李澄帶兵屯駐鄭州。德宗下詔任命都統司馬寶鼎人薛珏為汴州刺史。

李勉到了長安，身穿白色衣服，等待朝廷治罪。朝廷中商議討論此事的人大多認為「李勉失守大梁，不應還擔任宰相職務。」李泌對德宗說：「李勉為人公平忠誠、文雅正直，而用兵打仗不是他的長處。等到大梁失守，將士們拋家棄子而跟隨李勉的將近二萬人，足以看出李勉深得人心。而且劉洽出自李勉的部下，李勉到了睢陽縣以後，馬上把所率部隊全部交給劉洽指揮，終於平定了大梁，這也是李勉的功勞啊。」德宗於是命令李勉官復原職。朝廷中議事的人又說：「韓滉聽說德宗的車駕在外，便集中兵力修築石頭城，暗藏反叛之意。」德宗於是懷疑韓滉，就這事詢問李泌。李泌回答說：「韓滉為人公正忠誠、清廉儉樸，自從陛下在外，韓滉對朝廷貢獻物資從未斷絕。而且鎮守江東十五州，沒有盜賊出現，這都是韓滉之力啊。他之所以要修築石頭城，是因為他看到中原動盪，認為陛下將會有晉元帝永嘉年間那樣南渡長江之行，那是為了迎接陛下車駕做的準備啊。這是人臣忠誠陛下的想法，怎麼能反把它說成罪過呢！韓滉性格剛強嚴厲，不攀附有權有勢的人，所以誹謗很多，希望陛下審察，臣敢擔保韓滉沒有別的意圖。」德宗說：「外面對韓滉的議論紛紛，奏章如麻，卿沒聽到過嗎？」李泌回答說：「我確實聽說了。韓滉的兒子韓皋擔任考功員外郎，現在不敢回去探親，正是因為對韓滉的謗語沸騰的緣故啊。」德宗說：「韓滉的兒子尚且這樣恐懼，卿為什麼要為韓滉擔保呢？」李泌回答說：「韓滉的用意，我瞭解得極為透徹。願意上奏證明他沒有異志，請求陛下把這份奏章宣示於中書省，讓朝廷大臣都知道。」德宗說：「朕正打算重用你，要擔保一個人談何容易！卿不要違背大家的意見，這恐怕會牽累你。」李泌退朝後，便上疏請求以全家百口人命為韓滉擔保。後來有一天，德宗對李泌說：「卿最終還是上了奏章，朕已為你把奏章扣留禁中。朕知道你與韓滉親近，有舊交，但怎麼能不自愛其身呢？」李泌回答說：「臣豈敢以私情來對待舊友親朋而有負於陛下，只是韓滉確實沒有背叛朝廷的想法。臣上奏章表，是為了朝廷，不是為了自身啊。」德宗說：「那卿是怎麼為朝廷的？」李泌回答說：「現在天下發生了旱災和蝗災，關中地區一斗米價值一千錢，國家的糧庫消耗光了，但江東地區糧食豐收。希望陛下早日將臣的奏章下達中書省，以便解除朝廷群臣的疑惑，陛下面諭韓皋，讓他回家探親，使韓滉心中感激，打消內心的懷疑念頭，迅速向朝廷運送儲備的糧食，這難道不是為朝廷嗎！」德宗說：「好！我深深地明白了。」當即把李泌的奏章下達中書省，命令韓皋回去探親，德宗當著朝廷群臣的面賜給韓皋緋色朝服，告諭韓皋「你父親接連遭受誹謗，朕現在已經知道了是怎麼回事，疑慮消除，不再相信這些流言了。」接著對韓皋說：「關中地區缺乏糧食，回去告訴你父親，最好迅速運送糧食過來。」韓皋到了潤州，韓滉又感激又高興，流下眼淚，當天就親自來到江邊漕運處發運糧食一百萬斛，允許韓皋在家停留五天就回朝。韓皋辭別他的母親，啼哭聲傳到了外邊。韓滉很生氣，叫出韓皋，用棍子打他，親自把韓皋送到江上，頂著風浪送走了他。不久，陳少遊聽說韓滉向朝廷貢獻糧食，自己也向朝廷貢獻糧米二十萬斛。德宗對李泌說：「韓滉竟然能感化陳少遊向朝廷貢獻糧米！」李泌回答說：「韓滉感化的豈止是陳少遊，各道都要爭著向朝廷進貢了。」

吏部尚書、同平章事蕭復奉使自江、淮還❶，與李勉、盧翰、劉從一俱見上。勉等退，復獨留，言於上曰：「陳少遊任兼將相，首敗臣節❷；韋皋幕府下僚，獨建忠義❸。請以皋代少遊鎮淮南，使善惡著明[1]。」上然之。尋遣中使馬欽緒揖劉從一，附耳語而去。諸相還閤❹。從一詣復曰：「欽緒宣旨，令從一與公議朝來❺所言事，即奏行之，勿令李、盧知。敢問何事也？」復曰：「唐、虞黜陟，岳牧僉諧❻。爵人於朝，與士共之。使李、盧不堪為相，則罷之。既在相位，朝廷政事，安得不與之同議而獨隱此事乎！此最當今之大弊，朝來主上已有斯言，復已面陳其不可，不謂聖意尚爾。復不惜與公奏行之，但恐浸以成俗❼，未敢以告。」竟不以語從一。從一奏之，上愈不悅。復乃上表辭位，乙丑❽，罷為左庶子。

劉洽克汴州，得李希烈起居注❾，云「某月日，陳少遊上表歸順❿。」少遊聞之慚懼，發疾，十二月乙亥⓫，薨，贈太尉，賻祭如常儀⓬。

淮南大將王韶欲自為留後，令將士推己知軍事，且欲大掠。韓滉遣使謂之曰：「汝敢為亂，吾即日全軍度江誅汝矣！」韶等懼而止。上聞之喜，謂李泌曰：「滉不惟安江東，又能安淮南，真大臣之器，卿可謂知人。」庚辰⓭，加滉平章事、江淮轉運使。滉運江、淮粟帛入貢府⓮，無虛月，朝廷賴之，使者勞問相繼，恩遇始深矣。

是歲蝗徧遠近⓯，草木無遺，惟不食稻，大饑，道殣相望⓰。

【章　旨】以上為第十三段，寫蕭復因忠直而被罷相。中原大鬧蝗災。

【注　釋】❶蕭復奉使自江淮還　蕭復奉使江淮事，見本書卷二百二十九德宗興元元年四月。❷首敗臣節　首先敗壞了人臣的操守。事見本書卷二百二十九德宗建中四年。❸獨建忠義　指唯有隴右營田判官韋皋不受朱泚節而誅反者，事見本書卷二百二十八德宗建中四年。❹還閤　回到中書省政事堂。❺朝來　早上的時候。朝，早。❻唐虞黜陟二句　唐堯、虞舜升降百官，朝內朝外的官員都要協調一致。黜，降職。陟，升職。岳，朝中大臣四岳。牧，朝外大臣九州牧伯。僉，都。❼浸以成俗　逐漸形成慣例。浸，逐漸。❽乙丑　十一月二十八日。❾李希烈起居注　宮中女官記載皇上日常事務稱「起居注」，李希烈僭擬亦作「起居注」。❿陳少遊上表歸順　此陳少遊「首敗臣節」之罪證。⓫乙亥　十二月初八日。⓬賻祭如常儀　此謂朝廷賜給陳少遊的喪禮費及祭祀禮儀，仍按大臣常規待遇不變。賻，朝廷贈送的喪禮費。⓭庚辰　十二月十三日。⓮貢府　朝廷專儲各地貢物的府庫。⓯蝗徧遠近　蝗蟲的災害遍及各地。遠近，對京師而言。⓰道殣相望　路上倒下的餓死的人，一個接一個。殣，餓死。

【校　記】[1]使善惡著明　此句原無。據章鈺校，乙十五行本、乙十一行本、孔天胤本皆有此句，張敦仁《通鑑刊本識誤》、張瑛《通鑑校勘記》同，今據補。

【語　譯】吏部尚書、同平章事蕭復奉命出使從江、淮返回，與李勉、盧翰、劉從一一起晉見德宗。李勉等人退下以後，蕭復一個人留下來，對德宗說：「陳少遊職兼將相，卻首先敗壞了人臣的節操；韋皋是他的幕府下屬，卻獨樹忠義。請陛下任命韋皋代替陳少遊鎮守淮南，使善惡分明。」德宗同意這個建議。馬上就派中使馬欽緒去見劉從一，對著劉從一的耳朵細說了些什麼就走了。各位宰相返回中書省政事堂。劉從一來到蕭復那裡說：「馬欽緒傳達皇上的聖旨，讓我與您商議您早上所說的事情，之後馬上上奏施行，不要讓李勉、盧翰知道。請問是什麼事？」蕭復說：「唐堯、虞舜升降百官，朝內朝外的官員都要協調一致。在朝同一爵位的人，應當共掌朝政。假如李勉、盧翰不適於做宰相，就罷免他們。既然他們身居宰相職位，朝廷政事，怎麼能不同他們商量，而獨獨對他們隱瞞這一事情呢！這是今日的重大弊端，早上皇上已對我說過這話，我已經向皇帝當面陳說這樣做不可以，沒想到皇上的想法還是如此。不是我不願意與您商議後上奏皇上，只怕漸漸地形成一種慣例，所以不敢告訴您。」最終也沒有把這一事情告訴劉從一。劉從一將此事上奏，德宗聽了更加不高興。蕭復於是上表請求辭去宰相職位，十一月二十八日乙丑，德宗罷免蕭復的宰相之職，任為左庶子。

劉洽攻下了汴州，得到《李希烈起居注》，上面說「某月某日，陳少遊上表歸順。」陳少遊聽說這一事後，既慚愧又害怕，生了重病，十二月初八日乙亥，去世，朝廷追贈陳少遊為太尉，賜給的喪葬費用及祭祀禮儀如同大臣的常規待遇。

淮南鎮的大將王韶想自己擔任淮南留後，命令將士們推舉自己主持軍中事務，並且準備大肆搶掠。韓滉派遣使者對王韶說：「你敢作亂，我馬上全軍渡過長江殺了你！」王韶等人因害怕而打消了原來的念頭。德宗聽說這一事後，很高興，對李泌說：「韓滉不僅能安定江東，又能安定淮南，真是大臣的才幹，卿可說是善於識人。」十二月十三日庚辰，德宗加授韓滉平章事、江淮轉運使。韓滉把江東、淮南地區的糧食、布帛轉運到關中朝廷倉庫中，沒有一個月間斷，朝廷的用度主要依靠韓滉，慰問他的使者一個接著一個，德宗對韓滉的恩寵厚待開始加深起來。

這一年，蝗災遍布遠近各地，草木都被吃光了，牠們只是不吃稻穀，發生了大饑荒，路上餓死的人一個接一個。

貞元元年（乙丑　西元七八五年）

春，正月丁酉朔❶，赦天下，改元。○癸丑❷，贈顏真卿司徒，謚曰文忠。

新州司馬盧杞❸遇赦，移吉州長史❹，謂人曰：「吾必再入。」未幾，上果用為饒州❺刺史。給事中袁高應草制，執以白盧翰、劉從一曰：「盧杞作相，致鑾輿播遷，海內瘡痍，柰何遽遷大郡！願相公執奏。」翰等不從，更命它舍人⑥草制。乙卯⑦，制出，高執之不下⑧，且奏：「杞極惡窮凶，百辟⑨疾之若讎，六軍思食其肉，何可復用！」上不聽。補闕⑩陳京⑪、趙需等上疏曰：「杞三年擅權⑫，百揆失敘⑬，天地神祇所知，華夏、蠻貊同棄。儻⑭加巨姦之寵，必失萬姓之心。」丁巳⑮，袁高復於正牙⑯論奏。上曰：「杞已再更赦⑰。」高曰：「赦者止原其罪，不可為刺史。」陳京等亦爭之不已，曰：「杞之執政，百官常如兵⑱在其頸。今復用之，則姦黨皆唾掌而起⑲。」上大怒，左右辟易⑳，諫者稍引卻㉑。京顧曰：「趙需等勿退，此國大事，當以死爭之。」上怒稍解㉒。戊午㉓，上謂宰相：「與杞小州刺史可乎？」李勉曰：「陛下欲與之，雖大州亦可，其如天下失望何？」壬戌㉔，以杞為澧州別駕。使謂袁高曰：「朕徐思卿言，誠為至當。」又謂李泌曰：「朕已可袁高所奏。」泌曰：「累日㉕外人竊議，比陛下於桓、靈㉖。今承德音，乃堯、舜之不逮也！」上悅。杞竟卒於澧州。高，恕己㉗之孫也。

【章　旨】以上為第十四段，寫給事中袁高強諫德宗阻止起用盧杞。

【注　釋】❶丁酉朔　正月初一日。❷癸丑　正月十七日。❸新州司馬盧杞　盧杞貶新州，事見本書卷二百二十九德宗建中四年。❹移吉州長史　遷盧杞為吉州長史。州佐長史、司馬皆五品職，中唐後多為被貶大臣的閒職。長史地位略高於司馬。

盧杞原在新州，治所在今廣東新興，今遷官吉州，治所在今江西吉安，距京師近了一千餘里。❺饒州　州名，治所鄱陽，在今江西鄱陽。饒州濱鄱陽湖，為富饒大州。❻它舍人　其他中書舍人。❼乙卯　正月十九日。❽高執之不下　袁高拿著詔書不肯下發，由是知名。傳見《舊唐書》卷一百五十三、《新唐書》卷一百二十。❾百辟　百官。❿補闕　諫官名，左補闕隸門下省，右補闕隸中書省，對皇帝和大臣均可指陳得失。⓫陳京　字慶復，善文辭，通達禮儀制度，為太常博士，自考功員外遷給事中，兼集賢殿學士。與趙需共奏劾盧杞，力爭於德宗前，盧杞終不得復。傳見《新唐書》卷二百。⓬杞三年擅權　盧杞建中二年（西元七八一年）二月拜相，建中四年十二月罷貶，專權三年。⓭百揆失敘　百官失職。⓮儻　如果。⓯丁巳　正月二十一日。⓰正牙　唐代謂大明宮內含光殿為正牙，亦謂之南牙。⓱再更赦　經過兩次大赦。更，經歷。⓲兵　刀劍。⓳姦黨皆唾掌而起　此句意謂盧杞若復用，奸黨將不費力氣而興起。唾掌，即唾手，把口水吐到手掌上，比喻事情容易辦成。⓴辟易　四散奔逃的樣子。語出《史記・項羽本紀》，項王大呼，漢軍「辟易數里」。這裡指德宗發怒，嚇得左右侍從驚惶退避。㉑諫者稍引卻　進諫的人也逐漸後退。㉒上怒稍解　德宗的怒氣略為消散了些。㉓戊午　正月二十二日。㉔壬戌　正月二十六日。㉕累日　連日。㉖桓靈　東漢桓帝、靈帝，著名昏君。㉗恕己　袁恕己，武則天時為相王李旦府司馬，助張柬之誅二張（張昌宗、張易之），中宗復辟。

【語　譯】 貞元元年（乙丑　西元七八五年）

春，正月初一日丁酉，德宗大赦天下，改年號為貞元。○十七日癸丑，朝廷追贈顏真卿為司徒，諡曰文忠。

新州司馬盧杞遇到德宗的赦令，遷任吉州長史，他對別人說：「我一定能再次回到朝廷。」不久，德宗果然任用盧杞為饒州刺史。給事中袁高奉命草擬任命盧杞的制書，袁高拉著盧翰、劉從一的手對他們說：「盧杞擔任宰相，導致皇帝的車駕流離於京城之外，天下遭受戰爭創傷，怎麼能一下子把他遷任大郡的刺史呢！希望你們針對這個任命去諫勸皇上。」盧翰等人不肯聽從，改命其他中書舍人起草制書。正月十九日乙卯，委任盧杞的制書發到中書省，袁高拿著詔書不肯下發，並且向德宗上奏說：「盧杞窮兇極惡，百官痛恨他如同仇敵，六軍將士想吃他的肉，怎麼能再次起用！」德宗不肯聽從。補闕陳京、趙需等人上疏說：「盧杞專權三年，使朝廷百官失職，這是天地神靈所知道的，為華夏和蠻貊各族共同拋棄。倘若加寵巨奸大惡之人，一定會喪失萬姓黎民之心。」二十一日丁巳，袁高又在大明宮含光殿向德宗上奏反對這項任命。德宗說：「盧杞已經獲得兩次赦免。」袁高說：「皇上的赦免，只是原諒了盧杞的罪過，不應該擔任刺史。」陳京等人也力爭不休，他們說：「盧杞執政，百官經常像刀劍架在脖子上。現在又要起用他，那麼，奸邪的同黨都很容易地興起。」德宗大怒，嚇得左右侍從驚慌退避，勸諫的人也漸漸後退。陳京回頭對他們說：「趙需等人不要後退，這是國家大事，應當以死抗爭。」這時德宗的怒氣稍稍消解了一些。二十二日戊午，德宗對宰相們說：「給盧杞一個小州的刺史職務，可以嗎？」李勉說：「陛下想給他的話，雖然是大州的刺史也可以，天下人失望，那該怎麼辦呢？」二十六日壬戌，德宗任命盧杞為澧州別駕。派人對袁高說：「我慢慢考慮你的話，實在是非常恰當的。」又對李泌說：「朕已經批准了袁高的奏議。」李泌說：「連日來，外邊的人都在私下議論，把陛下比成東漢的桓帝和靈帝。現在聽了您的這句話，真是唐堯、虞舜也趕不上陛下啊！」德宗很高興。盧杞最後死於澧州。袁高，是袁恕己的孫子。

三月，李希烈陷鄧州。○戊午❶，以汴滑節度使李澄為鄭滑節度使。○以代宗女嘉誠公主妻田緒。

李懷光都虞候呂鳴岳密通款於馬燧，事泄，懷光殺之，屠其家。事連幕僚高郢、李鄘，懷光集將士而責之。郢、鄘抗言❷逆順，無所慚隱❸，懷光囚之。鄘，邕之姪孫也❹。○馬燧軍寶鼎，敗懷光兵於陶城❺，斬首萬餘級。分兵會渾瑊，逼河中。

夏，四月丁丑❻，以曹王皋為荊南節度❼。李希烈將李思登以隨州降之。○壬午❽，馬燧、渾瑊破李懷光兵於長春宮南，遂掘塹圍宮城，懷光諸將相繼來降。詔以燧、瑊為招撫使。

五月丙申❾，劉洽更名玄佐。

韓遊瓌請兵於渾瑊，共取朝邑。李懷光將閻晏欲爭之，士卒指邠軍曰：「彼非吾父兄，則吾子弟，柰何以白刃相向乎！」語甚囂。晏遽引兵去。懷光知眾心不從，乃詐稱欲歸國，聚貨財，飾車馬，云俟路通入貢，由是得復踰旬月❿。

六月辛巳⓫，以劉玄佐兼汴州刺史。○辛卯⓬，以金吾大將軍韋皋為西川節度使。○朱滔病死，將士奉前涿州刺史劉怦⓭知軍事。

時連年旱、蝗，度支資糧匱竭，言事者多請赦李懷光。李晟上言：「赦懷光有五不可：河中距長安纔三百里，同州當其衝，多兵則未為示信，少兵則不足隄防，忽驚東偏⓮，何以制之！一也；今赦懷光，必以晉、絳、慈、隰還之。渾瑊既無所詣⓯，康日知又應遷移⓰，土宇不安⓱，何以獎勵！二也；陛下連兵一年，討除小醜⓲，兵力未窮，遽赦其反逆之罪，今西有吐蕃，北有回紇，南有淮西⓳，皆觀我彊弱，不謂陛下施德澤，愛黎元，乃謂兵屈於人而自罷耳，必競起窺覦之心⑳，三也；懷光既赦，則朔方將士皆應敘勳行賞㉑。今府庫方虛，賞不滿望，是愈激之使叛，四也；既解河中，罷諸道兵，賞典不舉㉒，怨言必起，五也。今河中斗米五百，芻藁且盡，牆壁之間，餓殍甚眾。且軍中大將殺戮略盡，陛下但敕諸道圍守旬時㉓，彼必有內潰之變，何必養腹心之疾為它日之悔哉！」又請發兵二萬，自備資糧，獨討懷光。

秋，七月甲午朔㉔，馬燧自行營入朝，奏稱：「懷光凶逆尤甚，赦之無以令天下，願更得一月糧，必為陛下平之。」上許之。

【章　旨】以上為第十五段，寫李晟上奏大赦李懷光五不可，德宗從之。

【注　釋】❶戊午　三月二十三日。❷抗言　直言爭辯。❸慚隱　慚愧、隱瞞。❹鄘二句　唐代兩李邕，一為高祖子虢王李鳳之孫李邕；一為江都人文章家李邕，玄宗時官至北海太守，天寶末因讒賄被誅。李鄘為北海太守李邕之姪孫，憲宗時歷鳳翔、隴右、淮南等鎮節度使。傳見《舊唐書》卷一百五十七、《新唐書》卷一百四十六。❺陶城　在今山西永濟西北。❻丁丑　四月十三日。❼荊南節度　胡三省注認為「節度」下當有「使」字。❽壬午　四月十八日。❾丙申　五月初二日。❿復踰旬月　又苟延殘喘過了十天半月。十日為旬。旬月，亦為滿月、一整月。⓫辛巳　六月十八日。⓬辛卯　六月二十八日。⓭劉怦（西元七二七—七八五年）幽州昌平（今北京市昌平西）人，朱滔姑之子。朱滔得幽州，滔每次出兵，都以劉怦為留後，素得眾心，故滔死被軍中推舉主持軍中事務。傳見《舊唐書》卷一百四十三、《新唐書》卷二百十二。⓮忽驚東偏　指李懷光突然造反，奪取同州，使京師東北方告警。同州在長安東北，治所在今陝西大荔。⓯無所詣　沒有歸宿。⓰應還移　調任別的地方。德宗先已命渾瑊為蒲、絳節度使，康日知為晉、慈、隰節度使。若赦李懷光，諸州歸還，則渾瑊與康日知二人就沒有地盤，而要改任他所。⓱土宇不安　地方上不安定。指重新安置渾瑊、康日知，將引起動盪。⓲小醜　對叛逆的蔑稱。⓳淮

西　指僭逆李希烈。⑳窺覦之心　犯上作亂之心。㉑敘勳行賞　李懷光有解奉天之圍的功勳，若赦免則要追敘功勳，進行賞賜。㉒賞典不舉　不進行恩典獎賞。㉓旬時　猶言十來天，言其時間短促。㉔甲午朔　七月初一日。

【語　譯】三月，李希烈攻陷鄧州。〇二十三日戊午，德宗任命汴滑節度使李澄為鄭滑節度使。〇德宗把代宗之女嘉誠公主許配給田緒為妻。

李懷光的都虞候呂鳴岳暗中向馬燧表明歸順朝廷的心意，事情洩露，李懷光殺了呂鳴岳，屠滅了呂氏全家。這一事情牽連了李懷光的幕僚高郢、李鄘，李懷光召集將士，斥責他們。高郢、李鄘直言反叛和歸順的利害關係，毫無慚愧隱瞞，李懷光囚禁了他們。李鄘，是李邕的姪孫。〇馬燧的軍隊駐紮在寶鼎縣，在陶城打敗了李懷光的軍隊，斬首一萬多級。馬燧分兵與渾瑊會合，進逼河中。

夏，四月十三日丁丑，德宗任命曹王李皋為荊南節度。李希烈的部將李思登獻出隨州投降官軍。〇十八日壬午，馬燧、渾瑊在長春宮南面打敗了李懷光的軍隊，於是挖溝包圍宮城，李懷光的各個將領相繼前來投降。德宗下詔任命馬燧、渾瑊為招撫使。

五月初二日丙申，劉洽改名為劉玄佐。

韓遊瓌請求渾瑊出兵，共同攻取朝邑。李懷光的部將閻晏想去爭奪，他的士兵們指著韓遊瓌帶領的邠州軍隊說：「他們不是我們的父兄，就是我們的子弟，怎麼能拿刀劍對著他們呢！」士兵們語氣激烈。閻晏急忙帶兵離開了。李懷光知道大家心裡不跟從自己，於是假稱想歸順朝廷，聚積財物，裝飾車馬，說等道路通了就向朝廷進貢，因此，李懷光又過了十天半個月。

六月十八日辛巳，德宗任命劉玄佐兼任汴州刺史。〇二十八日辛卯，德宗任命金吾大將軍韋皋為西川節度使。〇朱滔病死，將士擁舉前涿州刺史劉怦主持軍中事務。

當時連年發生旱災、蝗災，度支的物資、糧食匱乏，朝中議事的大臣大多請求赦免李懷光。李晟進言德宗：「赦免李懷光有五個不可以：河中府距長安城才三百里，同州處在兩地的要衝，多派兵馬駐守就不能顯示朝廷赦免李懷光的誠信，派兵少了則不足以防備萬一，如果李懷光突然驚擾東邊同州，那將用什麼來控制他呢！此其一；現在赦免了李懷光，一定把晉、絳、慈、隰四州歸還給他。這樣渾瑊既無歸宿，康日知又要調任別的地方，使地方上不安寧，那怎麼是用來獎勵功臣呢！此其二；陛下接連用兵一年，討伐消滅了跳樑小醜朱泚，但軍力沒有發揮徹底，如果馬上赦免了李懷光的反叛之罪，那麼現在西邊有吐蕃，北邊有回紇，南邊有淮西的李希烈，都在觀察我們是強是弱，他們不認為赦免李懷光是陛下布施恩澤，愛護百姓，而是說我們兵力不足，向人屈服，而自己停止用兵，他們一定競相發生覬覦之心，此其三；李懷光被赦免後，那麼朔方的將士都應論功行賞。現在朝廷的府庫正處在空虛時期，賞賜滿足不了欲望，這更會激起他們的叛亂，此其四；既然解除了對河中地區的包圍，撤了各道的軍隊，對將士們不進行恩賞，怨言必定興起，此其五。現在河中地區一斗米值五百錢，青蒿野草將要吃光了，房室之中，餓死的人很多。而且李懷光軍中的大將已差不多被殺光了，陛下只要下令各道兵馬包圍十來天，李懷光軍中一定會發生內變，何必姑息這一心腹之患，為將來留下悔恨呢！」李晟又請求德宗增派二萬兵力，自備物資和糧食，獨自帶領去討伐李懷光。

秋，七月初一日甲午，馬燧從行營入京上朝，上奏說：「李懷光反叛朝廷，窮兇極惡，赦免李懷光，無法號令天下，請陛下再撥給我一個月的軍糧，我一定為陛下削平李懷光。」德宗答應了他。

陝虢❶都知[1]兵馬使❷達奚抱暉鴆殺節度使張勸，代總軍務，邀求旌節❸，且陰召李懷光將達奚小俊為援。上謂李泌曰：「若蒲、陝連衡❹，則猝❺不可制。且抱暉據陝，則水陸之運皆絕❻矣。不得不煩卿一往。」辛丑❼，以泌為陝虢都防禦水陸運使❽。上欲以神策軍送泌之官❾，問須幾何人，對曰：「陝城三面懸絕，攻之未可以歲月下也。臣請以單騎入之。」上曰：「單騎如何可入？」對曰：「陝城之人，不貫⑩逆命，此特抱暉為惡耳。若以大兵臨之，彼閉壁定矣。臣今單騎抵其近郊，彼舉大兵則非敵，若遣小校來殺臣，未必不更為臣用也。且今河東全軍屯安邑⑪，馬燧入朝，願敕燧與臣同辭皆行，使陝人欲加害於臣，則畏河東移軍討之，此亦一勢也⑫。」上曰：「雖然，朕方大用卿，寧失陝州，不可失卿，當更使它人往耳。」對曰：「它人必不能入。今事變之初，眾心未定，故可出其不意，奪其姦謀。它人猶豫遷延⑬，彼既成謀⑭，則不得前矣。」上許之。泌見陝州進奏官⑮及將吏在長安者，語之曰：「主上以陝、虢饑，故不授泌節而領運使，欲令督江、淮米以賑之耳。陝州行營在夏縣⑯，若抱暉可用，當使將之，有功則賜旌節矣。」抱暉覘者⑰馳告之，抱暉稍自安。泌具以語白上曰：「欲使其士卒思米，抱暉思節，必不害臣矣。」上曰：「善！」戊申⑱，泌與馬燧俱辭行。庚戌⑲，加泌陝虢觀察使⑳。

泌出潼關，鄜坊節度使唐朝臣以步騎三千布㉑於關外，曰：「奉密詔㉒送公至陝。」泌曰：「辭日㉓奉進止㉔，以便宜從事㉕。此一人不可相躡㉖而來，來則吾不得入陝矣。」唐臣㉗以受詔不敢去，泌寫宣㉘以卻之，因疾驅而前。

抱暉不使將佐出迎㉙，惟偵者相繼㉚。泌宿曲沃㉛，將佐不俟抱暉之命來迎㉜。泌笑曰：「吾事濟矣！」去城㉝十五里，抱暉亦出謁㉞。泌稱其攝事保完城隍之功㉟，曰：「軍中煩言，不足介意。公等職事皆按堵㊱如故。」抱暉出而喜。泌既入城視事，賓佐有請屏人白事㊲者。泌曰：「易帥㊳之際，軍中煩言㊴，乃其常理，泌到，自妥貼㊵矣，不願聞也。」由是反仄者皆自安㊶。泌但索簿書，治糧儲㊷。明日，召抱暉至宅㊸，語之曰：「吾非愛汝而不誅，恐自今有危疑之地㊹，朝廷所命將帥皆不能入，故丐汝餘生㊺。汝為我齎版、幣祭前使㊻，慎無入關，自擇安處，潛來取家㊼，保無它也。」泌之辭行也，上籍陝將預於亂者㊽七十五人授泌，使誅之。泌既遣抱暉，日中，宣慰使㊾至。泌奏：「已遣抱暉，餘不足問。」上復遣中使㊿至陝，必使誅之。泌不得已，械(51)兵馬使林滔等五人送京師，懇請赦之。詔謫戍天德(52)。歲餘，竟殺之。而抱暉遂亡命不知所之。◯達奚小俊引兵至境，聞泌已入陝而還。

壬辰(53)[2]，以劉怦為幽州、盧龍節度使。◯大旱，灞、滻(54)將竭，長安井皆無水。度支奏中外經費(55)纔支七旬。

【章　旨】以上為第十六段，寫文臣李泌單騎入陝除叛亂。

【注　釋】❶陝虢　方鎮名，領陝、虢二州。陝州治所陝縣，在今河南三門峽市西，臨河，為漕運要衝。❷都知兵馬使　為節度使下總領兵馬的大將。❸邀求旌節　索討節度使的旌節。❹蒲陝連衡　指李懷光與達奚抱暉聯合。❺猝　猝然之間；短時間內。❻絕　此指切斷水陸運輸。❼辛丑　七月初八日。❽陝虢都防禦水陸運使　臨時設置的使職，負責陝虢境內的漕運暢通，以阻止達奚抱暉阻斷交通。❾之官　赴任。❿貫　通「慣」。習慣。⓫安邑　縣名，古代河東重鎮，縣治在今山西夏縣西南。⓬此亦一勢也　這是可以借用的一種聲援形勢。藉馬燧以制約抱暉。⓭遷延　拖延時間。⓮成謀　完成謀劃。⓯進奏官　唐代各節度使幕僚有進奏官，負責上奏與傳達朝令事宜，常駐京師進奏院。⓰夏縣　縣名，縣治在今山西夏縣。陝州亦出兵討李懷光，行營在夏縣。⓱覘者　刺探情報的人。⓲戊申　七月十五日。⓳庚戌　七月十七日。⓴觀察使　官名，察舉州縣官吏政績。不設節度使的方鎮，觀察使兼理民政。授李泌陝虢觀察使，即可糾舉達奚抱暉。㉑布　部署；安排。㉒密詔　祕密聖旨。㉓辭日　辭別德宗的時候。㉔奉進止　奉有特別聖旨，可代表皇上裁決有關事項的可否。取使之進則進，使之止則止之意。㉕便宜從事　見機行事。㉖此一人不可相躡　意謂這次行動一個人也不能跟著前來，何況三千人。若派兵護送，則達奚抱暉戒備，李泌就進不了陝州城。相躡，相跟隨、護送。㉗唐臣　胡三省注云：「當作『朝臣』。」㉘寫宣　寫下一紙代皇上宣命的文書。李泌寫此才使唐朝臣退回潼關。㉙不使將佐出迎　不派出高級文武官出城迎接朝廷欽差李泌。㉚惟偵者相繼　只有一批又一批的探子監視李泌的行止。㉛曲沃　縣名，縣治在今山西曲沃東北。㉜將佐不俟抱暉之命來迎　陝州的高級官員等不及抱暉的命令主動迎接李泌。㉝去城　離城。㉞出謁　出城迎接拜見。㉟泌稱其攝事保完城隍之功　李泌表彰抱暉代理節度使總理事務，保全城池的功勞。㊱按堵　即安堵，安然如牆堵。按堵如故，指保有原官如故。㊲屏人白事　讓左右的人迴避，單獨談事。㊳易帥　更換節度使。㊴煩言　閒言碎語。㊵自妥貼　自然安定下來。妥，安。貼，伏。㊶由是反仄者皆自安　由於李泌不摒人聽事，那些跟隨達奚抱暉叛逆的人都安定下來。㊷但索簿書二句　只是討取帳簿文書，處理糧食儲備之事。㊸宅　觀察使所居的衙署。唐各鎮將吏謂節度使、觀察使所居為使宅。㊹危疑之地　危急疑慮的地方。指阻險猜疑企圖反叛朝廷的軍鎮。㊺匄汝餘生　留給你一條生路。匄，乞也。意謂替你求得餘生。㊻汝為我齎版幣祭前使　謂你替我帶上靈牌及祭品去祭奠前任節度使。版，靈牌。幣，祭品。㊼潛來取家　暗中來接走一家老小。㊽籍陝將預於亂者　開列陝州參與為亂者的名單。㊾宣慰使　官名，全稱宣慰安撫使，省稱宣慰使或安撫使。皇帝特派到戰爭區或災區去巡視宣命的使者。[50]復遣中使　再次派遣宮中宦官使者。[51]械　戴上刑具，用作動詞。[52]天德　軍鎮名，天德軍之省稱。治所永濟柵，在今內蒙古烏拉特前旗東北，後移治西受降城，在今內蒙古烏拉特中後旗西南，元和時移至永濟柵東大同川。[53]壬辰　七月甲午朔，無壬辰。壬辰，八月三十日。[54]灞滻　長安東的灞水、滻水，皆渭水支流。[55]中外經費　中，指內宮所儲經費。外，指朝廷度支所儲經費。

【校　記】[1]知　原無此字。據章鈺校，乙十五行本、乙十一行本、孔天胤本皆有此字，張敦仁《通鑑刊本識誤》同，今據補。[2]壬辰　據章鈺校，乙十五行本、乙十一行本皆作「壬子」。按，七月無壬子。

【語　譯】陝虢都知兵馬使達奚抱暉下毒殺害了節度使張勸，代為總理軍中事務，要求朝廷授予節度使的旌節，而且暗中招引李懷光的部將達奚小俊作為援手。德宗對李泌說：「如果李懷光與達奚抱暉聯合起來，那麼，猝然之間，不能控制。況且達奚抱暉據有陝州，通向長安的水路和陸路運輸線全都被切斷。不得不煩勞你去走一趟。」七月初八日辛丑，任命李泌為陝虢都防禦水陸運使。德宗打算派神策軍護送李泌去陝州上任，問李泌此行需要帶多少兵馬，李泌回答說：「陝州城三面都是懸崖絕壁，要攻打它，不可能一年半載攻下來。臣請求單人匹馬進城。」德宗問：「單人匹馬怎麼進城？」李泌回答說：「陝州城內的民眾，不習慣於違抗朝廷的命令，這只是達奚抱暉一個人作惡而已。如果派遣大量兵力到陝州，達奚抱暉一定會關壁堅守。臣現在一個人騎馬到陝州近郊，他如果大舉發兵，面對的不是敵人，如果派個小校官前來殺我，那這些人未必不會被我利用。況且現在河東馬燧的軍隊都駐紮在安邑，馬燧已經入朝，希望陛下下令馬燧與我一同在朝廷辭行出發，使陝州的人想加害於我，也害怕河東馬燧調兵討伐他們，這也是一個可以利用的形勢。」德宗說：「雖然如此，但朕現在正重用你，寧可失去陝州，不能失去你，我當另派他人前往算了。」李泌回答說：「他人一定不能進入陝州城。現在是事變發生的初期，陝州城內人心未定，所以可以出其不意，挫敗他們的陰謀。別人會猶豫不決，拖延時間，使達奚抱暉完成謀劃後，那就不能進城了。」德宗答應了李泌。李泌見了在長安的陝州上奏官和將吏，告訴他們說：「皇上因為陝、虢一帶發生饑荒，所以不授與我節度使職務，而讓我擔任水陸運使，想讓我督運江東、淮南一帶的糧食來賑濟汴陝虢的軍民。陝州的行營在夏縣，如果達奚抱暉服從命令，應當讓他率領行營，有了功勳，皇上就會賜給達奚抱暉節度使的旌節了。」達奚抱暉派來偵察動靜的探子馳馬回去報告他，達奚抱暉這才稍微安下心來。李泌把這一情況全部稟告了德宗，說：「要讓陝虢的士卒想得到糧食，讓達奚抱暉想得到節度使的旌節，那麼他們一定不會加害於臣了。」德宗說：「很好！」十五日戊申，李泌與馬燧一起在朝向德宗辭行。十七日庚戌，德宗加授李泌為陝虢觀察使。

李泌出了潼關之後，鄜坊節度使唐朝臣率領步兵、騎兵三千人布置在潼關之外，對李泌說：「我奉皇上的密詔護送你去陝州。」李泌說：「我辭別皇上時，已奉聖旨，裁決可否，見機行事。這一次一個人也不能跟著我來，跟來一個人，我就進不了陝州城。」唐朝臣因受皇上詔命，所以不敢擅自離開，李泌於是寫了一紙代皇上宣命的文書，用來打發他回關，自己急馬快鞭地向陝州城奔去。

達奚抱暉不派將吏、僚佐們出城迎接李泌，只是偵探前後相繼。李泌住宿在曲沃，將吏、僚佐們不等達奚抱暉下命令，就前來迎接李泌。李泌笑著說：「看來我的事要成功了！」在離陝州城十五里的地方，達奚抱暉也出城拜見李泌。李泌稱讚達奚抱暉代理政務、保全城池的功勞，說：「軍中的流言蜚語，不值得在意。你和將吏們的職務全都安然依舊。」達奚抱暉出來後，感到很高興。李泌進城處理公務後，賓客僚佐中有人請求李泌摒退其他人而單獨彙報事情。李泌說：「更換節度使人選的這一階段，軍中閒言碎語，這是很正常的事情，我李泌來到以後，都自然安定下來，我不願意聽你說的話。」這樣一來，那些叛逆的人都自己安定下來。李泌只是向官吏們討取帳簿文書，處理糧食儲備事宜。第二天，李泌召達奚抱暉到所居衙署，說：「我並不是愛護你才不殺你，而是擔心今後有危急疑慮的地方，朝廷任命的將帥不能進入，所以才給你留了一條活路。你立即替我帶著靈牌和奠祭的物品去祭祀前任節度使張勸，你要謹慎小心，不要進入潼關，自己找一個安身之地，暗中前來接走一家老小，我擔保你不會發生什麼意外。」李泌向德宗辭行的時候，德宗開列陝州參與作亂的七十五人名單交給李泌，讓李泌殺了這些人。李泌已經把達奚抱暉打發走了，這天中午，朝廷的宣慰使到了。李泌上奏章說：「我已經打發走達奚抱暉，其餘的人不值得追究。」德宗又派中使到達陝州，一定要李泌殺了這些犯上作亂的人。李泌迫不得已，把兵馬使林滔等五人戴上刑具送往京城，上奏懇請德宗赦免他們。德宗下詔將林滔等人削職，送往天德軍去戍守。過了一年多時間，最終還是殺了他們。而達奚抱暉卻不知逃到什麼地方去了。〇達奚小俊率領兵馬到了陝虢邊境，聽說李泌已經進入陝州，就帶兵回去了。〇

王辰日，德宗任命劉怦為幽州、盧龍節度使。〇大旱，灞水、滻水即將枯竭，長安城內水井全沒有水。度支上奏宮廷內外的經費只夠七十天的支出。

【研　析】本卷研析三事。李晟收復長安、顏真卿罵賊成仁、李泌單騎入陝除叛賊。

李晟收復長安。李晟，字良器，洮州臨潭（今甘肅臨潭）人。身長六尺，善騎射，勇敢絕倫，稱萬人敵。初在西北為裨將，屢立戰功，調任神策軍都將。德宗用兵河北，以李晟為神策先鋒都知兵馬使，隸屬河東節度使馬燧討田悅。李晟在臨洺斬殺田悅將楊朝光，居間調停馬燧與昭義節度使李抱真釋嫌和好，應對河北朱滔反叛後的緊急局面，李晟功不可沒。朱泚叛亂，李晟回軍勤王，奉天解圍，進兵長安。李懷光反叛，李晟孤軍支撐危局，以忠義感奮將士，巍然屹立贏得諸鎮友軍的擁戴。李晟軍紀嚴明，對民眾秋毫無犯。李懷光軍搶掠，分給李晟軍，兵士不敢取。李晟攻破長安，下令諸軍說：「長安士庶，久陷賊庭，若小有震驚，非弔民伐罪之意。」要求軍中將官，五天之內不得撤離職守與家屬聯繫。大將高明曜私取叛賊的女樂，尚可孤軍士擅取賊馬，李晟殺頭示眾，毫不姑息。全軍震動，公私安然如平常。長安士民，有的過了一天多，才知道官軍入城。

李晟把收復長安的消息報告德宗，德宗感慨地流下眼淚，說：「天生李晟，以為社稷，非為朕也！」可是德宗回朝，很快好了傷疤忘了痛，猜忌李晟，奪了他的兵權，幸賴李泌護佑，才免遭誅殺。

顏真卿罵賊成仁。顏真卿，字清臣，京兆萬年（今陝西西安）人。唐名臣，歷仕玄宗、肅宗、代宗、德宗四朝，官至吏部尚書、太子太師，封魯郡公，人稱「顏魯公」。顏真卿善書法，有顏體書法和文集《顏魯公文集》行於世。安史之亂，顏真卿任平原太守，與從兄常山太守顏杲卿相約起兵抵抗，河北十七郡同日響應，共推顏真卿為帥，合兵二十萬，遲滯安祿山不敢急攻潼關。後兵敗，顏杲卿被俘，罵賊而死。顏真卿回朝，

肅宗任以為憲部尚書，尋加御史大夫。得罪李輔國，彈劾權臣元載，兩次遭貶逐。元載誅，授刑部尚書，楊炎為相，惡之，改太子少傅。盧杞專權，忌顏真卿忠直，改太子少師，處以閒職。李希烈反叛，盧杞借刀殺人，奏請顏真卿宣慰淮西。詔出，百官愕然，朝廷失色。顏真卿到達東都，觀察使鄭叔則留顏真卿不往，說：「顏老前去必為賊所害。」顏真卿說：「這是君上的命令，不可逃避。」顏真卿義無反顧急行淮西。汴宋節度使李勉上奏德宗說：「朝廷失去元老，是國家的羞恥。」李勉派人追趕顏真卿，沒有追上，顏真卿到了淮西。李希烈軟硬兼施，要顏真卿屈膝為偽相，不然要活埋他，又要架火燒他，顏真卿毫無懼色，視死如歸。李希烈軟禁顏真卿於汝州（今河南汝州）龍興寺。顏真卿自度必死，於是作遺表、墓誌銘、祭文。經常手指寢室西牆壁下的地方說：「這就是埋我的地方。」朱泚敗亡，李希烈之弟李希倩在朱泚黨中被殺頭，李希烈暴怒，於興元元年八月初三日派閹奴縊殺顏真卿於龍興寺。顏真卿罵賊而死，時年七十七歲。淮西平定，顏真卿喪歸京師，德宗十分哀痛，廢朝五日，謚曰文忠。

李泌單騎入陝除叛賊。李泌以布衣交輔佐肅宗、代宗兩朝，遭元載排斥，出為杭州刺史。肅宗時，德宗為奉節王，學文於李泌。代宗時，德宗立為太子，繼續與李泌交遊。德宗蒙塵到漢中，派人宣召李泌。德宗還京，任李泌為左散騎常侍，每天值守中書省以備應對，朝野都寄託很大的希望。貞元元年（西元七八五年）七月，陝虢都知兵馬使達奚抱暉殺節度使張勸，要挾朝廷封他為節度使。陝虢是陝州、虢州的合稱。陝州，在今河南三門峽市，虢州在陝州西南。陝虢地區在潼關之東，控制黃河交通。唐京都長安依賴江淮財賦與糧食供應，陝虢在交通線上。當時，朱泚剛滅，京都百廢待新，急需江、淮財賦。李懷光割據河中，李希烈為害淮西，兩賊尚未殲滅。達奚抱暉如果正式背叛，割據陝虢，將把北起河中、南到淮西連成一片，整個中原大地就會動盪起來。所以，迅速撲滅陝虢的叛亂之火，不使燎原，是唐王朝的頭等大事。

德宗問計於李泌。李泌說：「陝州城三面懸絕，濱臨黃河，易守難攻，發兵征討，不知拖到何年何月才能攻下，這樣會導致形勢變壞。臣有一計，臣單騎入陝州，必能安定，請陛下勿憂。」德宗不答應，說：「朕正要重用卿，朕寧失陝州，不能失卿，朕派別的人去。」李泌說，別的人進不了陝州。德宗要派五千名神策兵護送，李泌說，臣帶了五千名士兵，就進不了陝州了。德宗最終同意了李泌的計畫，完全按照李泌的布置，出其不意，李泌單騎入陝州，竟然控制了局面，不費一兵一卒安定了陝州，產生了極大的震動。河中叛將李懷光聞訊後喪失了鬥志，很快被馬燧討滅。淮西叛亂者李希烈沒多久也被部下陳仙奇殺死，陳仙奇歸順朝廷，淮西的叛亂也被平定了。

李泌大智大勇，達奚抱暉只是一個小醜。小醜不敵智勇，理所當然。但是李泌身入虎穴，不可保以百全，他的忠貞和正氣，才是取勝的決定因素。安祿山、史思明、田悅、李惟岳、朱泚、李希烈、李懷光，都不過是一群小醜，一個個急於割地稱雄，甚至急於稱王稱帝，只逞一時之氣，毫無遠略之慮。朱泚最為典型。李懷光兵強，朱泚以兄事之，相約分帝關中；李懷光軍勢稍弱，立即板起面孔，以臣禮待之，要徵其兵，化友為敵，見識何其淺薄。反觀唐室，良將輩出。平定安史之亂有郭子儀、李光弼，平定朱泚與李懷光，有李晟、渾瑊、馬燧、李抱真。文臣有顏真卿、陸贄、李泌。廣大軍民仍效忠唐室。貞觀與開元盛世，恩澤深固民心。德宗雖然愚而昏，也有清醒之時，危急時刻任用英才。中唐幾度危如累卵而後得安，原因在此。正如德宗所說：「天生李晟，以為社稷，非為朕也。」同理，天生陸贄、李泌，以及廣大軍民，奮起滅賊，乃是效忠唐室，非為德宗也。

卷第二百三十二

唐紀四十八

起旃蒙赤奮若（乙丑　西元七八五年）八月，盡強圉單閼（丁卯　西元七八七年）七月，凡二年。

【題解】 本卷記事起西元七八五年八月，迄西元七八七年七月，凡兩年。當唐德宗貞元元年八月到貞元三年七月。這一時期，李懷光與李希烈兩個叛臣被消滅。平定李懷光，馬燧立首功。德宗採納李泌之計，赦免李希烈以安天下反側者之心，待其自斃，不久，李希烈果為部將所殺，淮西亂平。李晟功高受猜疑被罷兵權。吐蕃背盟，德宗委過於馬燧，亦被罷兵權。陝虢觀察使李泌八面埋伏，奇計滅叛兵。官軍久經戰陣，錘鍊出一批名將，李晟、馬燧、渾瑊、李抱真等，他們討逆平叛，才維繫了唐王朝的政權。然而這些功臣良將，無端受到德宗的無妄猜疑，德宗兩度出亡而不滅，實在是天幸。李泌入朝拜相，力保李晟、馬燧，為國家護長城。李泌勸諫德宗釋猜疑，清吏治，勘兩稅，免積欠，籍胡客，立於猜忌之朝而能推行一些利國利民的事，表現了他非凡的卓越才能。李泌藉復府兵制為題實際推行寓兵於農、屯墾邊地的政策，減輕國用而增強了邊防。德宗拜李泌為相，是這個昏君屈指可數的一個善政。

德宗神武聖文皇帝七

貞元元年（乙丑　西元七八五年）

八月甲子❶，詔凡不急之費及人冗食者❷皆罷❸之。

馬燧至行營，與諸將謀曰：「長春宮不下❹，則懷光不可得。長春宮守備甚嚴，攻之曠日持久，我當身往諭之。」遂徑造城下，呼懷光守將徐庭光，庭光帥將士羅拜城上❺。燧知其心屈，徐謂之曰：「我自朝廷來，可西向受命。」庭光等復西向拜。燧曰：「汝曹自祿山已來，徇國立功四十餘年❻，何忽為滅族之計？從吾言，非止免禍，富貴可圖也。」眾不對。燧披襟曰：「汝不信吾言，何不射我！」將士皆伏泣。燧曰：「此皆懷光所為，汝曹無罪，弟❼堅守勿出。」皆曰：「諾。」

壬申❽，燧與渾瑊、韓遊瓌進軍逼河中，至焦籬堡❾，守將尉珪❿以七百人降。是夕，懷光舉火⓫，諸營不應。駱元光在長春宮下，使人招徐庭光。庭光素輕元光，遣卒罵之，又為優胡⓬於城上以侮之，且曰：「我降漢將耳！」元光使白燧，燧還至城下，庭光開門降。燧以數騎入城慰撫，其眾大呼曰：「吾輩復為王人矣！」渾瑊謂僚佐曰：「始吾謂馬公用兵不吾遠⓭也，今乃知吾不逮多矣⓮！」詔以庭光試⓯殿中監兼御史大夫。

甲戌⑯，燧帥諸軍至河西。河中軍士自相驚曰：「西城⑰擐甲矣！」又曰：「東城娖隊矣！」須臾，軍士皆易其號為「太平」字。懷光不知所為，乃縊而死。

初，懷光之解奉天圍也，上以其子璀為監察御史，寵待甚厚。及懷光屯咸陽不進，璀密言於上曰：「臣父必負陛下，願早為之備。臣聞君、父一也⑱，但今日之勢⑲，陛下未能誅臣父，而臣父足以危陛下。陛下待臣厚，臣[1]胡人性直，故不忍不言耳。」上驚曰：「知卿大臣愛子，當為朕委曲彌縫，而密奏之⑳。」對曰：「臣父非不愛臣，臣非不愛其父與宗族也，顧臣力竭㉑，不能回㉒耳。」上曰：「然則卿以何策自免？」對曰：「臣之進言，非苟求生。臣父敗，則臣與之俱死矣，復有何策哉！使臣賣父求生，陛下亦安用之㉓！」上曰：「卿勿死，為朕更至咸陽諭卿父，使君臣父子俱全，不亦善乎！」璀至咸陽而還，曰：「無益也，願陛下備之，勿信人言。臣今往，說諭萬方㉔，臣父言：『汝小子何知！主上無信，吾非貪富貴也，直畏死耳㉕，汝豈可陷吾入死地邪！』」

及李泌赴陝，上謂之曰：「朕所以再三欲全懷光者，誠惜璀也㉖。卿至陝，試為朕招之。」對曰：「陛下未幸梁、洋，懷光猶可降㉗也。今則不然。豈有人臣迫逐其君㉘，而可復立於其朝乎！縱彼顏厚無慚，陛下每視朝㉙，何心見之！

臣得入陝，借使㉚懷光請降，臣不敢受，況招之乎！李璀固賢者，必與父俱死矣。若其不死，則亦無足貴也。」及懷光死，璀先刃其二弟，乃自殺。

朔方將牛名俊斷懷光首出降。河中兵猶萬六千人，燧斬其將閻晏等㉛七人，餘皆不問。燧自辭行至河中平，凡二十七日㉜。燧出㉝高郢、李鄘於獄，皆奏置幕下㉞。

韓遊瓌之攻懷光也，楊懷賓戰甚力，上命特原㉟其子朝晟，遊瓌遂以朝晟為都虞候㊱。

【章旨】以上為第一段，寫官軍平定李懷光，馬燧立首功。李懷光之子李璀盡忠朝廷而連坐受禍。

【注釋】❶甲子　八月初二日。❷人宂食者　官府中吃閒飯的人。宂，閒散。❸罷　裁撤。❹長春宮不下　李懷光反叛，德宗命渾瑊、駱元光討懷光於同州，懷光遣其將徐庭光駐紮長春宮進行抵抗。貞元元年（西元七八五年）四月壬午，馬燧、渾瑊破懷光兵於長春宮南，遂挖溝圍宮城，至此已四個月，尚未攻克。❺羅拜城上　在城頭上列隊向馬燧下拜。❻徇國立功四十餘年　從天寶十四載（西元七五五年）安祿山反叛，郭子儀、李光弼以朔方軍討伐叛軍開始，經過外禦回紇、吐蕃入侵，削平諸鎮叛亂，朔方軍至此為國立功凡三十一年，不當云「四十餘年」。❼弟　但；只是。❽壬申　八月初十日。❾焦籬堡　地名，在河西縣（縣治在今陝西大荔東濱臨黃河）西。❿尉珪　人名，本複姓尉遲，改單姓尉以從簡易。⓫舉火　燃火報警。⓬優胡　古代以歌舞為業者稱優人。這裡指徐庭光裝扮成胡人以羞辱駱元光，因駱元光本安息胡人。⓭不吾遠　與我相差不遠。⓮吾不逮多矣　我差得遠了。逮，及；趕得上。⓯試　試官。外職帶監察官銜稱試官。殿中監、御史大夫兩職為徐庭光榮銜，前者為試，後者為兼。⓰甲戌　八月十二日。⓱西城　河中府跨河兩岸為城。西城即河西縣，下文東城即河東縣。⓲君父一也　皇上與父親是一樣重要的。儒家道德，人生在世，對君、父、師三者要一體侍奉。⓳今日之勢　當前的形勢。

指德宗被困奉天時之形勢。⑳知卿三句　意謂朕知道你是李懷光的愛子，你應當為朕百般調解，而你卻密奏你的父親。彌縫，彌補縫合；調解。㉑力竭　心力用盡。㉒回　挽回。㉓安用之　怎麼能用我。㉔說諭萬方　千方百計勸導。㉕直畏死耳　只是怕死而已。直，特；只。㉖誠惜璀也　實在是為了愛惜李璀。㉗猶可降　還可以接受投降。㉘迫逐其君　指李懷光逼德宗自奉天出奔山南。㉙視朝　上朝。㉚借使　即使。㉛燧斬其將閻晏等　閻晏等勸李懷光東保河中，引兵犯同州，故馬燧誅殺閻晏等人。此舉懲罰倡亂者，因其罪不可赦也。㉜凡二十七日　馬燧期以一月平懷光，七月戊申（十五日）出兵至八月甲戌（十二日）平定河中，總計二十七天。㉝出　釋放。李懷光囚高郢、李鄘於獄，事見上卷。㉞皆奏置幕下　馬燧上奏朝廷，把高、李二人都安置在自己的幕府中。㉟特原　特別赦免。李懷光囚楊朝晟，楊不與同惡，父又立功，故特原之。朝晟被囚見本書卷二百三十德宗貞元元年三月。㊱都虞候　節度使佐吏，掌軍紀糾察。

【校　記】①臣　原無此字。據章鈺校，乙十六行本、乙十一行本、孔天胤本皆有此字，今據補。

【語　譯】德宗神武聖文皇帝七

貞元元年（乙丑　西元七八五年）

八月初二日甲子，德宗下詔把一切不是急需的開支和官府中吃閒飯的人員全都裁撤。

馬燧到行營後，與各位將領商議說：「長春宮攻不下來，就無法擒拿李懷光。但長春宮守備極為嚴密，攻打它將曠日持久，我要親自前去勸說他們。」於是逕直來到城下，呼叫李懷光的守將徐庭光，徐庭光率將士在城上列隊向馬燧下拜行禮。馬燧知道徐庭光內心已經屈服，便緩慢從容地對他們說：「我是從朝廷來的，你們應該西向接受朝廷的命令。」徐庭光等人又西向下拜行禮。馬燧說：「你們從安祿山叛亂以來，獻身國家，建立功勳，已有四十多年，為什麼突然做出這種會要滅族的事情？你們聽從我的話，不僅可以免去災禍，還可以謀得富貴。」大家都不回答。馬燧敞開衣襟對他們說：「你們如果不相信我說的話，為什麼不朝我射箭！」將士們都伏在城上哭了起來。馬燧說：「這都是李懷光一個人造成的，你們無罪，只是堅守城池不要出來。」大家都回答說：「是。」

八月初十日壬申，馬燧與渾瑊、韓遊瓌進軍逼近河中，到達焦籬堡，李懷光的守將尉珪率七百人投降。

當天晚上，李懷光點燃烽火報警調兵，各個軍營都不響應。駱元光在長春宮城下，派人去招降徐庭光。徐庭光一向看不起駱元光，派士兵在城上謾罵駱元光，自己又在城上扮演胡人歌舞藝人以侮辱駱元光，並且說：「我只向漢族將領投降！」駱元光派人向馬燧報告，馬燧便回到長春宮城下，徐庭光打開城門投降。馬燧只帶著幾名騎兵入城撫慰，投降的將士們高呼道：「我們又成為皇上的臣民了！」渾瑊對自己的幕僚佐吏說：「起初我認為馬公用兵與我相差不遠，現在才知道我比他差得遠了！」德宗下詔任命徐庭光為試殿中監兼御史大夫。

八月十二日甲戌，馬燧率各軍到達河西。李懷光的河中將士自相驚擾地說：「西城的將士穿上鎧甲了！」又說：「東城的將士已經整好隊列了！」不久，李懷光的將士們都把旗號改為「太平」二字。李懷光不知該怎麼辦，於是自縊而死。

當初，李懷光解救了對奉天的包圍，德宗任命李懷光的兒子李璀為監察御史，對李璀非常寵愛優待。等到李懷光屯駐咸陽按兵不進時，李璀密奏德宗說：「臣的父親肯定會辜負陛下，希望陛下早點對他有所防備。臣知道對君、對父應該一體侍奉，只是當今的形勢是，陛下未必能殺了臣的父親，而臣的父親足以危及陛下。陛下對臣待遇優厚，臣是胡人，性情直率，所以不忍心不對陛下奏報。」德宗吃驚地說：「朕知道你是李懷光的愛子，你應當為朕百般調解，而你卻祕密奏報了你的父親。」李璀回答說：「臣的父親不是不愛臣，臣也不是不愛自己的父親和自己的宗族，但是臣已心力用盡，也無法挽回了啊。」德宗說：「那麼，你用什麼辦法來免除自己的殺身之禍呢？」李璀回答說：「臣之所以向陛下進言，並不是為了苟且求生。臣的父親失敗之後，臣會與他一起去死，臣還能有什麼自免的辦法！如果臣出賣自己的父親以求活下去，那陛下又怎麼能任用臣呢！」德宗說：「你不要死，為朕再到咸陽去開導你的父親，讓我們的君臣關係、你們的父子關係都能保全，那不是更好嗎！」李璀到咸陽後還朝，對德宗說：「沒有什麼好的效果，希望陛下及早防備，不要相信別人說的話。臣這次去，千方百計地勸導，臣的父親對臣說：『你小孩子知道什麼！皇上不講信用，我並非貪圖富貴，只是怕死而已，你怎麼能讓我陷入死地呢！』

等到李泌前往陝州時，德宗對他說：「朕之所以再三想要保全李懷光，實在是因為愛惜李璀啊。你到了陝州，試著為朕招撫李懷光。」李泌回答說：「陛下如果沒有駕臨梁州、洋州，李懷光還可以接受投降。現在就不行了。哪有做臣子的逼迫、驅逐君王，還可以再立於朝廷之上的呢！即使李懷光臉皮厚而不感到羞愧，陛下每次臨朝，見到他又會是一種什麼心情！臣如能進入陝州，即使李懷光向臣請求投降，臣也不敢接受，更何況去招撫他呢！李璀的確是一個有賢德的人，一定會與他的父親一道去死。如果他不死的話，那也就不值得敬重了。」等到李懷光自殺後，李璀先殺了兩個弟弟，然後自殺。

朔方軍的將領牛名俊割下李懷光的腦袋出來投降。當時河中地區李懷光的兵力還有一萬六千人，馬燧殺了李懷光的部將閻晏等七人，對其餘的人一概不追究。馬燧從在朝廷向德宗辭行到平定河中，總共二十七天。馬燧把高郢、李鄘從獄中釋放出來，上奏德宗後把他們都安置在自己的幕府中。

在韓遊瓌攻打李懷光的時候，楊懷賓作戰十分出力，因此德宗特別赦免了楊懷賓的兒子楊朝晟，韓遊瓌於是讓楊朝晟做了自己的都虞候。

上使問陸贄：「河中既平，復有何事所宜區處❶？」令悉條奏。贄以河中既平，慮必有希旨生事之人❷，以為王師所向無敵，請乘勝討淮西者。李希烈必誘諭❸其所部及新附諸帥❹曰：「奉天息兵之旨❺，乃因窘急[1]而言，朝廷稍安，必復誅伐。」如此，則四方負罪者❻孰不自疑，河朔、青齊固當響應❼，兵連禍結，賦役繁興，建中之憂，行將復起。乃上奏，其略曰：「福不可以屢徼，幸不可以常覬❽。臣[2]姑以生禍為憂，未敢以獲福為賀❾。」又曰：「陛下懷悔過之深誠，降非常之大號[10]，所在宣敭[11]之際，聞者莫不涕流。假王叛換之夫[12]，削偽號以請罪[13]；觀釁[14]首鼠之將[15]，一純誠以效勤[16]。」又曰：「曩討之而愈叛，今釋之而畢來[17]；曩以百萬之師而力殫[18]，今以咫尺之詔而化洽[19]。是則聖王之敷理道[20]，服暴人[21]，任德而不任兵，明矣。羣帥之悖臣禮[22]，拒天誅[23]，圖活而不圖王，又明矣。是則好生以及物者[24]，乃自生之方；施安以及物者，乃自安之術。擠彼於死地而求此之久生也，措彼於危地而求此之久安也，從古及今，未之有焉[25]。」又曰：「一夫不率[26]，闔境罹殃；一境[27]不寧，普天致擾[28]。」又曰：「億兆汙人[29]，四三叛帥，感陛下自新之旨，悅陛下盛德之言，革面易辭[30]，且脩臣禮，其於深言密議[31]固亦未盡坦然，必當聚心而謀，傾耳而聽，觀陛下所行之事，考陛下所誓之言。若言與事符，則遷善[32]之心漸固。儻事與言背，則慮禍[33]之態復興。」又曰：「朱泚滅而懷光戮，懷光戮而希烈征，希烈儻平[34]，禍將次及，則彼之蓄素疑而懷宿負者[35]，能不為之動心[36]哉！」又曰：「今皇運中興[37]，天禍將悔[38]，以逆泚之偷居上國[39]，以懷光之竊保中畿[40]，歲未再周[41]，相次梟殄[42]，實眾慝[43]驚心[44]之日，羣生改觀之時[45]。威則已行，惠猶未洽。誠宜上副天眷[46]，下收物情[47]，布恤人之惠以濟威[48]，乘滅賊之威以行惠[49]。」又曰：「臣所未敢保其必從，唯希烈一人而已[50]。揆[51]其私心，非不願從也；想其潛慮[52]，非不追悔也。但以猖狂失計，已竊大號，雖荷陛下全宥之恩，然不能不自靦[53]於天地之間耳。縱未順命，斯為獨夫[54]，內則無辭以起兵，外則無類以求助，其計不過厚撫部曲，偷容歲時[55]，心雖陸梁[56]，勢必不致。陛下但敕諸鎮各守封疆，彼既氣奪算窮[57]，是乃狴牢之類[58]，不有人禍，則當鬼誅。古之不戰而屈人之兵[59]者，此之謂歟！」

【章　旨】以上為第二段，寫德宗採納陸贄建言，平定李懷光後，朝廷罷兵，赦免李希烈，待其自斃，以安天下反側者之心。

【注　釋】❶復有何事所宜區處　還有什麼事應當處理。❷希旨生事之人　迎合聖旨，無端生事的人。❸誘諭　誘惑勸說。❹新附諸帥　指剛歸附朝廷的李納、王武俊、田緒等。❺奉天息兵之旨　指興元大赦詔。❻負罪者　犯有罪過的人。❼河朔青齊固當響應　河朔指王武俊、田緒、劉怦，青齊指李納。諸人皆負罪之人，他們因疑懼必當起而響應。❽福不可以屢徼二句　福緣不可以多次僥倖取得，幸運不可以經常企望。此謂德宗蒙塵僥倖返京，這樣的事不可再次發生。徼，僥倖。覬，覬覦；希圖。❾臣姑以二句　意謂我寧肯把發生禍患作為自己的憂慮，不敢祝賀陛下獲得福分。此言德宗應不忘憂患。姑，姑且；寧可。生禍，產生禍患。❿降非常之大號　降下非常的詔命。指興元大赦詔。⓫所在宣敭　在各地宣示。敭，同「揚」。⓬假王叛換之夫　指稱王叛亂的人。假王，稱王。⓭削偽號以請罪　削去偽署的王號請求治罪。指王武俊、田悅、李納等人去王號謝罪。見本書卷二百二十九德宗興元元年。偽號，僭擬之號。⓮觀釁　袖手旁觀，伺機而動。⓯首鼠之將　指馬燧、韓滉、陳少遊等從觀望轉而歸誠。首鼠，即成語「首鼠兩端」之省說。⓰一純誠以效勤　意謂首鼠兩端看機會的將領，全都誠心誠意地效力勤王。⓱曩討之而愈叛二句　先前討伐叛逆而叛亂更加嚴重，現在寬恕了他們而他們都來歸順。曩，先前。⓲曩以百萬之師而力殫　先前用百萬之師而力量使盡。力殫，用盡全力。謂朝廷討叛兵窮財盡。⓳今以咫尺之詔而化洽　現在只頒布了不滿一尺長的詔書反而德化廣被。咫尺，短尺，八寸長的竹簡。唐時已用紙書，不用竹簡，此為借用。⓴敷理道施行治國之道。㉑服暴人　降服兇暴的人。㉒悖臣禮　違背人臣的禮儀。㉓拒天誅　抗拒朝廷的誅討。㉔好生以及物者　愛惜生命並把它遍施於萬物。㉕擠彼於死地四句　意謂將那一些人擠壓於死地，而求得這一些人的長久生存，丟棄那一些人於危險之地，而求得這一些人的長久安定，從古到今，沒有這樣的事。擠，擠壓；排斥。措，丟棄。㉖率　循規蹈矩；守法。㉗一境　一個地方；整個地區。㉘普天致擾　全天下都要招致騷擾。普天，全天下；全國。㉙汙人　鄙陋無知之人。㉚革面易辭　洗心革面，改變不敬的言辭。㉛深言密議　深切的談話，慎密的考慮。㉜遷善　改惡從善。㉝慮禍　憂慮生禍。㉞儻平　如果被平定。㉟蓄素疑而懷宿負者　一向抱著疑慮而又曾有罪於朝廷的人。㊱動心　思想波動。㊲皇運中興　國家氣運重又興起。㊳天禍將悔　上天降下的禍患行將過去。㊴上國　指京都長安。㊵中畿　指河中。玄宗開元八年（西元七二〇年）以河中為中都，河東、河西二縣為次赤縣，所屬諸縣為次畿縣。㊶歲未再周　不到兩年的時間。去年六月斬朱泚，今年八月平懷光，不足二年。㊷梟殄　斬首消滅。㊸眾慝　眾惡。㊹驚心　心驚膽戰。㊺羣生改觀之時　廣大百姓改變看法的時候。㊻上副天眷　對上要順應上天的眷顧。㊼下收物情　對下要收聚民心。㊽布恤人之惠以濟威　廣布體恤百姓的恩惠用以輔助威嚴。㊾乘滅賊之威以行惠　乘著消滅叛賊的威勢來施行恩惠。㊿臣所未敢保其必從二句　我不敢擔保一定歸順朝廷的人，只有李希烈一個人罷了。必從，一定歸順朝廷。(51)揆　揣度。(52)想其潛慮　料想他暗中的考慮。(53)自靦　自覺羞愧。(54)縱未順命二句　李希烈即使未肯歸順朝廷，此人已經成了一個獨夫民賊。(55)偷容歲時　苟且偷生，拖延時日。(56)陸梁　橫行；囂張。(57)氣奪筭窮　膽氣已失，計謀算盡。(58)狴牢之類　指李希烈進不能取，退不能守，坐等待斃，如同一個囚犯。狴，又名犴，傳說的神虎，像虎有威力，古代作為牢獄的門神。這裡狴牢即牢獄之代稱。(59)不戰而屈人之兵　不用交戰而使敵人屈服。《孫子兵法・謀攻》：「不戰而屈人之兵，善之善者也。」

【校　記】①急　原無此字。據章鈺校，乙十六行本、乙十一行本、孔天胤本皆有此字，張瑛《通鑑校勘記》同，今據補。②臣　據章鈺校，此字上，乙十六行本、乙十一行本、孔天胤本皆有「又曰」二字。

【語　譯】德宗派人問陸贄：「河中平定以後，還有什麼事情應該處理？」命陸贄一條條全都列出來上奏。陸贄認為河中平定後，擔心一定會有那種迎合聖旨無端生事的人，以為朝廷的軍隊所向無敵，便請求乘勝討伐淮西李希烈。李希烈也一定會誘惑、勸導他的部下和那些剛歸附朝廷的將帥說：「去年奉天的那份停戰赦免詔書，是因為處境窘急而發出的，朝廷稍微安定下來以後，一定又會來向我們發起征討。」這樣一來，各地曾經有罪於朝廷的將帥誰不心懷疑懼，河朔的王武俊、田緒、劉怦，青齊的李納等一定會響應李希烈，於是戰爭與災禍連續不斷，一次次地徵收賦稅和徵發傜役，建中年間的憂患又將重新出現。於是陸贄上奏德宗，大意是說：「福分不可以多次僥倖取得，幸運不可以經常企望。臣寧肯憂慮會有禍事發生，不敢祝賀陛下將會獲得新的福分。」又說：「陛下懷著悔過的深切誠意，頒布了非同尋常的大赦詔書，當詔書在各地宣示的時候，聽到的人沒有不流下眼淚的。那些非法稱王發動叛亂的將帥，都削除了僭偽的稱號並請求朝廷治罪；那些正在觀望時機首鼠兩端的將領們，全都誠心誠意地效力勤王。」又說：「先前征討叛亂而叛亂更加嚴重，如今寬恕了他們而他們都來歸順朝廷；先前使用百萬大軍去征討而把力量全都耗盡，如今僅以不滿一尺的詔書而使德化廣被。由此可見，聖王在推行治國之道，降服兇暴之人的時候，應當用道德來感化而不是用武力來鎮壓，這道理是十分明顯的。那些節帥違背人臣應遵循的禮儀，抗拒朝廷的誅伐，是謀求活下去，而不是謀求稱王，這又是十分明顯的。由此看來，愛惜生命並把它遍施於萬物，這就是使自己生存下去的最好方法；實施安定並把它推及於萬物，這就是讓自己安定下去的最好手段。把那一些人擠壓於死地，來求得這一些人長久生存，把那一些人丟棄到危險之地，來求得這一些人長久安定，從古到今，沒有這樣的事。」又說：「一個人不守法，整個地區都會遭受禍害；一個地區不安寧，全天下都會招致騷擾。」又說：「天下億萬鄙陋無知的人，以及那三四個反叛朝廷的節帥，被陛下自新朝政的詔書所感動，聽了陛下蘊含高尚道德的話語而心懷喜悅，於是都洗心革面，改變不敬的言辭，並且遵循起了做人臣的禮儀，但他們對詔書深切的話語和慎密的考慮原本就不是內心全無顧慮，一定會專心致志地去謀慮，側著耳朵去細聽，觀察陛下所做的事情，來印證陛下所發的誓言。如果誓言與所做的事情相符，他們改惡從善的心意就會逐漸堅定起來。如果所做的事情與誓言相背，那麼他們憂慮禍及於身的心思就又會產生。」又說：「朱泚被消滅，李懷光又被誅殺，李懷光被誅殺後又征討李希烈，李希烈如果被平定，那災禍又將依次降到別人身上，那些一向心懷疑慮而又曾有罪於朝廷的人，能不為此而心緒波動嗎！」又說：「如今國運重又興起，上天所降的災禍行將過去，就拿朱泚竊居京城長安，李懷光竊據河中來說，不到兩年，二人相繼被斬首消滅，這實在是那些邪惡之人心驚膽戰的日子，也是天下百姓改變看法的時候。朝廷的威權已經施行，但陛下的恩澤尚未周遍。陛下實在應該對上順應蒼天的眷顧，對下收聚民心，廣布體恤百姓的恩惠來輔助威權，又乘消滅叛賊的威勢來施行恩惠。」又說：「臣不敢擔保一定會歸順朝廷的，只有李希烈一個人而已。我揣摩李希烈的內心，並不是不願歸順朝廷；我推想李希烈暗中的考慮，也不是無所追悔。只是因為狂妄放肆而算計錯了，已經竊稱帝號，即使蒙陛下對他施恩，寬恕他保全他，但他自己不能不羞愧於再活在天地之間了。即使他沒有歸順朝廷，也成了獨夫民賊，對內再找不到什麼理由來向朝廷起兵，對外則找不到同類之人可以求助，他的策略不過是好好安撫部下，苟且偷生，拖延時日，內心雖然囂張，但形勢卻使他難以達到目的。陛下只需命令眾鎮各自守護好所轄疆域，李希烈既已膽氣喪失，計謀算盡，他就像一個囚在牢籠中的人，如果不發生人禍，也會有厲鬼去誅殺他。古代所說的不用交戰就能使對方軍隊屈服，指的就是這個意思啊！」

丁卯❶，詔以李懷光嘗有功，宥其一男，使續其後，賜之田宅，歸其首及尸使葬。加馬燧兼侍中，渾瑊檢校司空，餘將卒賞賚❷各有差。諸道與淮西連接者，宜各守封疆，非彼侵軼❸，不須進討。李希烈若降，當待以不死，自餘將士百姓，一無所問。

初，李晟嘗將神策軍戍成都❹，及還，以營妓❺高洪❻自隨。西川節度使張延賞怒，追而還之，由是有隙。至是，劉從一有疾，上召延賞入相，晟表陳其過惡。上重違其意❼，以延賞為左僕射❽。

駱元光將殺徐庭光，謀於韓遊瓌曰：「庭光辱吾祖考⑨，吾欲殺之，馬公必怒，公能救其死乎⑩？」遊瓌曰：「諾。」壬午⑪，遇庭光於軍門之外，揖而數其罪⑫，命左右碎斬之⑬。入見馬燧，頓首⑭請罪。燧大怒曰：「庭光已降，受朝廷官爵，公不告輒殺之，是無統帥也！」欲斬之。遊瓌曰：「元光殺裨將⑮，公猶怒如此。公殺節度使，天子其謂何？」燧默然。渾瑊亦為之請，乃捨之。

渾瑊鎮河中，盡得李懷光之眾，朔方軍自是分居邠、蒲⑯矣。○盧龍節度使劉怦疾病，九月己亥⑰，詔以其子行軍司馬濟⑱權知⑲節度事。怦尋薨。○己未⑳，中書侍郎、同平章事劉從一罷為戶部尚書㉑。庚申㉒，薨。

冬，十月癸卯㉓，上祀圜丘㉔，赦天下。

十二月甲戌㉕，戶部奏今歲入貢者凡百五十州㉖。

于闐王曜上言：「兄勝讓國於臣㉗，今請復立勝子銳㉘。」上以銳檢校光祿卿，還其國。勝固辭曰：「曜久行國事，國人悅服。銳生長京華，不習其俗，不可往。」上嘉之，以銳為韶王㉙諮議㉚。

【章旨】以上為第三段，寫李晟與張延賞結怨，駱元光因洩私憤而擅殺大將。

【注　釋】❶丁卯　八月初五日。❷賞賚　賞賜。❸侵軼　侵擾襲擊。軼，突；襲擊。❹李晟嘗將神策軍戍成都　事在李晟救蜀擊吐蕃時，見本書卷二百二十六代宗大曆十四年。❺營妓　唐代官府供養的女樂，即官伎，又稱營伎。❻高洪　西川節度使府屬營伎，奉令陪侍李晟，李晟據為私有，故被張延賞追回。❼上重違其意　德宗難以違背李晟的意願。李晟以私恨干預天子用相，已經犯忌，為後來張延賞讒退李晟埋下了禍根。❽左僕射　官名，唐代尚書省長官為尚書令，副職二人為左、右僕射。因唐太宗曾為尚書令，後不常置，左、右僕射即為尚書省長官，加平章事亦為宰相。德宗欲用張延賞為中書侍郎，因李晟之故改為左僕射。後德宗合和二人，貞元三年（西元七八七年）加張延賞同中書門下平章事。❾庭光辱吾祖考　指上文所載徐庭光為優胡戲侮之事。❿救其死乎　救我免死嗎。⓫壬午　八月二十日。⓬捽而數其罪　駱元光將徐庭光抓住以後，列數他的罪狀。捽，挾持；抓住。⓭碎斬之　把徐庭光碎屍萬段。⓮頓首　磕頭。⓯裨將　副將。⓰朔方軍自是分居邠蒲　朔方軍自郭子儀以來，分屯邠州、蒲州而統於一帥。現在居邠者韓遊瓌統之，居蒲者渾瑊統之，從此一分為二。⓱己亥　九月初七日。⓲濟　即劉濟，嗣父劉怦為盧龍節度使，憲宗時為次子劉總所殺。傳見《舊唐書》卷一百四十三、《新唐書》卷二百十二。⓳權知　代理。⓴己未　九月二十七日。㉑劉從一罷為戶部尚書　謂劉從一免除中書侍郎、同平章事之職，改任戶部尚書。㉒庚申　九月二十八日。㉓癸卯　十月癸亥朔，無癸卯。癸卯，十一月十一日。㉔祀圜丘　祭祀上天。圜丘，祭天之壇。㉕甲戌　十二月十三日。㉖入貢者凡百五十州　據《舊唐書·地理志》載，天寶十一載（西元七五二年）統計，全國郡府（州）凡三百二十八，貞元時河朔諸鎮及淄青、淮西皆不入貢，河、隴諸州又沒於吐蕃，故入貢州郡只及盛唐之半，凡百五十州。㉗兄勝讓國於臣　于闐國王尉遲勝讓國於弟尉遲曜，事見本書卷二百二十一肅宗上元元年。至德初，于闐國王尉遲勝聞安祿山反，於是以弟曜權知國事，自己率兵五千勤王，肅宗厚待之，不願回國，上元元年正式由唐冊封曜為于闐國王。勝傳見《舊唐書》卷一百四十四、《新唐書》卷一百十。㉘銳　尉遲銳，于闐國王尉遲勝之子，隨父在唐。㉙韶王　名暹，代宗子。㉚諮議　官名，親王府參議，全稱諮議參軍，正五品上。

【語　譯】八月初五日丁卯，德宗下詔認為李懷光曾對國家有功，特寬恕他的一個兒子，使他的後代得以延續，賜給田地住宅，歸還李懷光的首級及屍體使其得以埋葬。加授馬燧兼任侍中，加授渾瑊為檢校司空，對其餘將士也都給予各有不同的賞賜。各道中與淮西李希烈接壤的節帥，應該各自守護好所轄疆域，如果不是李希烈侵擾襲擊，就不必進軍征討。李希烈如果投降，應當給他留條性命，其餘的將士和百姓，一概不予追究。

當初，李晟曾率領神策軍戍守成都，等到返回朝廷時，讓成都的官伎高洪跟隨自己。西川節度使張延賞對此很生氣，派人追上去帶回了高洪，由此兩人便有了嫌隙。到如今，宰相劉從一有病，德宗要徵召張延賞入朝擔任宰相，李晟上表陳奏張延賞的過失。德宗難以違背李晟的意願，任命張延賞為左僕射。

駱元光準備殺掉徐庭光，與韓遊瓌商量說：「徐庭光侮辱我的父祖先人，我想殺了他，馬公一定會大怒，到時您能救我一命嗎？」韓遊瓌答應說：「好吧。」八月二十日壬午，駱元光在軍營門外遇到徐庭光，便把徐庭光抓了起來，列數他的罪狀，下令隨從人員把他碎屍萬段。然後駱元光入營去見馬燧，伏地磕頭請求治殺徐庭光之罪。馬燧大怒，說：「徐庭光已經投降，接受了朝廷的官爵，你不向我報告就殺了他，這是目無統帥啊！」馬燧想殺了駱元光。韓遊瓌說：「駱元光殺了一個裨將，您尚且如此發怒。您殺了節度使，那皇上會認為怎麼樣呢？」馬燧沉默不語。渾瑊也為駱元光求情，馬燧於是放過了駱元光。

渾瑊鎮守河中府，把李懷光的部眾全部接收下來，朔方軍從此分為兩部，分別駐守在邠州和蒲州。〇盧龍節度使劉怦疾病加重，九月初七日己亥，德宗下詔任命劉怦的兒子行軍司馬劉濟代理節度使事務。劉怦不久就去世了。〇二十七日己未，中書侍郎、同平章事劉從一被免職，擔任戶部尚書。二十八日庚申，劉從一去世。

冬，十月癸卯日，德宗在圜丘祭天，大赦天下。

十二月十三日甲戌，戶部上奏今年入貢的地方總共只有一百五十州。

于闐王尉遲曜上奏說：「我哥哥尉遲勝把國王之位讓給了我，現在我請求把尉遲勝的兒子尉遲銳重又立為國王。」德宗任命尉遲銳為檢校光祿卿，返回他的國家。尉遲勝堅決推辭說：「尉遲曜處理國家事務已經很久了，于闐國人對他心悅誠服。尉遲銳生長在京城長安，不熟悉于闐國的習俗，不能前去。」德宗對此很是嘉許，任命尉遲銳為韶王李暹的諮議。

二年（丙寅　西元七八六年）

春，正月壬寅❶，以吏部侍郎劉滋❷為左散騎常侍❸，與給事中崔造❹、中書舍人齊映並同平章事。滋，子玄之孫也。

造少居上元❺，與韓會、盧東美、張正則為友，以王佐自許，時人謂之「四夔❻」。上以造在朝廷敢言，故不次用之。滋、映多讓事於造。造久在江外❼，疾錢穀諸使罔上之弊，奏罷水陸運使、度支巡院、江淮轉運使等，諸道租賦悉委觀察使、刺史遣官部送詣京師。令宰相分判❽尚書六曹❾：齊映判兵部，李勉判刑部，劉滋判吏部、禮部，造判戶部、工部，又以戶部侍郎元琇❿判諸道鹽鐵、榷酒，吉中孚⓫判度支兩稅。

李希烈將杜文朝寇襄州。二月癸亥⓬，山南東道節度使樊澤擊擒之。

崔造與元琇善，故使判鹽鐵。韓滉奏論鹽鐵過失⓭。甲戌⓮，以琇為尚書右丞。陝州水陸運使李泌奏：「自集津至三門⓯，鑿山開車道十八里，以避底柱⓰之險。」是月道成。

三月，李希烈別將寇鄭州，義成⓱節度使李澄擊破之。希烈兵勢日蹙，會有疾，夏，四月丙寅⓲，大將陳仙奇⓳使醫陳山甫毒殺之，因以兵悉誅其兄弟妻子，舉眾來降。甲申⑳，以仙奇為淮西節度使。

關中倉廩竭，禁軍或自脫巾呼於道曰：「拘吾於軍而不給糧，吾罪人也！」上憂之甚。會韓滉運米三萬斛至陝，李泌即奏之。上喜，遽至東宮，謂太子曰：「米已至陝，吾父子得生矣！」時禁中不釀㉑，命於坊市取酒為樂㉒。又遣中使諭神策六軍，軍士皆呼萬歲。

時比歲㉓饑饉，兵民率皆瘦黑。至是麥始熟，市有醉人，當時以為嘉瑞。人乍飽食㉔，死者復伍之一。數月，人膚色乃復故。◯以橫海軍㉕使程日華為節度使。

秋，七月，淮西兵馬使吳少誠㉖殺陳仙奇，自為留後。少誠素狡險，為李希烈所寵任，故為之報仇。己酉㉗，以虔王諒㉘為申、光、隨、蔡節度大使，以少誠為留後。

以隴右行營節度使曲環為陳許節度使㉙。陳許荒亂之餘，戶口流散。曲環以勤儉率下，政令寬簡，賦役平均，數年之間，流亡復業，兵食皆足。

八月癸未㉚，義成節度使李澄薨，其子克寧[1]謀總軍務，祕不發喪。

丙戌㉛，吐蕃尚結贊大舉寇涇、隴、邠、寧，掠人畜，芟禾稼㉜，西鄙騷然㉝，州縣各城守。詔渾瑊將萬人、駱元光將八千人屯咸陽以備之。

【章旨】以上為第四段，寫德宗急躁，起用享有虛名的輕進少年崔造為相，貿然改革財賦機構，留下隱患。李希烈為其部將所殺。

【注釋】❶壬寅 正月十一日。❷劉滋 字公茂，唐代史學家、《史通》作者劉知幾之孫。歷官給事中、太常少卿、吏部侍郎，遷左散騎常侍、同中書門下平章事，旋即守本官，罷知政事。傳見《舊唐書》卷一百三十六、《新唐書》卷一百三十二。❸左散騎常侍 諫官，屬門下省。❹崔造 字玄宰，以敢言為德宗不次登用，以本官給事中同平章事。傳見《舊唐書》卷一百三十、《新唐書》卷一百五十。❺上元 縣名，縣治在今江蘇江寧。❻四夔 夔為傳說時代唐堯、虞舜時的賢臣。崔造、韓會、盧東美、張正則四人齊名，時人美譽之為「四夔」。❼江外 江南。上元在江南，崔造久居於此，頗知諸使中飽弊端，故為相奏罷之。❽判 以本官兼掌某官的裁決處理權而未正式任命，稱之為「判」。❾尚書六曹 尚書省為政務機關，所屬六部稱六曹，即吏、戶、禮、兵、刑、工等六部。❿元琇 代宗朝鹽鐵轉運使劉晏部屬。元琇判鹽鐵，國無橫斂而軍旅供應不乏。傳附《新唐書》卷一百四十九〈劉晏傳〉。⓫吉中孚 能詩，為「大曆十才子」之一，官至戶部尚書。傳見《新唐書》卷二百三。⓬癸亥 二月初三日。⓭論鹽鐵過失 據《舊唐書・崔造傳》，韓滉為江淮轉運使，元琇上奏，江南米自江至揚子凡十八里韓滉主之，江北轉運由元琇主持。韓滉聞之怒，上奏元琇主持鹽鐵事務的過失。德宗不得已罷元琇官。⓮甲戌 二月十四日。⓯自集津至三門 集津、三門皆倉名，集津倉在三門峽東，三門倉在三門峽西。⓰底柱 屹立於三門峽河中的兩座石山，為水運之險阻。⓱義成 方鎮名，即滑亳節度使，代宗大曆七年（西元七七二年）賜號為永平軍，貞元元年（西元七八五年）更號為義成軍。⓲丙寅 四月初七日。⓳陳仙奇 李希烈部將，歸朝後為淮西節度使，數月後為吳少誠所殺。傳見《舊唐書》卷一百四十五。⓴甲申 四月二十五日。㉑釀 釀酒。㉒取酒為樂 買酒作樂。㉓比歲 連年。㉔乍飽食 突然飽食。腸胃久飢而壁薄，突然暴食過度將使腸胃穿孔而死。㉕橫海軍 方鎮名，德宗興元元年（西元七八四年）以滄州為橫海軍，刺史程華為副大使權知節度使，今為真節度使。程華賜名程日華。事見上卷。㉖吳少誠 李希烈大將，歸順後任申光蔡節度使。傳見《舊唐書》卷一百四十五、《新唐書》卷二百十四。㉗己酉 七月二十二日。㉘虔王諒 德宗第四子。㉙曲環為陳許節度使 時曲環以隴右行營兵戍陳許，因授以鎮。㉚癸未 八月二十七日。㉛丙戌 八月三十日。㉜芟禾稼 毀壞莊稼。㉝西

鄙騷然　唐西部邊疆騷動。

【校　記】①克寧　原誤作「士寧」。據章鈺校，乙十六行本、乙十一行本皆作「克寧」，張敦仁《通鑑刊本識誤》、張瑛《通鑑校勘記》同，今據改。《舊唐書》卷一百三十二、《新唐書》卷一百四十一〈李澄傳〉皆載澄子名克寧。

【語　譯】二年（丙寅　西元七八六年）

春，正月十一日壬寅，德宗任命吏部侍郎劉滋為左散騎常侍，與給事中崔造、中書舍人齊映都為同平章事。劉滋，是劉子玄的孫子。

崔造年輕時住在上元縣，與韓會、盧東美、張正則結為朋友，自命為將是君王的輔佐之人，當時的人稱他們為「四夔」。德宗因為崔造在朝廷中敢於發表見解，所以破格任用。劉滋、齊映也多把政事讓給崔造處理。崔造長期生活在江南，痛恨負責徵集、轉運錢糧的各使欺瞞朝廷的弊端，上奏德宗撤銷水陸運使、度支巡院、江淮轉運使等，各道的租賦全都交給觀察使、刺史派官員押送到京城。又讓宰相分別兼管尚書省六部：齊映兼管兵部，李勉兼管刑部，劉滋兼管吏部、禮部，崔造兼管戶部、工部，又讓戶部侍郎元琇兼管各道的鹽鐵稅和專賣酒類的事務，讓吉中孚兼管度支兩稅事務。

李希烈的部將杜文朝侵犯襄州。二月初三日癸亥，山南東道節度使樊澤率軍出擊，活捉了杜文朝。

崔造與元琇相友善，所以讓元琇兼管鹽鐵事務。韓滉上奏朝廷，論說鹽鐵事務中的過失。二月十四日甲戌，德宗任命元琇為尚書右丞。陝州水陸運使李泌上奏說：「請准許我從集津倉到三門倉，鑿山開闢出運輸車道十八里，以避開黃河底柱天險。」在這個月，山間車道修好了。

三月，李希烈的別將侵犯鄭州，義成節度使李澄打敗了他。李希烈的軍事勢力日益削弱，正好李希烈又生了重病，夏，四月初七日丙寅，李希烈的大將陳仙奇指使醫生陳山甫用毒藥謀殺了李希烈，接著陳仙奇率兵把李希烈的兄弟、妻子兒女全都殺了，帶領眾人前來投降。二十五日甲申，德宗任命陳仙奇為淮西節度使。

關中倉庫的糧食用光了，禁軍中有人摘下頭巾，在道路上大聲呼喊：「把我們束縛在軍隊中，卻不給糧食吃，我們就像罪人一樣！」德宗對此極為憂慮。正好韓滉運送三萬斛糧食到了陝州，李泌立即奏報。德宗很高興，急忙趕到東宮，對太子說：「糧食已經運到陝州了，我們父子能夠活下來了！」當時宮中不釀造酒，德宗下令到街市上買酒作樂。又派中使把糧食運到的消息告訴神策六軍，軍士們都高呼萬歲。

當時連年饑荒，軍民全都又瘦又黑。到這時麥子開始成熟，街市上有了喝醉酒的人，當時認為這是一個好兆頭。人們驟然吃得太飽，因此而死的人又有五分之一。幾個月以後，人們的膚色才恢復到原來的樣子。

○德宗任命橫海軍使程日華為節度使。

秋，七月，淮西兵馬使吳少誠殺了淮西節度使陳仙奇，自任留後。吳少誠一向狡詐陰險，受到李希烈寵信和重用，所以殺陳仙奇為李希烈報仇。二十二日己酉，德宗任命虔王李諒為申州、光州、隨州、蔡州的節度大使，任命吳少誠為留後。

德宗任命隴右行營節度使曲環為陳許節度使。陳州、許州在饑荒動亂之後，人戶流離散失。曲環以勤儉的作風為部下作出表率，施行的政令寬鬆、簡便，百姓承擔的賦稅和勞役都很平均，幾年之間，流失逃亡的人都回歸本業，士兵的糧食也都充足起來。

八月二十七日癸未，義成節度使李澄去世，李澄的兒子李克寧企圖總攬軍務，隱瞞而不發布父親去世的消息。

八月三十日丙戌，吐蕃的國相尚結贊率軍大舉侵犯涇州、隴州、邠州、寧州，搶掠人口和牲畜，毀壞莊稼，西部邊疆騷動不安，州縣各自據城自守。德宗下詔命令渾瑊率兵一萬人、駱元光率兵八千人屯駐咸陽，以作防備。

初，上與常侍[1]李泌議復府兵，泌因為上歷敘府兵自西魏以來興廢之由❶，且言：「府兵平日皆安居田畝，每府有折衝❷領之，折衝以農隙教習戰陣。國家有事徵發，則以符契下其州及府❸，參驗❹發之，至所期處❺。將帥按閱，有教習不精者，罪其折衝，甚者罪及刺史。軍還，則賜勳加賞，便道罷之❻。行者近不踰時❼，遠不經歲❽。高宗以劉仁軌為洮河鎮守使❾以圖吐蕃，於是始有久戍之役。武后以來，承平日久，府兵浸墮❿，為人所賤，百姓恥之，至蒸熨手足⓫以避其役。又，牛仙客以積財得宰相⓬，邊將效之。山東戍卒多齎繒帛自隨，邊將誘之寄於府庫，晝則苦役，夜縶⓭地牢，利其死而沒入其財。故自天寶以後，山東戍卒還者什無二三。其殘虐如此，然未嘗有外叛內侮，殺帥自擅者，誠以顧戀田園，恐累宗族故也。自開元之末，張說始募長征兵⓮，謂之彍騎⓯，其後益為六軍⓰。及李林甫為相，奏諸軍皆募人為之⓱。兵不土著⓲，又無宗族，不自重惜，忘身徇利，禍亂遂生，至今為梗⓳。曏使府兵之法常存不廢，安有如此下陵上替⓴之患哉！陛下思復府兵，此乃社稷之福，太平有日矣！」上曰：「俟平河中，當與卿議之。」

【章　旨】以上為第五段，寫李泌以議恢復府兵制為話題，迂迴實施北連回紇以抗吐蕃的戰略，良苦用心深矣。

【注　釋】❶興廢之由　此指府兵制度興起和廢除的因由。西魏始置府兵，見本書卷一百六十三梁簡文帝大寶元年。府兵廢除見本書卷二百十二唐玄宗開元十年。府兵制是分出軍戶，另立戶籍，不輸租賦，但世代為兵，農閒訓練，戰時從役，置軍府統管。中唐藩鎮興起，府兵制於是崩潰。❷折衝　唐代軍府設折衝都尉與左、右果毅都尉統領，稱折衝都尉府，又稱折衝果毅府。❸府　折衝府。❹參驗　驗證調兵的符契。❺至所期處　被徵發的府兵自備兵器資糧，分期輪流宿衛京師或防衛邊境，刻期到所會之地集中。❻便道罷之　府兵戍役期滿，即行遣散歸農，不必還至京師而後還家。❼不踰時　不超過一個季度。時，一年四時，一時為三個月。❽不經歲　不超過一年時間。❾劉仁軌為洮河鎮守使　劉仁軌歷仕太宗、高宗兩朝，官至尚書左僕射。高宗儀鳳二年（西元六七七年）八月，劉仁軌為洮河鎮守使。傳見《舊唐書》卷八十四、《新唐書》卷一百八。❿浸墮　逐漸敗壞。⓫蒸熨手足　燙傷手腳。⓬牛仙客以積財得宰相　事見本書卷二百十四玄宗開元二十四年。⓭縶　綁縛。⓮張說始募長征兵　事見本書卷二百十二玄宗開元十年、十三年。張說，玄宗朝宰相。長征兵，長期服役的職業雇傭兵。⓯彍騎　即開元所徵長征兵，原稱長從宿衛兵，開元十三年更名彍騎。⓰六軍　即北衙六軍，分左右，為左右羽林軍、左右龍武軍、左右神武軍。⓱募人為之　指李林甫入相，募人為兵。事見本書卷二百十六玄宗天寶八載。李林甫，玄宗朝宰相。⓲兵不土著　士兵皆為招募，均不是本地人在本地當兵。⓳梗　阻塞。謂軍人亂政如梗塞的腹心之疾。⓴下陵上替　上下亂了秩序。下犯上為陵，上欺下為替。

【校　記】①常侍　原無此二字。據章鈺校，乙十六行本、乙十一行本皆有此二字，張敦仁《通鑑刊本識誤》同，今據補。

【語　譯】當初，德宗與常侍李泌商量恢復府兵的事，李泌於是為德宗依次陳述了府兵制度從西魏以來興起和廢棄的因由，並且說：「府兵平時都安心在家鄉耕田種地，每一軍府都設有折衝都尉統領府兵，折衝都尉在農閒的時候教府兵練習戰陣。當國家有事需要徵發府兵時，就把調兵符契下發到所在的州與折衝府，驗證符契後徵發府兵到達集合地點。將帥查驗檢閱府兵，如有教習戰陣不精良的，要對折衝府的長官治罪，情節嚴重的，還要對該州的刺史治罪。軍隊返回後，便論功賜予勳階，加以獎賞，然後即行遣散歸農。被徵發的府兵，時間短的不超過三個月，時間長的不超過一年。本朝高宗皇帝任命劉仁軌為洮河鎮守使以對付吐蕃，到這時才有了長期駐守的兵役。自武后朝以來，太平日子長了，府兵制度逐漸受到破壞，人所輕視，老百姓以當府兵為恥，甚至燙傷手腳以逃避服役。另外，牛仙客因為能積累財物而謀得宰相職位，守邊的將領紛紛仿效他。山東地區戍邊的士兵常常隨身帶著自家的絲帛，守邊的將領就誘騙他們把這些絲帛寄存在官府倉庫中，白天讓他們服苦役，晚上又把他們關在地牢裡，希望他們早點死去而沒收他們的財物以使自己得利。所以從天寶年間以後，山東戍邊的士兵能夠回到家鄉的十人之中不到二三人。守邊將領的殘暴狠毒竟到了這種地步，但不曾發生過叛亂或內訌，以及殺害將帥擅自奪權的事情，這實在是因為他們眷戀家鄉田園，擔心連累宗族的緣故。到開元末年，張說開始招募長期服役的職業士兵，稱他們為彍騎，後來又擴充為六軍。到李林甫擔任宰相時，上奏請求各軍全都由招募來的士兵組成。士兵們不再在本地當兵，當地又沒有同一宗族的人，所以他們不知自我尊重、愛惜，往往不顧自身死活地去追逐利益，災禍、變亂於是不斷發生，至今仍為禍害。假如府兵制度能長期存在而不被廢棄，那怎麼會有犯上作亂、綱紀廢弛的禍患呢！陛下想恢復府兵，這是社稷的福分，天下太平就為時不遠了！」德宗說：「等平定河中地區後，就會與卿商議此事。」

九月丁亥❶，詔十六衛❷各置上將軍，以寵功臣。改神策左、右廂為左、右神策軍，殿前射生左、右廂為殿前左、右射生軍，各置大將軍二人、將軍二人❸。

庚寅❹，李克寧始發父澄之喪，殺行軍司馬馬鉉，墨縗❺出視事，增兵城門。劉玄佐出師屯境上以制之，且使告諭切至，克寧迺不敢襲位。丁酉❻，以東都留守賈耽為義成節度使。克寧悉取府庫之財夜出，軍士從而剽之，比明殆盡❼。淄青兵數千自行營❽歸，過滑州❾，將佐皆曰：「李納雖外奉朝命，內蓄兼并之志，請館❿其兵於城外。」賈耽曰：「柰何與人鄰道而野處其將士乎！」命館於城中。

耽時引百騎獵於納境，納聞之，大喜，服其度量，不敢犯⑪也。

吐蕃遊騎⑫及好時⑬。乙巳⑭，京城戒嚴，復遣左金吾將軍張獻甫屯咸陽。民間傳言上復欲出幸以避吐蕃，齊映見上言曰：「外間皆言陛下已理裝，具糗糧⑮，人情恟懼。夫大福不再⑯，陛下柰何不與臣等熟計之！」因伏地流涕，上亦為之動容。

李晟遣其將王佖⑰將驍勇三千伏於汧城⑱，戒之曰：「虜過城下，勿擊其首，首雖敗，彼全軍而至，汝弗能當也。不若俟前軍已過，見五方旗，虎豹衣⑲，乃其中軍也，出其不意擊之，必大捷。」佖用其言，尚結贊敗走。軍士不識尚結贊，僅而獲免。○尚結贊謂其徒曰：「唐之良將，李晟、馬燧、渾瑊而已。當以計去之。」入鳳翔境內，無所俘掠，以兵二萬直抵城下曰：「李令公⑳召我來，何不出犒我！」經宿㉑，乃引退。

冬，十月癸亥㉒，李晟遣蕃落使野詩良輔㉓與王佖將步騎五千襲吐蕃摧砂堡㉔。壬申㉕，遇吐蕃眾二萬，與戰，破之，乘勝逐北，至堡下，攻拔之，斬其將扈屈律悉蒙㉖，焚其蓄積而還。尚結贊引兵自寧、慶北去㉗，癸酉㉘，軍於合水㉙之北。邠寧節度使韓遊瓌遣其將史履程夜襲其營，殺數百人。吐蕃追之，遊瓌陳于平川，潛使人鼓於西山。虜驚，棄所掠而去。

十一月甲午[30]，立淑妃王氏為皇后。○乙未[31]，韓滉入朝。○丁酉[32]，皇后崩。

辛丑[33]，吐蕃寇鹽州[34]，謂刺史杜彥光曰：「我欲得城，聽爾率人去。」彥光悉眾奔鄜州[35]，吐蕃入據之。

劉玄佐在汴，習鄰道故事[36]，久未入朝。韓滉過汴，玄佐重其才望，以屬吏禮謁之[37]。滉相約為兄弟，請拜玄佐母，其母喜，置酒見之。酒半，滉曰：「弟何時入朝？」玄佐曰：「久欲入朝，但力未辦耳。」滉曰：「滉力可及，弟宜早入朝。丈母[38]垂白[39]，不可使更帥諸婦女往填宮也[40]。」母悲泣不自勝[41]。滉乃遺玄佐錢二十萬緡，備行裝。滉留大梁三日，大出金帛賞勞，一軍為之傾動。玄佐驚服，既而遣人密聽之。滉問孔目吏[42]：「今日所費幾何？」詰責甚細。玄佐笑曰：「吾知之矣！」壬寅[43]，玄佐與陳許節度使曲環俱入朝。

崔造改錢穀法，事多不集。諸使[44]之職，行之已久，中外安之。元琇既失職[45]，造憂懼成疾，不視事。既而江、淮運米大至，上嘉韓滉之功，十二月丁巳[46]，以滉兼度支、諸道鹽鐵、轉運等使，造所條奏皆改之。

吐蕃又寇夏州[47]，亦令刺史托跋乾暉帥眾去，遂據其城。又寇銀州[48]，州素無城，吏民皆潰。吐蕃亦棄之，又陷麟州(49)。

韓滉屢短元琇於上。庚申(50)，崔造罷為右庶子(51)，琇貶雷州(52)司戶(53)。以吏部侍郎(54)班宏為戶部侍郎、度支副使。

韓游瓌奏請發兵攻鹽州，吐蕃救之，則使河東襲其背。丙寅(55)，詔駱元光及陳許兵馬使韓全義將步騎萬二千人會邠寧軍，趣鹽州，又命馬燧以河東軍擊吐蕃。燧至石州(56)，河曲六胡州(57)皆降，遷於雲、朔(58)之間。

工部侍郎張彧，李晟之壻也。晟在鳳翔，以女嫁幕客崔樞，禮重樞過於彧。彧怒，遂附於張延賞。給事中鄭雲逵嘗為晟行軍司馬(59)，失晟意，亦附延賞。上亦忌晟功名。會吐蕃有離間之言，延賞等騰謗(60)於朝，無所不至(61)。晟聞之，晝夜泣，目為之腫(62)，悉遣子弟詣長安，表請削髮為僧，上慰諭，不許。辛未(63)，入朝，見上，自陳足疾，懇辭方鎮，上不許。韓滉素與晟善，上命滉與劉玄佐諭旨(64)於晟，使與延賞釋怨。晟奉詔，滉等引延賞詣晟第謝(65)，結為兄弟，因宴飲盡歡。又宴於滉、玄佐之第，亦如之。滉因使晟表薦延賞為相。

【章旨】以上為第六段，寫李晟功高受猜疑，吐蕃犯邊，韓滉入朝恢復理財舊制，崔造所為，盡行罷之。

【注釋】❶丁亥　九月初一日。❷十六衛　南衙禁軍，唐前期直屬皇帝，中唐以後僅存空名。十六衛兵籍歸兵部，皆領府兵。德宗因置十六衛上將軍，故先與李泌議復府兵。十六衛亦分左右，為左右衛、左右驍衛、左右武衛、左右威衛、左右領軍衛、左右金吾衛、左右監門衛、左右千牛衛。❸大將軍二人將軍二人　各衛置大將軍二人，將軍二人。十六衛大將軍正三品，神策大將軍正二品。將軍從三品。❹庚寅　九月初四日。❺墨縗　黑色喪服。❻丁酉　九月十一日。❼比明殆盡　等到天亮時，軍士把財物差不多搶光。❽淄青兵數千自行營　自李正己以來，朝廷未曾徵調淄青兵赴行營，此乃李納遣兵自成其境而稱行營。❾過滑州　經過義成節度使治所滑州。❿館　接待住宿。⓫不敢犯　李納佩服賈耽的大度襟懷，不敢侵犯義成軍。⓬遊騎　前驅遊動的偵察騎兵。⓭好畤　縣名，縣治在今陝西乾縣西北。⓮乙巳　九月十九日。⓯糗糧　行軍乾糧。⓰大福不再　大福不會再次降臨。語出《左傳》昭公十三年楚靈王之言。將德宗出奔奉天、山南而得以返京師比為僥倖之福。齊映言此，勸德宗不可輕易出奔，擅離根本。⓱王佖　李晟甥，為鳳翔、隴右節度兵馬使。傳見《舊唐書》卷一百三十三、《新唐書》卷一百五十四。⓲汧城　指隴州汧陽縣城，在今陝西千陽。⓳虎豹衣　有虎豹紋飾的衣服，此吐蕃中軍服飾。⓴李令公　李晟加官中書令，故稱。㉑經宿　過了一整夜。㉒癸亥　十月初七日。㉓野詩良輔　吐蕃人名，野詩複姓，良輔其名。㉔摧砂堡　吐蕃的邊防戍鎮，在今寧夏固原西北。㉕壬申　十月十六日。㉖扈屈律悉蒙　扈屈律，三字姓。悉蒙，其名。㉗自寧慶北去　向北方寧、慶二州奔逃而去。摧砂堡在寧、慶二州之西的原州。此言吐蕃自寧、慶北去，當時戰鬥推移轉換地位而言，並非寧、慶在摧砂堡之北。寧州治所在今甘肅寧縣，慶州治所在今甘肅慶陽。㉘癸酉　十月十七日。㉙合水　縣名，屬慶州，在州東北四十五里，今甘肅合水縣之北。㉚甲午　十一月初八日。㉛乙未　十一月初九日。㉜丁酉　十一月十一日。㉝辛丑　十一月十五日。㉞鹽州　州名，又在慶州之北。治所五原在今陝西定邊。㉟鄜州　州名，治所在今陝西富縣。㊱習鄰道故事　效法鄰道不遵臣職的先例。鄰道，指淄青、淮西、河朔。㊲以屬吏禮謁之　劉玄佐以下屬禮節晉見韓滉。㊳丈母　伯母。㊴垂白　頭髮漸白，謂年事已高。㊵不可使句　不能讓高年的伯母帶著家眷去充填後宮服役。唐制，凡叛者家屬沒入掖庭為徒役。帥，帶領家眷。㊶悲泣不自勝　抑制不住悲傷地哭泣起來。㊷孔目吏　即孔目官，節度使府的屬吏，掌文簿圖籍，大小眾事一孔一目無不經其手，故稱。㊸壬寅　十一月十六日。㊹諸使　指鹽鐵、轉運諸使。㊺元琇既失職　指解元琇判鹽鐵而為尚書右丞。㊻丁巳　十二月初二日。㊼夏州　州名，治所朔方，在今陝西靖邊白城子。㊽銀州　州名，治所在今陝西榆林南。㊾麟州　州名，治所在今陝西神木北。㊿庚申　十二月初五日。(51)右庶子　東宮屬官，掌侍從啟奏。實為閒職。(52)雷州　州名，治所在今廣東雷州半島海康。(53)司戶　州佐吏，對應中朝戶部，掌戶籍民事。常為安置朝廷貶逐的大臣。(54)侍

郎　六部副主官。班宏以戶部侍郎兼領戶部度支司副使，掌理財政。55丙寅　十二月十一日。56石州　州名，治所在今山西離石。57河曲六胡州　河曲河南地，諸部酋長皆以州名帶刺史，故有河曲六胡州之稱。其時已統括為宥州。58雲朔　皆州名，雲州治所雲中，在今山西大同，朔州治所善陽，在今山西朔州。59行軍司馬　節度使屬官，掌軍籍符伍，號令印信。60騰謗　謠言四起。61無所不至　對李晟的攻擊無所不用其極。62腫　哭腫了眼睛。63辛未　十二月十六日。64諭旨　傳達德宗的聖旨。65謝　陪罪；道歉。

【語　譯】九月初一日丁亥，下詔在十六衛各設上將軍一職，以示對功臣的寵信。把神策左、右廂改為左、右神策軍，把殿前射生左、右廂改為殿前左、右射生軍，每軍各設大將軍二人、將軍二人。

九月初四日庚寅，李克寧才把父親李澄的死訊向外界公布，殺了行軍司馬馬鉉，他自己身穿黑色喪服出來處理事務，在城門口增派了兵力。劉玄佐派出軍隊屯駐在義成軍的轄境邊上，以牽制李克寧，並且派使者前去對李克寧多方曉諭，言辭切直盡理，李克寧這才沒敢貿然承襲父親節度使的職位。十一日丁酉，德宗任命東都留守賈耽為義成軍節度使。李克寧把府庫中的錢財全部取出來，連夜出走，軍中的將士們跟著開始搶劫財物，等到天亮的時候，東西幾乎全被搶光。李納的淄青兵有幾千人從行營中回去，路過滑州，賈耽的將領佐吏都說：「李納雖然表面上奉行朝廷的命令，但內心卻暗藏著吞併這片土地的念頭，請把他的這批軍隊安排在城外住下吧。」賈耽說：「我們與李納的轄境道路相鄰，怎麼能把李納的將士安排在野外住宿呢！」下令把這支軍隊安排在城內住下。賈耽也經常帶領百名左右的騎兵在李納的轄境內打獵，李納聽說這事以後，十分高興，極為佩服賈耽的度量，不敢越境侵犯義成軍。

吐蕃前驅遊動的偵察騎兵到了好時。九月十九日乙巳，京城長安實施戒嚴，德宗又派左金吾將軍張獻甫率軍屯駐咸陽。這時民間傳言德宗又要離開京城，出行外地，以躲避吐蕃人的進攻，宰相齊映面見德宗說：「外面都說陛下已經整理好行裝，備辦了乾糧，以致人心震驚恐懼。要知道大福不會再次降臨，陛下為什麼不與我們這些大臣好好商議一下呢！」說完後伏在地上痛哭流涕，德宗也為此很受感動。

李晟派他的部將王佖率三千名勇猛精悍的戰士埋伏在汧城，並告誡王佖說：「敵人經過城下時，不要攻擊其先頭部隊，這些先頭部隊雖然被打敗，但他們的主力過來，你們就抵擋不住了。不如等敵人的先頭部隊經過以後，看見打著五方旗，穿著虎豹花紋衣服的，那就是敵人主將所在的部隊，這時出其不意地發起攻擊，就一定能大獲全勝。」王佖按李晟說的去做，尚結贊的人馬被打得大敗而逃。唐軍將士不認識尚結贊，尚結贊才得以脫身。○尚結贊對手下人說：「唐朝的良將，只有李晟、馬燧、渾瑊三個人罷了，我們應該用計策除掉他們。」尚結贊進入鳳翔境內，沒有搶掠什麼東西，他率領二萬兵力一直開到鳳翔城下說：「李令公召我們到這裡來的，你們為什麼不出來犒勞我們！」過了一整夜，才帶兵退走。

冬，十月初七日癸亥，李晟派蕃落使野詩良輔與王佖率步兵、騎兵共五千人去襲擊吐蕃的摧砂堡。十六日壬申，唐軍與吐蕃的兩萬軍隊相遇，發生交戰，打敗了吐蕃軍隊，乘勝追擊，直到摧砂堡下，一舉攻佔了城堡，斬殺吐蕃將領扈屈律悉蒙，燒了他們蓄積的物資之後返回。尚結贊率領人馬向北方的寧州、慶州逃去，十七日癸酉，他們在合水縣的北邊駐紮下來。邠寧節度使韓遊瓌派部將史履程夜襲吐蕃的軍營，殺了幾百人。吐蕃軍隊出來追趕史履程，韓遊瓌在平川布下戰陣，還暗中派人在西山上擂起戰鼓。吐蕃軍隊大吃一驚，丟下搶來的東西狼狽逃跑了。

十一月初八日甲午，德宗冊立淑妃王氏為皇后。○初九日乙未，韓滉入京朝見德宗。○十一日丁酉，皇后去世。

十一月十五日辛丑，吐蕃軍隊侵犯鹽州，對鹽州刺史杜彥光說：「我們只想得到城池，可以聽任你們把人帶走。」於是，杜彥光率領所有的部眾逃向鄜州，吐蕃軍隊進城佔據了鹽州城。

劉玄佐在汴州任宋亳節度使，仿效相鄰各道的先例，很久沒有入京朝見皇帝。韓滉入京經過汴州，劉玄佐敬重韓滉的才能和聲望，便以下屬官吏的禮節晉見韓滉。韓滉與劉玄佐相約結為兄弟，韓滉請求拜見劉玄佐的母親，劉玄佐的母親十分高興，設酒宴會見韓滉。酒宴進行將半，韓滉對劉玄佐說：「賢弟什麼時候入京朝見皇帝？」劉玄佐回答說：「我很早就想入京朝見皇帝，只是財力還不具備啊。」韓滉說：「我的財力還可以幫助你，賢弟應該早點入京朝見皇帝才是。伯母年事已高，不能讓她再帶著各位女眷填充到後宮去服役啊。」劉母聽後，抑制不住十分悲傷地哭了起來。韓滉於是贈送給劉玄佐二十萬緡錢，讓他置辦行裝。韓滉在大梁逗留了三天，拿出許多錢帛賞賜、慰勞劉玄佐的將士，全軍因此而轟動。劉玄佐既吃驚，又佩服，隨即派人去暗中探聽情況。韓滉詢問孔目官說：「今天花了多少錢？」責問得很詳細。劉玄佐笑著說：「我明白他的用意了！」十一月十六日王寅，劉玄佐與陳許節度使曲環一起入京朝見皇帝。

崔造改革徵收錢財、糧食的辦法，所推行的做法大多沒有成功。鹽鐵、轉運等使的職責，實行已久，朝廷內外對此已經習慣適應。負責鹽鐵事務的元琇被解職後，崔造因憂慮恐懼而病倒，不再入閣辦事。不久，江淮一帶運來的糧米大批到達，德宗對韓滉的功績大為嘉許。十二月初二日丁巳，德宗任命韓滉兼任度支、諸道的鹽鐵、轉運等使，宰相崔造以前一條條上奏實行的措施都被改了過來。

吐蕃軍隊又侵犯夏州，也讓夏州刺史托跋乾暉帶領部眾撤離，於是佔領了夏州城。吐蕃軍隊又侵犯銀州，銀州向來沒有城牆，官吏、百姓都逃散了。吐蕃也放棄了銀州，又攻下麟州。

韓滉屢次在德宗面前指責元琇的過失。十二月初五日庚申，宰相崔造被免職，降為右庶子，元琇被貶為雷州司戶。同時德宗任命吏部侍郎班宏為戶部侍郎、度支副使。

韓遊瓌上奏朝廷，請求派兵攻打鹽州城，如果吐蕃前來援救，就讓河東的唐軍襲擊吐蕃軍的後背。十二月十一日丙寅，德宗下詔命令駱元光和陳許兵馬使韓全義率領步騎兵一萬二千人前去與邠寧軍會合，趕赴鹽州，又命令馬燧率河東的軍隊攻擊吐蕃。馬燧率軍到達石州，黃河河曲的六胡州都來歸降，馬燧把他們遷移到雲州、朔州之間。

工部侍郎張彧是李晟的女婿。李晟在鳳翔的時候，把另一個女兒嫁給了幕客崔樞，對崔樞的禮遇和器重超過了張彧。張彧極為惱怒，便投靠了左僕射張延賞。給事中鄭雲逵曾經擔任李晟軍中的行軍司馬，不受李晟賞識，鄭雲逵於是也投靠了張延賞。德宗對李晟的功業和聲名也有所忌憚。正好這時吐蕃散布出了離間的話，張延賞等人便在朝廷中對李晟大肆毀謗，使出了各種手段。李晟聽說此事後，晝夜痛哭，眼睛都哭腫了，他把子弟全都送到長安城內以表示對皇上的忠誠，並且上表請求削髮為僧，德宗對他安慰開導，沒有批准他的請求。十二月十六日辛未，李晟入朝，晉見德宗，述說自己的腿腳染病，懇請辭去節度使職務，德宗還是沒有批准。韓滉一向與李晟關係很好，德宗命韓滉和劉玄佐一起去向李晟傳達自己的旨意，讓李晟和張延賞消除怨恨。李晟接受了詔旨，韓滉等人於是帶著張延賞到李晟家中道歉，二人結為兄弟，李晟設宴招待，大家歡飲盡興。之後又在韓滉、劉玄佐家設宴，大家也像在李晟家中一樣盡歡而散。韓滉於是讓李晟上表推薦張延賞擔任宰相。

三年（丁卯　西元七八七年）

春，正月壬寅❶，以左僕射張延賞同平章事。李晟為其子請昏於延賞，延賞不許。晟謂人曰：「武夫性快，釋怨於杯酒間，則不復貯胸中矣。非如文士難犯❷，外雖和解，內蓄憾如故，吾得無懼哉❸！」

初，李希烈據淮西，選騎兵尤精者為左右門槍、奉國四將❹，步兵尤精者為左、右克平十將❺。淮西少馬，精兵皆乘騾，謂之騾軍。

陳仙奇舉淮西降，纔數月，詔發其兵於京西防秋❻。仙奇遣都知兵馬使蘇浦悉將淮西精兵五千人以行。會❼仙奇為吳少誠所殺，少誠密遣人召門槍兵馬使❽吳法超等使引兵歸，浦不之知。法超等引步騎四千自鄜州叛歸，渾瑊使其將白娑勒❾追之，反為所敗。

丙午⑩，上急遣中使敕陝虢觀察使李泌發兵防遏，勿令濟河⑪。泌遣押牙⑫唐英岸將兵趣靈寶⑬，淮西兵已陳於河南⑭矣。泌乃命靈寶給其食，淮西兵亦不敢剽掠。明日，宿陝西⑮七里。泌不給其食，遣將將選士⑯四百人分為二隊，伏於太原倉⑰之隘道，令之曰：「賊十隊過，東伏則大呼擊之⑱，西伏亦大呼應之⑲，勿遮道⑳，勿留行㉑，常讓以半道，隨而擊之㉒。」又遣虞候㉓集近村少年各持弓刀瓦石躡賊後，聞呼亦應而追之。又遣唐英岸將千五百人夜出南門，陳于澗北。明日四鼓㉔，淮西兵起行入隘，兩伏發，賊眾驚亂，且戰且走，死者四之一。進遇唐英岸，邀㉕而擊之，賊眾大敗，擒其驃軍兵馬使張崇獻。泌以賊必分兵自山路南遁，又遣都將㉖燕子楚將兵四百自炭竇谷㉗趣長水㉘。賊二日不食，屢戰皆敗，英岸追至永寧㉙東，賊皆潰入山谷。吳法超果帥其眾太半趣長水㉚，燕子楚擊之，斬法超，殺其士卒三分之二。上以陝兵少，發神策軍步騎五千往助泌，至赤水㉛，聞賊已破而還。上命劉玄佐乘驛歸汴，以詔書緣道誘之，得百三十餘人，至汴州，盡殺之。其潰兵在道，復為村民所殺，得至蔡者纔四十七人。吳少誠以其少，悉斬之以聞，且遣使以幣㉜謝李泌，為其誅叛卒也。泌執張崇獻等六十餘人送京師，詔悉腰斬於鄜州軍門，以令防秋之眾。

【章 旨】以上為第七段，寫陝虢觀察使李泌八面埋伏，奇計滅叛兵。

【注 釋】❶壬寅 正月十七日。❷難犯 難於冒犯。❸吾得無懼哉 我怎麼能不恐懼呢。❹四將 淮西精騎分門槍、奉國，各有左右，共為四將。❺克平十將 克平為精兵之號，分十將領之。❻京西防秋 各鎮選精兵於秋季到京西各邊州戍守，以防吐蕃入寇秋掠，戍兵稱防秋兵。❼會 適逢。❽門槍兵馬使 總管門槍兵，位在都知兵馬使之下。都知兵馬使總領節度使兵馬。❾白娑勒 人名。❿丙午 正月二十一日。⓫濟河 渡過黃河。⓬押牙 武官名，掌節鎮衙內警衛，為鎮帥親將。⓭靈寶 縣名，為虢州治所，在今河南靈寶。⓮已陳於河南 陝州兵趕到靈寶，而淮西兵已經渡過黃河列陣於靈寶之郊。⓯陝西 陝州之西，今河南三門峽市以西。⓰選士 挑選士兵，精選驍勇者。⓱太原倉 轉運倉名，在陝州之西。⓲東伏則大呼擊之 埋伏於隘道東的官軍大聲吶喊擊殺淮西兵。⓳應之 西邊伏兵只是呼喊助勢，讓半道於敵人，不出擊。⓴勿遮道 不阻斷道路，留出道路讓敵人潰逃。㉑勿留行 不要使敵人停留不前，這樣，敵人心不在戰。㉒常讓以半道二句 整個戰鬥過程中始終讓出半道，官兵尾隨追擊。因陝州兵少，以四百埋伏之兵阻擊五千淮西兵，只能用此奇計分散瓦解賊勢。㉓虞候 軍法官，糾察軍紀。㉔四鼓 四更，早晨二三點鐘時，天將明未明之際。㉕邀 攔擊。唐英岸以一千五百之眾迎擊潰敗之兵，於此處邀擊之。㉖都將 即大將。都知兵馬使、都押牙、都虞候等職，均可稱都將。㉗炭竇谷 山谷名，在長水縣東北。㉘長水 縣名，在永寧縣西南，縣治在今河南洛寧縣西洛水北岸。㉙永寧 縣名，在陝州東南，縣治在今河南洛寧東北。㉚太半趣長水 賊眾由陝州敗走永寧，遇阻折而東南，向長水而來。太半，大半；三分之二。㉛赤水 鎮名，臨赤水而得名，在今陝西渭南市東。神策軍未出潼關而淮西兵已破，半道而還。㉜幣 禮物。

【語 譯】三年（丁卯 西元七八七年）

春，正月十七日壬寅，德宗任命左僕射張延賞為同平章事。李晟請求張延賞把女兒嫁給自己的兒子為妻，張延賞沒有答應。李晟對人說：「我們武夫性情爽快，在杯酒之間就消除了怨恨，然後就不會再把這些怨恨放在心上了。不像文人那樣難於冒犯，他們表面上雖說和解了，但內心保留的怨恨依然如故，我怎麼能不恐懼呢！」

當初，李希烈佔據淮西，從騎兵中挑選尤為精銳的人組建左、右門槍和左、右奉國，設四將統領，從步兵中挑選尤為精銳的人組建左、右克平，設十將統領。淮西缺少馬匹，這些精兵都騎騾子，人們稱他們為騾軍。

陳仙奇獻出淮西歸降朝廷，才幾個月，德宗就下詔徵調淮西的軍隊到京城西邊駐守防秋。陳仙奇派都知兵馬使蘇浦率淮西的全部精兵五千人前去。適逢陳仙奇被吳少誠所殺，吳少誠祕密派人召門槍兵馬使吳法超等人，讓他們帶防秋兵回淮西，蘇浦對此一無所知。吳法超等人帶著步兵、騎兵四千人在鄜州反叛，返回淮西，渾瑊派他的部將白娑勒率部追擊，反被吳法超等人打敗。

正月二十一日丙午，德宗緊急派遣中使宣詔命令陝虢觀察使李泌派兵防禦、阻截淮西叛軍，不讓叛軍渡過黃河。李泌派押牙唐英岸率兵趕往靈寶縣，發現叛軍已經渡過黃河，在黃河南岸列成陣勢了。李泌於是命令靈寶縣給他們提供糧食，淮西的叛軍也不敢出去搶劫財物。第二天，叛軍在離陝州城西七里的地方宿營。李泌不給他們提供糧食，並且派部將率領精選出來的士兵四百人，分成二隊，埋伏在前往太原倉狹窄的險路上，下令說：「等叛軍有十隊人馬經過以後，埋伏在路東的人就大聲吶喊擊殺淮西兵，埋伏在路西的人也大聲吶喊以作呼應，不要阻斷道路，不要讓他們停留不前，要經常讓出半邊道路，尾隨追擊。」又派虞候官召集附近村莊中的青少年人，各自帶著弓箭、大刀和瓦塊、石頭等跟在叛軍的後邊，聽到官軍吶喊也起來響應追擊叛軍。李泌又派唐英岸率領一千五百人在夜裡從陝州城南門出去，在澗水的北面布好陣勢。第二天早上四更天的時候，淮西叛軍出發進入狹窄的險路，路兩邊埋伏的官軍發起攻擊，叛軍驚慌失措，亂作一團，邊戰邊逃，被殺死的人佔總數的四分之一。叛軍向前逃跑時又遭遇唐英岸的攔截阻擊，叛軍大敗，唐英岸活捉了叛軍的騾軍兵馬使張崇獻。李泌認為叛軍一定會分出部分兵力從山路上向南逃跑，於是又派都將燕子楚率兵四百人從炭竇谷趕赴長水縣。叛軍兩天沒有吃飯，屢戰屢敗，唐英岸率兵追趕到永寧縣東邊，叛軍都潰散逃入山谷。吳法超果然帶領手下的大部分人馬直奔長水縣，燕子楚發起攻擊，殺了吳法超，消滅了吳法超所帶人馬的三分之二。德宗覺得陝州兵少，派神策軍步騎兵五千人前去支援李泌，他們到了赤水鎮，聽到叛賊已經被打敗，就回京城去了。德宗命令劉玄佐乘驛馬趕回汴州，沿途用詔書勸誘淮西軍，共得到一百三十多人，劉玄佐到了汴州，把這些叛兵全都殺了。那些在路上的淮西潰兵，又有被村民所殺的，能夠回到蔡州的才四十七人。吳少誠因為回來的人太少，便把他們全殺了，上報朝廷，並派使者帶著禮物前去答謝李泌，說是因他為自己誅殺了叛亂的將士。李泌把張崇獻等六十多人抓住後押解京城，德宗下令把他們全都在鄜州軍門前腰斬，藉此警誡防秋的將士。

初，雲南王閤羅鳳陷嶲州❶，獲西瀘❷令鄭回。回，相州人，通經術，閤羅鳳愛重之。其子鳳迦異及孫異牟尋、曾孫尋夢湊皆師事之，每授學，回得撻❸之。及異牟尋為王❹，以回為清平官❺。清平官者，蠻相也，凡有六人，而國事專決於回。五人者事回甚卑謹，有過則回撻之。

雲南有眾數十萬，吐蕃每入寇，常以雲南為前鋒，賦斂重數❻；又奪其險要立城堡，歲徵兵助防，雲南苦之。回因說異牟尋復自歸於唐曰：「中國尚禮義，有惠澤，無賦役。」異牟尋以為然，而無路自致，凡十餘年。及西川節度使韋皋至鎮，招撫境上羣蠻，異牟尋潛遣人因羣蠻求內附。皋奏：「今吐蕃棄好，暴亂鹽、夏，宜因雲南及八國生羌❼有歸化之心招納之，以離吐蕃之黨，分其勢。」上命皋先作邊將書以諭之❽，微觀其趣❾。

張延賞與齊映有隙，映在諸相中頗稱敢言，上浸❿不悅。延賞言映非宰相器，王子⑪，映貶夔州⑫刺史。劉滋罷為左散騎常侍，以兵部侍郎柳渾同平章事。

韓滉性苛暴，方為上所任，言無不從，它相充位而已，百官羣吏[1]救過不贍⑬。渾雖為滉所引薦，正色⑭讓⑮之曰：「先相公⑯以褊察⑰為相，不滿歲而罷，今公又甚焉。柰何榜吏於省中⑱，至有死者！且作福作威⑲，豈人臣所宜！」滉愧，為之少霽威嚴。

二月壬戌⑳，以檢校左庶子崔澣充入吐蕃使。○戊寅㉑，鎮海節度使、同平章事、充江淮轉運使韓滉薨。滉久在二浙㉒，所辟僚佐，各隨其長，無不得人。嘗有故人子謁之，考其能，一無所長。滉與之宴，竟席，未嘗左右視及與並坐㉓交言。後數日，署為隨軍，使監庫門。其人終日危坐，吏卒無敢妄出入者。

分浙江東、西道為三㉔：浙西，治潤州；浙東，治越州；宣、歙、池，治宣州，各置觀察使以領之。

上以果州刺史白志貞為浙西觀察使。柳渾曰：「志貞，憸人㉕，不可復用。」會渾疾，不視事，辛巳㉖，詔下，用之。渾疾間㉗，遂乞骸骨，不許。○甲申㉘，葬昭德皇后㉙于靖陵㉚。

【章　旨】以上為第八段，寫張延賞為相受寵，排斥異己，為誤導德宗結和吐蕃受欺張本。韓滉知人，理財有方，入朝拜相不久去世，為朝廷一大損失。

【注　釋】❶閣羅鳳陷巂州　事見本書卷二百十八肅宗至德元載。巂州治所在今四川西昌。❷西瀘　縣名，縣治在今四川西昌西南。❸撻　鞭打。❹異牟尋為王　事見本書卷二百二十六代宗大曆十四年。❺清平官　南詔官有坦綽、布燮、久贊，皆為清平官。清平官裁決國事輕重，猶如唐宰相。❻賦斂重數　賦稅既重且繁。❼八國生羌　西川境內的八部生羌，為白狗君、哥鄰君、逋租君、南水君、弱水君、悉董君、清遠君、咄霸君。❽上命皋先作邊將書以諭之　德宗命韋皋先以邊將名義向南詔及八國生羌發布文書曉諭他們。❾微觀其趣　暗中觀察動向。趣，通「趨」。趨向；動向。❿浸　日漸。⓫壬子　正月二十七日。⓬夔州　州名，治所奉節，在今重慶市奉節。⓭救過不贍　舊過未改，新過又犯，彌補沒有個完。謂韓滉苛責百官太苛。⓮正色　嚴肅地。⓯讓　責備。⓰先相公　指韓滉之父韓休，玄宗時為相不足歲而罷。事見本書卷二百十三玄宗開元二十一年。⓱褊察　氣量狹窄，苛察細事。⓲榜吏於省中　在中書省政事堂拷打官吏。⓳作福作威　借用《書經・洪範》之語：「臣無有作福作威玉食，臣之有作福作威玉食，其害于而家，凶于而國。」⓴壬戌　二月初七日。㉑戊寅　二月二十三日。㉒久在二浙　韓滉大曆十四年（西元七七九年）為浙江東、西道觀察使，德宗建中二年（西元七八一年）建節，至貞元二年（西元七八六年）入相，在二浙任政凡八年。㉓並坐　並肩而坐。㉔分浙江東西道為三　唐初分十道，江南東、西道與二浙總為江南道。乾元置浙江西道觀察使，兼領宣、歙、饒三州。至此，分出宣、歙、池三州另為一道，是為三道。浙西治所潤州，在今江蘇鎮江市。浙東治所越州，在今浙江紹興。宣、歙、池治所宣州，在今安徽宣城。㉕憸人　奸佞的人。㉖辛巳　二月二十六日。㉗疾間　病情好轉。㉘甲申　二月二十九日。㉙昭德皇后　德宗王皇后，順宗母。傳見《舊唐書》卷五十二、《新唐書》卷七十七。㉚靖陵　永貞元年（西元八〇五年）王皇后改袝崇陵（德宗陵，在今陝西涇陽北），於是靖陵後為僖宗陵，在今陝西乾縣東北。

【校　記】①百官羣吏　原無「官羣」二字。據章鈺校，乙十六行本、乙十一行本、孔天胤本皆有此二字，今據補。

【語　譯】當初，雲南王閣羅鳳攻陷巂州，抓獲西瀘縣令鄭回。鄭回是相州人，通曉經學之術，閣羅鳳對他很愛護和尊重。閣羅鳳的兒子鳳迦異以及孫子異牟尋、曾孫尋夢湊都把他作為老師來侍奉，每當講課的時候，鄭回都能夠用鞭子抽打他們。到異牟尋做雲南王的時候，任命鄭回擔任清平官。所謂清平官，就是南詔的宰相，共有六人，而國家大事則由鄭回獨自決斷。其他五個清平官侍奉鄭回都十分謙卑謹慎，如果他們犯了過失，鄭回就會用鞭子抽打他們。

雲南有數十萬人口，吐蕃每次入侵唐朝，常常利用雲南的人為前鋒，對他們徵收賦稅很重，名目繁多；又奪佔雲南的險要之地建立城堡，每年都要徵調雲南的兵員協助防守，雲南人吃盡了苦頭。鄭回於是勸說異牟尋重新歸順唐王朝，他說：「中原的唐王朝崇尚禮義，對我們只會有恩澤，不會有賦稅徭役。」異牟尋認為鄭回說得對，但是沒有途徑向唐朝表達自己的心意，這種情況一直持續了十幾年。等到西川節度使韋皋到任之後，招撫西川境內各支蠻族人，異牟尋暗中派人通過蠻族人請求歸附朝廷。韋皋上奏說：「如今吐蕃背棄友好，在鹽州、夏州行兇作亂，應該乘雲南和八國生羌有歸順朝廷的意願而招撫接納他們，以分化吐蕃的聯盟，削弱吐蕃的勢力。」德宗命令韋皋先以邊境將領的名義發布文書曉諭他們，暗中觀察他們的動向。

張延賞與齊映有嫌隙，齊映在幾位宰相中可以稱作是個敢於直言的人，德宗漸漸地不喜歡齊映起來。張延賞也在德宗面前說齊映不是擔任宰相的人才，正月二十七日壬子，齊映被降職為夔州刺史。劉滋也被免去宰相職務，降為左散騎常侍，德宗任命兵部侍郎柳渾為同平章事。

韓滉性情苛刻粗暴，當時正受到德宗的信任，德宗對他言聽計從，其他宰相不過充數罷了，而朝廷百官羣吏忙於彌補過失，總也沒個完。宰相柳渾雖然是韓滉向德宗推薦的，但還是嚴肅地責備韓滉說：「您父親韓休擔任宰相，因為心胸狹隘，苛察細事，不滿一年就被罷免了，現在您又比您父親有過之而無不及。您怎麼能在中書省政事堂拷打官吏，甚至有被拷打致死的呢！而且您妄自尊大，濫用權勢，這哪裡是做臣子的人所應該做的呢！」韓滉聽後感到慚愧，為此對原先那種嚴厲的做法稍有收斂。

二月初七日壬戌，德宗委派檢校左庶子崔澣充任入吐蕃的使者。〇二十三日戊寅，鎮海節度使、同平章事、充任江淮轉運使的韓滉逝世。韓滉長期在兩浙地區任職，所選任的下屬官吏，都能根據每個人的長處安排職務，無不使用恰當。曾經有位老朋友的兒子前來謁見，韓滉考察他的才能，發現他沒有什麼長處。韓滉帶這個人赴宴，直到宴席結束，這個人都不曾向左右兩邊掃視過，也不與坐在一起的人交談。過了幾天後，韓滉任命這個人為隨軍，讓這個人看管庫房的大門。這個人整天在庫房門前端正地坐著，官吏和士兵沒有一個人敢隨便出入庫房的。

朝廷把浙江東、西道分為三部分：浙西的治所在潤州，浙東的治所在越州，宣州、歙州、池州地區的治所在宣州，各設置觀察使來統領。

德宗任命果州刺史白志貞為浙西觀察使。柳渾說：「白志貞是個奸佞小人，不能再任用。」正好柳渾生了病，不能處理政事，二月二十六日辛巳，詔書頒發下來，還是任用了白志貞。柳渾的病情好轉之後，便向德宗請求退休，德宗沒有答應。○二十九日甲申，把昭德皇后安葬在靖陵。

三月丁酉❶，以左庶子李銛充入吐蕃使。

初，吐蕃尚結贊得鹽、夏州，各留千餘人戍之，退屯鳴沙❷。自冬入春，羊馬多死，糧運不繼，又聞李晟克摧沙❸，馬燧、渾瑊等各舉兵臨之，大懼，屢遣使求和，上未之許。乃遣使卑辭厚禮求和於馬燧，且請修清水之盟❹而歸侵地，使者相繼於路。燧信其言，留屯石州❺，不復濟河，為之請於朝。

李晟曰：「戎狄無信，不如擊之。」韓遊瓌曰：「吐蕃弱則求盟，彊則入寇。今深入塞內而求盟，此必詐也。」韓滉曰：「今兩河無虞，若城原、鄯、洮、渭四州❻，使李晟、劉玄佐之徒將十萬眾戍之，河、湟二十餘州可復也。其資糧之費，臣請王辦。」上由是不聽燧計，趣使進兵。燧請與吐蕃使論頰熱俱入朝論之❼，會渾瑊，燧、延賞皆與晟有隙，欲反其謀❽，爭言和親便。上亦恨回紇❾，欲與吐蕃和，共擊之，得二人言，正會己意，計遂定。

延賞數言晟不宜久典兵，請以鄭雲逵代之。上曰：「當令自擇代者。」乃謂晟曰：「朕以百姓之故，與吐蕃和親決矣。大臣❿既與吐蕃有怨，不可復之鳳翔⓫，宜留朝廷，朝夕輔朕，自擇一人可代鳳翔者。」晟薦都虞候邢君牙⓬。君牙，樂壽人也。丙午⓭，以君牙為鳳翔尹兼團練使。丁未⓮，加晟太尉、中書令，勳封如故⓯，餘悉罷之⓰。

晟在鳳翔，嘗謂僚佐曰：「魏徵好直諫，余竊慕之。」行軍司馬李叔度曰：「此乃儒者所為，非勳德所宜。」晟斂容曰：「司馬失言。晟任兼將相，知朝廷得失不言，何以為臣！」叔度慚而退。及在朝廷，上有所顧問，極言無隱。性沈密⓱，未嘗泄於人。

辛亥⓲，馬燧入朝。燧既來，諸軍皆閉壁不戰，尚結贊遽自鳴沙引歸，其眾乏馬，多徒行者。

【章　旨】以上為第九段，寫德宗因猜疑而又偏狹，急欲結盟吐蕃以抗回紇，中吐蕃離間計罷李晟兵權。張延賞挾私憤排斥李晟，實為誤國之罪臣。

【注　釋】❶丁酉　三月十三日。❷鳴沙　縣名，屬靈州。此地人馬行走，沙鳴有聲，因以名縣。縣治在今寧夏吳忠西南臨河。❸摧沙　即摧砂堡，為李晟將王佖所克，見上年十月。❹清水之盟　德宗建中四年（西元七八三年）正月丁亥，唐隴右節度使張鎰與吐蕃尚結贊盟於清水。事見本書卷二百二十八。❺石州　州名，治所在今山西離石。❻城原鄯洮渭四州　城，築城，加固四州防務。原州治所高平，在今寧夏固原。鄯州治所湟水，在今青海樂都。洮州治所臨潭，在今甘肅臨潭。渭州治所襄武，在今甘肅隴西。隴右沒，四州為唐西部邊州。❼論之　辯論和吐蕃結盟的事。❽反其謀　馬燧、張延賞以個人私怨誤國，故意反對李晟的計謀。❾上亦恨回紇　德宗不忘陝州之辱而恨回紇。德宗為雍王時兼天下兵馬大元帥，在陝州會合回紇兵討史朝義，回紇可汗強使雍王拜舞，故深恨之。事見本書卷二百二十二肅宗寶應元年。❿大臣　德宗尊禮李晟，不名，呼為大臣。⓫不可復之鳳翔　不能再前往鳳翔。德宗心內忌憚李晟，藉口與吐蕃和親，不讓李晟赴鳳翔，解除李晟兵權。之，往。⓬邢君牙　樂壽（在今河北獻縣西南）人，代李晟為鳳翔節度使，耕講戰備，吐蕃不敢犯邊。傳見《舊唐書》卷一百四十四、《新唐書》卷一百五十六。⓭丙午　三月二十二日。⓮丁未　三月二十三日。⓯勳封如故　李晟勳上柱國，封西平王，仍如故。⓰餘悉罷之　免除其餘官職，即免除李晟鳳翔、隴右節度使、神策軍使等軍職。⓱性沈密　生性沉著縝密。⓲辛亥　三月二十七日。

【語　譯】三月十三日丁酉，德宗委派左庶子李銛充任入吐蕃的使者。

當初，吐蕃的尚結贊得到了鹽州和夏州後，分別留下一千多人在當地駐守，自己則率軍退到鳴沙縣屯駐。從冬天轉入春天後，羊和馬死了很多，糧食運輸接續不上，又聽說李晟的人馬攻下了摧砂堡，而馬燧、渾瑊等人分別率軍要來攻鳴沙，尚結贊非常害怕，多次派使者向唐朝求和，德宗都沒有答應。尚結贊於是派使者帶著厚禮，以謙卑的言辭向馬燧求和，並且請求恢復建中四年在清水訂立的盟約，向唐朝歸還他們曾經侵佔的土地，派到馬燧這裡的吐蕃使者在路上絡繹不絕。馬燧相信了尚結贊的話，留兵屯駐在石州，不再渡過黃河，為吐蕃向朝廷請示。

李晟說：「戎狄之人沒有信用，不如攻打他們。」韓遊瓌說：「吐蕃人勢力弱的時候，就請求結盟，勢力一強，就來入侵。如今他們的軍隊深入我們邊塞之內而來請求結盟，這必有欺詐。」韓滉說：「如今兩河地區沒有什麼令人憂患之事，如果在原州、鄯州、洮州、渭州四州修築城池，讓李晟、劉玄佐等人率領十萬大軍去戍守，就能從吐蕃手中收復河、湟一帶二十幾州的地方。他們所需物資、糧草等方面的費用，請讓我來主辦。」德宗因此沒有採納馬燧的建議，催促他進軍鳴沙。馬燧請求與吐蕃使者論頰熱一起入朝討論結盟的事情，正碰上韓滉去世，而馬燧、張延賞都與李晟有嫌隙，想要推翻李晟等人的謀略，於是在德宗面前爭著說與吐蕃和好如何有利。德宗也恨回紇人，打算與吐蕃人和好，一起進攻回紇人，聽了馬燧、張延賞兩個人的意見，覺得正合自己的想法，於是便決定與吐蕃議和。

張延賞多次在德宗面前說李晟不適合長期執掌兵權，請讓鄭雲逵代替他。德宗說：「應該讓他自己選擇代替的人。」於是德宗對李晟說：「我因為百姓的緣故，已經決定與吐蕃人和好結盟了。你既然與吐蕃人有怨仇，那就不能再回鳳翔去了，應該留在朝廷，時刻輔佐我，你就自己選擇一個可以代替你鎮守鳳翔的人吧。」李晟推薦了都虞候邢君牙。邢君牙，是樂壽縣人。三月二十二日丙午，德宗任命邢君牙為鳳翔府尹，兼鳳翔團練使。二十三日丁未，加封李晟為太尉、中書令，以前所賜予的勳位和封爵照舊，其他職務全都罷免了。

李晟在鳳翔的時候，曾經對屬吏們說：「魏徵喜歡直言諫諍，我私下很是仰慕。」行軍司馬李叔度說：「這是文人所做的事，不是像您這樣有功勳、有德行的人所適合做的。」李晟神情嚴肅地說：「李司馬這話說錯了。我身兼將相之職，如果知道朝廷有什麼地方做得不對而不說出來，那又怎麼配當大臣！」李叔度聽了很慚愧地退了下去。等李晟在朝廷任職的時候，凡是德宗有所諮詢，他都直言陳說，毫無隱瞞。李晟生性沉著縝密，從未向別人洩露過什麼。

三月二十七日辛亥，馬燧進京朝見。馬燧來了以後，下屬各軍都關閉營門，不再出去作戰，尚結贊於是急忙從鳴沙率軍撤回，他的部眾缺少馬匹，很多人都徒步行走。

崔澣見尚結贊，責以負約。尚結贊曰：「吐蕃破朱泚，未獲賞，是以來。而諸州各城守，無由自達。鹽、夏守將以城授我而遁，非我取之也。今明公來，欲踐修舊好，固吐蕃之願也。今吐蕃將相以下來者二十一人，渾侍中嘗與之共事❶，知其忠信。靈州節度使杜希全、涇原節度使李觀皆信厚聞於異域，請使之主盟❷。」

夏，四月丙寅❸，澣至長安。辛未❹，以澣為鴻臚卿，復使入吐蕃語尚結贊曰：「希全守靈，不可出境，李觀已改官，今遣渾瑊盟於清水。」且令先歸鹽、夏二州。五月甲申❺，渾瑊自咸陽入朝，以為清水會盟使。戊子❻，以兵部尚書崔漢衡❼為副使，司封員外郎❽鄭叔矩❾為判官，特進❿宋奉朝⓫為都監。己丑⓬，瑊將二萬餘人赴盟所。

乙巳⓭，尚結贊遣其屬論泣贊來言：「清水非吉地，請盟於原州之土梨樹，既盟而歸鹽、夏二州。」上皆許之。神策將馬有麟奏：「土梨樹多阻險，恐吐蕃設伏兵，不如平涼川⓮坦夷。」時論泣贊已還，丁未⓯，遣使追告之。

申蔡留後吳少誠繕兵完城⓰，欲拒朝命。判官鄭常、大將楊冀謀逐之，詐為手詔賜諸將申州刺史張伯元等。事泄，少誠殺常、冀、伯元。大將宋旻、曹濟奔長安。

閏月己未[17]，韋皋復與東蠻[18]和義王苴那時書，使詗伺[19]導達[20]雲南。○庚申[21]，大省[22]州、縣官員，收其祿以給戰士，張延賞之謀也。時新除官千五百人，而當減者千餘人，怨嗟盈路[23]。

初，韓滉薦劉玄佐可使將兵復河、湟[24]，上以問玄佐，玄佐亦贊成之。滉薨，玄佐奏言：「吐蕃方彊，未可與爭。」上遣中使勞問玄佐，玄佐臥而受命[25]。張延賞知玄佐不可用，奏以河、湟事委李抱真，抱真亦固辭。皆由延賞罷李晟兵柄，故武臣皆憤怒解體[26]，不肯為用故也。

上以襄、鄧扼[27]淮西衝要，癸亥[28]，以荊南節度使曹王皋為山南東道節度使，以襄、鄧、復、郢、安、隨、唐七州[29]隸之。

渾瑊之發長安也，李晟深戒之以盟所為備不可不嚴。張延賞言於上曰：「晟不欲盟好之成，故戒瑊以嚴備。我有疑彼之形，則彼亦疑我矣，盟何由成！」上乃召瑊，切戒以推誠待虜，勿自為猜貳以阻虜情[30]。

瑊奏吐蕃決以辛未盟[31]。延賞集百官，以瑊表稱詔示之[32]曰：「李太尉[33]謂吐蕃和好必不成，此渾侍中表也，盟日定矣。」晟聞之，泣謂所親曰：「吾生長西陲[34]，備諳虜情[35]，所以論奏，但恥朝廷為犬戎[36]所侮耳！」

上始命駱元光屯潘原[37]，韓遊瓌屯洛口[38]，以為瑊援。元光謂瑊曰：「潘原距盟所且七十里，公有急，元光何從知之！請與公俱。」瑊以詔指固止之。元光不從，與瑊連營相次[39]，距盟所三十餘里。元光壕柵深固[40]，瑊壕柵皆可踰[41]也。元光伏兵於營西，韓遊瓌亦遣五百騎伏於其側，曰：「若有變，則汝曹西趣柏泉[42]，以分其勢。」

尚結贊與瑊約，各以甲士[43]三千人列於壇之東西，常服[44]者四百人從至壇下。辛未[45]，將盟，尚結贊又請各遣遊騎數十更相覘索[46]，瑊皆許之。吐蕃伏精騎數萬於壇西，遊騎貫穿唐軍，出入無禁。唐騎入虜軍，悉為所擒，瑊等皆不知。入幕[47]，易禮服。虜伐鼓[48]三聲，大譟而至，殺宋奉朝等於幕中。瑊自幕後出，偶得它馬乘之，伏鬣入其銜[49]，馳十餘里，銜方及馬口，故矢過其背而不傷[50]。唐將卒皆東走，虜縱兵追擊，或殺或擒之，死者數百人，擒者千餘人，崔漢衡為虜騎所擒。渾瑊至其營，則將卒皆遁去，營空矣。駱元光發伏成陳以待之，虜追騎愕眙[51]。瑊入元光營，追騎顧見邠寧軍西馳[52]，乃還。元光以輜重資瑊，與瑊收散卒，勒兵整陳而還[53]。

【章 旨】以上為第十段，寫吐蕃背信劫盟，給德宗的剛愎自用一記當頭棒喝，大唐不堪其侮。

【注 釋】❶渾侍中嘗與之共事 渾瑊加官侍中，故稱渾侍中。武亭川之役，吐蕃與渾瑊共破朱泚，故云與之共事。事見本書卷二百三十德宗貞元元年四月。❷請使之主盟 請求大唐派遣靈州節度使杜希全、涇原節度使李觀一同主持盟會。吐蕃欲利用盟會劫持二鎮帥以取靈、涇二州，故託言杜、李二人「信厚」使之主盟。李觀傳見《舊唐書》卷一百四十四、《新唐書》卷一百五十六。❸丙寅 四月十二日。❹辛未 四月十七日。❺甲申 五月初一日。❻戊子 五月初五日。❼崔漢衡 歷官殿中少監、鴻臚卿、上都留守、兵部尚書、東都淄青魏博賑給宣慰使。屢預吐蕃和盟事。傳見《舊唐書》卷一百二十二、《新唐書》卷一百四十三。❽司封員外郎 官名，吏部司封司副主官，掌封誥。❾鄭叔矩 事略見《舊唐書》卷一百三十四〈渾瑊傳〉、卷一百九十六下〈吐蕃傳〉、《新唐書》卷二百十六下〈吐蕃傳〉。❿特進 加官，正二品。⓫宋奉朝 宦官。⓬己丑 五月初六日。⓭乙巳 五月二十二日。⓮平涼川 平涼縣的川地。據《新唐書・地理志》，在平涼西北五里有吐蕃會盟壇。⓯丁未 五月二十四日。⓰繕兵完城 修治兵器，堅固城池。⓱己未 閏五月初七日。⓲東蠻 居於吐蕃東部之蠻，地當今四川西部、西南部，即成都以西、西南地區以氐、羌為主的少數民族。⓳詷伺 刺探情報。⓴導達 引導。㉑庚申 閏五月初八日。㉒省 裁省。㉓怨嗟盈路 怨聲載道。㉔河湟 黃河與湟水兩河交流地區，即今青海青海湖及其以東地區。湟水為黃河支流，湟水入黃河之口在今甘肅蘭州西。㉕臥而受命 睡臥床上接受聖旨。臥者，臥床稱病。㉖解體 人心渙散。張延賞妒功忌能，諸將不願為之用。㉗扼 控制。㉘癸亥 閏五月十一日。㉙襄鄧復郢安隨唐七州 山南東道所轄七州在今湖北西北及河南西南一帶，治所襄州，在今湖北襄樊。㉚勿自為猜貳以阻虜情 切不要自我懷疑而拒絕吐蕃的誠意。㉛決以辛未盟 決定辛未（閏五月十九）日訂盟。㉜以瑊表稱詔示之 將渾瑊的表章以皇帝名義遍示百官，使大家知曉。㉝李太尉 李晟當時加授太尉。㉞西陲 西部邊疆。李晟，洮州臨潭（今屬甘肅）人，地處西陲。㉟備諳虜情 完全熟悉吐蕃情況。㊱犬戎 自古稱西戎為犬戎。㊲潘原 縣名，屬原州，其時已沒於吐蕃。縣治在今甘肅平涼東涇水南岸。㊳洛口 即水洛口，在瓦亭川（今葫蘆河）東北，在今甘肅靜寧東。㊴連營相次 兩軍營地相鄰駐紮。㊵壕柵深固 壕溝深，營柵牢固。㊶可踰 可以跨越。㊷柏泉 縣名，時已沒入吐蕃。縣治在今甘肅平涼西北。㊸甲士 披甲的戰士。㊹常服 不著戎裝的便服。㊺辛未 閏五月十九日。㊻更相覘索 互相察視。㊼入幕 進入帳幕。㊽伐鼓 擊鼓。進軍之號。㊾伏鬣入其銜 渾瑊伏在馬頸上給馬口戴嚼子。鬣，馬頸上的長毛。㊿馳十餘里三句 奔馳了十多里才把嚼子戴上了馬口。情事危急而緊張，渾瑊伏在奔馳的馬背上很長時間才戴上了馬嚼子，也正因如此，渾瑊沒有直起腰來，故箭矢飛過其背而僥倖未受傷。51愕眙　驚異地看著駱元光的軍陣。52邠寧軍西馳　韓遊瓌預伏之兵西趨柏泉。53勒兵整陳而還　整飭軍隊，結成陣列後返回。

【語　譯】崔澣見了尚結贊，指責他背棄約定。尚結贊說：「我們吐蕃的軍隊打敗了朱泚，卻沒有得到朝廷的賞賜，所以就來了。而你們各州都據城防守，我們無法向朝廷通報自己的要求。鹽州、夏州的守將把城池交給我們後逃走了，並不是我們攻佔的。現在您來了，打算恢復原來的友好關係，這原本就是我們吐蕃人的願望啊。現在我們吐蕃將相以下到這裡來的有二十一人，你們的渾侍中與他們曾經一起打過朱泚，知道他們忠誠、講信義。你們的靈州節度使杜希全、涇原節度使李觀為人誠信敦厚，在我們那裡都很知名，請讓他們來主持盟會。」

夏，四月十二日丙寅，崔澣回到長安。十七日辛未，德宗任命崔澣為鴻臚卿，讓他再次進入吐蕃，對尚結贊說：「杜希全要鎮守靈州，不能離開州境，李觀已經改任別的官職，現在派渾瑊到清水與你們結盟。」並且讓吐蕃先歸還鹽州和夏州。五月初一日甲申，渾瑊從咸陽進京朝見，德宗任命他為清水會盟使。初五日戊子，任命兵部尚書崔漢衡為清水會盟副使，任命司封員外郎鄭叔矩為判官，任命特進宋奉朝為都監。初六日己丑，渾瑊率領二萬多人前往會盟地點。

五月二十二日乙巳，尚結贊派其下屬論泣贊來朝廷說：「清水不是一個吉祥的地方，請求在原州土梨樹這個地方訂盟，訂盟之後，就歸還鹽州和夏州。」這些要求，德宗都答應了。神策軍的將領馬有麟上奏說：「土梨樹這個地方有許多阻塞險要之地，恐怕吐蕃人會設下伏兵，不如將會盟地點改在平涼川，那裡地勢平坦。」當時，論泣贊已經回去了，二十四日丁未，德宗派使者追上論泣贊，告訴了他變化的情況。

申蔡留後吳少誠整修兵器，加固城池，準備抗拒朝廷的命令。判官鄭常、大將楊冀密謀驅逐吳少誠，假造皇帝的親筆詔書，賜給眾將和申州刺史張伯元等。不料事情洩露，吳少誠殺了鄭常、楊冀和張伯元。大將宋旻、曹濟逃往長安。

閏五月初七日己未，西川節度使韋皋又寫信給東蠻和義王苴那時，讓苴那時刺探雲南的情況並加引導。

○初八日庚申，朝廷大規模裁減州、縣官員，收回這些人的俸祿以供應軍中的將士，這是宰相張延賞出的主意。當時，新任命的官員有一千五百多人，而應當裁減的有一千多人，因此怨聲載道。

當初，韓滉推薦劉玄佐，認為可以讓他帶兵收復黃河、湟水地區失地，德宗就此事徵詢過劉玄佐的意見，劉玄佐也表示贊成。韓滉去世以後，劉玄佐上奏說：「吐蕃勢力正強，不能與他們爭鬥。」德宗派中使去慰問劉玄佐，劉玄佐稱病臥床，接受了聖旨。張延賞知道劉玄佐不可任用，就上奏德宗把收復黃河、湟水地區失地的事交給李抱真，李抱真也堅決推辭。這都是因為張延賞罷免了李晟的兵權，武將們對此十分憤怒，人心渙散，不肯再為張延賞效力的緣故。

德宗認為襄州、鄧州是控制淮西地區的衝要之地，閏五月十一日癸亥，任命荊南節度使曹王李皋為山南東道節度使，把襄、鄧、復、郢、安、隨、唐七州劃歸李皋管轄。

渾瑊從長安出發的時候，李晟極力告誡渾瑊，對會盟地點的防備不可不嚴密。張延賞把此事告訴了德宗，並說：「李晟不希望這次會盟成功，所以告誡渾瑊要嚴加防備。如果我們有了懷疑吐蕃的表現，那麼吐蕃人也會懷疑我們了，這樣會盟又怎麼能成功呢！」德宗於是召見渾瑊，反覆告誡渾瑊，對吐蕃一定要有誠意，不要因為自己對吐蕃有猜疑而拒絕了吐蕃的誠意。

渾瑊上奏說，吐蕃人決定在閏五月十九日辛未這天訂立盟約。宰相張延賞召集百官，把渾瑊上奏的表章以皇帝的名義拿給大家看，說：「李太尉說吐蕃與我們和好的盟約一定訂不成，可這是渾侍中上奏的表章，訂盟的日期都定下來了。」李晟聽說此事後，流著眼淚對他親近的人說：「我生長在西部邊疆地區，完全熟悉吐蕃人的情況，我之所以要上奏申論自己的看法，只是恥於看到朝廷被吐蕃所欺負罷了！」

德宗當初命令駱元光率軍屯駐在潘原縣，韓遊瓌率軍屯駐在洛口，作為對渾瑊的支援。駱元光對渾瑊說：「潘原縣距會盟地點將近七十里，倘若您那邊發生了什麼緊急事情，我從哪裡得知消息呢！我請求率軍與您一起去。」渾瑊因德宗的旨意而堅決阻止駱元光。但駱元光不聽，率軍與渾瑊的營地緊挨著駐紮下來，離會盟地點約有三十多里。駱元光軍營的壕溝很深，營柵牢固，但渾瑊軍營的壕溝和柵欄卻都可以跨過去。駱元光在軍營的西邊埋下伏兵，韓遊瓌也派了五百名騎兵埋伏在這附近，並命令這些伏兵說：「如果發生事變，你們就西奔柏泉，以分散吐蕃人的勢力。」

尚結贊與渾瑊約定，雙方各派身穿鎧甲的士兵三千人，排列在會盟壇的東西兩邊，再派穿普通服裝的士兵四百人跟隨主盟官員來到會盟壇下。閏五月十九日辛未，即將訂盟之時，尚結贊又請求雙方各派幾十個流動巡邏的騎兵，到對方去相互觀察檢視，渾瑊也都答應了。吐蕃人在會盟壇的西邊埋伏了幾萬名精銳的騎兵，他們派出的流動巡邏騎兵在唐軍中穿來穿去，進進出出，毫無限制。唐軍派出的流動巡邏騎兵進入吐蕃軍以後，全部被他們抓了起來，渾瑊等人對此一無所知。他們進入設在會盟壇附近的帳幕之中，更換上禮服。這時吐蕃軍擊響三聲戰鼓，騎兵呼喊著擁了上來，在唐朝的帳幕中殺掉了都監宋奉朝等人。渾瑊從帳幕的後邊逃出來，偶然得到一匹別人的馬騎了上去，他伏在馬頸上，給馬戴嚼子，跑了十幾里，嚼子才戴到馬口上，所以箭從他背上飛過而他沒有受傷。唐軍將士都往東逃跑，吐蕃發兵追擊，唐軍將士有的被殺，有的被抓，死了好幾百人，被抓的有一千多人，兵部尚書崔漢衡被吐蕃騎兵抓住了。渾瑊跑回他自己的軍營，將士們都逃跑了，軍營中空無一人。駱元光指揮埋伏的士兵排成戰陣迎擊吐蕃軍，吐蕃追擊的騎兵看到這陣勢十分驚異。渾瑊進入駱元光的軍營中，追趕他的吐蕃騎兵回頭看到邠寧的唐軍向西邊殺去，於是也收兵回去了。駱元光用自己的物資裝備資助渾瑊，與渾瑊一起搜集逃散的士兵，然後整飭軍隊結成陣列後返回。

是日上臨朝，謂諸相曰：「今日和戎息兵，社稷之福。」馬燧曰：「然。」柳渾曰：「戎狄，豺狼也，非盟誓可結。今日之事，臣竊憂之。」李晟曰：「誠如渾言。」上變色曰：「柳渾書生，不知邊計，大臣亦為此言邪！」皆伏地頓首謝，因罷朝。是夕，韓游瓌表言「虜劫盟者，兵臨近鎮❶。」上大驚，街遞❷其表以示渾。明旦，謂渾曰：「卿書生，乃能料敵如此其審乎！」上欲出幸以避吐蕃，大臣諫而止。

李晟大安園多竹，復有為飛語者，云「晟伏兵大安亭❸，謀因倉猝為變。」晟遂伐其竹。

癸酉❹，上遣中使王子恆齎詔遺尚結贊，至吐蕃境，不納而還。渾瑊留屯奉天。

甲戌❺，尚結贊至故原州❻，引見崔漢衡等曰：「吾飾金械，欲械瑊以獻贊普。今失瑊，虛致公輩。」又謂馬燧之姪弇曰：「胡以馬為命，吾在河曲❼，春草未生，馬不能舉足。當是時，侍中❽度河掩之，吾全軍覆沒矣！所以求和，蒙侍中力。今❾全軍得歸，柰何拘其子孫！」命弇與宦官俱文珍、渾瑊將馬寧俱歸❿。分囚崔漢衡等於河、廓、鄯州。上聞尚結贊之言，由是惡馬燧。○六月丙戌⓫，以馬燧為司徒兼侍中，罷其副元帥、節度使。

初，吐蕃尚結贊惡李晟、馬燧、渾瑊，曰：「去三人，則唐可圖也。」於是離間李晟，因馬燧以求和，欲執渾瑊以賣燧，使并獲罪，因縱兵直犯長安，會失渾瑊而止。張延賞慚懼，謝病不視事。○以陝虢觀察使李泌為中書侍郎、同平章事。

河東都虞候李自良⑫從馬燧入朝，上欲以為河東節度使，自良固辭曰：「臣事燧日久，不欲代之為帥。」乃以為右龍武大將軍⑬。明日，自良入謝，上謂之曰：「卿於馬燧，存軍中事分，誠為得禮。然北門⑭之任，非卿不可。」卒以自良為河東節度使。

吐蕃之戍鹽、夏者，饋運不繼，人多病疫思歸。尚結贊遣三千騎逆⑮之，悉焚其廬舍，毀其城，驅其民而去。靈鹽節度使杜希全遣兵分守之。

韋皐以雲南頗知書⑯，壬辰⑰，自以書招諭之，令趣遣使入見。

【章旨】以上為第十一段，寫德宗昏悖，吐蕃背盟，委過於馬燧，馬燧繼李晟之後被解除兵權。

【注釋】❶兵臨近鎮　言吐蕃兵臨近韓遊瓌所統之邠寧轄境。❷街遞　德宗倉猝之際，等不及委派中使，就命值班街使遞送奏表給柳渾看。❸大安亭　李晟宅園大安園中亭。❹癸酉　閏五月二十一日。❺甲戌　閏五月二十二日。❻故原州　原州自代宗廣德間沒於吐蕃，城邑已成廢墟，所以稱「故原州」。❼吾在河曲　指屯鳴沙縣時。其時馬燧屯石州，不渡河而主盟，墮入吐蕃尚結贊的圈套。❽侍中　指馬燧。是時馬燧為侍中。❾今　胡三省注云：「今，當作『令』。」❿命弁與宦官俱文珍渾瑊將馬寧俱歸　吐蕃尚結贊釋放三人，欲使俱文珍言之於德宗，馬寧言之於渾瑊，釋馬弁則處馬燧於危疑之地，用以離間馬燧，昏君德宗果墮其術中。俱文珍，德宗朝擅權宦官。傳見《舊唐書》卷一百八十四、《新唐書》卷二百七。⓫丙戌　六月初五日。⓬李自良　河東名將，代馬燧為河東節度使。傳見《舊唐書》卷一百四十六、《新唐書》卷一百五十九。⓭右龍武

大將軍　右龍武軍，北衙六軍之一，置大將軍一人，正三品。⓮北門　北方門戶。指河東節鎮太原形勝為北國之門。⓯逆迎接。⓰知書　習文，懂禮節。⓱壬辰　六月十一日。

【語　譯】這一天，德宗上朝處理政事，對各位宰相說：「今天要與吐蕃訂盟和好，停息用兵，這是國家的福分。」馬燧說：「的確是這樣的。」柳渾說：「吐蕃人像豺狼一樣，不是訂盟立誓就可以建立友好關係的。對今天的事情，我私下一直有所擔憂。」李晟說：「確實像柳渾說的那樣。」德宗一下子變了臉色說：「柳渾是書生，不知道邊疆大計，你也說這樣的話嗎！」柳渾、李晟等人都伏在地上，磕頭謝罪，於是朝會就此結束。這一天晚上，韓遊瓌上表說「吐蕃劫持了會盟的官員，他們的軍隊到達了附近的我方節鎮。」德宗十分吃驚，馬上讓值班街使把韓遊瓌的奏表送去給柳渾看。第二天早上，德宗對柳渾說：「你是一個書生，竟能對敵人預料得如此確切啊！」德宗打算出京到外地去以避開吐蕃的軍隊，經過大臣們勸阻才打消了這個念頭。

李晟的大安園內竹子很多，又有製造流言蜚語的人說「李晟在大安亭內埋伏了兵力，企圖乘國家遇到突然變故時起來作亂。」李晟於是砍掉了園內的竹子。

閏五月二十一日癸酉，德宗派宦官使者王子恆帶著詔書去送給尚結贊，王子恆到達吐蕃境內，吐蕃人不接受詔書，於是他只得回來。渾瑊留在奉天屯駐。

閏五月二十二日甲戌，尚結贊來到原先的原州城，接見被俘的崔漢衡等人說：「我裝飾好了一副金枷鎖，打算鎖著渾瑊獻給我們的贊普。現在沒有抓到渾瑊，白抓了你們這些人。」又對馬燧的姪兒馬弇說：「我們胡人把馬匹看作自己的生命，我當時在河曲地區時，春天的草還沒有生長出來，馬餓得抬不起腿。在那個時候，如果馬侍中渡過黃河來襲擊我們的話，我們就會全軍覆沒了！我們之所以能向唐朝求和，全蒙馬侍中之力。現在我全軍都得以回來，我怎麼能囚禁馬侍中的子孫呢！」他命令馬弇與宦官俱文珍、渾瑊的部將馬寧一起返回朝廷。尚結贊把崔漢衡等人分別囚禁在河州、廓州和鄯州。德宗聽到尚結贊的話後，從此厭惡馬燧。

○六月初五日丙戌，德宗任命馬燧為司徒兼侍中，罷免了他的副元帥和節度使職務。

當初，吐蕃的尚結贊憎恨李晟、馬燧、渾瑊，說：「除掉這三個人，就可以謀取唐朝了。」於是設法離間朝廷和李晟的關係，又通過馬燧向唐朝求和，還打算捉住渾瑊，藉以出賣馬燧，讓他們一起獲罪，再乘機發兵直接進犯長安，不料沒有抓到渾瑊，這一圖謀只好作罷。宰相張延賞又慚愧又害怕，推託自己有病而不再去處理朝廷政事。○德宗任命陝虢觀察使李泌為中書侍郎、同平章事。

河東的都虞候李自良跟隨馬燧入京朝見，德宗打算讓李自良擔任河東節度使，李自良堅決推辭，說：「我侍奉馬燧的時間已經很長了，不想代替他擔任河東的主帥。」德宗於是任命李自良為右龍武大將軍。第二天，李自良入朝謝恩，德宗對他說：「你對馬燧，保持了軍中上下級的名分，確實符合禮儀。但是，鎮守國家北方門戶的任務，非由你來承擔不可。」德宗最終還是任命李自良為河東節度使。

吐蕃駐守鹽州、夏州的軍隊，因為糧食運輸難以為繼，很多人生了病，都想回吐蕃去。尚結贊派了三千名騎兵去接回他們，他們焚燒了這兩地所有的房屋，毀壞了城牆，驅趕當地百姓而去。靈鹽節度使杜希全派遣兵力分別守衛這些地方。

韋皋認為雲南人頗為知書達禮，六月十一日壬辰，韋皋親自寫信招撫曉諭他們，讓他們趕快派使者入朝晉見皇帝。

李泌初視事❶，壬寅❷，與李晟、馬燧、柳渾俱入見。上謂泌曰：「卿昔在靈武，已應為此官，卿自退讓❸。朕今用卿，欲與卿有約，卿慎勿報仇，有恩者朕當為卿報之。」對曰：「臣素奉道❹，不與人為仇。李輔國、元載❺皆害臣者，今自斃矣。素所善及有恩者，率已顯達，或多零落❻，臣無可報也。」上曰：「雖然，有小恩者，亦當報之。」對曰：「臣今日亦願與陛下為約，可乎？」上曰：「何不可！」泌曰：「願陛下勿害功臣。臣受陛下厚恩，固無形迹❼。李晟、馬燧有大功於國，聞有讒之者，雖陛下必不聽，然臣今日對二人言之，欲其不自疑耳。陛下萬一害之，則宿衛之士❽、方鎮之臣❾，無不憤惋❿而反仄⓫，恐中外之變不日復生也。人臣苟⓬蒙人主愛信則幸矣，官於何有！臣在靈武之日，未嘗有官，而將相皆受臣指畫⓭，陛下以李懷光為太尉而懷光愈懼，遂至於叛，此皆陛下所親見也。今晟、燧富貴已足，苟陛下坦然待之，使其自保無虞⓮，國家有事則出從征伐，無事則入奉朝請，何樂如之！故臣願陛下勿以二臣功大而忌之，二臣勿以位高而自疑，則天下永無事矣！」上曰：「朕始聞卿言，聳然⓯不知所謂。及聽卿剖析，乃知社稷之至計⓰也。朕謹當書紳⓱，二大臣亦當共保之。」晟、燧皆起泣謝。

【章旨】以上為第十二段，寫李泌入朝為相，力保李晟、馬燧，為國家護長城。

【注釋】❶視事　入中書省政事堂辦公。❷壬寅　六月二十一日。❸卿昔在靈武三句　肅宗於靈武剛即位，欲以天子幕賓李泌為右相，泌固辭。事見本書卷二百十八肅宗至德元載七月。❹臣素奉道　臣一向遵奉道家無為。李泌好談論神仙怪異，此言奉道，不與人為仇，這是處亂世的一種智謀。胡三省稱其為效西漢張子房之故智。張良功成身退，信奉道家，聲稱從赤松子遊，避免了韓信、彭越之禍。❺李輔國元載　兩人皆擅權奸巧人，曾加害李泌。李輔國，肅宗、代宗兩朝擅權宦官。元載，代宗朝權臣。❻零落　如花之凋落。死亡的委婉說法。❼固無形迹　當然不會有被疑忌的跡象。❽宿衛之士　禁衛將士。❾方鎮之臣　地方上的方鎮將帥。❿憤惋　怨恨歎息。⓫反仄　輾轉不安。⓬苟　如果。⓭受臣指畫　聽我的指點。⓮無虞　沒有憂慮之事。⓯聳然　詫異貌。⓰至計　根本大計。⓱朕謹當書紳　朕要慎重地寫在腰帶上作為座右銘。紳，禮服上的腰帶。典出《論語》，子張問行，孔子曰云云，「子張書諸紳」。德宗引用，表示牢記李泌的話。

【語譯】李泌開始在政事堂處理朝廷政務，六月二十一日壬寅，與李晟、馬燧、柳渾一起去見德宗。德宗對李泌說：「你從前在靈武的時候，就已經應該擔任這一職位，但你自己謙讓而沒有擔任。朕現在起用你，打算與你有一個約定：你千萬不要報什麼私仇，對你有恩的人，朕自當為你報答。」李泌回答說：「臣一向遵奉道家理念，不與人結仇。前朝的李輔國、元載都是陷害臣的人，現在都已自取滅亡了。一向和臣關係很好和對臣有恩的人，一般都已有了高的地位和大的名聲，其中很多人都已謝世，臣沒有什麼可以報答的了。」德宗說：「雖然這樣，但對你有小恩的人，也應當要報答他們。」李泌回答說：「我今天也希望與陛下有個約定，可以嗎？」德宗說：「有什麼不可以的！」李泌說：「希望陛下不要加害功臣。我蒙受陛下的厚恩，當然沒有受疑忌的跡象。李晟、馬燧二位，對國家是有大功的，聽說有人在朝廷說他們的壞話，對這些讒言，儘管陛下一定不會聽信，但我今天當著他們二位說這件事，是想讓他們不要自己心存疑慮而已。陛下萬一要加害他們，那麼值宿警衛的禁軍將士、地方上的方鎮將帥，無不會心懷憤恨而輾轉不安，恐怕過不了多久，朝野內外的變亂又會發生。做臣子的，如果能蒙受君王的愛護、信任，就十分幸運了，官職的大小又有什麼關係呢！臣當年在靈武的時候，未曾擔任過什麼官職，但是將領、宰相都接受臣的指點，陛下任命李懷光為太尉，而李懷光內心卻更加害怕，終於反叛朝廷，這都是陛下所親眼見到的事情。現在李晟、馬燧二人富貴已經足夠了，如果陛下坦誠對待他們，讓他們能夠保持這種地位，而沒有什麼憂慮，當國家有戰事的時候，他們就出朝參與征伐，國家平安無事的時候，他們就入京參加朝會，君臣之間，還有什麼能像這樣讓人感到快樂的呢！所以我希望陛下不要因為他們二位大臣功大而猜忌他們，他們二位大臣也不要因為官職很高而自生疑心，那麼天下就會永遠平安無事了！」德宗說：「朕開始聽你說這番話時，很詫異地不知道你在說什麼。

等聽到你的剖析之後，才知道這是國家的根本大計啊。朕會慎重地把這事寫在腰帶上牢牢記住，李晟、馬燧二位大臣也應該共同來保護這個國家。」李晟、馬燧都站起來流著眼淚向德宗謝恩。

上因謂泌曰：「自今凡軍旅糧儲事，卿主之，吏、禮委延賞，刑法委渾。」泌曰：「不可。陛下不以臣不才，使待罪宰相。宰相之職，不可分也，非如給事則有吏過、兵過❶，舍人則有六押❷。至於宰相，天下之事咸共平章❸。若各有所主，是乃有司，非宰相也。」上笑曰：「朕適失辭，卿言是也。」泌請復所減州縣官。上曰：「置吏以為人也，今戶口減於承平之時❹三分之二，而吏員更增，可乎？」對曰：「戶口雖減，而事多於承平且十倍，吏得無增乎！且所減皆有職，而冗官不減❺，此所以為未當也。至德以來❻置額外官❼，敵❽正官三分之一，若聽使計日得資然後停，加兩選授同類正員官❾，如此，則不惟不怨，兼使之喜矣。」又請諸王未出閤者不除府官❿，上皆從之。乙卯⓫，詔先所減官，並復故。

初，張延賞在西川，與東川節度使李叔明⓬有隙。上入駱谷，值霖雨，道塗險滑，衛士多亡歸朱泚。叔明之子昇及郭子儀之子曙、令狐彰之子建等六人，恐有姦人危乘輿，相與齧臂為盟⓭，著行縢釘鞵⓮，更鞚上馬⓯，以至梁州，它人皆不得近。及還長安，上皆以為禁衛將軍，寵遇甚厚。張延賞知昇私出入郜國大長公主⑯第，密以白上。上謂李泌曰：「郜國已老，昇年少，何為如是！殆必有故，卿宜察之。」泌曰：「此必有欲動搖東宮者。誰為陛下言之？」上曰：「卿勿問，第⑰為朕察之。」泌曰：「必延賞也。」上曰：「何以知之？」泌具為上言二人之隙，且曰：「昇承恩顧，典禁兵，延賞無以中傷，而郜國乃太子蕭妃之母也，故欲以此陷⑱之耳。」上笑曰：「是也。」泌因請除昇它官，勿令宿衛以遠嫌⑲。秋，七月，以昇為詹事⑳。郜國，肅宗之女也。

甲子㉑，割振武之綏、銀二州，以右羽林將軍韓潭為夏、綏、銀節度使，帥神策之士五千、朔方・河東之士三千鎮夏州。

時關東防秋兵大集，國用不充㉒，李泌奏：「自變兩稅法㉓以來，藩鎮、州縣多違法聚斂。繼以朱泚之亂，爭榷率、徵罰以為軍資㉔，點募自防㉕。泚既平，自懼違法，匿不敢言。請遣使以詔旨赦其罪，但令革正㉖，自非於法應留使㉗、留州㉘之外，悉輸京師。其官典逋負㉙，可徵者徵之，難徵者釋之，以示寬大，敢有隱沒者，重設告賞之科而罪之㉚。」上喜曰：「卿策甚長，然立法太寬，恐所得無幾。」對曰：「茲事臣固熟思之，寬則獲多而速，急㉛則獲少而遲。蓋以寬則人喜於免罪而樂輸，急則競為蔽匿，非推鞫㉜不能得其實，財不足濟今日之急，而皆入於姦吏矣。」上曰：「善！」以度支員外郎元友直為河南、江、淮南句勘兩稅錢帛使㉝。

初，河、隴既沒於吐蕃㉞，自天寶以來㉟，安西、北庭奏事及西域使人在長安者，歸路既絕，人馬皆仰給於鴻臚㊱，禮賓委府縣供之㊲，於度支受直㊳。度支不時付直㊴，長安市肆不勝其弊㊵。李泌知胡客留長安久者或四十餘年，皆有妻子，買田宅，舉質取利㊶，安居不欲歸，命檢括㊷胡客有田宅者停其給。凡得四千人，將停其給，胡客皆詣政府㊸訴之。泌曰：「此皆從來宰相之過，豈有外國朝貢使者留京師數十年不聽歸㊹乎！今當假道㊺於回紇，或自海道各遣歸國。有不願歸，當於鴻臚自陳，授以職位，給俸祿為唐臣。人生當乘時展用㊻，豈可終身客死邪！」於是胡客無一人願歸者，泌皆分隸神策兩軍，王子、使者為散兵馬使或押牙，餘皆為卒，禁旅益壯㊼。鴻臚所給胡客纔十餘人，歲省度支錢五十萬緡，市人皆喜㊽。

【章旨】以上為第十三段，寫李泌勸諫德宗釋猜疑，清吏治，勘兩稅，免積欠，籍胡客，立於猜忌之朝，而能推行利國利民之政治，表現了卓越的才能。

【注　釋】❶宰相之職三句　宰相理政並不像在給事中那裡分辨哪個是吏部、哪個是兵部的過失。唐制，凡奏擬皆經門下省，百司奏抄，侍中既審，給事中讀之，有違失則駁正。給事，指給事中。❷舍人則有六押　中書省有中書舍人六員，佐宰相判事，分成六部簽署畫押。❸咸共平章　各位宰相對所有軍國之事都要共同斟酌平衡。平章，平衡；權衡。故宰相之職稱平章事。❹承平之時　指盛唐太平時。唐開元年間是極盛之時，戶口及財賦收入三倍於今時。❺且所減皆有職二句　意謂何況所裁減的是有職任的職事官，而無職事的閒散官卻沒有裁減。顯然，這樣裁減是不妥當的。冗官，即額外官，超出定員以外的閒散官。❻至德以來　從肅宗以來，指安史之亂以來。至德是肅宗的第一個年號。❼置額外官　唐安史之亂以後，因酬勞軍功，安置了許多閒散官，無職事，只拿俸薪。❽敵　相當於。增加的閒散官相當於定員職事官的三分之一。❾若聽使二句　意謂如果允許閒散冗官按得官時間計算資歷，然後停免他們現任官職，增加文武兩選職事官定員，將冗官轉為同類的正員職事官。李泌的這一建議，是擴大職事官定額讓閒散冗官有職事，平衡矛盾，穩定政治。若聽使，如果允許。計日得資，計算任官時間獲得晉用的資歷。停，停免。指停免閒散官的現有職名。加兩選，增加文武兩選職事官的定員。同類正員官，同類的正員職事官。❿諸王未出閤者不除府官　沒有到任上去的諸王不設置府官。即不置閒散官。⓫乙卯　六月壬午朔，無乙卯。乙卯，七月初四日。⓬李叔明　字晉卿，本姓鮮于，代宗賜姓李。傳見《舊唐書》卷一百二十二、《新唐書》卷一百四十七。⓭齧臂為盟　咬破手臂，立下血盟。⓮著行幐釘鞵　打綁腿，穿帶釘的皮鞋。此為跋涉遠行的裝束。幐，應作「縢」。用布條纏腳，從足跟至膝關節，稱行縢。⓯更鞚上馬　輪番替德宗牽馬。⓰郜國大長公主　肅宗之女，初嫁裴徽，又嫁蕭升。⓱第　但；只是。⓲陷　陷害。⓳遠嫌　避嫌。⓴詹事　太子府屬官，唐代為清職。㉑甲子　七月十三日。㉒不充　不足。㉓變兩稅法　實行兩稅法。唐實行兩稅法，始於德宗建中元年（西元七八〇年）。事見本書卷二百二十六。㉔爭榷率句　意謂藩鎮、州、縣通過專賣與任意罰款來籌措軍費。榷率，官府壟斷貨物，獲取專賣厚利。徵罰，對有罪吏民進行重罰以賦斂財物。㉕點募自防　檢選和招募壯丁擴充武裝自我防衛。㉖革正　改正。㉗留使　指按規定留給節度使、觀察使的經費。㉘留州　留給本州的經費。㉙其官典逋負　各地方官要處理好拖欠的賦稅。㉚重設告賞之科而罪之　重新頒布獎勵告發者的條令，用以懲罰隱瞞實情的人。告賞之科，獎勵告奸者的法令。㉛急　嚴苛。㉜推鞫　審訊。㉝句勘兩稅錢帛使　稽查兩稅錢帛的特使。句，通「勾」。㉞河隴既沒於吐蕃　河西走廊及隴右地區在代宗初陷沒於吐蕃。㉟自天寶以來　指從安史之亂以來。安史之亂始於天寶十四載（西元七五五年）。㊱仰給於鴻臚　依靠鴻臚寺供給。鴻臚寺，掌外事接待與凶喪之儀。㊲禮賓委府縣供之　鴻臚寺禮賓院委託京兆府及所屬縣來負責供應。㊳於度支受直　在度支領受（即報銷）費用。㊴度支不時付直　度支不能按時付出錢財。㊵長安市肆不勝其弊　長安城內的店鋪難以承受因官府賒貸不還而帶來的弊害。㊶舉質取利　開典當鋪取利錢。質者，以物質錢，計月而取其利。㊷檢括　檢核財產。㊸政府　相府。㊹不聽歸　不讓回國去。㊺假道　借道。㊻乘時展用　利用時機施展才用。㊼禁旅益壯　禁兵更加盛壯。㊽市人皆喜　喜其不再被攤派供應胡客費用。

【語　譯】德宗於是對李泌說：「從今以後，凡是軍事和糧食儲運方面的事情，由你負責主持，吏部和禮部的事情交給張延賞主持，刑法方面的事情交給柳渾主持。」李泌說：「不能這樣做。陛下不認為我沒有什麼才能，讓我擔任了宰相。宰相的職責，是不能分開的，這不像在給事中那裡要分辨哪個是吏部的過失、哪個是兵部的過失，也不像中書舍人這一官職要分成六部簽署畫押。至於宰相一職，對天下的事情要共同商酌處理。如果宰相各有自己所主管的某一個方面，那就成了職能部門，而不是宰相了。」德宗笑著說：「朕剛才言辭失當，你說的是對的。」李泌請求恢復被削減的州、縣官吏。德宗說：「設置官吏是為了管理百姓，現在的戶口比當年太平時期減少了三分之二，而官吏人數反而增加，這可行嗎？」李泌回答說：「戶口雖然減少了，但事情比當年太平時期多了將近十倍，官吏能不增加嗎！而且所削減的都是有具體職事的人，那些沒有具體職事的閒散官吏反而沒有削減，這就是削減官吏之所以不妥當的原因。至德年間以來設置的額外官職，相當於正式官職的三分之一，如果允許根據他們任職的日期核定資歷，然後停免他們現任的官職，同時增加文武兩選職事官的定額，再授予和他們資歷相符的正員職事官職，這樣一來，他們不但不會怨恨朝廷，反而會十分高興。」又請求讓那些沒有到封地就任的諸王不要設置府官。德宗對這些建議都予以採納。乙卯日，德宗下詔對以前裁減的官員，一律恢復原職。

當初，張延賞在西川擔任節度使時，與東川節度使李叔明有嫌隙。德宗從奉天出走山南進入駱谷的時候，正碰上連日大雨，山路又險又滑，衛士中很多人都逃跑，投奔了朱泚。李叔明的兒子李昇與郭子儀的兒子郭曙、令狐彰的兒子令狐建等六人，擔心有奸邪之人會危及德宗，於是一起咬破手臂立下血盟，他們綁著裹腿、穿著底下帶釘的鞋，輪流為德宗牽馬，一直到達梁州城，其他人一概不准靠近德宗的車駕。等回到長安城，德宗把他們六人都任命為禁衛將軍，對他們的寵信恩遇十分優厚。

張延賞探聽到李昇私自進出郜國大長公主的府第，就祕密地報告德宗。德宗對李泌說：「郜國大長公主已經老了，而李昇年紀還輕，怎麼能做這種事呢！大概一定有什麼緣故，你要好好查明這件事情。」李泌說：「這一定是有人要動搖東宮太子的地位。這件事是誰對陛下說的？」德宗說：「你不要問了，只需幫我把這件事查明。」李泌說：「說這話的人一定是張延賞。」德宗問道：「你怎麼知道的？」李泌就把張延賞與李昇的父親李叔明之間的嫌隙一五一十地說給德宗聽，還說道：「李昇承蒙陛下的恩寵眷顧，掌管禁兵，張延賞無法中傷，而郜國大長公主是太子妃蕭氏的母親，所以想用這件事來陷害他。」德宗笑著說：「是這麼回事。」李泌於是請求德宗任命李昇擔任別的官職，不要讓他再值宿警衛皇宮，以避嫌疑。秋，七月，德宗任命李昇為詹事。郜國大長公主，是肅宗皇帝的女兒。

七月十三日甲子，朝廷劃出振武軍的綏州、銀州，任命右羽林將軍韓潭為夏州、綏州、銀州節度使，率領神策軍五千將士和由朔方、河東派出的三千將士去鎮守夏州。

當時，關東地區的防秋將士大規模集結，國家的用度因此不足，李泌上奏說：「自從改為實行兩稅法以來，藩鎮、州、縣大多違法搜刮民財。接著發生了朱泚之亂，各地爭著徵收專賣貨物的厚利和有罪人士的罰款來籌措軍費，以檢選和召募士兵來自我防衛。朱泚被平定以後，他們因違法聚斂而自己感到害怕，都把這些事情隱瞞起來不敢說。請陛下派使者帶著詔旨赦免他們的罪過，但要讓他們改正以前的錯誤做法，對於徵收的錢財，除了按規定應該留給節度使、觀察使和州縣使用的部分外，其餘全部送往京城。各地官員要處理好拖欠的賦稅，對能夠徵收的，就徵收上來，對難以徵收的，就准予免繳，以顯示朝廷的寬大，如果有膽敢隱瞞和貪汙的，重新頒布獎賞告發者的條令，以便懲處他們。」德宗高興地說：「你的這些辦法很好，但是所採取的措施過於寬大，只怕到時朝廷所得沒有多少。」李泌回答說：「對這件事，我已經深思熟慮過，如果採取寬大措施，朝廷的所得會多，而且見效快，如果採取嚴苛的措施，那麼朝廷的所得會少，而且見效慢。這是因為採取寬大措施，人們會為免於懲處而高興，就很樂於上繳賦稅，採取嚴苛的措施，人們就爭相掩蓋、藏匿，不經過審訊不能夠得到實情，這樣所得的錢財就不足以應付現在的急需，而都進了各地奸邪官吏的腰包了。」德宗說：「好！」於是任命度支員外郎元友直為河南、江東、淮南的句勘兩稅錢帛使。

當初，河西、隴右被吐蕃攻陷，從天寶年間以來，安西、北庭來朝廷奏事的人，以及西域各地到長安來的使節，因歸路斷絕，這些人員和馬匹的給養都要依靠鴻臚寺提供，鴻臚寺的禮賓院又委託京畿地區的府、縣來負責供應，讓他們在度支領取費用。度支不能按時撥付費用，致使長安城內的店鋪難以承受因他們賒貸不還而帶來的弊害。李泌得知這些胡族客人居留長安，時間長的有的已有四十多年，他們都娶妻生子，購買了田地、住宅，還開設典當鋪謀利，生活安適，已經不打算回去了，於是下令官員去核查這些已經有田地、住宅的胡族客人，停發他們的給養。這樣總共查出四千人，準備停發他們的給養，這些胡族客人都跑到宰相辦公的地方來申訴。李泌說：「這都是以前宰相們的過失，哪有外國來朝貢的使者在京城居留幾十年而不讓回去的！現在應該向回紇借道，或者走海路，分別打發他們回國。有不願意回國的人，應當到鴻臚寺去自行說明，然後授予他們一定的職位，發給俸祿，讓他們成為唐朝的臣子。人生在世，應當抓住時機施展才用，怎麼能終身客死異國他鄉呢！」於是，這些胡族客人沒有一個願意回國的，李泌將他們全部劃屬神策左、右兩軍，胡人中的王子、使節擔任散兵馬使或押牙官，其餘的一概當士兵，這樣一來，禁軍的力量更為強大。鴻臚寺需要提供給養的胡族客人才十幾個人，每年節省度支的費用五十萬緡錢，長安城內的商人們也都十分高興。

上復問泌以復府兵之策。對曰：「今歲徵關東卒戍京西者十七萬人，計歲食粟二百四萬斛。今粟斗直百五十，為錢三百六萬緡。國家比遭饑亂，經費不充；就使有錢，亦無粟可糴❶，未暇議❷復府兵也。」上曰：「然則柰何？亟減戍卒歸之，何如？」對曰：「陛下誠能[1]用臣之言，可以不減戍卒，不擾百姓，糧食皆足，粟麥日賤❸，府兵亦成❹。」上曰：「苟能如是，何為不用！」對曰：「此須急為之，過旬日❺則不及矣。今吐蕃久居原、會[2]之間，以牛運糧，糧盡，牛無所用，請發左藏❻惡繒❼染為綵纈❽，因党項以市之，每頭不過二三匹，計十八萬匹，可致六萬餘頭❾。又命諸冶鑄農器，糴麥種，分賜沿邊軍鎮，募戍卒，耕荒田而種之，約明年❿麥熟倍償其種，其餘據時價五分增一⓫，官為糴之⓬。來春種禾亦如之。關中土沃而久荒，所收必厚，戍卒獲利，耕者浸多。邊地居人至少，軍士月食官糧，粟麥無所售，其價必賤，名為增價，實比今歲所減多矣。」上曰：「善！」即命行之。

泌又言：「邊地官多闕，請募人入粟以補之⓭，可足今歲之糧。」上亦從之，因問曰：「卿言府兵亦集，如何？」對曰：「戍卒因屯田致富，則安於其土，不復思歸。舊制，戍卒三年而代⓮，及其將滿，下令有願留者，即以所開田為永業⓯。家人願來者，本貫⓰給長牒⓱續食而遣之⓲。據應募之數，移報本道⓳，雖河朔諸帥得免更代之煩，亦喜聞矣⓴。不過數番㉑，則戍卒皆[3]土著，乃悉以府兵之法理㉒之，是變關中之疲弊為富彊也。」上喜曰：「如此，天下無復事矣！」泌曰：「未也。臣能不用中國之兵使吐蕃自困。」上曰：「計將安出？」對曰：「臣未敢言之，俟麥禾有效，然後可議也。」上固問㉓，不對㉔。泌意欲結回紇、大食、雲南，與共圖吐蕃，令吐蕃所備者多。知上素恨回紇，恐聞之不悅，并屯田之議不行，故不肯言。既而戍卒應募，願耕屯田者什五六。

壬申㉕，賜駱元光姓名李元諒。○左僕射、同平章事張延賞薨。

【章旨】以上為第十四段，寫李泌寓兵於農，屯墾邊地，減輕國用而增強了邊防。

【注釋】❶糴 購糧。❷未暇議 沒時間商議。❸粟麥日賤 糧價一天天下降。❹府兵亦成 府兵也能夠辦成。府兵制核心是兵農合一，李泌的辦法是用戍兵種糧，收入歸個人，也是一種兵農合一之法。❺旬日 十日。喻時機短暫。❻左藏 國庫有左右藏。唐制，左右藏隸屬太府卿，置令、丞。左藏掌錢帛、雜采，右藏掌銅鐵金玉。❼惡繒 庫存積久已變質的繒。❽綵纈 染成彩色。纈，指染色方法。用線結繒染色，然後解結，凡結處皆無色，未結處入色，於是成為色彩斑斕的彩緞。❾可致六萬餘頭 李泌建議調出左藏中已變質的絲帛，染成彩色綢緞，通過党項人購買吐蕃的耕牛，每頭牛價值彩帛二、三匹，用十八萬匹彩帛可換回六萬頭耕牛。致，招致；換來。❿約明年 約期一年。⓫五分增一 加價百分之二十。⓬官為糴之 政府收購糧食。李泌的辦法是改變軍屯為商屯，即用商業辦法收購軍屯之糧，鼓勵屯兵積極生產，以解決邊糧。辦法是由耕種者戍卒支付種子錢，明年麥熟加倍償還其種，其餘糧麥按高出市價的百分之二十由官府收購，賣糧收入歸戍卒。⓭募人入粟以補之 輸粟之人可補邊官，也就是將邊地的缺員官位變相出賣，政府取糧。募，招標；招募。⓮戍卒三年而代 戍邊士兵三年輪換。⓯永業 永業田。按舊時府兵制，等到戍兵三年期將滿時，下令願留居邊地的，他所墾的田就分配給他做永業田。⓰本貫 原籍貫。這裡指原籍貫的官府。⓱給長牒 發給官文書。⓲續食而遣之 指沿途不斷供給飲食輾轉遣送。李泌的辦法是，留邊墾士士兵的家屬願意到邊地來定居的，原籍貫的官府發給官文書，沿途所經由官府供給飲食遣送他們到達目的地。⓳據應募之數二句 屯墾所在地根據應募的人數，用公文上報本道。即應募墾邊的士卒人數可代替原籍本道的更代人數。移，行文。⓴亦喜聞矣 也願意這樣做。指用重兵駐守的河朔各鎮，因為應募屯墾的辦法能免除更代派人的麻煩，也是願意的。㉑番　輪番更替。戍邊士卒三年輪番更替，如果戍兵土著，定居邊地，就不需更替了。㉒理　治；管理。唐避高宗李治諱，凡治字皆用理字。㉓固問　再三強問。㉔不對　不回答。㉕壬申　七月二十一日。

【校　記】[1]誠能　此二字原無。據章鈺校，乙十六行本、乙十一行本、孔天胤本皆有此二字，張敦仁《通鑑刊本識誤》同，今據補。[2]原會　據章鈺校，乙十六行本、乙十一行本作「原蘭」，張瑛《通鑑校勘記》同。原，原州，治所在今寧夏固原。會，會州，治所在今甘肅靖遠。蘭，蘭州，治所在今甘肅蘭州。[3]皆　原無此字。據章鈺校，乙十六行本、乙十一行本、孔天胤本皆有此字，張敦仁《通鑑刊本識誤》同，今據補。

【語　譯】德宗又問李泌關於恢復府兵的辦法。李泌回答說：「今年徵調關東地區的士兵到京西戍守的有十七萬人，總計他們一年要吃掉糧食二百零四萬斛。現在糧食每斗的價錢是一百五十錢，這些糧食折合成錢是三百零六萬緡。國家連遭饑荒戰亂，經費不足；即便是有錢，也沒有糧食可以買進來，所以沒有時間來商議恢復府兵的事。」德宗說：「那又怎麼辦呢？趕快裁減戍守的士兵，讓他們回家，這樣行不行？」李泌回答說：「陛下真能採用臣的辦法，就可以不裁減戍守的士兵，也不會打擾百姓，就能使糧食充足，穀子和麥子的價錢一天天下跌，府兵的事也就能夠辦成了。」德宗說：「如果能這樣，朕為什麼不採用呢！」李泌說：「這件事必須緊急去辦，超過十天就來不及了。現在吐蕃人長期居住在原州、會州之間，他們用牛向這裡運送糧食，糧食運完之後，牛就沒有什麼用處了，請陛下將左藏中因庫存時間久而質地變差的絲帛調出來，染成彩色的，通過党項人把這些絲帛賣給吐蕃人，每頭牛不過花二、三匹絲帛，總共調出十八萬匹絲帛，可以換來六萬多頭牛。再命令各冶煉場鑄造農耕器具，買進麥種，把這些東西分發給靠近邊境的各軍鎮，讓他們招募戍守的士兵，開墾荒田耕種，約定第二年麥子成熟後加倍償還所用的麥種，其餘的糧食，根據當時的糧價，再增價五分之一，由官府收購。來年春天種莊稼還是採用這種辦法。關中地區土地肥沃，而長久荒蕪，因此墾荒的收成一定很多，戍邊的士兵獲利了，前來種地的人就會逐漸多起來。邊境地區居民很少，軍中將士每月都吃官府供應的糧食，穀子和麥子沒有什麼地方可賣，價錢一定會很低，名義上，官府收購要按時價加價，實際上比今年收購糧食的價格要減低很多。」德宗說：「好！」立即下令實行這些措施。

李泌又說：「邊境地區的官吏缺員很多，請求公開招募人向官府交納糧食，然後將他們補任為官，這樣可以使今年的糧食用度充足。」德宗也聽從了，接著就問李泌：「你說府兵的事也可以辦成，那是怎麼回事？」李泌回答說：「戍守的士兵因為屯墾荒田致富了，他們就會安心在那裡住下來，不再想回家鄉去。以前的制度規定，戍守的士兵三年一輪換，等他們快滿三年時，下令有願意留下的，就把他們所開墾的田地給他們作為永業田。他們的家屬願意到這裡來定居的，由原籍官府發給官文書，沿途由官府供給飲食送他們到達目的地。屯墾所在地的官府，把募集到的留下屯墾的人數，行文報送原籍本道，這樣即使是需重兵駐守的河朔地區，各位節帥因能免去輪番更替戍卒的煩勞，也會高興地接受這種辦法了。這樣不過經幾次輪番更替，戍守的士兵全都成了定居邊疆的當地人了，於是對他們完全以府兵的辦法加以管理，這樣就能一改關中地區的困苦窮乏而使之富強起來。」德宗高興地說：「這樣的話，天下就平安無事了！」李泌說：「這倒未必。臣還能不使用大唐的軍隊而使吐蕃陷於困境。」德宗說：「這要採取什麼計謀？」李泌回答說：「臣還不敢說，等屯墾荒田收穫莊稼的事情有成效了，然後才可議及這一事情。」德宗再三強問，李泌就是不回答。李泌打算聯合回紇、大食、雲南等地區，與他們一起對付吐蕃，讓吐蕃人需要防備的對象變多。但他知道德宗一向痛恨回紇人，擔心德宗聽到這一計畫後不高興，連屯墾荒田的辦法也不實行了，所以不肯說。不久，戍守邊疆的士兵響應官府招募，願意留下來耕種田地的人佔了十分之五六。

七月二十一日壬申，德宗賜駱元光改姓名為李元諒。〇左僕射、同平章事張延賞去世。

【研　析】本卷研析李泌奇計滅叛兵、吐蕃劫盟、李泌拜相三件史事。

李泌奇計滅叛兵。淮西平定後，德宗徵召淮西兵到西北防秋，抗禦吐蕃入侵。陳仙奇精選五千名淮西兵應命。李希烈舊將吳少誠趁機殺了陳仙奇，名義上為李希烈報仇，實質是奪取淮西地割據造反。吳少誠密令西行的五千名淮西兵返回。德宗貞元三年（西元七八七年）正月，淮西兵已駐守在鄜州（今陝西富縣）。門槍兵馬使吳法超得到吳少誠密令後，私自引四千步騎兵回歸，這是叛亂行為。淮西叛兵東歸，經蒲州過黃河，穿晉西南再南下渡黃河進入陝州西界。渾瑊派兵追擊，被淮西兵打得大敗，由此可見這支淮西兵的戰鬥力。

陝虢觀察使李泌奉命攔截。陝州守兵只有二千人，戰鬥力又弱，與淮西兵硬拼，肯定不敵。李泌用奇計，設下八面埋伏。太原倉隘道是淮西兵必經之地，李泌用一千多名士兵等在隘道出口埋伏，又用四百名士兵分為兩隊埋伏於隘道東西兩側，並下令：「淮西兵過隘道，讓前隊通過，等到淮西兵全面進入隘道，東西伏兵輪番殺出，東邊伏兵攻擊，西邊伏兵只吶喊助威；西邊伏兵出擊，東邊伏兵只吶喊助威。」李泌又動員村中百姓組成民兵，各執弓刀、瓦石，只在淮西兵後面吶喊，追殺散兵。淮西兵走出太原倉隘道，一定會從山路向南逃竄，李泌派四百名精兵在長水地方伏擊。部署停當，只等淮西兵來鑽入天網。

當淮西兵進入陝州界，李泌派專使迎接，供應酒食，曉諭淮西兵安靜。淮西兵見了豐盛食物，放鬆了戒備，也約束自己不擄掠地方。這樣過了兩天，第三天淮西兵接近太倉隘道，李泌停止供食。黎明時分，淮西兵空著肚子進入太倉隘道，前隊剛出隘道，一聲吶喊，隘道東邊伏兵殺出，淮西兵驚慌失措，奪路西邊山腳，西邊伏兵殺出，淮西兵掉頭東邊山腳。兩邊伏兵，一會讓出西邊，一會讓出東邊，不堵死淮西兵歸路，避免淮西兵死戰。李泌伏兵只是驚擾淮西兵，利用其歸心似箭的心理，留出半道讓他們逃命，打散淮西兵隊形，截殺散兵。淮西兵果然中計，分頭奪命，喪失了整體的戰鬥。官軍和民兵，以整體對散兵，殲滅一千多名淮西兵。

逃出太原倉隘道的淮西兵，又飢又渴，且戰且走，尚有三千之眾，當他們驚魂未定之時，一千多名埋伏於隘道出口的官軍殺出，夾擊淮西兵，民兵吶喊助威，淮西兵抵擋不住，全面潰散逃往山谷。還有一小部分在吳法超率領下轉向長水方向，等在那裡的是四百名精銳官兵，一場戰鬥，淮西兵三分之二被殺死，一些落入長水，一些四散奔逃，吳法超戰死。最後四千名淮西兵，只有四十七人逃回淮西，吳少誠見只有這幾個人回來，為了掩蓋自己的罪行，把逃回的四十七人全部殺死，委過於吳法超。

李泌奇計，在淮西兵的歸路上層層設伏，事先供給飲食，麻痹淮西兵不做戰鬥準備，突然斷食，先在隘道驚擾，然後連續打擊散亂之兵，分股消滅。官軍兵力不足，動員民兵，用訓練有素的官兵正面擊敵，用民兵助威，追殲散兵，民兵也成了勁旅，李泌用兵之妙，罕與其比。

吐蕃劫盟。德宗為了仇視回紇，一心要與吐蕃和好。當時回紇衰落，要與唐和親，聯手抗擊吐蕃。而吐蕃是唐朝西方勁敵，趁安史之亂，奪取了河西、隴右，又臣服南詔，從西川、西北兩個方向侵擾唐朝。秋高馬肥，吐蕃入侵，破壞唐朝秋收。唐朝每年東調各節度使官兵防秋，就是抗禦吐蕃。德宗完全不顧敵我形勢，為報個人受辱之恥，不顧國家利益，聯吐蕃擊回紇，完全是錯誤的。西元七八四年，德宗回到長安，吐蕃來索要安西、北庭兩鎮。德宗竟然要召回郭昕和李元忠，割兩鎮給吐蕃。李泌勸諫德宗說，兩鎮將士盡忠竭力，為國固守近二十年，一旦割棄，不但忠良將士寒心，人民怨恨，而且兩鎮士民痛恨朝廷，將被吐蕃驅趕報仇，豈不是唐朝的大害。再說，吐蕃大掠武功撤走，並未進攻朱泚，沒有理由索要兩鎮。朝臣贊助李泌，兩鎮才得以保留。吐蕃一計不成，又生一計。吐蕃認為，唐朝良將只有李晟、渾瑊、馬燧三人，用計除掉三人，就可以奪取唐朝。西元七八六年，吐蕃派兵二萬到鳳翔城下，聲稱是李晟召來的，要求犒賞，第二天退走。如此拙劣伎倆，德宗信以為真。這時李晟已被解除兵權，宰相張延賞乘機誹謗李晟，李晟朝不保夕，哭訴德宗，請求出家為僧。西元七八七年，吐蕃又使人向馬燧求和，馬燧對李晟有嫌隙，附合張延賞，力主與吐蕃媾和。原先吐蕃指定渾瑊為會盟使，並按照吐蕃選定的原州土梨樹地方會盟。最後由渾瑊出行，德宗再三囑咐渾瑊要對吐蕃推誠。李晟冒死勸諫，吐蕃狼子野心，不可不備，德宗不聽。渾瑊會盟，果如李晟所料，遭吐蕃劫盟，渾瑊冒死逃回，打破了吐蕃殺害的計畫，吐蕃才沒有進兵長安。

德宗猜忌功臣，最不推誠，而對狼子野心的吐蕃，卻要推誠，如此荒謬，遭到吐蕃的侮弄，算是給昏君一記當頭棒喝。

李泌拜相。會盟吐蕃幾乎招來戰爭，但危機並沒有結束。德宗是非顛倒，李晟忠正，反遭猜忌，失去兵權，武臣們都憤怒解體，李抱真等名將，不願再為朝廷出力。君臣相疑，內外解體的態勢隱約顯現。德宗也感到了危險。他趕緊召李泌為相，消除危局。李泌也感到了非任職不可，他打破只為帝王布衣之交的自我約束，應諾出任宰相。李泌歷事肅宗、代宗兩代昏君，也早與德宗交往，深透瞭解德宗的內心，也自信有能力、有智慧說透利害，自己年事已高，為蒼生社稷解憂患，非做宰相不可。這時候，也確實只有李泌一人可以解救危局。陸贄洞察時務，雖能直言敢諫，但不幽默，不會委婉，德宗當做耳旁風，只有李泌的比譬設喻，才能調教剛愎自用的德宗做一些好事。

李泌入相，帶著馬燧、李晟去進見德宗。德宗與李泌相互定約。德宗要李泌做相，不要報仇。李泌說：「臣不與人結仇，也沒有私恩要報。倒是陛下不要猜忌功臣。李晟、馬燧有大功於國，一旦被害，恐怕內外憤怒，大亂立刻就會到來。希望陛下誠心對待兩位功臣，國家有事，他們出征，無事在朝任職。李晟、馬燧，兩人也不要功高自疑。這樣君臣和諧，天下無事，不是很好嗎！」德宗答應，不害李晟、馬燧，二人也涕泣拜謝，表示感戴。唐王朝一個緊要關頭的危機，就這樣被李泌化解了。

李泌用恢復府兵制為話題，巧計寓兵於農，屯墾邊地，既減輕了國家負擔，又增強了邊防。更深層的意義，是李泌迂迴說服德宗北連回紇，南結雲南王，孤立吐蕃，用心良苦，做到了別人不能做的事。西元七八八年，回紇可汗得唐許婚，非常喜悅，願為唐朝牽制吐蕃。西元七九三年，南詔國也脫離吐蕃，恢復與唐親善關係。吐蕃的兩個盟國變成了敵國，唐得回紇、南詔之助，在西北、西南兩條戰線接連取勝，吐蕃迅速衰落，唐朝西疆沒有了大害。李泌孤立吐蕃戰略的實施與實現，對唐與吐蕃兩國都有深遠的影響，這也是李泌政治業績的一個最大的成功。

李泌與德宗經常進行有意義的爭論，改善了中唐的政治。具體表現為釋猜疑，清吏治，勘兩稅，免積欠，籍胡客等等一系列施政方針。李泌立於猜忌之朝而能推行一些利國利民的政治，表現了他卓越的政治才能。

卷第二百三十三

唐紀四十九

起彊圉單閼（丁卯 西元七八七年）八月，盡重光協洽（辛未 西元七九一年），凡四年有奇。

【題解】本卷記事起西元七八七年八月，迄西元七九一年，凡四年又五個月。當唐德宗貞元三年八月到貞元七年。此時期，李泌為相，政治平穩。李泌敢直言而善說理，護佑太子，化解妖僧李軟奴謀反大案，保護李晟、韓遊瓌等宿將，以及朝中大臣，挫敗了幕後奸謀。李泌說服德宗放棄仇視回紇，拒絕吐蕃勒索，提出「北和回紇，南通雲南，西結大食、天竺」以困吐蕃的計畫，改變了一個昏君固執的偏見，實在不容易。德宗與李泌議論本朝宰相，各有長短，唯有李泌使德宗心服，德宗說李泌敢言而論理透徹，是最佳的良相。李泌是一個奇人，他摸透了猜疑心特強的昏君心理，又有說情喻理的本領，能夠從昏君手裡奪權，替國家和民眾做了許多好事，維護了唐王朝的政權。李泌是李唐的功臣，也是國家和民族的功臣。吐蕃失掉回紇與南詔兩個與國，從此衰落，使唐西疆穩固，延緩了壽命。這也是李泌政治生涯中的一大成功，值得大書特書。本卷載司馬光兩條評論，一條貶斥德宗是一個昏君，其言中肯；一條批評李泌限制德宗聚斂，反說為導誘德宗貪財，則迂腐不堪。

德宗神武聖文皇帝八

貞元三年（丁卯　西元七八七年）

八月辛巳朔❶，日有食之。

吐蕃尚結贊遣五騎送崔漢衡歸，且上表求和。至潘原，李觀語之以「有詔不納吐蕃使者」，受其表而卻❷其人。

初，兵部侍郎、同平章事柳渾與張延賞俱為相，渾議事數異同，延賞使所親謂曰：「相公舊德，但節言❸於廟堂，則重位❹可久。」渾曰：「為吾謝張公，柳渾頭可斷，舌不可禁。」由是交惡。上好文雅醞藉❺，而渾質直輕侻❻，無威儀❼，於上前時發俚語❽。上不悅，欲黜為王府長史❾。李泌言：「渾褊直無它。故事，罷相無為長史者。」又欲以為王傅❿，泌請以為常侍。上曰：「苟得罷之，無不可者。」己丑⓫，渾罷為左散騎常侍。

初，郜國大長公主適駙馬都尉⓬蕭升⓭，升，復之從兄弟也。公主不謹，詹事李昪、蜀州別駕蕭鼎、彭州司馬李萬、豐陽令韋恪，皆出入主第。主女為太子妃⓮，始者上恩禮甚厚，主常直乘肩輿抵東宮，宗戚皆疾之。或告主淫亂，且為厭禱⓯。上大怒，幽主於禁中，切責⓰太子。太子不知所對，請與蕭妃⓱離昏。

上召李泌告之，且曰：「舒王⑱近已長立，孝友溫仁。」泌曰：「何至於是！陛下惟有一子⑲，奈何一旦疑之，欲廢之而立姪，得無失計乎！」上勃然怒曰：「卿何得間人父子！誰語卿舒王為姪者！」對曰：「陛下自言之。大曆初，陛下語臣：『今日得數子。』臣請其故，陛下言：『昭靖諸子，主上令吾子之。』今陛下所生之子猶疑之，何有於姪！舒王雖孝，自今陛下宜努力，勿復望其孝矣！」上曰：「卿不愛家族乎？」對曰：「臣惟愛家族，故不敢不盡言。若畏陛下盛怒而為曲從⑳，陛下明日悔之，必尤臣㉑云：『吾獨任汝為相，不力諫，使至此，必復殺而子㉒。』臣老矣，餘年不足惜，若冤殺臣子，使臣以姪為嗣，臣未知得歆其祀㉓乎？」因嗚咽流涕㉔。上亦泣曰：「事已如此，使朕如何而可？」對曰：「此大事，願陛下審圖之㉕。臣始謂陛下聖德，當使海外蠻夷皆戴之如父母，豈謂自有子而疑之至此乎！臣今盡言，不敢避忌諱。自古父子相疑，未有不亡國覆家者。陛下記昔在彭原，建寧何故而誅㉖？」上曰：「建寧叔實冤，肅宗性急，譖之者深耳。」泌曰：「臣昔以建寧之故，固辭官爵，誓不近天子左右。不幸今日復為陛下相，又覩茲事。臣在彭原，承恩無比，竟不敢言建寧之冤，及臨辭㉗乃言之，肅宗亦悔而泣㉘。先帝自建寧之死，常懷危懼，臣亦為先帝誦黃臺瓜辭㉙

以防讒構之端。」上曰：「朕固知之。」意色稍解，乃曰：「貞觀、開元皆易太子㉚，何故不亡？」對曰：「臣方欲言之。昔承乾屢嘗監國㉛，託附者眾，東宮甲士甚多，與宰相侯君集謀反㉜，事覺，太宗使其舅長孫無忌與朝臣數十人鞫㉝之，事狀顯白，然後集百官而議之。當時言者猶云：『願陛下不失為慈父，使太子得終天年。』太宗從之，并廢魏王泰㉞。陛下既知肅宗性急，以建寧為冤，臣不勝慶幸。願陛下戒覆車之失，從容三日，究其端緒而思之，陛下必釋然知太子之無它矣。若果有其迹，當召大臣知義理者二十人與臣鞫其左右，必有實狀，願陛下如貞觀之法行之，并廢舒王而立皇孫，則百代之後，有天下者猶陛下子孫也。至於開元之末，武惠妃譖太子瑛兄弟殺之㉟，海內冤憤，此乃百代所當戒，又可法乎！且陛下昔嘗令太子見臣於蓬萊池㊱，觀其容表，非有蠭目豺聲商臣㊲之相也，正恐失於柔仁㊳耳。又，太子自貞元以來常居少陽院㊴，在寢殿㊵之側，未嘗接外人，預外事，安有異謀乎！彼譖人者巧詐百端㊶，雖有手書如晉愍懷㊷，衷甲如太子瑛㊸，猶未可信，況但以妻母有罪㊹為累乎！幸陛下語臣，臣敢以家族保太子必不知謀㊺。鄉使楊素、許敬宗、李林甫之徒承此旨，已就舒王圖定策之功矣㊻！」上曰：「此朕家事，何豫於卿，而力爭如此？」對曰：「天子以四海為家，臣今獨任宰相之重，四海之內，一物失所，責歸於臣；況坐視太子冤橫而不言，臣罪大矣。」上曰：「為卿遷延至明日思之。」泌抽笏叩頭而泣，曰：「如此，臣知陛下父子慈孝如初矣！然陛下還宮，當自審思，勿露此意於左右。露之，則彼皆欲樹功於舒王，太子危矣。」上曰：「具曉卿意。」泌歸，謂子弟曰：「吾本不樂富貴，而命與願違，今累汝曹矣。」

太子遣人謝泌曰：「若必不可救，欲先自仰藥[47]，何如？」泌曰：「必無此慮，願太子起敬起孝。苟泌身不存，則事不可知耳。」

間一日[48]，上開延英殿[49]獨召泌，流涕闌干[50]，撫其背曰：「非卿切言，朕今日悔無及矣！皆如卿言，太子仁孝，實無它也。自今軍國及朕家事，皆當謀於卿矣！」泌拜賀，因曰：「陛下聖明，察太子無罪，臣報國畢矣[51]！臣前日驚悸亡魂[52]，不可復用[53]，願乞骸骨。」上曰：「朕父子賴卿得全，方屬子孫[54]，使卿代代富貴以報德，何為出此言乎！」

甲午[55]，詔李萬不知避宗[56]，宜杖死。李昇等及公主五子，皆流嶺南及遠州[57]。

【章旨】以上為第一段，寫柳渾忠直而被罷相。李泌亦直言護佑太子，臨難不屈，竟獲成功。

【注　釋】❶辛巳朔　八月初一日。❷卻　遣退前來的吐蕃人。❸節言　少說話。❹重位　宰相高位。❺文雅醞藉　斯文儒雅，含蓄寬容。醞，通「緼」、「蘊」。藉，亦作「籍」。❻質直輕侻　樸實直爽，輕率簡易。❼無威儀　無莊重的儀容舉止。❽時發俚語　經常說出一些粗俗話。❾欲黜為王府長史　想貶為王府的長史。王府長史，掌王府事，閒散官。❿王傅　唐王府置傅一人，從三品，掌輔正過失。⓫己丑　八月初九日。⓬駙馬都尉　官名，漢時為皇帝近侍，奉車都尉之副，魏晉以後為公主夫婿稱號，閒職。⓭蕭升　蕭復堂弟，為郜國長公主的再嫁丈夫，早卒。事略載《新唐書》卷一百一〈蕭復傳〉。⓮主女為太子妃　公主之女為皇太子李誦之妃。李誦後即位為順宗皇帝。⓯厭禱　用巫術詛咒使人遭災，又稱厭勝之術。此指郜國長公主詛咒德宗。⓰切責　嚴厲申斥。⓱蕭妃　太子妃蕭氏。後太子病，蕭妃被殺以厭災。⓲舒王　原名李謨，更名誼，原是德宗弟昭靖太子李邈之子，德宗養以為子。⓳陛下惟有一子　德宗共有十一子，養子二人，親子九人。惟有一子，指正宮皇后只生了太子李誦一人。⓴曲從　違背心意而順從皇上。㉑尤臣　怪罪臣。㉒必復殺而子　一定也要把你的兒子殺死。而，汝。㉓歆其祀　享受養子的祭祀。㉔嗚咽流涕　李泌以情感動德宗。順宗為太子之得以不被廢，實賴李泌之力。㉕審圖之　審慎地考慮處理廢立太子之事。㉖建寧何故而誅　此指肅宗誅建寧王。建寧王李倓為肅宗第三子，扈衛肅宗即位靈武，甚有功，為宦官李輔國和肅宗寵妃張良娣所構，在彭原縣被肅宗所殺。事見本書卷二百十九肅宗至德二載。建寧王李倓為德宗之叔，他的冤死，德宗瞭然於胸，故李泌言此以警之。㉗臨辭　李泌告辭肅宗。㉘肅宗亦悔而泣　事載本書卷二百二十肅宗至德二載（西元七五七年）九月。㉙黃臺瓜辭　武則天欲臨朝，毒殺太子李弘，而立次子李賢。李弘、李賢皆武則天所生親子。李賢憂恐，作〈黃臺瓜辭〉欲以感動高宗及則天皇后。其辭曰：「種瓜黃臺下，瓜熟子離離。一摘使瓜好，再摘令瓜稀。三摘尚云可，四摘抱蔓歸。」李泌為肅宗頌此辭，其後讒構不得行；為德宗言其事，太子李誦得以不廢，可謂善諫君矣。㉚貞觀開元皆易太子　貞觀，指唐太宗在貞觀十七年（西元六四三年）廢太子承乾。開元，指唐玄宗在開元二十五年（西元七三七年）廢太子瑛。㉛監國　皇帝出征或出巡，太子代理國政，稱監國。㉜謀反　唐太宗時，太子李承乾懼廢，與唐開國功臣侯君集等密謀，策劃重演玄武門之變，事發，太子承乾被廢，侯君集等被誅。㉝鞫　審訊。太子承乾謀反事發，由其舅宰相長孫無忌等會審。㉞并廢魏王泰　魏王李泰，太宗第四子，與太子承乾和太宗第九子高宗李治為皇后長孫氏一母所生。魏王李泰陰謀奪嫡，逼使太子造反，故王位被廢。事見本書卷一百九十七太宗貞觀十七年。後李治為太子，即位為高宗。㉟武惠妃譖太子瑛兄弟殺之　武惠妃，玄宗寵妃，生壽王李瑁，日進讒言使玄宗廢殺太子瑛，同時冤殺鄂王瑤、光王琚。唐玄宗易太子而並殺三子，事見本書卷二百十四玄宗開元二十五年。玄宗長子琮早夭，第二子太子瑛被廢殺，後第三子李亨為太子，即位為肅宗。㊱蓬萊池　在大明宮中蓬萊殿北，池中有蓬萊山，山上建蓬萊閣，為李泌所居。㊲商臣　即春秋時楚穆王，楚成王太子。成王將立太子商臣時，諮訪令尹子上，子上曰：「是人（指商臣）也，蠭目而豺聲，忍人也，不可立也。」楚成王不聽。其後商臣果以宮甲圍弒成王。事見《左傳》文公元年。蠭目豺聲，指形貌兇惡，眼睛外突，聲如豺狼鳴叫。㊳柔仁　柔弱仁慈。㊴少陽院　在大明宮內，浴堂殿之東，溫室殿西南。㊵寢殿　皇帝所居之殿。德宗常居浴堂殿。㊶彼譖人者巧詐百端　那些蓄謀誣陷別人的人，機巧奸詐，手段百出。㊷手書如晉愍懷　西晉惠帝賈后讒害愍懷太子，召入宮中，勸酒使醉，讓照抄事先擬好的逼宮反書，成為廢太子的罪證。事見本書卷八十三晉惠帝元康九年。㊸衷甲如太子瑛　開元二十五年，武惠妃使人詭召太子瑛、鄂王瑤、光王琚，說「宮中有賊，請甲以入。」太子瑛等聽從，武惠妃密告於唐玄宗，稱「太子、二王謀反，甲而來！」玄宗受蒙蔽而廢太子及二王。衷甲，裹甲。㊹妻母有罪　太子誦妻母郜國長公主有淫行之罪。李泌認為不足以牽累太子。妻母，岳母。㊺不知謀　指太子李誦不知妻母與李萬等淫亂之事。㊻屬使楊素許敬宗李林甫之徒承此旨二句　意謂要是讓從前的楊素、許敬宗、李林甫這班人得到陛下更替太子的聖旨，他們已經到舒王那裡去謀劃擁立新太子的功勞了。楊素，隋代大臣，支持隋煬帝奪嫡。許敬宗，高宗時大臣，支持武則天奪正宮。李林甫，玄宗時宰相，助武惠妃為逆謀。㊼仰藥　飲藥自殺。㊽間一日　隔了一天。㊾開延英殿　延英殿為皇帝在內廷議政的主要殿所。皇帝有特命，或中書省有重要公事，則通過一定的程式開延英殿，只由皇帝與宰輔議事，稱「開延英殿」或「延英殿召對」。㊿闌干　涕淚縱橫貌。(51)臣報國畢矣　臣報效國家就到此為止了。(52)驚悸亡魂　心驚膽戰，失魂落魄。(53)不可復用　不能再任用。(54)方屬子孫　朕正要把子孫託付給你。(55)甲午　八月十四日。(56)避宗　迴避同宗。李萬與郜國長公主私通，皆為李姓，是不避宗，違犯禮教，罪至死。(57)李昇等及公主五子二句　李昇本姓鮮于，賜姓李，故與郜國長公主本不同宗，又有宿衛功，於是為流刑。蕭鼎、韋恪及公主子皆為流刑。

【語　譯】德宗神武聖文皇帝八

貞元三年（丁卯　西元七八七年）

八月初一日辛巳，日蝕。

吐蕃的國相尚結贊派遣五名騎兵護送崔漢衡回朝廷，並且向唐朝上表請求和好。他們到達潘原縣時，李觀對他們說「朝廷有詔令，不接納吐蕃的使者」，只接受了他們的表章，遣退了前來的吐蕃人。

當初，兵部侍郎、同平章事柳渾與張延賞一起擔任宰相，柳渾在議事時多次與張延賞的意見不同，張延賞派親近的人去柳渾那裡說：「柳公是德高望重的老臣，只要在朝堂上少說話，那麼宰相這一重要職位就可長久的保持下去。」柳渾說：「你替我向張公道歉，我柳渾的頭可斷，舌頭講話是不能禁止的。」由此兩人交惡。德宗喜歡斯文儒雅、含蘊穩重，但柳渾樸實直爽，輕率簡易，沒有莊重的儀容舉止，在德宗面前經常說粗俗的話。德宗不高興，打算貶黜為王府的長史。李泌對德宗說：「柳渾氣量小，人正直，沒有二心。依照舊例，沒有罷免了宰相職位後擔任王府長史的人。」德宗又想讓柳渾擔任諸王的師傅，李泌請求讓柳渾擔任常侍一職。德宗說：「只要能罷免柳渾的宰相職務，沒有不可以的。」八月初九日己丑，德宗罷免了柳渾的宰相職務，降職為左散騎常侍。

當初，郜國大長公主嫁給了駙馬都尉蕭升，蕭升是蕭復的堂兄弟。郜國大長公主的行為不檢點，詹事李昪、蜀州別駕蕭鼎、彭州司馬李萬、豐陽縣令韋恪等人，都出入她的私宅。她的女兒做了太子的妃子，最初德宗對她的恩典和禮儀非常厚重，她經常坐著轎子到東宮，皇室的宗親外戚都痛恨她。有人告發她淫亂，而且用巫術詛咒皇上。德宗大怒，將郜國大長公主囚禁在宮中，嚴厲斥責皇太子。太子不知道該怎麼回答，請求與蕭妃離婚。

德宗召來李泌，把這件事告訴了他，而且說：「舒王近來已經長大成人，孝順友愛，溫和仁愛。」李泌說：「怎麼會到這種地步呢！陛下只有一個兒子，怎麼能一時對兒子有懷疑之心，就想廢黜而冊立姪兒為太子，這恐怕很失策吧！」皇帝勃然大怒，說：「卿怎麼能離間我們父子！誰對卿說舒王是我的姪兒！」李泌回答說：「這是陛下自己說的。大曆初年，陛下對臣說：『今天我得了幾個兒子。』臣問陛下說這話的緣故，陛下說：『昭靖太子的幾個兒子，皇上命令我把他們當自己的兒子撫養。』現在陛下對親生的兒子還懷疑，那對姪兒又會怎麼樣！舒王雖然很孝順，如果今天將其立為太子，陛下日後還是自己勉力而為，不要再指望舒王孝順了！」德宗說：「卿不愛惜自個的家族嗎？」李泌回答說：「臣正是愛惜臣的家族，所以不敢不把要說的話說完。如果臣害怕陛下盛怒而曲從陛下，陛下對做這事後悔了，一定會怪罪臣說：『我專任你一人為宰相，不極力勸諫，使事情到這種地步，朕一定也要把你的兒子殺死。』臣已經老了，剩下的晚年沒有什麼值得顧惜的，如果陛下冤枉地殺了臣的兒子，讓臣以姪兒作為後嗣，臣不知道將來能否享受到養子的祭祀嗎？」說著就嗚嗚咽咽地哭著流下了眼淚。德宗也哭泣著說：「事情已經如此，讓朕怎麼辦才好呢？」李泌說：「這是大事，希望陛下審慎地考慮處理太子廢立之事。臣最初還說陛下聖德，會使大唐以外的蠻夷之邦都愛戴陛下如愛戴他們的父母一樣，哪知道陛下自己有兒子，而對他懷疑到如此地步呢！臣今天把話說完了，不敢避開陛下的忌諱。自古以來，父子相疑，沒有不亡國敗家的。陛下還記得從前朝廷在彭原的時候，建寧王什麼緣故被誅殺？」德宗說：「建寧叔叔實在冤枉，肅宗性子急躁，譖毀的人心計太深罷了。」李泌說：「臣從前因為建寧王被冤殺的緣故，堅決辭掉了官爵，發誓不靠近天子的左右。不幸的是，臣現在又做了陛下的宰相，又目睹了這件事。臣在彭原時，承蒙肅宗皇帝無可比擬的恩寵，但最終不敢說建寧王的冤情，到辭別肅宗時才說出來，肅宗皇帝也後悔得哭了。自從建寧王死了以後，先皇帝常常心懷危懼，臣也為先皇帝誦讀〈黃臺瓜辭〉這篇文章，以防止進讒言誣陷的事情出現。」德宗說：「我確實知道這些事情。」態度和臉色稍稍緩和了一點，於是問道：「本朝貞觀、開元年間都改立過太子，為什麼沒有亡國？」李泌回答說：「臣正要對陛下說這件事。從前太子承乾多次代為處理國政，投靠歸附他的人眾多，東宮衛士又十分多，與宰相侯君集一起謀劃造反，事情被發覺以後，太宗讓太子的舅舅長孫無忌與朝廷大臣幾十個人審問，事情的前後經過調查得清清白白，然後太宗召集滿朝文武大臣討論這事件。當時的言官還說：『希望陛下不失為慈父，讓太子能夠天年而終。』太宗皇帝聽從了這一意見，將太子連同魏王李泰都一起廢為庶人。陛下已經知道肅宗性情急躁，認為建寧王死得冤枉，臣認為這是萬分值得慶幸的。希望陛下以從前失敗的教訓作為鑑戒，寬緩三天，抓住這一事件的各個頭緒來思考，陛下就一定會豁然明白太子沒有二心了。如果太子果然有犯上的行跡，陛下應該召集大臣中深明義理的二十人，與臣一起審問太子身邊的人，如果確有其事，希望陛下仿效貞觀年間太宗皇帝的辦法來處置，將太子連同舒王一起廢為庶人，而立皇孫為繼承人，那麼百世之後，擁有天下的人還是陛下的子孫。至於開元末年，武惠妃誣陷太子李瑛兄弟，殺了他們，天下人感到冤枉和憤怒，這是世世代代應該引為警戒，又怎麼能夠效仿呢！而且陛下從前曾經讓太子在蓬萊池見過臣，臣觀察太子的容顏儀表，沒有蜂眼外突、聲如豺狼的商臣之相，臣正擔心太子失於柔弱仁慈。另外，太子自從貞元年間以來經常住在少陽院，就在陛下寢殿的旁邊，不曾與外邊的人交往，參與外界的事情，怎麼會有犯上作亂的企圖呢？那些誣陷別人的人機巧奸詐，手段百出，即便是像西晉元康年間愍懷太子手寫的反書，本朝開元年間的太子李瑛身披鎧甲進入皇宮，犯上作亂的事情還都不可相信，何況現在的太子只是因為岳母有罪受到牽連呢！幸虧陛下把這事告訴臣，臣敢以全家族人的性命擔保太子一定不知道這其中的謀劃。如果碰上楊素、許敬宗、李林甫之輩稟承陛下改立太子的旨意，他們早已到舒王那裡去謀取改立太子計策的功勞了！」德宗說：「這是朕家庭的私事，與卿有什麼相干，而要這樣力爭呢？」李泌回答說：「天子以四海為家，臣一個人單獨承擔宰相的重任，四海之內，一件事處理不好，責任就在臣的身上；何況是眼睜睜地看著太子橫遭冤枉而不說話，那臣的罪過就太大了。」德宗說：「看在卿的面子上，這件事推遲到明天思考處置。」李泌抽出上朝笏板，向德宗磕頭哭泣，說道：「陛下這樣做，臣就知道陛下父子之間父慈子孝，猶如當初了！但是陛下回宮之後，應當獨自認真思考，不要把這個意思向左右侍從們透露。透露出這事，那麼，那些左右侍從們都想在舒王面前樹立功勞，太子就危險了。」德宗說：「卿說的意思朕全懂了。」李泌回到自己家裡，對他的子弟們說：「我本來不喜歡富貴，但命運與願望相違背，現在連累你們了。」

太子派人向李泌道謝說：「如果一定不能挽救的話，我想先飲藥自殺，你看怎麼樣？」李泌說：「一定不要有這種考慮，希望太子對陛下謹奉孝敬之道。假如我不在了，就不知道這事情會成一個什麼樣子了。」

隔了一天後，德宗開啟了延英殿，單獨召見李泌，德宗淚流滿面，撫摸著李泌的背說：「如果不是卿深切之言，朕今天連後悔都來不及了！一切都如同卿說的那樣，太子仁愛孝順，實在是沒有二心。從今以後，軍事和政事以及朕的家事，全應該與卿一起商量了！」李泌向德宗行禮祝賀，乘機說：「陛下神聖英明，查明了太子無罪，臣報效國家就到此為止了！臣前日心驚膽戰，失魂落魄，不能再任用，希望陛下准許我告老還鄉。」德宗說：「朕父子之間的關係全靠卿才得以保全，朕正要把子孫託付給你，讓你的一代一代子孫富貴，以報答卿的大德，卿為什麼說出這種話來呢！」

八月十四日甲午，德宗下詔說：李萬不知道迴避同宗女眷，應該被杖刑處死。李昇等人以及部國大長公主的五個兒子，都流放到嶺南和遙遠的州縣。

戊申❶，吐蕃帥羌、渾❷之眾寇隴州❸，連營數十里，京城震恐。九月丁卯❹，遣神策將石季章戍武功❺，決勝軍使唐良臣戍百里城❻。丁巳❼，吐蕃大掠汧陽、吳山、華亭❽，老弱者殺之，或斷手鑿目，棄之而去。驅丁壯萬餘悉送安化峽❾西，將分隸羌、渾，乃告之曰：「聽爾東向哭辭鄉國❿！」眾大哭，赴崖谷死傷者千餘人。未幾，吐蕃之眾復至，圍隴州，刺史韓清沔與神策副將蘇太平夜出兵擊卻之。

上謂李泌曰：「每歲諸道貢獻，共直錢五十萬緡，今歲僅得三十萬緡。言此誠知失體⓫，然宮中用度殊不足⓬。」泌曰：「古者天子不私求財，今請歲供⓭宮中錢百萬緡，願陛下不受諸道貢獻及罷宣索⓮。必有所須，請降敕折稅⓯，不使姦吏因緣誅剝⓰。」上從之。

回紇合骨咄祿可汗⓱屢求和親，且請昏⓲，上未之許。會邊將告乏馬，無以給之，李泌言於上曰：「陛下誠用臣策，數年之後，馬賤於今十倍矣。」上曰：

「何故？」對曰：「願陛下推至公之心，屈己徇人⑲，為社稷大計，臣乃敢言。」上曰：「卿何自疑若是？」對曰：「臣願陛下北和回紇，南通雲南，西結大食⑳、天竺㉑。如此，則吐蕃自困，馬亦易致矣。」上曰：「三國當如卿言，至於回紇則不可。」泌曰：「臣固知陛下如此，所以不敢早言㉒。為今之計，當以回紇為先，三國差緩㉓耳。」上曰：「唯回紇卿勿言。」泌曰：「臣備位宰相，事有可否在陛下，何至不許臣言！」上曰：「朕於卿言皆聽之矣。至於和[1]回紇，宜待子孫，於朕之時，則固不可。」泌曰：「豈非以陝州之恥邪？」上曰：「然。韋少華㉔等以朕之故受辱而死，朕豈能忘之。屬國家多難，未暇報之，和則決不可，卿勿更言。」泌曰：「害少華者乃牟羽可汗。陛下即位，舉兵入寇，未出其境，今合骨咄祿可汗殺之。然則今可汗乃有功於陛下，宜受封賞，又何怨邪！其後張光晟殺突董㉕等九百餘人，合骨咄祿竟不敢殺朝廷使者㉖，然則合骨咄祿固無罪矣。」上曰：「卿以和回紇為是，則朕固非邪㉗？」對曰：「臣為社稷而言。若苟合取容㉘，何以見肅宗、代宗於天上㉙！」上曰：「容朕徐思之㉚。」

自是泌凡十五餘對，未嘗不論回紇事，上終不許。泌曰：「陛下既不許回紇和親，願賜臣骸骨。」上曰：「朕非拒諫，但欲與卿較理耳，何至遽欲去朕邪！」

對曰：「陛下許臣言理，此固天下之福也。」上曰：「朕不惜屈己與之和，但不能負少華輩。」對曰：「以臣觀之，少華輩負陛下，非陛下負之也。」上曰：「何故？」對曰：「昔回紇葉護將兵助討安慶緒㉛，肅宗但令臣宴勞之於元帥府，先帝㉜未嘗見也。葉護固邀臣至其營，肅宗猶不許。及大軍將發，先帝始與相見㉝。所以然者，彼戎狄豺狼也，舉兵入中國之腹，不得不過為之防也。陛下在陝，富於春秋，少華輩不能深慮，以萬乘元子㉞徑造其營㉟，又不先與之議相見之儀，使彼得肆其桀驁，豈非少華輩負陛下邪？死不足償責矣。且香積之捷㊱，葉護欲引兵入長安，先帝親拜之於馬前以止之，葉護遂不敢入城。當時觀者十萬餘人，皆歎息曰：『廣平真華、夷主也！』然則先帝所屈者少，所伸者多矣。葉護乃牟羽之叔父也。牟羽身為可汗，舉全國之兵赴中原之難，故其志氣驕矜，敢責禮於陛下。陛下天資神武，不為之屈㊲。當是之時，臣不敢言其它。若可汗留陛下於營中，歡飲十日，天下豈得不寒心㊳哉！而天威所臨，豺狼㊴馴擾㊵，可汗母捧陛下於貂裘，叱退左右，親送陛下乘馬而歸。陛下以香積之事㊶觀之，則屈己㊷為是乎？不屈為是乎？陛下屈於牟羽乎？牟羽屈於陛下乎？」上謂李晟、馬燧曰：「故舊不宜相逢。朕素怨回紇，今聞泌言香積之事，朕自覺少理，卿二人以為何如？」對曰：「果如泌所言，則回紇似可恕[43]。」上曰：「卿二人復不與朕[44]，朕當柰何？」泌曰：「臣以為回紇不足怨，曏來宰相[45]乃可怨耳。今回紇可汗殺牟羽，其國人有再復京城之勳[46]，夫何罪乎！吐蕃幸國之災[47]，陷河、隴數千里之地，又引兵入京城，使先帝蒙塵於陝[48]，此乃百代〔2〕必報之讎，況其贊普至今〔3〕尚存[49]，宰相不為陛下別白言此，乃欲和吐蕃以攻回紇，此為可怨耳。」上曰：「朕與之為怨已久，又聞吐蕃劫盟，今往與之和，得無復拒我，為夷狄之笑乎？」對曰：「不然。臣曩在彭原，今可汗為胡祿都督，與今國相白婆帝皆從葉護而來，臣待之頗親厚，故聞臣為相而求和，安有復相拒乎！臣今請以書與之約：稱臣，為陛下子[50]，每使來不過二百人，印馬[51]不過千匹，無得攜中國人及商胡出塞。五者[52]皆能如約，則主上必許和親。如此，威加北荒，旁讋[53]吐蕃，足以快陛下平昔之心矣！」上曰：「自至德[54]以來，與為兄弟之國[55]，今一旦欲臣之，彼安肯和乎？」對曰：「彼思與中國和親久矣，其可汗、國相素信臣言[56]。若其未諧[57]，但應再發一書[58]耳。」上從之。

既而回紇可汗遣使上表稱兒及臣，凡泌所與約五事，一皆聽命。上大喜，謂泌曰：「回紇何畏服卿如此？」對曰：「此乃陛下威靈，臣何力焉！」上曰：「回紇則既和矣，所以招雲南、大食、天竺柰何？」對曰：「回紇和，則吐蕃已不敢輕犯塞矣。次招雲南，則是斷吐蕃之右臂也。雲南自漢以來臣屬中國[59]，楊國忠無故擾之使叛，臣于吐蕃[60]，苦於吐蕃賦役重，未嘗一日不思復為唐臣也。大食在西域為最彊，自蔥嶺盡西海，地幾半天下[61]，與天竺皆慕中國，代與吐蕃為仇，臣故知其可招也。」

癸亥[62]，遣回紇使者合闕將軍歸，許以咸安公主[63]妻可汗，歸其馬價絹五萬疋。

【章旨】以上為第二段，寫李泌勸諫德宗與回紇釋嫌通好，重結和親。

【注釋】❶戊申　八月二十八日。❷羌渾　西羌及吐谷渾。❸隴州　州名，治所在今陝西隴縣。❹丁卯　九月十七日。❺武功　縣名，縣治在今陝西武功西北。❻百里城　又省稱百城。遺址在今甘肅靈臺西。❼丁巳　九月初七日。此處行文並非倒敘，疑丁巳為己巳之誤。己巳，九月十九日。❽汧陽吳山華亭　皆縣名。汧陽、吳山兩縣在隴州東南，汧陽縣治在今陝西千陽，吳山縣治在汧陽南。華亭縣在隴州之北，今屬甘肅。❾安化峽　山谷名，汧陽、吳山、華亭，三縣在隴山之東，安化峽當在隴山之西清水縣境內，為三縣越隴山西行的總路口。❿鄉國　故鄉之國；祖國。⓫失體　有失君王尊嚴的體統。皇帝向各道求索賦外貢獻，此為唐代弊政之一，故李泌請罷之。⓬殊不足　很不夠用。⓭歲供　每年供給。⓮宣索　宣旨求索；皇帝派中使向政府主管部門宣旨調取財物。⓯必有所須二句　宮中有一定需要的物品，請陛下發敕令，把這些物品按價折合成稅錢。⓰因緣誅剝　藉機搜刮盤剝錢財。罷除貢獻，也就免除了奸吏的因緣誅剝。⓱合骨咄祿可汗　原回紇宰相頓莫賀達干，主張與唐和親而與牟羽可汗發生政治分歧，於是殺牟羽可汗而自立。事在德宗建中元年。在陝州辱德宗的可汗即牟羽可汗。⓲請昏　向唐求婚。昏，同「婚」。⓳屈己徇人　委曲自己，順從別人。指德宗忘舊恥而允從回紇和親。⓴大食　波斯文譯音，即阿拉伯帝國。㉑天竺　指古代印度。㉒不敢早言　不敢早勸陛下與回紇結和。李泌不敢早言之因，見上卷貞元三年七月。㉓差緩　稍稍靠後。㉔韋少華　德宗為雍王兼天下兵馬大元帥時，韋少華為中書舍人充元帥判官，在陝州為保護德宗被回紇牟羽可汗杖殺。事見本書卷二百二十二代宗寶應元年。㉕張光晟殺突董　振武留後張光晟殺回紇使者突董等九百人，事見本書卷二百二十六德宗建中元年。㉖合骨咄祿竟不敢殺朝廷使者　張光晟殺突董後，德宗派源休為使送喪回紇，合骨咄祿不願再與唐結仇，阻止宰相殺唐使。事見本書卷二百二十七德宗建中三年。㉗朕固非邪　朕當然就是不對的了。㉘苟合取容　曲意迎合，以求容身。㉙天上　凡人死則應說見於地下，見於黃泉，尊稱天子，則說見於天上，謂皇帝之靈在天上。㉚徐思之　慢慢思考這件事。㉛葉護將兵助討安慶緒　肅宗至德二載（西元七五七年）請兵於回紇，回紇令葉護太子率兵四千助唐軍討安慶緒。㉜先帝　指代宗李俶，後更名李豫。李俶時為廣平王，為討賊大元帥。㉝及大軍將發二句　等到唐與回紇大軍將要出發時，先帝才與葉護太子相見。㉞萬乘元子　皇帝太子。㉟徑造其營　未事先談判禮節就直接到回紇營中。㊱香積之捷　指肅宗至德二載唐軍收復長安之戰。當時唐與回紇聯軍駐屯香積寺發起總攻，故稱香積之戰。香積寺在長安縣南神禾原上灃水之東。㊲不為之屈　指德宗當年未屈服於牟羽可汗，沒有向牟羽舞拜。㊳寒心　痛心。如果牟羽可汗強留雍王在軍帳中歡飲十天，天下之人豈不寒心，這是委婉的說法，意謂牟羽劫持雍王，那才叫人痛心。㊴豺狼　喻指回紇。㊵馴擾　順從。馴，從。擾，順。㊶香積之事　香積之戰收復長安後，為了阻止回紇兵搶掠長安，德宗之父廣平王向回紇元帥葉護行跪拜禮。「香積之事」當即指此。㊷屈己　指廣平王委屈下拜回紇葉護的舉動。㊸恕　寬恕。㊹卿二人復不與朕　你們二人也不支持我。㊺曏來宰相　近來的宰相。㊻再復京城之勳　回紇於肅宗至德二載與廣平王（代宗）收復兩京，又於代宗寶應元年與雍王（德宗）收復東京，故云「再復」。再，兩次。㊼吐蕃幸國之災　吐蕃慶幸我國的災難。指吐蕃趁我國發生變亂時入寇。㊽先帝蒙塵於陝　代宗迴避吐蕃，東走陝州。事見本書卷二百二十三代宗廣德元年。㊾此乃百代必報之讎二句　這是百世必報的仇恨，況且吐蕃贊普至今還活著。李泌的意思是說回紇牟羽已經死了，就可以寬恕回紇；吐蕃贊普還在世，那麼，國仇百世也一定要報。古人觀念中，父仇，不共戴天，雖百世報仇都是可以的。㊿稱臣二句　讓回紇可汗向唐稱臣，為陛下的兒子。回紇為唐子婿，故為子輩。(51)印馬　互市的馬匹，因在邊市上加蓋中國印章，故稱印馬。(52)五者　五條和約條件：一稱臣，二為子，三遣使不過二百人，四互市馬不過千匹，五不得攜帶漢人與西域胡商出塞。(53)讋　震懾，使之失氣。(54)至德　肅宗第一個年號。(55)兄弟之國　肅宗引回紇兵平安史之亂，令太子廣平王與回紇葉護太子結為兄弟，兩國為兄弟之國。(56)素信臣言　一向相信我的話。(57)未諧　未妥帖之處。(58)再發一書　再送一封信。(59)雲南自漢以來臣屬中國　南詔本漢時哀牢夷之後裔，漢武帝平西南夷，雲南地入中國版圖。60臣于吐蕃　楊國忠用親信鮮于仲通為劍南節度使，失和南詔，使南詔向吐蕃稱臣。事見本書卷二百十六玄宗天寶九載。61地幾半天下　地方差不多佔了半個世界。62癸亥　九月十三日。63咸安公主　德宗第八女。

【校　記】1和　原無此字。據章鈺校，乙十六行本、乙十一行本、孔天胤本皆有此字，張敦仁《通鑑刊本識誤》同，今據補。2百代　此二字原無。據章鈺校，乙十六行本、乙十一行本、孔天胤本皆有此二字，張敦仁《通鑑刊本識誤》、張瑛《通鑑校勘記》同，今據補。3至今　原無此二字。據章鈺校，乙十六行本、乙十一行本、孔天胤本皆有此二字，張敦仁《通鑑刊本識誤》同，今據補。

【語　譯】八月二十八日戊申，吐蕃率領西羌和吐谷渾的兵眾侵犯隴州，營寨連綿幾十里，京城長安震恐。九月十七日丁卯，德宗派遣神策軍的將領石季章守衛武功縣，決勝軍使唐良臣守衛百里城。初七日丁巳，吐蕃的軍隊在汧陽縣、吳山縣、華亭縣大肆搶掠，殺死老弱病殘的人，有的人砍斷手臂，挖去眼珠，丟下他們離去。吐蕃的軍隊驅趕丁壯一萬多人全部送到安化峽的西邊，將要把他們分屬羌族、吐谷渾，於是告訴他們說：「准許你們向東方哭泣，辭別家鄉故國！」被抓來的人大哭，跳到懸崖下和山谷中，死傷一千餘人。不久，吐蕃的大批人馬又來了，包圍了隴州城，隴州刺史韓清沔和神策軍的副將蘇太平夜晚出兵打退了吐蕃的軍隊。

德宗對李泌說：「每年各道貢獻給宮內的物品，一共價值五十萬緡錢，今年僅僅得到三十萬緡。說這件事，我確實知道有失體統，但宮中的用度實在是不夠。」李泌說：「古時候，天子不私自求取錢財，現在請准許每年給宮中提供一百萬緡錢，希望陛下不接受各道進貢，並停止派中使宣旨求取財物。如果宮中有一定需要用的東西，請陛下下達敕令，將這些東西按價折合成稅錢，不讓奸邪的貪官汙吏藉機搜刮盤剝錢財。」德宗聽從了李泌的建議。

回紇的合骨咄祿可汗多次向唐朝政府請求和好，而且向唐朝皇室求婚，德宗沒有答應他。正好這時邊將上報朝廷說缺少馬匹，朝廷沒有馬匹給他們，李泌對德宗說：「如果陛下下決心採納我的計策，幾年以後，馬匹的價錢要比現在便宜十倍。」德宗說：「這又是什麼緣故呢？」李泌回答說：「希望陛下用最公正的態度對待這件事，委屈自己，順從別人，為了國家的根本大計，我才敢說出來。」德宗說：「卿為何這樣自我疑慮？」李泌回答說：「臣希望陛下在北邊和好回紇，在南邊勾通雲南，西邊結交大食、天竺。這樣，吐蕃就會自己陷於困窘的境地，馬匹也容易買到了。」德宗說：「與雲南、大食、天竺三個國家的關係，就按卿說的辦，至於回紇，那不可以。」李泌說：「臣本來就知道陛下是這種態度，所以不敢早說。作為今天的計策，應當以回紇為先，其餘三國可以稍稍推後一些。」德宗說：「唯有與回紇的關係，卿不要談。」李泌說：「臣備位宰相，事情可行與不可行，在於陛下，何至於不許臣說話！」德宗說：「朕對卿的話全都聽從了。至於與回紇和好，應該留待朕的子孫來解決，朕在位期間，則是絕不可能的。」李泌說：「這難道不是因為在陝州受到回紇的恥辱嗎？」德宗說：「是的。韋少華等人因為朕的緣故，受到回紇人的侮辱而死，朕怎麼能忘了這件事。當前正值國家多災多難，沒有時間報這個仇，與他們和好則絕不可能，卿不要再說了。」李泌說：「殺害韋少華的是牟羽可汗。陛下即位以後，牟羽可汗率領大軍入侵，還沒有走出自己的境內，現在的合骨咄祿可汗殺了他。這樣說來，現在的可汗合骨咄祿對陛下有功，應該受封爵和賞賜，又怎麼能怨恨呢！後來張光晟殺了回紇的使者突董等九百餘人，合骨咄祿始終不敢殺害朝廷的使者，這樣看來，合骨咄祿本來就沒什麼罪過了。」德宗說：「卿認為與回紇和好是對的，那朕當然是不對的了？」李泌回答說：「臣是為國家說這些話。如果臣曲意迎合陛下，以求容身，臣用什麼到天上去見肅宗皇帝和代宗皇帝呢！」德宗說：「讓朕慢慢思考。」

從此李泌與德宗奏問對答共十五餘次，每次李泌未曾不討論與回紇的事情，德宗始終不允許。李泌說：「既然陛下不答應同回紇和好，那就請准許臣告老還鄉。」德宗說：「朕不是拒絕勸諫，只是想與卿把其中的道理論清楚罷了，何必要馬上離開朕呢！」李泌回答說：「陛下允許臣講道理，這實在是天下人的福氣啊。」德宗說：「朕不惜委屈自身，與回紇建立和好關係，但不能對不起韋少華這些人。」李泌說：「按照臣的看法，是韋少華等人對不起陛下，不是陛下對不起他們。」德宗說：「這是什麼原因？」李泌回答說：「從前回紇的葉護率兵幫助朝廷討伐安慶緒，肅宗皇帝只讓臣在元帥府裡設宴慰勞他們，身為元帥的先帝代宗皇帝未曾接見葉護。葉護堅持邀請臣到他的軍營中做客，肅宗皇帝還是不答應。等到大軍將要出發時，先皇帝才出來與葉護相見。之所以這樣做，因為回紇是戎狄，豺狼成性，大舉發兵進入唐朝的腹地，我們不能不對他們作過分的防備。陛下在陝州時，年輕，韋少華等人沒能深思熟慮，就引著皇帝太子直接到回紇軍營，又不事先與回紇人商議好見面的禮儀，以至於讓回紇人得以放肆，為所欲為，這難道不是韋少華等人對不起陛下嗎？他們死了也不足以償清罪責啊。而且，香積寺之捷，葉護想帶領回紇兵進入長安城內，先皇帝親自下拜在葉護的馬前，來阻止回紇軍，葉護於是不敢進入長安城。當時圍觀的有十萬多人，他們都感慨地說：『廣平王真是我華夏與蠻夷之族的共主啊！』這樣看來，先皇帝屈尊的地方少，得償所願的地方多。葉護是牟羽可汗的叔叔。牟羽身為回紇的可汗，帶領他們國內的全部兵力奔赴中原地區的禍難，所以心志十分傲慢自大，敢於向陛下要求禮遇。陛下天資神明英武，沒有被其壓力所屈服。在那個時候，臣不敢說別的什麼。如果牟羽可汗把陛下留在回紇軍營中，歡飲十天，天下人對陛下豈能不寒心啊！而陛下的天威所至之處，豺狼順從，牟羽可汗的母親雙手捧著貂皮裘衣獻給陛下，叱退牟羽可汗身邊的人，親自送陛下騎馬而回。陛下就拿香積寺這一事來看，那麼委屈的說法對呢？還是沒有委屈的說法對呢？是陛下向牟羽可汗屈服了呢？還是牟羽可汗向陛下屈服了呢？」德宗對在場的李晟、馬燧說：「過去的舊友最好不要相逢。朕一直怨恨回紇，現在聽李泌所談香積寺之事，朕自己感覺到有些理虧，你們二人有什麼看法嗎？」李晟、馬燧回答說：「如果真的像李泌說的那樣，那回紇似乎是可以寬恕的。」德宗說：「你們二人也不支持朕，那朕該怎麼辦呢？」李泌說：「臣認為回紇人不值得怨恨，近年來的宰相們才是值得怨恨的。現任的回紇可汗殺了牟羽，而他們的國人有兩次幫助朝廷收復京城的功勞，那他們有什麼罪過呢！吐蕃慶幸我們國內出現災禍，乘機攻陷了河西、隴右幾千里的地方，又帶兵進入京城，使先皇帝代宗蒙塵，流落陝州，這才是百世必報的仇恨，況且吐蕃的贊普至今還活著，前任宰相們不向陛下講清楚這些，還想和好吐蕃來攻打回紇，這才是可怨恨的啊。」德宗說：「朕與回紇人結怨已經很久了，他們又聽說吐蕃劫持了我們的會盟使者，現在前去與回紇人和好，他們會不會又拒絕我們，我們被夷狄恥笑呢？」李泌回答說：「不會這樣的。臣從前在彭原時，現今的可汗擔任胡祿都督，與現任國相白婆帝都跟著葉護前來中原，臣對待他們都很親善、優厚，所以他們聽說臣擔任宰相後就要求和好，怎麼會又拒絕和好呢！臣現在請讓我寫信與他們相約：讓可汗向朝廷稱臣；做陛下的兒子；每次派使者來朝，隨從人員不超過二百人，互市的印馬不超過一千匹，不得攜帶中原地區的人以及胡族的商人出塞。如果能夠遵守這五條規定，那麼陛下一定會答應和親。這樣，陛下的威嚴就可以施加於北部荒野的地區，側部可以震懾吐蕃人，足以讓陛下平時對這兩地的勞慮之心大快了！」德宗說：「從至德年間以來，我們與回紇為兄弟之國，現在一旦想讓他們稱臣，他們怎麼肯和好呢？」李泌回答說：「他們想與中原和親已經很久了，他們的可汗、國相一向相信臣說的話。如果有未妥之處，只該再給他們送一封信就行了。」德宗聽從了李泌的建議。

不久，回紇可汗派遣使者向德宗上表自稱兒子和臣屬，凡是李泌與他們相約定的五件事，一概服從。德宗大為高興，對李泌說：「回紇人為什麼這樣害怕和服從卿呢？」李泌回答說：「這是陛下的聲威和神明，臣有什麼力量！」德宗說：「回紇人已經與我們和好了，那要採取什麼辦法去招服雲南、大食、天竺呢？」李泌回答說：「與回紇和好了，那麼吐蕃已經不敢輕易地侵犯我們的邊境了。接著招撫雲南，那就是斬斷了吐蕃的右臂。雲南從漢朝以來臣屬中國，楊國忠無緣無故騷擾他們，讓他們背叛了朝廷，向吐蕃稱臣，他們苦於吐蕃的賦稅和力役繁重，沒有一天不想再做大唐的臣屬。大食在西域各國中力量最為強盛，從葱嶺到西海，疆域幾乎佔了天下的一半。大食與天竺都仰慕中國，世代與吐蕃為仇，臣所以知道他們都是可以招撫的。」

九月十三日癸亥，德宗送回紇的使者合闕將軍回去，答應把咸安公主嫁給可汗為妻，並用五萬匹絹償還回紇以前的馬價。

吐蕃寇華亭及連雲堡❶，皆陷之。甲戌❷，吐蕃驅二城之民數千人及邠、涇人畜萬計而去，置之彈箏峽❸西。涇州恃連雲為斥候❹，連雲既陷，西門不開，門外皆為虜境，樵采路絕，每收穫，必陳兵以扞❺之，多失時❻，得空穗❼而已。由是涇州常苦乏食。

冬，十月甲申❽，吐蕃寇豐義城❾，前鋒至大回原❿，邠寧節度使韓遊瓌擊卻之。乙酉⓫，復寇長武城⓬，又城故原州⓭而屯之。

妖僧⓮李軟奴自言：「本皇族，見嶽、瀆神⓯，命己為天子。」結殿前射生將韓欽緒等謀作亂。丙戌⓰，其黨告之，上命捕送內侍省⓱推⓲之。李晟聞之，遽仆於地⓳曰：「晟族滅矣！」李泌問其故。晟曰：「晟新罹謗毀⓴，中外家人千餘，若有一人在其黨中，則兄亦不能救矣！」泌乃密奏：「大獄一起，所連引㉑必多，外間人情恟懼，請出付臺推㉒。」上從之。欽緒，遊瓌之子也，亡抵邠州，遊瓌出屯長武城，留後械送京師㉓。壬辰㉔，腰斬軟奴等八人，北軍之士坐死者八百餘人，而朝廷之臣無連及者。韓遊瓌委軍詣闕謝㉕，上遣使止之，委任如初。遊瓌又械送欽緒二子，上亦宥之。

吐蕃以苦寒不入寇，而糧運不繼。十一月，詔渾瑊歸河中，李元諒㉖歸華州，劉昌分其眾五千[1]歸汴州㉗，自餘防秋兵退屯鳳翔、京兆諸縣以就食。

十二月，韓遊瓌入朝。

【章　旨】以上為第三段，寫李泌化解妖僧李軟奴謀反大案，護佑李晟、韓遊瓌等宿將，以及朝中大臣，挫敗了幕後的奸謀。

【注　釋】❶連雲堡　戍鎮名，在涇州西境，在今甘肅涇川縣西。❷甲戌　九月二十四日。❸彈箏峽　在平涼西涇水上，水流聲如彈箏而得名。❹斥候　哨所。❺扞　保衛。每當收穫時，要布置軍隊來保衛。❻失時　不能按時收割。❼空穗　莊稼成熟，不能按時收割，籽落而剩空穗。❽甲申　十月初四日。❾豐義城　豐義縣城，在今甘肅鎮原東南。❿大回原　塬坂名，在豐義縣西南。⓫乙酉　十月初五日。⓬長武城　長武縣城，在今陝西長武西北。⓭城故原州　在原州城廢墟上築城。原州城在今寧夏固原，其時沒入吐蕃。⓮妖僧　興妖作祟的和尚。⓯嶽瀆神　嶽神即五嶽之神，瀆神即四瀆之神。⓰丙戌　十月初六日。⓱內侍省　主管宦官的官署。⓲推　審訊。⓳遽仆於地　突然仆倒於地。指李晟受到極度的驚嚇。⓴新罹謗毀　剛剛遭受過誹謗，指李晟伏兵大安亭欲為亂。事見上卷貞元三年閏五月。㉑連引　牽引。㉒出付臺推　從內侍省交給御史臺審訊。㉓留後械送京師　邠寧留後把韓欽緒押送回京師。㉔壬辰　十月十二日。㉕委軍詣闕謝　留下軍隊，親身赴京師宮闕請罪。㉖李元諒　即駱元光，賜姓李。㉗劉昌分其眾五千歸汴州　劉昌本汴州將，貞元三年入朝，詔以汴兵八千戍涇原，不久拜為涇原節度使。傳見《舊唐書》卷一百五十二、《新唐書》卷一百七十。

【校　記】① 五千　原無此二字。據章鈺校，乙十六行本、乙十一行本、孔天胤本皆有此二字，張敦仁《通鑑刊本識誤》、張瑛《通鑑校勘記》同，今據補。

【語　譯】吐蕃侵犯華亭縣和連雲堡，把這兩個地方都攻陷了。九月二十四日甲戌，吐蕃驅趕著這兩座城池的百姓幾千人以及在邠州、涇州的人和牲口一萬多離去了，把這些人和牲口都安置在彈箏峽的西邊。涇州一直依靠連雲堡作為前哨據點，連雲堡被攻陷後，涇州城的西門不再打開，西門外都成了吐蕃人的地界，城內人打柴的路被切斷了，每逢收穫莊稼，一定要布防軍隊來防衛，經常不能按時收穫，收回來的是些沒有籽粒的空穗。從此涇州城常常苦於缺乏糧食。

冬，十月初四日甲申，吐蕃侵犯豐義城，前鋒到達大回原，邠寧節度使韓遊瓌擊退了吐蕃。初五日乙酉，吐蕃又侵犯長武城，還在舊原州修建城池，駐紮在這裡。

興妖作祟的僧人李軟奴自稱：「我本是皇族，見到五嶽、四瀆的神仙，他們命令我做皇帝。」李軟奴籠絡殿前射生將韓欽緒等人陰謀作亂。十月初六日丙戌，李軟奴的同夥把這件事向朝廷告發了，德宗下令拘捕李軟奴，送交內侍省審訊。李晟聽說這件事，一頭仆倒在地，說：「我李晟要被滅族了！」李泌詢問其中緣故，李晟說：「我剛遭受了毀謗，在朝野內外，我的家人有一千多人，如果有一個人在李軟奴的同黨中，那仁兄你也不能挽救我了！」於是李泌祕密上奏德宗說：「大案一旦興起，牽連的人一定很多，外面人心驚恐不安，請把這個案子由內侍省轉交給御史臺去審訊。」德宗聽從了這一建議。韓欽緒是韓遊瓌的兒子，逃到邠州，韓遊瓌出外駐守長武城，邠寧留後將韓欽緒戴上械具押送京城。十二日壬辰，將李軟奴等八人腰斬於市，禁軍中的北軍士卒牽連處死的有八百多人，而朝廷中的大臣沒有一個人受連累。韓遊瓌丟下軍隊前往朝廷謝罪，德宗派使者阻止他，對韓遊瓌的重用同以前一樣。韓遊瓌又將韓欽緒的兩個兒子戴上械具押送到京城，德宗也寬恕了他們。

吐蕃的軍隊因為天氣嚴寒，沒有入侵，而朝廷駐防京西軍隊的糧食運輸也接濟不上。十一月，德宗詔令渾瑊回到河中，李元諒回到華州，劉昌分出部眾五千人回到汴州，其他的防秋兵回撤到鳳翔、京兆府的各縣駐紮，以便就地得到糧食供應。

十二月，韓遊瓌入京朝見德宗。

自興元以來，是歲最為豐稔❶，米斗直錢百五十、粟八十，詔所在和糴❷。

庚辰❸，上畋❹於新店❺，入民趙光奇家，問：「百姓樂乎？」對曰：「不樂。」上曰：「今歲頗稔，何為不樂？」對曰：「詔令不信。前云兩稅之外悉無它傜，今非稅而誅求者殆過於稅❻。後又云和糴，而實強取之，曾不識一錢❼。始云所糴粟麥納於道次❽，今則遣致京西行營，動數百里，車摧牛[1]斃，破產不能支。愁苦如此，何樂之有！每有詔書優恤，徒空文耳。恐聖主深居九重❾，皆未知之也。」上命復❿其家。

臣光曰：「甚矣唐德宗之難寤⓫也！自古所患者，人君之澤壅⓬而不下達，小民之情鬱⓭而不上通。故君勤恤於上而民不懷，民愁怨於下而君不知，以至於離叛危亡，凡以此也。德宗幸以遊獵得至民家，值光奇敢言而知民疾苦，此乃千載之遇也。固當⓮按有司之廢格詔書⓯，殘虐下民，橫增賦斂⓰，盜匿公財⓱，及左右諂諛日稱民間豐樂者而誅之。然後洗心易慮⓲，一新其政，屏浮飾⓳，廢虛文⓴，謹號令，敦誠信，察真偽，辨忠邪，矜困窮，伸冤滯㉑，則太平之業可致矣。釋此不為，乃復光奇之家。夫以四海之廣，兆民之眾，又安得人人自言於天子而戶戶復其傜賦乎！」

李泌以李軟奴之黨猶有在北軍未發者，請大赦以安之。

【章　旨】以上為第四段，寫德宗深居宮中不瞭解民情，不體恤百姓，既知民情卻不禁暴懲貪，只做個案免除一個家庭的賦稅傜役，真是一個昏君，受到司馬光的批評。

【注　釋】❶豐稔　豐熟；豐收。❷和糴　用正常價收購糧食。❸庚辰　十二月初一日。❹畋　打獵。❺新店　唐京兆府咸陽縣屬村，在縣西北。❻今非稅而誅求者殆過於稅　如今正稅以外的苛取幾乎超過了兩稅。殆，差不多；幾乎。❼不識一錢　不見一錢。❽納於道次　在路旁交納公糧。❾九重　指宮禁。❿復　免徵賦役。⓫難寤　難以開導醒悟。⓬壅　阻塞。⓭鬱鬱結。⓮固當　本當；應當。⓯按有司之廢格詔書　按查主管部門擱置詔書之罪。⓰橫增賦斂　橫暴地增加賦稅。⓱盜匿公財　盜竊和隱沒公家的資財。⓲洗心易慮　洗心革面，改變政令。⓳一新其政二句　革新朝政，摒棄浮華的文飾。⓴廢虛文　廢除空洞的號令。㉑伸冤滯　昭雪冤獄，處理積案。

【校　記】①牛　原作「馬」。據章鈺校，乙十六行本、乙十一行本皆作「牛」，今據校改。

【語　譯】自興元年間以來，這一年糧食收成為最好，一斗米值一百五十錢，一斗粟值八十錢，德宗下詔豐收地區官府以正常價收購糧食。

十二月初一日庚辰，德宗去新店一帶打獵，來到百姓趙光奇的家裡，德宗詢問趙光奇：「現今老百姓的生活安樂嗎？」趙光奇回答說：「老百姓不安樂。」德宗問：「今年是一個豐收年，百姓為什麼不安樂呢？」趙光奇說：「詔令沒有信用。以前說除兩稅以外，其他一切傜役都要免除，現今官府正稅以外的苛取幾乎超過了兩稅。後來又說讓官府收購糧食，而實際上是官府強行奪走了糧食，還不曾見到一個錢。開始時說官府收購的粟麥在路旁交納，現在卻要送到京城西邊的軍營中，動不動就幾百里，車也壞了，牛也死了，破了產業還不能支撐。憂愁困苦到了這種狀況，百姓哪裡還有安樂可言！每每朝廷下詔書說優待、體恤百姓，都只是一紙空文罷了。恐怕這是因為聖明的皇上深居宮禁，都不知道這些事情。」德宗下令免除趙光奇一家的賦稅傜役。

司馬光說：「唐德宗實在是太難以醒悟了！自古以來人們擔憂的是，君王的恩澤被阻塞而不能普降於民，小民的情緒鬱結而不能上達。所以君王在上面對百姓勤加體恤，而百姓並不感懷君王的恩德；百姓在下面憂愁怨恨，而君王並不知道，以至於百姓流離反叛，天下危亡，這都是因為有這些禍患的緣故啊。德宗皇帝幸虧因為外出打獵，得以到百姓家中，又正碰上趙光奇敢於說話，而瞭解百姓們的疾苦，這正是千載難以遇到的機會啊。德宗皇帝本當按查主管部門擱置詔書，殘害下民，橫暴地增加賦稅，盜竊隱沒公家的財產，以及身邊那些天天說民間喜獲豐收、百姓安居樂業的阿諛逢迎者，誅殺這些人。然後洗心革面，改變政令，一新朝政，摒除浮華的文飾，廢除空洞的形式，謹慎發號施令，重視誠實守信，洞察事情的真假，辨別官吏的忠誠與邪惡，憐惜困苦貧窮的百姓，昭雪冤獄，處理積案，這樣就可以實現天下太平的大業了。但德宗皇帝將這些重要的事情放在一邊不去做，卻免除了趙光奇家的賦稅徭役。以天下四海之廣，百姓之多，又怎麼能人人都親自向皇帝講明實情，而戶戶都能免除賦稅徭役呢！」

李泌認為李軟奴的黨羽在禁軍的北軍中還有沒被揭發出來的人，請求德宗大赦，以此來安定北軍。

四年（戊辰　西元七八八年）

春，正月庚戌朔❶，赦天下，詔兩稅等第，自今三年一定❷。○李泌奏京官俸太薄，請自三師❸以下悉倍其俸，從之。

壬申❹，以宣武行營節度使劉昌為涇原節度使。甲戌❺，以鎮國節度使李元諒為隴右節度使。昌、元諒，皆帥卒力田，數年軍食充羨❻，涇、隴稍安。

韓遊瓌之入朝也，軍中以為必不返❼，餞送甚薄❽。遊瓌見上，盛陳築豐義城可以制吐蕃。上悅，遣還鎮。軍中憂懼者眾，遊瓌忌都虞候虞鄉范希朝❾有功名，得眾心，求其罪，將殺之。希朝奔鳳翔，上召之，置於左神策軍。遊瓌帥眾築豐義城，二版而潰❿。

二月，元友直運淮南錢帛二十萬至長安⓫，李泌悉輸之大盈庫⓬。然上猶數有宣索⓭，仍敕諸道勿令宰相知。泌聞之，惆悵而不敢言。

臣光曰：「王者以天下為家，天下之財皆其有也。阜⓮天下之財以養天下之民，己必豫焉⓯。或乃更為私藏，此匹夫之鄙志⓰也。古人有言：貧不學儉。夫多財者，奢欲之所自來也。李泌欲弭⓱德宗之欲而豐其私財，財豐則欲滋⓲矣。財不稱欲，能無求乎！是猶啓其門而禁其出⓳也。雖德宗之多僻⓴，亦泌所以相之者非其道故也。」

【章旨】以上為第五段，寫德宗背約，派中使向地方索取財物，司馬光認為是李泌多給錢財，開啟了德宗的私欲，不非君反責臣，非中肯之言。

【注釋】❶庚戌朔　正月初一日。❷三年一定　三年重定一次賦稅的等差。❸三師　指太師、太傅、太保。❹壬申　正月二十三日。❺甲戌　正月二十五日。❻充羨　充足。❼軍中以為必不返　軍中以為韓遊瓌因子叛逆，連坐受誅，回不了邠寧。❽餞送甚薄　餞送宴禮，十分菲薄。❾范希朝　河中虞鄉（今山西永濟東）人，官至振武節度使。傳見《舊唐書》卷一百五十一、《新唐書》卷一百七十。❿二版而潰　築城二尺為一版。因上下相疑，築城敷衍，只四尺高就坍牆了。⓫元友直句　本書上卷貞元三年七月載，元友直為句勘東南兩稅錢帛使，至此，句勘所得錢帛二十萬解送京師。⓬悉輸之大盈庫　全部交納給宮中的大盈庫，以充宮中之用。⓭宣索　派中使宣旨向諸道索求貢物。⓮阜　豐盈。這裡作使動詞用。⓯己必豫焉　君主自己也必然快樂。⓰鄙志　粗俗的想法。⓱弭　消弭；制止。⓲欲滋　欲望更加滋長。⓳啓其門而禁其出　打開大門而禁止出行。喻南轅北轍，適得其反。⓴多僻　許多怪僻毛病，嗜財即其一。

【語　譯】四年（戊辰　西元七八八年）

春，正月初一日庚戌，大赦天下，詔令兩稅的等級，從今年開始每隔三年重定一次。〇李泌上奏京官的薪俸太少，請求從太師、太傅、太保三師以下，全都加倍發給薪俸，德宗聽從了。

正月二十三日壬申，德宗任命宣武行營節度使劉昌擔任涇原節度使。二十五日甲戌，任命鎮國軍節度使李元諒擔任隴右節度使。劉昌、李元諒都率領士兵勤力耕種，幾年以後，軍中糧食充盈，涇州、隴州一帶逐漸安定下來。

韓遊瓌入朝，邠寧鎮的軍中將士認為韓遊瓌一定不會再回來，餞送宴禮極為菲薄。韓遊瓌見了德宗以後，極力陳說修築豐義城可以控制吐蕃。德宗聽了很高興，派他返回邠寧鎮所。邠寧軍中對韓遊瓌回來既憂愁又害怕的人很多，韓遊瓌嫉恨都虞候虞鄉人范希朝有功勞和名聲，深得人心，便尋找范希朝的罪過，準備殺了他。范希朝跑往鳳翔，德宗將他徵召入朝，安置在左神策軍。韓遊瓌率領部眾修築豐義城，只修築到四尺高城牆就塌陷下來。

二月，元友直運送淮南的二十萬錢帛抵達長安，李泌將這些錢財全部撥給了皇帝的私庫大盈庫。但是德宗還是多次派中使到各地宣旨索要財物，還敕令各道此事不能讓宰相知道。李泌聽說這件事以後，心中煩悶但又不敢說出來。

司馬光說：「君王以天下為家，天下的錢財都屬他所有。讓天下的財物豐盛起來，用它來撫養天下的百姓，君王自己也一定快樂安逸。如果君王又要經營私人財產，這是凡夫俗子的粗俗想法。古人說過這麼一句話：貧窮的人不學習儉樸這一美德。錢財多了，就成了產生奢侈欲望的根源。李泌想消除德宗皇帝儲積財產的欲望，卻使皇帝的私財豐厚，殊不知私財豐厚，欲望也就更加滋長了。私財不能滿足欲望，那他能不到處去索要嗎！這就好像是為他開了門，卻又禁止他出門一樣。雖然德宗皇帝有許多怪僻毛病，但也是由於李泌不用正道輔佐他的緣故。」

咸陽人或上言：「臣見白起❶，令臣奏云：『請為國家扞禦西陲❷。正月，吐蕃必大下❸，當為朝廷破之以取信。』既而吐蕃入寇，邊將敗之，不能深入。上以為信然，欲於京城立廟，贈司徒❹。李泌曰：「臣聞『國將興，聽於人❺』。今將帥立功而陛下褒賞白起，臣恐邊臣解體❻矣。若立廟京城，盛為祈禱，流聞四方，將長巫風❼。今杜郵❽有舊祠，請敕府縣葺之❾，則不至驚人耳目矣。且白起列國之將，贈三公太重，請贈兵部尚書可矣。」上笑曰：「卿於白起亦惜官乎？」對曰：「人神一也。陛下儻不之惜，則神亦不以為榮矣。」上從之。

泌自陳衰老，獨任宰相，精力耗竭，既未聽其去，乞更除一相❿。上曰：「朕深知卿勞苦，但未得其人耳。」上從容與泌論即位以來宰相曰：「盧杞忠清彊介⓫，人言杞姦邪，朕殊不覺其然。」泌曰：「人言杞姦邪，而陛下獨不覺其姦邪，此乃杞之所以為姦邪也。儻陛下覺之，豈有建中之亂乎！杞以私隙殺楊炎⓬，擠顏真卿於死地⓭，激李懷光使叛⓮，賴陛下聖明竄逐之⓯，人心頓喜，天亦悔禍。不然，亂何由弭！」上曰：「楊炎以童子視朕⓰，每論事，朕可其奏則悅，與之往復論難，即怒而辭位，觀其意以朕為不足與言故也。以是交不可忍⓱，非由杞也。建中之亂，術士豫請城奉天⓲，此蓋天命，非杞所能致也。」泌曰：「天命，他人皆可以言之，惟君相⑲不可言，蓋君相所以造命⑳也。若言命，則禮樂刑政皆無所用矣。紂曰：『我生不有命在天㉑？』此商之所以亡也。」上曰：「朕好與人較量理體。崔祐甫性褊躁㉒，朕難㉓之，則應對失次㉔，朕常知其短而護之㉕。楊炎論事亦有可采，而氣色粗傲㉖，難之輒勃然怒，無復君臣之禮㉗，所以每見令人忿發㉘。餘人則不敢復言。盧杞小心，朕所言無不從。又無學㉙，不能與朕往復㉚，故朕所懷常不盡㉛也。」對曰：「杞言無不從，豈忠臣乎！夫『言而莫予違』，此孔子所謂『一言喪邦』者也㉜。」上曰：「惟卿則異彼三人者。朕言當，卿有喜色；不當，常有憂色。雖時有逆耳之言，如嚮來紂及喪邦之類，朕細思之，皆卿先事而言㉝，如此則理安㉞，如彼則危亂，言雖深切而氣色和順㉟，無楊炎之陵傲㊱。朕問難往復，卿辭理不屈，又無好勝之志，直使朕中懷已盡屈服而不能不從㊲，此朕所以私喜於得卿也。」泌曰：「陛下所用相尚多，今皆不論，何也？」上曰：「彼皆非所謂相也。凡相者，必委以政事，如玄宗時牛仙客、陳希烈㊳，可以謂之相乎！如肅宗、代宗之任卿，雖不受其名，乃真相耳。必以官至平章事為相，則王武俊之徒皆相也。」

【章　旨】以上為第六段，寫德宗與李泌議論本朝各位宰相，德宗認為李泌事上，禮儀得體，敢言而說理透徹，是最佳良相。

【注　釋】❶見白起　夢見白起。德宗欲抑諸將功，求之於神靈，故見利之徒希旨而上言夢見白起。白起，戰國時秦名將。❷西陲　西部邊疆。❸大下　大舉下山來犯。吐蕃從西藏高原出兵犯唐，故謂之曰下。❹欲於京城立廟二句　想在京城立白起廟，贈白起為司徒。❺國將興二句　語見《左傳》莊公三十二年虢國史嚚之言。❻邊臣解體　守邊將帥人心離散。❼長巫風　助長相信巫祝的風氣。❽杜郵　地名，在陝西咸陽東。秦將白起被賜死於杜郵，此處立有白起廟。❾葺之　修整白起廟。❿乞更除一相　請求再任命一名宰相。⓫忠清彊介　忠誠清廉，強幹耿直。⓬殺楊炎　事見本書卷二百二十七德宗建中二年。⓭擠顏真卿於死地　排擠顏真卿出使諭旨李希烈。事見本書卷二百二十八德宗建中二年。⓮激李懷光使叛　激怒李懷光使他背叛了朝廷。事見本書卷二百二十九德宗建中四年。⓯竄逐之　指流放盧杞。⓰楊炎以童子視朕　楊炎把朕看做孩童一樣。⓱交不可忍　雙方互相不容忍。交，互相。⓲豫請城奉天　事見本書卷二百二十六德宗建中元年。⓳君相　國君與宰相。⓴造命　指君相是製造命運的人。㉑我生不有命在天　殷紂王拒諫，自稱生來有天命保佑。語見《尚書・西伯戡黎》。㉒性褊躁　性情狹隘急躁。㉓難　辯難；詰問。㉔應對失次　回答語無倫次。㉕朕常知其短而護之　朕知道他的短處而經常袒護他。㉖氣色粗傲　態度粗率傲慢。㉗無復君臣之禮　不再顧忌君臣的禮節。㉘每見令人忿發　每次見到楊炎就使人生氣。㉙無學　沒有學識。㉚往復　反覆討論。㉛朕所懷常不盡　朕心裡的話常常不能說完。㉜夫言而莫予違二句　意謂「我說的話沒有人敢違背」，這正是孔子所說的「講一句話就是可以喪邦滅國」的話啊！意在說明臣下不諫、君主自以為是的為害之巨。語出《論語・子路》孔子答定公之言。㉝先事而言　在事前說出來的。㉞理安　治安。㉟言雖深切而氣色和順　說的話儘管深刻切中要害，但臉色和藹溫順。㊱陵傲　傲氣陵人。㊲直使朕中懷已盡屈服句　意謂一直使朕心裡已經完全理屈心服，不能不聽從。屈，理屈。㊳牛仙客陳希烈　玄宗朝備員宰相。牛仙客傳見《舊唐書》卷一百三、《新唐書》卷一百三十三。陳希烈傳見《舊唐書》卷九十七、《新唐書》卷二百二十三上。

【語　譯】咸陽有個人向朝廷進言說：「臣夢見了白起，讓臣上奏朝廷說：『請讓我為國家捍衛西部邊疆。正月，吐蕃一定會大舉下山來侵犯，我自當替朝廷打敗他們，以取信於人。』」不久，吐蕃入侵，邊疆的將領打敗了他們，使他們不能深入中原。德宗信以為然，想在京城為白起建立祠廟，追贈白起為司徒。李泌說：「臣聽說『國家要興盛起來，就要相信人的力量』這句古話。現在邊疆的將帥們立了功，而陛下卻要褒獎白起，我擔心邊疆的將帥人心離散了。如果在京城給白起建立祠廟，大肆祈禱，這事傳聞到各地，將會助長相信巫祝的風氣。而今在杜郵有白起的舊祠廟，請陛下敕令所在府縣整修它，就不至於驚動人們的視聽了。而且白起只是諸侯國的將領，追贈給他三公的職位，官職太高，請追贈兵部尚書就行了。」德宗笑著說：「卿對白起也吝惜官職嗎？」李泌回答說：「對人對神要一樣。如果陛下不吝惜官職，那麼神接受了職位也不會認為是件榮耀的事情了。」德宗聽從了李泌的意見。

李泌向德宗說自己年老體衰，獨自擔任宰相，精力消耗光了，既然不允許他告老還鄉，就請另任命一名宰相。德宗說：「朕深知卿辛苦，只是沒有找到合適的宰相人選。」德宗閒暇時與李泌議論從自己繼承皇位以來的各位宰相說：「盧杞為人忠誠清廉，精幹耿直，人們說盧杞奸佞邪惡，朕一點也不覺得他是這樣。」李泌說：「人們都說盧杞奸佞邪惡，而陛下一人不覺得他奸佞邪惡，這就是盧杞之所以奸佞邪惡的地方。如果陛下覺察到了盧杞的奸佞邪惡，哪裡會有建中時期的變亂呢！盧杞因為私人矛盾殺了楊炎，排擠顏真卿於死地，激怒李懷光使他背叛了朝廷，幸賴陛下神聖英明，流放了盧杞，人們的心情頓時高興起來，上天也為造成的災禍而追悔。要不是這樣，叛亂怎麼能平息呢！」德宗說：「楊炎把朕當小孩子看待，每次議論事情，朕批准了他的上奏就高興，與他反覆討論辯問，他馬上就發怒要辭去宰相職位，看他的心思是認為我不值得與他討論事情的緣故。因為這個原因，朕與他相互不能容忍，不是由盧杞造成的。建中時期的變亂，道術之士桑道茂預先請求朝廷修築奉天城，這是天命，不是盧杞能夠招致的。」李泌說：「要說天命，其他的人都可以說，只有君王、宰相不能談，這是因為君王和宰相是創造命運的人。如果要談到天命如此，那麼禮、樂、刑、政都沒有什麼用處了。商紂王說：『我一生下來不就是由天命決定的嗎？』這就是商朝所以滅亡的原因啊。」德宗說：「我喜歡與人辯論治理天下的法則。崔祐甫性情狹隘急躁，朕詰問他，他回答總是語無倫次，朕知道這是崔祐甫的短處，而經常袒護他。楊炎議論事情也有可以採納的，但是楊炎的態度和面部表情很粗率傲慢，朕詰問他，他常常勃然大怒，不再顧及君臣之間的禮節，所以每次見到楊炎，就令人生氣。其他人就不敢說話。盧杞為人小心翼翼，朕說的他沒有不聽從的。他又沒有學問，不能與朕反覆討論，所以朕心裡的話常常不能說完。」李泌說：「盧杞對陛下說的話無不言聽計從，難道是忠臣嗎！所謂『我說的話，沒有人敢違背』，這正是孔子所說的『講一句話可以喪邦滅國』的話啊。」德宗說：「只有卿與他們三個人不同。朕說的話恰當，卿就面有喜色；不恰當，卿的臉上經常有憂愁之色。雖然不時有逆耳之言，就像剛才說的商紂王以及喪邦滅國的話，朕仔細地思考一下，卿的話都是在事前說出來的，都是說採取這樣的措施就會天下治理，採取那樣的措施就會導致危亡或動亂，話雖然說得深刻切中要害，但態度和藹，面色溫順，不像楊炎那樣傲氣陵人。我與卿反覆辯論，卿在言辭和道理上並不屈從於朕，而且卿又沒有爭強好勝之心，一直讓朕心裡已經完全理屈心服，而不能不聽從卿的意見，這是朕之所以為任命卿擔任宰相而高興的理由。」李泌說：「陛下所任用的宰相還很多，現在都沒有去評論，是為什麼呢？」德宗說：「他們都不是所謂的宰相。凡是擔任宰相職務的人，一定要把國家的政事都交給他處理，像本朝玄宗皇帝時候的牛仙客、陳希烈，可以稱他們為宰相嗎！像肅宗皇帝、代宗皇帝任用卿，雖然沒有授給宰相之名，但卻是真正的宰相。一定以官職到了平章事就是宰相，那王武俊之輩都是宰相了。」

劉昌復築連雲堡。

夏，四月乙未❶，更命殿前左右射生曰神威軍，與左右羽林、龍武、神武、神策號曰十軍。神策尤盛，多戍京西，散屯畿甸。

福建觀察使吳詵輕其軍士脆弱，苦役之。軍士作亂，殺詵腹心十餘人，逼詵牒大將郝誠溢掌留務❷。誠溢上表請罪，上遣中使就赦以安之。

乙未❸[1]，隴右節度使李元諒築良原❹故城而鎮之。○雲南王異牟尋欲內附，未敢自遣使，先遣其東蠻鬼主驃旁、苴夢衝、苴烏星入見。五月乙卯❺，宴之於麟德殿，賜賚甚厚，封王❻給印而遣之。

辛未❼，以太子賓客❽吳湊❾為福建觀察使，貶吳詵為涪州刺史。

吐蕃三萬餘騎寇涇、邠、寧、慶、鄜等州。先是，吐蕃常以秋冬入寇，及春多病疫而退。至是，得唐人，質其妻子，遣其將將之，盛夏入寇。諸州皆城守，無敢與戰者，吐蕃俘掠人畜萬計而去。

夏縣人陽城❿以學行著聞，隱居柳谷⓫之北，李泌薦之。六月，徵拜諫議大夫。

韓遊瓌以吐蕃犯塞，自戍寧州，病，求代歸。秋，七月庚戌⓬，加渾瑊邠寧副元帥，以左金吾將軍張獻甫為邠寧節度使，陳許兵馬使韓全義為長武城行營節度使。獻甫未至，壬子⓭夜，遊瓌不告於眾，輕騎歸朝。戍卒裴滿等憚獻甫之嚴，乘無帥之際，癸丑⓮，帥其徒作亂，曰：「張公不出本軍⓯，我必拒之。」因剽掠城市，圍監軍楊明義所居，使奏請范希朝為節度使。都虞候楊朝晟避亂出城，聞之，復入，曰：「所請甚契我心，我來賀也。」亂卒稍安。朝晟潛與諸將謀，晨勒兵，召亂卒，謂曰：「所請不行，張公已至邠州。汝輩作亂當死，不可盡殺，宜自推列唱帥者。」遂斬二百餘人，帥眾迎獻甫。上聞軍眾欲得范希朝，將授之，希朝辭曰：「臣畏遊瓌之禍而來，今往代之，非所以防窺覦，安反仄也。」上嘉之，擢為寧州刺史，以副獻甫。遊瓌至京師，除右龍武統軍。

振武節度使唐朝臣不嚴斥候[16]，己未[17]，奚、室韋寇振武，執宣慰中使[18]二人，大掠人畜而去。時回紇之眾逆公主者在振武，朝臣遣七百騎與回紇數百騎追之，回紇使者為奚、室韋所殺。

九月庚申[19]，吐蕃尚志董星[20]寇寧州，張獻甫擊卻之，吐蕃轉掠鄜、坊而去。

元友直句檢諸道稅外物[21]，悉輸戶部，遂為定制，歲於稅外輸百餘萬緡、斛，民不堪命，諸道多自訴於上。上意寤，詔：「今年已入在官者輸京師，未入者悉以與民。明年以後，悉免之。」於是東南之民復安其業。

回紇合骨咄祿可汗得唐許昏[22]，甚喜，遣其妹骨咄祿毗伽公主及大臣妻并國相、䟫跌都督以下千餘人來迎可敦[23]，辭禮甚恭，曰：「昔為兄弟，今為子壻，半子也。若吐蕃為患，子當為父除之。」因詈[24]辱吐蕃使者以絕之。冬，十月戊子[25]，回紇至長安，可汗仍表請改回紇為回鶻，許之。

【章　旨】以上為第七段，寫邠寧兵變，被及時平息。回紇與唐和親，更名回鶻。

【注　釋】❶乙未　四月十八日。❷逼詵牒句　謂福建軍士逼迫吳詵發令讓大將郝誠溢職掌留後事務。牒，發文；行文。❸乙未　前已有「乙未」，此處重複，疑有誤。❹良原　縣名，屬涇州。縣治在今甘肅崇信東南。❺乙卯　五月初八日。❻封王　德宗封驃旁為和義王，封萇夢衝為懷化王，封苴烏星為順政王。❼辛未　五月二十四日。❽太子賓客　太子屬官，正三品，掌侍從太子，調護、規諫。❾吳湊　歷官右衛將軍、福建觀察使、陝虢觀察使、右金吾衛大將軍、京兆尹等。傳見《舊唐書》卷一百八十三、《新唐書》卷一百五十九。❿陽城　字亢宗，定州北平（今河北保定）人，徙陝州夏縣（今山西夏縣），高尚士，官至諫議大夫。傳見《舊唐書》卷一百九十二、《新唐書》卷一百九十四。⓫柳谷　中條山谷名，在夏縣境。⓬庚戌　七月初五日。⓭壬子　七月初七日。⓮癸丑　七月初八日。⓯張公不出本軍　指張獻甫不出於朔方軍。張獻甫跟從河中節度使賈耽討梁崇義有功，入京累遷至金吾將軍，後替代韓遊瓌為邠寧節度使。傳見《舊唐書》卷一百二十二、《新唐書》卷一百三十三。⓰不嚴斥候　沒有嚴密偵察敵情。斥候，哨兵。⓱己未　七月十四日。⓲宣慰中使　安撫振武軍的宦官使者。⓳庚申　九月十六日。⓴尚志董星　尚志為官名，董星為人名。㉑稅外物　在正稅之外加徵的地方特產物品。㉒昏　同「婚」。㉓可敦　回紇稱可汗之妻為可敦。㉔詈　責罵。㉕戊子　十月十四日。

【校　記】①乙未　嚴衍《通鑑補》改作「丁未」。丁未，四月三十日。

【語　譯】涇原節度使劉昌又重新修築連雲堡。

夏，四月十八日乙未，德宗命令把殿前左、右射生軍改名為神威軍，左、右神威軍與左、右羽林軍，左、右龍武軍，左、右神武軍，左、右神策軍總稱為十軍。左、右神策軍的力量最為強盛，大部分駐守在京城西邊，小部分零散地駐紮在京畿地區的各縣。

福建觀察使吳詵漠視士兵，認為他們怯懦軟弱，讓他們做苦役。士兵們作亂，殺了吳詵的心腹十幾人，逼迫吳詵發令讓大將郝誠溢職掌留後事務。郝誠溢上表朝廷請求治罪，德宗派遣中使去福建就地赦免，以安定士兵。

乙未日，隴右節度使李元諒修築良原舊城，而在此鎮守。〇雲南王異牟尋想向內歸附朝廷，不敢自己派遣使者，先派遣他的東蠻的鬼主驃旁、苴夢衝、苴烏星進京朝見皇帝。五月初八日乙卯，德宗在麟德殿宴請他們，賞賜極為豐厚，都封為王，發給印綬，打發他們回去。

五月二十四日辛未，德宗任命太子賓客吳湊擔任福建觀察使，貶吳詵為涪州刺史。

吐蕃的三萬多名騎兵侵犯涇、邠、寧、慶、鄜等州。此前，吐蕃常常在秋季、冬季入侵，到了春天，多有疾病和瘟疫，便撤退回去。這一次，吐蕃人擄掠唐朝的男子，把他們的妻子、兒女扣作人質，派遣將領統領他們，在盛夏入侵。各個州都據城防守，沒有敢與他們交戰的，吐蕃俘虜搶掠數以萬計的百姓和牲口離去。

夏縣人陽城以學識和品行聞名於世，隱居在柳谷的北邊，李泌向德宗推薦他。六月，德宗派人徵召，任為諫議大夫。

因為吐蕃侵犯邊塞，韓遊瓌親自守衛寧州，生了病，請求朝廷派人來替代，自己返回朝廷。秋，七月初五日庚戌，德宗加授渾瑊為邠寧副元帥，任命左金吾將軍張獻甫擔任邠寧節度使，陳許兵馬使韓全義擔任長武城行營節度使。張獻甫還沒有到任，初七日壬子的夜裡，韓遊瓌沒有告訴大家，輕騎簡從返回朝廷。戍卒裴滿等人害怕張獻甫嚴厲，乘軍隊沒有主帥的時機，初八日癸丑，帶著黨徒們作亂，他們說：「張公不是我們朔方軍出身，我們一定抵制他。」於是搶劫市區，包圍了監軍楊明義住的地方，讓他奏請范希朝擔任節度使。都虞候楊朝晟出城避亂，聽說這件事以後，又進了城，對作亂的士兵們說：「你們所要求的，非常符合我的心意，我是前來祝賀的。」作亂的士兵們漸漸安定下來。楊朝晟暗中與各位將領們策劃，第二天早晨部署兵馬，召集作亂的士兵，對他們說：「你們所請求的不能執行，張公已經到了邠州。你們這些人作亂當死，但不能把你們都殺了，最好自己推出來帶頭的人。」於是殺了二百多人，帶領大家迎接張獻甫。德宗聽說邠寧軍中的士兵們希望范希朝去任主帥，準備任命范希朝為節度使，范希朝推辭說：「我是害怕韓遊瓌殺我才跑出來的，現在前往接替節度使，這不是防範陰謀、安定叛軍的好辦法啊。」德宗稱許范希朝，提升為寧州刺史，做張獻甫的副手。韓遊瓌到了京城，擔任右龍武軍統軍。

振武節度使唐朝臣沒有嚴密偵查敵情，七月十四日己未，奚族人和室韋族人入侵振武，抓住了宣慰中使二人，大肆搶掠人口和牲畜後離去。當時回紇人眾在振武迎接咸安公主，唐朝臣派七百名騎兵與回紇的幾百名騎兵追趕奚族人和室韋人，回紇的使者被奚族人和室韋族人殺了。

九月十六日庚申，吐蕃的尚志董星侵犯寧州，張獻甫打退了他們，吐蕃轉道搶掠鄜州、坊州後離去。

元友直檢核各道徵收兩稅以外的財物，把這些財物全部運交戶部，於是這種做法成為定制，每年在兩稅之外向朝廷上交錢一百餘萬緡、糧食一百餘萬斛，百姓忍受不了這種搜刮，各道大多自己上奏訴說這一情況。德宗心中醒悟過來，下詔：「今年已經收進官府的送往京城，沒有收進官府，全部把它交還給百姓。明年以後，全部免徵。」於是東南地區的百姓又安心下來從事生業。

回紇的合骨咄祿可汗得到唐朝皇帝答應賜婚的消息之後，非常高興，派遣妹妹骨咄祿毗伽公主以及大臣的妻子們，連同國相、䟡跌都督以下一千多人，前來迎接國后，他們的言辭和禮儀極為恭謹，合骨咄祿可汗說：「過去我們是兄弟之國，現在成了女婿，女婿就是半個兒子。如果吐蕃製造禍端，兒子應該為父皇除掉禍患。」於是辱罵吐蕃使者，斷絕了與吐蕃的關係。冬，十月十四日戊子，回紇使者到達長安，合骨咄祿可汗上表朝廷請求將回紇改為回鶻，德宗同意了。

吐蕃發兵十萬將寇西川，亦發雲南兵。雲南內雖附唐，外未敢叛吐蕃，亦發兵數萬屯於瀘北❶。韋皐知雲南計方猶豫，乃為書遺雲南王，敘其叛吐蕃歸化之誠，貯以銀函❷，使東蠻轉致吐蕃。吐蕃始疑雲南，遣兵二萬屯會川❸，以塞雲南趣蜀之路。雲南怒，引兵歸國。由是雲南與吐蕃大相猜阻❹，歸唐之志益堅。吐蕃失雲南之助，兵勢始弱矣。然吐蕃業已入寇，遂分兵四萬攻兩林、驃旁，三萬攻東蠻，七千寇清溪關❺，三千寇銅山❻。皋遣黎州刺史韋晉等與東蠻連兵禦之，破吐蕃於清溪關外。

庚子❼，冊命咸安公主，加回鶻可汗，號[1]長壽天親可汗。十一月，以刑部尚書關播為送咸安公主兼冊回鶻可汗使。

吐蕃恥前日之敗❽，復以眾二萬寇清溪關，一萬攻東蠻。韋皋命韋晉鎮要衝城，督諸軍以禦之。巂州經略使劉朝彩出關連戰❾，自乙卯至癸亥，大破之。

李泌言於上曰：「江、淮漕運，自淮入汴[2]，以甬橋❿為咽喉，地屬徐州，鄰於李納，刺史高明應⓫年少不習事，若李納一日復有異圖，竊據徐州，是失江、淮也，國用何從而致！請徙壽、廬、濠都團練使張建封⓬鎮徐州，割濠、泗以隸之，復以廬、壽歸淮南，則淄青惕息⓭而運路常通，江、淮安矣⓮。及今明應幼騃⓯可代，宜徵為金吾將軍。萬一使它人得之，則不可復制矣。」上從之。以建封為徐、泗、濠節度使。建封為政寬厚而有綱紀，不貸人以法⓰，故其下無不畏而悅之。

橫海節度使程日華薨，子懷直自知留後⓱。○吐蕃屢遣人誘脅雲南。

【章　旨】以上為第八段，寫吐蕃侵擾西川，為韋皋所敗。德宗採納李泌建言，加強徐州守備，維護漕運交通。

【注　釋】❶瀘北　瀘水北，在今四川會理一帶。瀘水，即金沙江。❷貯以銀函　把信裝在銀匣中。❸會川　縣名，縣治在今四川會理。❹大相猜阻　互相大為猜疑。❺清溪關　關名，在今四川漢源南。❻銅山　此處有要衝十一城，在今四川滎經東北。❼庚子　十月二十六日。❽吐蕃恥前日之敗　指被韋皋在清溪關外擊敗。❾出關連戰　出清溪關外連續與吐蕃交戰。❿甬橋　一作埇橋，又名符離橋、永濟橋。在今安徽宿州城南，跨古汴水上。為江淮水路要衝，德宗初，李正己曾扼據甬橋以斷江、淮運路。⓫高明應　徐、海、沂、密四州觀察使高承中之子，興元元年（西元七八四年）繼其父為觀察使鎮徐州，並為本州刺史。事見本書卷二百三十一德宗興元元年。⓬張建封　（西元七三五—八〇〇年）字本立，鄧州南陽（今河南南陽）人，為淮南壽州刺史，拒戰李希烈，不受其偽署。代高明應為徐、泗、濠節度使凡十餘年，一軍大治。傳見《舊唐書》卷一百四十、《新唐書》卷一百五十八。⓭惕息　恐懼收斂。⓮江淮安矣　徐、泗、濠三州連界，置節鎮以健將鎮之，則可屏衛江、淮運路，故云江、淮安矣。⓯幼騃　年幼不知事。⓰不貸人以法　對犯法者不加寬貸。⓱自知留後　程懷直不請朝命，擅自稱留後。

【校　記】①號　原無此字。據章鈺校，乙十六行本、乙十一行本、孔天胤本皆有此字，張敦仁《通鑑刊本識誤》同，今據補。②自淮入汴　原無此四字。據章鈺校，乙十六行本、乙十一行本、孔天胤本皆有此四字，張瑛《通鑑校勘記》同，今據補。

【語　譯】吐蕃發兵十萬準備侵犯西川，還徵發了雲南的軍隊。雲南雖然心裡歸附了唐朝，但不敢在表面上背叛吐蕃人，也調兵幾萬駐紮瀘水北岸。西川節度使韋皋知道雲南王的決策正在猶豫，於是寫信送給雲南王，信中讚賞他背叛吐蕃，歸順朝廷的誠意，把信裝在銀匣裡，讓東蠻轉交給吐蕃。吐蕃開始懷疑雲南王，派二萬士兵屯駐會川，以堵塞雲南往蜀地的道路。雲南王很生氣，率領軍隊返回雲南。從此，雲南王與吐蕃相互大為猜疑，歸順唐朝的意志更加堅定。吐蕃失去了雲南的協助，軍隊的聲勢開始削弱了。但是吐蕃已經入侵西川，便分出四萬兵力攻打兩林、驃旁，三萬兵力攻打東蠻，七千兵力侵犯清溪關，三千兵力侵犯銅山。韋皋派遣黎州刺史韋晉等人與東蠻聯合兵力抵禦吐蕃，在清溪關外打敗了吐蕃。

十月二十六日庚子，德宗冊封咸安公主，加封回鶻為可汗，號長壽天親可汗。十一月，德宗任命刑部尚書關播為護送咸安公主兼任冊封回鶻可汗的使者。

吐蕃對前些時在清溪關打了敗仗感到恥辱，又用二萬軍隊侵犯清溪關，一萬軍隊攻打東蠻。韋皋命令韋晉鎮守要衝城，督率各軍抵禦吐蕃。巂州經略使劉朝彩率兵出到清溪關外與吐蕃連續作戰，從十一月十一日乙卯到十九日癸亥，大敗吐蕃。

李泌對德宗說：「江、淮漕運，自淮入汴，以甬橋為咽喉要地，地屬徐州，與淄青的李納相鄰，徐州刺史高明應年輕不熟悉政務，如果李納一旦又有背叛朝廷的企圖，盜據徐州，這就是喪失了江、淮之地，國家的用度到時從哪裡弄來呢！請調任壽州、廬州、濠州都團練使張建封鎮守徐州，劃出濠州、泗州隸屬於張建封，再把廬州、壽州劃歸淮南，那麼在淄青的李納就會恐懼而使江南的漕運之路永遠暢通，江東、淮南就能安定了。趁高明應現在年幼無知，可以替代，最好徵召為金吾將軍。萬一讓別人得到了徐州，那就難以控制了。」德宗採納了李泌的建議。任命張建封為徐州、泗州、濠州節度使。張建封為政寬厚，而有法紀，對犯法者不加寬貸，所以他的下屬沒有人不怕，而又很高興。

橫海軍節度使程日華去世，兒子程懷直自己主持留後職務。〇吐蕃多次派人利誘、威脅雲南王。

五年（己巳　西元七八九年）

春，二月丁亥❶，韋皋遺異牟尋書，稱「回鶻屢請佐天子共滅吐蕃，王不早定計，一旦為回鶻所先，則王累代功名虛棄矣。且雲南久為吐蕃屈辱，今不乘此時依大國之勢以復怨雪恥，後悔無及矣。」

戊戌❷，以橫海留後程懷直❸為滄州觀察使。懷直請分弓高、景城❹為景州，仍請朝廷除刺史。上喜曰：「三十年無此事❺矣！」乃以員外郎徐伸❻為景州刺史。

中書侍郎、同平章事李泌屢乞更命相。上欲用戶部侍郎班宏，泌言宏雖清彊，而性多凝滯❼，乃薦竇參❽通敏，可兼度支鹽鐵，董晉方正，可處門下。上皆以為不可。參，誕之玄孫也，時為御史中丞兼戶部侍郎，晉為太常卿。至是泌疾甚，復薦二人。庚子❾，以董晉為門下侍郎，竇參為中書侍郎兼度支轉運使，並同平章事。以班宏為尚書，依前度支轉運副使。

參為人剛果峭刻❿，無學術，多權數，每奏事，諸相出，參獨居後，以奏度支事為辭，實專大政，多引親黨置要地⓫，使為耳目，董晉充位⓬而已。然晉為人重慎，所言於上前者未嘗泄於人，子弟或問之，晉曰：「欲知宰相能否，視天下安危，所謀議於上前者，不足道也。」

三月甲辰⓭，李泌薨。泌有謀略，而好談神仙詭誕⓮，故為世所輕。

【章　旨】以上為第九段，寫西川節度使韋皋策動雲南王歸附唐朝共抗吐蕃。一代亂世賢相李泌去世。

【注釋】❶丁亥　二月十四日。❷戊戌　二月二十五日。❸程懷直　程日華之子，自知留後，德宗以日華故，拜懷直權知滄州。懷直懼，請分滄州置景州。傳見《舊唐書》卷一百四十三、《新唐書》卷二百十三。❹弓高景城　兩縣名，時屬滄州，程懷直請分置景州。弓高縣治在今河北東光西北，景城縣治在今河北滄州西。❺三十年無此事　河北諸鎮自安史之亂始，三十年以來，刺史皆節鎮所署，無朝廷委署之事。❻徐伸　又作徐申。京兆（今西安）人，官至嶺南節度使。傳見《新唐書》卷一百四十三。❼性多凝滯　性情拘泥拖拉。❽竇參　字時中，太宗朝刑部尚書竇誕之玄孫。為相專權被貶殺。傳見《舊唐書》卷一百三十六、《新唐書》卷一百四十五。❾庚子　二月二十七日。❿剛果峭刻　剛毅果斷，嚴厲苛刻。⓫要地　重要部門。⓬充位　充數備員相位。⓭甲辰　三月初二日。⓮好談神仙詭誕　喜歡談論神仙詭異怪誕之事。李泌以此自保，並非性好神仙詭誕。

【語譯】五年（己巳　西元七八九年）

春，二月十四日丁亥，西川節度使韋皋寫信給雲南王異牟尋，信中說「回鶻人多次請求輔佐天子，一起消滅吐蕃，大王不早拿定主意，一旦被回鶻人搶到前面，那麼大王幾代的功名白白地丟棄了。而且雲南長期被吐蕃欺辱，現今不趁這時依靠大唐的威勢來報仇雪恥，那將後悔莫及了。」

二月二十五日戊戌，德宗任命橫海軍的留後程懷直擔任滄州觀察使。程懷直請求朝廷把弓高縣、景城縣劃出來設置景州，還請求朝廷任命景州刺史。德宗高興地說：「三十年來沒有這種事情了！」於是任命員外郎徐伸擔任景州刺史。

中書侍郎、同平章事李泌多次請求德宗另行任命宰相。德宗想任用戶部侍郎班宏，李泌說班宏雖然清廉剛強，但性情拘泥拖拉較多，於是推薦竇參，說竇參通達敏捷，可以管度支和鹽鐵事務，推薦董晉，說董晉為人耿直端正，可以主管門下省的事務。德宗覺得這兩個人都不行。竇參是竇誕的玄孫，當時擔任御史中丞兼戶部侍郎，董晉擔任太常卿。到了這時，李泌的病情嚴重，又向德宗推薦這兩個人。二月二十七日庚子，任命董晉為門下侍郎，竇參為中書侍郎兼度支轉運使，兩人同為同平章事。任命班宏為戶部尚書，仍然同以前一樣兼任度支轉運副使。

竇參為人剛毅果斷，嚴厲苛刻，沒有學問，權術很多。每次上朝奏事，各位宰相退出來了，竇參一個人留在後面，利用奏報度支事宜為藉口，實際上是獨攬朝政，把很多親信同黨都引薦上來，安排在要害職位上，讓他們做自己的耳目，董晉不過是充數宰相罷了。但董晉為人慎重，在德宗面前所說的事情未曾洩露給別人，子弟中有人問他與皇上談些什麼，董晉說：「想要知道宰相是否能幹，就看天下安定還是危亂，我在皇帝面前商議的，不值得說。」

三月初二日甲辰，李泌去世。李泌有謀略，但喜歡談論神仙詭異怪誕的事情，所以被世人輕視。

初，上思李懷光之功，欲宥其一子。而子孫皆已伏誅，戊辰❶，詔以懷光外孫燕八八為懷光後，賜姓名李承緒，除左衛率胄曹參軍❷，賜錢千緡，使養懷光妻王氏及守其墓祀。

冬，十月，韋皋遣其將王有道[1]將兵與東蠻、兩林蠻及吐蕃青海、臘城二節度戰于巂州臺登谷❸，大破之，斬首二千級，投崖及溺死者不可勝數，殺其大兵馬使乞藏遮遮。乞藏遮遮，虜之驍將也，既死，皋所攻城柵無不下，數年盡復巂州之境❹。

易定節度使張孝忠興兵襲蔚州❺，驅掠人畜，詔書責之，踰旬還鎮❻。○瓊州❼自乾封中❽為山賊❾所陷，至是，嶺南節度使李復❿遣判官姜孟京與崖州刺史張少遷攻拔之。

十二月庚午⑪，聞回鶻天親可汗薨，戊寅⑫，遣鴻臚卿郭鋒冊命其子為登里羅沒密施俱錄忠貞毗伽可汗。先是，安西、北庭皆假道⑬於回鶻以奏事，故與之連和。北庭去回鶻尤近，回鶻[2]誅求無厭⑭，又有沙陀⑮六千餘帳⑯與北庭相依。及三葛祿、白服突厥⑰皆附於回鶻，回鶻數侵掠之。吐蕃因葛祿、白服之眾以攻北庭，回鶻大相頡干迦斯將兵救之。

雲南雖貳於吐蕃，亦未敢顯與之絕。壬辰⑱，韋皋復以書招諭之。

【章　旨】以上為第十段，寫德宗為李懷光立後嗣。西川節度使韋皋大敗吐蕃。吐蕃侵擾北庭，回鶻出兵助唐。

【注　釋】❶戊辰　三月二十六日。❷左衛率胄曹參軍　武官名，左衛率為東宮十率府之一。胄曹參軍為率所屬諸曹參軍之一。❸臺登谷　山谷名，在臺登縣（今四川冕寧）境。❹盡復巂州之境　巂州相當今四川西昌地區，安史之亂後沒於吐蕃，至是全境為韋皋所復。州治越巂，在今四川西昌。❺蔚州　州名，屬河東節鎮。治所靈丘，在今山西靈丘。❻踰旬還鎮　過了十天返回本鎮。❼瓊州　州名，治所瓊山，在今海南海口。❽乾封中　乾封年間。乾封為唐高宗第五個年號（西元六六六—六六八年），共三年。❾山賊　對海南島土著黎族人的貶稱。❿李復　字初陽，歷饒、蘇二州刺史及嶺南、鄭滑節度使，所在稱治。傳見《舊唐書》卷一百十二、《新唐書》卷七十八。⓫庚午　十二月初三日。⓬戊寅　十二月十一日。⓭假道　借道。河隴沒於吐蕃，通西域路斷，故安西、北庭兩都督府借道於回鶻以奏事。⓮誅求無厭　索求沒有滿足的時候。誅求，苛求。厭，滿足。⓯沙陀　西突厥別部，居於今新疆吐魯番、伊吾一帶。⓰六千餘帳　六千餘戶。帳，幕帳。⓱三葛祿白服突厥　在北庭西北，即在今俄羅斯巴爾喀什湖以北、以西之地。⓲壬辰　十二月二十五日。

【校 記】①王有道 原作「曹有道」。據章鈺校，乙十六行本、乙十一行本皆作「王有道」，張瑛《通鑑校勘記》同，今據校改。按，《舊唐書》卷一百四十〈韋皋傳〉、卷一百九十六下〈吐蕃下〉記載韋皋遣有道破吐蕃事，均作「王有道」。《新唐書》卷一百五十八〈韋皋傳〉記載貞元十三年韋皋事，言及皋部將王有道，「曹」亦作「王」。②回鶻 此二字原無。據章鈺校，乙十六行本、乙十一行本皆有此二字，張敦仁《通鑑刊本識誤》同，今據補。

【語 譯】當初，德宗思念李懷光的功勞，打算寬恕李懷光的一個兒子。而李懷光的子孫都已伏罪被殺，三月二十六日戊辰，德宗下詔以李懷光的外孫燕八八作李懷光的後嗣，賜姓名為李承緒，任命為左衛率胄曹參軍，賞賜錢一千緡，讓他奉養李懷光的妻子王氏，以及為李懷光守墓祭祀。

冬，十月，韋皋派部將王有道率領軍隊同東蠻、兩林蠻以及吐蕃的青海、臘城兩節度在巂州的臺登谷交戰，把他們打得大敗，斬首二千級，敵人跳下懸崖以及溺水而死的人計算不過來，殺了吐蕃軍隊的大兵馬使乞藏遮遮。乞藏遮遮是吐蕃的一員勇將，他死了以後，韋皋進攻吐蕃的城池、柵寨，沒有攻克不了的，幾年之間全部收復了巂州全境。

易定節度使張孝忠發兵襲擊蔚州，驅趕、擄掠人口和牲畜，德宗下詔訓斥張孝忠，張孝忠過了十天以後才返回本鎮。○瓊州從高宗皇帝乾封年間就被山中的黎族人攻陷，到現在，嶺南節度使李復派遣判官姜孟京與崖州刺史張少遷攻取了瓊州城。

十二月初三日庚午，德宗聽說回鶻天親可汗去世，十一日戊寅，派遣鴻臚卿郭鋒冊命他的兒子為登里羅沒密施俱錄忠貞毗伽可汗。在此之前，安西、北庭都護借道回鶻向朝廷奏報事情，所以同回鶻建立和好關係。北庭都護府離回鶻很近，回鶻索求財物沒有滿足的時候，又有沙陀六千多個營帳的人馬與北庭互相依存。等到三葛祿人、白服突厥人都歸附了回鶻，回鶻多次侵犯掠奪他們。吐蕃人利用葛祿人和白服突厥人進攻北庭，回鶻的大國相頡干迦斯率兵援救北庭。

雲南王雖然對吐蕃有二心，但也不敢明顯與吐蕃斷絕關係。十二月二十五日壬辰，韋皋又寫信給雲南王進行招撫曉諭。

六年（庚午 西元七九〇年）

春❶，詔出岐山❷無憂王寺佛指骨❸迎置禁中，又送諸寺以示眾，傾都瞻禮❹，施財巨萬。二月乙亥❺，遣中使復葬故處。

初，朱滔敗於貝州❻，其棣州刺史趙鎬以州降於王武俊，既而得罪於武俊，召之不至。田緒殘忍，其兄朝仕李納為齊州❼刺史，或言納欲納朝於魏❽，緒懼，判官孫光佐等為緒謀，厚賂納，且說納招趙鎬取棣州以悅之，因請送朝於京師，納從之。丁酉❾，鎬以棣州降于納。三月，武俊使其子士真擊之，不克。

回鶻忠貞可汗之弟弒忠貞而自立，其大相頡干迦斯西擊吐蕃未還，夏，四月，次相帥國人殺篡者而立忠貞之子阿啜為可汗，年十五。

五月，王武俊屯冀州，將擊趙鎬，鎬帥其屬奔鄆州❿，李納分兵據之⓫。田緒使孫光佐如鄆州，矯詔以棣州隸納。武俊怒，遣其子士清伐貝州，取經城⓬等四縣。

回鶻頡干迦斯與吐蕃戰不利，吐蕃急攻北庭。北庭人苦於回鶻誅求，與沙陀酋長朱邪盡忠⓭皆降於吐蕃，節度使楊襲古帥麾下二千人奔西州⓮。六月，頡干迦斯引兵還國，次相恐其有廢立，與可汗皆出郊迎，俯伏自陳擅立之狀，曰：「今日惟大相死生之。」盛陳郭鋒⑮所齎國信，悉以遺之。可汗拜且泣曰：「兒愚幼，若幸而得立，惟仰食於阿多⑯，國政不敢豫也。」虜謂父為阿多。頡干迦斯感其卑屈，持之而哭，遂執臣禮，悉以所遺頒從行者，己無所受，國中由是稍安。秋，頡干迦斯悉舉國兵數萬，召楊襲古[1]，將復北庭，又為吐蕃所敗，死者大半。襲古收餘眾數百，將還西州。頡干迦斯紿之曰：「且與我同至牙帳⑰，當送君還[2]。」既而留不遣，竟殺之。安西由是遂絕⑱，莫知存亡⑲，而西州猶為唐固守。

【章　旨】以上為第十一段，寫回鶻內亂，仍全力助唐攻擊吐蕃。

【注　釋】❶春　正月。❷岐山　縣名，隋設縣，唐沿置。無憂王寺即今扶風法門寺，當時屬岐山縣。❸佛指骨　佛的手指骨。❹傾都瞻禮　全京城的人都去瞻仰禮拜。❺乙亥　二月初八日。❻朱滔敗於貝州　王武俊與李抱真連兵破朱滔於貝州。事見本書卷二百三十一德宗興元元年。❼齊州　州名，治所在今山東齊河縣。❽納欲納朝於魏　李納打算把田朝交回魏州。田朝為長，還魏州則危及田緒的節鎮地位。❾丁酉　二月三十日。❿鄆州　州名，淄青節度使巡屬。治所須昌，在今山東東平西北。⓫據之　李納分兵據有棣州。⓬經城　縣名，縣治在今河北清河縣西北。經城等四縣，貝州巡屬。⓭朱邪盡忠　沙陀酋長。元和三年（西元八〇八年），朱邪盡忠率眾歸唐。⓮西州　州名，北庭巡屬。治所在今新疆吐魯番東南。⓯郭鋒　唐所遣冊忠貞可汗使者。⓰阿多　回鶻人呼父為阿多。⓱牙帳　回鶻可汗所居大帳，在今蒙古烏蘭巴托西。⓲絕　音訊斷絕。⓳莫知存亡　音信不通，沒有人知道安西的存亡。

【校　記】[1]召楊襲古　原無此四字。據章鈺校，乙十六行本、乙十一行本、孔天胤本皆有此四字，張敦仁《通鑑刊本識誤》、張瑛《通鑑校勘記》同，今據補。②當送君還　原無此四字。據章鈺校，乙十六行本、乙十一行本、孔天胤本皆有「當送君還朝」五字，張瑛《通鑑校勘記》同。而張敦仁《通鑑刊本識誤》云脫「當送君還」四字，當是，今從《刊本識誤》校補。

【語　譯】六年（庚午　西元七九〇年）

春，德宗下詔取出岐山無憂王寺中的佛指骨，把它迎來安放在宮廷中，又送到京城各寺廟中讓人們觀看，全京城的人都去瞻仰禮拜，布施錢財億萬。二月初八日乙亥，德宗派中使把佛指骨送回葬在舊處。

當初，朱滔在貝州戰敗，他的棣州刺史趙鎬獻出棣州投降了王武俊，不久，趙鎬又獲罪於王武俊，王武俊傳召趙鎬，趙鎬不到來。田緒生性殘忍，哥哥田朝在李納的手下擔任齊州刺史，有人對田緒說李納想把田朝交還給魏博，田緒很害怕，判官孫光佐等人為田緒出謀劃策，便向李納贈送豐厚的禮品，而且勸說李納招降趙鎬，取得棣州，以此讓李納高興，藉機請求李納把田朝送到京師，李納聽從了田緒的建議。二月三十日丁酉，趙鎬獻出棣州投降了李納。三月，王武俊讓兒子王士真進攻棣州，沒有攻下。

回鶻忠貞可汗的弟弟殺了忠貞可汗，自立為可汗，回鶻的大國相頡干迦斯西去攻打吐蕃，沒有回來。夏，四月，回鶻的次國相帶領國人殺了篡位者，擁立忠貞可汗的兒子阿啜為可汗，阿啜十五歲。

五月，王武俊屯駐冀州，準備攻打趙鎬，趙鎬率領他的部屬逃往鄆州，李納派出一支軍隊佔領了棣州。田緒派孫光佐前往鄆州，假借詔令把棣州隸屬於李納。王武俊大怒，派他的兒子王士清討伐貝州，奪取了經城等四個縣。

回鶻頡干迦斯與吐蕃人交戰失利，吐蕃加緊攻打北庭。北庭的民眾苦於被回鶻人勒索，與沙陀的酋長朱邪盡忠全都投降了吐蕃，北庭節度使楊襲古率領部下二千人跑往西州。六月，頡干迦斯帶領軍隊返回回鶻國，回鶻的次相害怕頡干迦斯對可汗有所廢立，就同可汗一起都來到郊外迎接頡干迦斯，次相伏在地上向頡干迦斯陳述擅自擁立可汗的情況，說：「今天只由大國相來決定我的生死。」詳細陳述了唐朝冊封使郭鋒帶來的印綬、禮品等，把這些東西全部交給了頡干迦斯。可汗向頡干迦斯行禮，並且哭著說：「兒愚昧年幼，如果有幸立為可汗，只願依賴阿多生活，不敢參與國務大政。」回鶻人稱父親為阿多。頡干迦斯被可汗的卑躬屈膝所感動，拉著他哭了，於是頡干迦斯向可汗秉持大臣的禮節，把可汗送給他的東西全部分給隨他出征的將士，自己一點東西都沒有接受，回鶻國內因此漸漸安定下來。

秋，頡干迦斯調動回鶻全國的兵力幾萬人召來楊襲古，準備收復北庭，又被吐蕃所敗，死的人有一大半。北庭節度使楊襲古收攏餘下的部眾幾百人，準備返回西州。頡干迦斯欺騙楊襲古說：「你暫且與我到牙帳，我當送你回去。」楊襲古到了牙帳後，頡干迦斯把楊襲古留下來，不送他走，最後殺了楊襲古。安西地區從此音訊斷絕，大唐朝廷不知道安西是存是亡，而西州地區仍然在唐朝軍隊的固守之中。

葛祿乘勝取回鶻之浮圖川❶。回鶻震恐，悉遷西北部落於牙帳之南以避之。遣達北特勒梅錄隨郭鋒偕來，告忠貞可汗之喪，且求冊命❷。先是，回鶻使者入中國，禮容驕慢❸，刺史皆與之鈞禮❹。梅錄至豐州❺，刺史李景略❻欲以氣加之，謂梅錄曰：「聞可汗新沒，欲申弔禮❼。」景略先據高壟而坐❽，梅錄俯僂前哭❾。景略撫❿之曰：「可汗棄代⓫，助爾哀慕⓬。」梅錄驕容猛氣，索然⓭俱盡。自是回鶻使至，皆拜景略於庭，威名聞塞外。

冬，十月辛亥⓮，郭鋒始自回鶻還。

十一月庚午⓯，上祀圜丘⓰。○上屢詔李納以棣州歸王武俊，納百方遷延，請以海州易之於朝廷，上不許。乃請詔武俊先歸田緒四縣，上從之。十二月，納始以棣州歸武俊。

【章旨】以上為第十二段，寫回鶻勢衰，事唐恭順。朝廷調停河北藩鎮摩擦。

【注釋】❶浮圖川　今俄羅斯境內的葉尼塞河。❷且求冊命　同時請求冊立新可汗的詔令。❸禮容驕慢　禮儀和態度都十分驕橫傲慢。❹鈞禮　平禮。❺豐州　州名，治所九原，在今內蒙古五原南。豐州當回鶻入唐必由之路。❻李景略　歷豐州刺史、太原少尹、西受降城都防禦使等職，聲雄北疆，回鶻畏之。傳見《舊唐書》卷一百五十二、《新唐書》卷一百七十。❼弔禮　舉行弔唁的禮儀。❽據高壟而坐　佔據一處高丘上坐下來。高壟，高丘；高臺。❾俯僂前哭　指梅錄低著頭（俯），弓著身子（僂），一邊向前走，一邊哭泣。❿撫　安撫。⓫棄代　離開人世。⓬助爾哀慕　陪你哀悼表示懷念。爾，汝；你。哀慕，哀傷懷念。⓭索然　洩氣的樣子。⓮辛亥　十月十九日。⓯庚午　十一月初八日。⓰祀圜丘　在天壇舉行祭天禮。

【語譯】葛祿人乘勝攻取了回鶻的浮圖川。回鶻震恐，將西北地區的各部落全部遷移到牙帳的南面，以躲避葛祿人。派遣達北特勒的梅錄隨冊封使郭鋒一起來到朝廷，報告忠貞可汗的喪事，還要求朝廷冊封新的可汗。此前，回鶻的使者到唐朝來，禮儀和態度驕橫傲慢，大唐刺史都要與他們以平等之禮相待。這次梅錄到了豐州，豐州刺史李景略想在氣勢上壓倒回鶻使者，對梅錄說：「聽說你們的可汗新近去世，我想舉行哀悼的禮儀。」李景略先佔了一處高丘坐下來，梅錄低著頭、佝僂著身子，向前哭起來，李景略安撫他說：「可汗離開人世，我陪你哀悼表示懷念。」梅錄驕橫的態度和兇猛的氣焰，索然盡失。從此，回鶻的使者來到唐朝，都在庭中拜見李景略，李景略的威望和名聲遠傳塞外。

冬，十月十九日辛亥，郭鋒才從回鶻返回朝廷。

十一月初八日庚午，德宗在圜丘祭天。〇德宗多次詔令李納把棣州歸還王武俊，李納千方百計地拖延，還向朝廷請求用海州替換棣州給王武俊，德宗不答應。於是李納請求德宗詔令王武俊先把經城等四個縣歸還給田緒，德宗聽從了他的意見。十二月，李納才把棣州歸還給王武俊。

七年（辛未　西元七九一年）

春，正月己巳❶，襄王僙❷薨。

二月癸卯❸，遣鴻臚少卿庾鋋冊回鶻奉誠可汗。○戊戌❹，詔涇原節度使劉昌築平涼故城❺，以扼❻彈箏峽口。浹辰❼而畢，分兵戍之。昌又築朝谷堡❽，甲子❾，詔名其堡曰彰信。涇原稍安。

初，上還長安，以神策等軍有衛從之勞，皆賜名「興元元從奉天定難功臣」，以官領之，撫恤優厚。禁軍恃恩驕橫❿，侵暴百姓，陵忽府縣⓫，至詬辱⓬官吏，毀裂案牘⓭。府縣官有不勝忿而刑之⓮者，朝笞⓯一人，夕貶萬里。由是府縣雖有公嚴之官⓰，莫得舉其職⓱。市井⓲富民，往往行賂寄名軍籍⓳，則府縣不能制。辛巳⓴，詔神威、六軍㉑吏士與百姓訟者，委之府縣，小事牒㉒本軍，大事奏聞㉓。若軍士陵忽府縣，禁身㉔以聞，委御史臺推覆㉕，縣吏輒敢笞辱，必從貶謫。癸未㉖，易定節度使張孝忠薨。

【章　旨】以上為第十三段，寫神策軍恃恩驕橫。

【注　釋】❶己巳　正月初八日。❷襄王僙　肅宗子。❸癸卯　二月十二日。❹戊戌　二月初七日。❺平涼故城　平涼城毀於兵火，今重築之，故言「故城」。在今甘肅平涼。❻扼　控制。❼浹辰　十二天。❽朝谷堡　戍鎮名，在平涼城西三十五里，更名彰信堡。《舊唐書》卷一百五十二〈劉昌傳〉作「胡谷堡」。❾甲子　二月壬辰朔，無甲子。甲子，三月初四日。疑「甲子」二字上脫「三月」二字。❿恃恩驕橫　依恃恩寵而驕傲專橫。⓫陵忽府縣　陵駕於府縣官之上。⓬詬辱　謾罵陵辱。⓭毀裂案牘　撕裂官府文書。⓮不勝忿而刑之　憤怒難忍而對驕橫禁軍士兵用刑。⓯笞　拷打。⓰公嚴之官　公正嚴明的官。⓱莫得舉其職　沒有辦法行使自己的職能。⓲市井　街市。⓳寄名軍籍　掛名在禁軍名冊。⓴辛巳　三月二十一日。㉑神威六軍　唐德宗之前禁軍為神策軍與六軍。六軍為左右羽林、左右龍武、左右神武。貞元二年（西元七八六年）神策軍分為左右，貞元四年又以殿前左右射生軍為左右神威軍。於是禁軍共有十軍。㉒牒　行文；發文。㉓奏聞　奏聞朝廷。㉔禁身　拘禁。㉕推覆　審訊核查。㉖癸未　三月二十三日。

【語譯】七年（辛未　西元七九一年）

春，正月初八日己巳，襄王李僙去世。

二月十二日癸卯，德宗派遣鴻臚少卿庾鋋冊封回鶻奉誠可汗。〇初七日戊戌，詔令涇原節度使劉昌修築平涼的舊城，藉以控制彈箏峽口。劉昌總用了十二天完工，派兵戍守。劉昌又修築了朝谷堡。甲子日，德宗下詔把朝谷堡命名為彰信堡。涇原地區逐漸安定下來。

當初，德宗從梁州返回長安，因為神策等禁衛軍有隨從護駕的功勞，全都賜名為「興元元從奉天定難功臣」，委任官員統領他們，撫恤優厚。禁軍憑仗著德宗的恩寵，驕傲專橫，侵害殘虐百姓，陵駕於府縣官之上，以至於謾罵侮辱官吏，撕裂官府文書。有的府縣官員憤怒難忍，對違法禁軍施以刑罰，早上拷打了一個禁軍士卒，傍晚就貶職到萬里之外。因此，府縣雖然有公正嚴明的官員，但沒有辦法行使自己的職責。街市中富裕的人，往往行賄掛名在禁軍名冊，而府縣官員無法控制這些人。三月二十一日辛巳，德宗下詔凡是禁軍中的神威與六軍的將士同百姓打官司的，把案件的當事人交給府縣，如果是小事情，府縣要發文書通告當事人所屬的本軍長官，如果是大事情，府縣要奏聞朝廷。如果是軍中士兵欺陵府縣官員的，應該將其人拘禁起來，上奏朝廷，交給御史臺審訊核查，縣中的官吏如果膽敢隨便拷打、侮辱，一定要貶斥降職。

三月二十三日癸未，易定節度使張孝忠去世。

安南❶都護高正平重賦斂，夏，四月，群蠻酋長杜英翰等起兵圍都護府，正平以憂死，群蠻聞之皆降。五月辛巳❷，置柔遠軍於安南。○端王遇❸薨。

韋皋比年致書招雲南王異牟尋，終未獲報。然吐蕃每發雲南兵，雲南與之益少。皋知異牟尋心附於唐，討擊副使段忠義，本閣羅鳳❹使者也，六月丙申❺，皋遣忠義還雲南，并致書敦諭❻之。

秋，七月戊寅❼，以定州刺史張昇雲❽為義武留後。○庚辰❾，以虔州刺史趙昌❿為安南都護，群蠻遂安。

八月丙午⓫，以翰林學士陸贄為兵部侍郎，餘職皆解，竇參惡之⓬也。

吐蕃攻靈州，為回鶻所敗，夜遁。九月，回鶻遣使來獻俘⓭。冬，十二月甲午⓮，又遣使獻所獲吐蕃酋長尚結心。

福建觀察使吳湊⓯為治有聲，竇參以私憾毀之，且言其病風。上召至京師，使之步以察之，知參之誣，由是始惡參。丁酉⓰，以湊為陝虢觀察使以代參黨李翼。○睦王述⓱薨。

吐蕃知韋皋使者在雲南，遣使讓之。雲南王異牟尋紿之曰：「唐使，本蠻也，皋聽其歸耳，無它謀也。」因執以送吐蕃。吐蕃多取其大臣之子為質⓲，雲南愈怨。勿鄧酋長苴夢衝潛通吐蕃，扇誘群蠻，隔絕雲南使者。韋皋遣三部落⑲總管蘇峞將兵至琵琶川⑳。

【章　旨】以上為第十四段，寫雲南王欲附唐而不與吐蕃絕交，首鼠兩端。

【注　釋】❶安南　都護府。本交州，高宗調露二年（西元六八〇年）置，治所在今越南河內。❷辛巳　五月二十二日。❸端王遇　德宗弟。❹閤羅鳳　南詔今王異牟尋之祖。❺丙申　六月初七日。❻敦諭　深加勸導。敦，厚；深厚。❼戊寅　七月十九日。❽張昇雲　張孝忠長子，繼其父為義武軍留後，德宗賜名茂昭，二年後升為節度使。傳見《舊唐書》卷一百四十一、《新唐書》卷一百四十八。❾庚辰　七月二十一日。❿趙昌　字洪祚，天水（今甘肅天水市）人，年七十餘為安南都護，人心歸服。傳見《舊唐書》卷一百五十一、《新唐書》卷一百七十。⓫丙午　八月十八日。⓬惡之　嫌惡陸贄。⓭遣使來獻俘　回鶻向唐天子告捷獻俘。⓮甲午　十二月初八日。⓯吳湊　肅宗章敬吳皇后之弟，為官有政聲。傳見《舊唐書》卷一百八十三、《新唐書》卷一百五十九。⓰丁酉　十二月十一日。⓱睦王述　德宗弟。⓲質　人質。⓳三部落　指兩林、勿鄧、豐琶三部。⓴琵琶川　在巂州西南境外。巂州治所在今四川西昌。

【語　譯】安南都護高正平重加賦斂，夏，四月，各部落的酋長杜英翰等人發兵包圍安南都護府，高正平因擔憂而死，各部落的人聽到這一消息，都歸降了。五月二十二日辛巳，朝廷在安南地區設置柔遠軍。○端王李遇去世。

西川節度使韋皋連年寫信招撫雲南王異牟尋，始終沒有得到回覆。然而吐蕃每次徵發雲南兵，雲南王異牟尋給吐蕃派出的人日益減少。韋皋知道異牟尋內心歸附唐朝。韋皋的討擊副使段忠義，本來是異牟尋的祖父閤羅鳳的使者。六月初七日丙申，韋皋派遣段忠義返回雲南，並且讓段忠義帶信給異牟尋，對他深加勸導。

秋，七月十九日戊寅，任命定州刺史張昇雲為義武軍的留後。○二十一日庚辰，任命虔州刺史趙昌為安南都護，安南各部落於是安定下來。

八月十八日丙午，任命翰林學士陸贄為兵部侍郎，他的其他職務都被解除，這是因為宰相竇參討厭他的緣故。

吐蕃攻打靈州，被回鶻打敗，夜裡逃走了。九月，回鶻派使者到唐朝來進獻抓獲的吐蕃俘虜。冬，十二月初八日甲午，回鶻又派使者進獻抓獲的吐蕃酋長尚結心。

福建觀察使吳湊治理地方很有聲譽，宰相竇參因私恨詆毀吳湊，而且說吳湊患了風溼病。德宗把吳湊召到京城，讓吳湊行走，來觀察他是否腿腳有病，知道是竇參誣陷吳湊，德宗從此就開始厭惡竇參。十二月十一日丁酉，德宗任命吳湊擔任陝虢觀察使，以取代竇參的黨羽李翼。○睦王李述去世。

吐蕃知道韋皋的使者在雲南王那裡，就派使者指責雲南王。雲南王異牟尋欺騙吐蕃的使者說：「唐朝的使者，本來是我雲南部落人，韋皋聽任這個人回來，沒有其他的謀劃。」於是把韋皋派來的使者抓起來送給了吐蕃。吐蕃拿很多雲南大臣的兒子作為人質，雲南更加怨恨吐蕃。

勿鄧部落的酋長苴夢衝，暗中勾結吐蕃，煽動誘惑各個部落，阻斷隔絕雲南的使者與唐朝的往來。韋皋派遣兩林、勿鄧、豐琶三個部落的總管蘇峞率兵到達琵琶川。

【研　析】本卷研析李泌救太子、李軟奴謀反案，以及司馬光的兩條評論。

李泌救太子。專制政體，廢嫡立庶，亂了宗法制度，大都要引發動亂，尤其是大亂甫平的德宗之世，廢嫡立庶更易引發動亂，要麼就是奸人得逞。保持政治穩定，是李泌為相的重中之重。德宗所立太子李誦，是昭德皇后所生唯一的兒子。皇后和太子都無惡行，李誦以慈孝聞名，突然被廢，將是一場政治地震，李泌要全力來避免。德宗有十一個兒子，親子九人，養子二人。親子中有八子皆庶出。養子二人，一為舒王謨，後改為誼，是德宗弟弟李邈的兒子，德宗喜愛，養以為子，年長。二是文敬太子李源，本是太子李誦之子，德宗喜愛，命以為子，年幼。太子李誦娶郜國公主之女為妃。郜國公主，肅宗之女，德宗之姑。郜國公主寡居，與彭州司馬李萬等人姦亂事發，德宗幽囚郜國公主，罪及太子，動了廢嫡立庶的念頭。德宗召問李泌，要立舒王謨為太子。德宗性急，剛愎自用，往往感情用事，不計後果。李泌諫阻，要冒族誅的危險。太子向德宗提出與妃離婚，德宗不許。太子打算吞藥自殺。李泌對太子說：「你和往常一樣起居，盡人子之孝，只要我李泌在，就保你的安全，如果老臣不在，事情就難說了。」這表明李泌以生死保太子。德宗召問李泌不是徵詢他的意見，而是通報李泌，這是朕的家事，只是要李泌同意、支持，如果李泌反對，不但有遭身誅的危險，而且可能要遭族誅。如果是楊素、許敬宗、李林甫遇上這等機會，早就惟命是從，去巴結新太子以圖定策功勞了。楊素助隋煬帝奪位，廢太子；許敬宗助武后奪正宮，廢王皇后；李林甫助武惠妃奪嫡，使唐玄宗殺太子瑛及兄弟三人，故李泌有是言。李泌以社稷為重，冒死救太子。他不是直接替太子訴冤，那樣會更激怒德宗，豈不是昭示父親害兒子嗎？俗話說：「虎毒不食子。」李泌的辦法是煽動父子親情，讓德宗自己醒悟。李泌開門見山說：「陛下怎麼用姪兒來取代兒子呢？」言外之意，親兒子都靠不住，姪兒靠得住嗎？德宗憤怒，不准說舒王是姪兒。李泌話鋒一轉，哀哭自己要遭族誅，可能只能過繼姪兒來奉祭香火了，越說越動情，招引德宗也感動而泣。李泌此法，效戰國時觸讋說趙太后，出長安君為質的故伎，十分奏效。德宗氣消，李泌娓娓道來廢易太子覆國禍家的故事，慢慢消解德宗滿耳的讒言。李泌不說太子李誦蒙冤，而說德宗所親見的肅宗子建寧王蒙冤的事，用以啟發德宗。李泌不要求德宗當面改主意，要他獨自想一想事件的前因後果，三天後再拿定主意。德宗隔了一夜就想通了。太子丈母娘生活不檢點，與太子有什麼相干。其中必有奸人為非，是否舒王謨在謀算呢？不久前宰相張延賞就藉郜國公主生活問題告刁狀，被李泌揭穿，事才罷了。德宗不敢想，也不再追究，打消了更易太子的念頭。但猜忌成性的德宗，又擔心起太子妃怨恨，最終無辜地殺了太子妃，這事才算了結。

李泌保太子，也驚出了一身冷汗。他回家對子弟們說：「我本來就不樂富貴，命運偏偏讓我做宰相，今天恐怕要連累你們了。」伴君如伴虎，大智大慧的李泌不免說出酸楚的話，聽了使人不寒而慄。

李軟奴謀反案。李軟奴是一個不甘寂寞、興風作浪的和尚，史稱妖僧。《舊唐書・韓遊瓌傳》載，妖僧名李廣弘。妖僧詭稱五嶽之神與河神託夢給他，說他當立為天子。邠寧節度使韓遊瓌之子韓欽緒為禁軍殿前射生將，他與妖僧兩人同謀作亂。事發，李晟驚嚇倒地，說：「李晟要被滅族了。」原來德宗與李泌相約，不害功臣李晟、馬燧，但德宗的猜忌並沒有消除，不時有流言蜚語攻擊李晟。妖僧事發前，有蜚語說，李晟在後花園埋伏殺手發動政變。李晟後花園有一片竹林，李晟連忙砍伐了竹林。李晟合家主僕上千口，只要有一人捲入，奸險的人就可大作文章。李泌得知，馬不停蹄，立即密奏德宗，要求把謀反大案交給國家司法機關審判。禁軍屬宮廷內政，應交內侍省審理。內侍省審理，直接由德宗掌控，奸邪會乘機而入，德宗捕風捉影，又有權任意殺人，一場大案就不可避免了。李泌以謀反大案，觸犯最高國法為由，應當交給御史臺審理也名正言順。德宗聽從，交御史臺審理，李泌就可以掌控了，因此沒有牽連外朝一個人。一場彌天大案，可能要株連功臣宿將，殺滅幾千幾萬人的事，被李泌化解了。宿衛軍被誅殺者八百多人，其中大多數都應是冤死者。不如此，無以塞責。挽救禁軍中的冤死者，李泌也無能為力。為了大局，犧牲一些禁軍，只能如此了。

司馬光的兩條評論。司馬光的兩條評論，一條貶君，評價德宗是一個昏君；一條貶臣，批評李泌行政不走正道，是引導德宗貪婪的縱欲者。貞元三年（西元七八七年）十二月初一日，德宗遊獵，微服私訪，希望聽到人民安居樂業的讚頌。被造訪的人家叫趙光奇，他膽大說了真話，埋怨朝廷苛捐雜稅繁重，優惠詔書是一紙空文，百姓生活困苦，天子身居九重，不恤民間疾苦。德宗就免了趙光奇這一家人的賦稅徭役。司馬光批評德宗，瞭解民情，沒有形成改善政治的政策，而只是免除一家人苛稅，天下千千萬萬的人，怎麼可能家家戶戶向天子申訴呢？司馬光的這一批評中肯而得體。德宗向李泌訴苦，以前各道進奉年收五十萬緡，現在只有三十萬緡，不夠用度。李泌說，臣每年輸大盈庫一百萬緡，請陛下停止收進奉錢。德宗得了一百萬緡，仍然背著宰相向諸道索要進奉。貞元四年二月，句勘東南兩稅錢帛使元友直送淮南錢帛二十萬緡到長安，李泌全部輸給大盈庫。德宗仍然向諸道求索，還囑咐不要讓宰相知道。李泌見德宗如此貪婪，也不敢勸諫。司馬光批評李泌不走正道，加倍給德宗錢財，是在引導縱欲。司馬光的邏輯是：「夫多財者，奢欲之所自來也。」就是說，錢越多越貪，俗話就有為富不仁的說法。可能人的私欲，大抵如此，特別是貪官汙吏，更是如此。

司馬光的批評有一定道理。但他指責李泌不走正道就全錯了。李泌想的是高薪養廉，這是一條現代文明的公理，特別是帝王以天下為家，怎能無限膨脹私欲呢！德宗的貪婪，是專制帝王的權力不受節制，這才是根源，並不是李泌誘導的。德宗貪婪，不聽勸諫，司馬光不責君反責臣，不只是迂腐，簡直是痴人說夢。難道李泌少給德宗錢財，德宗就不貪了嗎？表面看，是李泌多給德宗錢財，實質是在限制德宗用財，暗示德宗，君王用財也是有額度的。只有勸諫責任的人臣，除此之外沒有別的辦法。德宗不接受限制，表明勸諫無效，李泌也沒有了辦法。德宗貪財的事例，生動地說明，一種缺乏制衡的權力，要消除貪汙腐敗，只能是天方夜譚。

◎新譯人物志

吳家駒／注譯
黃志民／校閱

《人物志》是中國古代唯一保存下來的一部人才學專著。作者劉邵博覽群籍，析理透徹，以其系統縝密的思想寫下中國人才學的經典之作。此書歷來甚受稱譽，清代名將曾國藩曾將其置之案頭，朝夕研讀，視為識人用人之本。書中許多思想對現代社會仍然具有借鑑意義，對於了解中國古代人才思想，以及現代人力管理的研究，均有啟益。本書以「四部叢刊」影印明正德刊本為底本，詳為校勘，注譯詳明，研析透徹，能幫助讀者深入理解這部難得的著作。

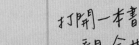